本报告的出版得到

国家重点文物保护专项补助经费资助

羊草庄汉墓

（上）

辽宁省文物考古研究所　编著

文物出版社

图书在版编目（CIP）数据

羊草庄汉墓：全2册/辽宁省文物考古研究所编著．
—北京：文物出版社，2015.11
ISBN 978-7-5010-4415-3

Ⅰ．①羊… Ⅱ．①辽… Ⅲ．①汉墓－考古发掘
－鞍山市 Ⅳ．①K878.84

中国版本图书馆CIP数据核字(2015)第245865号

羊草庄汉墓（上、下）

编　　著：辽宁省文物考古研究所

责任编辑：秦　彧
责任印制：张道奇

出版发行：文　物　出　版　社
地　　址：北京市东直门内北小街2号楼
邮　　编：100007
网　　址：http：//www.wenwu.com
邮　　箱：web@wenwu.com
制版印刷：北京荣宝燕泰印务有限公司
经　　销：新华书店
开　　本：889mm×1194mm　　1/16
印　　张：44
版　　次：2015年11月第1版
印　　次：2015年11月第1次印刷
书　　号：ISBN 978-7-5010-4415-3
定　　价：680元（全二册）

Yangcaozhuang Han Tombs

(I)

by

Liaoning Provincical Institute of Cultural Relics and Archaeology

Cultural Relics Press

编 委 会

目　录

插图目录

第一章　前言

第一节　地理环境

鞍山市地处辽宁省中部和辽东半岛经济开发区的中间地带，北临辽阳市首山，南靠营口市，地处辽宁中部的咽喉地带，历来是兵家必争之地。鞍山市地跨北纬40°27′～41°34′、东经122°10′～123°13′。

鞍山市的自然地貌结构多种多样，其受北东向大地构造的结构较深，整个地貌特征是东南高西北低，地势从东南向西北倾斜。鞍山市的地质构造属于华北地台及华夏、新华夏构造体系。其东部为辽东半岛隆起带背斜，西部为下辽河断陷，鞍山市位于其间的复合地带。

鞍山市属于暖温带大陆性季风半湿润气候区，具有四季分明、干冷同季、雨热同步、降水充沛、日照充足、温度适宜、春风大、冬季寒冷等特点。年平均温度为8.2～8.9℃，一月份平均温度为－10.1℃，七月份平均温度为24.8℃，极端最低气温－34.9℃，极端最高气温38.4℃，年平均无霜期156～170天。市境内的气温年际变化特点为冬、夏两季气温变化较小，春、秋两季气温变化较大。年平均降水量为720.6毫米，由于受季风气候和地势东南高西北低的制约，故在累年降水量的空间和时间上均存在着明显的差别。从天气系统看，鞍山的天气系统多来自西北、西南方向，这种天气系统从偏西方向移向偏东方向，在移行过程中由于受到地形的抬举作用，空气中的水气量增加，故东部山区降水量多于西部平原。从降水量的季节分布来看，其显著特点是随着季风气候的变化而变化。各季、各月降水量和降水强度差异较大，降水量多集中于夏季，且持续时间较长、降水强度较大；春、秋两季雨水量大致相似，但秋季多于春季；冬季降水量最少。各季平均降水量比例为15%、64%、20%、2%。市区年平均湿度为62%，属于半湿润农业气候区[1]。

鞍山市境内的主要河流有辽河、浑河和太子河。辽河为全国七大江河之一，古称大辽水、辽水、巨流河、勾丽河，其上游分为东、西两支，东辽河源出吉林省辽源市附近的哈达岭，西辽河源出于内蒙古自治区克什克腾旗的日岔山，称西拉木伦河。辽河全长1430千米，鞍山境内的主要支流有绕阳河、小柳河等，最终于盘山汇入辽东湾。太子河古称衍水、大梁水、梁水、代子河、太资河等，发源于辽宁省新宾县平顶山乡鸿雁沟和本溪县东营坊乡羊胡子沟草帽顶山麓，海城河、沙河为其主要支流，最终汇入浑河，全长413千米。太子河有海城河、沙河、杨柳河等众多支流，汛期众水

---

[1]　鞍山市人民政府地方志办公室：《鞍山市志·综合卷》，沈阳出版社，1990年。

猛集，极易泛滥。

鞍山市地处暖温带，其地带性植被为油松落叶阔叶混交林，其区系组成主要是油松、蒙古栎、椴、紫椴、花曲柳、平基槭、春榆、裂叶榆、八角枫等树种，其间混有早花恩冬、黄花恩冬、山葡萄等灌木。但由于历年来的人为破坏，除千山地区以外的多数林地现已不存，取而代之的则为榛子、胡枝子、小叶鼠李等灌丛以及大片的玉米等旱作农田。

鞍山市矿产资源十分丰富，铁、镁等金属及滑石、石墨、大理石、石灰石、煤等非金属矿藏均有分布，其中以铁矿最为丰富，且已大宗开采。鞍山市境内，在太古界形成的鞍山群系的"鞍山式铁矿"，蕴藏量极为丰富，居全国首位。铁矿主要分布在市区周围16千米的东部丘陵区，其矿体南北两翼呈向斜构造。

第二节 历史沿革

羊草庄墓地位于鞍山市城区北部。鞍山市虽然建市较晚，仅七十余年，但却有着极为悠久的历史。

在鞍山境内，已发现距今2.3～1.3万年的旧石器时代遗址——小孤山洞穴遗址。小孤山洞穴遗址是东北地区旧石器时代晚期较为重要的考古发现之一，也是鞍山市目前发现最早的人类活动遗存。该洞穴内出土有万余件的石制品，包括大量的刮削器、手斧及少量的玉石器。骨制品主要有渔叉、穿孔骨针、尖状器、垂饰、装饰小圆盘等，工艺水平较高[1]。

鞍山市境内发现的新石器时代遗址数量较少，主要分布在辽东山地地区河流的台地上，如北沟遗址、瓦沟遗址、岭前遗址等。在各遗址中采集或发掘的遗物主要为石器和陶器。石器主要有斧、刀、矛、凿、锄、镞、磨盘、磨棒、细石器及绿松石坠等。陶器多为夹砂红褐陶，器形主要有罐、壶、豆、盘、三环足器、杯、碗及纺轮、网坠等。

青铜时代鞍山境内的遗址数量猛增，如千山区的沙场遗址、海城市的二轻山遗址等；但最能代表鞍山地区青铜时代文化特色的却是数量众多的石棚。这些石棚以位于海城市的析木石棚最具代表性，该石棚在汉宣帝时被称为"冠石"。

燕昭王十二年（公元前300年），燕昭王派遣大将秦开击败东胡，开始东筑长城，开拓辽河流域，并置上谷、渔阳、右北平、辽西、辽东五郡。其时，鞍山市属于辽东郡，这是其纳入郡县制的开始。

秦统一六国后，沿袭燕制，鞍山市仍归辽东郡管辖。

西汉时期，鞍山市属于幽州刺史部辽东郡诸县管辖。东汉安帝时期，为治理迁入辽河以西的乌桓人，开始在辽西、辽东郡之间设置辽东属国，当时鞍山市西部属于辽东属国险渎县管辖。

魏代辽东公孙氏后，鞍山市开始归属幽州辽东郡襄平县、新昌县、辽队县、安市县及昌黎郡昌黎县管辖。

---

[1] 辽宁省文物考古研究所：《小孤山——辽宁海城史前洞穴遗址综合研究》，科学出版社，2009年。

隋代时，今鞍山市城区和海城市境域及台安县部分境域为高句丽所割据；今台安县境域辽河以西部分为隋朝直接管辖，属燕郡怀远镇。

唐初，今鞍山市大部境域为高句丽所据；至唐高宗总章元年（668年）鞍山市全境收归唐朝统割，分属河北道安东都府辽城州都督府、安市州及河北道燕州辽西县、巫闾守捉城。

辽代属东京道辽阳府。金时，隶属于东京路、北京路。明朝时，鞍山市隶属辽东都指挥使司辽中卫、海州卫、广宁卫。清朝时，鞍山市分别隶属于奉天府辽阳州、海城县、锦州府镇安县。中华民国，隶属辽阳县、海城县。

1937年，鞍山市正式建市。

第三节 工作概述

2013年5月，辽宁省鞍山市洁宇环保有限公司在其自建厂房的施工过程中，发现有古墓葬暴露，其立即上报给相关文物部门。

6月初，辽宁省文物考古研究所接到省文物局的通知，鞍山市洁宇环保有限公司自建厂房工程项目在施工打地基过程中破坏了几座墓葬。李新全书记、白宝玉主任同鞍山市文物处李伟处长、鞍山市博物馆李刚副馆长一起到现场进行调查，在了解情况后立即派白宝玉和徐政同志进驻工地进行勘探，并与洁宇环保有限公司自建厂房建设单位及承建单位进行沟通，要求建设部门在施工范围内停止一切施工，以防止这一区域内的墓葬遭到进一步破坏。

6月5日，洛阳市古韵考古勘探队进驻羊草庄工地，并于第二天正式开始勘探。虽然当地有厚达0.50～1.00米的建筑垃圾垫土层，但勘探工作却进展顺利。到6月中旬，勘探工作彻底结束，共勘探约2.5万余平方米，发现墓葬79座（经后来发掘得知，其中一座为圆角长方形灰坑，故此区域内应分布有78座墓葬）。

8月10日，白宝玉、徐政和锦州市考古所张壮同志进驻羊草庄工地，白宝玉主任担任此次发掘工作的领队，在向国家文物局申报后，正式开始了考古发掘工作。

发掘工作始于8月14日，主要是清理一些在施工过程中遭破坏而暴露于地表的墓葬。由于8月为鞍山地区的雨季，且地表下均铺垫有一层厚约0.50～1.00米的建筑垃圾垫土层，因此发掘工作进展缓慢，直到9月初才开始进行大规模发掘（彩版一、二）。此时的发掘队伍又有鞍山市博物馆李刚、贾杰、顾玉顺同志陆续加入，田野发掘人员增加到了七人。具体分工为：白宝玉、徐政、李刚、贾杰、顾玉顺负责田野发掘，徐政负责现场遗迹摄影，张壮及雷东科负责遗迹绘图。此外，在发掘过程中，柏艺萌和王贺同志对墓地的全部墓葬进行了测绘及对一些重要遗物进行了现场处理；图旭刚同志还对墓地进行了航拍。

在发掘工作启动后不久，所有的发掘人员就开始在晚上加班，进行一些遗迹图清绘、陶器修复等后期整理工作。在田野发掘结束时，墓地所有墓葬的平、剖视图已清绘完毕，完成出土器物拼对400余件。

　　10月4日，田野发掘工作正式结束，所有发掘人员随即转到室内，进行资料整理与报告编写工作。

　　10月5日，报告编写工作正式启动。东北师范大学在读硕士生孙娟娟、李则宇、马敏来到羊草庄工地实习，加快了整理资料及编写报告的进度。

　　本着全面、翔实公布发掘资料的想法，在学习和借鉴其他优秀考古发掘报告的基础上，编者确定本报告的体例为按照遗迹单位进行介绍。羊草庄墓地共发掘墓葬78座，尽管其中一些墓葬由于遭到严重的盗扰及破坏，且没有遗物出土，但为了保证整个墓地的完整性，也对其进行了介绍。

　　编写组成员有：白宝玉、徐政、柏艺萌、王贺、张壮、孙刚、孙娟娟、李则宇、马敏、李刚、顾玉顺、贾杰。

第二章　墓葬详述

第一节　墓地简介

羊草庄墓地位于鞍山市立山区沙河镇羊草庄村西北约500米处，南距沙河约2千米，北临北环路（图一）。

墓地地处鞍山中部波状平原地区，原为农业用地，由于解放后平整土地，现地表下普遍铺垫有一层垫土层，地势较为平坦。

此次发掘的墓葬均位于鞍山市洁宇环保有限公司的厂区院内，大体为一条长200、宽120米的长方形地带（图二；彩版一）。

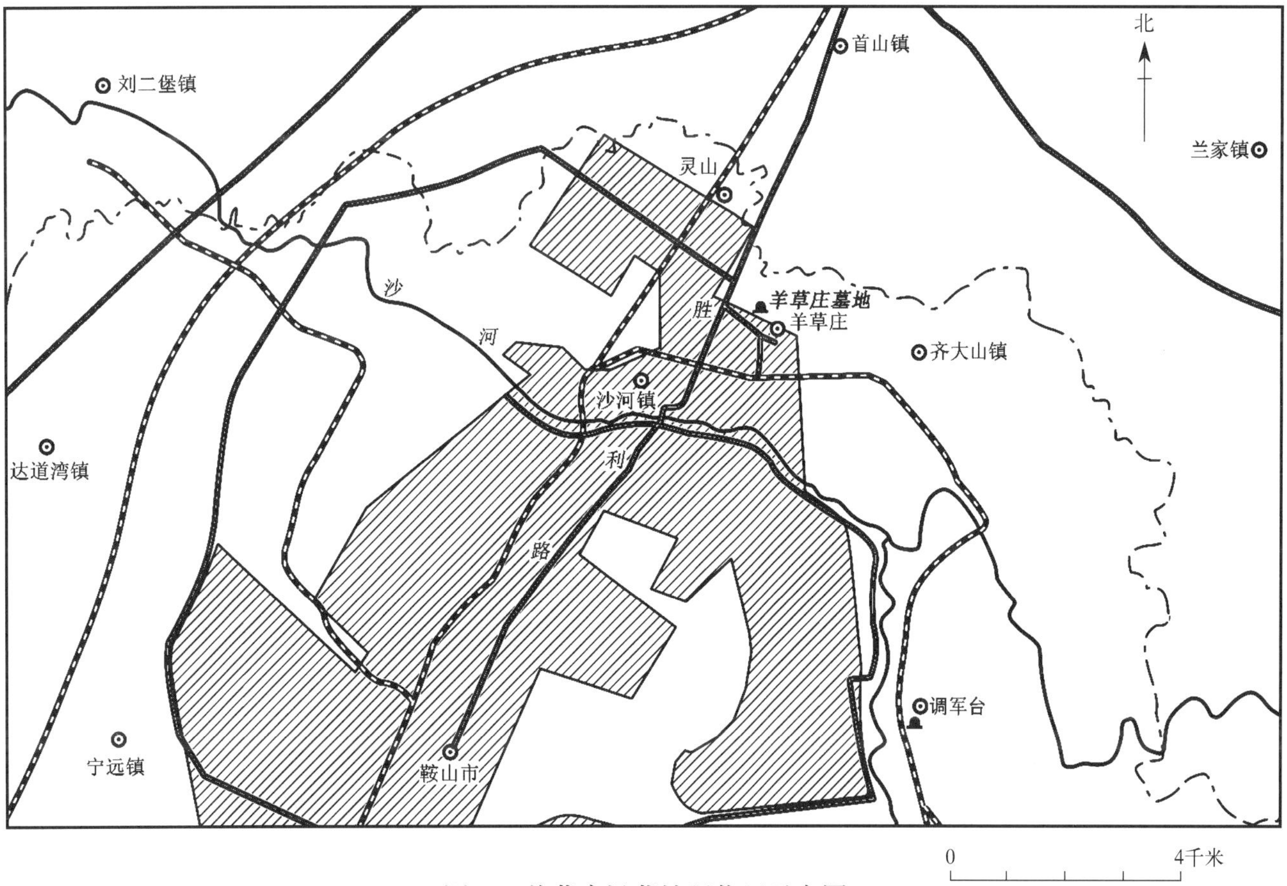

图一　羊草庄汉墓地理位置示意图

北

M1
M2
M3
M5
M63
M62
M61
M64
M53
M52
M51
M18
M48
M54
M55
M19
M57
M56
M15
M13
M14
M10
M11
M12
M16
M17
M43
M44
M69
M50
M49
M20
M58
M59
M60
M74
M7
M8
M9
M47
M21
M23
M22
M45
M46
W1
W2
M24
M25
M26
M76
M73
M72
M75
M71
M70
M65
M66
M67
M68
M34
M32
M33
M31
M35
M36
M30
M29
M28
M27
M40
M41
M42
M4
M38
M37
M39

25米
0

第二节 墓葬详述

一 M1

1. 墓葬形制

单室砖墓，平面呈"甲"字形，由墓道、墓门及墓室三部分组成，方向210°（图三；彩版三）。开口于第②层下，开口距地表1.50米，破坏较为严重。

墓道 近似半圆形斜坡状，现长0.51、宽0.76米，底部距地表1.71米。

墓门 位于墓室南壁，宽0.76米。

封门 条砖封堵，现存2层砖，残高0.08米。砌法为双隅顺砌平砖之上一层平砌丁砖。

墓室 平面呈长方形，墓室长2.80、宽0.76米。墓室先砌四壁，再铺墓底砖。四壁最高处残存

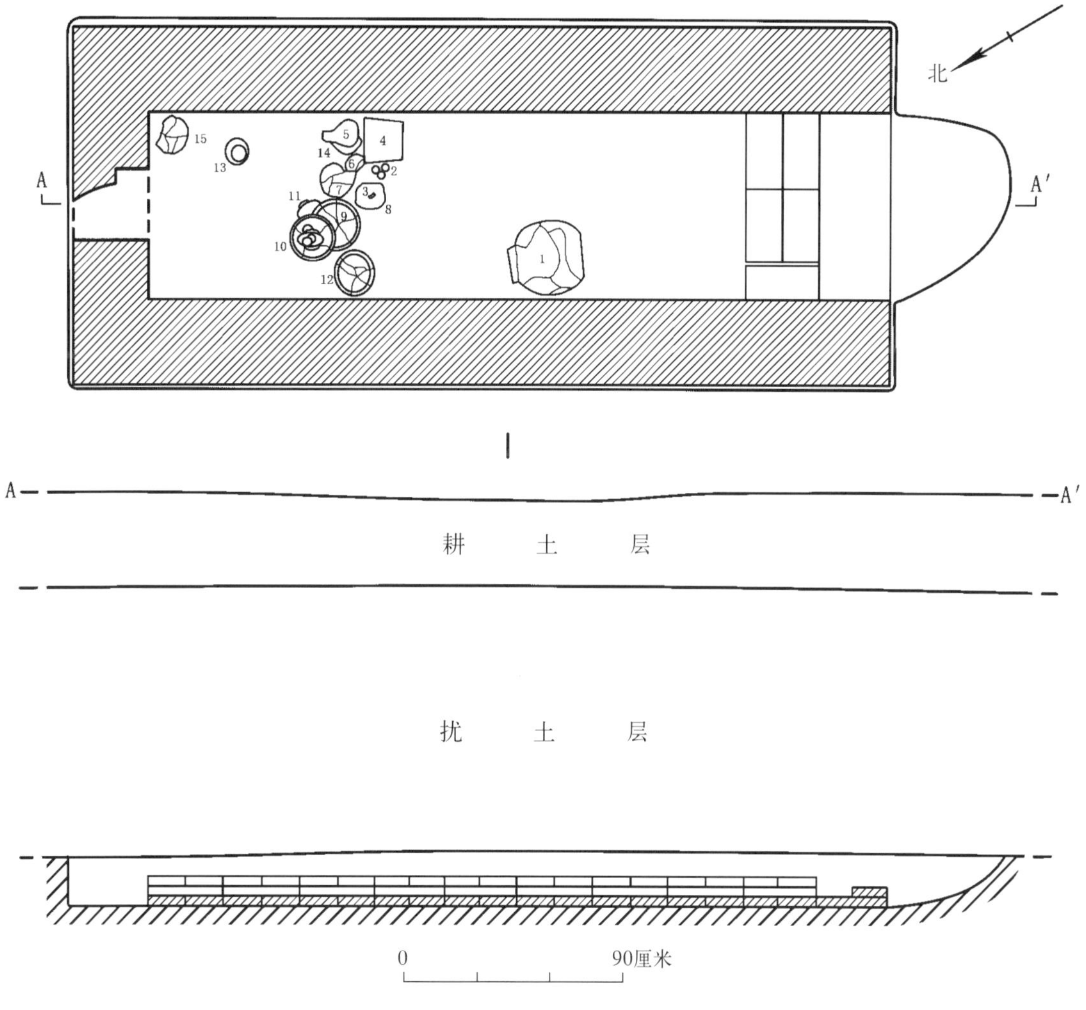

图三 M1平、剖面图

1. 陶罐 2. 铜钱 3. 耳填 4. 陶灶组合 5. 陶长颈瓶 6. 陶长颈瓶 7. 陶长颈瓶 8. 陶长颈瓶 9. 陶盆 10. 陶盆 11. 陶耳杯 12. 陶盆 13. 陶井 14. 陶长颈瓶 15. 陶樽

3层砖，砌法为两层双隅顺砌平砖之间夹一层平砌丁砖。墓底铺砖东部为横向拼缝平铺，西部为纵向拼缝平铺。用砖规格：（30～32）×（14～16）×4厘米，灰砖，一面为素面，一面施有绳纹。

2．葬具和人骨

墓内未发现有任何葬具痕迹。

骨骼保存极差，仅在填土中出土有几块肢骨残块。

3．随葬品

该墓共出土有24件（套）随葬品（彩版四），多数位于墓室北部，少量位于中部，质地以陶器、琉璃器为主，另有铜钱4枚。

陶器　计有罐1、长颈瓶5、樽1、盆3、耳杯4、灶1、井1、小釜4、小甑1、水斗1。

罐　1件。标本M1：1，泥质灰陶。方唇，敞口，斜颈，溜肩，鼓腹，腹部最大径位置靠近肩部，台底。肩部及上、中腹部施有三组凹弦纹，器表轮旋痕迹明显。口径15.4、最大腹径29.2、底径11.3、高25.1、壁厚0.4～0.6厘米（图四，1；彩版五，1）。

长颈瓶　5件（M1：5、6、7、8、14）。形制相似，均为泥质灰陶，口、颈部残缺，鼓腹，腹部最大径位置居中，台底；腹部对称穿有3个圆孔，底部穿有1个圆孔；素面。标本M1：5，最大腹径12.5、底径7.3、残高10.2、壁厚0.4～0.6厘米（图四，2；彩版五，2）。标本M1：6，最大腹径13.7、底径8.3、残高13.4、壁厚0.4～0.6厘米（图四，3）。标本M1：7，最大腹径13.8、底径7.7、残高7.5、壁厚0.4～0.6厘米（图四，4）。标本M1：8，最大腹径12.1、底径7.1、残高7.8、壁厚0.4～0.6厘米（图四，5）。标本M1：14，最大腹径16.1、底径11.7、残高13.7、壁厚0.4～0.6厘米（图四，6）。

樽　1件。标本M1：15，泥质黑陶。方唇，直口，斜腹，平底，底部附有三个蹄状足。腹部施有两周凹弦纹。口径20.0、底径17.0、高10.7、壁厚0.4～0.6厘米（图四，7；彩版五，3）。

盆　3件（M1：9、10、12）。形制相似，均为泥质黄褐陶；方唇，敞口，展沿，弧腹，平底；素面。标本M1：9，口径20.7、底径8.3、高5.3、壁厚0.3～0.6厘米（图四，8；彩版五，4）。标本M1：10，口径18.5、底径8.1、高4.2、壁厚0.3～0.6厘米（图四，9；彩版五，5）。标本M1：12，口径19.6、底径7.5、高5.1、壁厚0.3～0.6厘米（图四，10；彩版五，6）。

耳杯　4件（M1：11－1、11－2、11－3、11－4）。其中，标本M1：11－1与11－4形制相似，均为泥质灰陶；椭圆形杯口，双耳上翘明显，弧腹，台底；素面。标本M1：11－1，口长径8.3、口短径5.2、底长径4.1、底短径2.3、高2.8、壁厚0.4～0.6厘米（图四，11；彩版六，1）。标本M1：11－4，口长径9.8、口短径5.2、底长径4.5、底短径2.5、高2.9、壁厚0.4～0.6厘米（图四，12；彩版六，1）。其中，标本M1：11－2与11－3形制相似，均为泥质灰陶；椭圆形杯口，双耳齐平，弧腹，平底；素面。标本M1：11－2，口长径12.5、口短径7.9、底长径6.7、底短径4.9、高2.6、壁厚0.4～0.6厘米（图四，13；彩版六，1）。标本M1：11－3，口长径12.1、口短径7.5、底长径6.4、底短径4.5、高2.6、壁厚0.4～0.6厘米（图四，14；彩版六，1）。

灶　1件。标本M1：4－1，泥质灰陶。灶面呈梯形，灶面上呈"品"字形置有三个圆形火眼，

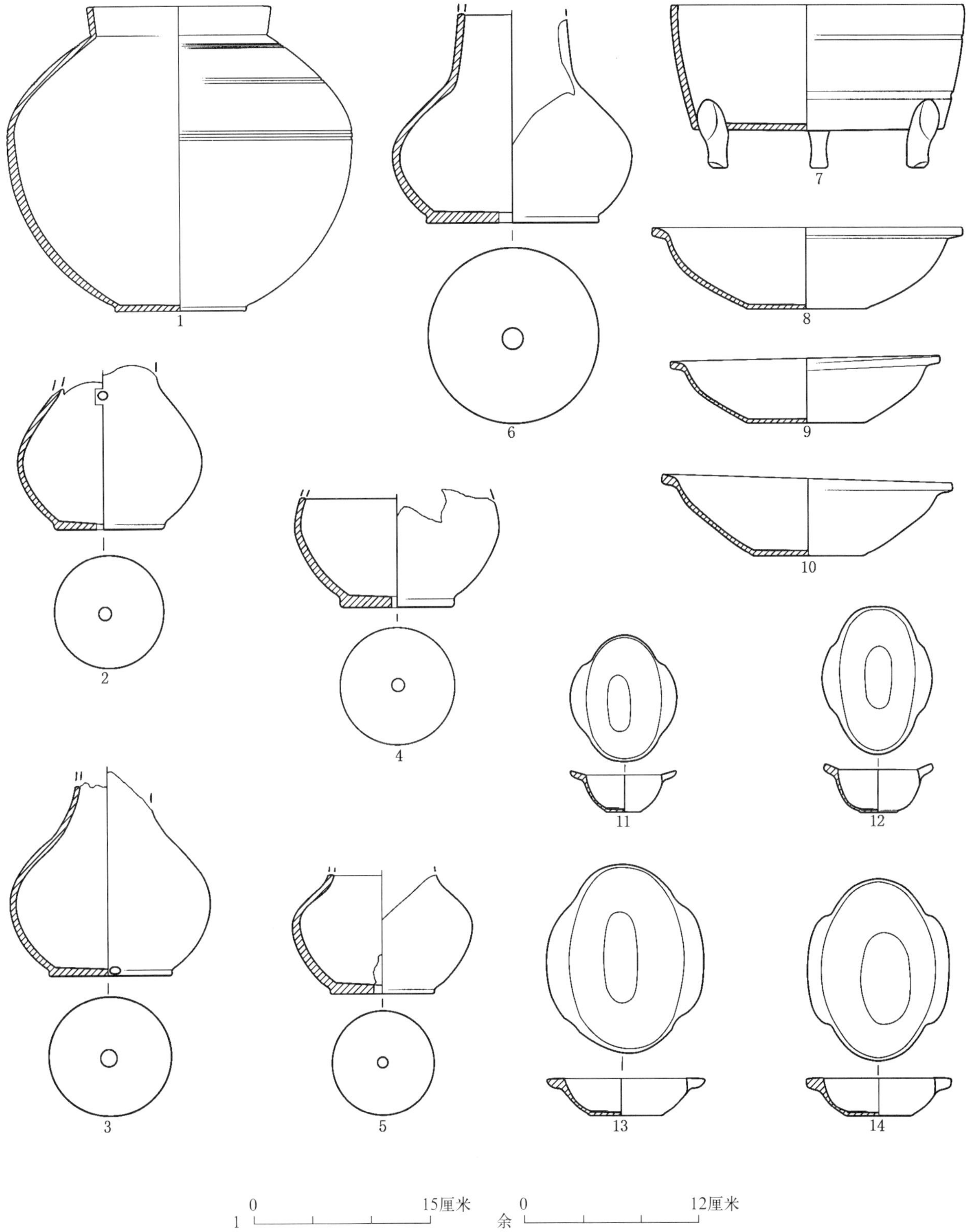

图四　M1出土器物

1. 陶罐M1：1　2~6．陶长颈瓶M1：5、6、7、8、14　7．陶樽M1：15　8~10．陶盆M1：9、10、12　11~14．陶耳杯M1：11－1、11－4、11－2、11－3

尾端置有一圆形烟孔，长方形灶门不落地，灶门上出沿。素面。通长16.3、通宽13.4、高8.8、壁厚0.4～0.6厘米；火眼直径4.1、4.1、3.9厘米，烟孔直径1.2厘米；灶门长4.9、宽3.2厘米（图五，1；彩版六，2）。

井　1件。标本M1：13－1，泥质黑陶。尖唇，敞口，束颈，折肩，斜腹，平底。素面，腹部轮旋痕迹明显。口径8.5、底径5.5、高14.3、壁厚0.4～0.6厘米（图五，2；彩版六，3）。

小釜　4件（M1：4－2、4－3、4－4、4－5）。形制相似，均为泥质灰陶；圆唇，敞口，弧腹，圆底，整体呈斗笠状；素面。标本M1：4－2，口径4.7、高1.9、壁厚0.2～0.5厘米（图五，3；彩版六，2）。标本M1：4－3，口径4.3、高1.8、壁厚0.2～0.5厘米（图五，4；彩版六，2）。标本M1：4－4，口径5.3、高2.3、壁厚0.2～0.5厘米（图五，5；彩版六，2）。标本M1：4－5，口径4.5、高2.2、壁厚0.2～0.5厘米（图五，6；彩版六，2）。

小甑　1件。标本M1：4－6，泥质灰陶。整体呈斗笠状，圆唇，敞口，弧腹，圆底，底部置有三个甑孔。素面。口径4.8、高2.0、壁厚0.2～0.5厘米（图五，7；彩版六，2）。

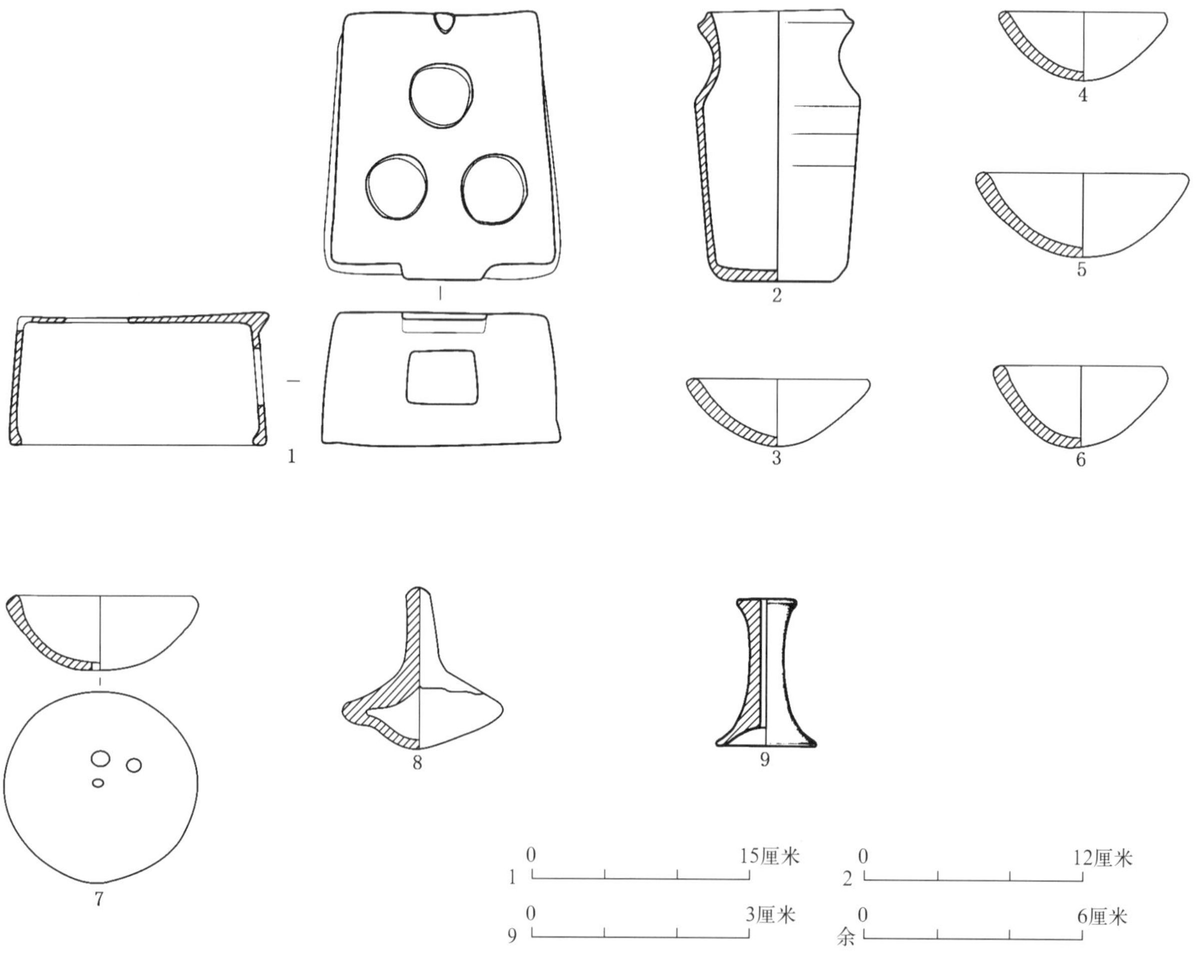

图五　M1出土器物

1. 陶灶M1：4－1　2. 陶井M1：13－1　3－6. 小陶釜M1：4－2、4－3、4－4、4－5　7. 小陶甑M1：4－6　8. 陶水斗M1：13－2　9. 耳瑱M1：3

水斗 1件。标本M1：13－2，泥质灰陶。由斗和提梁组成。斗，尖圆唇，敞口，弧腹，圜底；提梁呈"人"字形。口径4.4、高4.3、壁厚0.3～0.6厘米（图五，8；彩版六，3）。

琉璃器 计有耳瑱1。

耳瑱 1件。标本M1：3，近似腰鼓形。深蓝色，束腰，细端齐平，粗端内凹，纵向穿有一孔。最大径1.4、长2.0厘米（图五，9；彩版六，4）。

铜钱 4枚，均为"五铢"钱（图六，1～4）。详情见下表。

M1铜钱统计表 （长度：厘米；重量：克）

种类	编号	特征		郭径	钱径	穿宽	郭宽	郭厚	肉厚	重量
		文字特征	记号							
五铢	2－1	"五"字瘦长，竖划缓曲；"金"头三角形，四竖点；"朱"头较圆，"朱"下较圆	无	2.61	2.21	0.92	0.16	0.18	0.09	2.10
	2－2	"五"字瘦长，竖划缓曲；"金"头三角形，四竖点；"朱"头较圆，"朱"下较圆	无	2.61	2.18	0.84	0.22	0.16	0.08	1.60
	2－3	"五"字瘦长，竖划甚曲；"金"头三角形，四竖点；"朱"头较圆，"朱"下较圆	无	2.61	1.21	0.86	0.16	0.15	0.08	2.48
	2－4	"五"字瘦长，竖划甚曲；"金"头三角形，四竖点；"朱"头较圆，"朱"下较圆	无	2.57	2.12	0.87	0.19	0.13	0.06	2.84

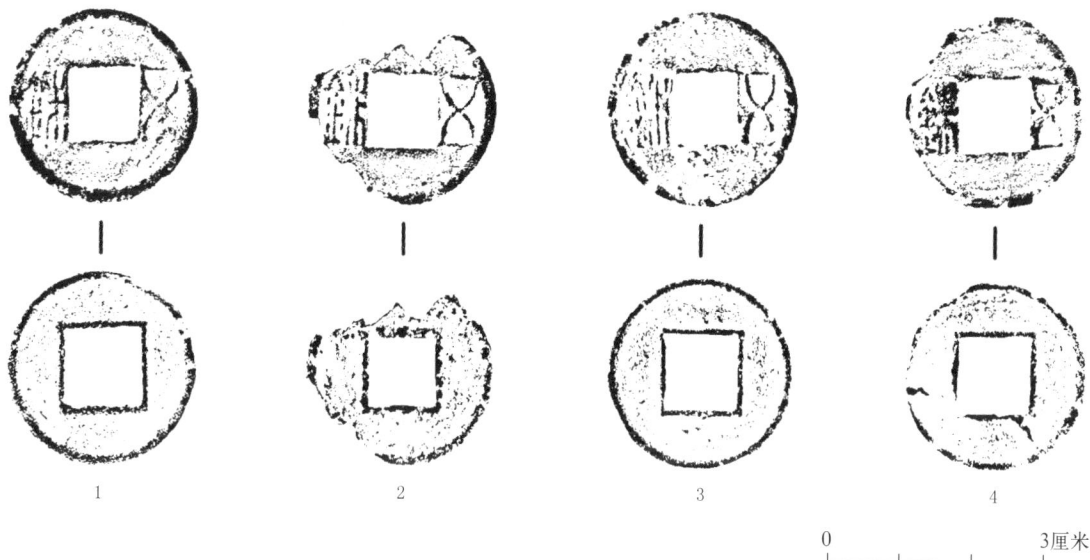

0   3厘米

图六 M1出土铜钱拓片
1～4. 铜钱拓片M1：2－1、2－2、2－3、2－4

二　M2

1. 墓葬形制

土坑石椁墓，平面呈圆角长方形，墓圹较规整。方向30°（图七；彩版七，1）。开口于第②层下，开口距地表1.46米，破坏较为严重。

墓圹四壁较平直；墓底系在生土面上经过简单平整而成，较为平坦。长3.52、宽1.54、深0.51米。

墓内填土主要为黄褐土，夹杂有少量的小石块，土质较坚硬。

2. 葬具和人骨

墓内葬具主要有石椁、木棺垫石及木棺。

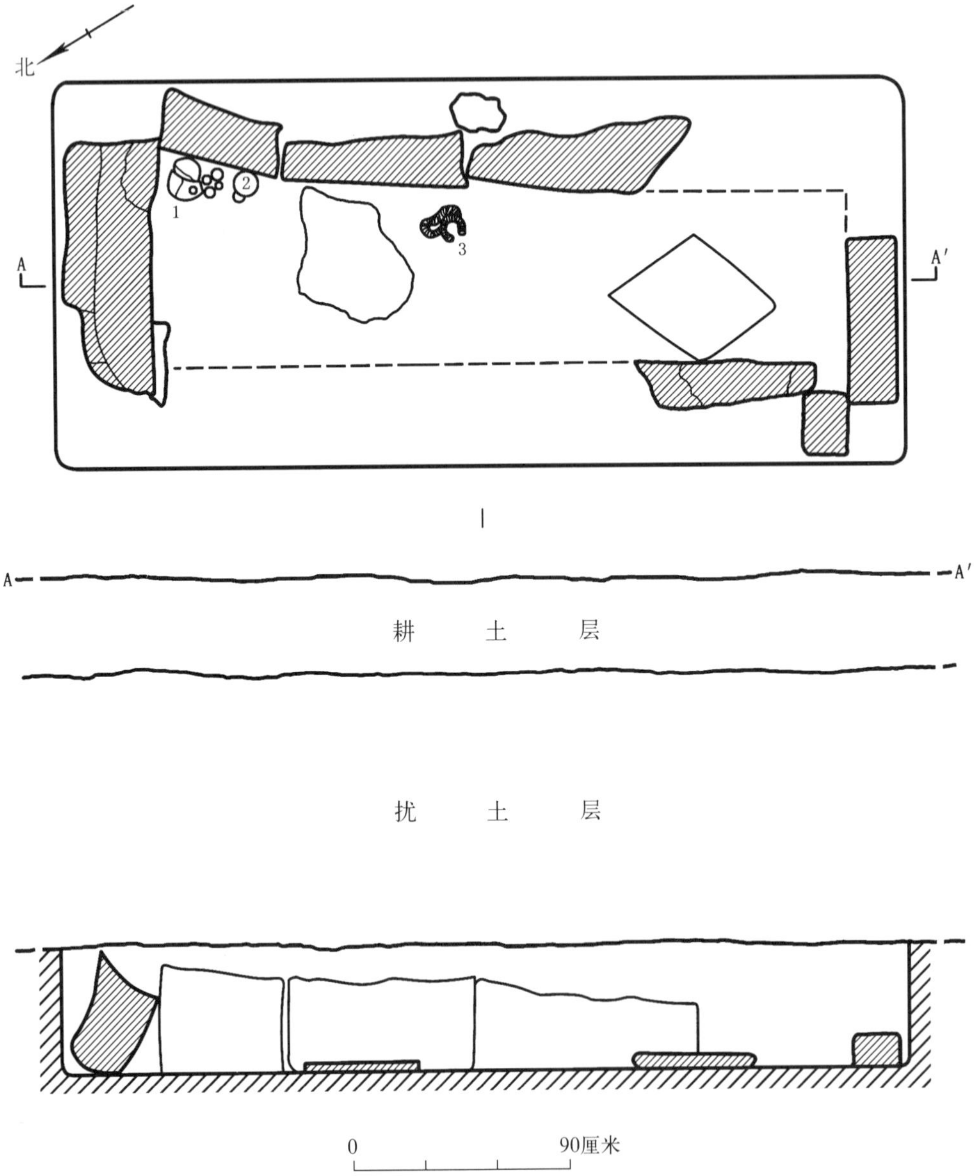

图七　M2平、剖面图
1. 陶灶组合　2. 陶井　3. 铜钱

石椁平面呈长方形，顶部现已不存，四壁用经过简单加工的大石条拼缝垒砌而成；底部由生土经过简单平整而成。石椁长2.88、宽0.70、残高0.49米。

墓底平铺有两块大石板，形状不规则，但表面打磨的较平整，应为木棺底部垫石。

木棺的保存状况极差，仅在墓底见有零星的黑色木板朽灰，形制及尺寸不辨。

由于该墓的埋藏条件不利于有机物的保存，墓底未见有人骨痕迹。

3．随葬品

该墓共出土有9件（套）随葬品（彩版七，2），多数位于墓室北部，质地以陶器为主，另有铜钱185枚。

陶器 计有灶1、井1、小釜5、小甑1。

灶 1件。标本M2：1－1，泥质灰陶。灶面呈圆形，灶面上呈"品"字形置有三个圆形火眼，烟孔未见，长方形灶门不落地。素面。灶面直径14.2、高5.3、壁厚0.6～0.7厘米；火眼直径2.3、2.1、1.8厘米；灶门长3.2、高2.8厘米（图八，1；彩版六，5）。

井 1件。标本M2：2，泥质灰陶。尖唇，敞口，束颈，圆肩，弧腹，平底。素面，器表轮旋痕迹明显。口径8.9、底径5.6、高10.7、壁厚0.5～0.7厘米（图八，2；彩版六，6）。

小釜 5件（M2：1－2、1－3、1－4、1－5、1－6）。其中，标本M2：1－2、1－3与1－4形制相似，均为泥质黄褐陶或灰陶；圆唇，敛口，鼓腹，腹部最大径位置靠下，平底或平底内凹；素面。标本M2：1－2，口径2.4、最大腹径3.0、底径1.7、高2.0、壁厚0.4～0.5厘米（图八，3；彩版六，5）。标本M2：1－3，口径2.8、最大腹径3.3、底径2.1、高2.0、壁厚0.4～0.5厘米（图八，4；彩版六，5）。标本M2：1－4，口径1.9、最大腹径2.3、底径1.4、高1.6、壁厚0.3～0.4厘米（图八，5；彩版六，5）。其中，标本M2：1－5与1－6形制相似，均为泥质灰陶；圆唇，敞口，弧腹，圆底，整体呈斗笠状；素面。标本M2：1－5，口径3.9、高1.7、壁厚0.5～0.7厘米（图八，6；彩版六，5）。标本M2：1－6，口径4.0、高1.9、壁厚0.4～0.5厘米（图八，7；彩版六，5）。

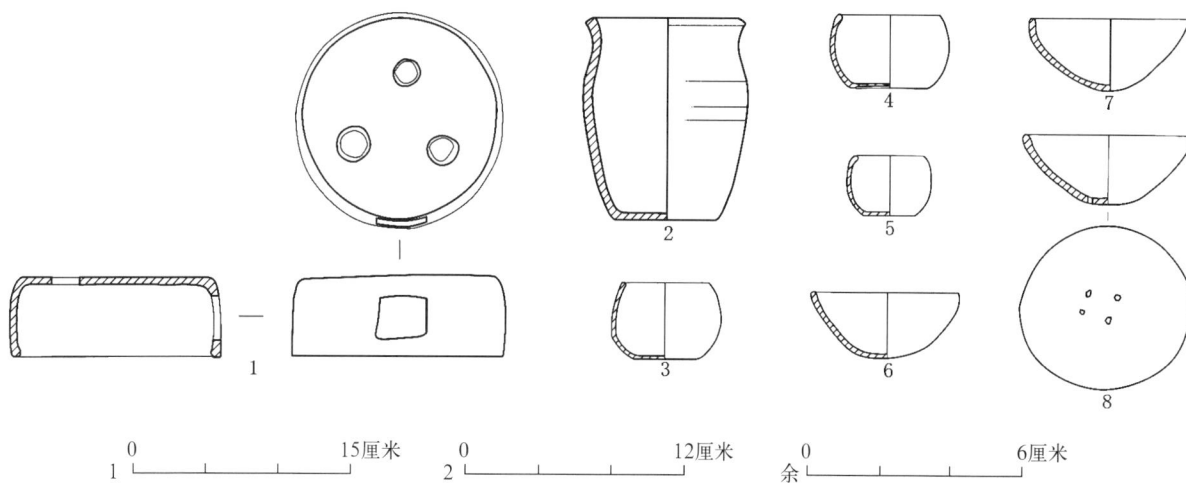

图八 M2出土器物

1．陶灶M2：1－1 2．陶井M2：2 3～7．小陶釜M2：1－2、1－3、1－4、1－5、1－6 8．小陶甑M2：1－7

小甑　1件。标本M2：1－7，泥质黄褐陶。圆唇，敞口，弧腹，圆底，整体呈斗笠状。底部穿有四个圆形甑孔。素面。口径4.2、高1.9、壁厚0.5～0.7厘米（图八，8；彩版六，5）。

铜钱　185枚，均为"货泉"钱（图九，1～14）。详情见下表。

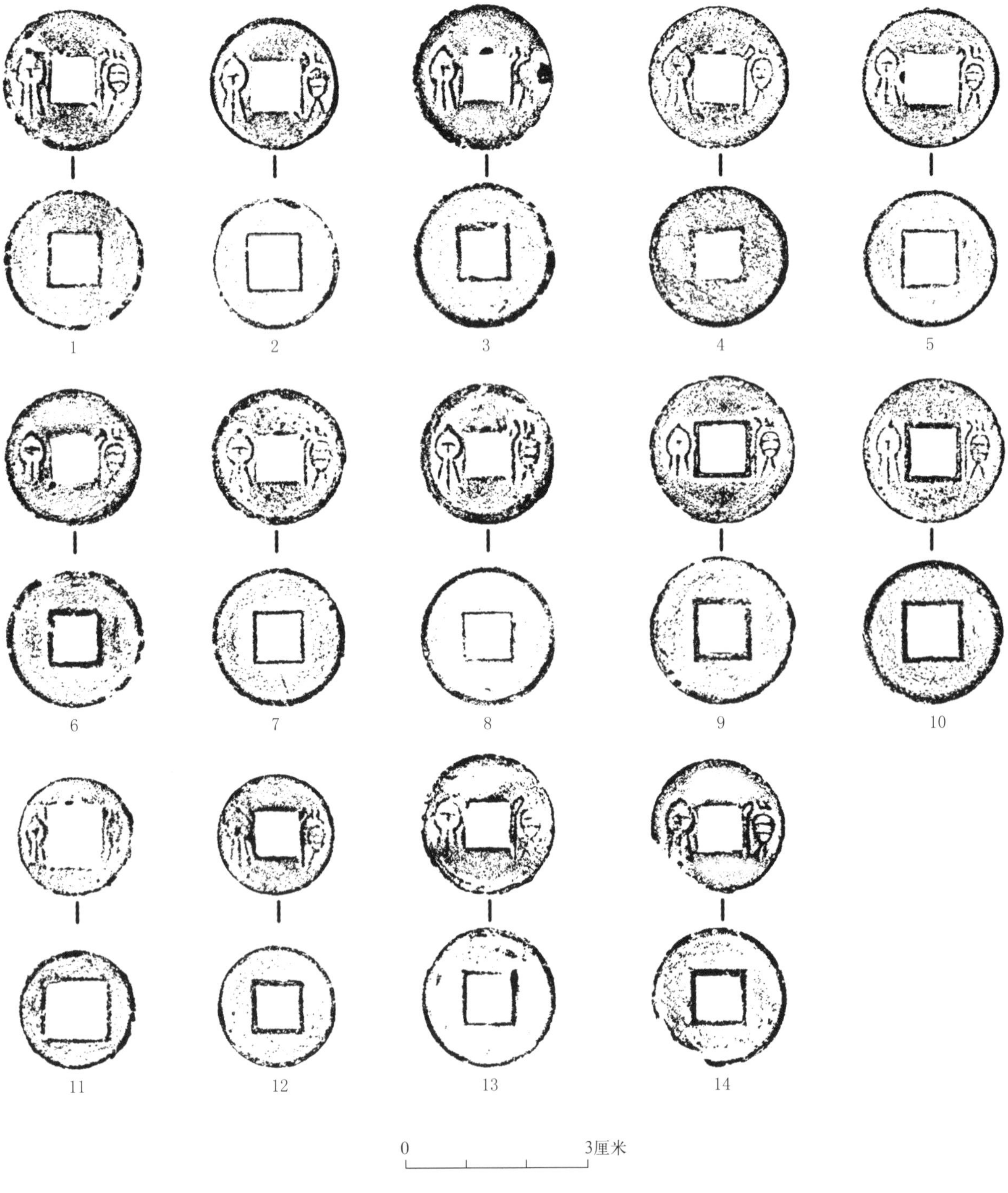

图九　M2出土铜钱拓片

1～14.铜钱拓片M2：3－1、3－2、3－3、3－4、3－5、3－6、3－7、3－8、3－9、3－10、3－11、3－12、3－13、3－14

M2铜钱统计表　　　　　　（长度：厘米；重量：克）

种类	编号	特征		郭径	钱径	穿宽	郭宽	郭厚	肉厚	重量
		文字特征	记号							
货泉	3—1	正面穿之左右篆书"货泉"二字	右穿下一决纹	2.24	1.82	0.76	0.10	0.11	0.02	2.60
	3—2	同上	同上	1.44	1.14	0.23	0.15	0.28	0.14	1.78
	3—3	同上	穿上一星点	2.32	1.86	0.70	0.21	0.22	0.11	2.98
	3—4	同上	右穿上一决纹	2.16	1.78	0.62	0.26	0.27	0.14	2.40
	3—5	同上	穿左一星点	2.26	1.98	0.69	0.13	0.14	0.08	17.4
	3—6	同上	左穿下一决纹	2.11	1.84	0.71	0.18	0.20	0.09	2.88
	3—7	同上	无	2.11	1.83	0.74	0.12	0.15	0.08	1.86
	3—8	同上	无	2.13	1.92	0.89	0.15	0.17	0.07	2.54
	3—9	同上	无	2.25	1.89	0.87	0.14	0.15	0.08	2.94
	3—10	同上	无	2.22	1.94	0.85	0.14	0.15	0.09	2.58
	3—11	同上	穿上一星点	1.98	1.66	0.93	0.12	0.13	0.05	1.10
	3—12	同上	无	1.91	1.54	0.80	0.11	0.14	0.07	1.36
	3—13	同上	四出，右穿下一决纹	2.18	1.86	0.76	0.19	0.20	0.09	1.86
	3—14	同上	四出	2.07	1.80	0.75	0.17	0.18	0.09	2.20
	3—15	同上	无	2.16	1.79	0.81	0.14	0.17	0.08	2.78
	3—16	同上	穿上一星点	2.11	1.79	0.68	0.16	0.15	0.08	1.84
	3—17	同上	无	2.16	1.72	0.70	0.15	0.16	0.07	2.78

	3—18	同上	穿上一星点	2.23	1.94	0.68	0.16	0.16	0.08	1.82
	3—19	同上	穿右一横	2.14	1.82	0.58	0.17	0.19	0.09	3.22
	3—20	同上	无	2.14	1.66	0.65	0.16	0.16	0.07	3.01
	3—21	同上	无	2.27	1.86	0.74	0.17	0.17	0.09	3.22
	3—22	同上	穿上一星点	2.26	1.93	0.74	0.17	0.15	0.07	2.32
	3—23	同上	无	2.33	1.94	0.68	0.13	0.19	0.09	3.12
	3—24	同上	无	2.12	1.86	0.77	0.21	0.22	0.10	2.12
	3—25	同上	无	2.17	1.95	0.64	0.16	0.15	0.07	2.82
货泉	3—26	同上	无	2.36	1.82	0.72	0.15	0.16	0.08	2.96
	3—27	同上	无	2.28	1.93	0.83	0.18	0.19	0.09	3.12
	3—28	同上	穿上一星点	2.19	1.80	0.62	0.15	0.16	0.08	2.30
	3—29	同上	无	2.09	1.70	0.81	0.13	0.15	0.07	1.80
	3—30	同上	无	2.24	1.81	0.78	0.15	0.15	0.06	2.08
	3—31	同上	无	2.26	1.90	0.74	0.18	0.19	0.09	3.16
	3—32	同上	无	2.12	1.83	0.70	0.14	0.13	0.06	1.24
	3—33	同上	无	2.10	1.77	0.74	0.13	0.13	0.06	1.82
	3—34	同上	无	2.27	1.85	0.72	0.18	0.17	0.08	3.02
	3—35	同上	右穿下一决纹	2.24	1.80	0.64	0.13	0.14	0.07	2.44

	3－36	同上	无	2.20	1.81	0.84	0.15	0.14	0.06	2.08
	3－37	同上	穿上一星点	2.06	1.72	0.71	0.15	0.15	0.08	1.58
	3－38	同上	无	2.27	1.92	0.72	0.16	0.17	0.07	2.20
	3－39	同上	无	2.15	1.89	0.75	0.17	0.18	0.09	2.42
	3－40	同上	无	2.31	1.98	0.78	0.15	0.16	0.08	2.92
	3－41	同上	无	2.21	1.86	0.70	0.23	0.21	0.10	2.78
	3－42	同上	无	2.18	1.84	0.72	0.16	0.16	0.08	2.36
	3－43	同上	无	2.16	1.82	0.70	0.16	0.15	0.07	1.86
	3－44	同上	无	2.31	1.85	0.80	0.16	0.17	0.08	2.12
货泉	3－45	同上	无	2.36	1.93	0.63	0.16	0.19	0.09	3.66
	3－46	同上	无	2.33	1.93	0.78	0.15	0.17	0.08	2.92
	3－47	同上	无	2.23	1.78	0.75	0.19	0.19	0.08	3.22
	3－48	同上	无	2.24	1.84	0.90	0.18	0.19	0.09	3.10
	3－49	同上	无	2.29	1.99	0.69	0.19	0.17	0.08	2.88
	3－50	同上	无	2.17	1.78	0.65	0.17	0.17	0.08	2.48
	3－51	同上	无	2.37	1.99	0.65	0.17	0.18	0.09	3.48
	3－52	同上	无	2.24	1.81	0.81	0.14	0.15	0.07	2.42
	3－53	同上	无	2.32	1.89	0.75	0.18	0.18	0.09	3.02

	3—54	同上	无	2.26	1.88	0.60	0.19	0.20	0.09	3.18
	3—55	同上	无	2.29	1.89	0.78	0.16	0.15	0.07	3.08
	3—56	同上	无	2.26	1.96	0.83	0.14	0.14	0.06	2.38
	3—57	同上	穿上一星点	2.07	1.78	0.65	0.15	0.15	0.07	2.38
	3—58	同上	无	2.28	1.90	0.84	0.17	0.17	0.08	2.98
	3—59	同上	无	2.28	1.95	0.85	0.12	0.15	0.07	2.42
	3—60	同上	无	2.18	1.78	0.65	0.16	0.16	0.08	2.14
	3—61	同上	无	2.19	1.89	0.76	0.14	0.13	0.06	2.84
货泉	3—62	同上	无	2.22	1.82	0.74	0.15	0.15	0.07	2.04
	3—63	同上	无	2.25	1.90	0.77	0.14	0.15	0.08	2.80
	3—64	同上	无	2.28	1.99	0.84	0.19	0.18	0.09	3.54
	3—65	同上	无	2.31	1.91	0.94	0.18	0.17	0.08	3.56
	3—66	同上	无	2.20	1.92	0.68	0.18	0.17	0.07	3.16
	3—67	同上	无	2.28	1.93	0.76	0.17	0.16	0.08	2.16
	3—68	同上	无	2.31	1.90	0.77	0.15	0.16	0.09	2.72
	3—69	同上	穿左一横	2.08	1.76	0.84	0.19	0.16	0.08	1.68
	3—70	同上	无	2.27	1.89	0.82	0.18	0.19	0.09	2.24
	3—71	同上	无	2.16	1.70	0.66	0.14	0.14	0.07	1.82

	3－72	同上	无	2.29	1.95	0.59	0.13	0.15	0.08	2.82
	3－73	同上	无	2.22	1.76	0.67	0.19	0.17	0.07	2.30
	3－74	同上	无	2.31	1.94	0.72	0.19	0.17	0.08	3.38
	3－75	同上	无	2.28	1.94	0.77	0.15	0.17	0.07	2.48
	3－76	同上	无	2.23	1.93	0.85	0.21	0.18	0.09	3.18
	3－77	同上	无	2.25	1.84	0.78	0.16	0.16	0.08	2.66
	3－78	同上	无	2.25	1.89	0.82	0.16	0.17	0.07	2.78
	3－79	同上	无	2.33	1.79	0.86	0.18	0.17	0.06	3.44
	3－80	同上	无	2.30	1.83	0.71	0.21	0.20	0.09	3.04
货泉	3－81	同上	穿上一星点	2.23	1.81	0.63	0.14	0.15	0.07	2.42
	3－82	同上	无	2.31	1.88	0.71	0.13	0.16	0.08	2.32
	3－83	同上	穿上一星点	2.35	1.83	0.72	0.21	0.21	0.10	3.70
	3－84	同上	无	2.20	1.81	0.72	0.19	0.18	0.09	2.82
	3－85	同上	无	2.25	1.93	0.69	0.16	0.16	0.07	2.76
	3－86	同上	无	2.16	1.88	0.83	0.16	0.15	0.08	1.88
	3－87	同上	无	2.27	1.90	0.76	0.17	0.21	0.09	3.82
	3－88	同上	右穿下一决纹	2.19	1.79	0.76	0.17	0.15	0.08	1.56
	3－89	同上	四出，右穿下一决纹	2.18	1.84	0.62	0.16	0.16	0.06	2.18

	3－90	同上	无	2.27	1.96	0.82	0.16	0.14	0.07	2.94
	3－91	同上	穿上一星点	2.20	1.81	0.67	0.20	0.19	0.10	2.96
	3－92	同上	无	2.26	1.93	0.64	0.17	0.17	0.09	3.30
	3－93	同上	无	2.31	1.94	0.87	0.21	0.21	0.07	3.10
	3－94	同上	无	2.33	1.87	0.69	0.23	0.24	0.10	3.30
	3－95	同上	无	2.09	1.69	0.77	0.14	0.13	0.05	1.42
	3－96	同上	无	2.24	1.90	0.67	0.19	0.17	0.08	2.50
	3－97	同上	无	2.27	1.91	0.89	0.18	0.15	0.08	2.74
	3－98	同上	无	2.28	1.97	0.73	0.20	0.19	0.09	2.46
货泉	3－99	同上	无	2.19	1.78	0.88	0.16	0.16	0.07	2.22
	3－100	同上	无	2.32	1.89	0.89	0.16	0.17	0.06	2.96
	3－101	同上	无	2.21	1.89	0.87	0.16	0.17	0.08	1.98
	3－102	同上	无	2.26	1.89	0.67	0.17	0.17	0.07	3.26
	3－103	同上	穿上一星点	2.21	1.91	0.69	0.14	0.15	0.04	2.42
	3－104	同上	无	2.22	1.92	0.81	0.15	0.13	0.05	2.16
	3－105	同上	无	2.26	1.89	0.72	0.18	0.17	0.08	3.42
	3－106	同上	无	2.26	1.90	0.91	0.12	0.14	0.07	2.64
	3－107	同上	无	2.19	1.96	0.84	0.16	0.15	0.06	2.72

	3－108	同上	无	2.14	1.82	0.80	0.20	0.20	0.09	3.04
	3－109	同上	穿上一星点	2.29	1.95	0.69	0.15	0.16	0.08	2.36
	3－110	同上	无	2.33	1.86	0.74	0.19	0.20	0.09	3.40
	3－111	同上	无	2.33	1.92	0.77	0.17	0.14	0.07	3.50
	3－112	同上	无	2.33	2.05	0.79	0.20	0.19	0.08	2.96
	3－113	同上	无	2.19	1.79	0.64	0.15	0.15	0.07	1.84
	3－114	同上	穿上一星点	2.29	1.86	0.71	0.21	0.20	0.09	3.10
	3－115	同上	无	2.30	1.88	0.80	0.16	0.15	0.08	2.14
	3－116	同上	无	2.27	1.98	0.80	0.13	0.15	0.07	2.88
货泉	3－117	同上	无	2.27	2.01	0.72	0.19	0.20	0.10	2.84
	3－118	同上	无	2.22	1.90	0.70	0.17	0.17	0.06	2.74
	3－119	同上	无	2.18	1.82	0.76	0.14	0.13	0.05	1.68
	3－120	同上	无	2.24	1.84	0.66	0.13	0.16	0.07	2.6/
	3－121	同上	无	2.26	1.92	0.67	0.17	0.17	0.08	2.48
	3－122	同上	无	2.32	1.95	0.79	0.17	0.18	0.09	3.58
	3－123	同上	无	2.29	1.98	0.79	0.16	0.15	0.07	2.96
	3－124	同上	无	2.22	1.81	0.66	0.16	0.15	0.04	2.48
	3－125	同上	无	2.32	1.95	0.78	0.17	0.16	0.08	1.66

	3－126	同上	无	2.15	1.89	0.71	0.15	0.15	0.07	1.88
	3－127	同上	无	2.08	1.78	0.63	0.16	0.17	0.05	1.78
	3－128	同上	无	2.22	1.90	0.71	0.21	0.21	0.09	2.84
	3－129	同上	无	2.30	1.92	0.72	0.15	0.15	0.06	3.01
	3－130	同上	无	2.32	1.91	0.82	0.16	0.17	0.07	2.30
	3－131	同上	穿上一星点	2.12	1.91	0.78	0.21	0.20	0.09	2.78
	3－132	同上	无	2.29	2.02	0.78	0.19	0.18	0.07	2.98
	3－133	同上	穿上一星点	2.15	1.79	0.67	0.16	0.15	0.04	2.08
	3－134	同上	无	2.33	1.91	0.63	0.17	0.16	0.08	2.70
货泉	3－135	同上	无	2.26	1.83	0.65	0.17	0.17	0.06	2.32
	3－136	同上	无	2.22	1.93	0.75	0.16	0.17	0.07	2.62
	3－137	同上	四出	2.27	1.95	0.74	0.21	0.23	0.09	3.46
	3－138	同上	无	2.18	1.90	0.63	0.18	0.17	0.05	2.58
	3－139	同上	穿上一星点	2.32	1.86	0.54	0.18	0.19	0.09	2.76
	3－140	同上	无	2.32	1.95	0.74	0.13	0.16	0.07	2.22
	3－141	同上	无	2.17	1.87	0.71	0.14	0.14	0.06	2.28
	3－142	同上	无	2.12	1.78	0.78	0.15	0.17	0.08	1.62
	3－143	同上	无	2.19	1.83	0.71	0.17	0.16	0.07	1.76

	3－144	同上	无	2.13	1.89	0.63	0.13	0.12	0.04	1.62
	3－145	同上	无	2.26	1.87	0.79	0.19	0.17	0.08	3.10
	3－146	同上	无	2.32	1.94	0.78	0.17	0.16	0.07	2.82
	3－147	同上	无	2.15	1.82	0.64	0.17	0.17	0.08	2.32
	3－148	同上	无	2.32	1.93	0.88	0.17	0.18	0.09	2.70
	3－149	同上	无	2.36	2.06	0.59	0.15	0.14	0.06	2.22
	3－150	同上	无	2.34	1.95	0.81	0.16	0.14	0.05	2.24
	3－151	同上	无	2.36	2.05	0.75	0.16	0.15	0.07	3.28
	3－152	同上	无	2.18	1.79	0.84	0.18	0.18	0.08	3.02
货泉	3－153	同上	无	2.32	2.05	0.89	0.18	0.17	0.06	2.82
	3－154	同上	无	2.16	1.84	0.71	0.13	0.11	0.03	1.44
	3－155	同上	无	2.24	1.80	0.67	0.17	0.18	0.08	2.82
	3－156	同上	左穿下一决纹	2.28	1.93	0.76	0.16	0.19	0.09	2.40
	3－157	同上	无	2.19	1.84	0.69	0.17	0.17	0.08	2.76
	3－158	同上	无	2.16	1.77	0.73	0.17	0.18	0.07	2.24
	3－159	同上	无	2.29	1.96	0.71	0.18	0.15	0.06	2.24
	3－160	同上	穿上一星点	2.31	1.91	0.75	0.14	0.14	0.08	1.82
	3－161	同上	无	2.13	1.84	0.67	0.22	0.18	0.09	3.12

	3－162	同上	穿上一星点	2.03	1.72	0.75	0.15	0.14	0.07	1.54
	3－163	同上	无	2.24	1.82	0.76	0.20	0.22	0.09	2.80
	3－164	同上	无	2.26	1.85	0.75	0.19	0.19	0.08	2.44
	3－165	同上	无	2.18	1.91	0.69	0.17	0.17	0.07	2.24
	3－166	同上	无	2.12	1.84	0.69	0.21	0.20	0.10	2.10
	3－167	同上	无	2.28	1.87	0.82	0.16	0.16	0.08	1.84
	3－168	同上	穿上一星点，穿下一星点	2.13	1.83	0.87	0.15	0.15	0.06	1.94
	3－169	同上	无	2.24	1.85	0.87	0.19	0.18	0.09	2.50
货泉	3－170	同上	无	2.21	1.83	0.74	0.15	0.15	0.07	1.88
	3－171	同上	穿上一星点	2.18	1.87	0.70	0.13	0.13	0.04	1.48
	3－172	同上	无	2.30	1.89	0.73	0.20	0.20	0.10	3.56
	3－173	同上	无	2.08	1.77	0.77	0.13	0.13	0.05	1.34
	3－174	同上	无	2.19	1.84	0.86	0.16	0.12	0.04	2.18
	3－175	同上	无	2.18	1.82	0.83	0.17	0.17	0.08	1.86
	3－176	同上	无	2.11	0.66	0.68	0.16	0.17	0.07	2.70
	3－177	同上	无	2.25	1.89	0.62	0.16	0.14	0.06	3.02
	3－178	同上	无	2.28	1.87	0.74	0.17	0.17	0.08	1.98
	3－179	同上	无	2.18	1.81	0.67	0.15	0.16	0.05	2.26

	3—180	同上	无	1.93	1.64	0.59	0.14	0.12	0.05	1.16
货泉	3—181	同上	无	2.09	1.76	0.67	0.15	0.14	0.07	1.90
		4枚残碎								

三　M3

1. 墓葬形制

单室砖墓，平面近似刀形，由墓道、墓门及墓室三部分组成，方向225°（图一〇；彩版八）。开口于第②层下，开口距地表1.30米，破坏较为严重。

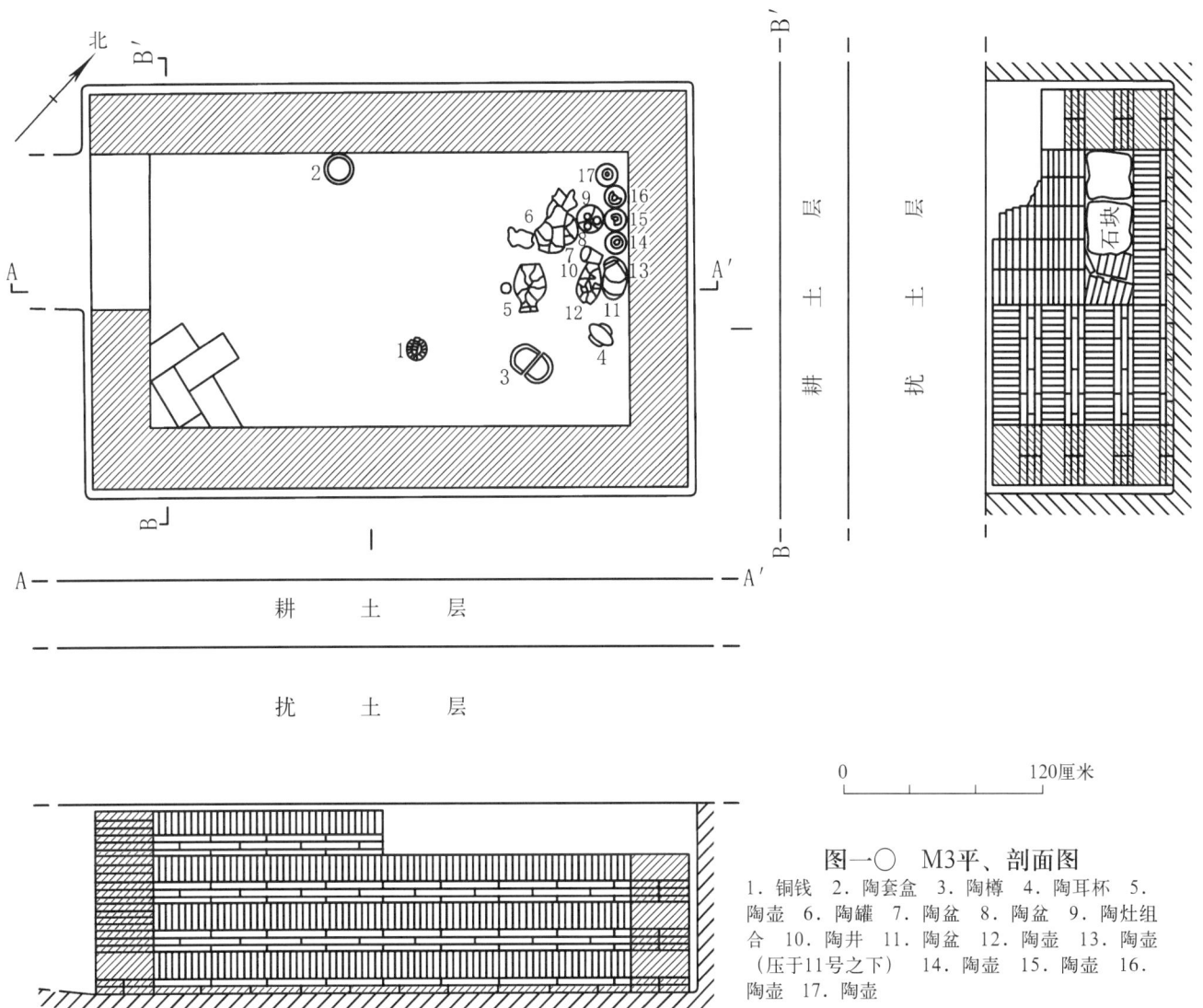

图一〇　M3平、剖面图

1. 铜钱　2. 陶套盒　3. 陶樽　4. 陶耳杯　5. 陶壶　6. 陶罐　7. 陶盆　8. 陶盆　9. 陶灶组合　10. 陶井　11. 陶盆　12. 陶壶　13. 陶壶（压于11号之下）　14. 陶壶　15. 陶壶　16. 陶壶　17. 陶壶

墓道　长方形斜坡状，未发掘完，长不详，宽0.90、底部距地表2.41米。

墓门　位于墓室南壁西部，宽0.90米。

封门　主要为条砖封堵，现存22层砖，残高1.04米。砌法由下至上为一层双隅顺砌平砖之上一层丁立砖，之后顺砌拼缝至顶，其中掺杂有2块大石块（彩版九，1）。

墓室　平面呈长方形，墓室长2.88、宽1.60米。墓室先铺墓底砖，再砌四壁。四壁最高处残存14层砖，砌法为三层双隅顺砌平砖之上一层丁立砖。墓底铺砖为斜向"人"字形平铺。用砖规格：（31~33）×（15~17）×4厘米，灰砖，一面为素面，一面施有绳纹。

2. 葬具和人骨

墓内未发现有任何葬具痕迹。

骨骼保存极差，仅在填土中零星出土有几块肢骨残块。

3. 随葬品

该墓共出土有19件（套）随葬品（彩版九，2），多数位于墓室北部，少量位于中部，多为陶器，另有铜钱139枚。

陶器　计有罐1、壶7、樽1、套盒1、盆3、耳杯2、灶1、井1、小釜1。

罐　1件。标本M3：6，泥质黄褐陶。方唇，直口，直领，溜肩，鼓腹，腹部最大径位置略靠上，台底。肩部及上腹部各施有两周凹弦纹。口径16.4、最大腹径34.7、底径14.0、高28.7、壁厚0.7~1.1厘米（图一一，1；彩版一〇，1）。

壶　7件（M3：5、12、13、14、15、16、17）。形制相似，均为泥质灰陶或黄褐陶；方唇，敞口，微卷沿，沿面施有一周凹槽，束颈，卵形腹，腹部最大径位置靠近肩部，平底。标本M3：5，素面。口径9.4、腹部最大径16.7、底径9.6、高25.8、壁厚0.5~0.6厘米（图一一，2）。标本M3：12，口部残缺，素面。最大腹径14.6、底径7.8、残高18.5、壁厚0.6~0.7厘米（图一一，3）。标本M3：13，素面，器表轮旋痕迹明显。口径8.7、最大腹径14.9、底径8.4、高23.5、壁厚0.5~0.6厘米（图一一，4；彩版一〇，2）。标本M3：14，素面，器表轮旋痕迹明显。口径8.6、腹部最大径15.5、底径7.8、高23.5、壁厚0.5~0.6厘米（图一一，5；彩版一〇，3）。标本M3：15，中腹部施有四周凹弦纹。口径9.1、最大腹径16.4、底径9.5、高26.2、壁厚0.5~0.6厘米（图一一，6；彩版一〇，4）。标本M3：16，中腹部施有两周凹弦纹。口径8.2、腹部最大径15.6、底径8.9、高26.4、壁厚0.5~0.6厘米（图一一，7；彩版一〇，5）。标本M3：17，素面。口径9.5、最大腹径17.0、底径9.9、高26.4、壁厚0.6~0.7厘米（图一一，8；彩版一〇，6）。

樽　1件。标本M3：3，泥质灰陶。方唇，直口，斜腹，平底，底部附有三个蹄状足。素面。口径14.8、底径14.1、高10.0、壁厚0.6~0.7厘米（图一一，9）。

套盒　1件。标本M3：2，由套盒盖及套盒两部分组成。套盒盖：泥质灰陶；平顶，折腹，直口，圆唇；素面。套盒：泥质灰陶；圆唇，直口，折腹，腹部施有一周扉棱，平底；素面。通高13.3厘米；套盒盖：口径15.4、顶径7.7、高9.4、壁厚0.5~0.6厘米；套盒：口径13.2、底径6.6、高9.1、壁厚0.5~0.6厘米（图一一，10；彩版一一，1）。

图一一 M3出土器物

1. 陶罐M3：6 2~8. 陶壶M3：5、12、13、14、15、16、17 9. 陶樽M3：3 10. 陶套盒M3：2

盆　3件（M3：7、8、11）。标本M3：7，泥质灰黑陶，陶色不纯，局部呈红褐色。方唇，敞口，展沿，折腹较浅，平底。素面。口径29.1、底径12.4、高6.4、壁厚0.5～0.6厘米（图一二，1）。标本M3：8，泥质黑褐陶。方唇，敞口，展沿，弧腹，平底。素面。口径19.2、底径9.0、高5.8、壁厚0.5～0.6厘米（图一二，2；彩版一一，2）。标本M3：11，泥质黄褐陶。方唇，敞口，展沿，折腹较深，平底。素面。口径20.9、底径8.6、高6.1、壁厚0.5～0.6厘米（图一二，3；彩版一一，3）。

耳杯　2件（M3：4-1、4-2）。形制相似，均为椭圆形杯口，双耳微上翘，弧腹；素面。标本M3：4-1，泥质黄褐陶，台底。口长径10.1、口短径6.8、底长径6.2、底短径2.7、高2.2、壁厚0.5～0.6厘米（图一二，4；彩版一一，4）。标本M3：4-2，泥质灰陶，平底。口长径9.7、口短径6.0、底长径6.0、底短径3.4、高2.5、壁厚0.5～0.6厘米（图一二，5；彩版一一，4）。

灶　1件。标本M3：9-1，泥质黄褐陶。灶面呈圆形，灶面上呈"品"字形置有三个圆形火眼，尾端置有圆形烟孔，长方形灶门不落地。素面，器表轮旋痕迹明显。灶面直径14.4、高5.6、壁厚0.9～1.0厘米；火眼直径2.5、2.4、2.5、烟孔直径1.0厘米；灶门长3.1、高2.2厘米（图一二，6；彩版一一，5）。

井　1件。标本M3：10，泥质灰陶，陶色不纯，局部呈黄褐色。方唇，直口，折肩，斜腹，平底。素面，器表轮旋痕迹明显。口径8.3、底径5.9、高9.4、壁厚0.5～0.6厘米（图一二，7；彩版一一，6）。

小釜　1件。标本M3：9-2，手工捏制而成，泥质灰陶。圆唇，敞口，弧腹，圜底，整体呈斗

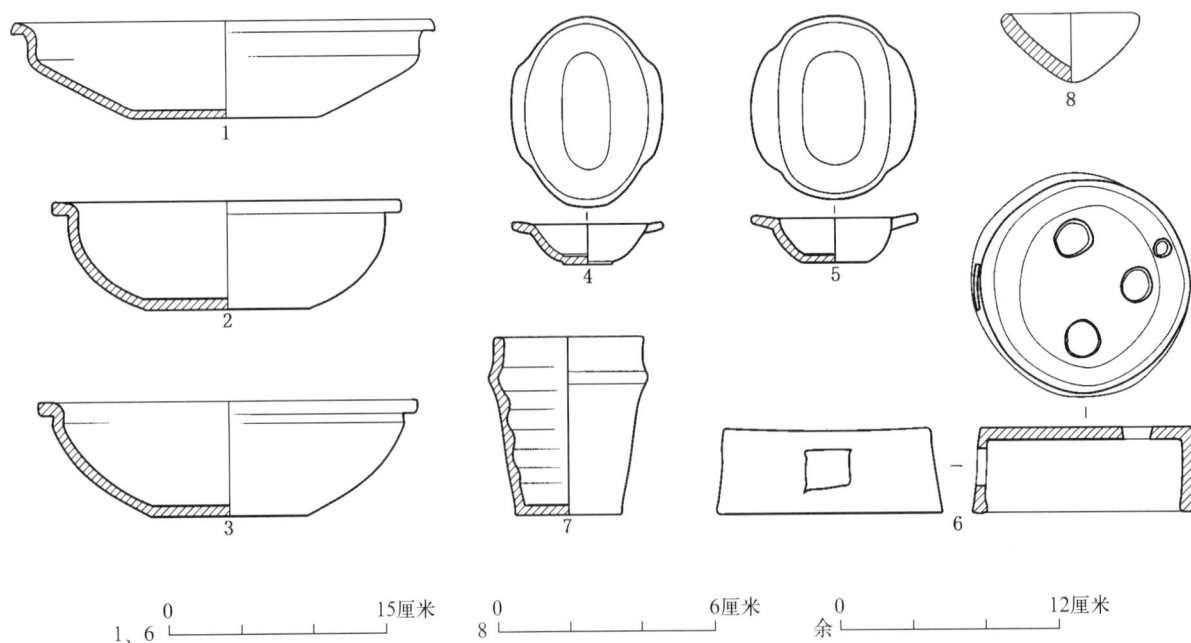

图一二　M3出土器物

1～3. 陶盆M3：7、8、11　4、5. 陶耳杯M3：4-1、4-2　6. 陶灶M3：9-1　7. 陶井M3：10　8. 小陶釜M3：9-2

笠状。素面。口径3.8、高1.8、壁厚0.4~0.5厘米（图一二，8；彩版一一，5）。

铜钱　139枚，其中"五铢"钱4枚，"货泉"钱135枚（图一三，1~15）。详情见下表。

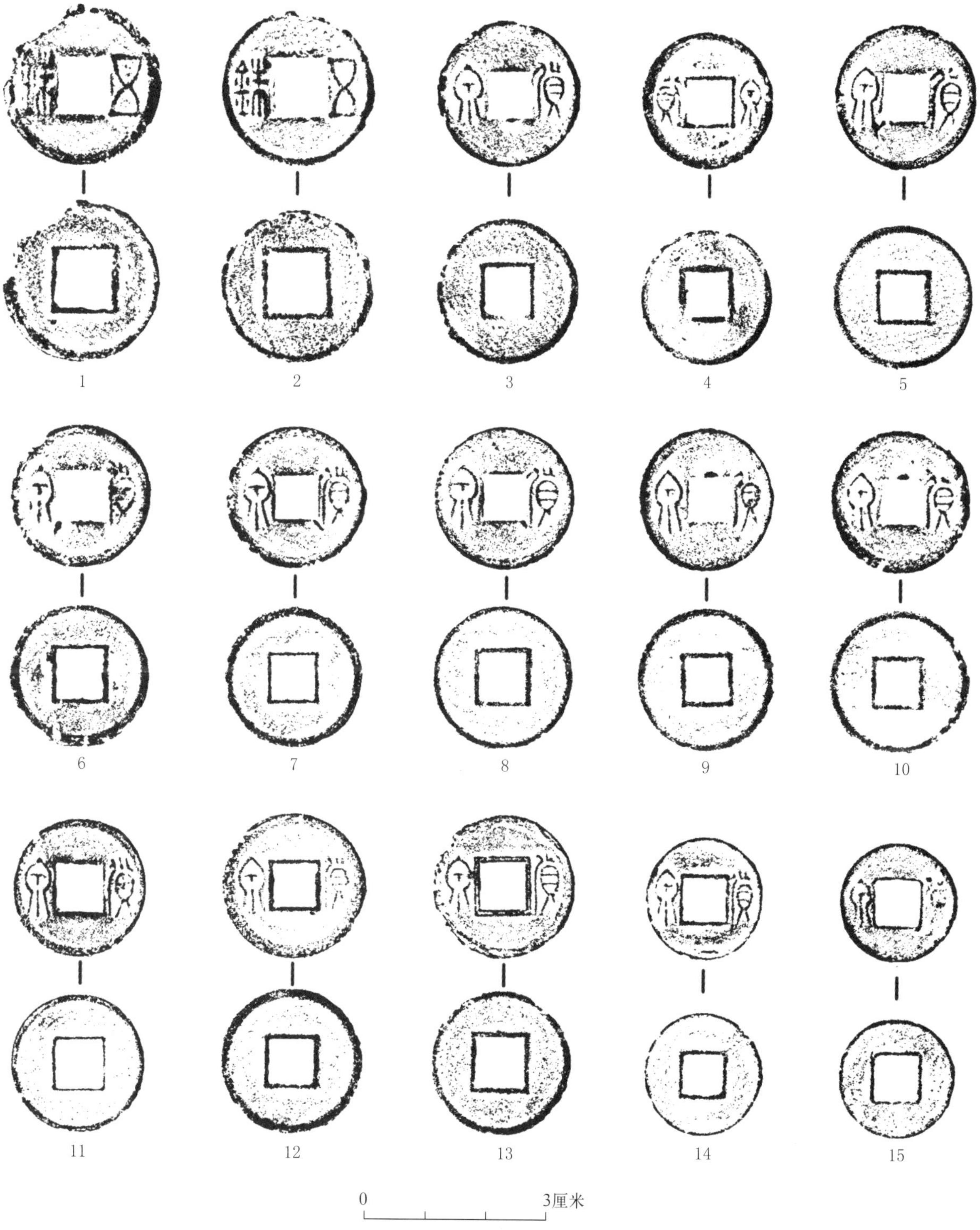

图一三　M3出土铜钱拓片

1~15. 铜钱拓片M3：1-1、1-2、1-3、1-4、1-5、1-6、1-7、1-8、1-9、1-10、1-11、1-12、1-13、1-14、1-15

M3铜钱统计表　　　　　　　　　　　　　　（长度：厘米；重量：克）

种类	编号	特征		郭径	钱径	穿宽	郭宽	郭厚	肉厚	重量
		文字特征	记号							
五铢	1-1	"五"字瘦长，竖划缓曲；"金"头三角形，四竖点；"朱"头较圆，"朱"下较圆	无	2.62	2.21	1.02	0.21	0.17	0.08	2.60
	1-2	同上	无	2.46	2.14	0.84	0.13	0.11	0.05	3.20
货泉	1-3	正面穿之左右篆书"货泉"二字	穿下一星点	2.31	1.90	0.84	0.14	0.19	0.09	3.64
	1-4	正面穿之左右篆书"货泉"二字，左读	无	2.17	1.79	0.75	0.15	0.18	0.09	2.62
	1-5	正面穿之左右篆书"货泉"二字	左穿下一决纹	2.32	1.88	0.78	0.17	0.18	0.10	2.82
	1-6	同上	同上	2.29	1.82	0.81	0.12	0.17	0.08	2.66
	1-7	同上	右穿下一决纹	2.26	1.81	0.76	0.19	0.17	0.08	2.28
	1-8	同上	同上	2.30	1.90	0.74	0.20	0.18	0.09	3.44
	1-9	同上	穿上一星点	2.12	1.79	0.66	0.24	0.18	0.09	3.20
	1-10	同上	同上	2.29	1.82	0.66	0.22	0.16	0.08	3.02
	1-11	同上	无	2.17	1.86	0.79	0.12	0.12	0.06	1.92
	1-12	同上	无	2.33	1.81	0.90	0.25	0.19	0.10	3.26
	1-13	同上	无	2.31	1.94	0.97	0.16	0.13	0.06	2.94
	1-14	同上	穿下一横	1.93	1.67	0.85	0.12	0.12	0.05	1.10
	1-15	同上	无	1.91	1.67	0.82	0.14	0.11	0.05	1.34
五铢	1-16	"五"字瘦长，竖划缓曲；"金"头三角形，四竖点；"朱"头较圆，"朱"下较圆，左读	无	2.57	2.14	0.89	0.16	0.15	0.07	1.94

五铢	1-17	"五"字瘦长，竖划缓曲；"金"头三角形，四竖点；"朱"头较圆，"朱"下较圆	无	2.45	2.19	0.95	0.16	0.15	0.07	2.76
货泉	1-18	正面穿之左右篆书"货泉"二字	左穿下一决纹	2.28	1.79	0.85	0.18	0.15	0.07	2.38
	1-19	同上	穿上一星点	2.28	1.85	0.66	0.20	0.16	0.08	2.48
	1-20	同上	右穿下一决纹，穿下一横，四出	2.18	1.76	0.69	0.16	0.20	0.10	2.86
	1-21	同上	左穿下一决纹	2.29	1.94	0.75	0.17	0.18	0.09	2.84
	1-22	同上	同上	2.21	1.82	0.86	0.19	0.14	0.07	1.86
	1-23	同上	同上	2.17	1.85	0.76	0.12	0.12	0.06	1.88
	1-24	同上	同上	2.29	1.82	0.69	0.21	0.16	0.08	3.30
	1-25	同上	右穿下一决纹	2.25	1.85	0.71	0.16	0.16	0.08	2.32
	1-26	同上	同上	2.19	1.81	0.72	0.17	0.15	0.07	2.28
	1-27	同上	同上	2.24	1.82	0.88	0.20	0.16	0.08	3.28
	1-28	同上	同上	2.33	1.88	0.74	0.21	0.16	0.08	3.26
	1-29	同上	同上	2.24	1.85	0.66	0.18	0.13	0.06	2.14
	1-30	同上	同上	2.25	1.86	0.63	0.18	0.15	0.07	2.48
	1-31	同上	穿上一星点	2.24	1.83	0.74	0.19	0.16	0.08	2.24
	1-32	同上	同上	2.32	1.81	0.75	0.25	0.17	0.08	3.18
	1-33	同上	同上	2.19	1.81	0.74	0.23	0.15	0.07	2.74
	1-34	同上	同上	2.16	1.88	0.71	0.17	0.12	0.06	1.88

	1－35	同上	同上	2.26	1.89	0.76	0.16	0.17	0.08	2.70
	1－36	同上	同上	2.25	1.85	0.76	0.21	0.14	0.07	2.06
	1－37	同上	同上	2.26	1.86	0.56	0.20	0.13	0.07	2.38
	1－38	同上	同上	2.28	1.87	0.69	0.22	0.12	0.06	3.32
	1－39	同上	穿上有星点，右穿下一决纹	2.21	1.82	0.70	0.16	0.20	1.00	2.06
	1－40	同上	穿上一星点，四出	2.21	1.81	0.64	0.19	0.19	0.09	2.42
	1－41	同上	穿下一星点	2.27	1.87	0.64	0.16	0.22	0.11	3.32
	1－42	同上	同上	2.18	1.78	0.69	0.21	0.14	0.07	2.54
	1－43	同上	无	2.34	1.88	0.65	0.21	0.20	0.10	3.30
货泉	1－44	同上	无	2.27	1.84	0.90	0.16	0.14	0.07	2.64
	1－45	同上	无	2.11	1.74	0.90	0.18	0.13	0.06	1.72
	1－46	同上	无	2.31	2.04	0.98	0.12	0.15	0.07	3.02
	1－47	同上	无	2.21	1.91	0.91	0.20	0.14	0.07	1.80
	1－48	同上	无	2.35	1.97	0.92	0.18	0.15	0.07	2.06
	1－49	同上	无	2.11	1.76	0.91	0.12	0.16	0.08	2.42
	1－50	同上	无	2.27	1.82	0.67	0.20	0.16	0.08	2.52
	1－51	同上	无	2.24	1.88	0.65	0.19	0.18	0.09	3.26
	1－52	同上	无	2.30	1.84	0.92	0.22	0.18	0.09	1.94
	1－53	同上	无	2.21	1.85	0.89	0.19	0.12	0.06	2.06

	1－54	同上	无	2.29	1.83	0.93	0.22	0.13	0.06	1.72
	1－55	同上	无	2.17	1.81	0.71	0.11	0.19	0.09	2.02
	1－56	同上	无	2.34	1.86	0.99	0.20	0.16	0.08	3.10
	1－57	同上	无	2.36	1.96	1.04	0.18	0.17	0.08	3.01
	1－58	同上	无	2.33	1.88	1.01	0.19	0.20	0.10	3.14
	1－59	同上	无	2.36	1.90	0.92	0.24	0.17	0.08	1.80
	1－60	同上	无	2.33	1.92	0.92	0.19	0.18	0.09	3.34
	1－61	同上	无	2.19	1.84	0.93	0.16	0.15	0.07	2.14
	1－62	同上	无	2.32	1.91	1.03	0.23	0.13	0.06	2.74
货泉	1－63	同上	无	2.33	1.85	0.92	0.19	0.13	0.06	2.68
	1－64	同上	无	2.25	1.86	0.87	0.23	0.18	0.09	2.76
	1－65	同上	无	2.24	1.81	0.91	0.18	0.17	0.08	3.18
	1－66	同上	无	2.21	1.90	0.94	0.16	0.16	0.08	2.80
	1－67	同上	无	2.20	1.76	0.94	0.20	0.14	0.07	2.32
	1－68	同上	无	2.31	1.82	0.94	0.17	0.19	0.09	2.52
	1－69	同上	无	2.15	1.75	0.96	0.12	0.14	0.07	1.74
	1－70	同上	无	2.18	1.88	0.96	0.17	0.12	0.06	2.44
	1－71	同上	无	2.26	1.89	0.89	0.18	0.15	0.07	2.74
	1－72	同上	无	2.19	1.86	0.94	0.15	0.18	0.09	2.68

	1-73	同上	无	2.29	1.80	0.91	0.18	0.20	0.10	3.06
	1-74	同上	无	2.26	1.82	0.91	0.17	0.16	0.08	2.72
	1-75	同上	无	2.31	1.88	0.73	0.21	0.18	0.09	3.30
	1-76	同上	无	2.36	1.93	0.90	0.19	0.20	0.10	3.28
	1-77	同上	无	2.20	1.86	0.97	0.14	0.20	0.10	2.76
	1-78	同上	无	2.28	1.86	0.93	0.18	0.18	0.09	3.06
	1-79	同上	无	2.24	1.86	0.95	0.20	0.19	0.09	2.86
	1-80	同上	无	2.24	1.87	0.86	0.13	0.16	0.08	3.02
	1-81	同上	无	2.16	1.81	0.91	0.14	0.16	0.08	2.88
货泉	1-82	同上	无	2.22	1.76	0.74	0.17	0.15	0.07	2.38
	1-83	同上	无	2.33	1.88	0.95	0.19	0.17	0.08	2.84
	1-84	同上	无	2.32	1.86	0.94	0.21	0.21	0.10	2.94
	1-85	同上	无	2.28	1.86	0.97	0.17	0.13	0.06	2.64
	1-86	同上	无	2.27	1.89	0.88	0.14	0.16	0.08	2.12
	1-87	同上	无	2.35	1.95	1.00	0.20	0.15	0.07	2.70
	1-88	同上	无	2.23	1.83	0.91	0.17	0.10	0.05	2.08
	1-89	同上	无	2.33	1.84	0.67	0.22	0.21	0.10	4.48
	1-90	同上	无	2.18	1.91	0.74	0.16	0.15	0.07	2.86
	1-91	同上	无	2.30	1.87	0.90	0.24	0.17	0.08	3.28

	1－92	同上	无	2.34	1.89	0.92	0.19	0.16	0.08	2.92
	1－93	同上	无	2.27	1.84	0.91	0.27	0.13	0.06	2.46
	1－94	同上	无	2.22	1.89	0.72	0.12	0.13	0.06	1.94
	1－95	同上	无	2.20	1.73	0.82	0.20	0.18	0.09	3.58
	1－96	同上	无	2.33	1.83	0.77	0.21	0.16	0.08	2.76
	1－97	同上	无	2.28	1.83	0.82	0.15	0.13	0.06	2.94
	1－98	同上	无	2.24	1.91	0.65	0.14	0.14	0.07	2.46
	1－99	同上	无	2.27	1.82	0.91	0.13	0.14	0.07	2.58
	1－100	同上	无	2.27	1.85	0.96	0.12	0.17	0.08	2.74
货泉	1－101	同上	无	2.28	1.85	0.92	0.12	0.13	0.06	2.98
	1－102	同上	无	2.29	1.88	0.76	0.14	0.15	0.07	2.56
	1－103	同上	无	2.16	1.81	0.73	0.12	0.10	0.05	2.06
	1－104	同上	无	2.08	1.72	0.85	0.15	0.14	0.07	2.04
	1－105	同上	无	2.20	1.86	0.98	0.14	0.15	0.07	2.76
	1－106	同上	无	2.28	1.92	0.90	0.16	0.12	0.06	1.94
	1－107	同上	无	2.30	1.81	0.91	0.17	0.13	0.06	2.26
	1－108	同上	无	2.17	1.82	0.65	0.16	0.16	0.08	2.36
	1－109	同上	无	2.12	1.74	0.89	0.10	0.12	0.06	3.01
	1－110	同上	无	2.27	1.89	0.89	0.15	0.16	0.08	3.58

	1-111	同上	无	2.31	1.83	0.91	0.19	0.18	0.09	3.42
	1-112	同上	无	2.28	1.83	0.95	0.18	0.12	0.06	2.64
	1-113	同上	无	2.27	1.83	0.64	0.21	0.13	0.06	2.70
	1-114	同上	无	2.34	1.93	0.96	0.19	0.11	0.05	2.06
	1-115	同上	无	2.28	1.90	0.94	0.13	0.13	0.06	1.76
	1-116	同上	四出	2.30	1.87	0.90	0.18	0.15	0.07	3.02
	1-117	同上	四出	2.33	1.96	0.94	0.16	0.14	0.07	3.20
	1-118	同上	四出	2.20	1.80	0.71	0.13	0.16	0.08	2.36
	1-119	同上	四出	2.16	1.75	0.98	0.17	0.13	0.06	1.74
货泉	1-120	同上	四出	2.27	1.88	0.69	0.17	0.18	0.09	2.86
	1-121	同上	四出	2.36	1.84	0.95	0.22	0.22	0.11	3.38
	1-122	同上	四出	2.28	1.82	0.96	0.20	0.14	0.07	2.94
	1-123	同上	四出	2.26	1.85	0.92	0.18	0.14	0.07	2.16
	1-124	同上	四出	2.28	1.87	0.70	0.15	0.18	0.09	2.96
	1-125	同上	四出	2.29	1.91	1.01	0.18	0.17	0.08	2.86
	1-126	同上	四出	2.33	1.87	0.92	0.18	0.17	0.08	2.72
	1-127	同上	四出，穿下一星点	2.41	1.69	0.81	0.18	0.17	0.08	2.14
	1-128	同上	穿上一星点	2.29	1.80	0.64	0.17	0.20	0.10	3.42
	1-129	同上	同上	2.17	1.80	0.55	0.15	0.16	0.08	2.30

	1-130	同上	同上	2.24	1.84	0.65	0.15	0.16	0.08	1.86
	1-131	同上	同上	2.19	1.83	0.76	0.14	0.13	0.06	1.94
	1-132	同上	同上	2.28	1.78	0.69	0.22	0.16	0.08	2.94
	1-133	同上	左穿下一决纹	2.20	1.86	0.68	0.16	0.12	0.06	2.22
货泉	1-134	同上	右穿下一决纹	2.17	1.79	0.68	0.11	0.12	0.06	1.82
	1-135	同上	同上	2.33	1.97	0.72	0.16	0.17	0.08	3.02
	1-136	同上	同上	2.21	1.82	0.69	0.15	0.11	0.05	1.74
	1-137	同上	同上	2.18	1.83	0.70	0.18	0.18	0.09	2.14
	1-138	同上	同上	2.24	1.86	0.58	0.15	0.18	0.09	2.96
	1-139	同上	同上	2.27	1.89	0.71	0.19	0.16	0.08	2.68

四 M4

1. 墓葬形制

单室石室墓，平面呈"甲"字形，由墓道、墓门及墓室三部分组成，方向200°（图一四；彩版一二）。开口于第②层下，开口距地表0.98米，保存状况一般。

墓道 不垂直于墓室，斜向西南，长方形斜坡状，未发掘完，长不详，宽0.96、底部距地表2.10米。

墓门 位于墓室南壁东部，宽0.60米。

封门 石块逐层错缝垒砌封堵，现存5层，残高0.90米（彩版一三，1）。

墓室 平面呈长方形，墓室长2.64、宽1.48米。墓室四壁用经过简单加工的石条及石块错缝垒砌而成。四壁顶端现残存有1层丁立的楔形砖，据此推测，该墓应用灰砖封顶，但现已坍塌。墓底系在生土面上经过简单平整而成。

2. 葬具和人骨

墓室西壁处有一组棺底垫砖，由两个独立的砖台组成。砖台系用单砖横向摆放而成，砖台之间相距0.82米。

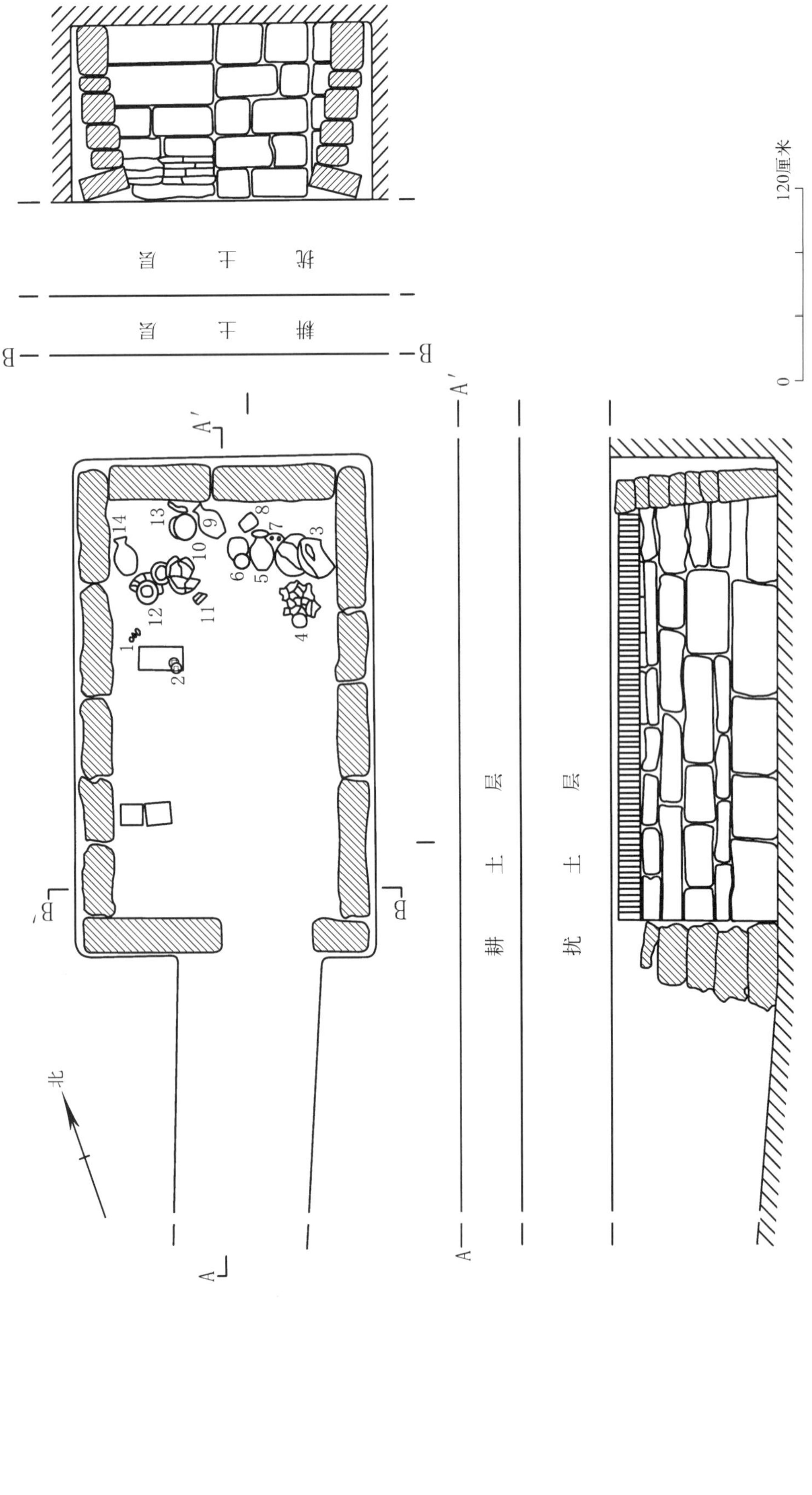

图一四　M4平、剖面图

1. 料珠　2. 铜钱　3. 陶壶　4. 陶罐　5. 陶壶　6. 陶壶　7. 陶灶组合　8. 陶缸　9. 陶壶　10. 陶樽　11. 陶盆　12. 陶套盒　13. 陶盆　14. 陶壶

由于该墓的埋藏条件不利于有机物的保存，墓底未见有人骨痕迹。

3．随葬品

该墓共出土有16件（套）随葬品（彩版一三，2），均位于墓室北部，质地以陶器为主，另有石料珠1套、铜钱47枚。

陶器　计有罐1、壶5、樽1、套盒1、盆2、缸1、灶1、小釜1、小盆1。

罐　1件。标本M4：4，由罐盖及罐两部分组成。罐盖：泥质黄褐陶；圜顶，弧腹，字母口，圆唇；素面。罐：泥质灰陶；圆唇，敛口，斜颈，溜肩，鼓腹，腹部最大径位置居中，矮圈足；肩部及中腹部施有多周凹弦纹。通高25.9厘米；罐盖：口径15.0、高2.6、壁厚0.6～0.7厘米；罐：口径14.8、最大腹径27.1、底径11.2、高23.3、壁厚0.6～0.7厘米（图一五，1；彩版一四，1）。

壶　5件（M4：3、5、6、9、14）。形制相似，均为泥质灰陶；方唇，敞口，卷沿，沿面施有一周凹槽，束颈，溜肩，卵形腹，腹部最大径位置靠近肩部，平底；素面，器表轮旋痕迹明显。标本M4：3，口部残缺，最大腹径13.1、底径8.1、残高21.4、壁厚0.6～0.7厘米（图一五，2）。标本M4：5，口径8.9、最大腹径15.3、底径7.6、高23.2、壁厚0.6～0.7厘米（图一五，3；彩版一四，2）。标本M4：6，口径9.0、最大腹径15.9、底径8.3、高23.8、壁厚0.6～0.7厘米（图一五，4；彩版一四，3）。标本M4：9，口径8.4、最大腹径15.5、底径8.4、高24.4、壁厚0.6～0.7厘米（图一五，5；彩版一四，4）。标本M4：14，口径9.0、最大腹径16.5、底径8.4、高24.4、壁厚0.6～0.7厘米（图一五，6；彩版一四，5）。

樽　1件。标本M4：10，泥质黑褐陶。圆唇，敞口，直腹，平底。樽足现已脱落，只存疤痕。素面，器表轮旋痕迹明显，内壁施有数周瓦棱纹。口径16.2、底径15.0、残高8.9、壁厚0.6～0.7厘米（图一五，7；彩版一四，6）。

套盒　1件。标本M4：12，由套盒盖及套盒两部分组成。套盒盖：泥质黑陶；平顶，折腹，敛口，圆唇；素面。套盒：泥质黑陶；圆唇，直口，折腹，腹部施有一周扉棱，平底；素面。通高10.0厘米；套盒盖：口径12.9、顶径5.5、高7.1、壁厚0.6～0.7厘米；套盒：口径10.8、底径5.8、高7.1、壁厚0.6～0.7厘米（图一五，8；彩版一五，1）。

盆　2件（M4：11、13）。形制相似，均为方唇，敞口，微卷沿，弧腹，平底；素面。标本M4：11，泥质灰陶，口径22.3、底径7.7、高6.5、壁厚0.6～0.8厘米（图一五，9；彩版一五，2）。标本M4：13，泥质黄褐陶，口径21.1、底径7.4、高5.6、壁厚0.6～0.8厘米（图一五，10；彩版一五，3）。

缸　1件。标本M4：8，泥质黑陶。圆唇，敛口，鼓腹，平底。器表轮旋痕迹明显，内壁施有多周瓦棱纹。口径8.3、底径5.7、高12.3、壁厚0.6～0.7厘米（图一五，11；彩版一五，4）。

灶　1件。标本M4：7-1，泥质灰陶。灶面呈圆形，灶面上呈“品”字形置有三个圆形火眼，尾端置有圆形烟孔，长方形灶门不落地。素面。灶面直径15.0、高5.8、壁厚0.6～0.7厘米；火眼直径2.5、2.6、2.4、烟孔直径1.0厘米；灶门长4.1、高2.7厘米（图一五，12；彩版一五，5）。

小釜　1件。标本M4：7-2，泥质黄褐陶。圆唇，微敛口，鼓腹，腹部最大径位置居中，平

图一五 M4出土器物

1. 陶罐M4：4 2~6. 陶壶M4：3、5、6、9、14 7. 陶樽M4：10 8. 陶套盒M4：12 9、10. 陶盆M4：11、13 11. 陶缸M4：
8 12. 陶灶M4：7-1 13. 小陶釜M4：7-2 14. 小陶盆M4：7-3 15、16. 石料珠M4：1-1、1-2

底。素面。口径3.8、最大腹径5.1、高3.1、壁厚0.2～0.4厘米（图一五，13；彩版一五，5）。

小盆 1件。标本M4：7－3，泥质黄褐陶。圆唇，敞口，斜腹，平底。素面。口径7.3、高2.3、壁厚0.2～0.4厘米（图一五，14；彩版一五，5）。

石器 计有料珠1。

料珠 1套3枚，其中1枚扁圆形残碎。标本M4：1－1，整体呈梭状，两端齐平，横向穿有一孔。长径1.7、孔径0.3厘米（图一五，15；彩版一五，6）。标本M4：1－2，整体呈扁圆体，两端齐平，纵向穿有一孔。最大径1.2、厚1.0、孔径0.2厘米（图一五，16；彩版一五，6）。

铜钱 47枚，均为"货泉"钱（图一六，1～10）。详情见下表。

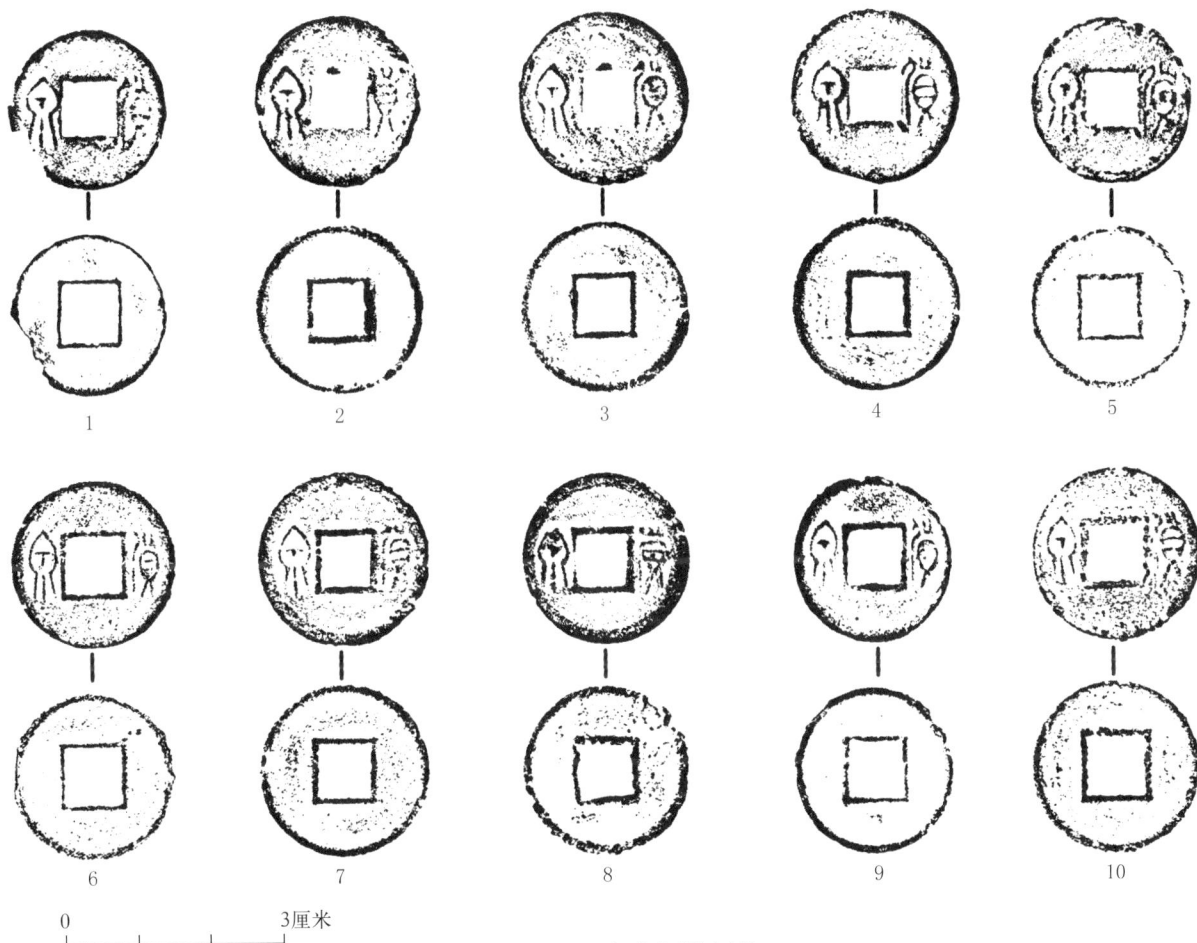

图一六 M4出土铜钱拓片

1～10. 铜钱拓片M4：2－1、2－2、2－3、2－4、2－5、2－6、2－7、2－8、2－9、2－10

M4铜钱统计表 　　　　　　　　　　　（长度：厘米；重量：克）

种类	编号	特征		郭径	钱径	穿宽	郭宽	郭厚	肉厚	重量
		文字特征	记号							
货泉	2－1	正面穿之左右篆书"货泉"二字	无	2.14	1.78	0.67	0.16	0.14	0.07	1.74

	2-2	同上	穿上一星点	2.29	1.84	0.56	0.17	0.22	0.11	3.80
	2-3	同上	同上	2.33	1.83	0.65	0.18	0.19	0.09	2.96
	2-4	同上	左穿下一决纹	2.34	1.84	0.65	0.21	0.17	0.08	2.36
	2-5	同上	左穿下一决纹，四出	2.21	1.86	0.62	0.16	0.14	0.07	2.08
	2-6	同上	无	2.26	1.83	0.90	0.16	0.16	0.08	2.80
	2-7	同上	无	2.32	1.91	0.88	0.21	0.15	0.07	2.10
	2-8	同上	无	2.27	1.79	0.92	0.19	0.18	0.09	2.74
	2-9	同上	四出	2.18	1.84	0.95	0.16	0.18	0.09	2.42
	2-10	同上	无	2.31	1.92	0.99	0.16	0.16	0.08	2.34
货泉	2-11	同上	无	2.30	1.98	0.81	0.16	0.16	0.08	2.96
	2-12	同上	无	2.19	1.81	0.73	0.19	0.19	0.10	2.84
	2-13	同上	无	2.34	1.82	0.66	0.17	0.18	0.09	2.60
	2-14	同上	无	2.33	1.83	0.89	0.18	0.19	0.10	2.88
	2-15	同上	无	2.32	1.90	0.94	0.15	0.17	0.08	3.46
	2-16	同上	无	2.16	1.76	0.88	0.16	0.16	0.07	1.68
	2-17	同上	无	2.17	1.77	0.94	0.16	0.15	0.07	2.42
	2-18	同上	无	2.18	1.82	0.68	0.16	0.15	0.07	1.56
	2-19	同上	无	2.25	1.87	0.89	0.15	0.18	0.09	3.12
	2-20	同上	无	2.17	1.80	0.89	0.14	0.18	0.09	2.46

	2—21	同上	无	2.25	1.88	0.95	0.16	0.13	0.06	2.10
	2—22	同上	无	2.33	1.90	0.74	0.18	0.14	0.07	2.78
	2—23	同上	无	2.35	1.93	0.96	0.16	0.16	0.08	2.76
	1—24	同上	无	2.21	1.80	0.73	0.17	0.13	0.06	1.98
	2—25	同上	无	2.28	1.82	0.61	0.17	0.16	0.08	2.22
	2—26	同上	无	2.13	1.78	0.83	0.16	0.14	0.07	2.14
	2—27	同上	无	2.38	1.95	0.66	0.18	0.17	0.08	2.51
	2—28	同上	无	2.30	1.86	0.87	0.14	0.12	0.06	1.68
	2—29	同上	无	2.28	1.83	0.88	0.19	0.16	0.08	2.52
货泉	2—30	同上	无	2.30	1.90	0.88	0.21	0.17	0.08	2.98
	2—31	同上	穿上一星点	2.20	1.77	0.70	0.21	0.14	0.07	2.22
	2—32	同上	同上	2.24	1.86	0.81	0.12	0.12	0.06	2.01
	2—33	同上	同上	2.32	1.87	0.65	0.20	0.17	0.07	2.42
	2—34	同上	四出	2.23	1.87	0.64	0.19	0.19	0.09	2.58
	2—35	同上	同上	2.27	1.88	0.88	0.15	0.12	0.06	1.82
	2—36	同上	同上	2.26	1.87	0.65	0.15	0.18	0.09	2.52
	2—37	同上	同上	2.34	1.96	0.95	0.15	0.18	0.09	3.34
	2—38	同上	右穿下一决纹	2.24	1.90	0.63	0.17	0.13	0.06	1.76
	2—39	同上	同上	2.26	1.86	0.73	0.12	0.18	0.09	2.14

	2-40	同上	同上	2.26	1.91	0.70	0.15	0.18	0.09	2.20
	2-41	同上	同上	2.26	1.95	0.63	0.13	0.13	0.06	2.34
货泉	2-42	同上	同上	2.33	1.91	0.62	0.19	0.17	0.08	2.90
	2-43	同上	同上	2.07	1.69	0.54	0.16	0.18	0.09	2.28
		4枚残碎								

五　M5

1. 墓葬形制

单室砖墓，平面近似刀形，由墓道、墓门及墓室三部分组成，方向310°（图一七；彩版一六，1）。开口于第②层下，开口距地表1.20米，破坏较为严重。

墓道　长方形斜坡状，未发掘完，长不详，宽0.78、底部距地表1.54米。

墓门　位于墓室北壁西部，宽0.80米。

封门　条砖封堵，现存4层砖，残高0.27米。砌法由下至上为两层双隅顺砌平砖之间夹一层平砌丁砖，之上再一层丁立砖。

墓室　平面呈长方形，墓室长3.60、宽1.65米。墓室先铺墓底砖，再砌四壁。四壁最高处仅残存4层砖，砌法由下至上为两层双隅顺砌平砖之间夹一层平砌丁砖，之上再一层丁立砖。墓底铺砖为斜向"人"字形平铺。靠近墓室后壁设有一砖质器物台，仅一层，平面形状呈长方形，整体多由楔形砖纵向拼缝平铺而成，西侧由条砖纵向拼铺，器物台长1.60、宽1.30、高0.04米。条砖规格：（33～35）×（16～18）×4厘米，一面为素面，一面施有绳纹；楔形砖规格：（35～37）×（12～18）×4厘米，一面为素面，一面施有绳纹。

2. 葬具和人骨

墓内未发现有任何葬具痕迹。

骨骼保存极差，仅在填土中零星出土有几块肢骨残块。

3. 随葬品

该墓由于盗扰严重，仅出土有3件随葬品，主要为陶器，另有铜钱1枚。

陶器　计有套盒1、耳杯1。

套盒　1件。标本M5填：1，仅存套盒盖，泥质灰陶。平顶，折腹，直口，方唇。素面，器表轮旋痕迹明显。口径16.5、顶径5.1、高9.5、壁厚0.5～0.6厘米（图一八，1；彩版一六，2）。

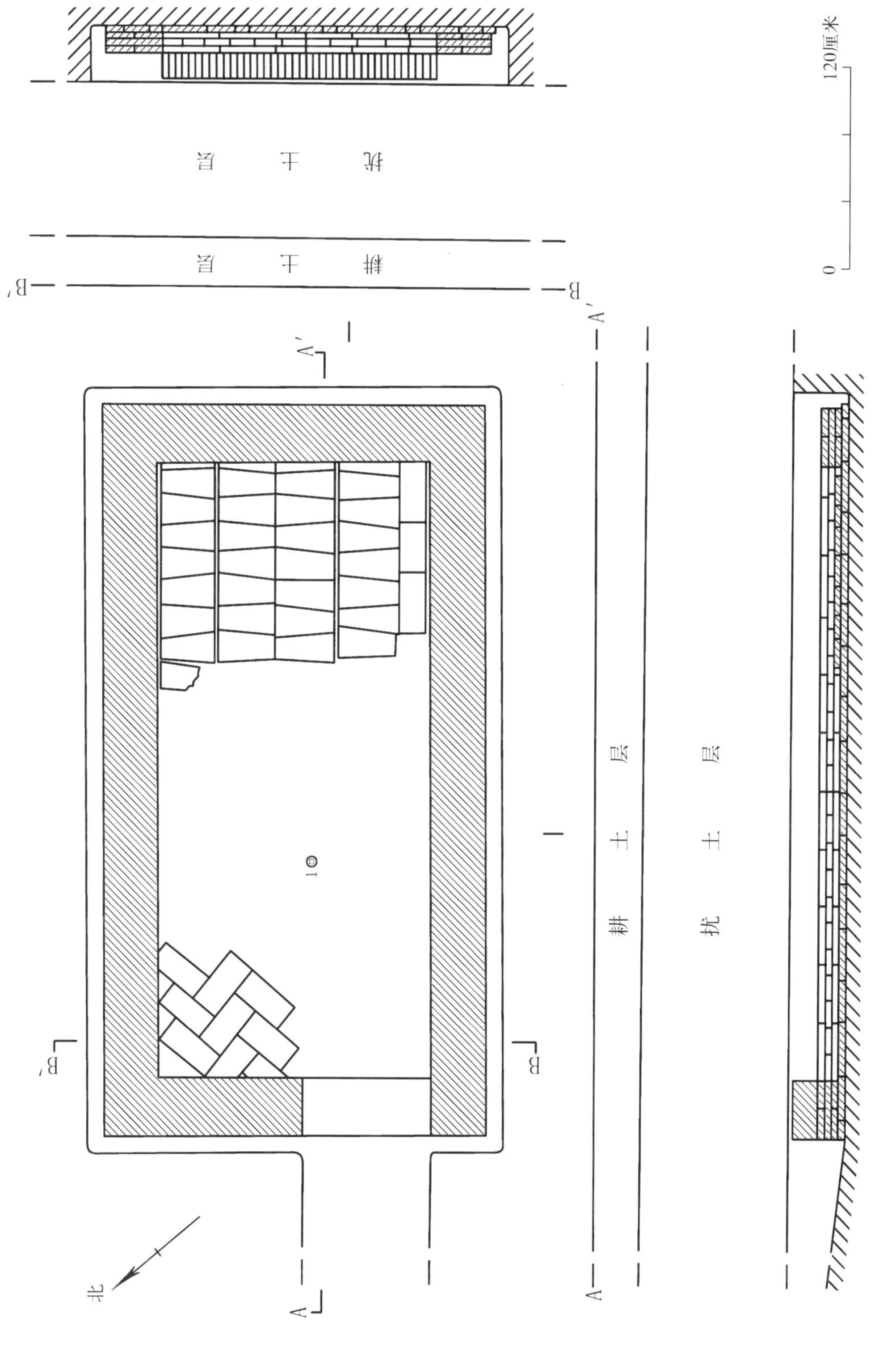

图一七　M5平、剖面图

1. 铜钱

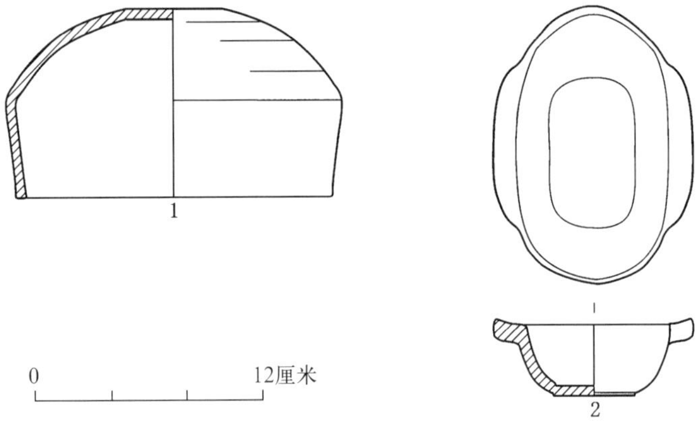

图一八　M5出土器物
1. 陶套盒M5填：1　2. 陶耳杯M5填：2

耳杯　1件。标本M5填：2，泥质黄褐陶。方唇，椭圆形杯口，双耳上翘明显，弧腹，台底。素面。口长径10.2、口短径6.8、底长径6.2、底短径3.4、高2.2、壁厚0.4～0.6厘米（图一八，2；彩版一六，3）。

铜钱　1枚，为"货泉"钱。详情见下表。

M5铜钱统计表 （长度：厘米；重量：克）

种类	编号	特征		郭径	钱径	穿宽	郭宽	郭厚	肉厚	重量
		文字特征	记号							
货泉	1	正面穿之左右篆书"货泉"二字	无	2.24	1.83	0.64	0.14	0.13	0.06	1.22

六　M6

1. 墓葬形制

单室砖墓，平面近似刀形，由墓道、墓门及墓室三部分组成，方向310°（图一九；彩版一七，1）。开口于第②层下，开口距地表1.10米，破坏较为严重。

墓道　长方形斜坡状，未发掘完，长不详，宽0.90、底部距地表1.96米。

墓门　位于墓室北壁西部，宽0.90米。

封门　底部由7层条砖封堵，之上由石块封堵而成，残高0.80米。条砖砌法由下至上为一层双隅顺砌平砖之上一层平砌丁砖。

墓室　平面呈长方形，墓室长3.00、宽1.60米。墓室先铺墓底砖，再砌四壁。四壁最高处残存13层砖，砌法略有不同。南壁砌法由下至上为一层双隅顺砌平砖之上一层丁立砖；东、西壁南部砌法由下至上为一层丁立砖之上一层双隅顺砌平砖；东、西壁南部砌法由下至上为单隅平砖顺砌；北

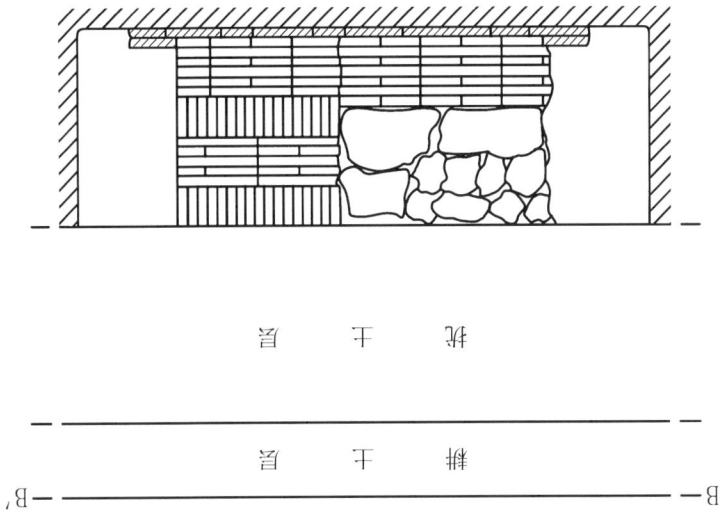

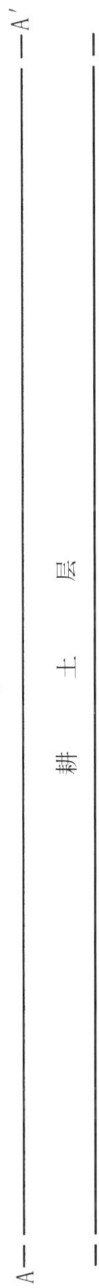

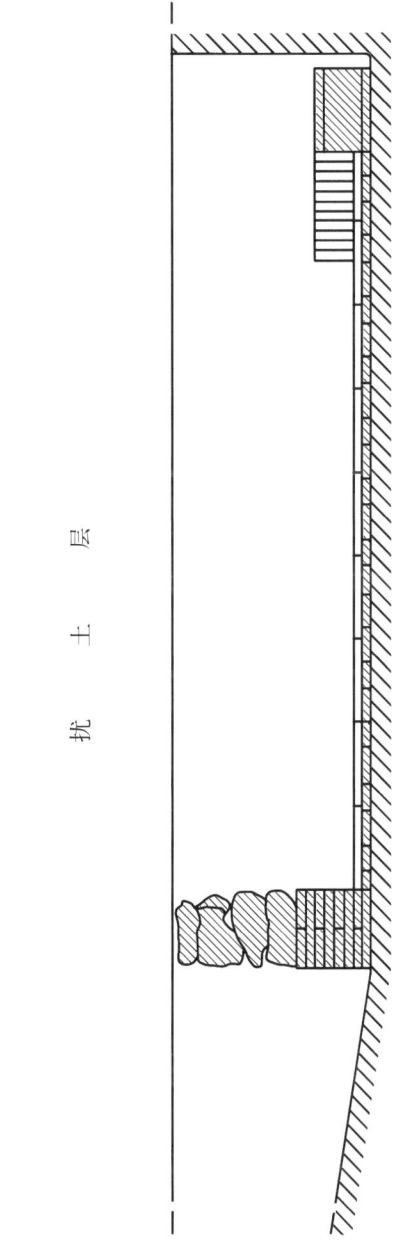

图一九 M6平、剖面图

1. 陶壶 2. 陶壶 3. 陶盆 4. 陶盆 5. 陶灶组 10. 陶套
合 6. 陶盆 7. 陶盆 8. 陶罐 9. 陶壶 13. 陶壶
盒 11. 陶樽 12. 陶壶

壁砌法由下至上为六（五）层双隅顺砌平砖之上一层丁立砖。墓底铺砖为斜向"人"字形平铺。用砖规格：（31～33）×（15～17）×4厘米，灰砖，一面为素面，一面施有绳纹。

2. 葬具和人骨

墓内未发现有任何葬具痕迹。

骨骼保存极差，仅在墓底发现有零星的骨骼朽灰。

3. 随葬品

该墓共出土有17件随葬品（彩版一七，2），均位于墓室南部，均为陶器，种类计有罐1、壶5、樽1、套盒1、盆3、灶1、井1、小釜3、小甑1。

罐　1件。标本M6：9，泥质灰陶。圆唇，子母口，短颈，溜肩，鼓腹，腹部最大径位置靠近肩部，台底。肩部施有两周凹弦纹。口径14.3、最大腹径31.0、底径15.3、高26.0、壁厚0.7～1.1厘米（图二〇，1；彩版一八，1）。

壶　5件（M6：1、2、6、12、13）。形制相似，均为方唇，敞口，微卷沿，沿面施有一周凹槽，束颈，溜肩，卵形腹，腹部最大径位置靠近肩部，平底。标本M6：1，泥质灰陶，陶色不纯，局部呈黄褐色；素面，器表轮旋痕迹明显。口径8.9、最大腹径16.4、底径8.5、高23.6、壁厚0.6～0.7厘米（图二〇，2；彩版一八，2）。标本M6：2，泥质灰陶；素面，器表轮旋痕迹明显。口径9.7、最大腹径16.0、底径9.2、高24.2、壁厚0.6～0.7厘米（图二〇，3；彩版一八，3）。标本M6：6，泥质黑褐陶；素面。口径8.7、最大腹径16.5、底径8.8、高22.3、壁厚0.6～0.7厘米（图二〇，4；彩版一八，4）。标本M6：12，泥质灰陶；素面。口径8.3、最大腹径14.8、底径8.2、高22.9、壁厚0.6～0.7厘米（图二〇，5；彩版一八，5）。标本M6：13，泥质黑褐陶；素面，器表轮旋痕迹明显。口径9.3、最大腹径15.6、底径8.3、高22.9、壁厚0.6～0.7厘米（图二〇，6；彩版一八，6）。

樽　1件。标本M6：11，泥质灰陶，陶色不纯，局部呈黄褐色。方唇，直口，斜腹，平底，底部附有三个蹄状足。素面，内壁施有多周瓦棱纹。口径16.9、底径14.9、高12.5、壁厚0.6～0.7厘米（图二〇，7；彩版一九，1）。

套盒　1件。标本M6：10，由套盒盖及套盒两部分组成。套盒盖：泥质灰陶；圆顶，折腹，直口，圆唇；顶部施有一周凹弦纹。套盒：泥质灰陶；圆唇，直口，折腹，腹部施有一周扉棱，平底；素面。通高13.7厘米；套盒盖：口径15.7、高9.6、壁厚0.5～0.6厘米；套盒：口径13.9、底径6.1、高8.2、壁厚0.5～0.6厘米（图二〇，8；彩版一九，2）。

盆　3件（M6：4、7、8）。形制相似，均为泥质灰陶；方唇，敞口，微卷沿，弧腹，台底；下腹部施有一周凹弦纹，内壁轮旋痕迹明显。标本M6：4，口径22.9、底径9.9、高5.6、壁厚0.5～0.6厘米（图二〇，9；彩版一九，3）。标本M6：7，口径22.9、底径9.8、高5.9、壁厚0.5～0.6厘米（图二〇，10）。标本M6：8，口径23.8、底径10.5、高6.1、壁厚0.5～0.6厘米（图二〇，11；彩版一九，4）。

灶　1件。标本M6：5-1，泥质黑陶。灶面呈圆形，灶面上呈"品"字形置有三个圆形火眼，

图二○ M6出土器物

1. 陶罐M6∶9 2～6.陶壶M6∶1、2、6、12、13 7.陶樽M6∶11 8.陶套盒M6∶10 9～11.陶盆M6∶4、7、8 12.陶灶M6∶5－1 13.陶井M6∶3 14～16.小陶釜M6∶5－2、5－3、5－4 17.小陶甑M6∶5－5

后壁置有圆形烟孔，长方形灶门不落地。素面，灶面轮旋痕迹明显。灶面直径14.9、高7.9、壁厚0.6～0.7厘米；火眼直径2.7、3.0、3.2、烟孔直径1.0厘米；灶门长3.3、高2.5厘米（图二〇，12；彩版一九，5）。

井　1件。标本M6：3，泥质灰陶。尖唇，直口，折肩，折腹，下腹部急收成小平底。素面，下腹部修坯削痕明显。口径8.6、底径4.8、高11.8、壁厚0.6～0.7厘米（图二〇，13；彩版一九，6）。

小釜　3件（M6：5－2、5－3、5－4）。形制相似，均为泥质灰陶或黄褐陶，手工捏制而成；圆唇，敞口，弧腹，圜底，整体呈斗笠状；素面。标本M6：5－2，口径5.3、高1.7、壁厚0.4～0.5厘米（图二〇，14；彩版一九，5）。标本M6：5－3，口径5.1、高1.8、壁厚0.4～0.5厘米（图二〇，15；彩版一九，5）。标本M6：5－4，口径5.7、高2.0、壁厚0.4～0.5厘米（图二〇，16；彩版一九，5）。

小甑　1件。标本M6：5－5，泥质灰陶，手工捏制而成。圆唇，敞口，弧腹，圜底，整体呈斗笠状，底部戳有三个圆形甑眼。素面。口径5.3、高1.8、壁厚0.4～0.5厘米（图二〇，17；彩版一九，5）。

七　M7

M7与M8为一组同封并室墓。

1. 墓葬形制

单室砖墓，平面呈“甲”字形，由墓道、墓门及墓室三部分组成，方向300°（图二一；彩版二〇）。开口于第①层下，开口距地表0.30米，保存较完整。

墓道　长方形斜坡状，未发掘完，长不详，宽1.70、底部距地表2.20米。

墓门　位于墓室北壁，宽1.40米。

封门　位于墓室北壁外侧，高于墓室顶部，条砖封堵，共34层砖，高1.98米。砌法由下至上为几层双隅顺砌平砖之上立砌一层丁立砖（彩版二一，1）。

墓室　平面呈长方形，墓室长3.36、宽1.40、高1.82米。墓室先砌四壁，再铺墓底砖。四壁最高处存26层砖，砌法由下至上为几层双隅顺砌平砖之上立砌丁立砖。单层券顶结构，东、西两壁从第15层起用楔形砖开始起券。墓底铺砖为斜向“人”字形平铺。条砖规格：（34～36）×（16～18）×4厘米，一面为素面，一面施有绳纹；楔形砖规格：（35～37）×（12～18）×4厘米，一面为素面，一面施有绳纹。

2. 葬具和人骨

墓内未发现有任何葬具痕迹。

骨骼保存极差，仅零星出土有几块肢骨残块。

3. 随葬品

该墓保存较好，共出土有23件随葬品（彩版二一，2），多数位于墓室南部，质地以陶器为主，

北

M8

1

2

C'

A

A'

B

B'

M7

1

3

4

2

7

5

8

6

C

C'

耕土层

C'

耕土层

A ——————————— 耕土层 ——————————— A'

B ——————————— 耕土层 ——————————— B'

0   120厘米

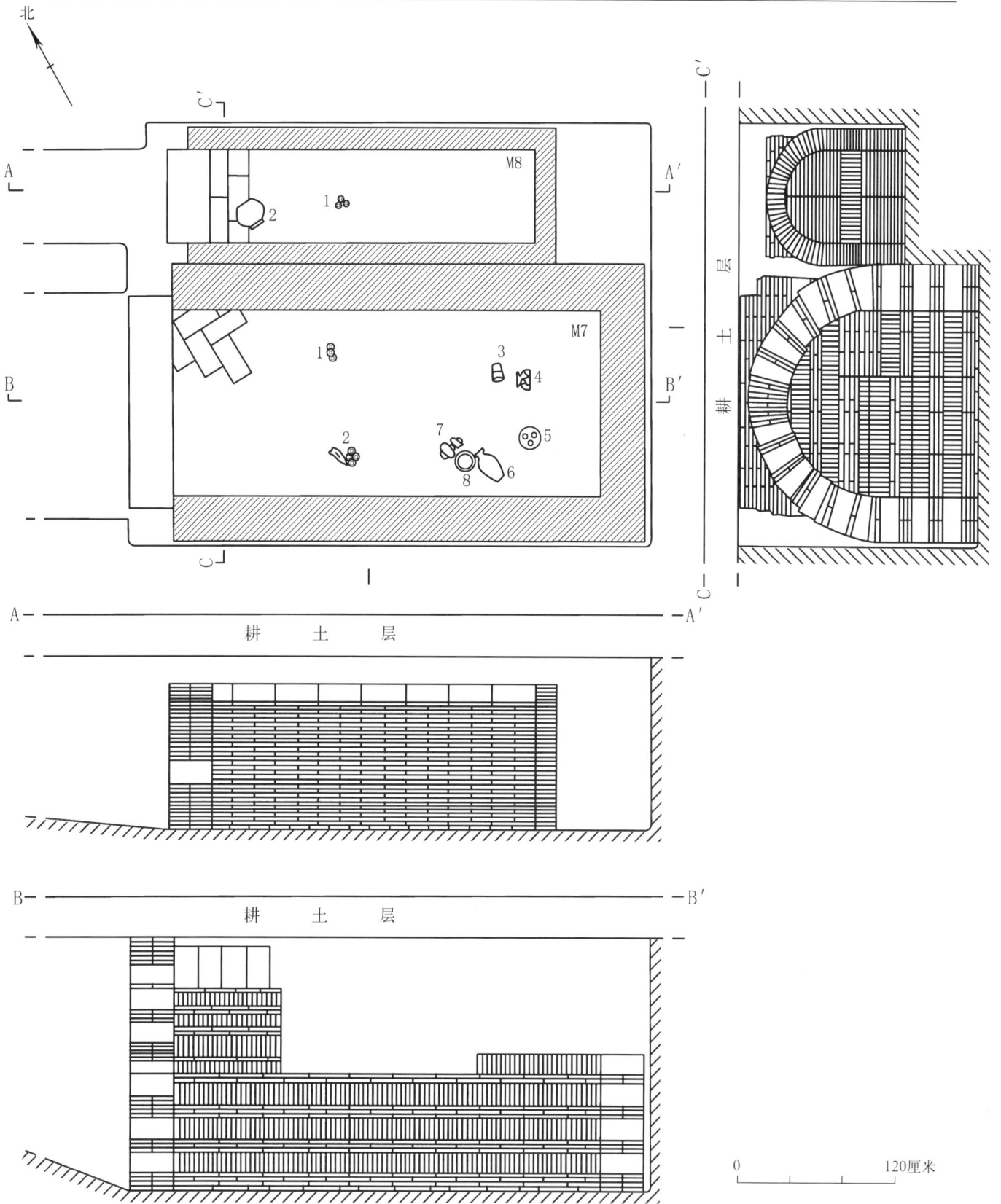

图二一 M7、M8平、剖面图

M7：1. 铜钱 2. 铜钱 3. 陶井 4. 陶壶 5. 陶灶组合 6. 陶壶 7. 陶耳杯 8. 陶钵 M8：1. 铜钱 2. 陶罐

另有铜钱56枚。

陶器　计有瓮1、壶4、长颈瓶2、盆1、钵1、耳杯4、灶1、井1、小甑6。

瓮　1件。标本M7填：5，泥质灰陶。方唇，敛口，短颈，溜肩，球形腹，腹部最大径位置居中，圆底。肩部及上腹部共施有三组六周凹弦纹，下腹部及底部满饰细绳纹。口径21.4、最大腹径37.6、高33.5、壁厚0.7～1.2厘米（图二二，1；彩版二二，1）。

壶　4件（M7：4、6、填：1、填：2）。形制相似，均为泥质灰陶；方唇，敞口，卷沿，沿面施有一周凹槽，束颈，溜肩，卵形腹，腹部最大径位置靠近肩部，平底。标本M7：4，底部残缺，素面。口径9.4、最大腹径14.2、残高15.8、壁厚0.6～0.7厘米（图二二，2）。标本M7：6，肩部施有两周凹弦纹，器表轮旋痕迹明显。口径8.5、最大腹径14.0、底径8.1、高26.6、壁厚0.6～0.7厘米（图二二，3；彩版二二，2）。标本M7填：1，器形不甚规整，肩部施有二周凹弦纹。口径8.9、最大腹径13.8、底径7.7、高25.9、壁厚0.6～0.7厘米（图二二，4）。标本M7填：2，器形不甚规整，素面。口径8.9、最大腹径13.7、底径7.3、高27.3、壁厚0.6～0.7厘米（图二二，5；彩版二二，3）。

长颈瓶　2件（M7填：3、4）。形制相似，均为泥质灰陶；圆唇，直口，小窄沿，粗长颈，鼓腹，腹部最大径位置居中，台底；腹部对称穿有3个圆孔，底部穿有1个圆孔。标本M7填：3，颈部各施有两组三周凹弦纹，上腹部施有两周凹弦纹，器表轮旋痕迹明显。标本M7填：3，口径5.9、最大腹径16.1、底径9.4、高25.5、壁厚0.4～0.6厘米（图二二，6；彩版二二，4）。标本M7填：4，颈部施有两组四周凹弦纹。口径5.4、最大腹径17.3、底径9.4、高28.2、壁厚0.4～0.6厘米（图二二，7；彩版二二，5）。

盆　1件。标本M7填：6，泥质灰陶。方唇，敞口，卷沿，弧腹，平底。素面，器表及内壁轮旋痕迹明显。口径21.1、底径9.9、高5.4、壁厚0.4～0.5厘米（图二二，8；彩版二二，6）。

钵　1件。标本M7：8，泥质灰陶。圆唇，敞口，折腹，下腹部急收成平底。素面，器表及内壁轮旋痕迹明显。口径17.3、底径9.5、高7.2、壁厚0.4～0.6厘米（图二二，9；彩版二三，1）。

耳杯　4件（M7：7－1、7－2、7－3、7－4）。形制相似，均为泥质灰陶；椭圆形杯口，双耳微上翘，弧腹，台底；素面。标本M7：7－1，口长径9.9、短径5.3、底长径5.5、短径2.3、高2.3、壁厚0.2～0.3厘米（图二二，10；彩版二三，2）。标本M7：7－2，口长径13.2、短径7.5、底长径8.4、短径3.8、高3.8、壁厚0.2～0.3厘米（图二二，11）。标本M7：7－3，口长径9.5、短径5.0、底长径5.9、短径2.5、高2.4、壁厚0.2～0.3厘米（图二二，12）。标本M7：7－4，口长径10.4、短径5.5、底长径5.9、短径2.8、高2.3、壁厚0.2～0.3厘米（图二二，13）。

灶　1件。标本M7：5－1，泥质灰褐陶。灶面呈圆形，灶面上呈"品"字形置有三个圆形火眼，尾端置一圆形烟孔，长方形灶门不落地。素面。灶面直径16.7、高5.9、壁厚0.4～0.6厘米；火眼直径3.4、3.4、3.6厘米；灶门长2.1、宽2.6厘米（图二三，1；彩版二三，3）。

井　1件。标本M7：3，泥质黄陶。尖圆唇，子母口，折肩，斜腹，平底。素面，腹部修坯削痕

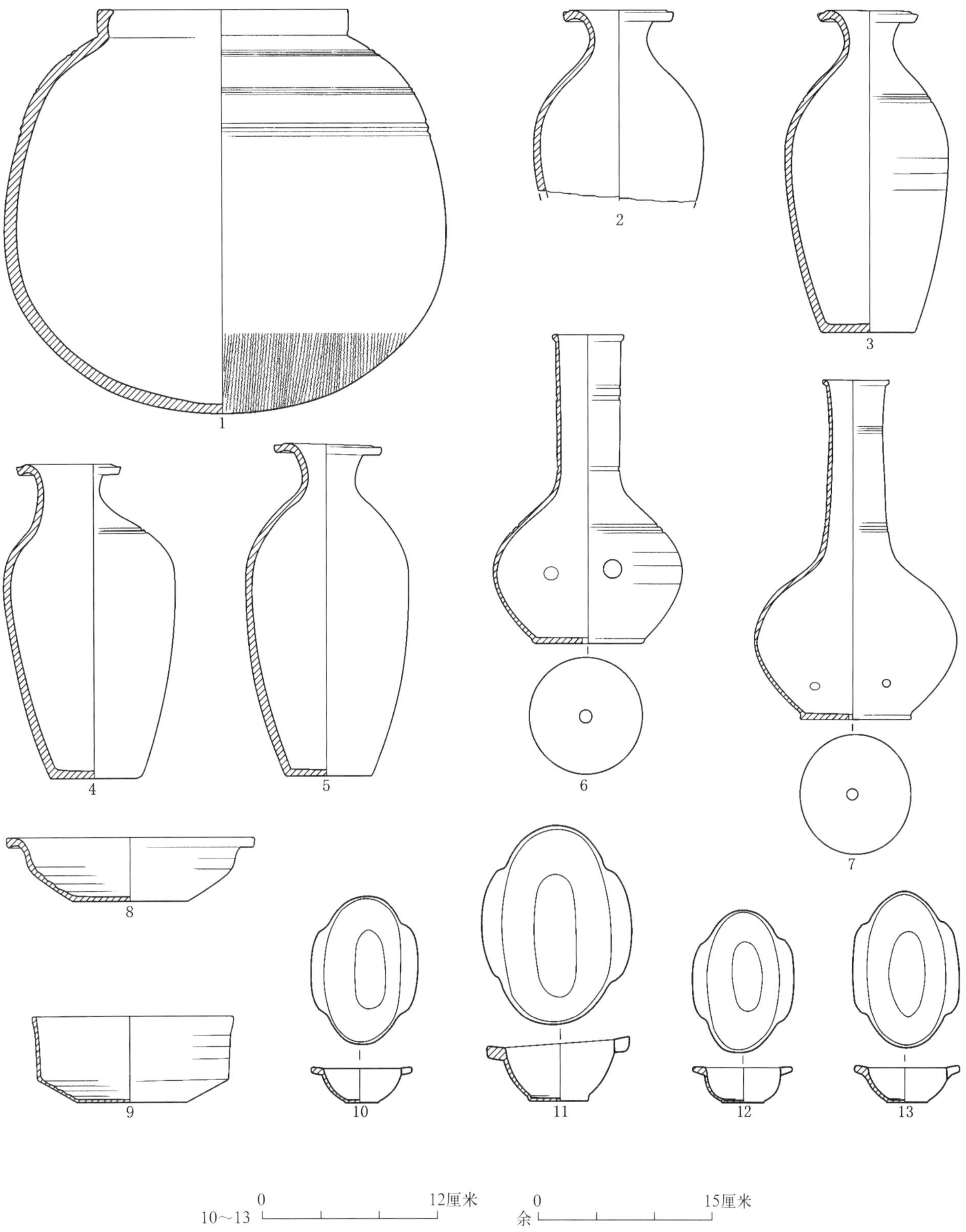

图二二　M7出土器物

1. 陶瓮M7填：5　2～5. 陶壶M7：4、6、填：1、填：2　6、7. 陶长颈瓶M7填：3、4　8. 陶盆M7填：6　9. 陶钵M7：8　10～13. 陶耳杯M7：7－1、7－2、7－3、7－4

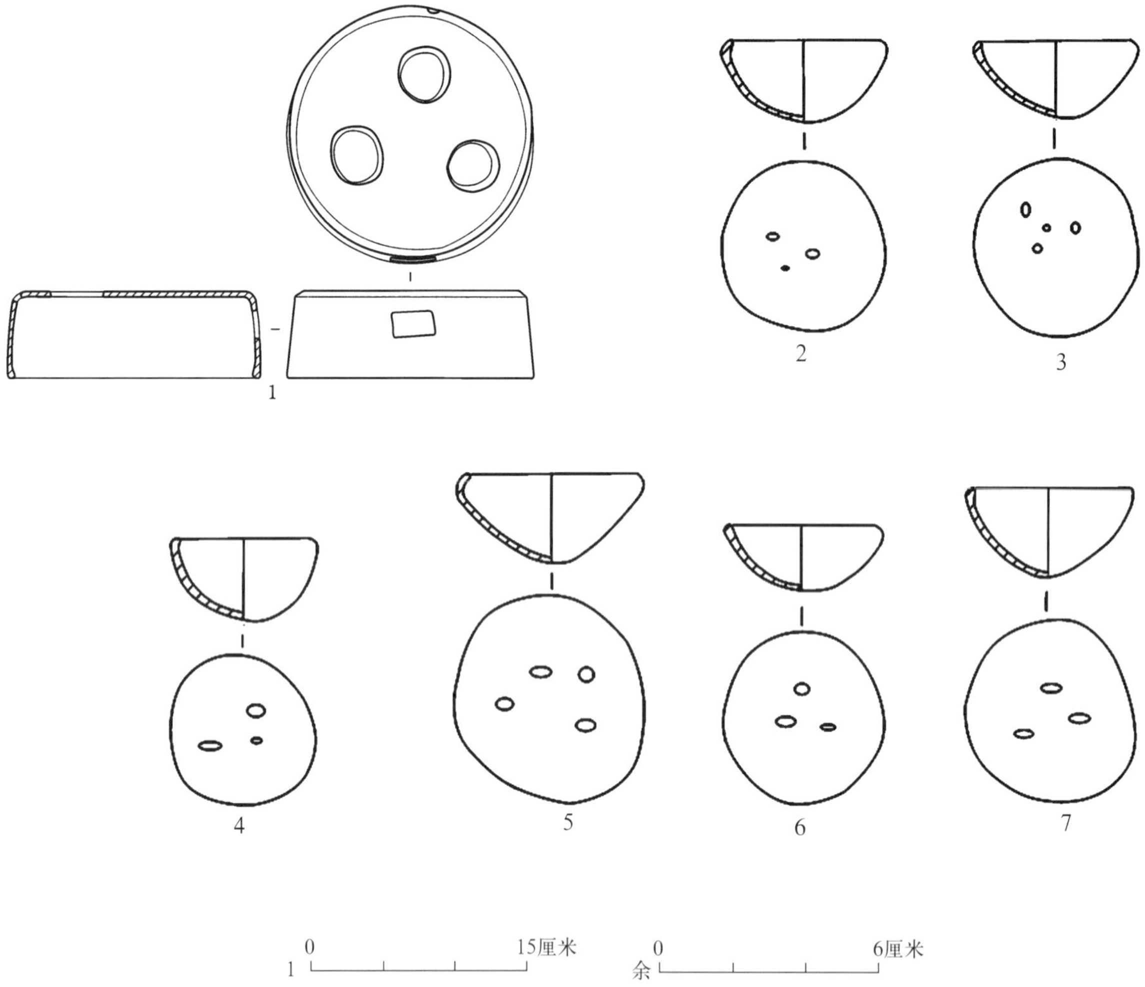

图二三　M7出土器物
1. 陶灶M7：5－1　2～7. 小陶甑M7：5－2、5－3、5－4、5－5、5－6、5－7

明显，内壁轮旋痕迹明显。口径9.2、底径5.4、高8.3、壁厚0.4～0.6厘米（彩版二三，4）。

　　小甑　6件（M7：5－2、5－3、5－4、5－5、5－6、5－7）。形制相似，均为泥质灰陶；圆唇，弧腹，圆底，整体呈斗笠状；素面。标本M7：5－2，敛口，底部穿有三个甑孔。口径3.9、高2.2、壁厚0.2～0.3厘米（图二三，2；彩版二三，3）。标本M7：5－3，敞口，底部穿有四个甑孔。口径4.0、高2.1、壁厚0.2～0.3厘米（图二三，3；彩版二三，3）。标本M7：5－4，敛口，底部穿有三个甑孔。口径4.1、高2.2、壁厚0.2～0.3厘米（图二三，4；彩版二三，3）。标本M7：5－5，敛口，底部穿有四个甑孔。口径5.1、高2.4、壁厚0.2～0.3厘米（图二三，5；彩版二三，3）。标本M7：5－6，敞口，底部穿有三个甑孔。口径3.9、高1.7、壁厚0.2～0.3厘米（图二三，6；彩版二三，3）。标本M7：5－7，敛口，底部穿有三个甑孔。口径4.4、高2.5、壁厚0.2～0.3厘米（图二三，7；彩版二三，3）。

　　铜钱　56枚，其中"五铢"钱39枚，"货泉"钱17枚（图二四，1～7）。详情见下表。

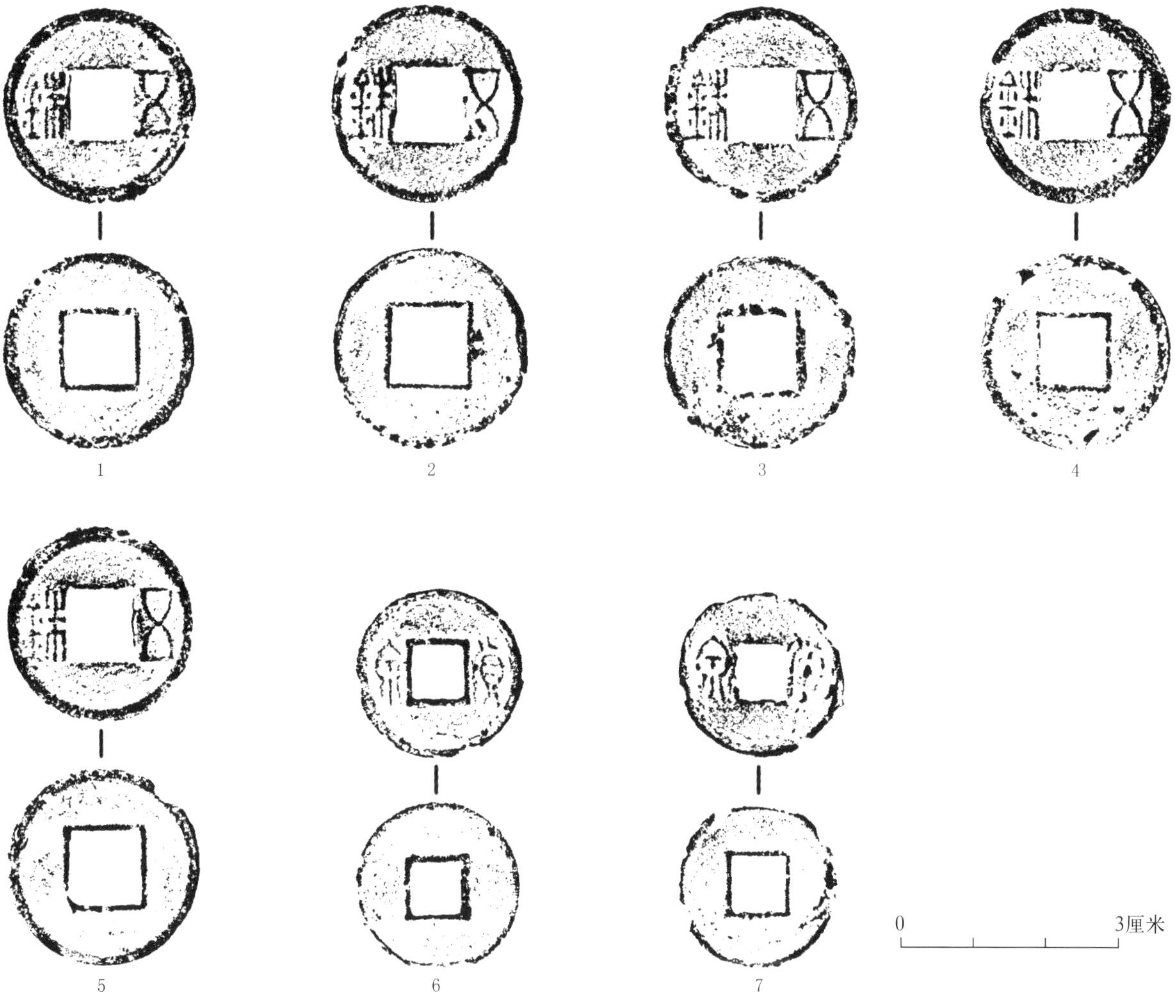

图二四 M7出土铜钱拓片
1~7. 铜钱拓片M7：1-1、1-2、1-3、1-4、1-5、2-1、2-2

M7铜钱统计表　　　　　　　　　　　　　　（长度：厘米；重量：克）

种类	编号	特征		郭径	钱径	穿宽	郭宽	郭厚	肉厚	重量
		文字特征	记号							
五铢	1-1	"五"字瘦长，竖划缓曲；"金"头三角形，四竖点；"朱"头较圆，"朱"下方折	无	2.58	2.14	0.84	0.19	0.20	0.09	4.14
	1-2	"五"字瘦长，竖划缓曲；"金"头三角形，四竖点；"朱"头方折，"朱"下较圆	无	2.61	2.28	0.90	0.13	0.16	0.07	3.20
	1-3	"五"字瘦长，竖划缓曲；"金"头三角形，四竖点；"朱"头较圆，"朱"下方折	无	2.54	2.19	0.95	0.14	0.15	0.07	3.25

五铢	1-4	"五"字瘦长，竖划缓曲；"金"头三角形，四竖点；"朱"头较圆，"朱"下较圆	无	2.61	2.05	0.69	0.12	0.14	0.06	3.27
	1-5	"五"字瘦长，竖划缓曲；"金"头三角形，四竖点；"朱"头方折，"朱"下较圆	无	2.65	2.06	0.92	0.13	0.17	0.08	4.15
	1-6	同上	无	2.59	2.18	0.79	0.18	0.20	0.07	3.32
	1-7	同上	无	2.51	2.26	0.93	0.13	0.14	0.05	2.36
	1-8	同上	无	2.54	2.24	0.83	0.17	0.18	0.09	2.40
	1-9	同上	无	2.63	2.22	0.88	0.15	0.16	0.07	3.50
	1-10	同上	无	2.62	2.27	0.89	0.18	0.10	0.09	3.01
	1-11	同上	无	2.59	2.14	0.89	0.14	0.17	0.08	2.30
	1-12	同上	无	2.64	2.14	0.76	0.18	0.19	0.05	3.48
	1-13	同上	无	2.59	2.25	0.92	0.15	0.16	0.07	2.47
	1-14	同上	无	2.56	2.25	0.85	0.16	0.17	0.06	3.38
	1-15	同上	无	2.60	2.15	0.84	0.14	0.15	0.07	3.09
	1-16	同上	无	2.61	2.18	0.96	0.13	0.22	0.09	3.51
	1-17	同上	无	2.58	2.19	0.93	0.15	0.16	0.06	2.63
	1-18	同上	穿下一星点	2.55	2.13	0.91	0.18	0.21	0.10	3.23
	1-19	同上	右穿下一决纹	2.54	2.26	0.89	0.14	0.15	0.06	2.84
	1-20	同上	无	2.55	2.28	0.97	0.17	0.18	0.08	3.01
	1-21	同上	无	2.63	2.27	0.92	0.13	0.14	0.07	2.76

五铢	1-22	同上	无	2.57	2.15	0.90	0.18	0.21	0.09	3.02
	1-23	同上	无	2.62	2.24	0.89	0.13	0.17	0.08	2.73
	1-24	同上	无	2.60	2.23	0.96	0.16	0.19	0.07	2.68
		15枚残碎							
货泉	2-1	正面穿之左右篆书"货泉"二字	无	2.26	1.91	0.80	0.17	0.18	0.08	2.36
	2-2	同上	无	2.21	1.93	0.70	0.16	0.18	0.07	2.41
	2-3	同上	右穿下一决纹	2.19	1.89	0.69	0.21	0.22	0.08	1.94
	2-4	同上	穿上一星点	2.14	1.85	0.77	0.18	0.20	0.09	1.97
	2-5	同上	无	2.25	2.06	0.83	0.14	0.15	0.06	2.13
	2-6	同上	右穿下一决纹	2.16	1.89	0.66	0.20	0.22	0.09	2.79
	2-7	同上	无	2.16	1.93	0.79	0.18	0.20	0.07	2.74
	2-8	同上	无	2.19	2.02	0.66	0.17	0.19	0.08	2.14
		8枚残碎							

八　M8

M8与M7为一组同封并室墓。

1. 墓葬形制

单室砖墓，平面呈"甲"字形，由墓道、墓门及墓室三部分组成，方向300°（图二一；彩版二〇）。开口于第①层下，开口距地表0.30米，保存较完整。

墓道　长方形斜坡状，未发掘完，长不详，宽0.70、底部距地表1.62米。

墓门　位于墓室北壁，宽0.70米。

封门　部分位于墓室北壁外侧，与墓室顶部同高，条砖封堵，共31层砖，高1.20米。砌法由下至上为十一层双隅顺砌平砖之上立砌一层丁立砖，之后双隅顺砌平砖错缝平铺至顶（彩版二四，2）。

墓室 平面呈长方形，墓室长2.54、宽0.70、高1.20米。墓室先砌四壁，再铺墓底砖。四壁最高处31层砖，砌法由下至上为单隅顺砌平砖错缝垒砌至拱顶。单层拱顶结构，东、西两壁从第22层起用条砖纵向拼缝起拱（彩版二四，1）。墓底铺砖为条砖横向错缝平铺。用砖规格：（34～36）×（16～18）×4厘米，灰色条砖，一面为素面，一面施有绳纹。

2. 葬具和人骨

墓内未发现有任何葬具痕迹。

骨骼保存极差，仅在填土中零星出土有几块肢骨残块。

3. 随葬品

该墓保存较好，仅出土有2件（套）随葬品，其中陶罐1件、铜钱8枚。

罐 1件。标本M8：2，泥质灰陶。圆唇，敛口，斜颈，溜肩，鼓腹，腹部最大径位置居中，台底。肩部对称刻划有两尾游鱼，其外侧刻划有锯齿纹；肩部、上腹部、中腹部及下腹部各施有二周凹弦纹。口径14.1、最大腹径24.0、底径11.4、高18.6、壁厚0.5～0.6厘米（图二五，1；彩版二三，5、6）。

铜钱 8枚，均为"五铢"钱（图二五，2）。详情见下表。

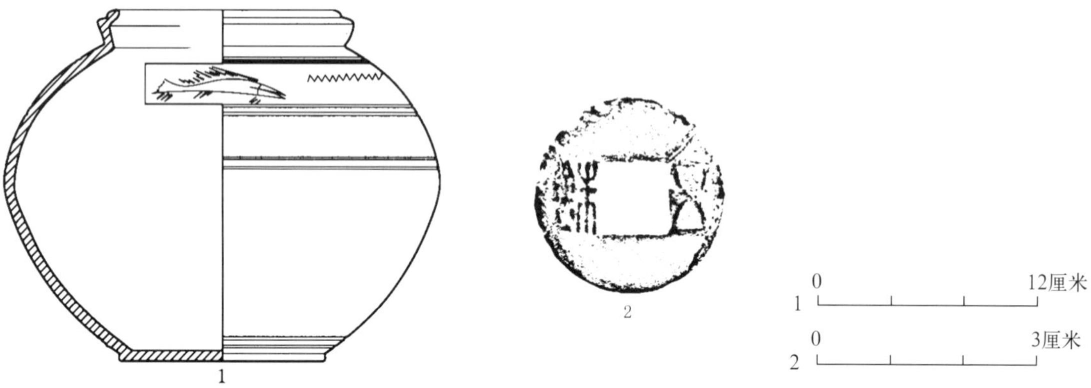

图二五 M8出土器物
1. 陶罐M8：2 2. 铜钱拓片M8：1-1

M8铜钱统计表 （长度：厘米；重量：克）

种类	编号	特征		郭径	钱径	穿宽	郭宽	郭厚	肉厚	重量
		文字特征	记号							
五铢	1-1	"五"字瘦长，竖划缓曲；"金"头三角形，四竖点；"朱"头较圆，"朱"下方折	无	2.49	2.27	0.99	0.17	0.17	0.08	1.54
		7枚残碎								

九 M9

1．墓葬形制

土坑竖穴墓，平面呈圆角梯形，墓圹较规整。方向135°（图二六；彩版二五）。开口于第②层下，开口距地表1.21米，保存状况较好。

墓圹四壁较平直，墓底较平坦。长4.08、宽2.08～2.20、深1.61米。

墓内填土呈黄褐色，并夹杂有少量的黑土、小石块等，土质较疏松。

2．葬具和人骨

葬具有椁和棺。该墓的椁板及棺板均已腐朽，仅存灰白色板灰，并且有的出现塌陷和变形，部分改变了原来的位置；但仍可看出椁室和棺室的形状和尺寸，整理中尽可能地做了复原研究。

墓穴内置木椁1具，其平面形状呈"Ⅱ"字形，其盖板现已不存，仅存挡板、壁板及底板。椁室长3.42、宽1.60～1.80、残高0.54米。整个椁室经壁板和挡板套合而成，其中南挡板长1.87、北挡板长1.90、东壁板长3.44、西壁板长3.42米，壁板及挡板板灰痕厚约0.02～0.04米。由残存的板灰分析，底板应由方木呈东北—西南向平铺于墓底之上，底板板灰痕厚约0.02米。

椁内靠近南壁置木棺1具，其平面形状近似长方形，盒状，其盖板现已不存，仅存挡板、壁板及底板。棺室长1.93、宽0.53～0.60、残高0.20米。由残存的板灰分析，底板应由方木呈东北—西南向平铺于墓底之上，底板板灰痕厚约0.02米（彩版二六，1）。

由于该墓的埋藏条件不利于有机物的保存，墓底未见有人骨痕迹。

3．随葬品

该墓共出土有35件（套）随葬品（彩版二六，2），除铜钱位于棺内，其余随葬品均位于棺外的椁室南部，质地以陶器为主，另有铜钱11枚。

陶器 计有瓮1、罐8、壶4、鼎2、鐎斗1、斗1、樽1、盒3、套盒1、炉1、灯1、熏1、器盖7、灶1、小釜1。

瓮 1件。标本M9：28，泥质灰陶。方唇，直口，斜领，折肩，折腹，腹部最大径位置靠近肩部，底部残缺。中腹部施有弦断绳纹，下腹部满施细绳纹。口径28.0、最大腹径45.1、残高31.3、壁厚0.9～1.1厘米（图二七，1；彩版二七，1）。

罐 8件（M9：5、8、9、11、13、22、23、27）。其中，标本M9：5、8、9、11、13、22与27形制相似，均为泥质灰陶；圆唇，子母口，斜颈或束颈，溜肩，鼓腹，腹部最大径位置居中或靠近肩部，平底或台底；素面。标本M9：5，口径12.4、最大腹径24.3、底径9.9、高30.0、壁厚0.6～0.8厘米（图二七，2）。标本M9：8，口径12.7、最大腹径24.2、底径7.3、高21.7、壁厚0.5～0.6厘米（图二七，3）。标本M9：9，口径12.9、最大腹径24.0、底径10.7、高21.8、壁厚0.5～0.6厘米（图二七，4；彩版二七，2）。标本M9：11，口径12.4、最大腹径24.0、底径9.8、高22.5、壁厚0.5～0.6厘米（图二七，5；彩版二七，3）。标本M9：13，口径12.2、最大腹径24.0、底径6.4、高21.5、壁厚0.5～0.6厘米（图二七，6）。标本M9：22，口径12.8、最大腹径

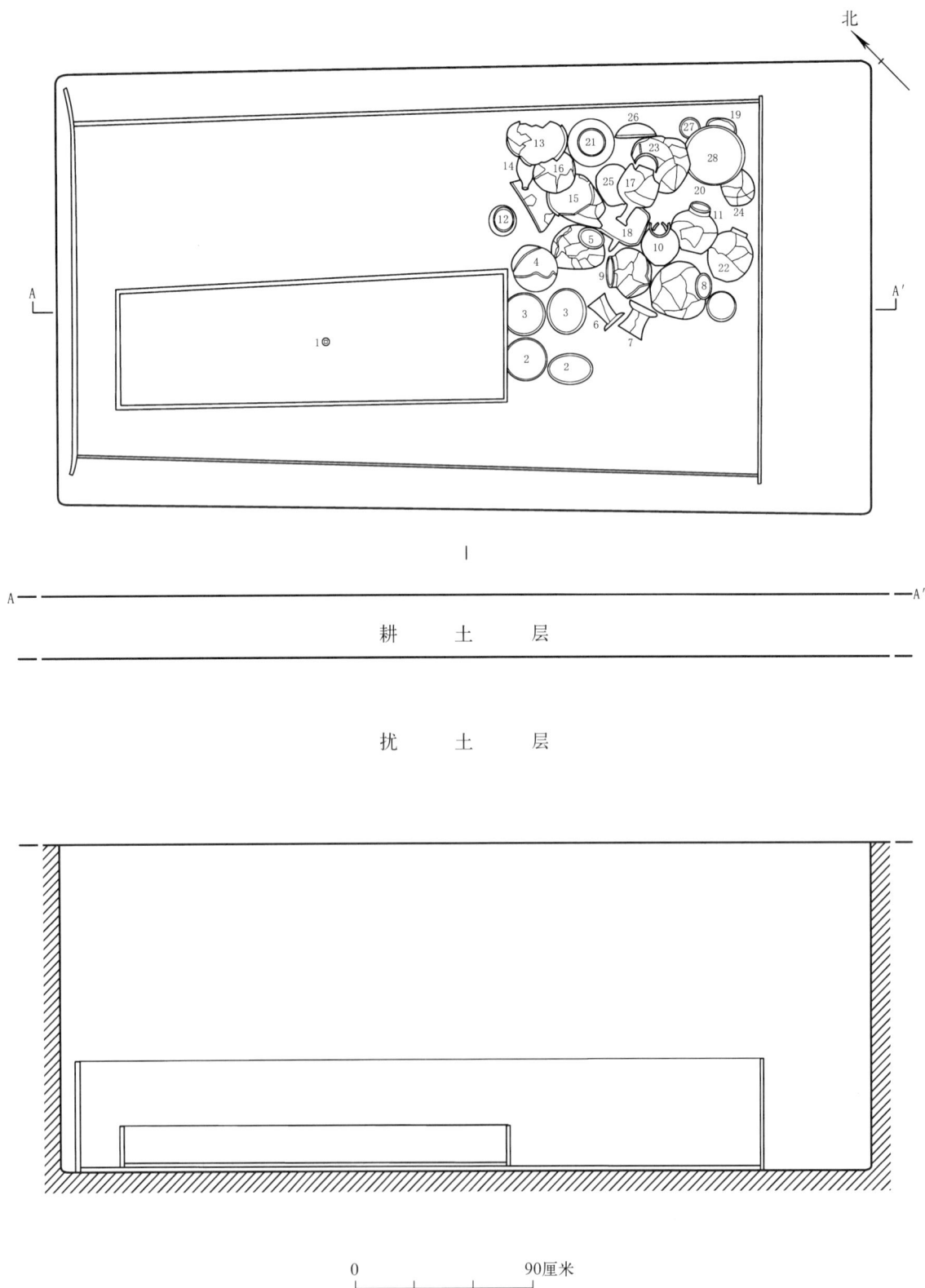

图二六　M9平、剖面图

1. 铜钱　2. 陶盒　3. 陶盒　4. 陶鼎　5. 陶罐　6. 陶灯　7. 陶熏　8. 陶罐　9. 陶罐　10. 陶壶　11. 陶罐　12. 陶斗　13. 陶罐　14. 陶樽　15. 陶炉　16. 陶镳斗　17. 陶壶　18. 陶套盒　19. 陶灶组合　20. 陶壶　21. 陶鼎　22. 陶罐　23. 陶罐　24. 陶器盖　25. 陶壶　26. 陶盒　27. 陶罐　28. 陶瓮

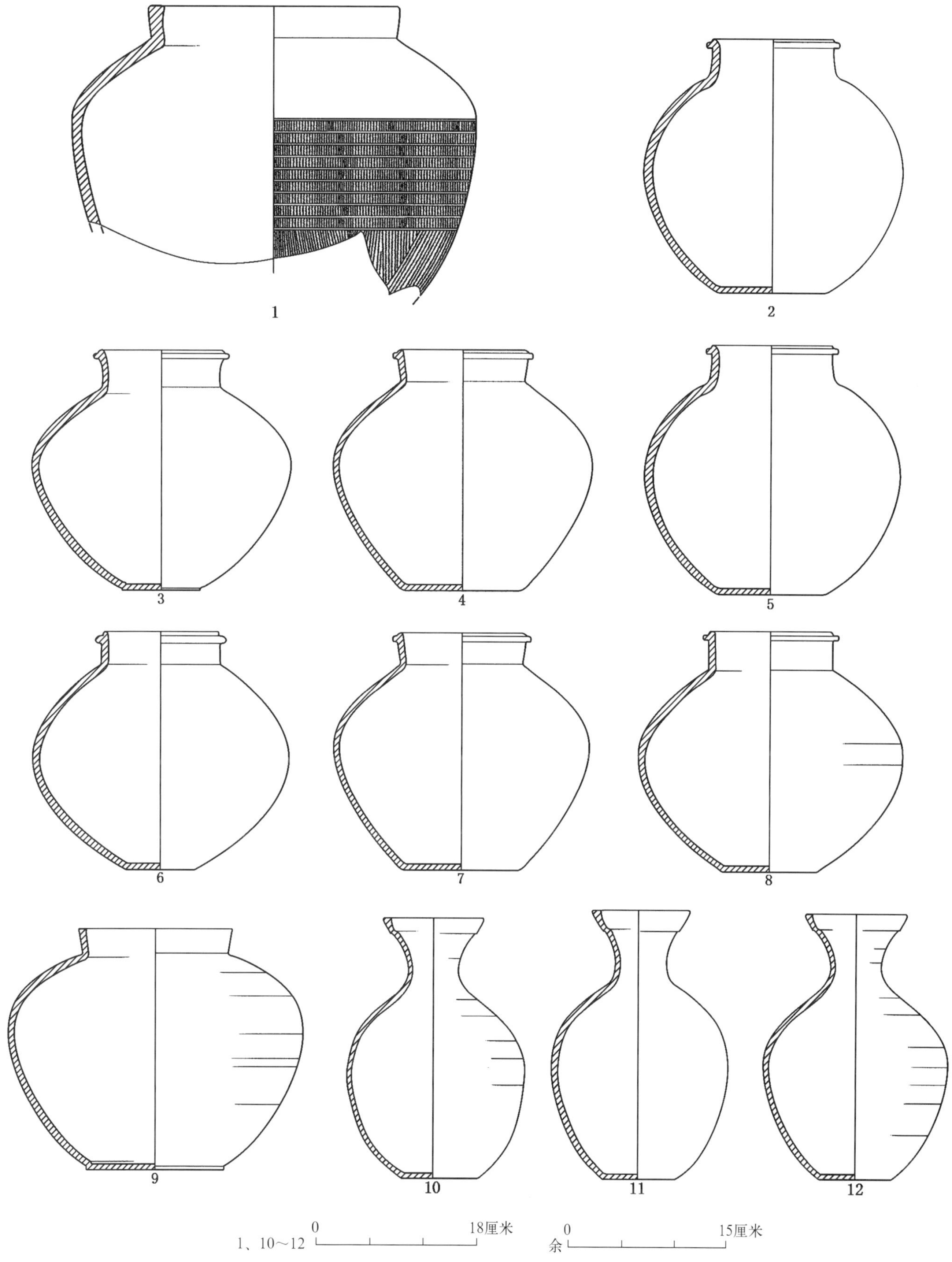

図二七　M9出土器物

1. 陶瓷M9：28　2～9. 陶罐M9：5、8、9、11、13、22、27、23　10～12. 陶壶M9：10、17、25

23.8、底径10.5、高21.5、壁厚0.5～0.6厘米（图二七，7）。标本M9：27，器表轮旋痕迹明显，口径12.8、最大腹径24.8、底径8.8、高21.8、壁厚0.5～0.6厘米（图二七，8）。标本M9：23，泥质灰陶。方唇，敞口，斜领，溜肩，鼓腹，腹部最大径位置靠近肩部，台底。素面，器表轮旋痕迹明显。口径14.4、最大腹径27.6、底径13.0、高21.8、壁厚0.5～0.6厘米（图二七，9；彩版二七，4）。

壶　4件（M9：10、17、20、25）。形制相似，均为泥质灰陶；方唇，盘口，束颈，溜肩，卵形腹，腹部最大径位置靠近肩部，平底。标本M9：10，素面，器表轮旋痕迹明显。口径11.2、最大腹径19.9、底径8.5、高28.3、壁厚0.6～0.7厘米（图二七，10；彩版二七，5）。标本M9：17，素面。口径11.0、最大腹径20.1、底径8.3、高29.2、壁厚0.6～0.7厘米（图二七，11）。标本M9：25，素面，器表轮旋痕迹明显。口径11.4、最大腹径20.8、底径8.1、高28.8、壁厚0.6～0.7厘米（图二七，12；彩版二七，6）。

鼎　2件（M9：4、21）。形制相似，均为泥质灰陶，由鼎盖及鼎两部分组成。鼎盖：平顶，弧腹，敞口，圆唇，整体呈覆钵状，素面；鼎：钵形鼎，圆唇或方唇，敞口，弧腹，圜底，近口处对称附有方形耳，底部附有三个蹄状足，素面。标本M9：4，通高20.5厘米；鼎盖：口径19.5、顶径8.7、高6.4、壁厚0.5～0.6厘米；鼎：口径20.0、高17.3、壁厚0.5～0.6厘米（图二八，1；彩版二八，1）。标本M9：21，鼎盖缺失，鼎耳脱落，内壁轮旋痕迹明显。口径20.9、残高13.5、壁厚0.6～0.7厘米（图二八，2；彩版二八，2）。

斗　1件。标本M9：16，泥质灰陶。圆唇，敛口，鼓腹，中腹部附有一个四棱柱状柄和兽头状流，圜底，底部附有三个蹄状足。素面，器表轮旋痕迹明显。口径8.9、最大腹径15.8、通长18.3、通宽22.1、通高10.2、壁厚0.5～0.6厘米（图二八，3）。

鐎斗　1件。标本M9：12，泥质灰陶。圆唇，敞口呈圆角方形，弧腹，上腹部一端附有一个蹄形柄，台底。素面，器表轮旋痕迹明显。通长27.8、口长21.4、口宽20.8、底径10.3、高9.1、壁厚0.5～0.6厘米（图二八，4；彩版二八，3）。

樽　1件。标本M9：14，泥质灰陶。方唇，直口，斜腹，平底，底部附有三个蹄状足。素面。口径18.6、底径17.1、高16.4、壁厚0.6～0.7厘米（图二八，5；彩版二八，4）。

盒　3件（M9：2、3、26）。其中，标本M9：2与3形制相似，均为泥质灰陶或黄褐陶，由盒盖及盒两部分组成。盒盖：平顶，弧腹，敞口，圆唇，素面；盒：圆唇，敞口，弧腹，平底，素面。标本M9：2，通高14.6厘米；盒盖：口径21.4、顶径9.6、高7.4、壁厚0.5～0.6厘米；盒：口径22.5、底径9.8、高7.2、壁厚0.5～0.6厘米（图二八，6；彩版二八，5）。标本M9：3，通高13.3厘米；盒盖：口径20.7、顶径7.7、高6.8、壁厚0.5～0.6厘米；盒：口径20.7、底径8.1、高6.5、壁厚0.5～0.6厘米（图二八，7；彩版二八，6）。标本M9：26，泥质灰陶，由盒盖及盒两部分组成。盒盖：圜顶，弧腹，敞口，圆唇；素面。盒：圆唇，敞口，弧腹，平底；素面，内壁轮旋痕迹明显。通高14.8厘米；盒盖：口径20.7、高7.7、壁厚0.5～0.6厘米；盒：口径21.0、底径9.9、高7.1、壁厚0.5～0.6厘米（图二八，8）。

套盒　1件。标本M9：18，由套盒盖及套盒两部分组成。套盒盖：泥质灰陶；平顶，折腹，敛

图二八 M9出土器物

1、2．陶鼎M9：4、21 3．陶斗M9：16 4．陶鐎斗M9：12 5．陶樽M9：14 6~8．陶盒M9：2、
3、26 9．陶套盒M9：18 10．陶炉M9：15 11．陶灯M9：6 12．陶熏M9：7

口，圆唇；素面。套盒：泥质灰陶；方唇，直口，折腹，腹部施有一周扉棱，平底；素面，内壁轮旋痕迹明显。通高14.0厘米；套盒盖：口径17.4、顶径5.6、高12.0、壁厚0.4～0.5厘米；套盒：口径16.2、底径8.9、高9.1、壁厚0.4～0.5厘米（图二八，9；彩版二九，1）。

　　炉　1件。标本M9：15，泥质黄褐陶。方唇，敞口，弧腹，圜底，底部分布两排七个圆形镂孔，腹下部附有三个蹄状足。素面。口径21.3、高13.2、壁厚0.5～0.6厘米（图二八，10；彩版二九，2）。

　　灯　1件。标本M9：6，豆形灯。泥质黑陶。方唇，敞口，浅盘，斜筒状灯座，灯座中部穿有一个圆孔。素面，器表轮旋痕迹明显。口径15.7、底座径12.2、高13.8、壁厚0.6～0.9厘米（图二八，11；彩版二九，3）。

　　熏　1件。标本M9：7，由熏盖及熏两部分组成。熏盖：泥质灰陶；圜顶，弧腹，敞口，圆唇；盖顶中部为一个圆形穿孔，四周戳刻有二周三角形熏孔。熏：泥质黑陶；方唇，敞口，浅盘，斜筒状熏座，熏座中部穿有一个圆孔；素面。通高19.3厘米；熏盖：口径13.9、高5.0、壁厚0.6～0.9厘米；熏：口径15.2、底座径12.7、高14.3、壁厚0.5～0.8厘米（图二八，12；彩版二九，4）。

　　器盖　7件（M9：24－1、24－2、24－3、24－4、24－5、24－6、24－7）。形制相似，均为泥质灰陶；圜顶，弧腹，展沿，子母口，圆唇；顶中部有一个圆形穿孔，素面。标本M9：24－1，

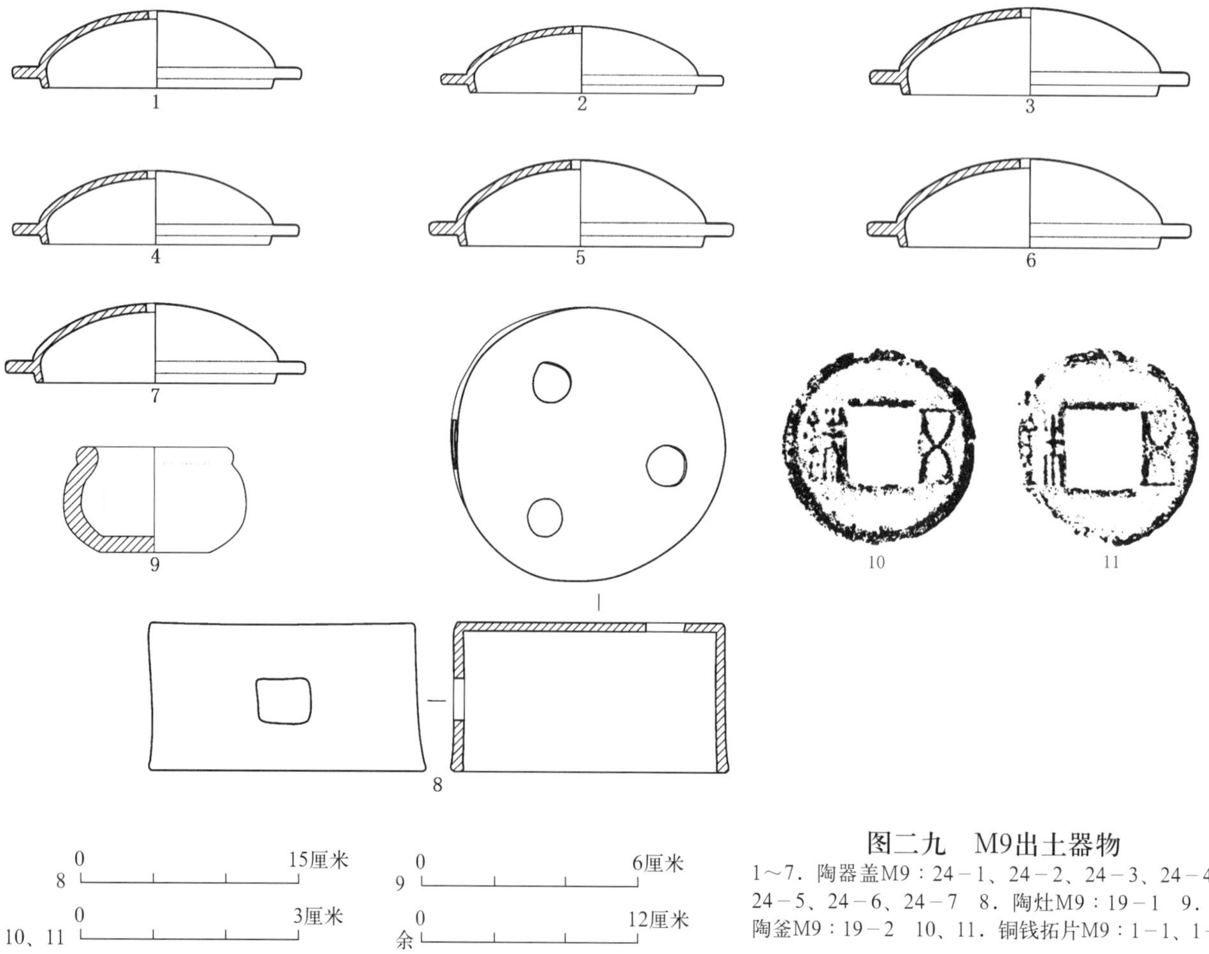

图二九　M9出土器物

1～7. 陶器盖M9：24－1、24－2、24－3、24－4、24－5、24－6、24－7　8. 陶灶M9：19－1　9. 小陶釜M9：19－2　10、11. 铜钱拓片M9：1－1、1－2

口径15.8、高4.1、壁厚0.4～0.5厘米（图二九，1；彩版二九，5）。标本M9：24－2，口径15.5、高3.6、壁厚0.3～0.4厘米（图二九，2；彩版二九，5）。标本M9：24－3，口径17.4、高4.6、壁厚0.3～0.4厘米（图二九，3；彩版二九，5）。标本M9：24－4，口径15.7、高3.9、壁厚0.3～0.4厘米（图二九，4；彩版二九，5）。标本M9：24－5，口径16.7、高4.6、壁厚0.3～0.4厘米（图二九，5；彩版二九，5）。标本M9：24－6，口径17.6、高4.8、壁厚0.3～0.4厘米（图二九，6；彩版二九，5）。标本M9：24－7，口径16.5、高4.2、壁厚0.3～0.4厘米（图二九，7；彩版二九，5）。

灶 1件。标本M9：19－1，泥质灰陶。灶面呈圆形，灶面上呈"品"字形分布有三个圆形火眼，长方形灶门不落地。素面。灶面直径18.4、高9.9、壁厚0.6～0.7厘米；火眼直径2.7、2.8、2.5厘米；灶门长3.6、高3.0厘米（图二九，8；彩版二九，6）。

小釜 1件。标本M9：19－2，泥质黄褐陶。圆唇，敛口，鼓腹，腹部最大径位置居中，平底。素面。口径4.3、最大腹径5.0、底径3.0、高2.8、壁厚0.3～0.4厘米（图二九，9；彩版二九，6）。

铜钱 11枚，均为"五铢"钱（图二九，10、11）。详情见下表。

M9铜钱统计表 （长度：厘米；重量：克）

种类	编号	特征		郭径	钱径	穿宽	郭宽	郭厚	肉厚	重量
		文字特征	记号							
五铢	1－1	"五"字瘦长，竖划缓曲；"金"头三角形，四竖点；"朱"头较圆，"朱"下方折	穿上一横	2.63	2.21	0.96	0.15	0.19	0.09	3.66
	1－2	"五"字瘦长，竖划缓曲；"金"头三角形，四竖点；"朱"头方折，"朱"下方折	无	2.66	2.13	0.89	0.15	0.20	0.10	2.16
	1－3	残碎	残碎							
	1－4	残碎	残碎							
	1－5	残碎	残碎							
		6枚板结								

一〇 M10

1. 墓葬形制

单室石室墓，平面呈刀形，由墓道、甬道、墓门及墓室四部分组成，方向265°（图三〇；彩版三〇）。开口于第①层下，开口距地表0.94米，保存较完整。

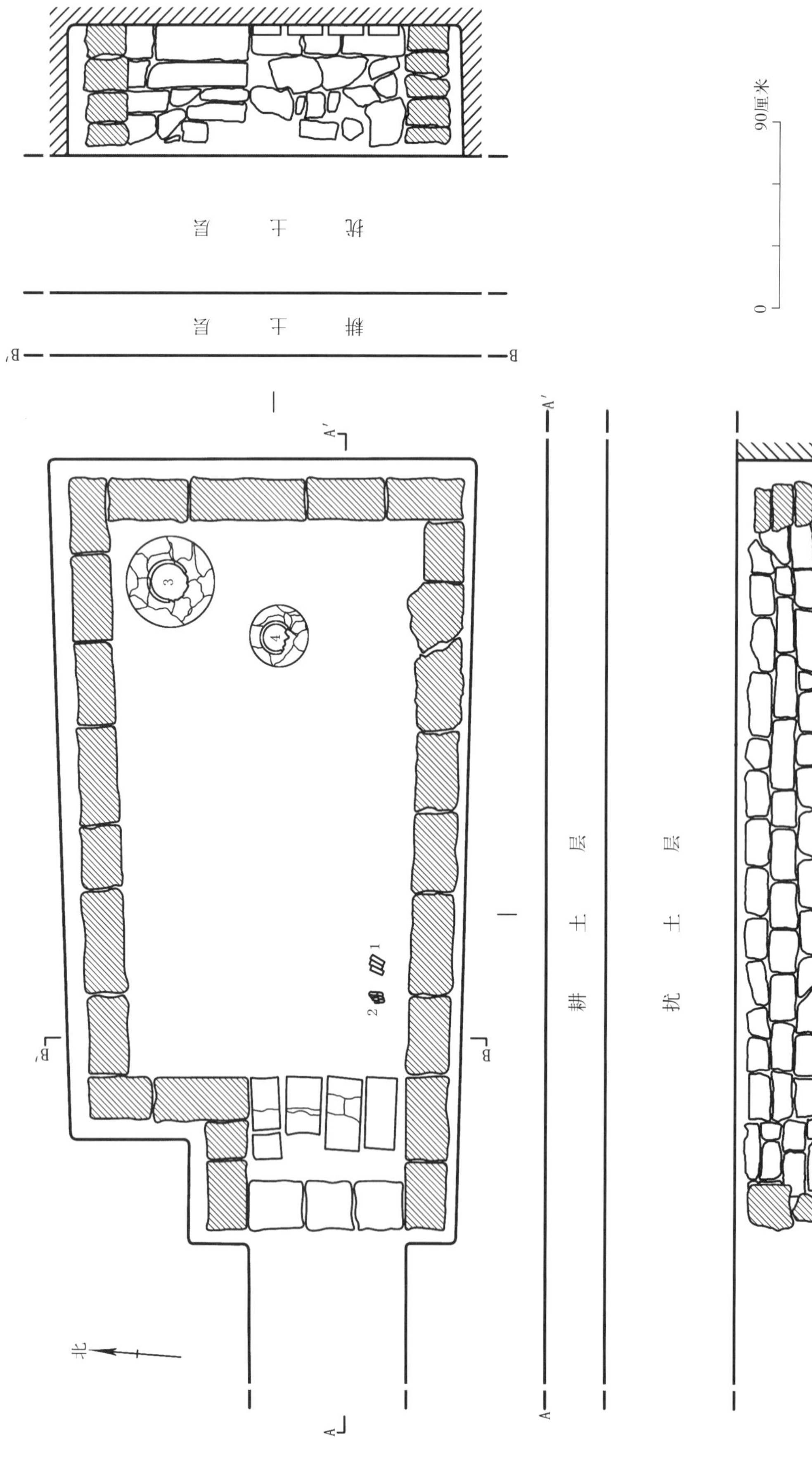

图三〇　M10平、剖面图

1. 铜臂钏　2. 铜指环　3. 陶罐　4. 陶瓮

墓道 长方形斜坡状，未发掘完，长不详，宽0.80、底部距地表1.60米。

甬道 平面横呈长方形，底部由4块灰砖纵向拼缝平铺而成。甬道进深0.50、面阔0.80米。

墓门 位于甬道西壁上，宽0.80米。

封门 由经过简单加工的石块错缝封堵而成，残高0.60米（彩版三一，1）。

墓室 平面呈梯形，墓室长2.70、宽1.40～1.60米。墓室四壁由经过简单加工的石块逐层错缝垒砌而成，黄土勾缝，墙体现存5层，残高0.60米。墓底系由生土经过简单平整而成。

2．葬具和人骨

墓内未发现有任何葬具痕迹。

骨骼保存极差，仅在填土中零星出土有几块肢骨残块。

3．随葬品

该墓共出土有4件（套）随葬品（彩版三一，2），陶器位于墓室东部，质地分为陶、铜两类。

陶器 计有罐1、瓮1。

罐 1件。标本M10：3，泥质灰陶。方唇，直口，斜领，溜肩，鼓腹，腹部最大径位置靠近肩部，台底。素面，器表轮旋痕迹明显。口径14.5、最大腹径30.0、底径12.2、高26.3、壁厚0.6～0.7厘米（图三一，1；彩版三二，1）。

瓮 1件。标本M10：4，泥质黄褐陶，陶色不纯，局部呈黑褐色。尖圆唇，敞口，小窄沿，斜颈，溜肩，球形腹，腹部最大径位置居中，圆底。肩部及中腹部各施有二周凹弦纹，中腹部施有一周断续的横向粗绳纹，下腹部及底部满饰细绳纹。口径20.2、最大腹径34.4、高32.0、壁厚0.8～0.9厘米（图三一，2；彩版三二，2）。

铜器 计有臂钏1套3枚、指环1套13枚。

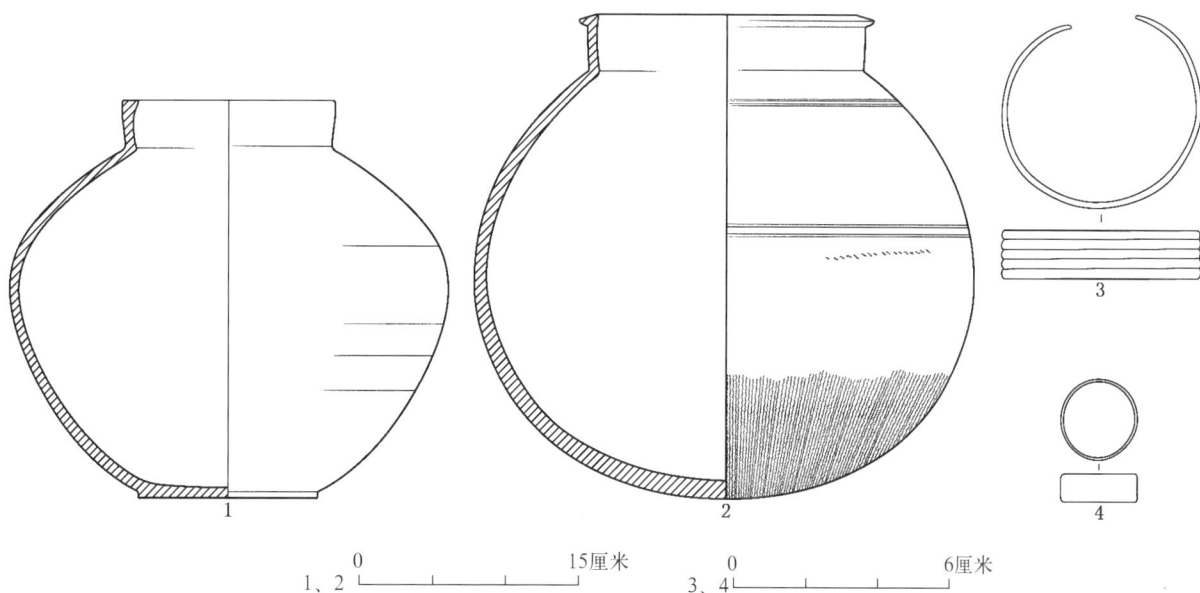

图三一 M10出土器物
1．陶罐M10：3 2．陶瓮M10：4 3．铜臂钏M10：1－1 4．铜指环M10：2－1

臂钏　1套3枚（M10：1）。形制相同，均平面呈圆形，一端留有豁口；表面施有三周凸弦纹。标本M10：1－1，直径5.8、豁口宽1.7、厚0.14厘米（图三一，3；彩版三二，3）。

指环　1套13枚（M10：2）。形制相同，均为平面呈圆形，截面呈长方形。标本M10：2－1，直径2.1、厚0.08厘米（图三一，4；彩版三二，4）。

一一　M11

1．墓葬形制

单室砖墓，平面近似刀形，由墓道、墓门及墓室三部分组成，方向160°（图三二；彩版三三）。开口于第②层下，开口距地表0.76米，保存状况较好。

墓道　长方形斜坡状，未发掘完，长不详，宽0.76、底部距地表1.76米。

墓门　位于墓室南壁东部，宽0.76米。

封门　条砖封堵，现存8层砖，残高0.54米。砌法由下至上为三层平砖一层丁立砖，两者交替向上，三层平砖的砌法为两层双隅平砌丁砖之间夹一层顺砌平砖（彩版三四，1）。

墓室　平面呈长方形，墓室长2.34、宽1.48米。墓室四壁较平直，最高处残存16层砖，砌法由下至上为三层平砖一层丁立砖，两者交替向上，三层平砖的砌法为两层双隅平砌丁砖之间夹一层顺砌平砖；从第十层开始为平砌丁砖和顺砌平砖交替向上。墓底未见铺砖，由生土经过简单平整而成。用砖规格：（31～32）×（15～16）×4厘米，灰砖，一面为素面，一面施有绳纹。

2．葬具和人骨

墓内未发现有任何葬具痕迹。

葬有2具人骨，并列置于墓室南部。西侧个体骨骼保存一般，仅存下肢骨，葬式为仰身直肢葬，头向北，面向不明。东侧个体骨骼保存极差，仅发现有少量的黄色骨骼朽灰。

3．随葬品

该墓共出土有24件（套）随葬品（彩版三四，2），多数位于墓室北部，以陶器及琉璃器为主，另有铜钱5枚。

陶器　计有罐1、壶7、樽1、套盒1、盆3、灯1、耳杯2、灶1、井1、小釜2、小甑1。

罐　1件。标本M11：19，泥质黑陶。圆唇，子母口，束颈，溜肩，鼓腹，腹部最大径位置靠近肩部，台底。素面，器表轮旋痕迹明显。口径8.5、最大腹径13.0、底径7.3、高12.0、壁厚0.6～0.7厘米（图三三，1；彩版三五，1）。

壶　7件（M11：5、13、14、15、16、17、18）。其中，标本M11：5、13、17与18形制相似，均为泥质灰陶或黑褐陶；方唇，敞口，卷沿，沿面施有一周凹槽，束颈，溜肩，卵形腹，腹部最大径位置靠近肩部，平底。标本M11：5，肩部施有多周凹弦纹，腹部轮旋痕迹明显。口径6.7、最大腹径16.5、底径8.5、高26.5、壁厚0.6～0.7厘米（图三三，2）。标本M11：13，器表轮旋痕迹明显。口径8.4、最大腹径16.5、底径7.3、高23.8、壁厚0.6～0.7厘米（图三三，3）。标本

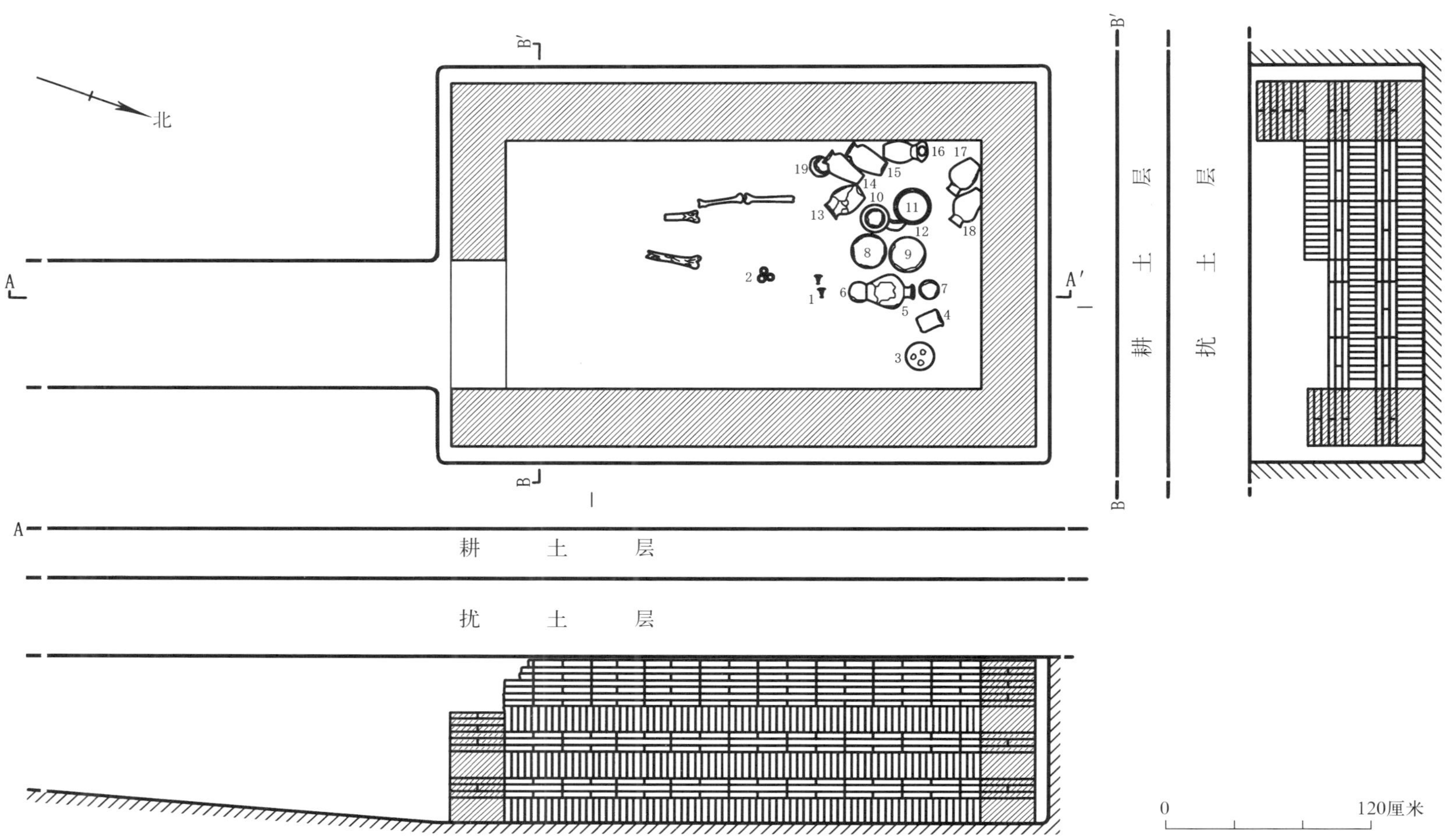

图三二　M11平、剖面图

1. 耳珰　2. 铜钱　3. 陶灶组合　4. 陶井　5. 陶壶　6. 陶壶　7. 陶灯　8. 陶盆　9. 陶盆　10. 陶套盒　11. 陶盆　12. 陶耳杯　13. 陶壶　14. 陶壶　15. 陶壶　16. 陶壶　17. 陶壶　18. 陶壶　19. 陶罐

M11：17，器表轮旋痕迹明显。口径9.4、最大腹径16.2、底径8.0、高22.5、壁厚0.6～0.7厘米（图三三，4；彩版三五，2）。标本M11：18，器表轮旋痕迹明显。口径9.4、最大腹径15.0、底径7.8、高22.3、壁厚0.6～0.7厘米（图三三，5）。其中，标本M11：14、15与16形制相似，均为泥质灰陶；方唇，敞口，卷沿，沿面施有一周凹槽，束颈，溜肩，卵形腹较瘦长，腹部最大径位置靠

图三三　M11出土器物

1. 陶罐M11：19　2～8. 陶壶M11：5、13、17、18、14、15、16　9. 陶樽M11：6　10. 陶套盒M11：10　11～13. 陶盆M11：8、9、11

上，平底，底部穿有一圆形孔；肩部施有多周凹弦纹，腹部轮旋痕迹明显。标本M11：14，口径10.0、最大腹径12.3、底径6.5、高19.5、壁厚0.6～0.7厘米（图三三，6；彩版三五，3）。标本M11：15，口径10.0、最大腹径12.0、底径6.1、高19.6、壁厚0.6～0.7厘米（图三三，7）。标本M11：16，口径10.0、最大腹径12.2、底径6.5、高19.4、壁厚0.6～0.7厘米（图三三，8；彩版三五，4）。

樽　1件。标本M11：6，泥质黑陶。方唇，直口，直腹，平底，底部附有三个蹄状足。素面，器表轮旋痕迹明显。口径14.6、底径14.6、高12.6、壁厚0.4～0.6厘米（图三三，9；彩版三五，5）。

套盒　1件。标本M11：10，套盒盖缺失，泥质黑陶。圆唇，直口，折腹，平底。素面，器表轮旋痕迹明显。口径11.7、底径7.0、高8.2、壁厚0.6～0.7厘米（图三三，10；彩版三五，6）。

盆　3件（M11：8、9、11）。形制相似，均为泥质灰陶或黑褐陶；方唇，敞口，卷沿，弧腹，平底；素面，器表轮旋痕迹明显。标本M11：8，口径24.4、底径9.5、高6.0、壁厚0.6～0.8厘米（图三三，11）。标本M11：9，口径19.4、底径6.3、高6.0、壁厚0.6～0.8厘米（图三三，12；彩版三六，1）。标本M11：11，口径19.8、底径7.0、高4.5、壁厚0.6～0.8厘米（图三三，13）。

灯　1件。标本M11：7，泥质黑陶。豆形灯，方唇，直口，口部施有一周凹槽，浅盘，中空台状灯座，灯座中部穿有一孔。素面，器表轮旋痕迹明显。口径11.7、底座径8.4、高12.9、壁厚0.6～0.9厘米（图三四，1；彩版三六，2）。

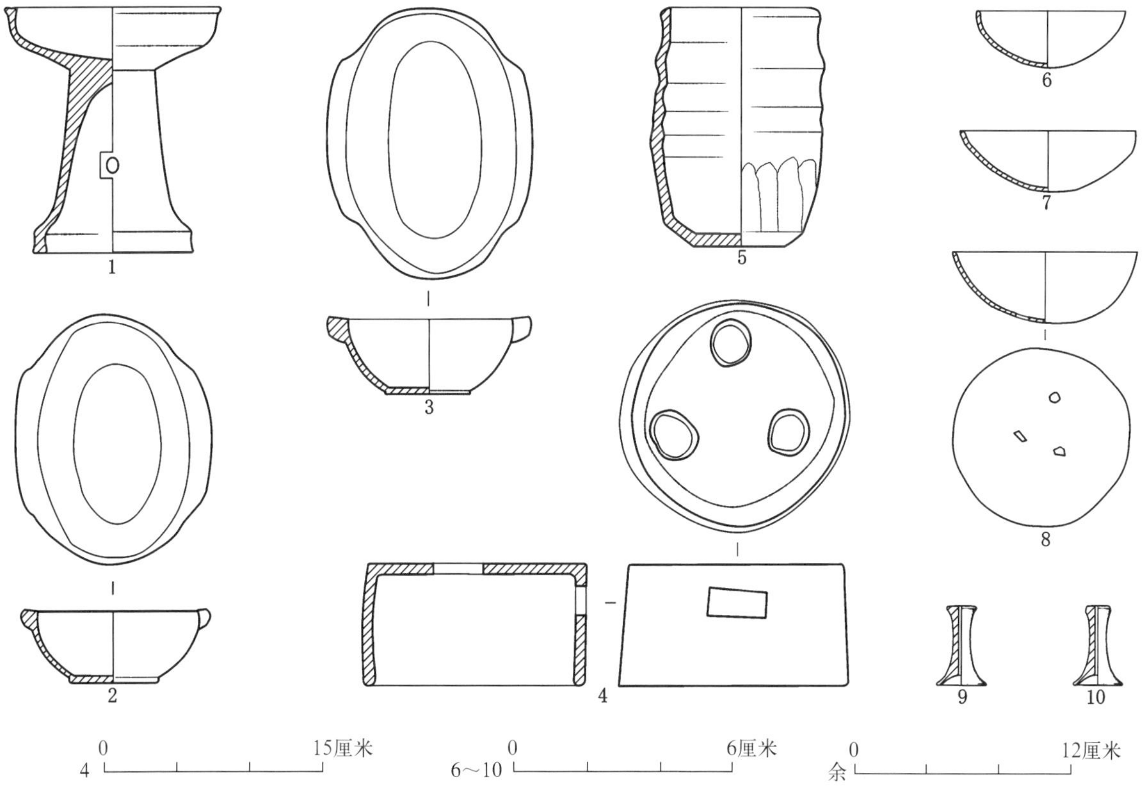

图三四　M11出土器物

1. 陶灯M11：7　2、3. 陶耳杯M11：12-1、12-2　4. 陶灶M11：3-1　5. 陶井M11：4　6、7. 小陶釜M11：3-2、3-3　8. 小陶甑M11：3-4　9、10. 耳瑱M11：1-1、1-2

耳杯　2件（M11：12－1、12－2）。形制相似，均为泥质灰陶；方唇，椭圆形杯口，双耳微上翘，弧腹，台底；素面。标本M11：12－1，口长径13.3、口短径11.6、底长径7.7、底短径4.6、高3.7、壁厚0.4～0.6厘米（图三四，2；彩版三六，3）。标本M11：12－2，口长径14.2、口短径11.2、底长径9.7、底短径4.6、高3.9、壁厚0.4～0.6厘米（图三四，3；彩版三六，3）。

灶　1件。标本M11：3－1，泥质黑陶。灶面呈圆形，灶面上呈"品"字形置有三个圆形火眼，尾端后壁上置有圆形烟孔，长方形灶门不落地。素面，器表轮旋痕迹明显。灶面直径14.8、高8.0、壁厚0.6～0.7厘米；火眼直径2.8、2.3、2.7、烟孔直径1.9厘米；灶门长4.0、高1.8厘米（图三四，4；彩版三六，4）。

井　1件。标本M11：4，泥质黑褐陶。尖圆唇，直口，折肩，斜腹，平底。素面，下腹部修坯削痕明显，内壁轮旋痕迹明显。口径7.7、底径5.1、高12.7、壁厚0.4～0.6厘米（图三四，5；彩版三六，5）。

小釜　2件（M11：3－2、3－3）。形制相似，均为泥质黑陶；圆唇，敞口，弧腹，圜底，整体呈斗笠状；素面。标本M11：3－2，口径3.9、高1.5、壁厚0.1～0.2厘米（图三四，6；彩版三六，4）。标本M11：3－3，口径4.8、高1.6、壁厚0.1～0.2厘米（图三四，7；彩版三六，4）。

小甑　1件。标本M11：3－4，泥质黑陶。敞口，弧腹，圜底，整体呈斗笠状。底部穿有三个甑孔，素面。口径5.1、高1.9、壁厚0.1～0.2厘米（图三四，8；彩版三六，4）。

琉璃器　计有耳瑱2。

耳瑱　2件（M11：1－1、1－2）。标本M11：1－1，近似腰鼓形。深蓝色，束腰，细端齐平，粗端内凹，纵向穿有一孔。最大径1.4、长2.1厘米（图三四，9；彩版三六，6）。标本M11：1－2，近似喇叭形。深蓝色，束腰，细端齐平，粗端内凹，纵向穿有一孔。最大径1.4、长2.1厘米（图三四，10；彩版三六，6）。

铜钱　5枚，均为"五铢"钱。详情见下表。

M11铜钱统计表

（长度：厘米；重量：克）

种类	编号	特征		郭径	钱径	穿宽	郭宽	郭厚	肉厚	重量
		文字特征	记号							
五铢	2－1	"五"字瘦长，竖划缓曲；"金"头三角形，四竖点；"朱"头较圆，"朱"下较圆	无	2.47	2.09	0.81	0.15	0.15	0.07	3.10
	2－2	同上	无	2.57	2.18	0.93	0.17	0.18	0.09	2.95
		3枚残碎								

一二　M12

1．墓葬形制

单室砖墓，平面近似刀形，由墓道、墓门及墓室三部分组成，方向80°（图三五；彩版三七）。开口于第①层下，开口距地表0.30米，保存状况较好。

墓道　长方形斜坡状，未发掘完，长不详，宽1.00、底部距地表1.84米。

墓门　位于墓室东壁北部，宽1.00米。

封门　条砖封堵，现存17层砖，残高1.16米。砌法由下至上为四层双隅顺砌平砖之上一层丁立砖，之上两层顺砌平砖再一层丁立砖，之后一层顺砌平砖再一层丁立砖，再一层丁立楔形砖再五层顺砌平砖，最后一层丁立楔形砖（彩版三八，1）。

墓室　平面呈长方形，墓室长3.30、宽1.72米。墓室四壁较平直，最高处残存18层砖，砌法由下至上为两层平砖之上，三层平砖与一层丁立砖交替向上，三层平砖的砌法为两层双隅平砌丁砖之间夹一层顺砌平砖，从第18层砖开始用楔形砖起券（彩版三九，1）。墓底较为复杂，南部用一列条砖纵向拼缝平铺而成，中部用不规则的薄石板拼缝平铺而成，北部用两列楔形砖纵向拼缝平铺而成（彩版三九，2）。条砖规格：（34～36）×（16～18）×4厘米，一面为素面，一面施有绳纹；楔形砖规格：（35～37）×（12～18）×4厘米，一面为素面，一面施有绳纹。

2．葬具和人骨

墓内未发现有任何葬具痕迹。

骨骼保存极差，仅在填土中零星出土有几块肢骨残块。

3．随葬品

该墓共出土有19件（套）随葬品（彩版三八，2），均位于墓室西部，以陶器为主，另有铜钱8枚。

陶器　计有壶2、长颈瓶3、樽1、耳杯5、小勺1、灶1、井1、小釜3、小瓿1。

壶　2件（M12：5、6）。形制相似，均为泥质灰陶；尖圆唇，敞口，束颈，溜肩，卵形腹，腹部最大径位置靠近肩部，平底；肩部施有多周凹弦纹。标本M12：5，口径8.2、最大腹径13.3、底径8.4、高21.2、壁厚0.6～0.7厘米（图三六，1；彩版四〇，1）。标本M12：6，口径8.5、最大腹径12.3、底径7.9、高20.6、壁厚0.4～0.6厘米（图三六，2；彩版四〇，2）。

长颈瓶　3件（M12：2、7、8）。形制相似，均为泥质灰陶；方唇，直口，细长颈，鼓腹，腹部最大径位置靠近肩部，平底；下腹部对称穿有3个圆孔，底部穿有1个圆孔。标本M12：2，口部残缺，腹部施有多周凹弦纹，器表轮旋痕迹明显。最大腹径12.8、底径7.8、残高21.0、壁厚0.4～0.6厘米（图三六，3）。标本M12：7，腹部施有多周凹弦纹，器表轮旋痕迹明显。口径5.1、最大腹径14.6、底径8.2、高26.9、壁厚0.6～0.8厘米（图三六，4；彩版四〇，3）。标本M12：8，素面，器表轮旋痕迹明显。口径4.5、最大腹径13.7、底径8.5、高24.3、壁厚0.5～0.6厘米（图三六，5；彩版四〇，4）。

樽　1件。标本M12：10，泥质黑陶。方唇，敞口，折腹，圜底，底部附有三个锥形足。素面，

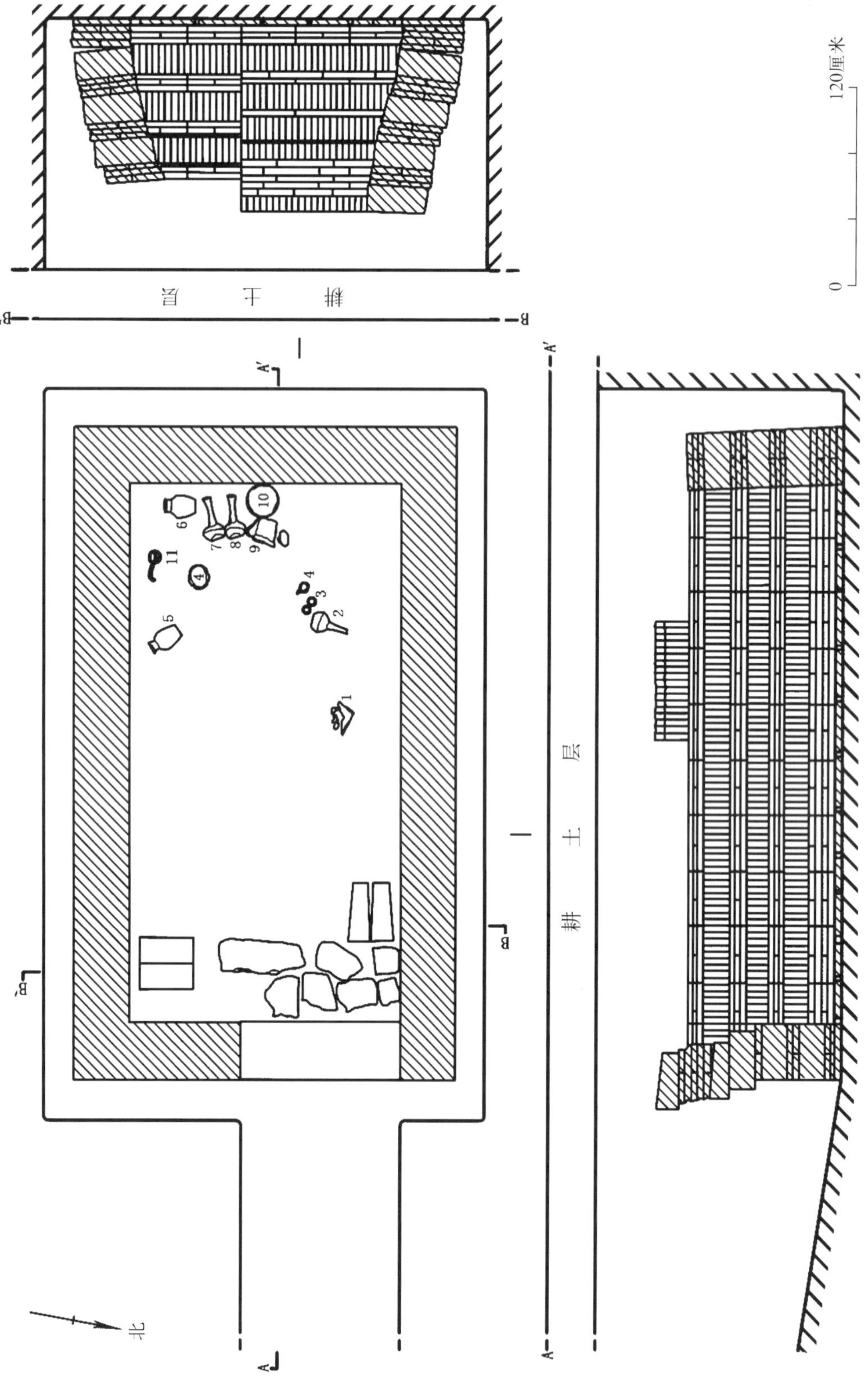

图三五　M12平、剖面图

1. 陶壮组合　2. 陶长颈瓶　3. 铜钱　4. 陶耳杯　5. 陶壶　6. 陶壶　7. 陶壶　8. 陶长颈瓶　9. 陶井　10. 陶樽　11. 陶勺

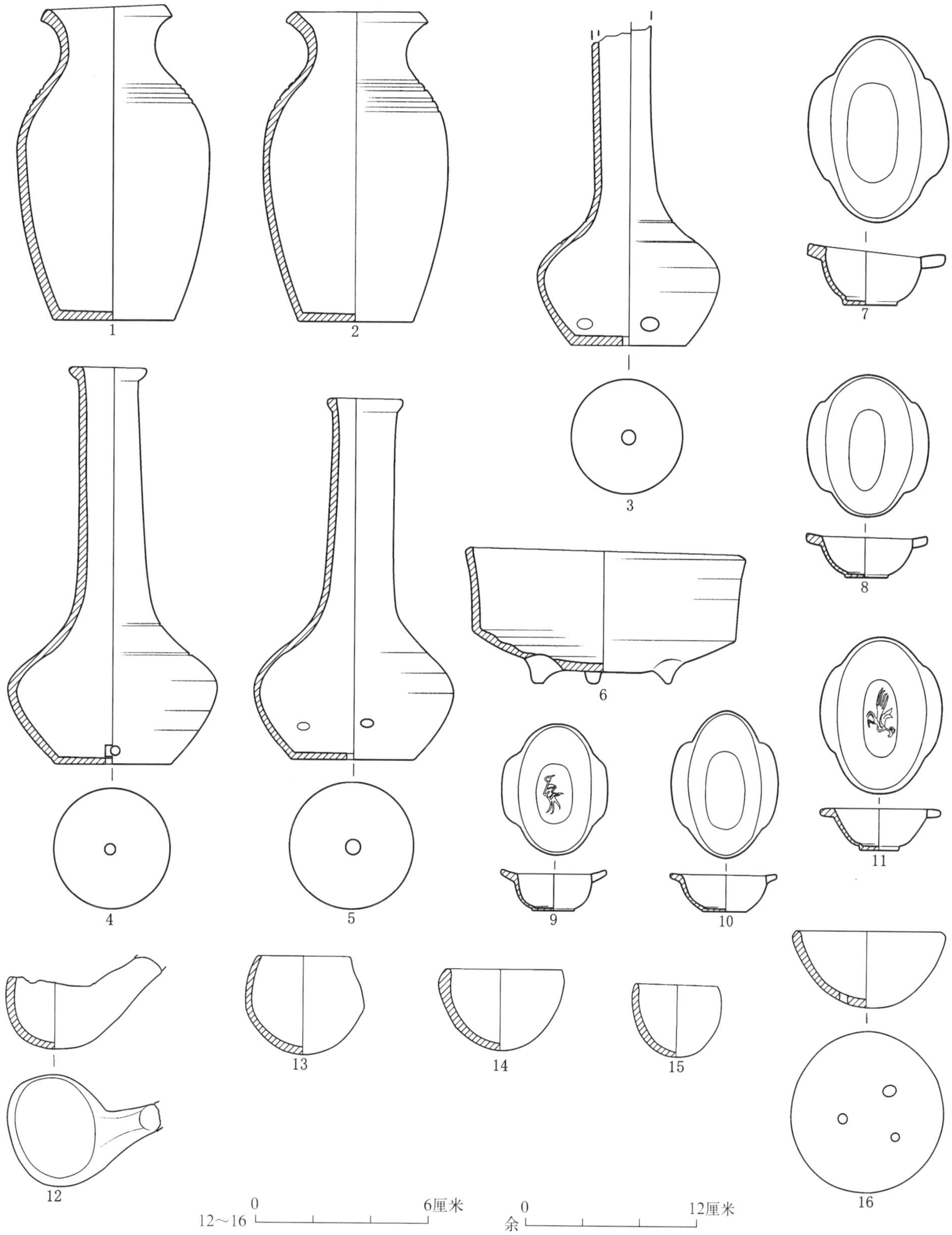

图三六　M12出土器物

1、2．陶壶 M12：5、6　3～5．陶长颈瓶 M12：2、7、8　6．陶樽 M12：10　7～11．陶耳杯 M12：4－1、4－2、4－5、4－3、4－4　12．陶勺 M12：11　13～15．小陶釜 M12：1－2、1－3、1－4　16．小陶甑 M12：1－5

器表轮旋痕迹明显。口径19.6、高9.2、壁厚0.4～0.6厘米（图三六，6；彩版四〇，5）。

　　耳杯　5件（M12：4－1、4－2、4－3、4－4、4－5）。其中，标本M12：4－1、4－2与4－5形制相似，均为泥质灰陶；椭圆形杯口，双耳上翘明显，弧腹，台底。标本M12：4－1，素面。口长径12.6、口短径6.4、底长径6.9、底短径3.7、高3.7、壁厚0.3～0.4厘米（图三六，7；彩版四〇，6）。标本M12：4－2，素面。口长径9.6、口短径6.1、底长径5.7、底短径3.7、高3.7、壁厚0.3～0.4厘米（图三六，8；彩版四〇，6）。标本M12：4－5，底部模印有鸟型纹饰。口长径8.8、口短径5.0、底长径4.2、底短径2.9、高2.6、壁厚0.3～0.4厘米（图三六，9；彩版四〇，6）。标本M12：4－3，泥质灰陶。椭圆形杯口，双耳微上翘，弧腹，平底。素面。口长径10.0、口短径5.1、底长径5.5、底短径3.2、高2.5、壁厚0.3～0.4厘米（图三六，10；彩版四〇，6）。标本M12：4－4，泥质灰陶。椭圆形杯口，双耳齐平，弧腹，台底。底部模印有鸟型纹饰。口长径10.6、口短径6.2、底长径5.5、底短径2.7、高2.8、壁厚0.3～0.4厘米（图三六，11；彩版四〇，6）。

　　小勺　1件。标本M12：11，泥质黑陶。尖圆唇，敛口，圜底，尾端现已残损。素面。口径3.2、残高2.3、壁厚0.1～0.3厘米（图三六，12）。

　　灶　1件。标本M12：1－1，过于残碎，无法修复。

　　井　1件。标本M12：9，过于残碎，无法修复。

　　小釜　3件（M12：1－2、1－3、1－4）。标本M12：1－2，泥质灰陶。尖圆唇，微敛口，鼓腹，腹部最大径位置居中，圜底。素面。口径3.1、高3.3、壁厚0.2～0.3厘米（图三六，13）。其中，标本M12：1－3与1－4形制相似，均为泥质灰陶；尖圆唇，微敛口，弧腹，圜底，整体近似斗笠状；素面。标本M12：1－3，口径4.0、高2.8、壁厚0.2～0.3厘米（图三六，14）。标本M12：1－4，口径2.9、高2.5、壁厚0.2～0.3厘米（图三六，15）。

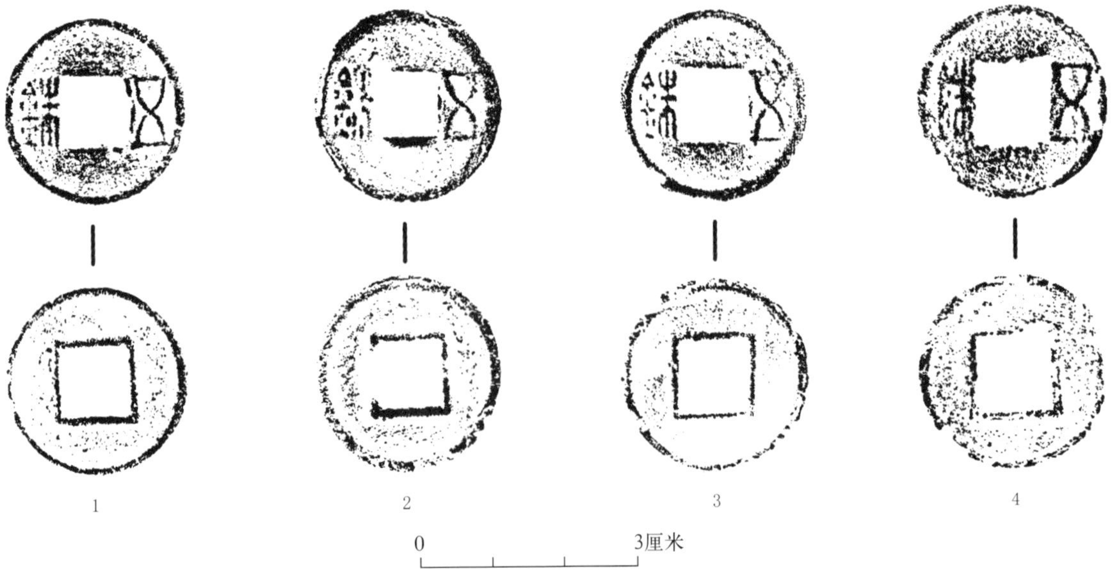

0　　　　　　　　3厘米

图三七　M12出土铜钱拓片
1～4. 铜钱拓片M12：3－1、3－2、3－3、3－4

小甑　1件。标本M12:1-5，泥质灰陶。圆唇，敞口，弧腹，圜底，整体近似斗笠状。底部穿有三个圆形甑孔。素面。口径5.0、高2.6、壁厚0.2～0.3厘米（图三六，16）。

铜钱　8枚，均为"五铢"钱（图三七，1～4）。详情见下表。

M12铜钱统计表　　　　　　　（长度：厘米；重量：克）

| 种类 | 编号 | 特征 | | 郭径 | 钱径 | 穿宽 | 郭宽 | 郭厚 | 肉厚 | 重量 |
		文字特征	记号							
五铢	3-1	"五"字瘦长，竖划缓曲；"金"头三角形，四竖点；"朱"头较圆，"朱"下较圆	无	2.49	2.11	0.89	0.15	0.16	0.08	2.98
	3-2	同上	无	2.60	2.11	0.86	0.19	0.14	0.07	3.54
	3-3	同上	无	2.56	2.15	0.93	0.15	0.16	0.08	3.48
	3-4	"五"字瘦长，竖划缓曲；"金"头三角形，四竖点；"朱"头方折，"朱"下方折	无	2.57	2.28	0.96	0.13	0.14	0.07	2.56
	3-5	"五"字瘦长，竖划缓曲；"金"头三角形，四竖点；"朱"头较圆，"朱"下较圆	无	2.59	2.18	1.03	0.14	0.18	0.09	3.64
	3-6	同上	无	2.53	2.25	0.91	0.14	0.16	0.08	2.22
	3-7	同上	无	2.58	2.15	0.81	0.18	0.16	0.08	3.42
	3-8	同上	无	2.57	2.18	0.86	0.16	0.20	0.10	3.51

一三　M13

M13与M14为一组并葬墓，其中，M13打破M14。

1. 墓葬形制

土坑石椁墓，平面呈圆角长方形，墓圹较规整。方向260°（图三八；彩版四一）。开口于第②层下，开口距地表0.64米，保存状况较好。

墓圹四壁较平直；墓底系在生土面上经过简单平整而成，较为平坦。长2.76、宽1.20～1.26、深0.76米。

墓内填土主要为灰褐土，夹杂有少量的小石块，土质较疏松。

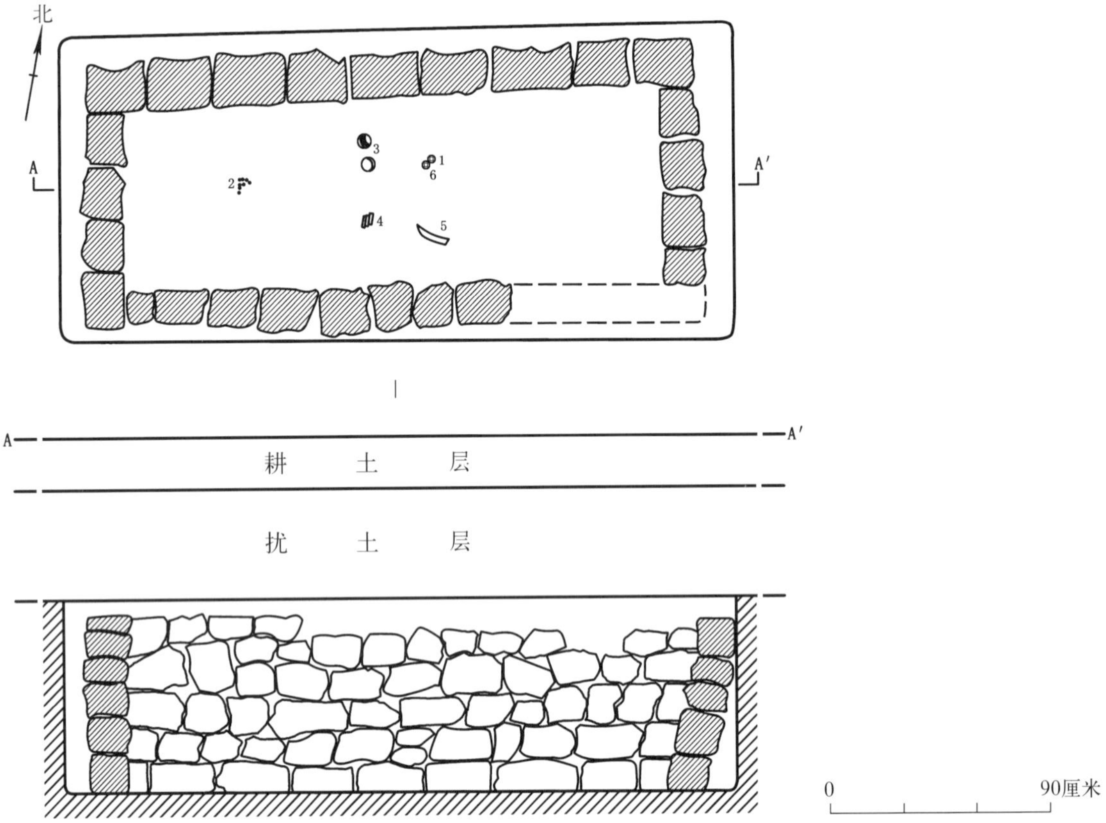

图三八　M13平、剖面图

1. 铜钱　2. 项链串饰　3. 铜臂钏　4. 铜臂钏　5. 铁削　6. 铜指环

2．葬具和人骨

墓内葬具主要有石椁及木棺。

石椁平面呈长方形，顶部现已不存，四壁用经过简单加工的石块逐层拼缝垒砌而成；底部由生土经过简单平整而成。石椁长2.20、宽0.70、残高0.71米（彩版四二，1）。

木棺的保存状况极差，仅在墓底见有零星的黑色板木朽灰，形制及尺寸不辨。

人体骨骼腐朽极为严重，仅发现有几枚牙齿。

3．随葬品

该墓共出土有6件（套）随葬品，多数位于椁室中部，质地分为铜、铁、琉璃器三种，其中铜钱7枚。

铜器　计有臂钏2套、指环1套。

臂钏　2套共9枚（M13：3、4），其中，左臂6枚，右臂3枚。形制相似，均呈扁体圆形，一端有豁口，表面施有三周凸弦纹。标本M13：3-1，直径6.1、厚0.16、豁口宽1.4厘米（图三九，1；彩版四三，1）。标本M13：4-1，直径5.7、厚0.22、豁口宽1.9厘米（图三九，2；彩版四三，2）。

指环　1套10枚（M13：6）。形制相似，均呈扁体圆形，截面呈扁长方形，素面。标本M13：6-1，直径2.2、厚0.12厘米（图三九，3；彩版四三，3）。

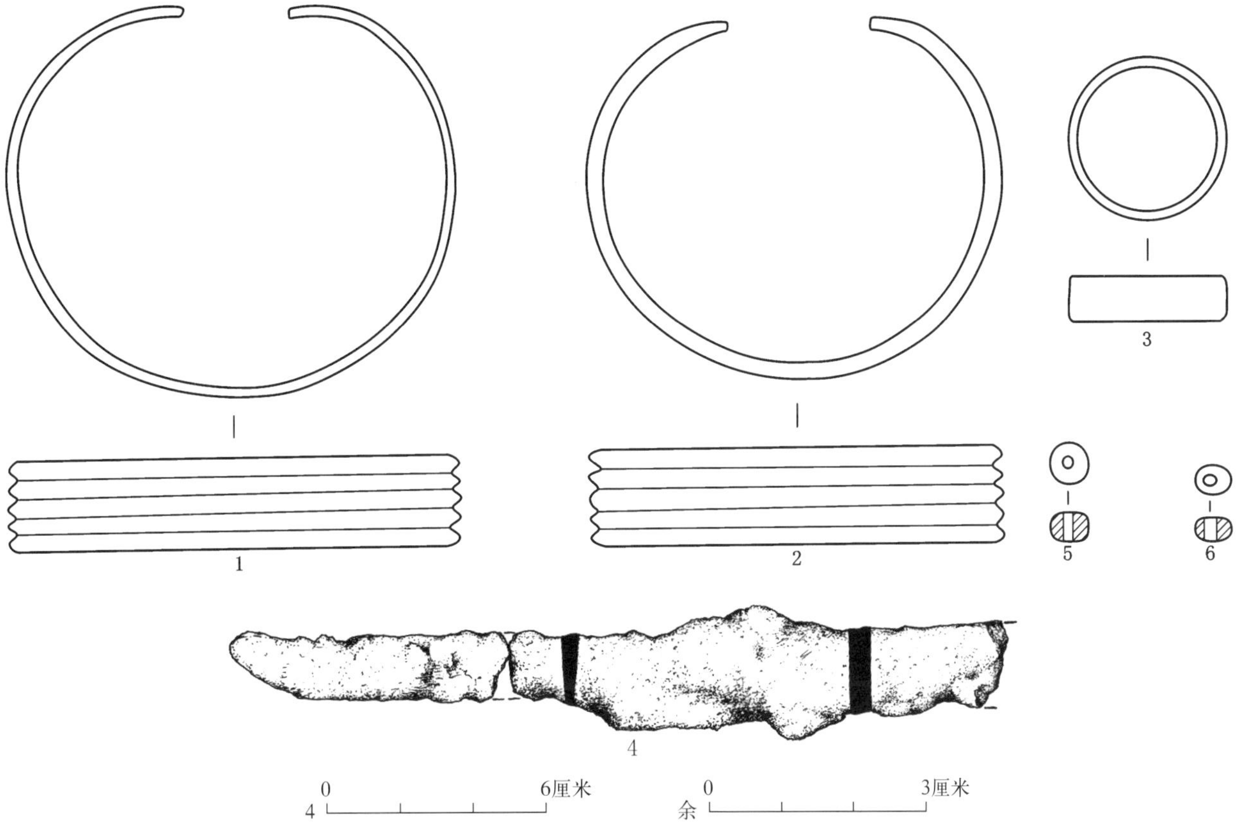

图三九　M13出土器物

1、2. 铜臂钏M13：3－1、4－1　3. 铜指环M13：6－1　4. 铁削M13：5　5、6. 项链串饰M13：2－1、2－2

铁器　计有削1。

削　1件。标本M13：5，锈蚀较严重。环首残缺，直背，尖部上翘。残长21.2、宽2.1厘米（图三九，4；彩版四三，4）。

琉璃器　项链串饰1套。

项链串饰　1套（M13：2）。由7枚深蓝色或绿色琉璃珠穿成，形制相似，均呈扁球形，两端齐平，纵向穿有一孔。标本M13：2－1，直径0.5、厚0.4、孔径0.14厘米（图三九，5；彩版四三，5）。标本M13：2－2，直径0.4、厚0.3、孔径0.17厘米（图三九，6；彩版四三，5）。

铜钱　7枚，均为"货泉"钱。详情见下表。

M13铜钱统计表　　　　　　　　　（长度：厘米；重量：克）

种类	编号	特征		郭径	钱径	穿宽	郭宽	郭厚	肉厚	重量
		文字特征	记号							
货泉	1－1	正面穿之左右篆书"货泉"二字	无	2.37	1.95	0.81	0.14	0.18	0.09	1.42
		6枚残碎								

一四 M14

M14与M13为一组并葬墓，其中，M14被M13打破。

1．墓葬形制

土坑石椁墓，平面呈圆角长方形，墓圹较规整。方向260°（图四○；彩版四一）。开口于第②层下，开口距地表0.64米，保存状况较好。

墓圹四壁较平直；墓底系在生土面上经过简单平整而成，较为平坦。长2.82、宽1.25、深0.76米。

墓内填土主要为灰褐土，夹杂有少量的小石块，土质较疏松。

2．葬具和人骨

墓内葬具主要有石椁及木棺。

石椁平面呈梯形，顶部现已不存，四壁用经过简单加工的石块逐层拼缝垒砌而成；底部由生土经过简单平整而成。石椁长2.30、宽0.80～0.60、残高0.68米（彩版四二，1）。

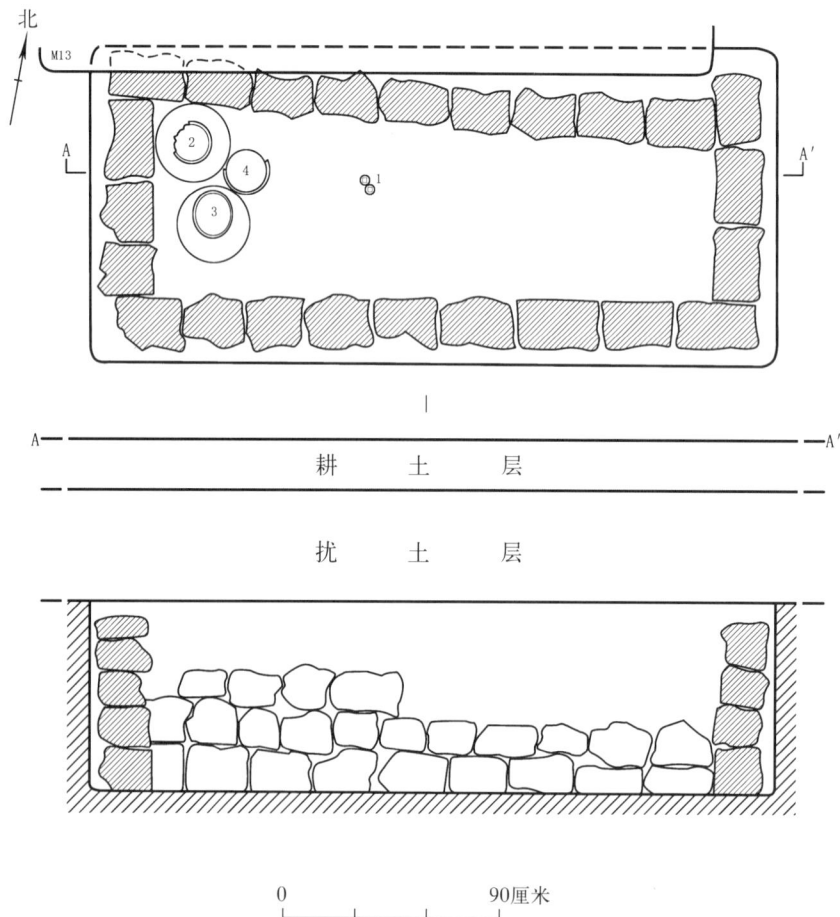

图四○ M14平、剖面图
1. 铜钱 2. 陶罐 3. 陶罐 4. 陶盆

木棺的保存状况极差，仅在墓底见有零星的黑色板木朽灰，形制及尺寸不辨。

骨骼腐朽极为严重，仅发现有几枚牙齿。

3．随葬品

该墓共出土有4件（套）随葬品（彩版四二，2），多数位于椁室西部，质地以陶器为主，另有铜钱3枚。

陶器　计有罐2、盆1。

罐　2件（M14：2、3）。标本M14：2，泥质灰陶。尖圆唇，敞口，小窄沿，斜颈，溜肩，鼓腹，腹部最大径位置居中，圜底。中腹部施有一周断续的横向粗绳纹，下腹部及底部满饰细绳纹。口径17.4、最大腹径30.6、高25.9、壁厚0.7～0.8厘米（图四一，1；彩版四四，1）。标本M14：3，泥质黄褐陶。方唇，敞口，斜领，溜肩，鼓腹，腹部最大径位置靠近肩部，台底。肩部施有二周凹弦纹。口径15.5、最大腹径31.2、底径14.0、高25.8、壁厚0.6～0.7厘米（图四一，2；彩版四四，2）。

盆　1件。标本M14：4，泥质黄褐陶，陶色不纯，局部呈黑褐色，器表抹光。圆唇，展沿，敞口，弧腹，台底。素面，上腹部施有多周凹弦纹。口径17.3、底径7.1、高8.2、壁厚0.3～0.5厘米（图四一，3；彩版四四，3）。

铜钱　3枚，均为"货泉"钱。详情见下表。

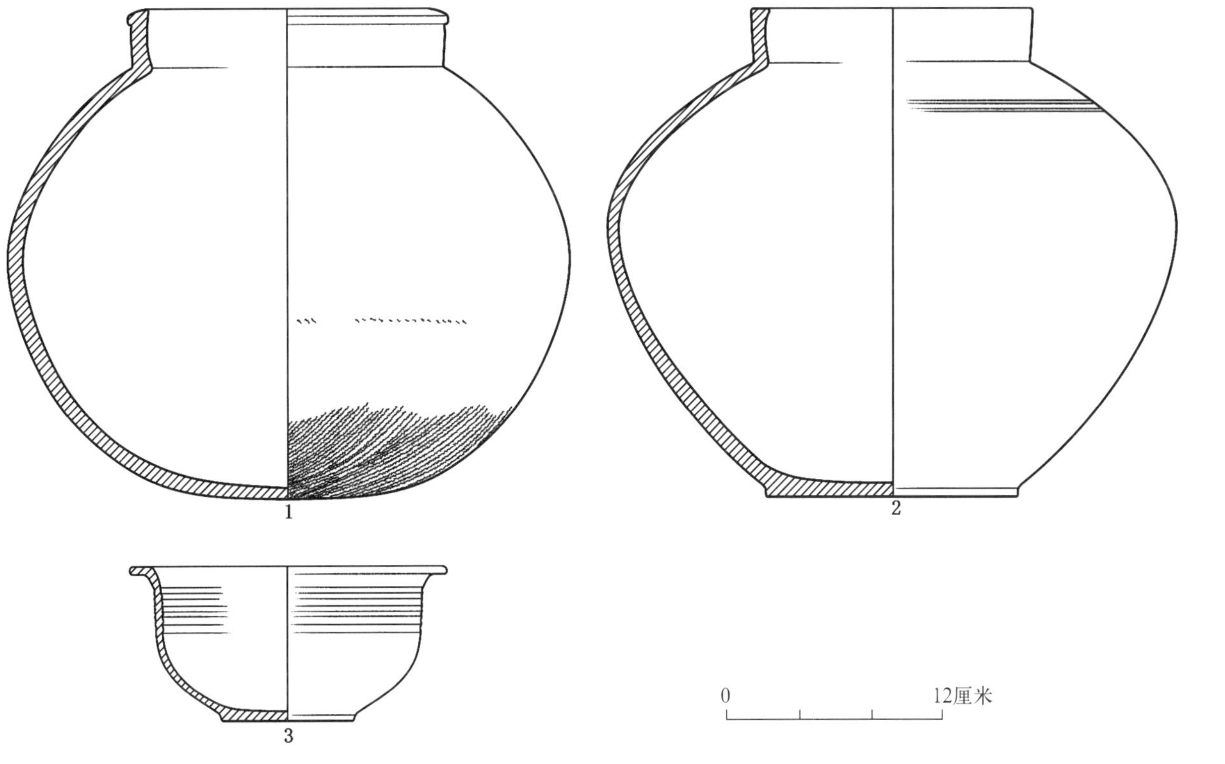

0　　　　　　　　12厘米

图四一　M14出土器物
1、2．陶罐M14：2、3　3．陶盆M14：4

M14铜钱统计表　　　　　　　　　　（长度：厘米；重量：克）

| 种类 | 编号 | 特征 | | 郭径 | 钱径 | 穿宽 | 郭宽 | 郭厚 | 肉厚 | 重量 |
		文字特征	记号							
货泉	1-1	正面穿之左右篆书"货泉"二字	无	2.37	1.97	0.86	0.17	0.18	0.09	1.40
		2枚残碎								

一五　M15

1. 墓葬形制

土坑石椁墓，平面呈圆角长方形，墓圹较规整。方向240°（图四二；彩版四五，1）。开口于第②层下，开口距地表0.80米，保存状况较好。

墓圹四壁较平直；墓底系在生土面上经过简单平整而成，较为平坦。长3.30、宽2.06、深1.00米。

墓内填土主要为灰褐土，夹杂有少量的黄土及小石块，土质较疏松。

2. 葬具和人骨

墓内葬具主要有石椁及木棺。

石椁平面呈长方形，由于受到外力的挤压作用，南、北两壁向墓室内弯曲变形。石椁顶部现已不存，四壁用经过简单加工的石块逐层拼缝垒砌而成；底部由生土经过简单平整而成。石椁长2.64、宽1.50、残高0.96米。

木棺的保存状况极差，仅在墓底见有零星的黑色板木朽灰，形制及尺寸不辨。

骨骼腐朽极为严重，仅发现有几枚牙齿。

3. 随葬品

该墓共出土有7件（套）随葬品（彩版四五，2），多数位于石椁西部，质地可分为陶、铜、琉璃、石质四种。

陶器　计有罐4、钵1。

罐　4件（M15：3、5、6、7）。标本M15：3，泥质黄褐陶，陶色不纯，局部呈黑褐色。尖圆唇，敞口，鼓颈，溜肩，鼓腹，腹部最大径位置居中，圆底。口沿内壁施有一周凹弦纹，肩部施有三周凹弦纹，下腹部及底部满饰细绳纹。口径16.6、最大腹径32.6、高27.1、壁厚0.4～0.6厘米（图四三，1；彩版四四，4）。其中，标本M15：5与7形制相似，均为泥质灰陶；尖圆唇，子母口，束颈，溜肩，鼓腹，腹部最大径位置靠近肩部，台底；肩部施有二周凹弦纹，器表轮旋痕迹明显。标本M15：5，口径7.4、最大腹径13.2、底径7.4、高13.5、壁厚0.3～0.5厘米（图四三，2；彩版四四，5）。标本M15：7，口径8.8、最大腹径14.7、底径8.0、高14.3、壁厚0.3～0.5厘米

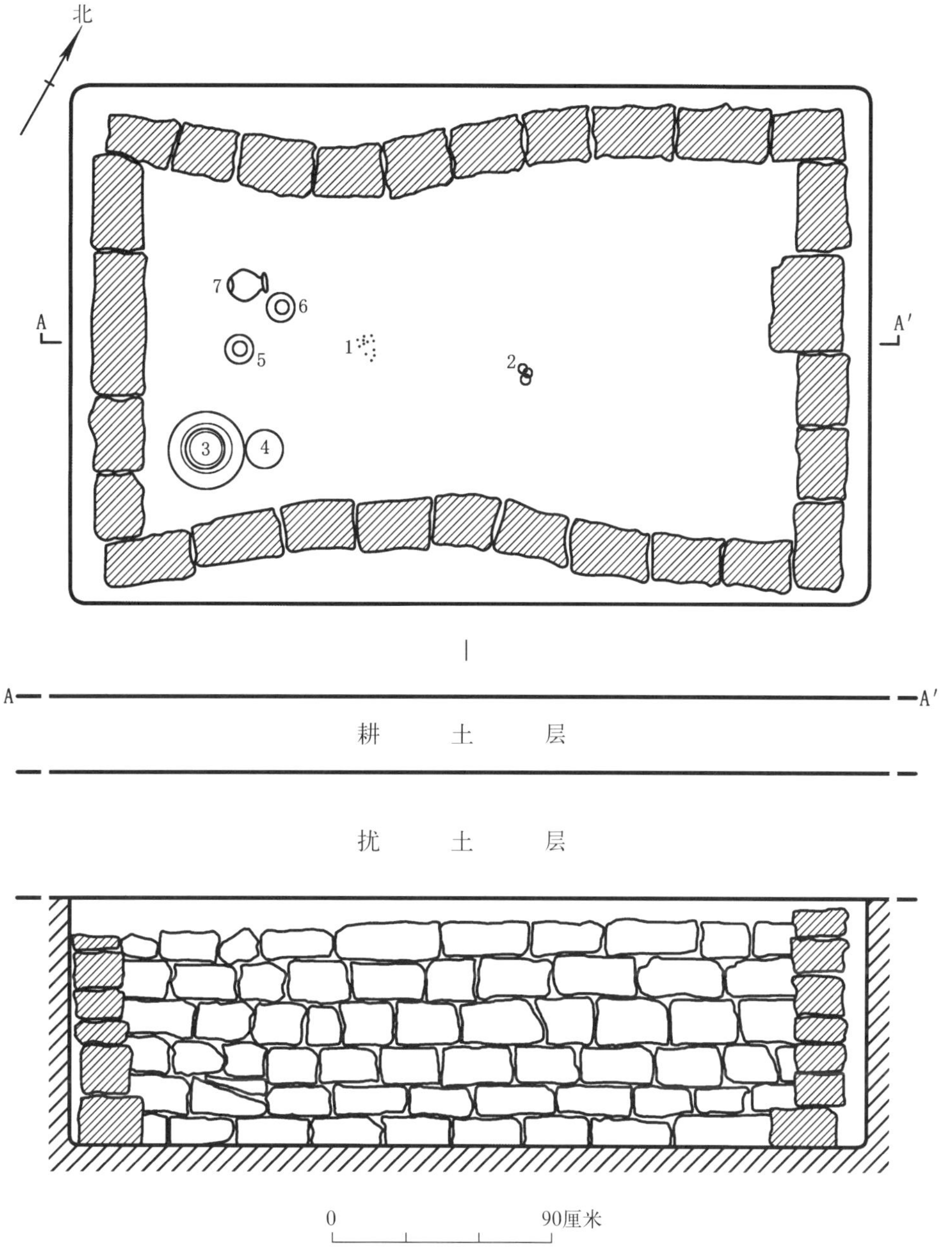

图四二　M15平、剖面图
1. 项链串饰　2. 铜指环　3. 陶罐　4. 陶钵　5. 陶罐　6. 陶罐　7. 陶罐

（图四三，4；彩版四四，6）。标本M15：6，泥质黄褐陶。尖圆唇，侈口，束颈，溜肩，鼓腹，腹部最大径位置居中，台底。素面。口径8.3、最大腹径14.7、底径8.1、高13.4、壁厚0.4～0.6厘米（图四三，3；彩版四六，1）。

钵　1件。标本M15：4，泥质黄褐陶。圆唇，敞口，弧腹，台底。上腹部施有一周凹弦纹。口径14.1、底径7.1、高5.6、壁厚0.3～0.5厘米（图四三，5；彩版四六，2）。

铜器　计有指环1套3枚。

指环　1套3枚（M15：2）。形制相似，均平面呈圆形，截面呈扁长方形。标本M15：2－1，直

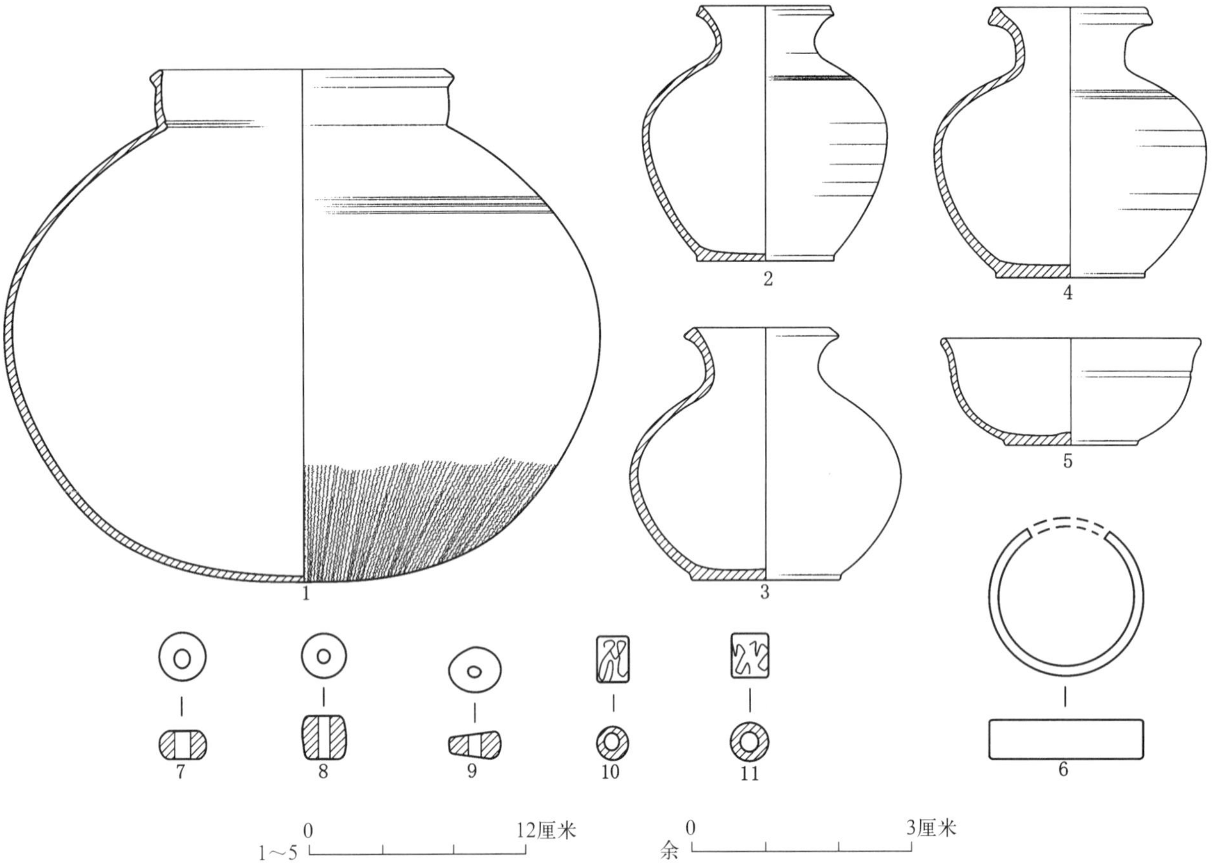

图四三　M15出土器物

1～4. 陶罐M15：3、5、6、7　5. 陶钵M15：4　6. 铜指环M15：2-1　7～11. 项链串饰M15：1-1、1-2、1-3、1-4、1-5

径2.1、厚0.13厘米（图四三，6；彩版四六，4）。

琉璃及石器　计有项链串饰1套。

项链串饰　1套（M15：1），由31枚琉璃珠及10枚石管串成。琉璃珠形制相似，均为深蓝色，整体呈扁圆球体或圆柱体，纵向穿有一孔。标本M15：1-1，直径0.6、厚0.38、孔径0.22厘米（图四三，7；彩版四六，3）。标本M15：1-2，直径0.6、厚0.58、孔径0.16厘米（图四三，8；彩版四六，3）。标本M15：1-3，直径0.7、厚0.36、孔径0.17厘米（图四三，9；彩版四六，3）。石管均为白色石质，整体呈圆柱管状，两端齐平，纵向穿有一孔，表面刻划有"S"纹。标本M15：1-4，直径0.44、高0.6、孔径0.21厘米（图四三，10；彩版四六，3）。标本M15：1-5，直径0.5、高0.6、孔径0.25厘米（图四三，11；彩版四六，3）。

一六　M16

1. 墓葬形制

土坑石椁墓，平面呈圆角长方形，墓圹较规整。方向350°（图四四；彩版四七）。开口于第②层下，开口距地表0.85米，保存状况较好。

墓圹四壁较平直；墓底系在生土面上经过简单平整而成，较为平坦。长3.76、宽2.20、深1.00米。

墓内填土主要为灰褐土，夹杂有少量的黄土及小石块，土质较疏松。

2．葬具和人骨

墓内葬具主要有石椁及木棺。

石椁平面呈长方形，顶部现已不存，四壁用经过简单加工的石条及石块逐层拼缝垒砌而成；底部由生土经过简单平整而成。石椁长3.16、宽1.54、残高0.98米。

木棺的保存状况极差，仅在墓底见有零星的黑色板木朽灰，形制及尺寸不辨。

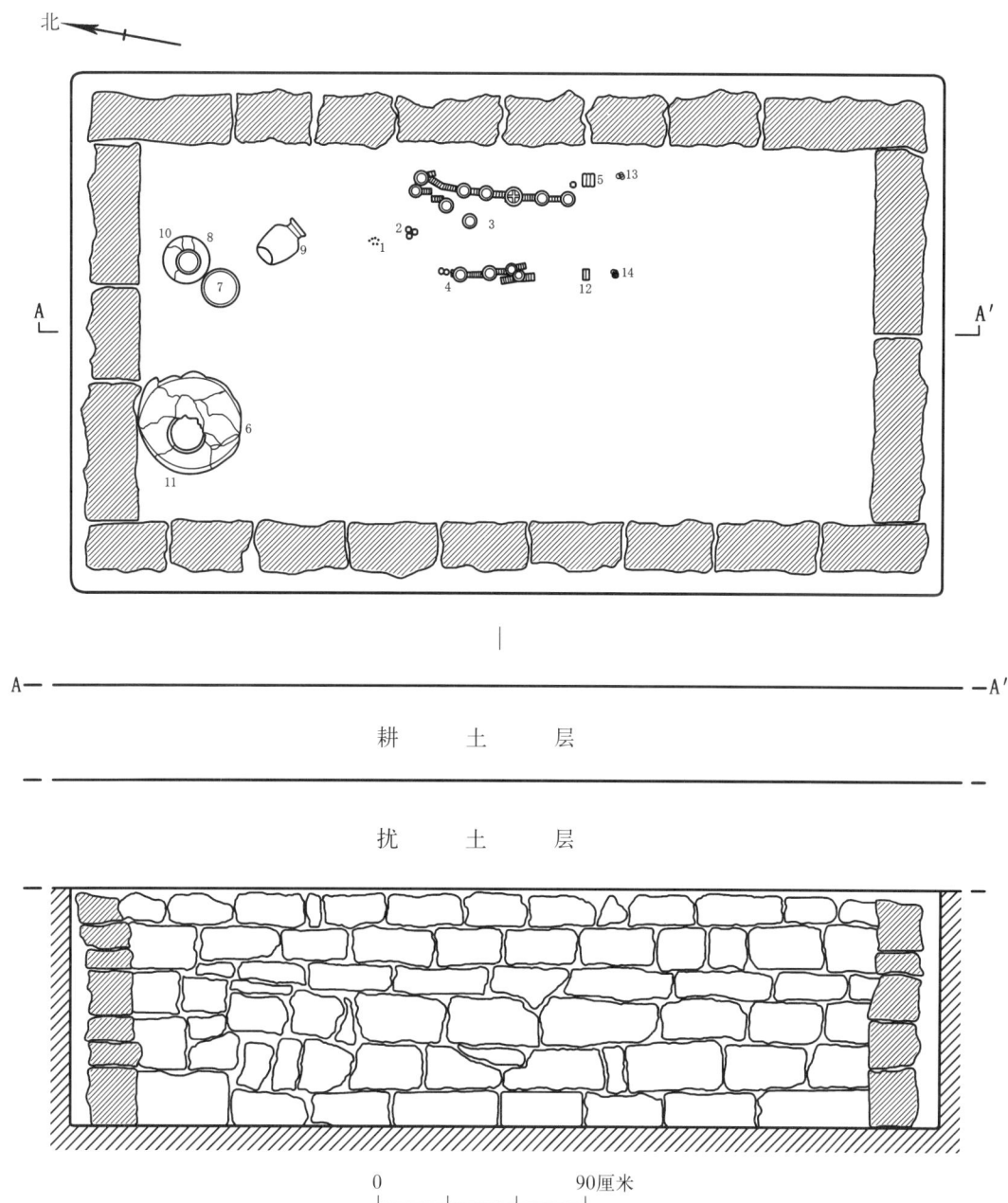

图四四　M16平、剖面图

1．项链串饰　2．铜钱　3．铜链饰　4．铜泡（压于3下）　5．铜臂钏　6．陶罐　7．陶钵　8．陶罐　9．陶罐　10．陶罐（压于8下）　11．陶盆（压于6下）　12．铜臂钏　13．铜指环　14．铜指环

骨骼腐朽极为严重，仅发现有几枚牙齿。

3．随葬品

该墓共出土有14件（套）随葬品（彩版四八），多数位于石椁北部，质地可分为陶、铜、琉璃、石质四种，其中铜钱4枚。

陶器　计有罐4、盆1、钵1。

罐　4件（M16：6、8、9、10）。标本M16：6，泥质黄褐陶。尖圆唇，敞口，微鼓颈，溜肩，球形腹，腹部最大径位置居中，圜底。肩部及中腹部各施有二周凹弦纹，下腹部及底部满饰细绳纹。口径18.4、最大腹径35.2、高31.5、壁厚0.6～0.8厘米（图四五，1；彩版四九，1）。标本M16：8，泥质黑褐陶，器表抹光。方唇，敞口，矮领，溜肩，鼓腹，腹部最大径位置居中，台底。肩部及上腹部施有六周凹弦纹。口径12.5、最大腹径23.2、底径9.9、高18.9、壁厚0.5～0.6厘米（图四五，2；彩版四九，2）。其中，标本M16：9与10形制相似，均为尖圆唇，子母口，束颈，溜肩，鼓腹，腹部最大径位置居中，台底。标本M16：9，泥质黄褐陶，陶色不纯，局部呈灰

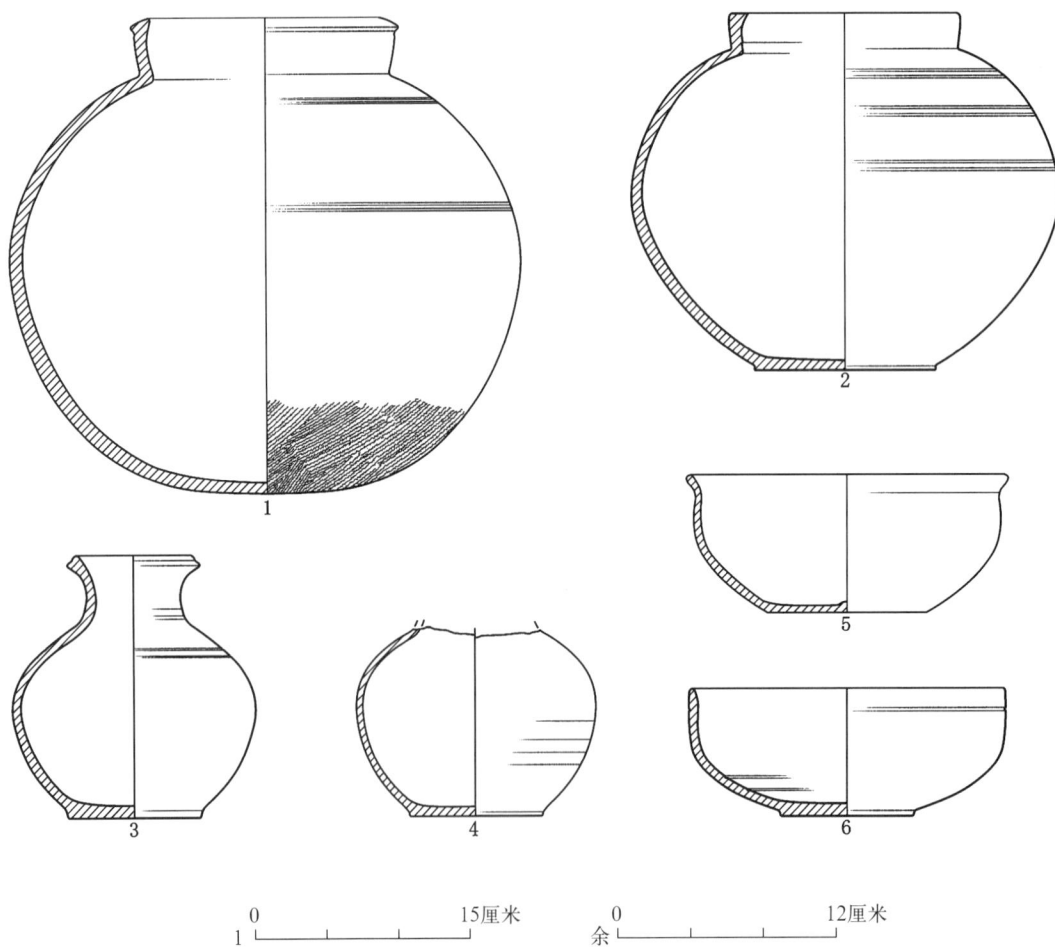

图四五　M16出土器物

1～4．陶罐M16：6、8、9、10　5．陶盆M16：11　6．陶钵M16：7

褐色；肩部施有二周凹弦纹，颈部轮旋痕迹明显。口径7.4、最大腹径13.4、底径7.4、高13.9、壁厚0.4～0.5厘米（图四五，3；彩版四九，3）。标本M16：10，泥质黑褐陶；口部残缺；素面，腹部轮旋痕迹明显。最大腹径13.0、底径7.4、残高10.0、壁厚0.3～0.4厘米（图四五，4；彩版四九，4）。

盆　1件。标本M16：11，泥质黄褐陶，陶色不纯，局部呈黑褐色，器表抹光。圆唇，敞口，弧腹，平底。素面。口径17.4、底径8.5、高7.3、壁厚0.4～0.6厘米（图四五，5；彩版四九，5）。

钵　1件。标本M16：7，泥质黑褐陶。尖圆唇，敞口，口部抹斜，弧腹，台底。近口处施有一周凹弦纹，下腹部内壁施有二周凹弦纹。口径17.1、底径7.2、高6.7、壁厚0.3～0.4厘米（图四五，6；彩版四九，6）。

铜器　计有链饰1套、臂钏2套5枚、指环2套9枚、泡饰1套8枚。

链饰　1套。标本M16：3，原悬挂于胸前，由8个指环为一组及1个大圆环（或轮形饰）依次交替串联而成，整体近似"∞"形（图四六，1～8）。

臂钏　2套共5枚（M16：5、12），其中，左臂3枚，右臂2枚。形制相似，均为扁体圆形，一端有豁口，表面施有三周凸弦纹。标本M16：5－1，直径5.6、厚0.18、豁口宽2.0厘米（图四六，9；彩版五〇，1）。标本M16：12－1，直径5.5、厚0.15、豁口宽2.53厘米（图四六，10；彩版五〇，2）。

指环　2套共9枚（M16：13、14），其中，左手5枚，右手4枚。标本M16：13－1，平面呈圆形，截面呈圆角长方形，环面较宽。直径2.1、厚0.08厘米（图四七，1；彩版五〇，3）。标本M16：14－1，平面呈圆形，截面呈圆角长方形，环面较窄。直径2.0、厚0.07厘米（图四七，2；彩版五〇，4）。标本M16：14－2，平面呈圆形，截面近似半圆形，环面较窄。直径1.8、厚0.08厘米（图四七，3；彩版五〇，4）。标本M16：14－3，平面呈圆形，截面呈圆形。直径2.1、厚0.17厘米（图四七，4；彩版五〇，4）。

泡饰　1套共8枚（M16：4）。标本M16：4－1，椭圆形帽面，双桥梁。帽长径1.6、帽短径1.0、高0.5厘米（图四七，5；彩版五〇，5）。标本M16：4－3，圆形帽面，单桥梁。帽径1.2、高0.6厘米（图四七，7；彩版五〇，5）。标本M16：4－8，略有残损，体形较大，圆形帽面，单桥梁。帽径2.0、高1.0厘米（图四七，12；彩版五〇，5）。

琉璃及石器　计有项链串饰1套21枚。

项链串饰　1套（M16：1），由18枚琉璃珠及3枚石管穿成。琉璃珠形制相似，呈深蓝色或绿色，扁球形状，纵向穿有一孔。标本M16：1－1，直径0.8、厚0.6、孔径0.26厘米（图四七，13；彩版五〇，6）。标本M16：1－2，直径0.5、厚0.4、孔径0.13厘米（图四七，14；彩版五〇，6）。石管均为白色石质，圆柱形，纵向穿有一孔，表面刻划有卷曲纹。标本M16：1－3，直径0.6、高0.9、孔径0.19厘米（图四七，15；彩版五〇，6）。标本M16：1－4，直径0.7、高0.7、孔径0.21厘米（图四七，16；彩版五〇，6）。标本M16：1－5，直径0.5、高0.6、孔径0.20厘米（图四七，17；彩版五〇，6）。

铜钱　4件，其中"大泉五十"钱1枚，"货泉"钱3枚（图四七，18、19）。详情见下表。

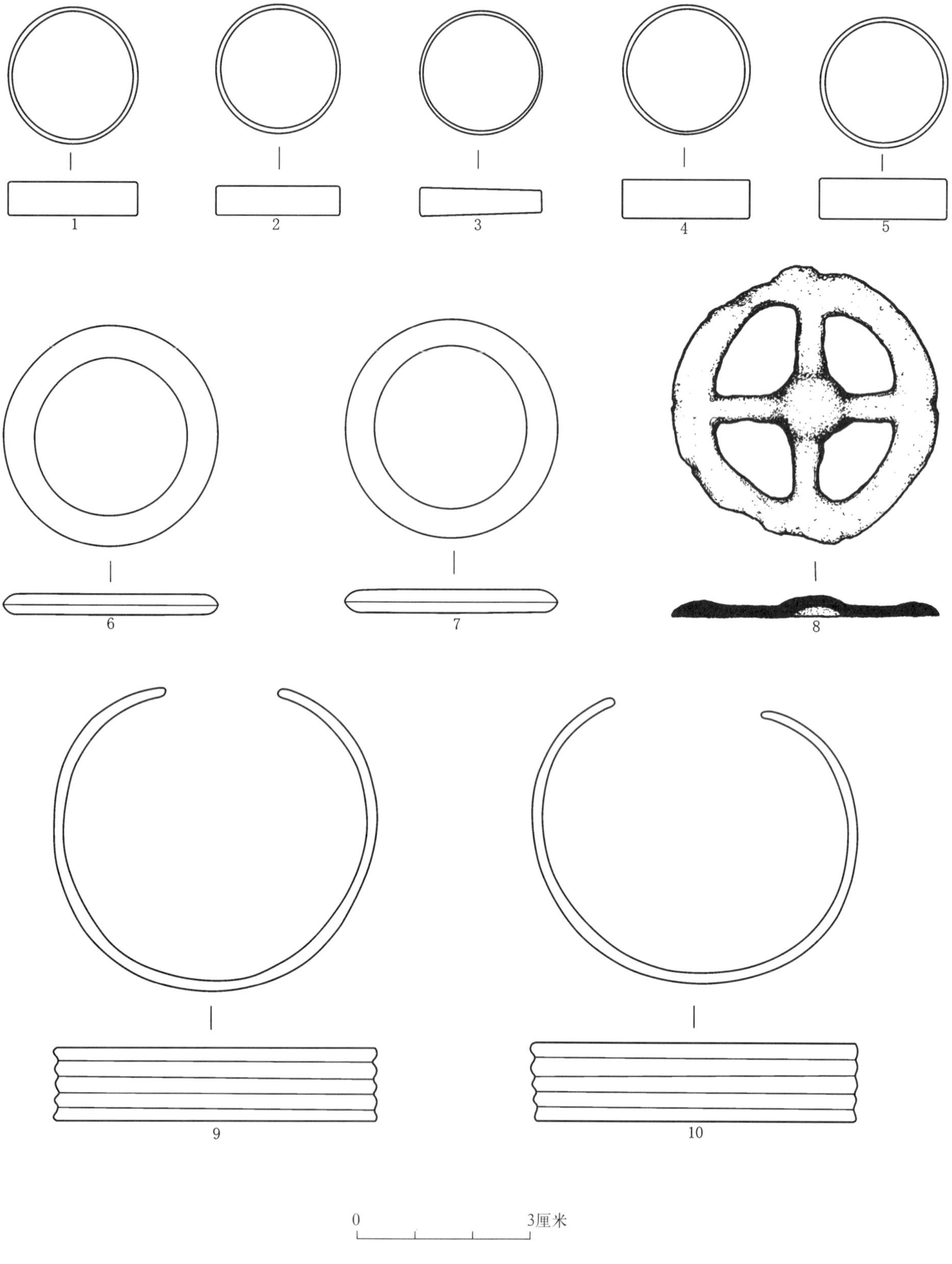

0　　　　　　　3厘米

图四六　M16出土器物

1～8. 铜链饰组件M16：3-1、3-2、3-3、3-4、3-5、3-6、3-7、3-8　9、10. 铜臂钏M16：5-1、12-1

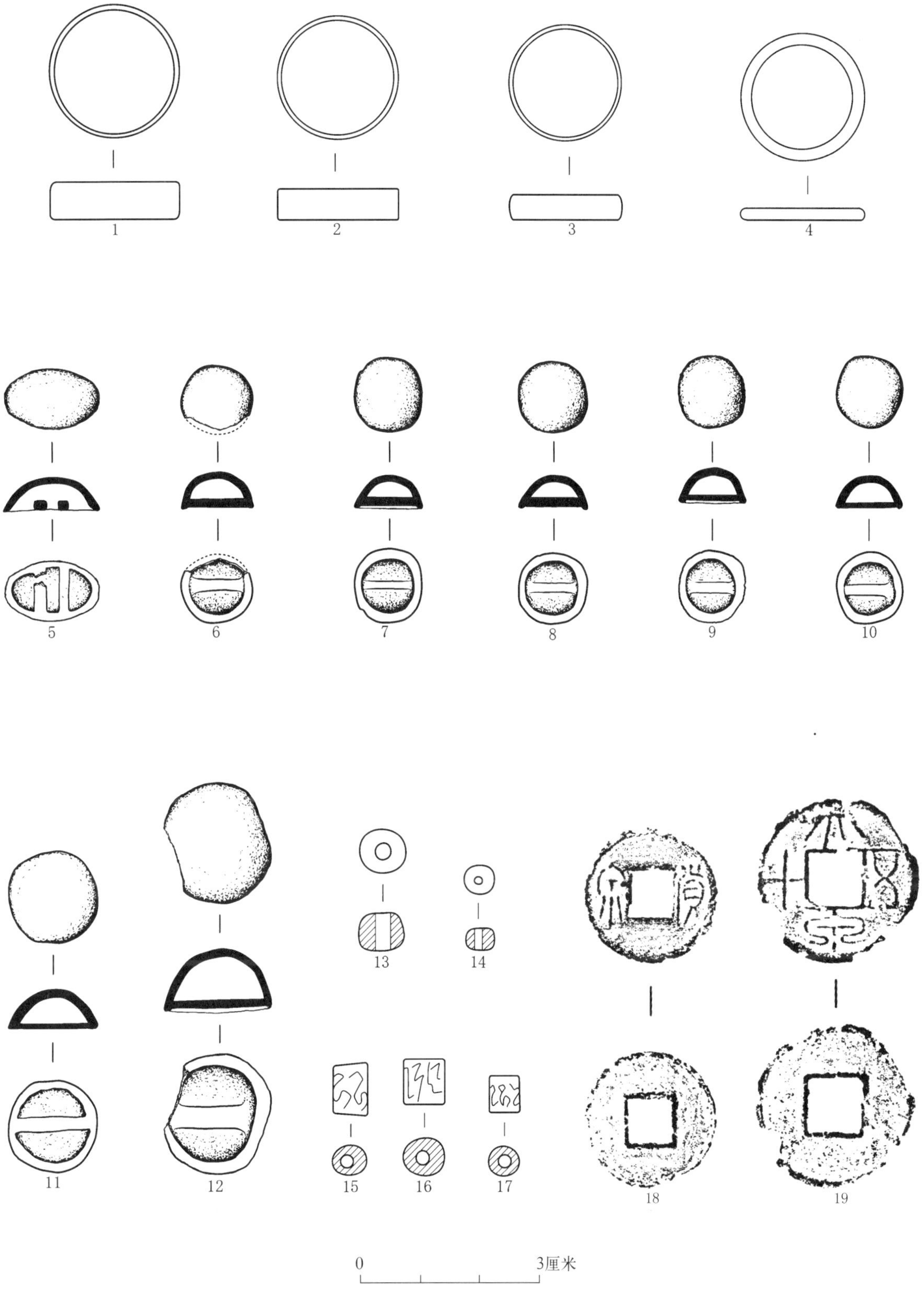

图四七 M16出土器物

1~4. 铜指环M16：13-1、14-1、14-2、14-3 5~12. 铜泡饰M16：4-1、4-2、4-3、4-4、4-5、4-6、4-7、4-8 13~
17. 项链串饰M16：1-1、1-2、1-3、1-4、1-5 18、19. 铜钱拓片M16：2-2、2-1

M16铜钱统计表 （长度：厘米；重量：克）

种类	编号	特征		郭径	钱径	穿宽	郭宽	郭厚	肉厚	重量
		文字特征	记号							
大泉五十	2－1	正面穿之四周篆书"大泉五十"四字	无	2.74	2.40	0.94	0.18	0.20	0.10	2.51
货泉	2－2	正面穿之左右篆书"货泉"二字	无	2.26	1.91	0.72	0.15	0.18	0.09	1.87
		2枚残碎								

一七 M17

1. 墓葬形制

土坑石椁墓，平面呈圆角长方形，墓圹较规整。方向340°（图四八；彩版五一）。开口于第②层下，开口距地表1.00米，保存状况一般。

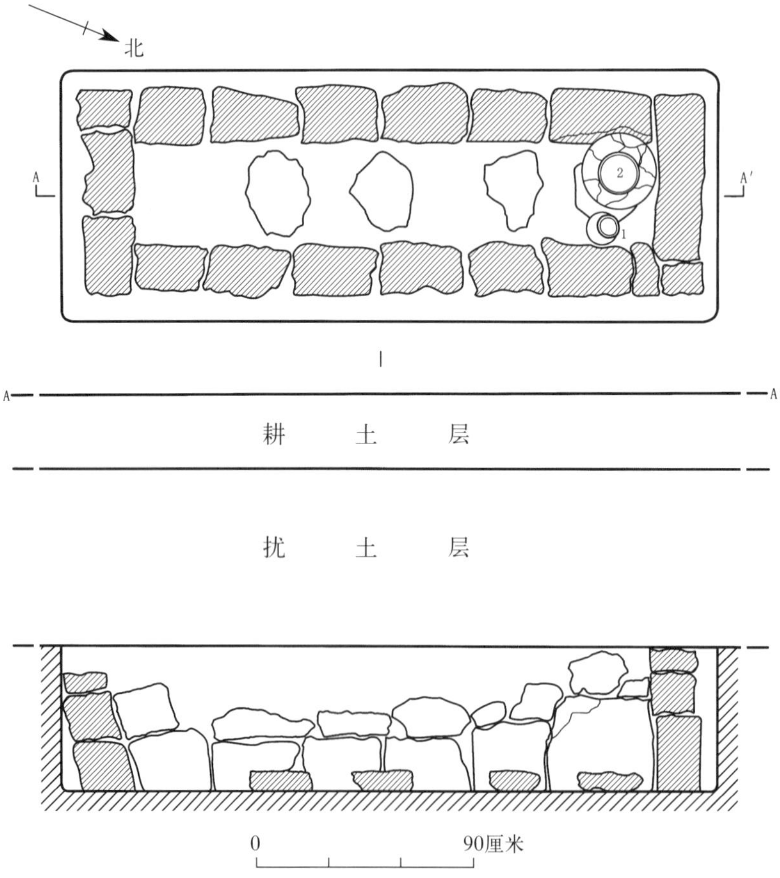

图四八 M17平、剖面图
1. 陶罐 2. 陶罐

墓圹四壁较平直；墓底系在生土面上经过简单平整而成，较为平坦。长2.70、宽1.00、深0.58米。

墓内填土主要为黄褐土，夹杂有少量的灰土及小石块，土质较坚硬。

2．葬具和人骨

墓内葬具主要有石椁、木棺垫石及木棺。

石椁平面呈长方形，顶部现已不存，四壁用经过简单加工的石块逐层拼缝垒砌而成；底部由生土经过简单平整而成。石椁长2.12、宽0.40、残高0.56米。

墓底平铺有四块大石板，形状不规则，但表面打磨的较平整，应为木棺底部垫石。

木棺的保存状况极差，仅在墓底见有零星的黑色板木朽灰，形制及尺寸不辨。

由于该墓的埋藏条件不利于有机物的保存，墓底未见有人骨痕迹。

3．随葬品

该墓共出土有2件随葬品，均位于石椁北侧，均为陶器，种类计有罐2。

罐 2件（M17：1、2）。标本M17：1，夹细砂黄褐陶。尖圆唇，子母口，束颈，溜肩，鼓腹，腹部最大径位置居中，台底。肩部施有二周凹弦纹。口径9.2、最大腹径15.9、底径8.4、高16.5、壁厚0.4～0.5厘米（图四九，1；彩版五二，1）。标本M17：2，泥质灰陶。方唇，敞口，矮领，溜肩，折腹，腹部最大径位置略靠上，台底内凹。素面，器表轮旋痕迹明显。口径16.6、最大腹径29.6、底径12.6、高24.2、壁厚0.6～0.8厘米（图四九，2；彩版五二，2）。

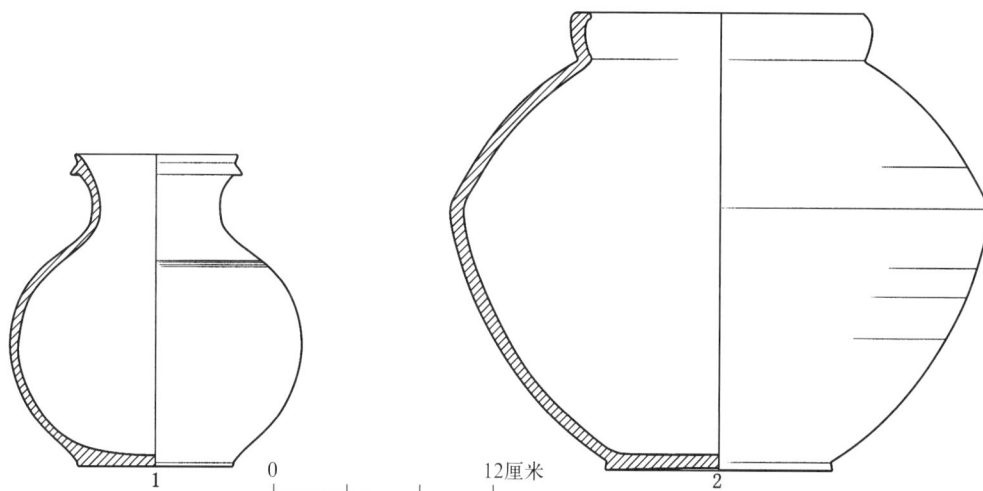

图四九 M17出土器物
1、2．陶罐M17：1、2

一八 M18

1．墓葬形制

单室石室墓，平面呈刀形，由墓道、墓门及墓室三部分组成，方向135°（图五〇；彩版五三，1）。开口于第②层下，开口距地表0.88米，保存状况较差。

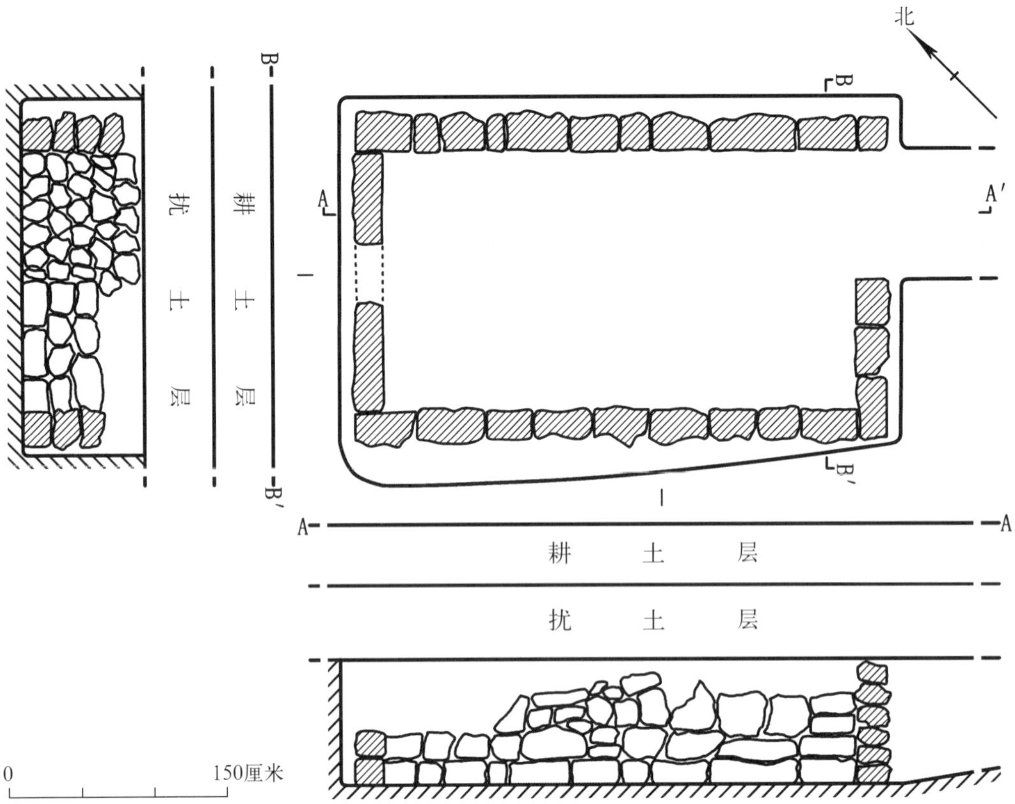

图五〇 M18平、剖面图

墓道 长方形斜坡状，未发掘完，长不详，宽0.84、底部距地表1.70米。

墓门 位于墓室东壁北部，宽0.84米。

封门 石块逐层错缝垒砌封堵，现存5层，残高0.78米（彩版五三，2）。

墓室 平面呈长方形，墓室长3.16、宽1.68米。墓室四壁用经过简单加工的石条及石块错缝垒砌而成。墓底系在生土面上经过简单平整而成。

2. 葬具和人骨

墓内未发现有任何葬具痕迹。

骨骼保存极差，仅在填土中零星出土有几块肢骨残块。

3. 随葬品

由于该墓盗扰严重，仅在墓葬填土中出土有4件陶器，种类计有壶1、耳杯1、小釜1、水斗1。

壶 1件。标本M18填：4，泥质灰陶。口部残缺，卵形腹，腹部最大径位置靠近肩部，平底。素面，器表轮旋痕迹明显。最大腹径13.0、底径9.1、残高19.0、壁厚0.6～0.7厘米（图五一，1；彩版五二，3）。

耳杯 1件。标本M18填：3，泥质灰陶。方唇，椭圆形杯口，双耳上翘，弧腹，台底。素面。口长径9.8、口短径7.4、底长径6.3、底短径4.6、高3.1、壁厚0.2～0.4厘米（图五一，2；彩版五二，4）。

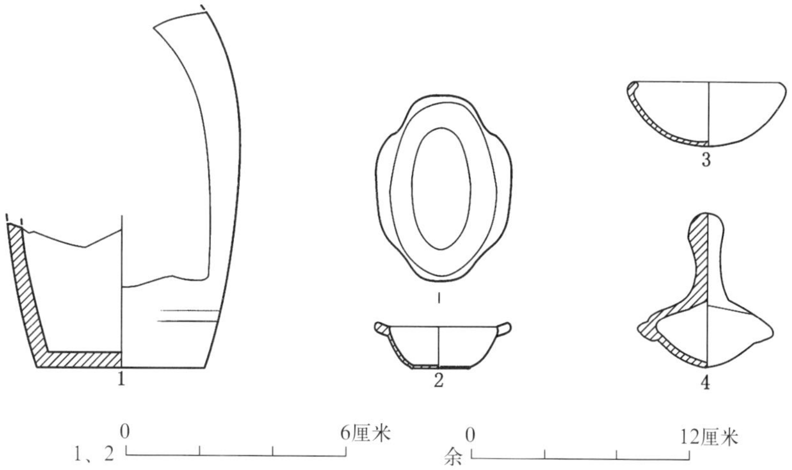

图五一 M18出土器物
1. 陶壶M18填：4 2. 陶耳杯M18填：3 3. 小陶釜M18填：2 4. 陶水斗M18填：1

小釜 1件。标本M18填：2，泥质黄褐陶，手工捏制而成。圆唇，敛口，弧腹，圜底，整体呈斗笠状。素面。口径4.4、高1.7、壁厚0.2～0.3厘米（图五一，3；彩版五二，5）。

水斗 1件。标本M18填：1，泥质灰陶。由斗和提梁组成。斗，尖圆唇，敞口，弧腹，圜底。提梁呈"人"字形。口径3.7、高4.1、壁厚0.3～0.6厘米（图五一，4；彩版五二，6）。

一九 M19

1. 墓葬形制

单室石室墓，平面呈刀形，由墓道、墓门及墓室三部分组成，方向230°（图五二；彩版五四）。开口于第②层下，开口距地表0.96米，盗扰严重。

墓道 长方形斜坡状，未发掘完，长不详，宽1.00、底部距地表2.24米。

墓门 位于墓室西壁北部，宽1.00米。墓门由门槛及立柱组成。门槛横贯墓室西壁，由一块极为规整的长方形门槛石构成，该门槛石长1.68、宽0.20、高0.20米。北侧立柱用一块规整的长方形石条竖立砌筑，南侧借用西壁立板。

封门 门槛上用一整块竖立的大石板封堵墓门。该石板加工的较为光滑规整，现已残断，仅存下部，残高0.59米（彩版五五，1）。

墓室 平面呈长方形，墓室长3.50、宽1.70米。墓室南壁用大石板立砌而成，其余三壁用经过加工的极为规整的大石条及石柱逐层错缝垒砌而成，缝隙处由石灰勾缝（彩版五五，2）。墓底用经过加工的较为平整的不规则石板拼缝平铺而成。

2. 葬具和人骨

墓内未发现有任何葬具痕迹。

骨骼保存极差，仅在填土中零星出土有几块头骨残片及肢骨残块。

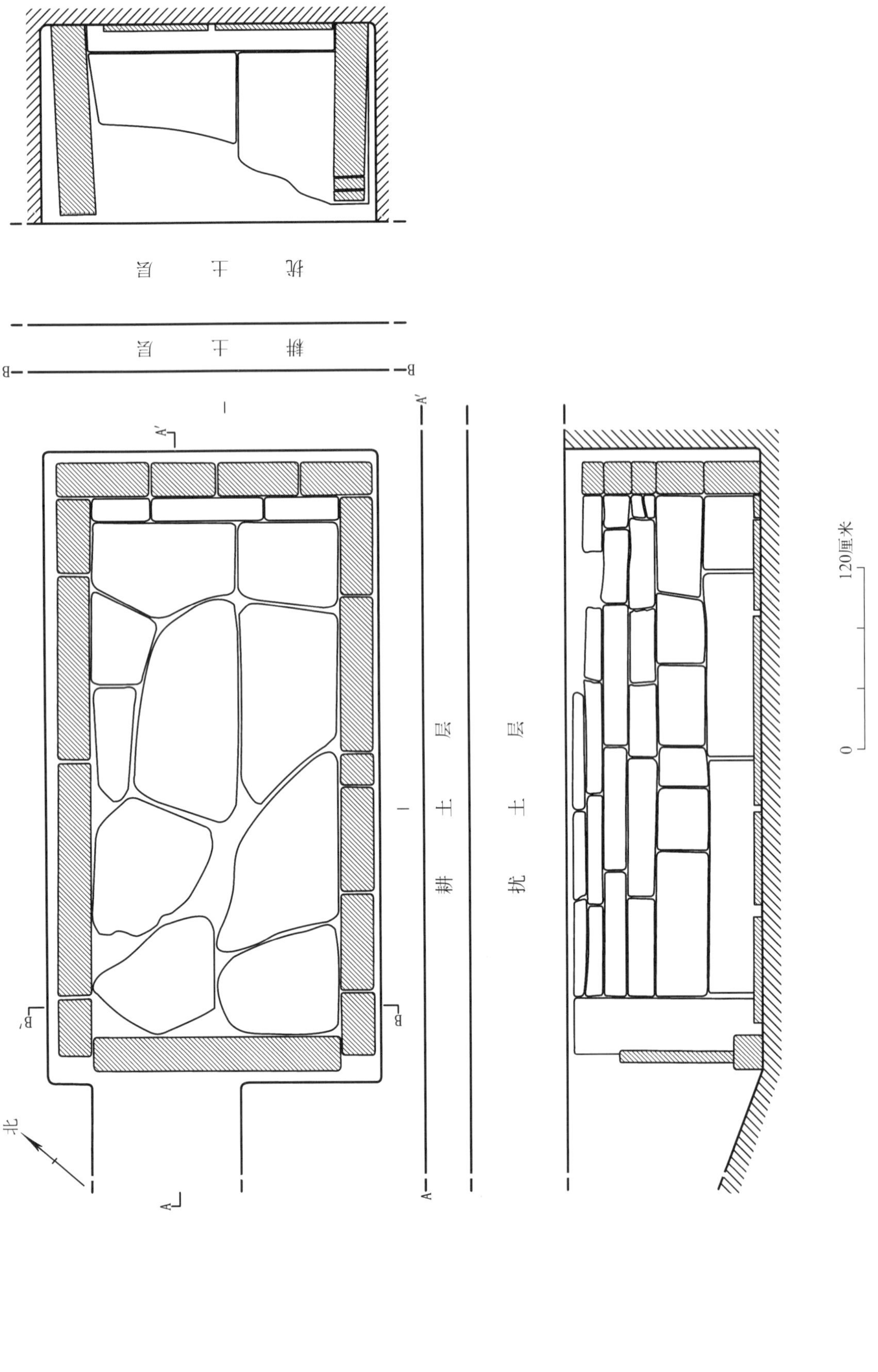

图五二　M19平、剖面图

3．随葬品

该墓盗扰极为严重，未见任何随葬品。

二〇　M20

1．墓葬形制

土坑石椁墓，平面呈圆角梯形，墓圹较规整。方向340°（图五三；彩版五六）。开口于第②层下，开口距地表0.80米，保存状况一般。

图五三　M20平、剖面图
1. 陶罐　2. 陶瓮

墓圹四壁向内斜收；墓底系在生土面上经过简单平整而成，较为平坦。开口处长3.30、宽2.00~2.20米，底部长3.08、宽1.80~2.00、深0.80米。

墓内填土主要为黄褐土，夹杂有少量的灰土及大量的由石椁上塌落的石块，土质较坚硬。

2．葬具和人骨

墓内葬具主要为石椁。石椁现已全部塌落，形状及尺寸不辨。

由于该墓的埋藏条件不利于有机物的保存，墓底未见有人骨痕迹。

3．随葬品

该墓共出土有2件随葬品（彩版五七，1），均位于墓室北侧，均为陶器，种类计有瓮1、罐1。

瓮　1件。标本M20：2，泥质黄褐陶。圆唇，敛口，斜领，溜肩，球形腹，腹部最大径位置居中，圜底。肩部施有二周凹弦纹，下腹部及底部满饰细绳纹。口径20.5、最大腹径40.4、高36.5、壁厚0.8~1.0厘米（图五四，2；彩版五七，2）。

罐　1件。标本M20：1，泥质黄褐陶。尖圆唇，敛口，小窄沿，斜颈，溜肩，鼓腹，腹部最大径位置居中，圜底。中腹部施有三周凹弦纹，下腹部及底部满饰细绳纹。口径18.2、最大腹径

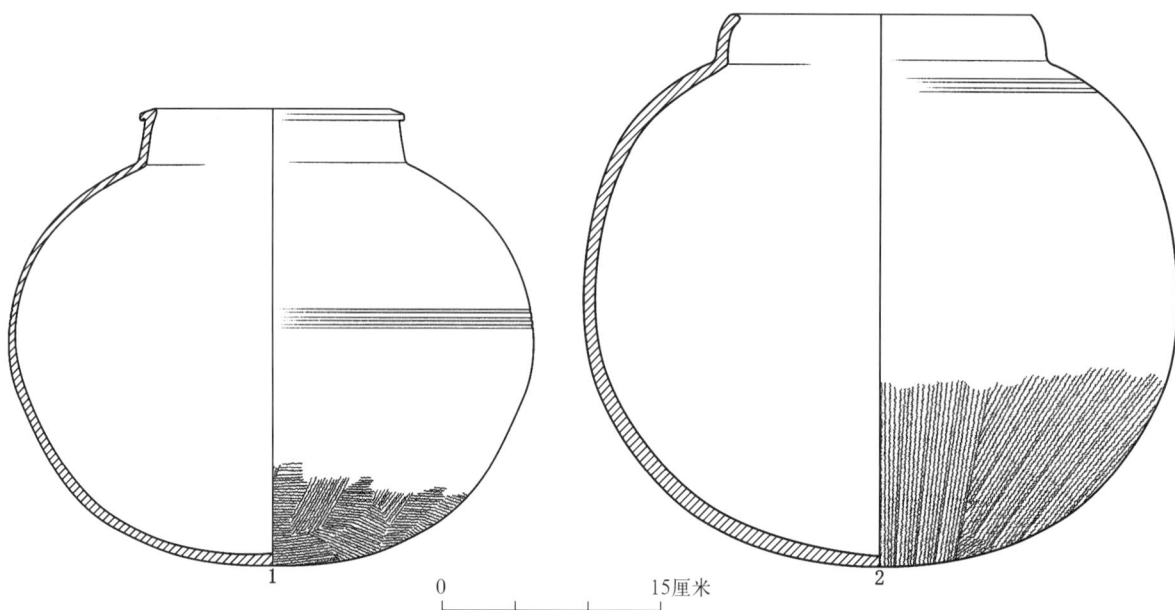

图五四　M20出土器物
1．陶罐M20：1　2．陶瓮M20：2

36.0、高30.2、壁厚0.4~0.7厘米（图五四，1；彩版五七，3）。

二一　M21

1．墓葬形制

土坑竖穴墓，平面呈圆角长方形，墓圹较规整。方向115°（图五五；彩版五八）。开口于第②层下，开口距地表0.60米，保存状况较好。

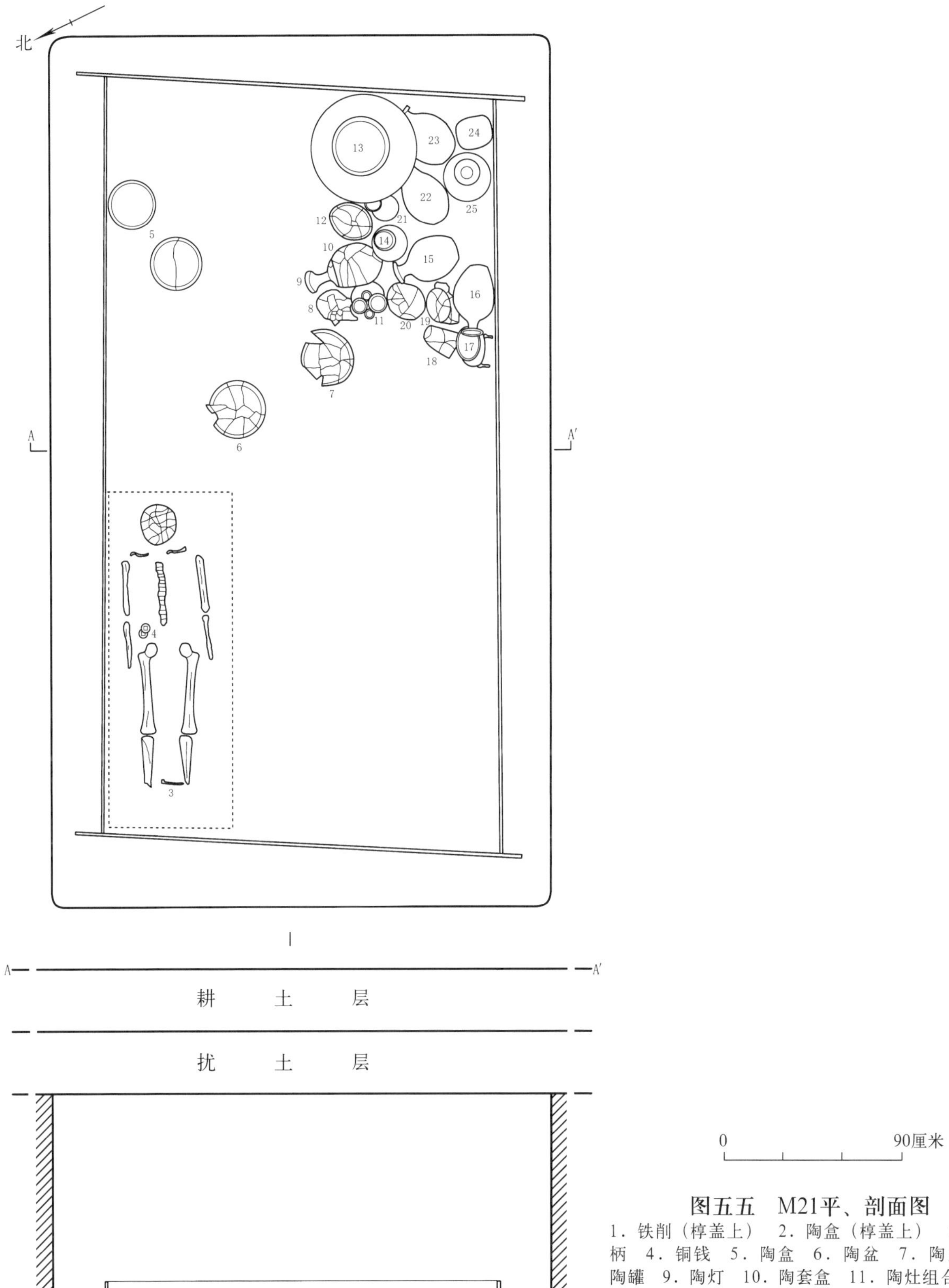

图五五 M21平、剖面图

1．铁削（椁盖上） 2．陶盒（椁盖上） 3．铜刷柄 4．铜钱 5．陶盒 6．陶盆 7．陶盆 8．陶罐 9．陶灯 10．陶套盒 11．陶灶组合 12．陶樽 13．陶瓮 14．陶罐 15．陶壶 16．陶壶 17．陶鼎 18．陶井 19．陶炉 20．陶套盒 21．陶罐 22．陶壶 23．陶壶 24．陶壶 25．陶壶

墓圹四壁较平直，墓底较平坦。长4.20、宽2.48、深1.24米。

墓内填土呈黄褐色，并夹杂有少量的黑土、小石块等，土质较疏松。

2．葬具和人骨

葬具有椁和棺。该墓的椁板及棺板均已腐朽，仅存灰白色板灰，并且有的出现塌陷和变形，部分改变了原来的位置；但仍可看出椁室和棺室的形状和尺寸，整理中尽可能地作了复原研究。

墓穴内置木椁1具，其平面形状呈"Ⅱ"字形，其盖板、底板现已不存，仅存挡板及壁板（彩版五九，1）。椁室长3.64、宽1.92、残高0.32米。整个椁室经壁板和挡板套合而成，其中东、西挡板长2.20、南、北壁板长3.44米，壁板及挡板板灰痕厚约0.02～0.04米。

椁内靠近北壁置木棺1具，但腐朽极其严重，仅存有少量的灰白色板灰，形状及尺寸不辨。

棺内葬有1具人骨，为一男性个体。骨骼保存较完整，葬式为仰身直肢葬，头向东，面向上，双臂平伸贴近体侧，双腿自然舒展。

3．随葬品

该墓共出土有29件（套）随葬品（彩版五九，2），除1件套盒位于椁上，铜刷柄及铜钱位于馆内，其余陶器均位于棺外的椁内东部，质地可分为陶、铜、铁三类，其中铜钱22枚。

陶器　计有瓮1、罐3、壶6、鼎1、樽1、盒2、套盒2、盆2、炉1、灯1、灶1、井1、小釜2、小盆2。

瓮　1件。标本M21：13，泥质灰陶，圆唇，敛口，矮领，溜肩，球形腹，腹部最大径位置居中，圆底。肩部及上腹部各有一个由两组凹弦纹组成的界格纹饰带，界格内满施极为细密的菱形纹；中腹部施有一周粗绳纹；下腹部及底部满施细绳纹。口径23.5、最大腹径41.4、高37.1、壁厚0.7～1.5厘米（图五六，1；彩版六〇，1）。

罐　3件（M21：8、14、21）。形制相似，均为圆唇，子母口，敞口，束颈，溜肩，鼓腹，腹部最大径位置靠近肩部，台底；素面，器表轮旋痕迹明显。标本M21：14，泥质黑褐陶。口径9.6、最大腹径17.3、底径7.9、高18.9、壁厚0.4～0.6厘米（图五六，2；彩版六〇，2）。标本M21：21，泥质灰陶。口径9.0、最大腹径15.7、底径7.9、高17.9、壁厚0.4～0.6厘米（图五六，3）。

壶　6件（M21：15、16、22、23、24、25）。标本M21：15，泥质灰陶。方唇，小盘口，口沿上施有一周凹槽，束颈，溜肩，卵形腹，腹部最大径位置靠近肩部，平底。素面，器表轮旋痕迹明显。口径10.6、最大腹径19.9、底径9.3、高30.1、壁厚0.4～0.6厘米（图五六，4；彩版六〇，3）。其中，标本M21：16、22、23、24与25形制相似，均为泥质灰陶；方唇，敞口，卷沿，沿面施有一周凹槽，束颈，溜肩，卵形腹，腹部最大径位置居中或靠近肩部，平底；素面，器表轮旋痕迹明显。标本M21：16，口径11.9、最大腹径22.5、底径9.8、高31.3、壁厚0.6～0.8厘米（图五六，5；彩版六〇，4）。标本M21：22，口径10.9、最大腹径20.9、底径9.3、高30.1、壁厚0.6～0.8厘米（图五六，6）。标本M21：23，口径11.3、最大腹径22.3、底径9.3、高32.1、壁厚0.4～0.6厘米（图五六，7）。标本M21：24，口径9.5、最大腹径18.3、底径8.6、高25.7、壁厚0.5～0.8厘米（图五六，8）。标本M21：25，口径10.1、最大腹径20.5、底径8.7、高30.1、壁厚0.5～0.8厘米

图五六　M21出土器物

1. 陶瓮M21：13　2、3. 陶罐M21：14、21　4～9. 陶壶M21：15、16、22、23、24、25

（图五六，9）。

鼎　1件。标本M21：17，泥质黑褐陶。方唇，敛口，折腹，中腹部施有一周扁棱，圜底。近口处附有对称的方形耳，底部附有三个蹄状足。素面，器表轮旋痕迹明显。口径14.9、高16.4、壁厚0.4～0.5厘米（图五七，1；彩版六〇，5）。

樽　1件。标本M21：12，泥质黑陶。圆唇，直口，直腹，平底，底部附有三个蹄形足。素面，器表轮旋痕迹明显。口径17.7、底径16.4、高15.9、壁厚0.4～0.6厘米（图五七，2；彩版六〇，6）。

盒　2件（M21：2、5）。形制相似，均为泥质灰褐陶，由盒盖及盒两部分组成。盒盖：台顶，弧腹，卷沿，敞口，方唇，素面，器表轮旋痕迹明显；盒：方唇，敞口，卷沿，弧腹，台底，素面，器表轮旋痕迹明显。标本M21：2，通高16.4厘米；盒盖：口径21.6、顶径9.8、高8.2、壁厚0.5～0.6厘米；盒：口径22.3、底径9.8、高8.2、壁厚0.5～0.6厘米（图五七，3；彩版六一，1）。标本M21：5，通高14.6厘米；盒盖：口径19.4、顶径9.2、高7.0、壁厚0.5～0.6厘米；盒：口径20.3、底径7.7、高7.4、壁厚0.5～0.6厘米（图五七，4；彩版六一，2）。

套盒　2件（M21：10、20）。形制相似，均为泥质灰陶或黑褐陶，由套盒盖及套盒两部分组成。套盒盖：圜顶，折腹，敛口，圆唇；素面。套盒：圆唇，直口，折腹，平底；素面。标本M21：10，通高15.1厘米；盒盖：口径16.8、高11.1、壁厚0.4～0.5厘米；套盒：口径18.0、底径5.5、高10.2、壁厚0.4～0.5厘米（图五七，5；彩版六一，3）。标本M21：20，通高16.9厘米；盒盖：口径16.3、高11.6、壁厚0.4～0.5厘米；套盒：口径14.2、底径7.9、高11.0、壁厚0.4～0.5厘米（图五七，6；彩版六一，4）。

盆　2件（M21：6、7）。形制相似，均为泥质灰陶或黄褐陶；方唇，敞口，卷沿，弧腹，台底；素面。标本M21：6，口径22.6、底径10.2、高7.2、壁厚0.4～0.6厘米（图五七，7；彩版六一，5）。标本M21：7，口径21.4、底径9.8、高7.3、壁厚0.4～0.6厘米（图五七，8；彩版六一，6）。

炉　1件。标本M21：19，泥质灰陶。平面呈圆形，方唇，直口，弧腹，圜底，底部腹有三个蹄形足。底部中央穿有十字形镂孔。素面。口径16.7、高12.9、壁厚0.5～0.6厘米（图五七，11；彩版六二，1）。

灯　1件。标本M21：9，泥质灰陶。豆型灯，方唇，唇面施有一周凹槽，敞口，浅盘，中空台状灯座。素面。口径11.8、底座径11.4、高13.8、壁厚0.4～0.8厘米（图五七，9；彩版六二，2）。

灶　1件。标本M21：11－1，泥质黑褐陶。灶面呈圆形，灶面上呈"品"字形置有三个圆形火眼，后壁置有一圆形烟孔，长方形灶门不落地。素面。灶面直径17.6、高9.7、壁厚0.3～0.5厘米；火眼直径3.1、2.6、2.7厘米；灶门长4.3、宽2.7厘米（图五七，10；彩版六二，3）。

井　1件。标本M21：18，泥质黄褐陶。方唇，敞口，微卷沿，斜颈，折肩，斜腹，平底。素面，颈部轮旋痕迹明显。口径10.3、底径6.7、高14.3、壁厚0.4～0.6厘米（图五七，12；彩版

图五七 M21出土器物

1．陶鼎M21∶17 2．陶樽M21∶12 3、4．陶盒M21∶2、5 5、6．陶套盒M21∶10、20 7、8．陶盆M21∶6、7 9．陶灯M21∶9 10．陶灶M21∶11－1 11．陶炉M21∶19 12．陶井M21∶18 13、14．小陶釜M21∶11－2、11－3 15、16．小陶盆M21∶11－4、11－5

六二，4）。

小釜　2件（M21∶11−2、11−3）。形制相似，均为泥质灰陶；圆唇，微敛口，鼓腹，腹部最大径位置居中，圜底；素面。标本M21∶11−2，口径4.8、高2.1、壁厚0.2～0.5厘米（图五七，13；彩版六二，3）。标本M21∶11−3，口径4.9、高2.2、壁厚0.2～0.5厘米（图五七，14；彩版六二，3）。

小盆　2件（M21∶11−4、11−5）。标本M21∶11−5，泥质灰陶。尖圆唇，敞口，卷沿，沿面施有一周凹槽，弧腹，圜底。素面。口径7.1、高2.9、壁厚0.2～0.5厘米（图五七，16；彩版六二，3）。标本M21∶11−4，泥质灰陶。方唇，敞口，微卷沿，弧腹，圜底。素面。口径7.7、高2.6、壁厚0.2～0.5厘米（图五七，15；彩版六二，3）。

铜器　计有刷柄1。

刷柄　1件。标本M21∶3，整体呈烟斗状，圆形銎中空，细长实心炳近尾处有一圆形穿孔；舌形柄尾。通长12.0、銎径1.0厘米（图五八，1；彩版六二，5）。

铁器　计有削1。

削　1件。标本M21∶1，残损严重，仅存端部，削背平直。残长9.1、宽2.3厘米（图五八，2）。

铜钱　22枚，均为"五铢"钱（图五八，3～6）。详情见下表。

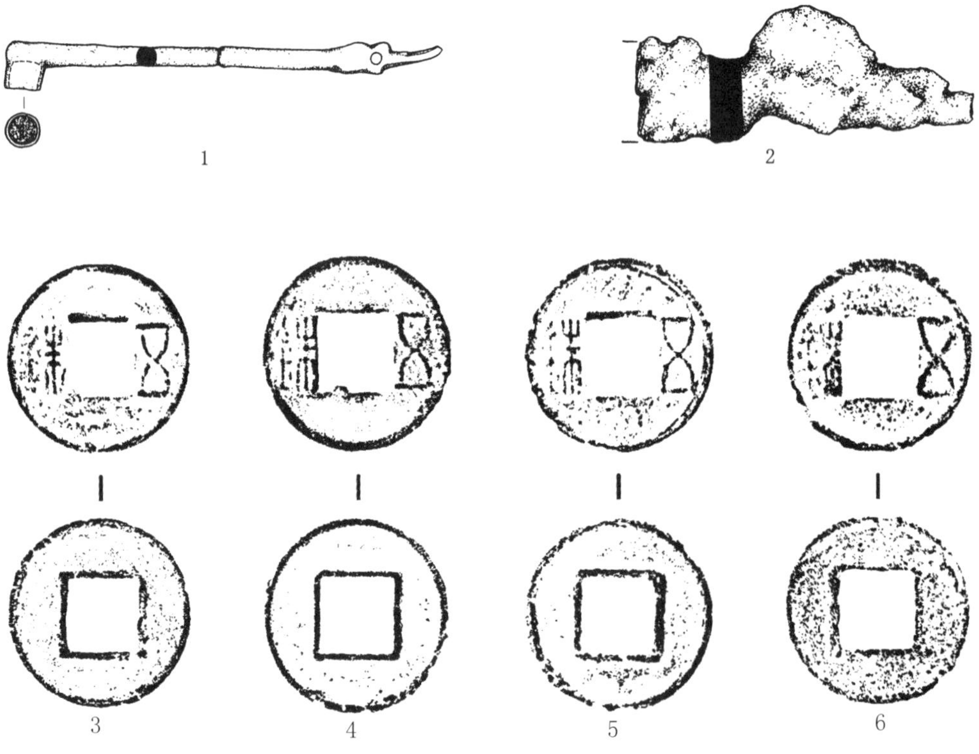

图五八　M21出土器物
1. 铜刷柄M21∶3　2. 铁削M21∶1　3～6. 铜钱拓片M21∶4−1、4−2、4−3、4−4

M21铜钱统计表 （长度：厘米；重量：克）

种类	编号	特征		郭径	钱径	穿宽	郭宽	郭厚	肉厚	重量
		文字特征	记号							
五铢	4-1	"五"字瘦长，竖划缓曲；"金"头三角形，四竖点；"朱"头方折，"朱"下较圆	穿上一横	2.53	2.25	0.86	0.14	0.18	0.09	3.06
	4-2	同上	无	2.63	2.22	0.86	0.16	0.17	0.08	3.16
	4-3	同上	穿上一横	2.59	2.19	0.88	0.18	0.17	0.08	3.10
	4-4	"五"字瘦长，竖划缓曲；"金"头三角形，四竖点；"朱"头较圆，"朱"下较圆	无	2.56	2.17	0.93	0.14	0.17	0.08	3.42
	4-5	"五"字瘦长，竖划缓曲；"金"头三角形，四竖点；"朱"头方折，"朱"下较圆	无	2.61	2.22	0.91	0.16	0.17	0.08	3.56
	4-6	字迹不清	无	2.58	2.12	0.96	0.15	0.16	0.08	2.08
	4-7	"五"字瘦长，竖划缓曲；"金"头三角形，四竖点；"朱"头较圆，"朱"下较圆	无	2.67	2.24	0.86	0.19	0.14	0.07	2.76
	4-8	同上	无	2.65	2.22	0.84	0.14	0.18	0.09	2.50
	4-9	同上	无	2.63	2.25	0.90	0.12	0.18	0.09	4.02
	4-10	同上	无	2.62	2.25	0.97	0.16	0.18	0.09	3.52
	4-11	同上	无	2.61	2.17	0.99	0.18	0.17	0.08	3.42
	4-12	同上	无	2.56	2.28	0.90	0.12	0.19	0.09	3.48
	4-13	"五"字瘦长，竖划缓曲；"金"头三角形，四竖点；"朱"头方折，"朱"下较圆	无	2.61	2.32	0.97	0.15	0.14	0.07	2.12
		2枚残碎								
		7枚板结								

二二 M22

1. 墓葬形制

土坑竖穴砖椁墓，无墓道，方向300°（图五九；彩版六三）。开口于第②层下，开口距地表1.00米，保存较完整。

墓圹平面呈圆角长方形，四壁较平直，墓底较平坦。长3.50、宽1.53、深0.90米。

墓内填土主要为灰褐土，夹杂有少量的黄土、小石块，土质较疏松。

2. 葬具和人骨

墓内葬具有砖椁及木棺。

砖椁平面呈长方形，长2.80、宽0.82、残高0.68米。砖椁先砌四壁，再铺椁底砖。砖椁四壁较

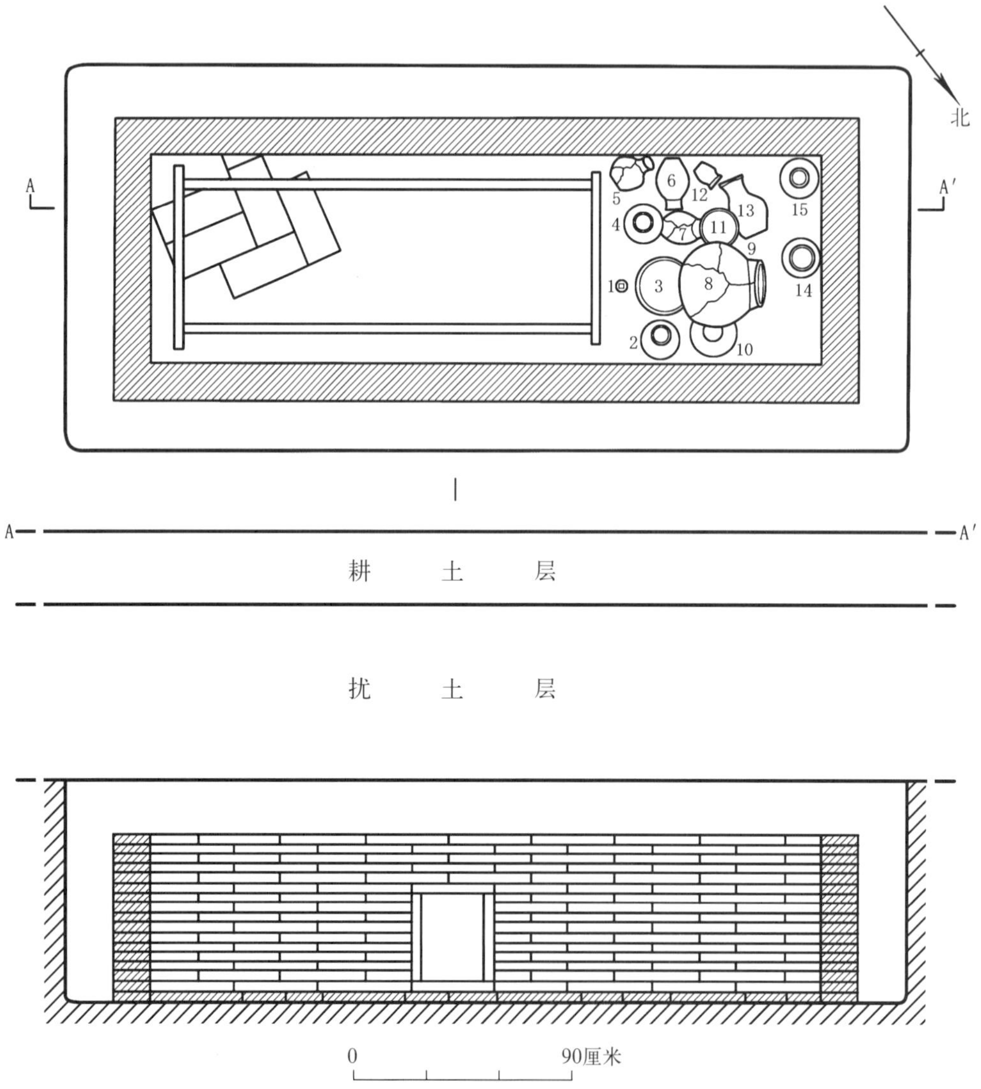

图五九 M22平、剖面图

1. 铜钱 2. 陶罐 3. 陶盆 4. 陶壶 5. 陶罐 6. 陶壶 7. 陶套盒 8. 陶瓮 9. 陶壶（压于8下） 10. 陶盆 11. 陶樽 12. 陶井 13. 陶壶 14. 陶壶 15. 陶灶组合

平直，最高处残存17层砖，砌法为单隅顺砌平砖错缝垒砌。椁底铺砖为斜向"人"字缝平铺。用砖规格：（31~34）×（13~15）×4厘米，灰色条砖，一面为素面，一面施有绳纹。在砖椁南壁中部还发现有一个壁龛（彩版六四，1）。壁龛四壁由条砖砌成，壁龛内未发现有任何随葬品。壁龛宽0.25、高0.34、进深0.14米。

椁内置有木棺1具。棺板现已腐朽，仅存灰白色板灰，并且有的出现塌陷和变形，部分改变了原来的位置；但仍可看出棺室的形状和尺寸，整理中尽可能地作了复原研究。木棺平面形状呈"Ⅱ"字形，其盖板、底板现已不存，仅存挡板及壁板。棺室长1.70、宽0.52、残高0.10米。整个棺室经壁板和挡板套合而成，其中西挡板长0.70、东挡板长0.74、南、北壁板长1.70米，壁板及挡板板灰痕厚约0.03~0.04米。

由于该墓的埋藏条件不利于有机物的保存，所以棺内未见有人骨痕迹。

3．随葬品

该墓保存较好，共出土有20件（套）随葬品（彩版六四，2），均位于棺外的墓室西部，质地以陶器为主，另有铜钱1枚。

陶器 计有瓮1、罐2、壶5、樽1、套盒1、盆2、灶1、井1、小釜3、小盆1、小甑1。

瓮 1件。标本M22：8，泥质灰陶，圆唇，敛口，矮领，溜肩，球形腹，腹部最大径位置靠近底部，圆底。肩部及中腹部各施有两周凹弦纹，下腹部及底部满饰细绳纹。口径21.0、最大腹径36.7、高34.0、壁厚0.7~1.2厘米（图六〇，1；彩版六五，1）。

罐 2件（M22：2、5）。形制相似，均为圆唇，子母口，束颈，溜肩，鼓腹，腹部最大径位置靠近肩部，台底；肩部施有两周凹弦纹。标本M22：2，泥质黄褐陶，口径7.4、最大腹径15.9、底径8.7、高16.0、壁厚0.6~0.7厘米（图六〇，2；彩版六五，2）。标本M22：5，泥质灰褐陶，下腹部轮旋痕迹明显。口径8.3、最大腹径16.5、底径9.0、高16.5、壁厚0.6~0.7厘米（图六〇，3；彩版六五，3）。

壶 5件（M22：4、6、9、13、14）。形制相似，均为泥质灰陶或黄褐陶；方唇或圆唇，敞口，微卷沿，沿面施有一周凹槽，束颈，溜肩，卵形腹，腹部最大径位置靠近肩部，平底；素面，器表轮旋痕迹明显。标本M22：4，口径10.7、最大腹径16.8、底径8.7、高24.0、壁厚0.6~0.7厘米（图六〇，4；彩版六五，4）。标本M22：6，口径10.2、最大腹径16.4、底径8.3、高22.7、壁厚0.6~0.7厘米（图六〇，5）。标本M22：9，口径7.5、最大腹径15.4、底径8.7、高23.1、壁厚0.6~0.7厘米（图六〇，6）。标本M22：13，口径8.8、最大腹径16.6、底径8.3、高22.6、壁厚0.6~0.7厘米（图六〇，7；彩版六五，5）。标本M22：14，口径9.3、最大腹径16.0、底径8.3、高22.3、壁厚0.6~0.7厘米（图六〇，8；彩版六五，6）。

樽 1件。标本M22：11，泥质黑陶。方唇，直口，直腹，平底，底部附有三个蹄形足。素面，器表轮旋痕迹明显。口径17.6、底径15.6、高14.6、壁厚0.4~0.6厘米（图六〇，9；彩版六六，1）。

套盒 1件。标本M22：7，泥质黑陶，由套盒盖及套盒两部分组成。套盒盖过于残碎无法修

图六〇　M22出土器物

1. 陶瓮M22：8　2、3. 陶罐M22：2、5　4～8. 陶壶M22：4、6、9、13、14　9. 陶樽M22：11

复。套盒：圆唇，直口，折腹，平底。素面，器表轮旋痕迹明显。口径14.2、底径7.2、高7.7、壁厚0.6～0.7厘米（图六一，1；彩版六六，2）。

盆　2件（M22∶3、10）。标本M22∶3，泥质黑褐陶。方唇，敞口，卷沿，沿面施有一周凹槽，弧腹较深，台底。素面，器表轮旋痕迹明显。口径25.0、底径9.2、高12.6、壁厚0.5～0.8厘米（图六一，2；彩版六六，3）。标本M22∶10，泥质黑陶。方唇，敞口，卷沿，沿面施有一周凹槽，弧腹，平底。素面，器表轮旋痕迹明显。口径21.1、底径8.6、高6.8、壁厚0.5～0.8厘米（图六一，3；彩版六六，4）。

灶　1件。标本M22∶15－1，泥质黑陶。灶面呈圆形，灶面上呈"品"字形置有三个圆形火眼，后端置有圆形烟孔，长方形灶门不落地。素面。灶面直径18.0、高6.5、壁厚0.6～0.7厘米；火眼直径3.3、3.3、3.4、烟孔直径1.5厘米；灶门长4.3、高3.3厘米（图六一，4；彩版六六，5）。

井　1件。标本M22∶12，泥质灰陶。尖唇，敞口，折肩，斜腹，平底。素面，下腹部修坯削痕明显，内壁轮旋痕迹明显。口径7.7、底径5.6、高10.8、壁厚0.4～0.6厘米（图六一，5；彩版六六，6）。

小釜　3件（M22∶15－2、15－3、15－4）。形制相似，均为圆唇，敛口，鼓腹，腹部最大径位置居中；素面，器表轮旋痕迹明显。标本M22∶15－2，泥质黄褐陶，平底。口径4.8、高1.9、壁

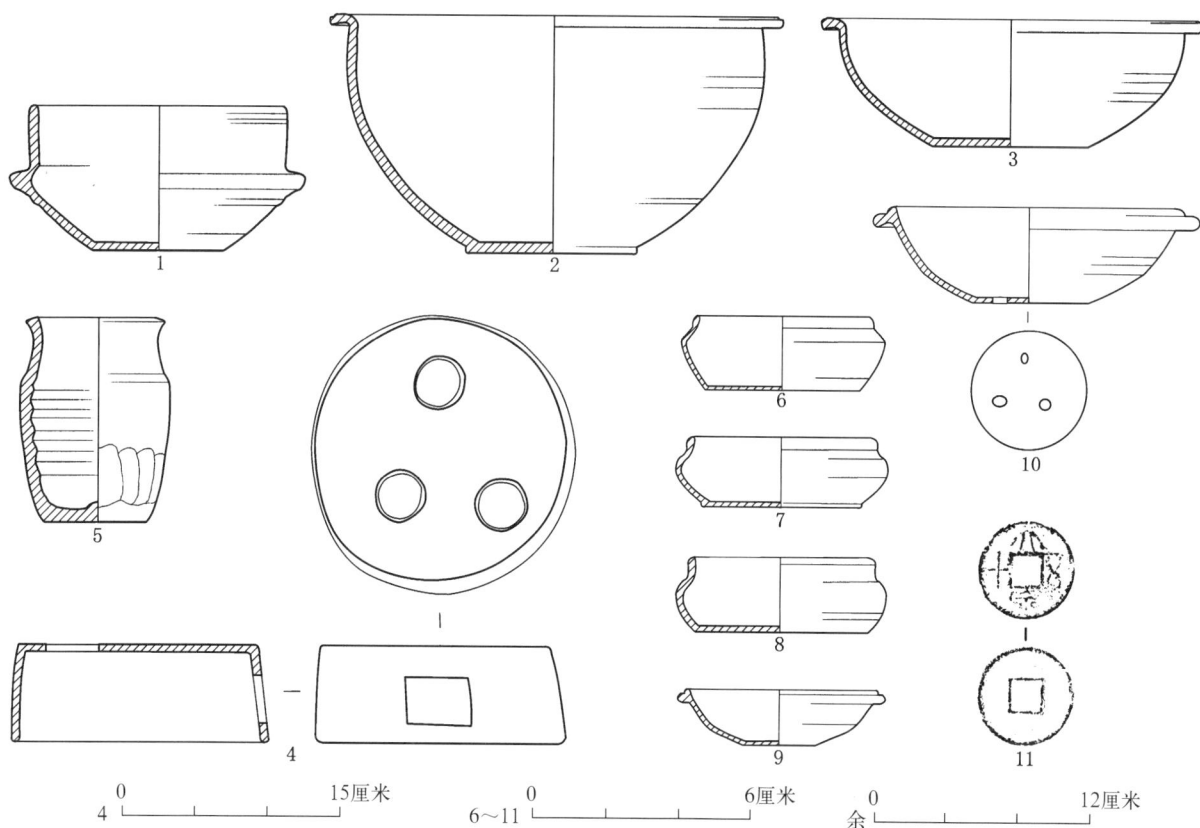

图六一　M22出土器物

1. 陶套盒M22∶7　2、3. 陶盆M22∶3、10　4. 陶灶M22∶15－1　5. 陶井M22∶12　6～8. 小陶釜M22∶15－2、15－3、15－4　9. 小陶盆M22∶15－5　10. 小陶甑M22∶15－6　11. 铜钱拓片M22∶1

厚0.1～0.3厘米（图六一，6；彩版六六，5）。标本M22：15－3，泥质黑陶，台底。口径5.3、最大腹径5.9、高1.9、壁厚0.2～0.3厘米（图六一，7；彩版六六，5）。标本M22：15－4，泥质黄褐陶，平底。口径5.2、最大腹径5.8、高2.0、壁厚0.2～0.3厘米（图六一，8；彩版六六，5）。

小盆 1件。标本M22：15－5，泥质黄褐陶。圆唇，敛口，展沿，沿面施有一周凹槽，弧腹，平底。素面，器表轮旋痕迹明显。口径5.5、高1.4、壁厚0.2～0.3厘米（图六一，9；彩版六六，5）。

小甑 1件。标本M22：15－6，泥质黄褐陶。敞口，弧腹，卷沿，沿面施有一周凹槽，平底。底部戳有三个圆形甑孔。素面，器表轮旋痕迹明显。口径9.0、高2.5、壁厚0.1～0.3厘米（图六一，10；彩版六六，5）。

铜钱 1枚，为"大泉五十"钱（图六一，11）。详情见下表。

M22铜钱统计表   （长度：厘米；重量：克）

种类	编号	特征		郭径	钱径	穿宽	郭宽	郭厚	肉厚	重量
		文字特征	记号							
大泉五十	1	正面穿之四周篆书"大泉五十"四字	无	2.62	2.25	0.98	0.19	0.24	0.11	2.74

二三 M23

1．墓葬形制

单室砖墓，平面呈"甲"字形，由墓道、墓门及墓室三部分组成，方向300°（图六二；彩版六七）。开口于第②层下，开口距地表0.56米，保存状况一般。

墓道 长方形斜坡状，未发掘完，长不详，宽1.48、底部距地表2.34米。

墓门 位于墓室西壁，宽1.30米。

封门 条砖封堵，现存15层砖，残高0.90米，砌法为单隅平砖错缝顺砌（彩版六八，1）。

墓室 平面呈长方形，墓室长3.50、宽1.50米。墓室先铺墓底砖，再砌四壁。墓室四壁较平直，最高处残存30层砖，砌法为单隅平砖错缝顺砌。墓底铺砖为斜向"人"字缝平铺。用砖规格：（33～36）×（15～17）×6厘米，灰色条砖，素面。

2．葬具和人骨

墓内未发现有任何葬具痕迹。

骨骼保存极差，仅在填土中零星出土有几块肢骨残块。

3．随葬品

该墓共出土有19件随葬品（彩版六八，2），均位于墓室东部，均为陶器，种类计有瓮1、罐2、

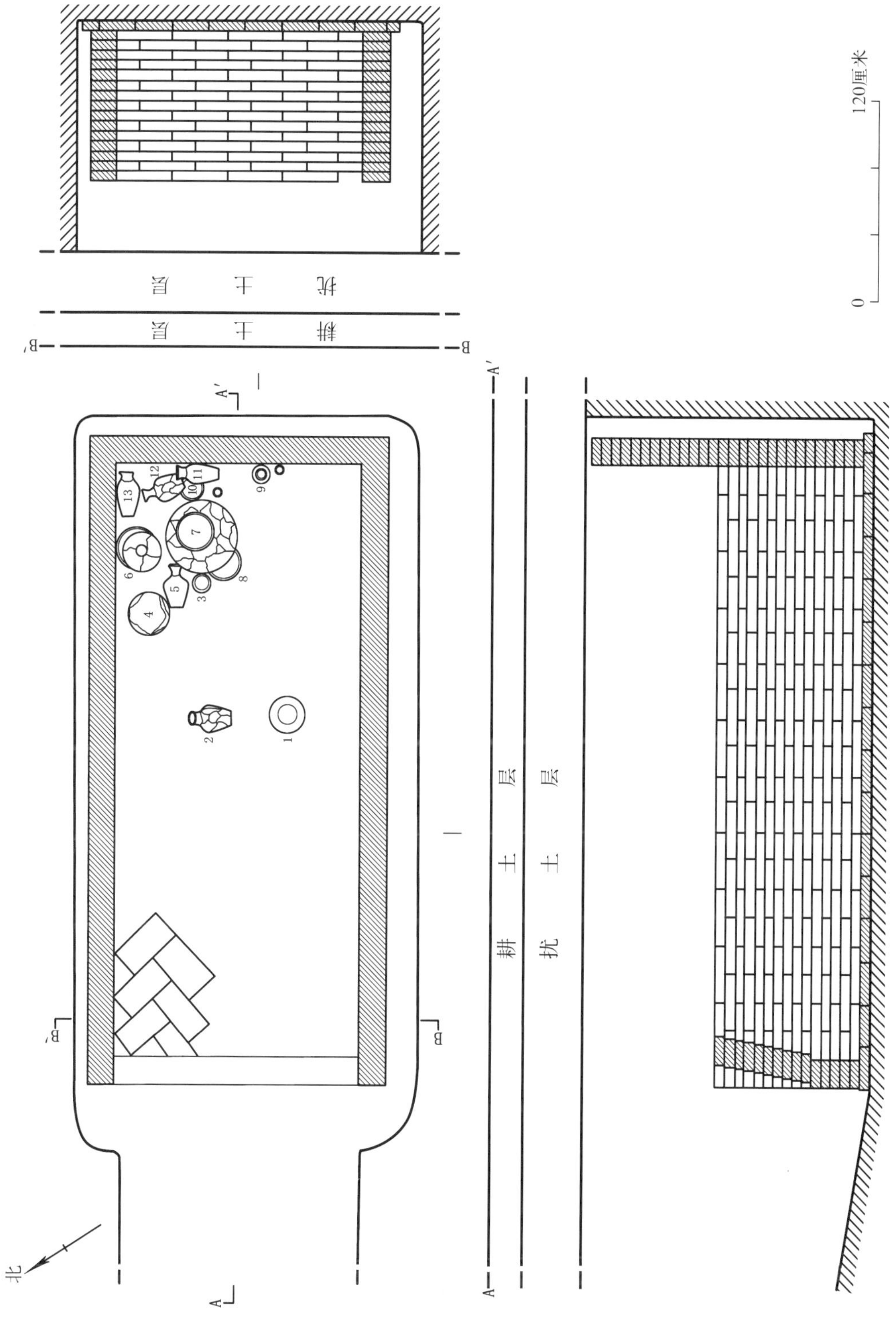

图六二 M23平、剖面图

1. 陶奁盒 2. 陶壶 3. 陶罐 4. 陶樽 5. 陶壶 6. 陶盒 7. 陶瓷 8. 陶盒 9. 陶罐 10. 陶灶组合 11. 陶壶 12. 陶壶 13. 陶壶

壶5、樽1、盒2、套盒1、灶1、小釜3、小盆2、小甂1。

瓮　1件。标本M23：7，泥质黄褐陶。圆唇，敛口，矮领，溜肩，球形腹，腹部最大径位置略靠下，圆底。中腹部施有二周凹弦纹，下腹部及底部满施细绳纹。口径23.2、最大腹径43.7、高38.9、壁厚0.4～0.6厘米（图六三，1；彩版六九，1）。

罐　2件（M23：3、9）。标本M23：3，泥质黄褐陶。圆唇，敞口，卷沿，束颈，溜肩，鼓腹，腹部最大径位置居中，平底。素面，器表轮旋痕迹明显。口径8.4、最大腹径13.7、底径6.9、高10.5、壁厚0.4～0.6厘米（图六三，2；彩版六九，2）。标本M23：9，泥质黑陶。圆唇，敞口，展沿，束颈，溜肩，鼓腹，腹部最大径位置靠近肩部，平底。下腹部削坯修痕明显，器表轮旋痕迹明显。口径9.8、最大腹径12.4、底径6.6、高10.2、壁厚0.4～0.6厘米（图六三，3；彩版六九，3）。

壶　5件（M23：2、5、11、12、13）。其中，标本M23：2、11、12与13形制相似，均为泥质灰陶；圆唇，敞口，卷沿，沿面施有一周凹槽，束颈，溜肩，卵形腹，腹部最大径位置靠近肩部，平底。标本M23：2，中腹部施有一周凹弦纹，器表轮旋痕迹明显。口径10.4、最大腹径17.6、底径7.7、高28.3、壁厚0.5～0.6厘米（图六三，4）。标本M23：11，肩部施有一周凹弦纹，器表轮旋痕迹明显。口径9.7、最大腹径14.9、底径8.0、高28.5、壁厚0.4～0.6厘米（图六三，5；彩版六九，4）。标本M23：12，素面，器表轮旋痕迹明显。口径10.2、最大腹径16.0、底径7.0、高27.6、壁厚0.4～0.6厘米（图六三，6；彩版六九，5）。标本M23：13，肩部施有一周凹弦纹，器表轮旋痕迹明显。口径9.4、最大腹径15.5、底径8.2、高29.0、壁厚0.4～0.6厘米（图六三，7；彩版六九，6）。标本M23：5，泥质灰陶。方唇，敞口，卷沿，沿面施有一周凹槽，束颈，溜肩，卵形腹，腹部最大径位置靠近肩部，平底。肩部施有一周凹弦纹。口径9.6、最大腹径17.0、底径8.2、高29.7、壁厚0.5～0.7厘米（图六三，8；彩版七〇，1）。

樽　1件。标本M23：4，泥质灰陶。圆唇，直口，直腹，圆底，底部附有三个蹄形足。腹部施有两组四周凹弦纹，底部施有多周折棱。口径21.9、高15.8、壁厚0.4～0.6厘米（图六三，9；彩版七〇，2）。

盒　2件（M23：6、8）。形制相似，均为泥质灰陶，由盒盖及盒两部分组成。盒盖：台顶，弧腹，敞口，展沿，方唇，素面；盒：方唇，敞口，展沿，弧腹，台底，素面。标本M23：6，通高11.2厘米；盒盖：口径22.1、顶径7.9、高5.5、壁厚0.5～0.6厘米；盒：口径22.0、底径7.8、高5.7、壁厚0.5～0.6厘米（图六三，10；彩版七〇，3）。标本M23：8，通高10.9厘米；盒盖：口径20.7、顶径8.0、高5.5、壁厚0.5～0.6厘米；盒：口径20.8、底径7.6、高5.2、壁厚0.5～0.6厘米（图六三，11；彩版七〇，4）。

套盒　1件。标本M23：1，由套盒盖及套盒两部分组成。套盒盖：泥质灰陶，台顶，折腹，敞口，圆唇；顶部施有多周折棱。套盒：泥质灰陶；圆唇，直口，折腹，平底；素面。通高15.7厘米；套盒盖：口径20.3、顶径10.7、高10.5、壁厚0.4～0.5厘米；套盒：口径17.0、底径9.8、高11.0、壁厚0.4～0.5厘米（图六三，12；彩版七〇，5）。

灶　1件。标本M23：10-1，泥质灰陶。圆形灶面上隆明显，灶面上呈"品"字形置有三个圆

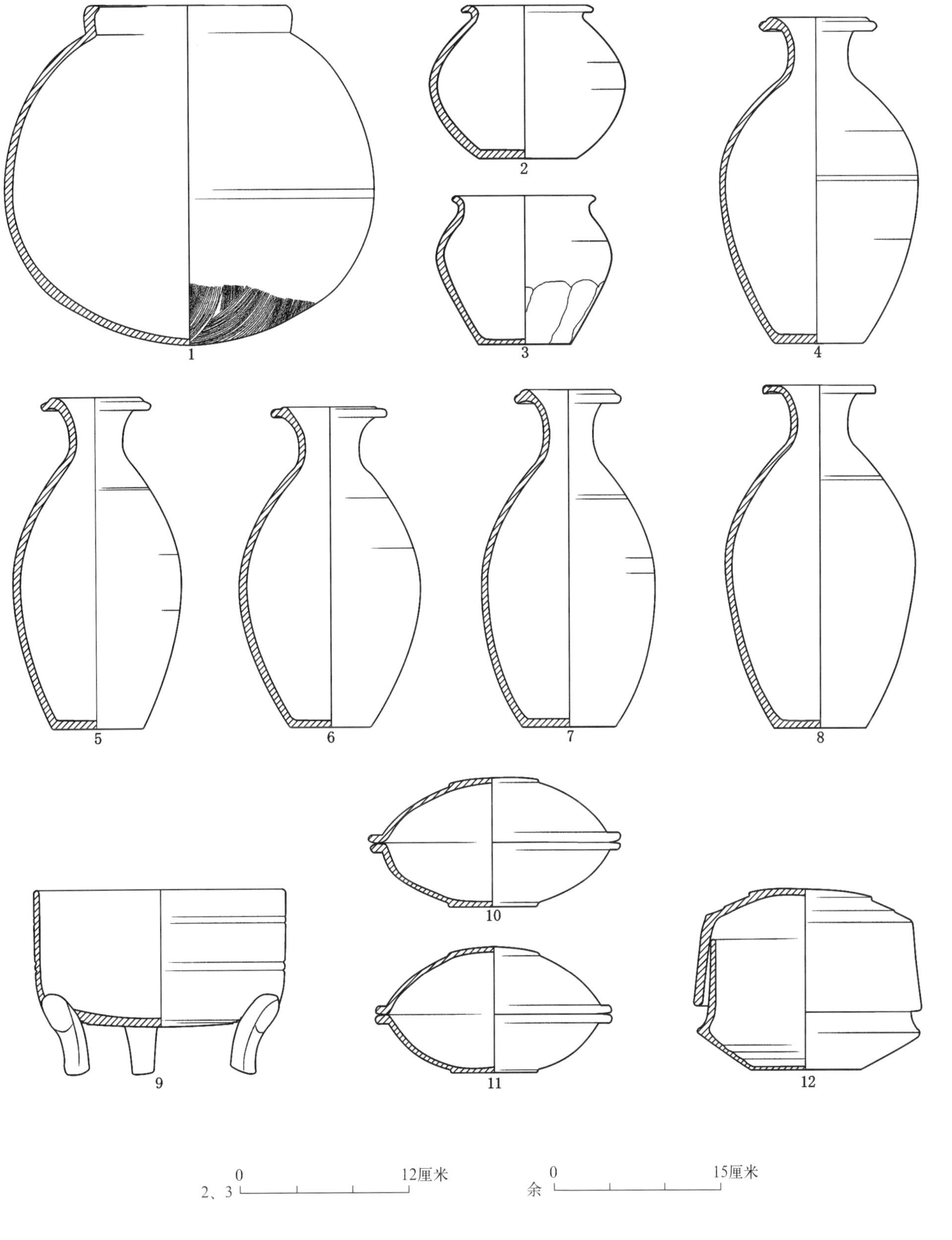

图六三 M23出土器物

1. 陶瓮M23：7 2、3. 陶罐M23：3、9 4~8. 陶壶M23：2、11、12、13、5 9. 陶樽M23：4 10、11. 陶盒M23：6、8 12. 陶套盒M23：1

形火眼，后壁置有一圆形烟孔，长方形灶门不落地。素面。灶面直径18.9、高7.5、壁厚0.4～0.6厘米；火眼直径3.0、2.6、2.7厘米；灶门长4.2、宽3.5厘米（图六四，1；彩版七〇，6）。

小釜　3件（M23：10－2、10－3、10－4）。形制相似，均为泥质黑褐陶；圆唇，敛口，折腹，平底；素面，下腹部修坯削痕明显。标本M23：10－2，口径3.7、最大腹径4.6、底径2.2、高2.4、壁厚0.2～0.5厘米（图六四，2；彩版七〇，6）。标本M23：10－3，口径4.3、最大腹径5.1、底径3.0、高2.7、壁厚0.2～0.5厘米（图六四，3；彩版七〇，6）。标本M23：10－4，口径4.4、最大腹径5.9、底径2.4、高2.7、壁厚0.2～0.5厘米（图六四，4；彩版七〇，6）。

小盆　2件（M23：10－5、10－6）。形制相似，均为泥质黑褐陶；尖圆唇，敞口，斜腹，平底；素面，下腹部修坯削痕明显。标本M23：10－5，口径5.2、底径3.3、高2.6、壁厚0.2～0.5厘米（图六四，5；彩版七〇，6）。标本M23：10－6，口径5.6、底径3.6、高2.7、壁厚0.2～0.5厘米（图六四，6；彩版七〇，6）。

小甑　1件。标本M23：10－7，泥质黑褐陶。圆唇，敞口，折腹，平底，底部穿有三个椭圆形甑孔。下腹部修坯削痕明显。口径5.3、底径3.1、高2.5、壁厚0.2～0.5厘米（图六四，7；彩版七〇，6）。

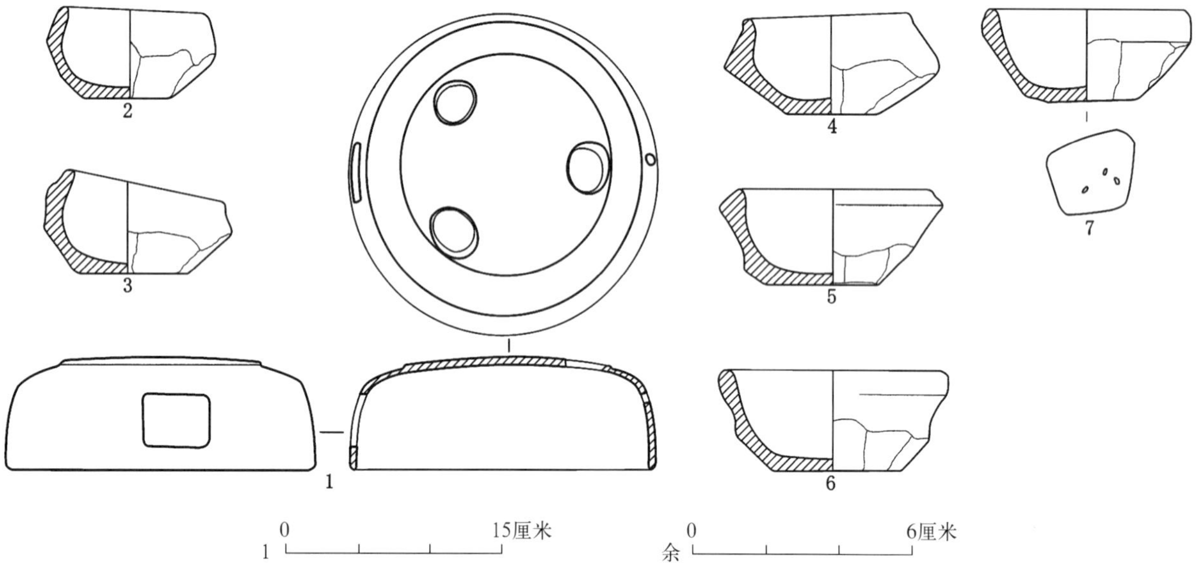

图六四　M23出土器物

1. 陶灶M23：10－1　2～4. 小陶釜M23：10－2、10－3、10－4　5、6. 小陶盆M23：10－5、10－6　7. 小陶甑M23：10－7

二四　M24

1. 墓葬形制

土坑竖穴墓，平面呈圆角梯形，墓圹较规整。方向15°（图六五；彩版七一、七二）。开口于第②层下，开口距地表1.20米，保存状况较好。

墓圹四壁向内斜收，墓底较平坦。开口处长3.78、宽1.93～2.10米，底部长3.58、宽

1.68～1.90、深1.20米。

　　墓内填土呈灰褐色，并夹杂有少量的黄土、小石块等，土质较疏松。

2．葬具和人骨

　　墓穴内置木棺1具，棺板现已腐朽，仅存灰白色板灰，并且有的出现塌陷和变形，部分改变了原来的位置；但仍可看出棺室的形状和尺寸，整理中尽可能地作了复原研究。木棺平面形状呈"Ⅱ"字形，其盖板现已不存，仅存挡板、壁板及底板（彩版七一）。棺室长3.00、宽0.70、残高0.40米。整个木棺经壁板和挡板套合而成，其中南挡板长1.00、北挡板长1.10、东壁板长2.84、西壁板长3.00米，壁板及挡板板灰痕厚约0.02～0.04米。由残存的板灰分析，底板应由方木呈东—西向平铺于墓底之上，底板板灰痕厚约0.01米。

　　由于该墓的埋藏条件不利于有机物的保存，墓底未见有人骨痕迹。

3．随葬品

　　该墓未见有任何随葬品。

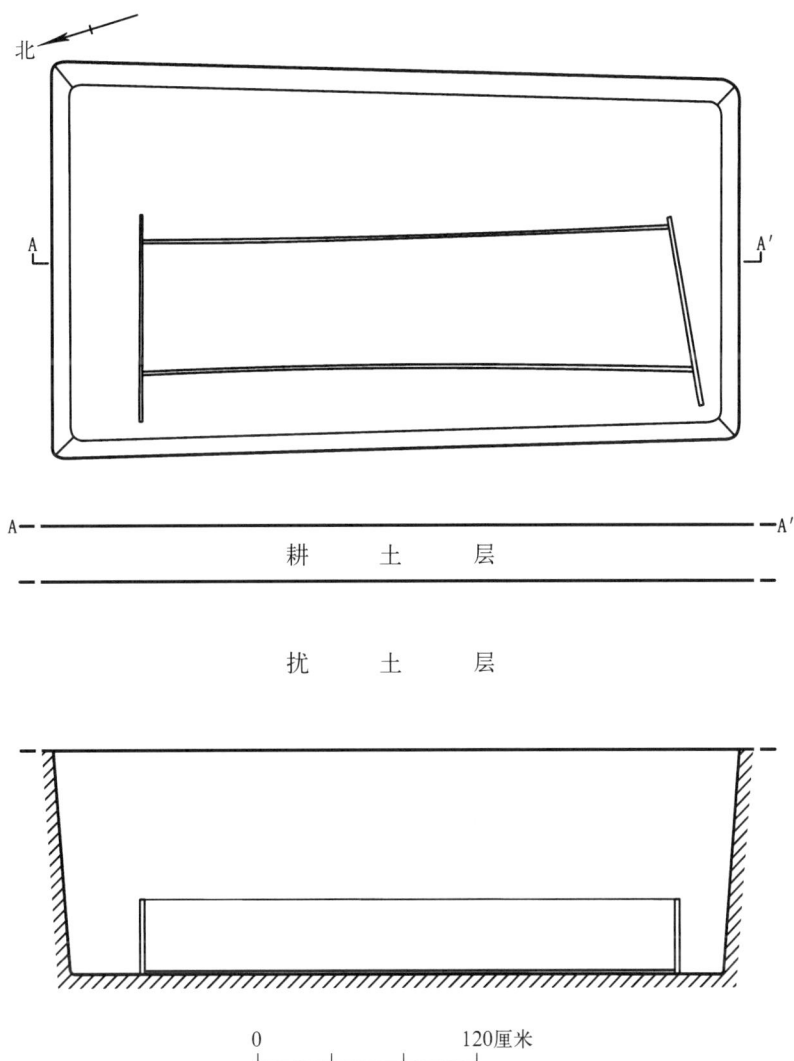

图六五　M24平、剖面图

二五　M25

M25与M26为一组并葬墓，其中，M25被M26打破。

1. 墓葬形制

土坑石椁墓，平面呈圆角梯形，墓圹较规整。方向285°（图六六；彩版七三）。开口于第②层下，开口距地表0.64米，保存状况较好。

墓圹四壁较平直；墓底系在生土面上经过简单平整而成，较为平坦。长3.34、宽1.84～1.98、深0.96米。

墓内填土主要为灰褐土，夹杂有少量的黄土、小石块，土质较疏松。

2. 葬具和人骨

墓内葬具主要有石椁及木棺。

石椁平面近似梯形，顶部现已不存，四壁用经过简单加工的石块逐层拼缝垒砌而成；底部由生土经过简单平整而成。石椁长2.50、宽1.30～1.40、残高0.90米。

木棺的保存状况极差，仅在墓底见有零星的黑色板木朽灰，形制及尺寸不辨。

骨骼腐朽极为严重，仅发现有几枚牙齿。

3. 随葬品

该墓共出土有11件（套）随葬品（彩版七四；七五，1），陶器均位于石椁西部，装饰品位于体侧，质地分为陶、铜、琉璃、石器四种。

陶器　计有罐2、盆2。

罐　2件（M25：8、10）。标本M25：8，泥质黄褐陶，陶色不纯，局部呈黑褐色。尖圆唇，子母口，斜颈，溜肩，鼓腹，腹部最大径位置略靠上，圆底。肩部及中腹部各施有二周凹弦纹，下腹部及底部满饰细绳纹。口径15.8、最大腹径27.3、高24.1、壁厚0.4～0.6厘米（图六七，1；彩版七五，2）。标本M25：10，泥质灰陶。方唇，敞口，斜领，溜肩，鼓腹，腹部最大径位置居中，台底。素面，器表轮旋痕迹明显。口径14.2、最大腹径28.0、底径11.4、高25.0、壁厚0.4～0.6厘米（图六七，2；彩版七五，3）。

盆　2件（M25：7、9）。标本M25：7，泥质黑褐陶，器表磨光。圆唇，敞口，卷沿，沿面施有一周凹槽，折腹，台底。素面，器表轮旋痕迹明显。口径17.3、底径6.7、高6.9、壁厚0.3～0.4厘米（图六七，3；彩版七五，4）。标本M25：9，泥质黑褐陶，器表磨光。圆唇，敞口，小展沿，弧腹，台底。素面，器表轮旋痕迹明显。口径17.8、底径7.6、高7.4、壁厚0.3～0.4厘米（图六七，4；彩版七五，5）。

铜器　计有链饰1套、臂钏2套9枚、指环2套22枚、泡饰1套14枚。

链饰　1套。标本M25：2，由每8个为一组的指环与1个大圆环交替连接而成，整体呈"∞"形。通长221厘米（图六八，1；彩版七六）。

臂钏　2套9枚（M25：3、4），其中右臂5枚，左臂4枚。形制相似，均平面呈圆形，一端留

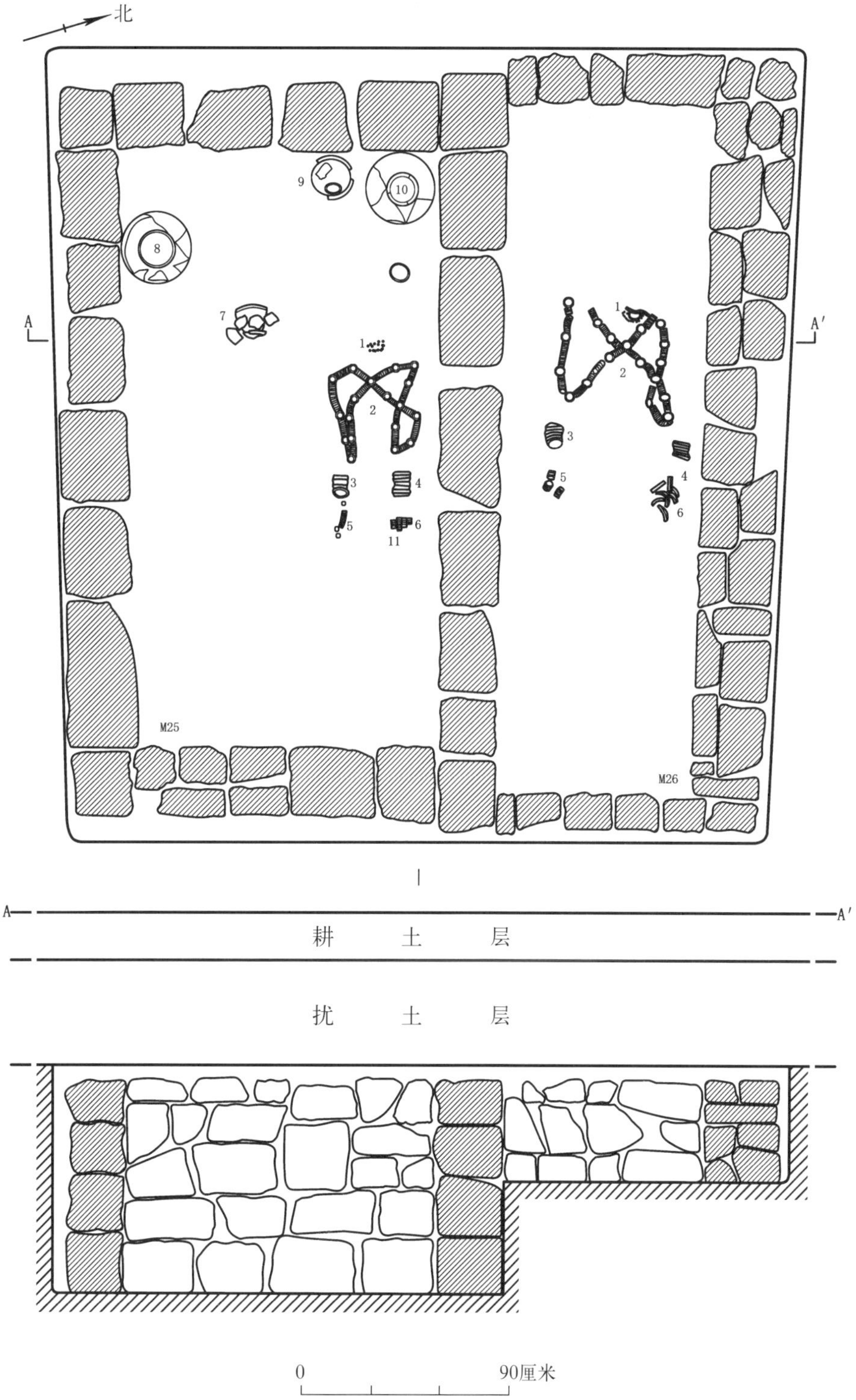

图六六　M25、M26平、剖面图

M25：1. 项链串饰　2. 铜链饰　3. 铜臂钏　4. 铜臂钏　5. 铜指环　6. 铜指环　7. 陶盆　8. 陶罐　9. 陶盆　10. 陶罐　11. 铜泡

M26：1. 项链串饰　2. 铜链饰　3. 铜臂钏　4. 铜臂钏　5. 铜指环　6. 铜钱

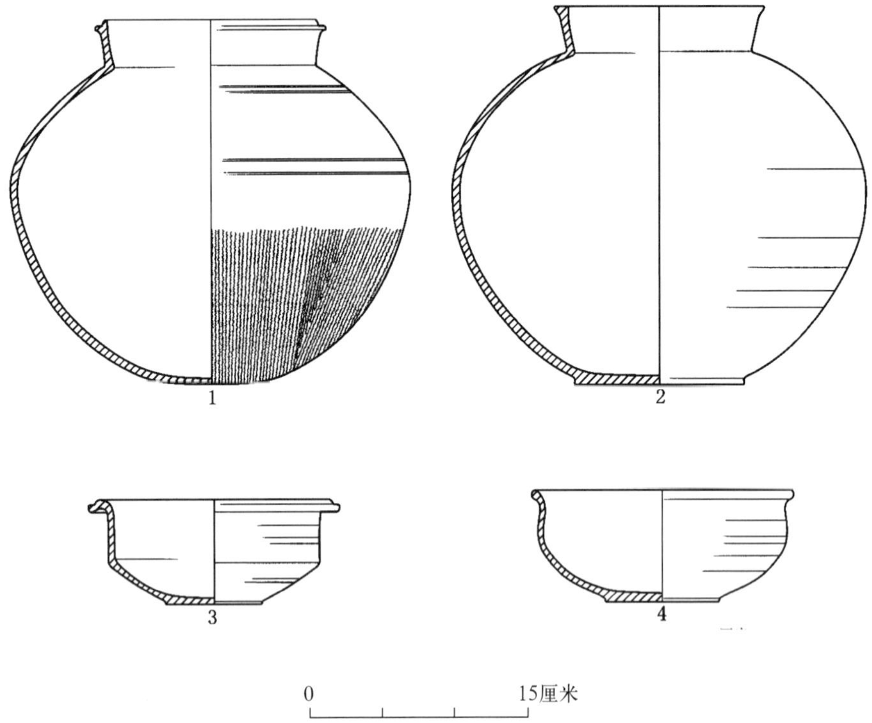

0　　　　　　　　　　　　15厘米

图六七　M25出土器物
1、2. 陶罐M25：8、10　3、4. 陶盆M25：7、9

有豁口，表面施有三周凸弦纹。标本M25：3－1，直径5.7、厚0.16厘米（图六八，2；彩版七七，1）。标本M25：4－1，直径5.6、厚0.24、豁口宽2.24厘米（图六八，3；彩版七七，2）。

指环　2套22枚（M25：5、6），每套均11枚。形制相似，平面均呈圆形，截面呈圆角长方形。标本M25：5－1，直径2.2、厚0.08厘米（图六八，4；彩版七七，3）。标本M25：6－1，直径2.1、厚0.07厘米（图六八，5；彩版七七，4）。

泡饰　1套14枚，其中仅1枚为双桥梁。标本M25：11－1，现已残损，圆帽形，周边有折沿，下附双桥梁。泡径2.3、高1.7厘米（图六八，6；彩版七七，6）。标本M25：11－2，半球形，下附单桥梁。泡径1.2、高0.6厘米（图六八，7；彩版七七，5）。

琉璃及石器　计有项链串饰1套190枚。

项链串饰　1套（M25：1），由150枚琉璃珠、3枚石珠及37枚石管穿成（彩版七八）。琉璃珠形制相似，呈深蓝色或湖绿色，扁球形或圆柱状，纵向穿有一孔。标本M25：1－1，直径0.7、厚0.5、孔径0.23厘米（图六八，8）。标本M25：1－2，直径0.7、厚0.3、孔径0.22厘米（图六八，9）。标本M25：1－3，直径0.6、厚0.4、孔径0.18厘米（图六八，10）。石珠形制相似，呈深灰色或黄色，扁球形或鼓形，纵向穿有一孔。标本M25：1－4，直径0.6、厚0.3、孔径0.19厘米（图六八，11）。标本M25：1－5，直径0.6、厚0.6、孔径0.19厘米（图六八，12）。石管均为白色石质，圆柱形，纵向穿有一孔，表面多刻划有卷曲纹。标本M25：1－6，直径0.6、高0.9、孔径0.16厘米（图六八，13）。标本M25：1－7，直径0.6、高0.7、孔径0.16厘米（图六八，14）。

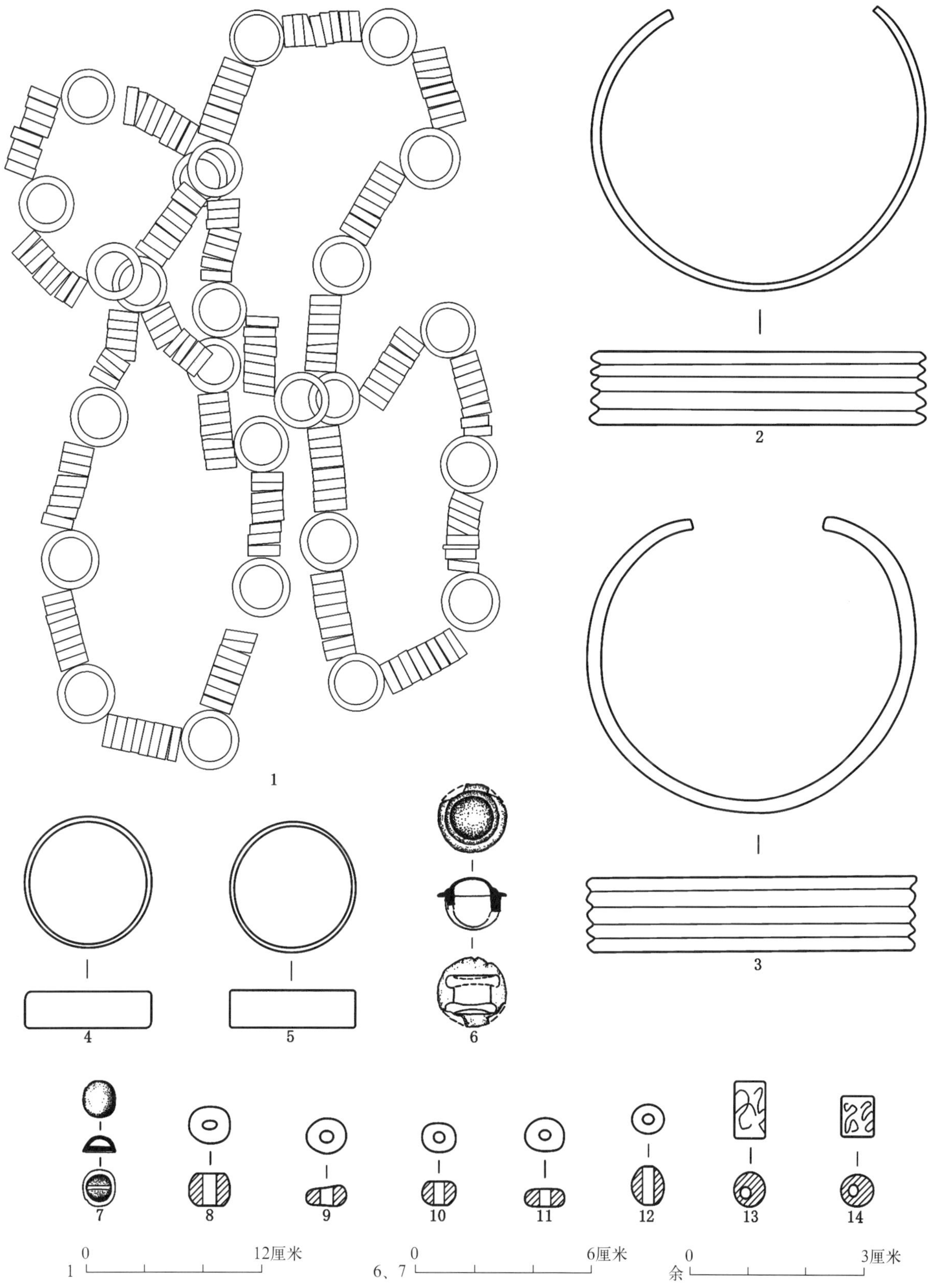

图六八　M25出土器物

1. 铜链饰M25：2　2、3. 铜臂钏M25：3−1、4−1　4、5. 铜指环M25：5−1、6−1　6、7. 铜泡饰M25：11−1、11−2　8～14. 项链串饰M25：1−1、1−2、1−3、1−4、1−5、1−6、1−7

二六　M26

M26与M25为一组并葬墓，其中，M26打破M25。

1．墓葬形制

土坑石椁墓，平面呈圆角梯形，墓圹较规整。方向285°（图六六；彩版七三）。开口于第②层下，开口距地表0.64米，保存状况较好。

墓圹四壁较平直；墓底系在生土面上经过简单平整而成，较为平坦。长3.34、宽1.20～1.30、深0.48米。

墓内填土主要为灰褐土，夹杂有少量的黄土、小石块，土质较疏松。

2．葬具和人骨

墓内葬具主要有石椁及木棺。

石椁平面近似梯形，顶部现已不存，南壁借助M25北壁，其余三壁用经过简单加工的石块逐层拼缝垒砌而成；底部由生土经过简单平整而成。石椁长2.90、宽0.84～0.90、残高0.42米。

木棺的保存状况极差，仅在墓底见有零星的黑色板木朽灰，形制及尺寸不辨。

骨骼腐朽极为严重，仅发现有几枚牙齿。

3．随葬品

该墓共出土有6件（套）随葬品（彩版七九），均位于体侧，质地分为铜、琉璃、石器三种，其中铜钱59枚。

铜器　计有链饰1套、臂钏2套31枚、指环1套20枚。

链饰　1套。标本M26：2，由每6个或5个指环为一组与1个大圆环交替连接而成，整体呈"∞"形。通长193厘米（图六九，1；彩版八〇）。

臂钏　2套31枚（M26：3、4），其中右臂3枚，左臂28枚。形制相似，均平面呈圆形，一端留有豁口；表面施有三周凸弦纹。标本M26：3－1，直径5.8、厚0.2、豁口宽2.42厘米（图六九，2；彩版八一，1）。标本M26：4－1，直径5.6、厚0.22、豁口宽2.25厘米（图六九，3；彩版八一，4）。标本M26：4－2，直径5.6、厚0.23、豁口宽1.75厘米（图六九，4；彩版八一，4）。

指环　1套20枚。形制相似，平面均呈圆形，截面呈圆角长方形。标本M26：5－1，直径2.1、厚0.07厘米（图六九，5；彩版八一，2）。

琉璃及石器　项链串饰1套43枚。

项链串饰　1套（M26：1），由29枚琉璃珠及14枚石管穿成（彩版八一，3）。琉璃珠形制相似，呈深蓝色或深棕色，扁球形或圆柱状，纵向穿有一孔。标本M26：1－1，直径0.7、厚0.6、孔径0.17厘米（图六九，6）。标本M26：1－2，直径0.7、厚0.5、孔径0.16厘米（图六九，7）。标本M26：1－3，直径0.6、厚0.4、孔径0.14厘米（图六九，8）。石管均为白色石质，圆柱形，纵向穿有一孔，表面刻划有卷曲纹。标本M26：1－4，直径0.6、高0.7、孔径0.23厘米（图六九，9）。标本M26：1－5，直径0.5、高0.7、孔径0.2厘米（图六九，10）。标本M26：1－6，直径0.6、高

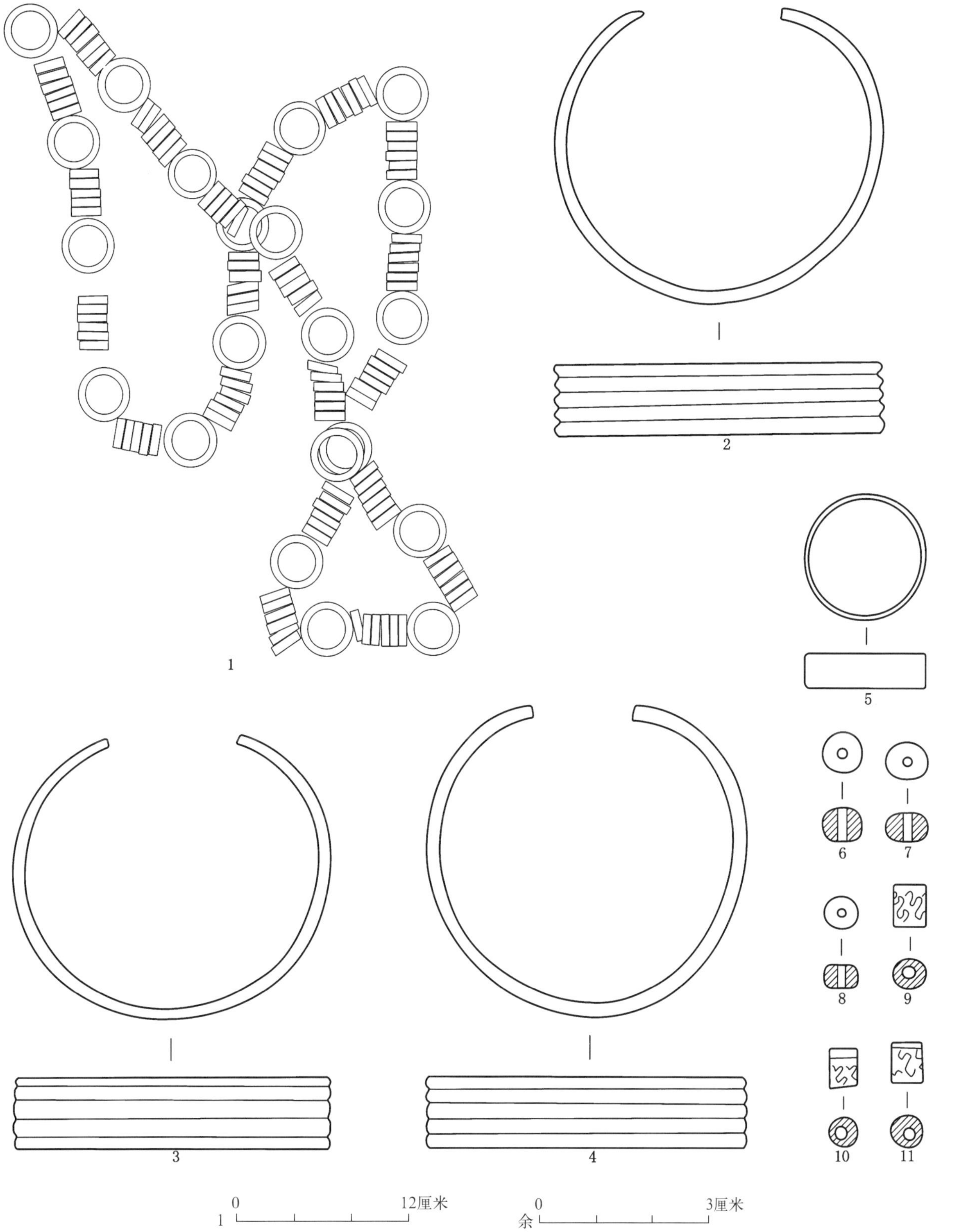

0　　　　　　12厘米
1

0　　　　　　3厘米
余

图六九　M26出土器物

1. 铜链饰M26：2　2~4. 铜臂钏M26：3-1、4-1、4-2　5. 铜指环M26：5-1　6~11. 项链串饰M26：1-1、1-2、1-3、1-4、1-5、1-6

0.7、孔径0.2厘米（图六九，11）。

　　铜钱　59枚，均为"货泉"钱（图七〇，1～15）。详情见下表。

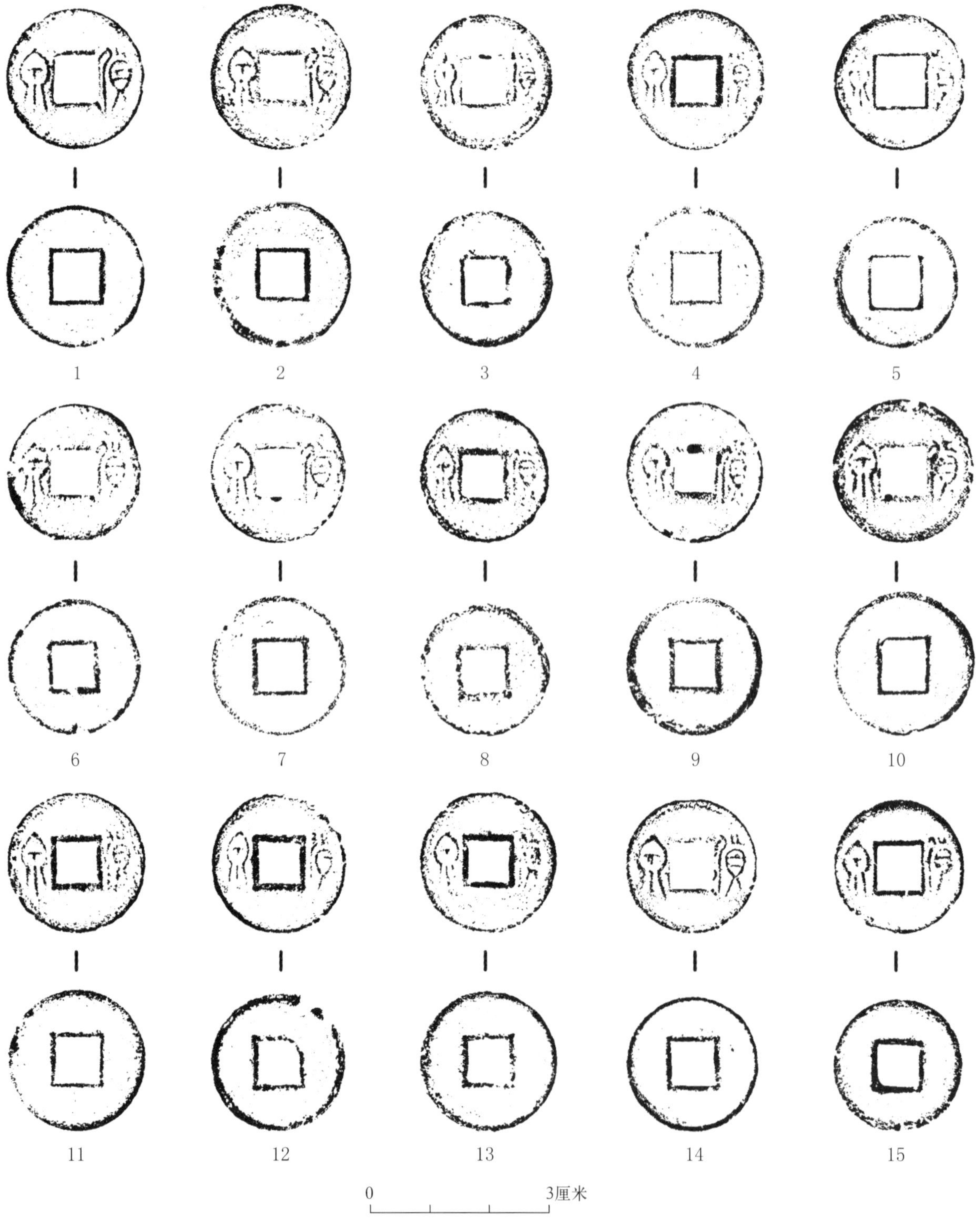

0   3厘米

图七〇　M26出土铜钱拓片

1～15. 铜钱拓片M26：6－1、6－2、6－3、6－4、6－5、6－6、6－7、6－8、6－9、6－10、6－11、6－12、6－13、6－14、6－15

M26铜钱统计表　　　　　　　　　　（长度：厘米；重量：克）

种类	编号	特征		郭径	钱径	穿宽	郭宽	郭厚	肉厚	重量
		文字特征	记号							
货泉	6-1	正面穿之左右篆书"货泉"二字	穿上一星点	2.34	2.05	0.71	0.17	0.19	0.09	1.99
	6-2	同上	无	2.29	2.00	0.79	0.15	0.19	0.07	1.94
	6-3	同上	无	2.31	1.98	0.68	0.15	0.24	0.10	2.00
	6-4	残碎	残碎							
	6-5	正面穿之左右篆书"货泉"二字	无	2.19	1.97	0.76	0.14	0.17	0.08	1.94
	6-6	同上	右穿下一决纹	2.26	1.96	0.64	0.14	0.18	0.07	2.25
	6-7	同上	无	2.16	1.89	0.79	0.13	0.16	0.05	2.20
	6-8	同上	右穿下一决纹	2.21	1.90	0.68	0.17	0.19	0.09	2.15
	6-9	同上	无	2.30	1.99	0.63	0.18	0.21	0.11	3.44
	6-10	同上	无	2.28	1.93	0.68	0.20	0.23	0.10	3.02
	6-11	同上	无	2.29	1.95	0.68	0.14	0.16	0.07	1.93
	6-12	同上	右穿下一决纹	2.31	2.03	0.74	0.14	0.17	0.08	2.65
	6-13	同上	同上	2.36	1.94	0.62	0.14	0.18	0.09	3.10
	6-14	同上	穿上一星点	2.21	1.80	0.61	0.12	0.17	0.06	1.85
	6-15	同上	四出	2.30	1.88	0.65	0.17	0.21	0.09	2.82
	6-16	同上	无	2.21	1.87	0.72	0.14	0.21	0.10	2.26
	6-17	同上	无	2.13	1.85	0.60	0.18	0.20	0.08	1.99
	6-18	同上	穿上一星点	2.24	1.98	0.57	0.16	0.19	0.07	3.03

	6－19	同上	穿下一星点	2.28	1.92	0.71	0.17	0.19	0.08	2.48
	6－20	同上	无	2.31	1.95	0.73	0.16	0.18	0.07	2.66
	6－21	同上	无	2.26	1.96	0.56	0.14	0.15	0.06	2.19
	6－22	同上	无	2.31	1.95	0.65	0.15	0.18	0.08	2.47
	6－23	同上	无	2.30	1.85	0.61	0.11	0.12	0.06	2.12
	6－24	同上	无	2.33	1.97	0.76	0.12	0.14	0.07	2.23
	6－25	同上	无	2.32	1.97	0.65	0.17	0.19	0.09	2.49
	6－26	同上	无	2.31	1.93	0.74	0.13	0.17	0.08	2.57
	6－27	同上	无	2.18	1.80	0.73	0.12	0.15	0.05	2.11
货泉	6－28	同上	无	2.37	1.93	0.65	0.15	0.17	0.07	3.18
	6－29	同上	无	2.15	1.87	0.74	0.12	0.15	0.06	1.70
	6－30	同上	无	2.20	1.88	0.63	0.15	0.21	0.09	2.64
	6－31	同上	无	2.27	2.00	0.64	0.13	0.17	0.08	3.05
	6－32	同上	无	2.27	1.89	0.77	0.17	0.18	0.09	3.00
	6－33	同上	无	2.34	1.98	0.57	0.14	0.17	0.07	2.80
	6－34	同上	无	2.31	1.94	0.82	0.15	0.22	0.10	3.61
	6－35	同上	无	2.31	1.92	0.65	0.15	0.19	0.09	2.60
	6－36	同上	无	2.28	1.91	0.60	0.14	0.19	0.08	2.67
	6－37	同上	无	2.13	1.88	0.65	0.17	0.18	0.09	1.84

	6-38	同上	无	2.31	1.95	0.66	0.18	0.19	0.06	2.83
	6-39	同上	无	2.22	1.88	0.67	0.15	0.20	0.10	2.09
	6-40	同上	无	2.30	1.89	0.58	0.14	0.15	0.07	2.22
	6-41	同上	无	2.23	1.84	0.60	0.17	0.23	0.09	3.53
	6-42	同上	无	2.20	1.90	0.78	0.13	0.16	0.08	2.09
	6-43	同上	无	2.20	1.89	0.66	0.18	0.20	0.09	1.94
	6-44	同上	无	2.18	1.76	0.73	0.14	0.17	0.06	2.08
	6-45	同上	无	2.25	1.97	0.65	0.15	0.18	0.08	2.48
货泉	6-46	同上	无	2.17	1.90	0.65	0.18	0.21	0.10	2.79
	6-47	同上	无	2.16	1.87	0.73	0.12	0.15	0.07	1.93
	6-48	同上	无	2.25	1.99	0.65	0.11	0.17	0.08	2.11
	6-49	同上	无	2.24	1.85	0.72	0.17	0.19	0.09	1.40
	6-50	同上	无	2.22	1.82	0.58	0.16	0.19	0.07	1.70
	6-51	同上	四出	2.26	1.93	0.56	0.20	0.26	0.13	3.40
	6-52	同上	穿上一横	2.33	1.99	0.59	0.16	0.18	0.09	2.94
		7枚残碎								

二七 M27

1. 墓葬形制

土坑竖穴砖椁墓，无墓道，方向0°（图七一；彩版八二，1）。开口于第②层下，开口距地表0.90米，保存状况一般。

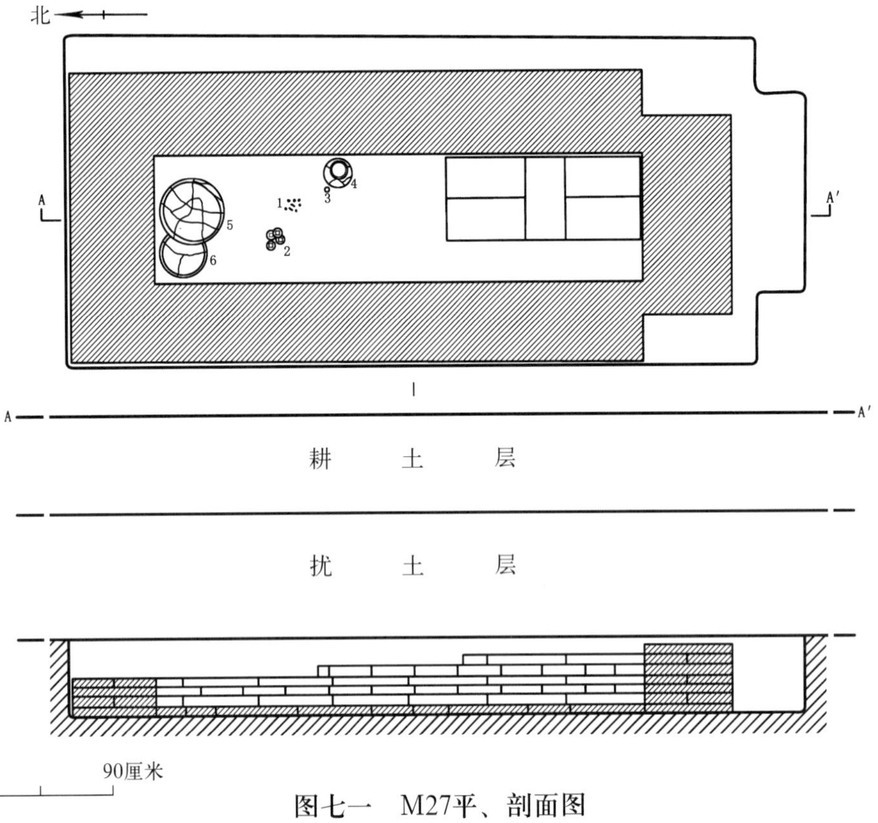

图七一　M27平、剖面图

1. 项链串饰　2. 铜钱　3. 铜指环　4. 陶罐　5. 陶罐　6. 陶盆

墓圹平面近似"甲"字形，四壁较平直，墓底较平坦。长3.02、宽1.30、深0.30米。

墓内填土主要为灰褐土，夹杂有少量的黄土、小石块，土质较疏松。

2. 葬具和人骨

墓内葬具主要有砖椁。砖椁平面呈长方形，长2.00、宽0.50、残高0.27米。砖椁先砌四壁，再铺墓底砖。砖椁四壁较平直，最高处残存7层砖，砌法为单隅顺砌平砖错缝垒砌。椁底铺砖为条砖横、纵拼缝平铺。用砖规格：（31～33）×（13～15）×4厘米，灰色条砖，一面为素面，一面施有绳纹。

由于该墓的埋藏条件不利于有机物的保存，墓底未见有人骨痕迹。

3. 随葬品

该墓共出土有6件（套）随葬品（彩版八二，2），均位于砖椁北部，质地可分为陶、铜、琉璃、石器四种，其中铜钱4枚。

陶器　计有罐2、盆1。

罐　2件（M27：4、5）。标本M27：4，泥质黄褐陶。圆唇，子母口，束颈，溜肩，鼓腹，腹部最大径位置居中，平底。素面，器表轮旋痕迹明显。口径8.4、最大腹径13.7、底径7.5、高13.2、壁厚0.6～0.8厘米（图七二，1；彩版八三，1）。标本M27：5，泥质黄褐陶。口部残缺，鼓腹，腹部最大径位置居中，台底。素面，器表轮旋痕迹明显。最大腹径28.1、底径12.9、残高20.4、壁厚0.6～0.7厘米（图七二，2；彩版八三，2）。

盆　1件。标本M27：6，过于残碎，无法修复。

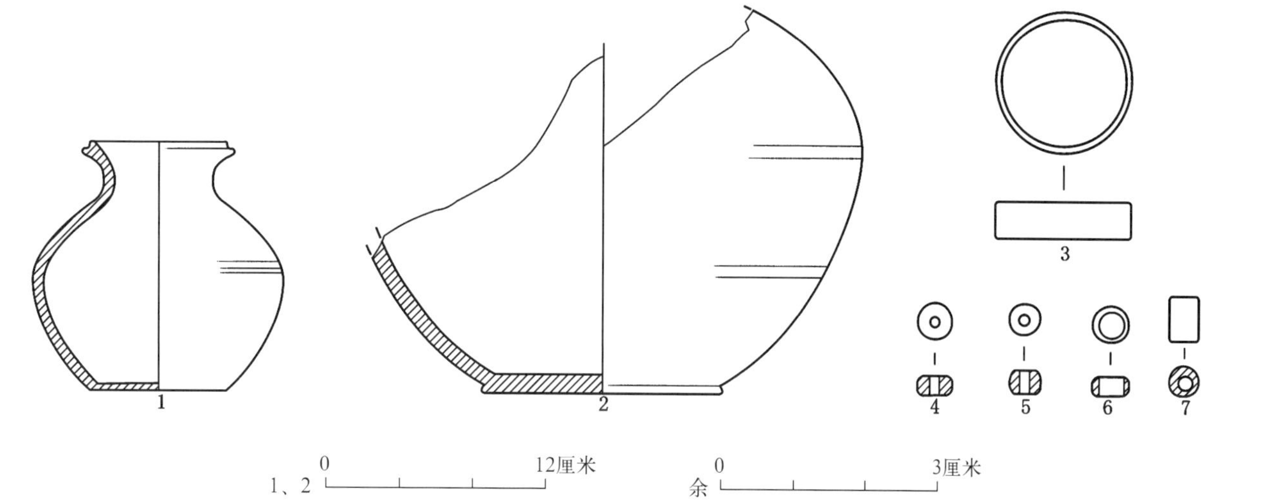

图七二 M27出土器物
1、2. 陶罐 M27：4、5 3. 铜指环 M27：3－1 4～7. 项链串饰 M27：1－1、1－2、1－3、1－4

铜器 计有指环1套7枚。

指环 1套7枚（M27：3）。形制相同，均平面呈圆形，截面呈扁长方形。标本M27：3－1，直径1.9、厚0.08厘米（图七二，3；彩版八三，3）。

琉璃及石器 计有项链串饰1套。

项链串饰 1套（M27：1），由7枚琉璃珠及2枚石管组成（彩版八三，4）。琉璃珠均呈深蓝色，扁体球状，纵向穿有一孔。标本M27：1－1，直径0.5、厚0.3、孔径0.13厘米（图七二，4）。标本M27：1－2，直径0.4、厚0.3、孔径0.14厘米（图七二，5）。标本M27：1－3，直径0.5、厚0.3、孔径0.31厘米（图七二，6）。石管均呈圆柱体，素面，纵向穿有一孔。标本M27：1－4，直径0.4、高0.6、孔径0.2厘米（图七二，7）。

铜钱 4枚，均为"五铢"钱（图七三，1～4）。详情见下表。

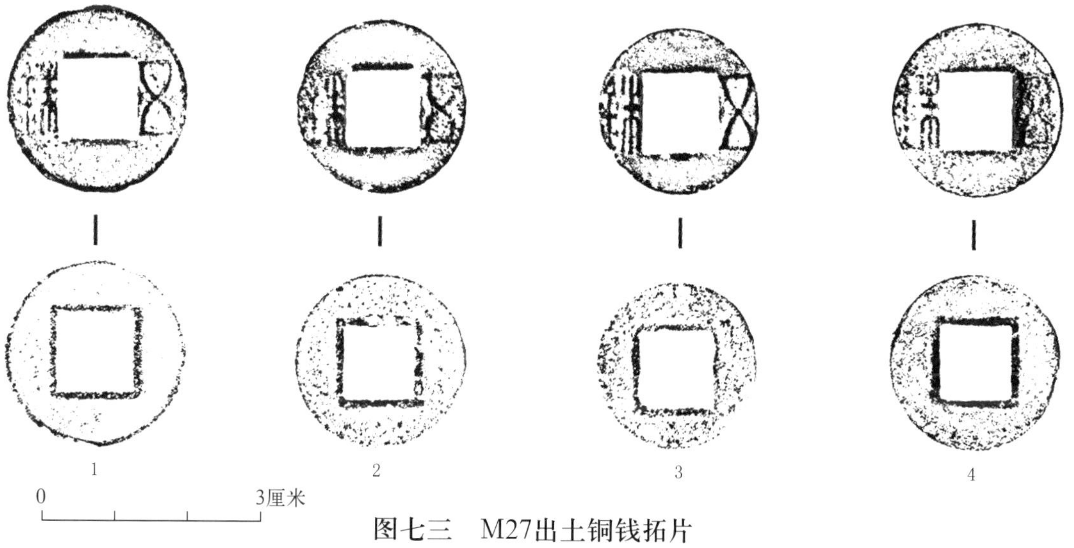

图七三 M27出土铜钱拓片
1～4. 铜钱拓片M27：2－1、2－2、2－3、2－4

M27铜钱统计表　　　　　　　　　　（长度：厘米；重量：克）

种类	编号	特征		郭径	钱径	穿宽	郭宽	郭厚	肉厚	重量
		文字特征	记号							
五铢	2-1	"五"字瘦长，竖划缓曲；"金"头三角形，四竖点；"朱"头方折，"朱"下较圆	无	2.38	2.24	1.04	0.14	0.15	0.07	2.16
	2-2	同上	剪轮，穿上一横	-	2.31	1.03	0.12	0.15	0.07	2.10
	2-3	同上	剪轮，穿下一星点	-	2.18	1.04	0.12	0.16	0.08	1.93
	2-4	同上	剪轮	-	2.33	1.06	0.13	0.14	0.06	2.15

二八　M28

1．墓葬形制

土坑竖穴墓，平面呈圆角梯形，墓圹较规整。方向290°（图七四；彩版八四）。开口于第②层下，开口距地表0.80米，保存状况一般。

墓圹四壁较平直；墓底系在生土面上经过简单平整而成，较为平坦。长2.40、宽1.20～1.30、深0.50米。

墓内填土主要为灰黑土，夹杂有少量的黄土等，土质较疏松。

2．葬具和人骨

该墓内未见有葬具痕迹。

骨骼腐朽极为严重，仅发现有几枚牙齿。

3．随葬品

该墓共出土有2件随葬品，靠近墓圹南壁中部，均为陶器，种类计有罐1、盆1。

罐　1件。标本M28：2，过于残

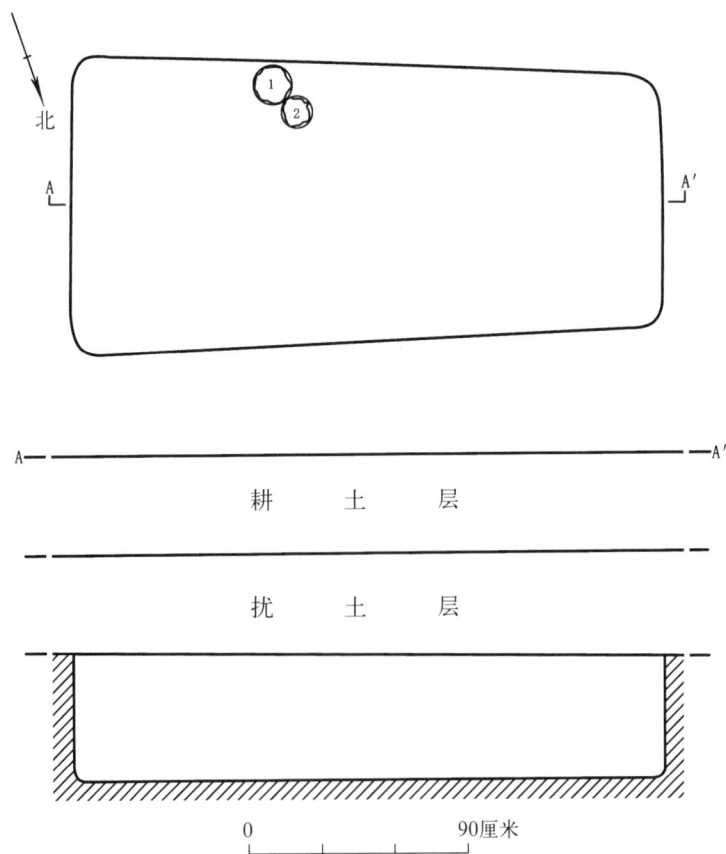

图七四　M28平、剖面图
1. 陶盆　2. 陶罐

碎，无法修复。

盆 1件。标本M28：1，泥质黑陶。圆唇，敞口，微卷沿，沿面施有一周凹槽，弧腹，台底。素面，器表轮旋痕迹明显。口径19.1、底径9.0、高8.9、壁厚0.5～0.6厘米（图七五；彩版八三，5）。

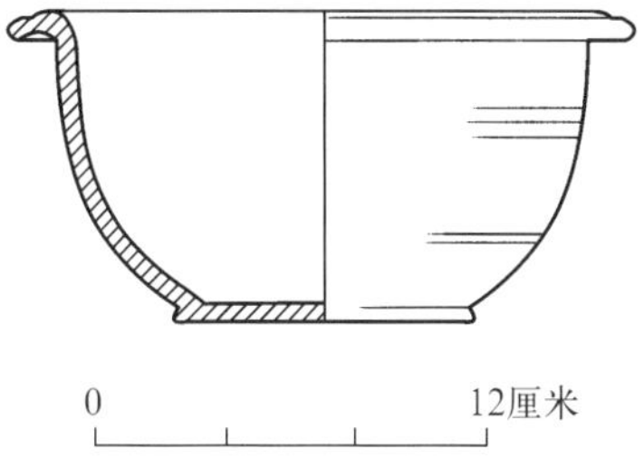

图七五 M28出土陶盆M28：1

二九 M29

1．墓葬形制

土坑竖穴墓，平面呈圆角梯形，墓圹较规整。方向90°（图七六；彩版八五）。开口于第②层下，开口距地表1.60米，保存状况较好。

墓圹四壁较平直，墓底较平坦。长3.60、宽2.10～2.28、深0.42米。

墓内填土呈黄褐色，并夹杂有大量的黑土、小石块等，土质较疏松。

2．葬具和人骨

墓穴内置木椁1具，但腐朽极为严重，仅在底部残存有少量的灰白色底板板灰痕迹，其形状及尺寸不辨。

由于该墓的埋藏条件不利于有机物的保存，墓底未见有人骨痕迹；但从随葬品的摆放位置分析，该墓应为双人合葬墓。

3．随葬品

该墓共出土有38件（套）随葬品（彩版八六，1、2），多数随葬品位于墓室东部，少量位于墓室北部，以陶器为主，另有铜钱21枚。

陶器 计有瓮2、罐1、壶12、鼎1、樽2、盒4、套盒2、盆2、灯1、灶2、井2、小釜4、小盆1、小瓿1。

瓮 2件（M29：2、14）。标本M29：2，泥质灰陶。圆唇，子母口，直颈，圆肩，球形腹，腹部最大径位置居中，平底内凹。下腹部及底部满施细绳纹。口径20.0、最大腹径32.3、底径12.0、高30.4、壁厚0.7～1.0厘米（图七七，1；彩版八七，1）。标本M29：14，泥质黄褐陶。圆唇，子母口，溜肩，鼓腹，腹部最大径位置靠近肩部，平底。肩部施有多周凹弦纹，下腹部及底部满施细绳纹。口径16.1、最大腹径33.6、底径10.7、高27.8、壁厚0.7～0.9厘米（图七七，2；彩版八七，2）。

罐 1件。标本M29：10，泥质灰陶。圆唇，子母口，束颈，溜肩，鼓腹，腹部最大径位置靠近肩部，台底。素面，器表轮旋痕迹明显。口径8.2、最大腹径13.3、底径7.0、高12.9、壁厚0.3～0.5厘米（图七七，3；彩版八七，3）。

壶 12件（M29：1、3、6、11、12、15、19、20、21、22、26、28）。标本M29：1，由壶

盖及壶两部分组成。壶盖：泥质灰褐陶；圜顶，弧腹，敞口，圆唇；素面。壶：泥质灰褐陶，陶色不纯，局部呈黄褐色；尖圆唇，小展沿，敞口，束颈，溜肩，卵形腹，腹部最大径位置靠近肩部，平底；素面。通高23.7厘米；壶盖：口径10.4、高2.7、壁厚0.3～0.4厘米；壶：口径9.8、最大腹径17.2、底径7.5、高20.6、壁厚0.4～0.7厘米（图七七，4；彩版八七，4）。其中，标本M29：3、11形制相似，均为泥质灰陶，由壶盖及壶两部分组成。壶盖：圜顶，弧腹，敛口，圆唇；素面。壶：方唇，微卷沿，沿面施有一周凹槽，敞口，束颈，溜肩，卵形腹，腹部最大径位置居

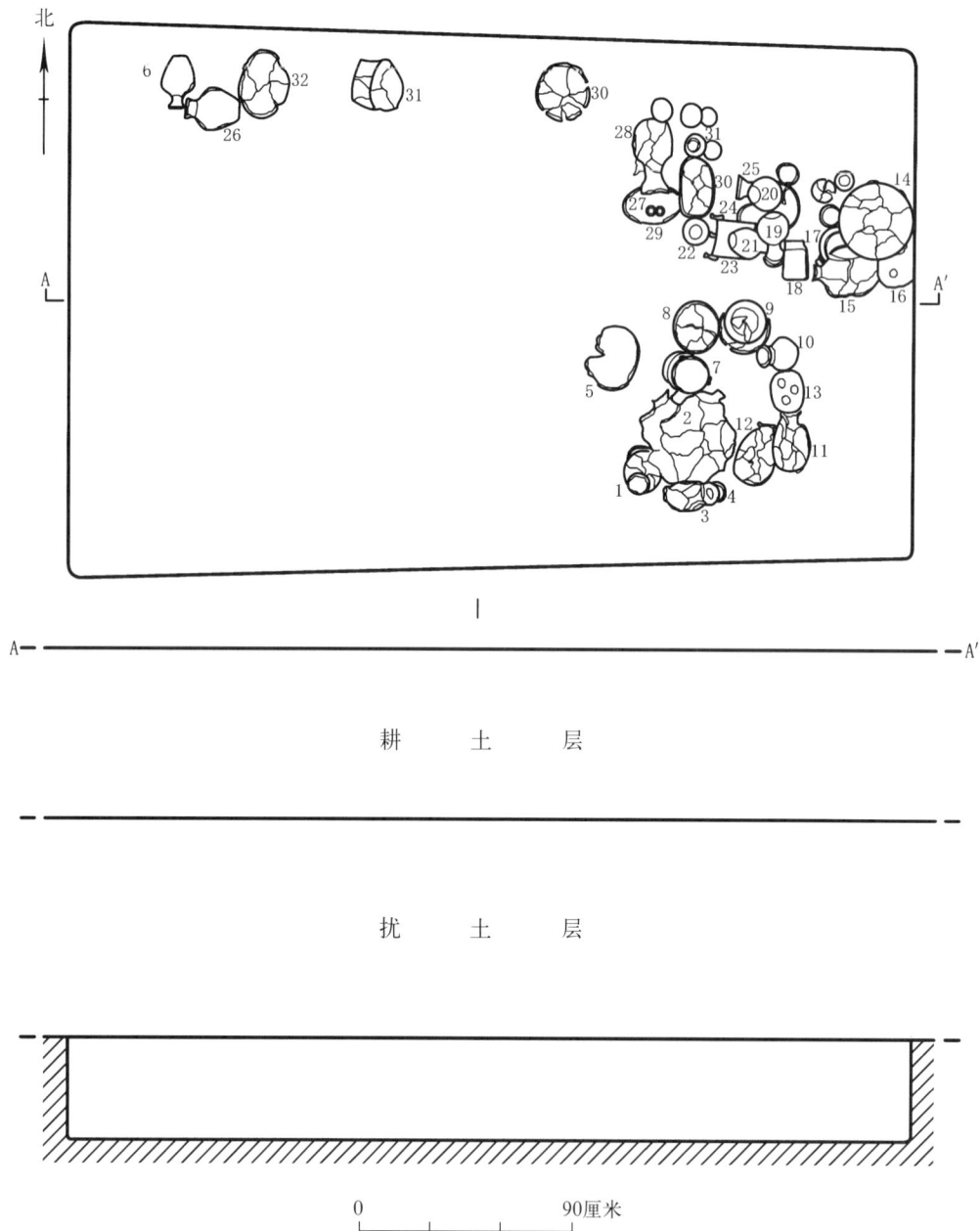

图七六　M29平、剖面图

1. 陶壶　2. 陶瓮　3. 陶壶　4. 陶井　5. 陶盒　6. 陶壶　7. 陶樽　8. 陶盆　9. 陶套盒　10. 陶罐　11. 陶壶　12. 陶壶　13. 陶灶组合　14. 陶瓮　15. 陶壶　16. 陶灶组合　17. 陶鼎　18. 陶井　19. 陶壶　20. 陶壶　21. 陶壶　22. 陶壶　23. 陶樽　24. 陶盒　25. 陶灯　26. 陶壶　27. 铜钱　28. 陶壶　29. 陶盒　30. 陶盒　31. 陶套盒　32. 陶盆

中，平底；素面，器表轮旋痕迹明显。标本M29:3，通高26.8厘米；壶盖：口径11.2、高2.2、壁厚0.3~0.5厘米；壶：口径11.8、最大腹径17.0、底径8.5、高24.7、壁厚0.4~0.6厘米（图七七，5）。标本M29:11，通高26.6厘米；壶盖：口径10.7、高2.3、壁厚0.3~0.5厘米；壶：口

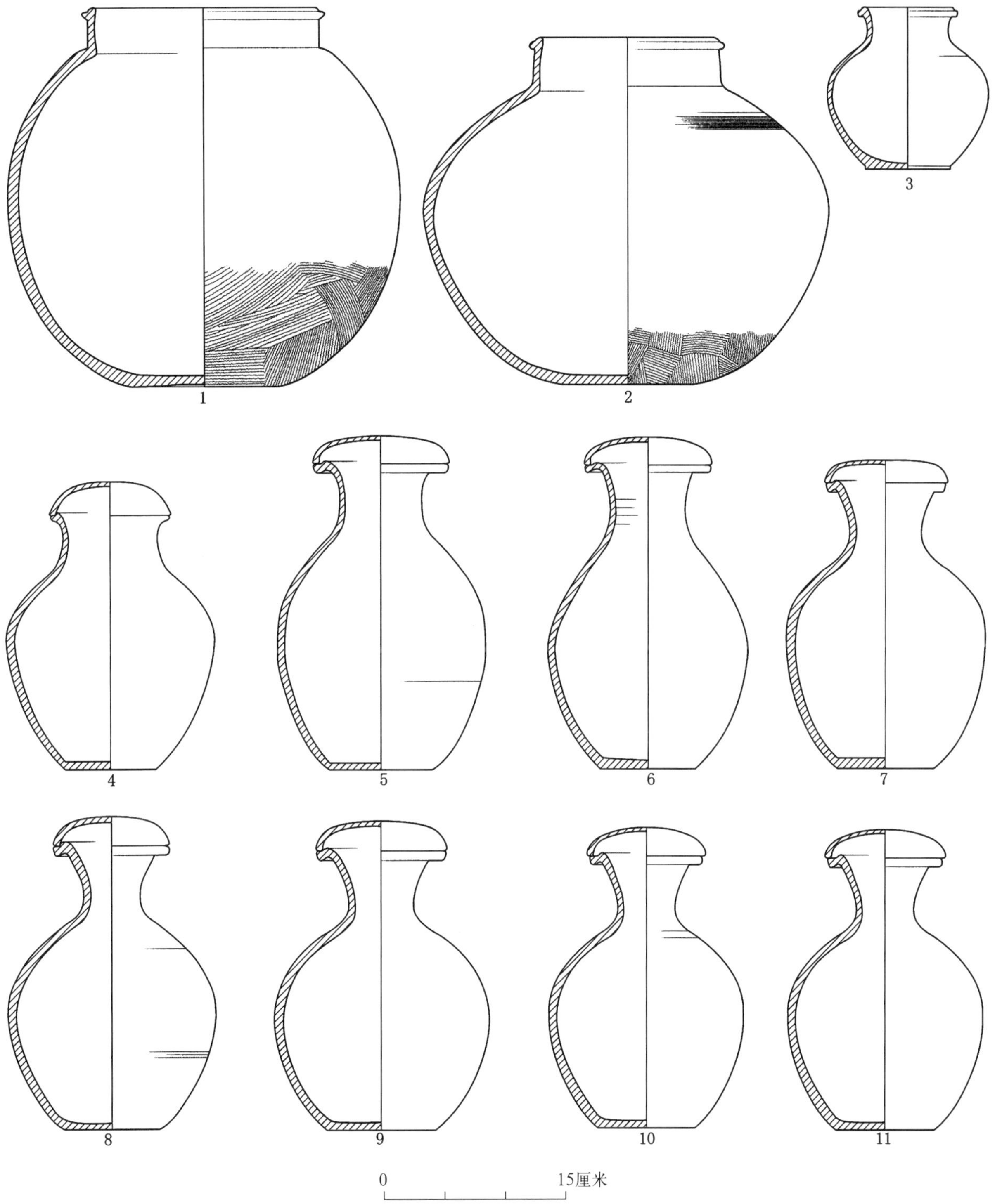

图七七 M29出土器物

1、2. 陶瓮M29:2、14 3. 陶罐M29:10 4~11. 陶壶M29:1、3、11、6、19、20、21、22

径10.5、最大腹径16.6、底径7.9、高24.5、壁厚0.5～0.7厘米（图七七，6）。其中，标本M29：6、19、20、21、22与26形制相似，均为泥质灰陶，由壶盖及壶两部分组成。壶盖：圆顶，弧腹，敛口，圆唇；素面。壶：方唇，微卷沿，沿面施有一周凹槽，敞口，束颈，溜肩，鼓腹，腹部最大径位置靠上，平底；素面，器表轮旋痕迹明显。标本M29：6，通高24.7厘米；壶盖：口径10.1、高1.6、壁厚0.3～0.5厘米；壶：口径9.8、最大腹径16.5、底径7.9、高23.8、壁厚0.6～0.8厘米（图七七，7；彩版八七，5）。标本M29：19，通高25.1厘米；壶盖：口径9.6、高2.4、壁厚0.4～0.5厘米；壶：口径9.6、最大腹径17.2、底径7.9、高23.1、壁厚0.6～0.7厘米（图七七，8；彩版八七，6）。标本M29：20，通高24.8厘米；壶盖：口径10.6、高2.4、壁厚0.4～0.5厘米；壶：口径10.6、最大腹径17.7、底径9.0、高22.6、壁厚0.5～0.7厘米（图七七，9；彩版八八，1）。标本M29：21，通高24.0厘米；壶盖：口径10.0、高2.3、壁厚0.3～0.5厘米；壶：口径9.4、最大腹径16.2、底径8.2、高22.0、壁厚0.5～0.7厘米（图七七，10；彩版八八，2）。标本M29：22，通高24.1厘米；壶盖：口径10.0、高2.3、壁厚0.3～0.5厘米；壶：口径9.4、最大腹径16.1、底径8.1、高22.0、壁厚0.5～0.7厘米（图七七，11；彩版八八，3）。标本M29：26，通高24.8厘米；壶盖：口径10.4、高3.2、壁厚0.3～0.5厘米；壶：口径10.2、最大腹径17.2、底径8.1、高21.8、壁厚0.5～0.7厘米（图七八，1）。其中，标本M29：12、15与28形制相似，均为泥质灰陶，由壶盖及壶两部分组成。壶盖：圆顶，弧腹，敛口，圆唇；素面。壶：方唇，小盘口，束颈，溜肩，卵形腹，腹部最大径位置靠上或居中，平底；素面。标本M29：12，壶盖缺失。口径9.9、最大腹径15.0、底径8.7、高27.3、壁厚0.4～0.6厘米（图七八，2）。标本M29：15，通高30.8厘米；壶盖：口径11.6、高2.3、壁厚0.4～0.6厘米；壶：口径11.6、最大腹径19.4、底径9.5、高28.5、壁厚0.5～0.7厘米（图七八，3；彩版八八，4）。标本M29：28，壶盖缺失。口径12.1、最大腹径20.7、底径9.6、高27.8、壁厚0.5～0.6厘米（图七八，4）。

鼎　1件。标本M29：17，泥质灰褐陶。尖圆唇，敛口，折腹，中腹部施有一周扁棱，圜底。近口处附有对称的方形耳，底部附有三个锥状足。素面。口径18.3、高14.3、壁厚0.4～0.5厘米（图七八，5；彩版八八，5）。

樽　2件（M29：7、23）。标本M29：7，泥质黄褐陶。方唇，直口，直腹，平底，底部附有3个蹄形足。素面，器表轮旋痕迹明显。口径18、底径16.6、高12.3、壁厚0.5～0.7厘米（图七八，6；彩版八九，1）。标本M29：23，泥质灰陶。圆唇，直口，深直腹，平底，底部附有3个蹄形足。中腹部及下腹部各施有一周凹弦纹，器表轮旋痕迹明显。口径17.8、底径16.9、高16.9、壁厚0.5～0.7厘米（图七八，7；彩版八九，2）。

盒　4件（M29：5、24、29、30）。其中，标本M29：5、24与30形制相似，均由盒盖及盒两部分组成。盒盖：台顶，弧腹，敞口，卷沿或折沿，方唇。盒：方唇，卷沿，敞口，弧腹，台底。标本M29：5，盒盖为泥质黑陶，卷沿，素面，腹部轮旋痕迹明显；盒为泥质黑陶，卷沿，素面。通高13.4厘米；盒盖：口径20.9、顶径8.7、高6.3、壁厚0.4～0.6厘米；盒：口径21.3、底径8.8、高7.1、壁厚0.5～0.6厘米（图七八，8；彩版八九，3）。标本M29：24，盒盖为泥质灰褐陶，折沿，

图七八　M29出土器物

1～4. 陶壶M29：26、12、15、28　5. 陶鼎M29：17　6、7. 陶樽M29：7、23　8～11. 陶盒M29：5、24、30、29　12、13. 陶套盒M29：9、31　14、15. 陶盆M29：8、32　16. 陶灯M29：25

素面；盒为泥质黄褐陶，微卷沿，素面。通高13.3厘米；盒盖：口径21.4、顶径10.1、高6.8、壁厚0.4～0.6厘米；盒：口径22.4、底径10.1、高6.5、壁厚0.5～0.7厘米（图七八，9）。标本M29：30，盒盖为泥质黄褐陶；微卷沿，素面；盒为泥质黄褐陶，微卷沿，素面。通高12.9厘米；盒盖：口径21.1、顶径9.4、高6.6、壁厚0.5～0.6厘米；盒：口径22.0、底径10.4、高6.3、壁厚0.4～0.5厘米（图七八，10；彩版八九，4）。标本M29：29，盒盖缺失，仅存盒体。泥质黑陶。尖圆唇，唇面施有一周凹槽，敞口，弧腹，台底。素面。口径23.1、底径7.9、高7.6、壁厚0.5～0.6厘米（图七八，11）。

套盒　2件（M29：9、31）。形制相似，均为泥质灰陶，由套盒盖及套盒两部分组成。套盒盖：圆顶，斜腹，直口，圆唇。套盒：方唇，直口，折腹，圆底或平底。标本M29：9，套盒盖靠近顶部施有一周凹弦纹；套盒腹部施有一周扉棱，圆底，素面。通高12.4厘米；套盒盖：口径14.7、高9.4、壁厚0.5～0.7厘米；套盒：口径13.1、高8.2、壁厚0.4～0.6厘米（图七八，12；彩版八九，5）。标本M29：31，套盒盖为素面；套盒为大平底，素面。通高15.4厘米；套盒盖：口径17.1、高11.3、壁厚0.4～0.6厘米；套盒：口径14.4、底径8.5、高8.3、壁厚0.5～0.6厘米（图七八，13；彩版八九，6）。

盆　2件（M29：8、32）。标本M29：8，泥质黑陶。方唇，敞口，微卷沿，弧腹较深，平底。素面，器表轮旋痕迹明显。口径21.6、底径8.1、高7.0、壁厚0.4～0.5厘米（图七八，14；彩版九〇，1）。标本M29：32，泥质灰褐陶。方唇，敞口，卷沿，弧腹，台底。素面。口径22.2、底径10.0、高7.1、壁厚0.5～0.6厘米（图七八，15；彩版九〇，2）。

灯　1件。标本M29：25，豆形灯，泥质灰陶。方唇，直口，浅盘，细长的灯柄上部穿有一圆形孔，中空台状灯座。素面。口径12.8、底座径11.0、高19.3、壁厚0.3～0.4厘米（图七八，16；彩版八八，6）。

灶　2件（M29：13－1、16－1）。标本M29：13－1，泥质灰褐陶。灶面呈圆形，灶面上呈"品"字形置有三个圆形火眼，尾端置一圆形烟孔；长方形灶门不落地。素面。灶面直径14.4、高8.5、壁厚0.6～0.8厘米；火眼直径3.5、3.9、3.9、烟孔直径1.2厘米；灶门长4.2、宽3.1厘米（图七九，1；彩版九〇，3）。标本M29：16－1，泥质黄褐陶。灶面近似圆角三角形，灶面上呈"品"字形置有三个圆形火眼，后壁置一圆形烟孔，长方形灶门不落地。素面。通长19.6、通宽17.7、高9.6、壁厚0.4～0.6厘米；火眼直径4.8、4.8、4.9、烟孔直径0.9厘米；灶门长3.9、宽4.1厘米（图七九，2；彩版九〇，4）。

井　2件（M29：4、18）。标本M29：4，泥质黑陶。圆唇，敞口，束颈，圆肩，折腹，下腹部急收成小平底，整体较为瘦长。素面，内壁轮旋痕迹明显。口径6.8、底径3.3、高12.5、壁厚0.3～0.5厘米（图七九，3；彩版九〇，5）。标本M29：18，泥质灰陶。方唇，敞口，束颈，颈部对称穿有两个圆形孔，折肩，折腹，平底。素面，内壁轮旋痕迹明显。口径8.7、底径6.9、高16.8、壁厚0.5～0.6厘米（图七九，4；彩版九〇，6）。

小釜　4件（M29：13－2、13－3、13－4、16－2）。其中，标本M29：13－2、13－3与13－4

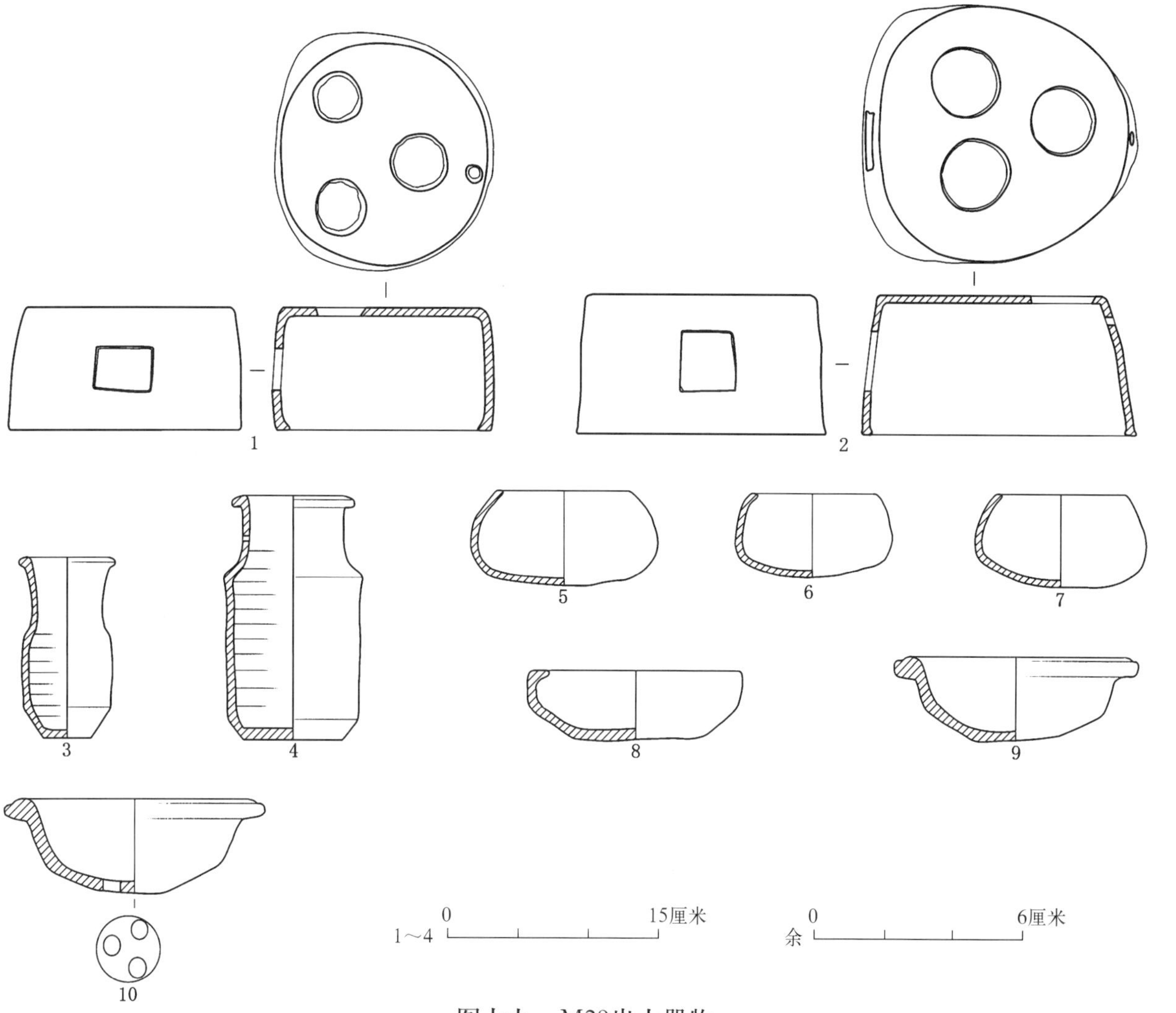

图七九　M29出土器物

1、2．陶灶M29：13－1、16－1　3、4．陶井M29：4、18　5～8．小陶釜M29：13－2、13－3、13－4、16－2　9．小陶盆M29：16－3　10．小陶甑M29：16－4

形制相似，均为泥质黄褐陶或灰陶；圆唇，敛口，鼓腹，腹部最大径位置靠近底部，圆底；素面。标本M29：13－2，口径3.7、最大腹径5.3、高2.6、壁厚0.2～0.3厘米（图七九，5；彩版九〇，3）。标本M29：13－3，口径3.6、最大腹径4.5、高2.3、壁厚0.2～0.3厘米（图七九，6；彩版九〇，3）。标本M29：13－4，口径3.7、最大腹径4.9、高2.6、壁厚0.2～0.3厘米（图七九，7；彩版九〇，3）。标本M29：16－2，泥质黄褐陶。整体较为扁平，圆唇，敛口，弧腹，平底。素面。口径6.0、最大腹径6.1、底径3.8、高1.9、壁厚0.2～0.3厘米（图七九，8；彩版九〇，4）。

小盆　1件。标本M29：16－3，泥质灰陶。器形不甚规整，圆唇，敞口，弧腹，平底。素面，腹部削坯修痕明显。口径7.0、高2.3、壁厚0.2～0.3厘米（图七九，9；彩版九〇，4）。

小甑　1件。标本M29：16－4，泥质灰陶。器形不甚规整，圆唇，敞口，弧腹，平底，底部穿有三个圆形甑孔。素面。口径7.4、高2.6、壁厚0.2～0.4厘米（图七九，10；彩版九〇，4）。

铜钱　21枚，均为"五铢"钱。详情见下表。

M29铜钱统计表　　　　　　　　　　（长度：厘米；重量：克）

| 种类 | 编号 | 特征 | | 郭径 | 钱径 | 穿宽 | 郭宽 | 郭厚 | 肉厚 | 重量 |
		文字特征	记号							
五铢	27－1	"五"字瘦长，竖划甚曲；"金"头三角形，四竖点；"朱"头方折，"朱"下方折	穿上一星点	2.64	2.25	0.96	0.19	0.20	0.10	3.83
	27－2	"五"字瘦长，竖划缓曲；"金"头三角形，四竖点；"朱"头方折，"朱"下较圆	穿下一星点	2.49	2.19	0.98	0.13	0.18	0.09	2.31
	27－3	"五"字瘦长，竖划缓曲；"金"头三角形，四竖点；"朱"头较圆，"朱"下较圆	同上	2.65	2.21	0.82	0.18	0.19	0.09	3.29
		18枚残碎								

三〇　M30

1．墓葬形制

土坑竖穴墓，平面呈圆角梯形，墓圹较规整。方向0°（图八〇；彩版九一）。开口于第②层下，开口距地表0.80米，保存状况较好。

墓圹四壁较平直，墓底较平坦。长4.70、宽3.20～2.90、深1.20米。

墓内填土呈灰褐色，并夹杂有少量的黄土、小石块等，土质较疏松。

2．葬具和人骨

墓穴内置木椁1具，椁板均已腐朽，仅存银灰色板灰，并且有的出现塌陷和变形，部分改变了原来的位置；但仍可看出椁室的形状和尺寸，整理中尽可能地作了复原研究。木椁平面形状呈"Ⅱ"字形，其盖板现已不存，仅存挡板、壁板及底板（彩版九二，1）。椁室长3.88、宽2.28～2.56、残高0.80米。整个椁室经壁板和挡板套合而成，其中南挡板长2.98、北挡板长2.89、东壁板长3.92、西壁板长3.94米，壁板及挡板板灰痕厚约0.02～0.04米。由残存的板灰分析，底板应由方木呈东—西向平铺于墓底之上，底板板灰痕厚约0.02米。

由于该墓的埋藏条件不利于有机物的保存，墓底未见有人骨痕迹；但从随葬品的摆放位置分析，该墓应为双人合葬墓。

3．随葬品

该墓共出土有58件（套）随葬品（彩版九二，2），陶器均位于椁室北部，质地以陶器为主，另有铜钱18枚。

陶器　计有瓮2、壶21、鼎2、樽2、盒7、套盒4、炉1、灯1、熏1、灶2、井2、小釜7、小盆2、小瓯1。

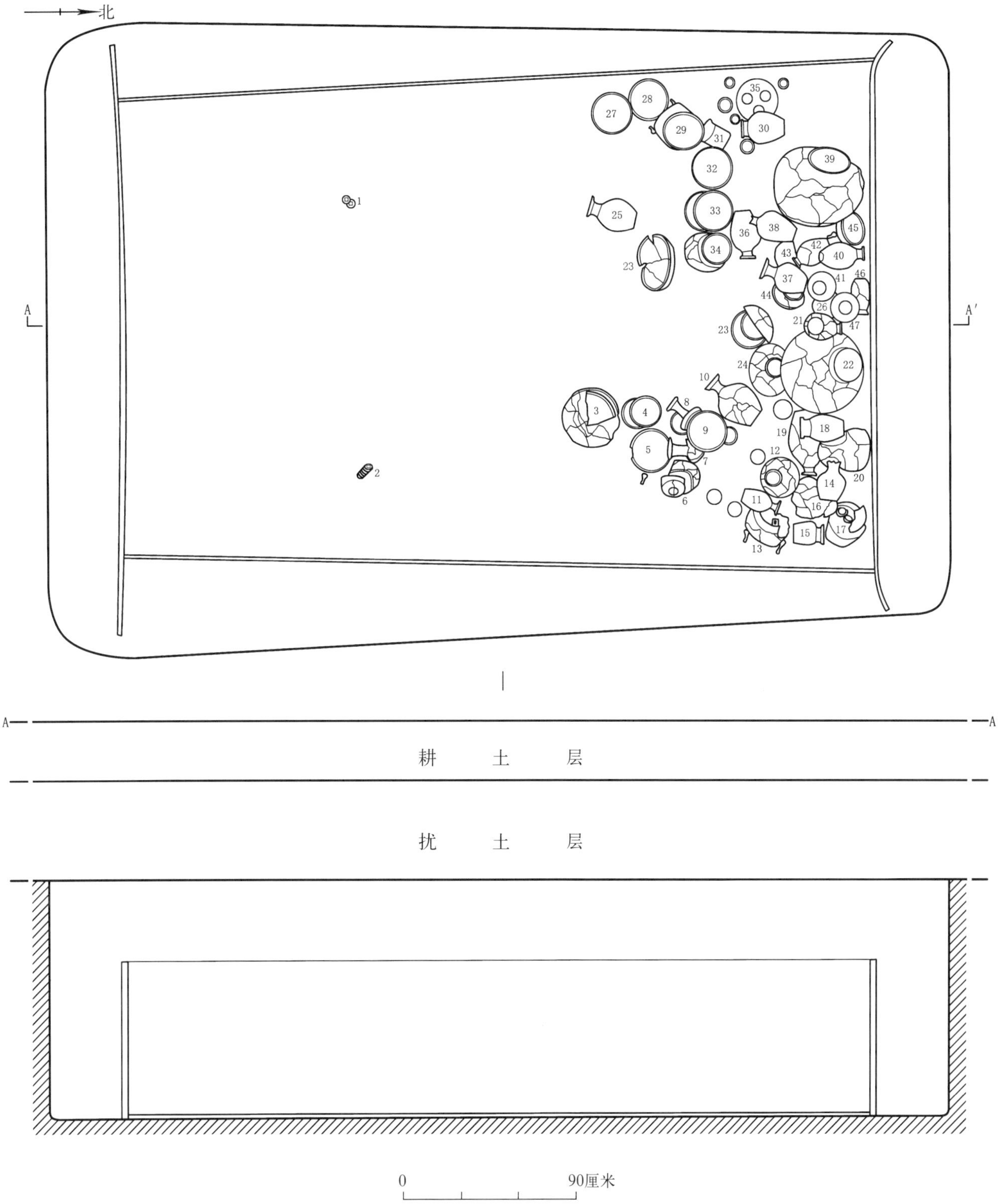

图八〇 M30平、剖面图

1. 铜钱 2. 铜钱 3. 陶盒 4. 陶盒 5. 陶盒 6. 陶套盒 7. 陶灯 8. 陶熏 9. 陶盒 10. 陶壶 11. 陶壶 12. 陶壶 13. 陶鼎 14. 陶壶 15. 陶井 16. 陶壶 17. 陶灶组合 18. 陶壶 19. 陶壶 20. 陶壶 21. 陶壶 22. 陶瓮 23. 陶套盒 24. 陶壶 25. 陶壶 26. 陶樽 27. 陶盒 28. 陶盒 29. 陶樽 30. 陶壶 31. 陶井 32. 陶盒 33. 陶炉 34. 陶套盒 35. 陶灶组合 36. 陶壶 37. 陶壶 38. 陶壶 39. 陶瓮 40. 陶壶 41. 陶壶 42. 陶壶 43. 陶壶 44. 陶套盒 45. 陶鼎 46. 陶壶 47. 陶壶

　　瓮　2件（M30：22、39）。标本M30：22，泥质灰陶。方唇，直口，直领，溜肩，球形腹，平底。下腹部及底部满施细绳纹。口径21.2、最大腹径39.8、底径11.5、高36.6、壁厚0.9～1.1厘米（图八一，1；彩版九三，1）。标本M30：39，泥质黑褐陶，陶色不纯，局部呈黄褐色。圆唇，子母口，斜颈，溜肩，鼓腹，腹部最大径位置靠近肩部，平底内凹。下腹部及底部满施绳纹。口径19.6、最大腹径38.9、底径14.0、高31.8、壁厚0.8～1.0厘米（图八一，2；彩版九三，2）。

　　壶　21件（M30：10、11、12、14、16、18、19、20、21、24、25、30、36、37、38、40、41、42、43、46、47）。其中，标本M30：10、12、19、20、21、24、38与43形制相似，均为泥质灰陶，由壶盖及壶两部分组成。壶盖：圜顶，弧腹，敞口，圆唇或方唇，素面；壶：方唇，小盘口，束颈，溜肩，卵形腹，平底；素面。标本M30：10，壶盖缺失，腹部最大径位置靠近肩部。口径11.3、最大腹径20.1、底径10.9、高30.1、壁厚0.4～0.6厘米（图八一，3）。标本M30：19，壶盖缺失，腹部最大径位置居中。口径11.6、最大腹径22.7、底径7.9、高30.0、壁厚0.5～0.6厘米（图八一，4）。标本M30：20，壶盖缺失，腹部最大径位置居中。口径12.0、最大腹径21.8、底径10.6、高29.2、壁厚0.5～0.6厘米（图八一，5）。标本M30：21，壶盖缺失，腹部最大径位置靠近肩部，底部残缺。口径11.2、最大腹径16.0、残高27.8、壁厚0.6～0.7厘米（图八一，6）。标本M30：38，壶盖缺失，腹部最大径位置靠近肩部。口径11.0、最大腹径20.3、底径10.4、高32.5、壁厚0.7～0.9厘米（图八一，7；彩版九三，5）。标本M30：43，腹部最大径位置居中。通高37.2厘米；壶盖：口径12.6、高3.0、壁厚0.4～0.5厘米；壶：口径12.2、最大腹径21.1、底径10.2、高34.3、壁厚0.5～0.7厘米（图八一，8；彩版九三，6）。其中，标本M30：11、14、18、30、36、37、40、41、42、46与47形制相似，均为泥质灰陶，由壶盖及壶两部分组成。壶盖：圜顶，弧腹，敞口，圆唇，素面；壶：方唇，敞口，卷沿，沿面施有一周凹槽，束颈，溜肩，卵形腹，腹部最大径位置居中或靠近肩部，平底，素面。标本M30：11，通高25.6厘米；壶盖：口径9.6、高2.4、壁厚0.4～0.5厘米；壶：口径9.4、最大腹径18.4、底径7.9、高23.3、壁厚0.5～0.7厘米（图八二，1）。标本M30：14，壶盖缺失，口部残缺，最大腹径19.1、底径9.6、残高22.0、壁厚0.4～0.5厘米（图八二，2）。标本M30：18，通高26.1厘米；壶盖：口径9.9、高2.5、壁厚0.3～0.4厘米；壶：口径9.9、最大腹径19.6、底径9.1、高23.8、壁厚0.5～0.7厘米（图八二，3）。标本M30：30，通高25.0厘米；壶盖：口径10.0、高2.0、壁厚0.4～0.5厘米；壶：口径9.6、最大腹径176.1、底径8.9、高23.2、壁厚0.5～0.6厘米（图八二，4）。标本M30：36，通高28.6厘米；壶盖：口径10.6、高2.6、壁厚0.4～0.5厘米；壶：口径10.6、最大腹径17.5、底径9.6、高26.2、壁厚0.5～0.6厘米（图八二，5）。标本M30：37，通高26.9厘米；壶盖：口径9.0、高2.6、壁厚0.4～0.5厘米；壶：口径9.0、最大腹径16.9、底径9.0、高24.3、壁厚0.5～0.6厘米（图八二，6；彩版九三，3）。标本M30：40，通高28.8厘米；壶盖：口径10.0、高2.8、壁厚0.4～0.5厘米；壶：口径10.4、最大腹径17.5、底径9.6、高26.3、壁厚0.5～0.6厘米（图八二，7；彩版九三，4）。标本M30：41，壶盖缺失，口径10.0、最大腹径18.2、底径9.4、高24.7、壁厚0.5～0.6厘米（图八二，8）。标本M30：42，壶盖缺失，口径9.8、最大腹径16.8、底径9.1、高24.0、壁

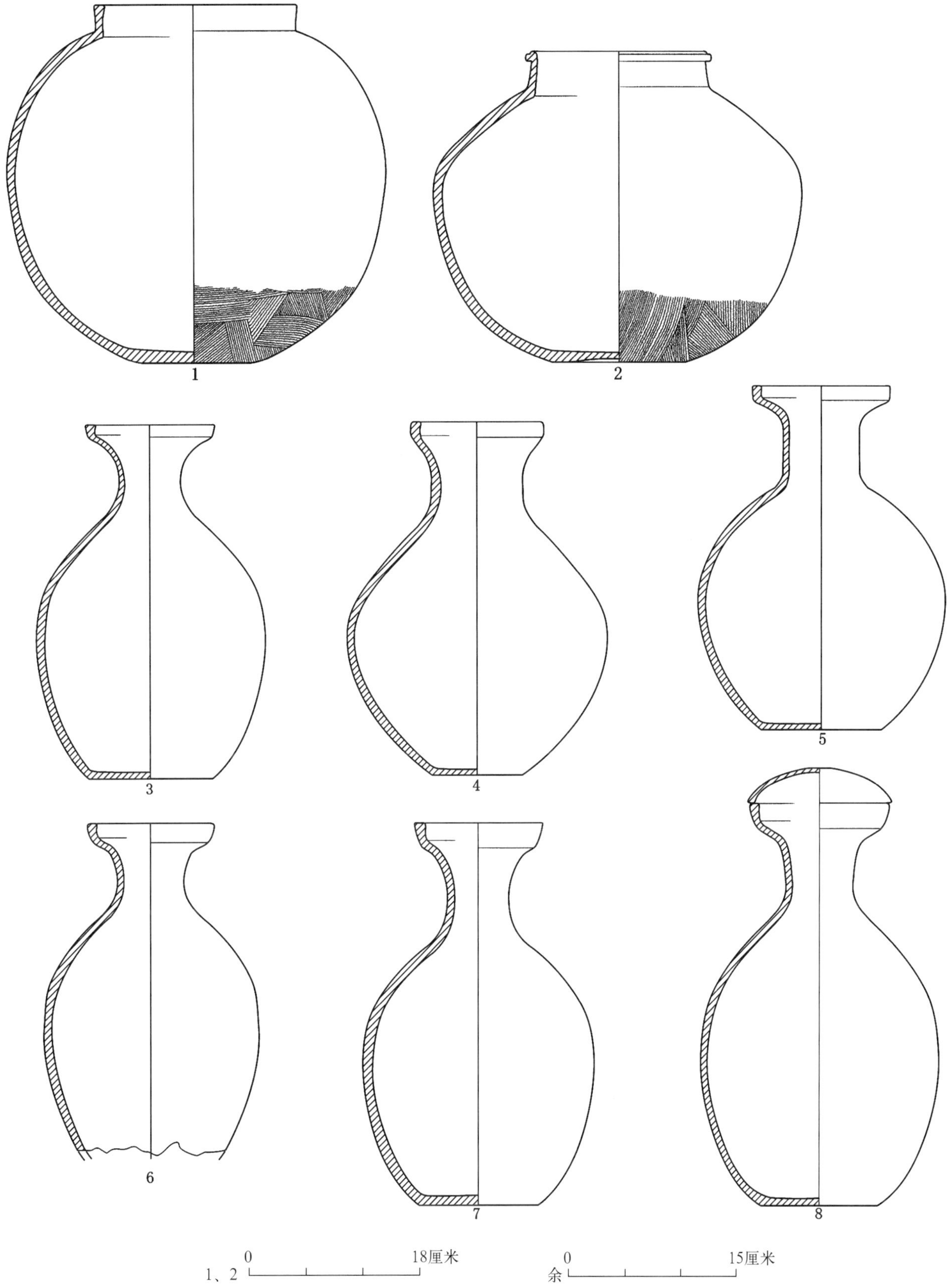

0   18厘米
1、2

0   15厘米
余

图八一 M30出土器物

1、2. 陶瓮M30：22、39 3～8. 陶壶M30：10、19、20、21、38、43

0　　　　　　　　　15厘米

图八二　M30出土器物

1～12. 陶壶M30：11、14、18、30、36、37、40、41、42、46、47、16

厚0.4～0.5厘米（图八二，9）。标本M30：46，壶盖缺失，口径9.8、最大腹径19.0、底径9.1、高25.9、壁厚0.5～0.6厘米（图八二，10）。标本M30：47，通高26.3厘米；壶盖：口径9.9、高2.6、壁厚0.4～0.5厘米；壶：口径9.5、最大腹径20.8、底径9.5、高23.9、壁厚0.6～0.7厘米（图八二，11；彩版九四，1）。其中，标本M30：16与25形制相似，均为泥质灰陶，由壶盖及壶两部分组成。壶盖：圆顶，弧腹，敞口，方唇；壶：尖圆唇，敞口，束颈，溜肩，鼓腹，腹部最大径位置靠近肩部，平底，素面。标本M30：16，壶盖腹部施有一周凹弦纹。通高28.1厘米；壶盖：口径10.2、高3.1、壁厚0.4～0.5厘米；壶：口径9.4、最大腹径18.3、底径9.9、高25.1、壁厚0.5～0.7厘米（图八二，12）。标本M30：25，壶盖素面。通高26.6厘米；壶盖：口径9.5、高2.5、壁厚0.4～0.5厘米；壶：口径9.5、最大腹径19.6、底径9.2、高24.2、壁厚0.5～0.6厘米（图八三，1；彩版九四，2）。

鼎　2件（M30：13、45）。形制相似，均为泥质灰陶，由鼎盖及鼎两部分组成。鼎盖：台顶，弧腹，敛口，圆唇；中腹部施有一周凹弦纹。鼎：尖圆唇，敛口，鼓腹，中腹部施有一周扁棱，圆底；近口处附有对称的方形耳，底部附有三个蹄状足；素面。标本M30：13，通高20.8厘米；鼎盖：口径17.4、顶径7.4、高3.6、壁厚0.7～0.8厘米；鼎：口径17.8、高20.8、壁厚0.8～0.9厘米（图八三，2；彩版九四，3）。标本M30：45，通高21.4厘米；鼎盖：口径18.3、顶径10.5、高4.8、壁厚0.6～0.8厘米；鼎：口径18.3、高21.4、壁厚0.8～0.9厘米（图八三，3；彩版九四，4）。

樽　2件（M30：26、29）。形制相似，均为泥质灰陶，由樽盖及樽两部分组成。樽盖：台顶，弧腹，敛口，方唇；中腹部施有一周凹弦纹。樽：方唇，直口，直腹较深，平底，底部附有3个蹄状足；素面，器表轮旋痕迹明显。标本M30：26，通高24.9厘米；樽盖：口径22.2、顶径11.6、高7.4、壁厚0.7～0.8厘米；樽：口径21.2、底径21.2、高17.6、壁厚0.7～1.0厘米（图八三，4；彩版九四，5）。标本M30：29，通高23.3厘米；樽盖：口径19.6、顶径9.5、高5.0、壁厚0.7～0.9厘米；樽：口径19.6、底径19.6、高18.3、壁厚0.9～1.0厘米（图八三，5；彩版九四，6）。

盒　7件（M30：3、4、5、9、27、28、32）。其中，标本M30：3与5形制相似，均为泥质黄褐陶，由盒盖及盒两部分组成。盒盖：平顶，弧腹，敞口，展沿，圆唇；素面。盒：圆唇，敞口，展沿，弧腹，平底；素面。标本M30：3，通高15.5厘米；盒盖：口径23.1、顶径8.3、高8.0、壁厚0.4～0.6厘米；盒：口径22.2、底径8.3、高7.5、壁厚0.4～0.6厘米（图八三，6）。其中，标本M30：4与9形制相似，均为泥质灰陶，由盒盖及盒两部分组成。盒盖：圆顶，弧腹，展沿，敞口，圆唇；素面。盒：圆唇或方唇，敞口，展沿或微卷沿，弧腹，台底；素面。标本M30：4，通高13.7厘米；盒盖：口径21.7、高6.7、壁厚0.6～0.8厘米；盒：口径21.7、底径9.6、高7.0、壁厚0.6～0.7厘米（图八三，7；彩版九五，1）。标本M30：9，通高15.1厘米；盒盖：口径23.1、高7.6、壁厚0.5～0.6厘米；盒：口径22.3、底径10.0、高7.5、壁厚0.5～0.6厘米（图八三，8）。其中，标本M30：27、28与32形制相似，均为泥质灰陶或黄褐陶，由盒盖及盒两部分组成。盒盖：

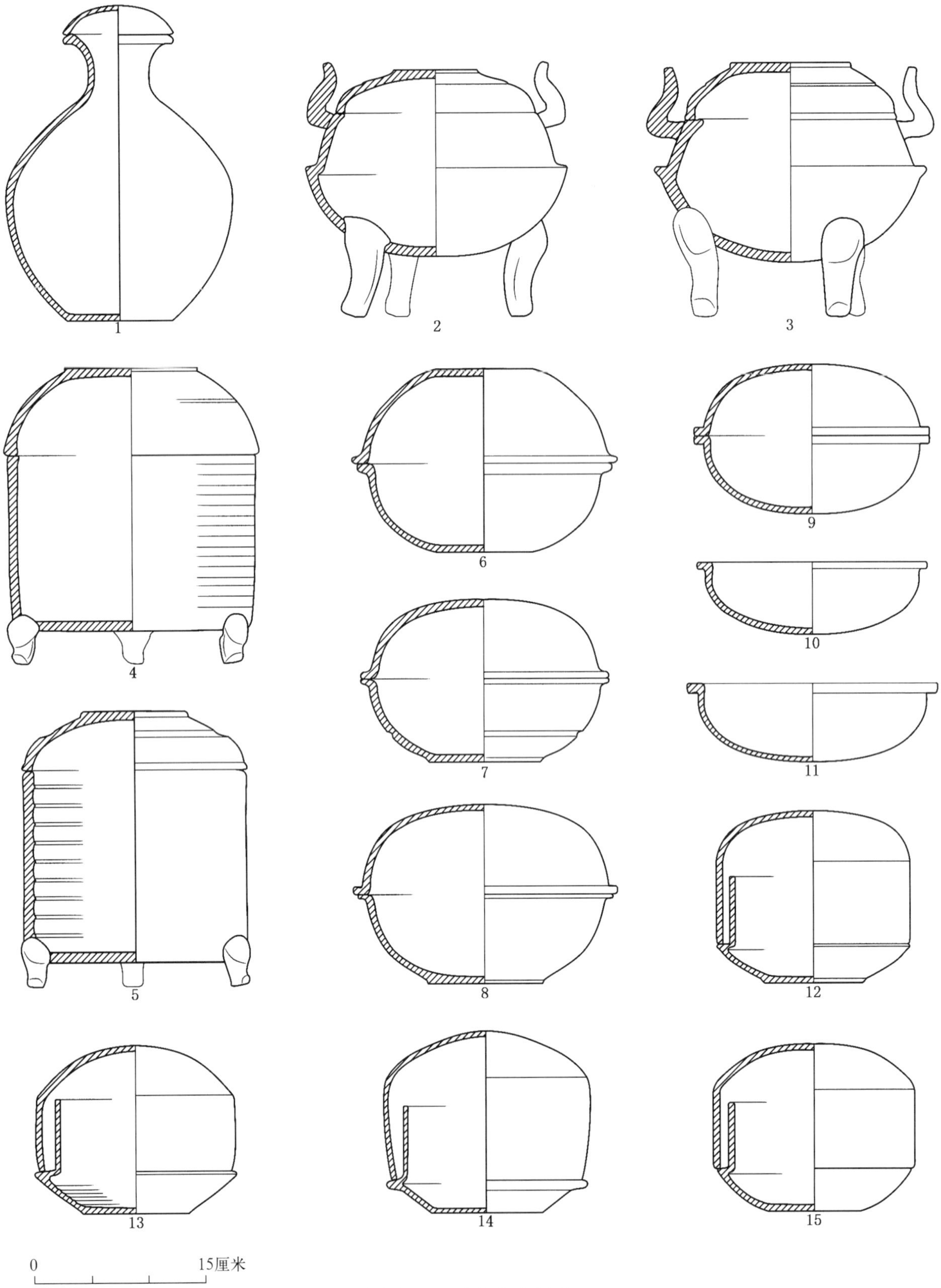

0   15厘米

图八三　M30出土器物

1．陶壶M30：25　2、3．陶鼎M30：13、45　4、5．陶樽M30：26、29　6～11．陶盒M30：3、4、9、27、28、32　12～15．陶套盒M30：6、23、34、44

圜顶，弧腹，折沿，敞口，方唇；素面。盒：方唇，敞口，折沿或微卷沿，弧腹，圜底；素面。标本M30：27，通高12.6厘米；盒盖：口径20.5、高6.0、壁厚0.5～0.6厘米；盒：口径20.5、高6.6、壁厚0.5～0.6厘米（图八三，9；彩版九五，2）。标本M30：28，盒盖缺失，仅存盒体。口径20.0、高6.1、壁厚0.4～0.5厘米（图八三，10）。标本M30：32，盒盖缺失，仅存盒体。口径21.8、高6.6、壁厚0.4～0.5厘米（图八三，11）。

套盒 4件（M30：6、23、34、44）。其中，标本M30：6、23与44形制相似，均为泥质灰陶，由套盒盖及套盒两部分组成。套盒盖：圜顶，直腹或斜腹，直口，圆唇；素面。套盒：方唇，直口，折腹，台底或平底；素面。标本M30：6，通高14.5厘米；套盒盖：口径16.8、高11.2、壁厚0.5～0.6厘米；套盒：口径14.6、底径8.5、高9.0、壁厚0.5～0.6厘米（图八三，12；彩版九五，3）。标本M30：23，通高14.2厘米；套盒盖：口径16.8、高10.6、壁厚0.4～0.5厘米；套盒：口径14.0、底径9.3、高9.7、壁厚0.4～0.6厘米（图八三，13；彩版九五，4）。标本M30：44，通高14.1厘米；套盒盖：口径17.6、高10.5、壁厚0.5～0.6厘米；套盒：口径15.0、底径8.0、高9.2、壁厚0.5～0.6厘米（图八三，15）。标本M30：34，泥质灰陶，由套盒盖及套盒两部分组成。套盒盖：圜顶，直腹，直口，圆唇；素面。套盒：方唇，直口，折腹，腹部施有一周扉棱，平底；素面。通高15.3厘米；套盒盖：口径16.7、高12.6、壁厚0.4～0.5厘米；套盒：口径14.6、底径9.7、高9.0、壁厚0.4～0.5厘米（图八三，14）。

炉 1件。标本M30：33，泥质灰陶。方唇，敛口，弧腹，圜底，底部附有三个蹄状足。圜底中部置有一个"十"字形镂空，其外围对称分布有四个圆孔。素面。口径21.5、高12.5、壁厚0.6～0.9厘米（图八四，1；彩版九五，5）。

灯 1件。标本M30：7，泥质灰陶。豆型灯，方唇，直口，浅盘，中空台状灯座。素面。口径10.2、底座径11.0、高14.7、壁厚0.4～0.6厘米（图八四，2；彩版九六，1）。

熏 1件。标本M30：8，由熏盖及熏两部分组成。熏盖：泥质灰陶；圜顶，弧腹，敞口，方唇；圜顶中部为一圆形镂孔，其四周镂刻有二周三角形镂孔。熏：泥质灰陶；方唇，微敛口，浅盘，中空台状熏座；素面。通高18.6厘米；熏盖：口径13.1、高3.4、壁厚0.4～0.6厘米；熏：口径12.5、底座径13.1、高14.8、壁厚0.5～0.7厘米（图八四，5；彩版九六，2）。

灶 2件（M30：17-1、35-1）。形制相似，均为泥质灰陶；灶面呈圆形，灶面上呈"品"字形置有三个圆形火眼，尾端置一圆形烟孔，长方形灶门不落地；素面。标本M30：17-1，灶面直径21.0、高10.8、壁厚0.6～0.7厘米；火眼直径4.1、4.7、4.8、烟孔直径1.5厘米；灶门长5.6、宽5.1厘米（图八四，3；彩版九六，3）。标本M30：35-1，灶面直径17.9、高11.4、壁厚0.6～0.7厘米；火眼直径4.1、4.2、4.4、烟孔直径1.2厘米；灶门长4.9、宽5.3厘米（图八四，4；彩版九六，4）。

井 2件（M30：15、31）。标本M30：15，泥质黄褐陶。方唇，敞口，小折沿，束颈较粗，折肩，折腹，平底。素面，器表及内壁轮旋痕迹明显。口径10.6、底径8.2、高17.0、壁厚0.5～0.6厘米（图八四，6；彩版九六，5）。标本M30：31，泥质灰陶。方唇，敛口，折肩，弧腹，下腹部

图八四　M30出土器物

1. 陶炉M30：33　2. 陶灯M30：7　3、4. 陶灶M30：17-1、35-1　5. 陶熏M30：8　6、7. 陶井M30：15、31　8~14. 小陶釜M30：17-2、17-3、17-4、35-2、35-3、35-4、35-5　15、16. 小陶盆M30：17-5、35-6　17. 小陶甑M30：17-6

急收成小平底。素面，内壁轮旋痕迹明显。口径9.6、底径5.0、高11.7、壁厚0.8～1.2厘米（图八四，7；彩版九六，6）。

小釜　7件（M30：17－2、17－3、17－4、35－2、35－3、35－4、35－5）。形制相似，均为泥质黄褐陶或灰陶；器形不甚规整，圆唇，敛口，折肩，鼓腹，腹部最大径位置靠近底部，平底或圜底；素面。标本M30：17－2，口径5.0、最大腹径5.4、高2.1、壁厚0.4～0.5厘米（图八四，8；彩版九六，3）。标本M30：17－3，口径5.4、最大腹径5.9、高2.5、壁厚0.4～0.5厘米（图八四，9；彩版九六，3）。标本M30：17－4，口径6.2、最大腹径6.6、高2.7、壁厚0.7～0.8厘米（图八四，10；彩版九六，3）。标本M30：35－2，口径4.5、最大腹径5.4、高2.2、壁厚0.4～0.5厘米（图八四，11；彩版九六，4）。标本M30：35－3，口径5.3、最大腹径5.9、高2.2、壁厚0.4～0.5厘米（图八四，12；彩版九六，4）。标本M30：35－4，口径4.7、最大腹径6.0、高2.4、壁厚0.5～0.6厘米（图八四，13；彩版九六，4）。标本M30：35－5，口径4.4、最大腹径5.3、高2.6、壁厚0.5～0.6厘米（图八四，14；彩版九六，4）。

小盆　2件（M30：17－5、35－6）。形制相似，均为圆唇，敞口，小展沿，弧腹，平底；素面。标本M30：17－5，泥质黄褐陶，口径7.9、底径2.9、高3.0、壁厚0.4～0.5厘米（图八四，15；彩版九六，3）。标本M30：35－6，泥质灰陶，口径7.4、底径2.3、高2.8、壁厚0.3～0.4厘米（图八四，16；彩版九六，4）。

小甑　1件。标本M30：17－6，泥质黄褐陶。圆唇，敞口，小展沿，沿面施有一周凹槽，弧腹，圜底，底部置有四个圆形甑孔。素面。口径8.5、高2.6、壁厚0.3～0.4厘米（图八四，17；彩版九六，3）。

铜钱　18枚，均为“五铢”钱（图八五，1～3）。详情见下表。

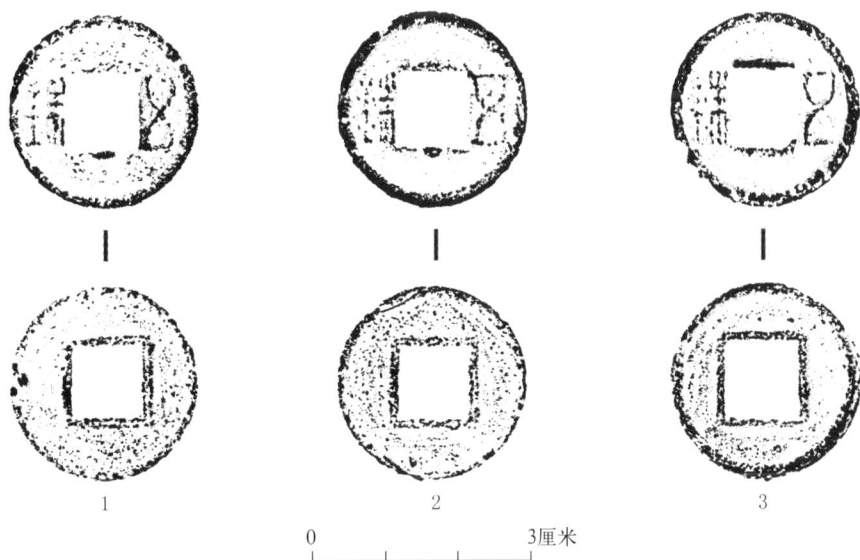

图八五　M30出土铜钱拓片
1～3. 铜钱拓片M30：2－1、2－2、2－3

M30铜钱统计表

（长度：厘米；重量：克）

种类	编号	特征		郭径	钱径	穿宽	郭宽	郭厚	肉厚	重量
		文字特征	记号							
五铢	1-1	残碎	残碎							
	1-2	残碎	残碎							
	1-3	残碎	残碎							
	1-4	残碎	残碎							
	1-5	残碎	残碎							
	2-1	"五"字瘦长，竖划缓曲；"金"头三角形，四竖点；"朱"头方折，"朱"下较圆	穿上一星点	2.59	2.19	0.97	0.20	0.20	0.09	4.14
	2-2	同上	穿下一星点	2.57	2.15	0.88	0.19	0.18	0.07	3.30
	2-3	同上	穿上一横	2.60	2.15	0.88	0.20	0.21	0.10	3.30
	2-4	同上	无	2.57	2.18	0.95	0.17	0.19	0.08	3.18
	2-5	同上	无	2.61	2.17	0.96	0.19	0.23	0.10	3.86
	2-6	同上	无	2.58	2.29	0.95	0.18	0.21	0.06	4.34
	2-7	同上	无	2.60	2.19	0.96	0.19	0.20	0.07	3.26
	2-8	同上	无	2.61	2.24	0.92	0.18	0.20	0.08	3.22
	2-9	同上	无	2.56	2.28	0.97	0.17	0.21	0.09	3.40
	2-10	同上	无	2.63	2.28	0.97	0.15	0.17	0.06	3.14
	2-11	同上	无	2.60	2.31	0.88	0.14	0.16	0.08	3.14
	2-12	同上	无	2.60	2.20	1.01	0.15	0.20	0.09	3.16
	2-13	同上	穿上一横	2.62	2.24	0.91	0.15	0.21	0.10	4.04

三一　M31

1．墓葬形制

土坑竖穴墓，平面呈圆角梯形，墓圹较规整。方向20°（图八六；彩版九七）。开口于第②层下，开口距地表1.20米，保存状况较好。

墓圹四壁向内斜收，墓底较平坦。开口处长3.80、宽2.60～2.80米，底长3.60、宽2.40～2.60、深0.80米。

墓内填土呈黄褐色，并夹杂有大量的黑土、小石块等，土质较疏松。

2．葬具和人骨

墓内未发现有任何葬具痕迹。

由于该墓的埋藏条件不利于有机物的保存，墓底未见有人骨痕迹；但从随葬品的组合及摆放位置分析，该墓应为单人墓。

3．随葬品

该墓共出土有28件（套）随葬品（彩版九八，1、2），均位于墓底北部及中部，质地可分为陶器、铁器两种。

陶器　计有瓮1、壶11、鼎1、鉤镂1、樽1、盒3、套盒2、灯1、灶1、井1、小釜3、小甑1。

瓮　1件。标本M31：12，泥质灰褐陶。圆唇，敛口，直领，溜肩，球形腹，腹部最大径位置居中略偏下，圆底。素面。口径23.8、最大腹径47.7、高42.9、壁厚0.9～1.1厘米（图八七，1；彩版九九，1）。

壶　11件（M31：4、5、7、13、14、19、20、21、22、23、24）。其中，标本M31：4与14形制相似，均为泥质灰陶，由壶盖及壶组成。壶盖：微圆顶，弧腹，敞口，方唇，整体呈覆钵状，素面；壶：方唇，小盘口，束颈，溜肩，卵形腹，腹部最大径位置靠近肩部，平底，素面。标本M31：4，通高30.1厘米；壶盖：口径10.3、高2.3、壁厚0.6～0.7厘米；壶：口径9.3、最大腹径17.7、底径9.4、高27.8、壁厚0.6～0.7厘米（图八七，2；彩版九九，2）。标本M31：14，通高30.5厘米；壶盖：口径9.0、高2.3、壁厚0.6～0.7厘米；壶：口径9.3、最大腹径17.7、底径9.1、高28.2、壁厚0.6～0.7厘米（图八七，3；彩版九九，3）。其中，标本M31：5、7、13、19、20、21、22、23与24形制相似，均为泥质灰陶；方唇，敞口，卷沿，沿面施有一周凹槽，束颈，溜肩，卵形腹，腹部最大径位置靠近肩部，平底；素面。标本M31：5，口径8.6、最大腹径17.4、底径9.8、高24.0、壁厚0.6～0.7厘米（图八七，4）。标本M31：7，口部残缺，最大腹径17.5、底径9.7、残高22.4、壁厚0.6～0.7厘米（图八七，5）。标本M31：13，器表轮旋痕迹明显，口径8.4、最大腹径16.2、底径8.8、高21.5、壁厚0.6～0.7厘米（图八七，6；彩版九九，4）。标本M31：19，带盖。壶盖：圆顶，弧腹，敞口，方唇，整体呈覆钵状；素面；壶：上腹部施有一周凹弦纹。通高24.2厘米；壶盖：口径8.8、高2.0、壁厚0.5～0.6厘米；壶：口径8.4、最大腹径16.8、底径8.8、高22.2、壁厚0.6～0.7厘米（图八七，7；彩版九九，5）。标本M31：20，器表轮旋痕迹明

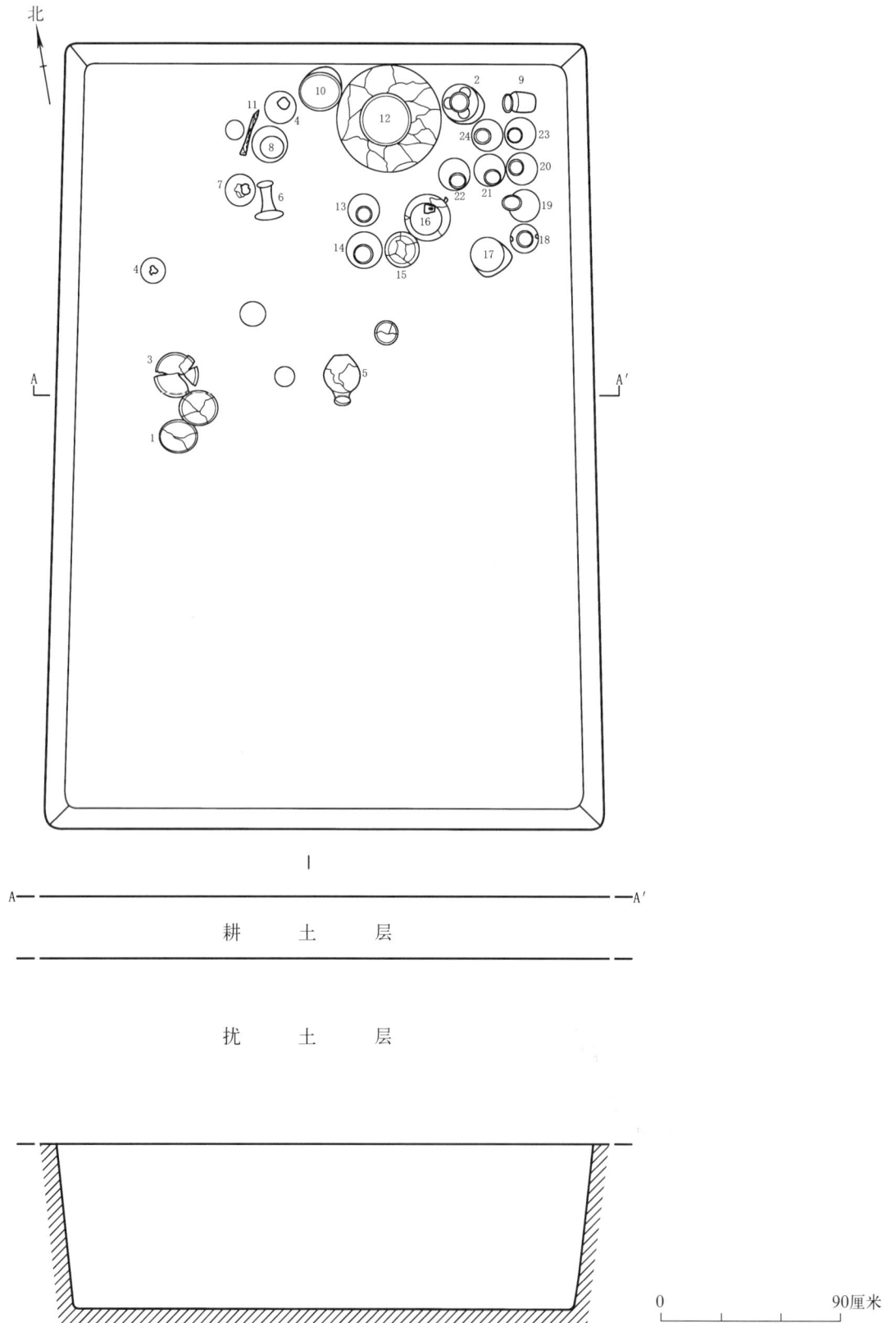

图八六　M31平、剖面图

1. 陶盒　2. 陶灶组合　3. 陶盆　4. 陶壶　5. 陶壶　6. 陶灯　7. 陶壶　8. 陶鼎　9. 陶井　10. 陶樽　11. 铁削　12. 陶瓮　13. 陶壶　14. 陶壶　15. 陶套盒　16. 陶盒　17. 陶套盒　18. 陶鈎镂　19. 陶壶　20. 陶壶　21. 陶壶　22. 陶壶　23. 陶壶　24. 陶壶

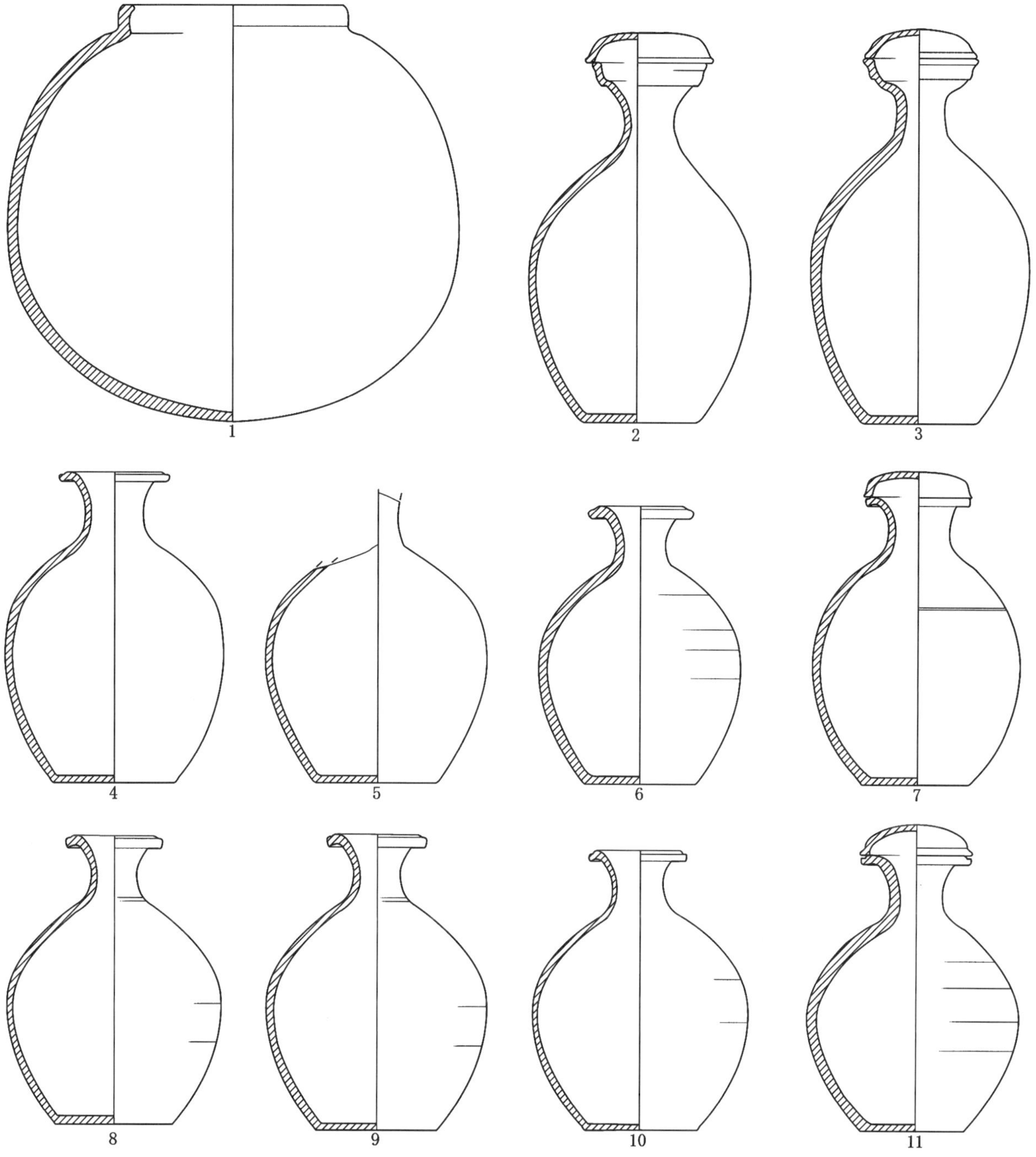

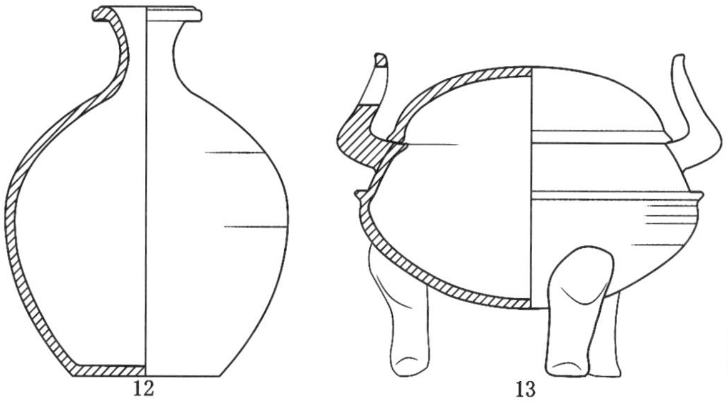

图八七　M31出土器物

1. 陶瓮M31：12　2～12. 陶壶M31：4、14、5、7、13、19、20、21、22、23、24　13. 陶鼎M31：8

显，口径7.7、最大腹径16.8、底径9.4、高22.3、壁厚0.4～0.6厘米（图八七，8）。标本M31：21，器表轮旋痕迹明显，口径8.1、最大腹径17.6、底径9.7、高22.9、壁厚0.4～0.6厘米（图八七，9）。标本M31：22，器表轮旋痕迹明显，口径7.7、最大腹径17.4、底径9.0、高21.0、壁厚0.4～0.6厘米（图八七，10）。标本M31：23，带盖。壶盖：圆顶，弧腹，敞口，方唇，整体呈覆钵状；素面；壶：器表轮旋痕迹明显。通高23.7厘米；壶盖：口径8.8、高2.3、壁厚0.5～0.6厘米；壶：口径8.8、最大腹径17.1、底径8.4、高21.4、壁厚0.6～0.7厘米（图八七，11；彩版九九，6）。标本M31：24，器表轮旋痕迹明显，口径7.7、最大腹径17.6、底径9.2、高22.7、壁厚0.4～0.6厘米（图八七，12；彩版一〇〇，1）。

鼎　1件。标本M31：8，由鼎盖及陶鼎两部分组成。鼎盖：泥质灰陶；圆顶，弧腹，敞口，方唇，整体呈覆钵状；素面。鼎：泥质灰陶；尖圆唇，敛口，鼓腹，中腹部施有一周扉棱，圆底。近口处对称附有方形耳，底部附有三个蹄状足；素面，器表轮旋痕迹明显。通高19.4厘米；鼎盖：口径17.8、高4.6、壁厚0.5～0.6厘米；鼎：口径18.1、高18.9、壁厚0.5～0.6厘米（图八七，13；彩版一〇〇，2）。

鉤镂　1件。标本M31：18，泥质灰褐陶。方唇，敛口，鼓腹，上腹部附有对称的舌状穿，圆底，底部附有三个蹄状足。近口处及下腹部各施有两周凹弦纹。口径7.6、最大腹径13.0、高11.5、壁厚0.5～0.6厘米（图八八，1；彩版一〇〇，3）。

樽　1件。标本M31：10，泥质灰陶。圆唇，直口，直腹，平底，底部附有三个蹄状足。上腹部施有两周凹弦纹，内壁轮旋痕迹明显。口径18.9、底径17.0、高17.2、壁厚0.6～0.7厘米（图八八，2；彩版一〇〇，4）。

盒　3件（M31：1、3、16）。形制相似，均为泥质灰陶或黑褐陶，由盒盖及盒两部分组成。盒盖：圆顶，弧腹，敛口，方唇；盒：方唇，敛口，弧腹，圆底。标本M31：1，盒盖及盒均为素面，器表轮旋痕迹明显。通高13.8厘米；盒盖：口径20.1、高6.9、壁厚0.5～0.6厘米；盒：口径20.2、高6.9、壁厚0.5～0.6厘米（图八八，3；彩版一〇〇，5）。标本M31：3，盒盖腹部施有多周凹弦纹，盒体近底处施有一周凹弦纹。通高15.4厘米；盒盖：口径20.8、高7.8、壁厚0.5～0.6厘米；盒：口径21.9、高7.6、壁厚0.5～0.6厘米（图八八，4；彩版一〇〇，6）。标本M31：16，盒盖缺失，素面，器表轮旋痕迹明显。口径21.5、高7.4、壁厚0.5～0.6厘米（图八八，5）。

套盒　2件（M31：15、17）。形制相似，均为泥质灰陶，由套盒盖及套盒两部分组成。套盒盖：圆顶，折腹，直口，圆唇，素面，器表轮旋痕迹明显；套盒：圆唇，敞口，折腹，腹部施有一周扉棱，平底，素面。标本M31：15，通高17.2厘米；套盒盖：口径17.4、高12.5、壁厚0.5～0.6厘米；套盒：口径15.4、底径8.0、高9.3、壁厚0.5～0.6厘米（图八八，6；彩版一〇一，1）。标本M31：17，通高16.4厘米；套盒盖：口径16.9、高11.8、壁厚0.5～0.6厘米；套盒：口径14.4、底径7.7、高9.9、壁厚0.5～0.6厘米（图八八，7；彩版一〇一，2）。

灯　1件。标本M31：6，豆形灯。泥质灰陶。方唇，敛口，浅盘，斜筒状灯座。素面，器表轮旋痕迹明显。口径11.4、底座径9.4、高11.5、壁厚0.6～0.9厘米（图八八，8；彩版一〇一，3）。

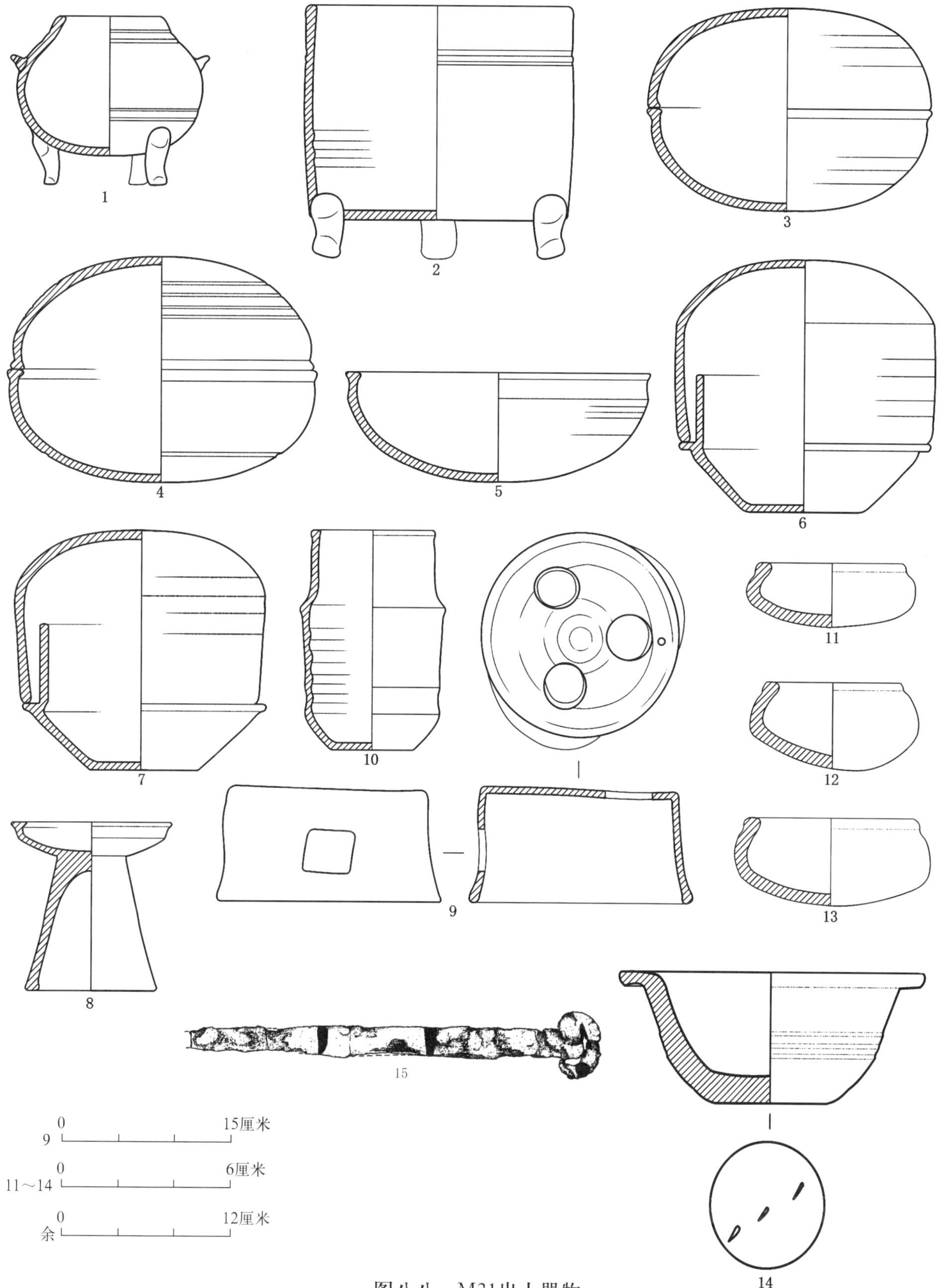

图八八 M31出土器物

1. 陶鈎镂M31：18 2. 陶樽M31：10 3～5. 陶盒M31：1、3、16 6、7. 陶套盒M31：15、17 8. 陶灯M31：6 9. 陶灶M31：2－1 10. 陶井M31：9 11～13. 小陶釜M31：2－2、2－3、2－4 14. 小陶甗M31：2－5 15. 铁削M31：11

灶　1件。标本M31：2－1，泥质灰陶。灶面呈圆形，底座呈圆角三角形，灶面上呈"品"字形置有三个圆形火眼，尾端置有圆形烟孔，长方形灶门不落地。素面，器表轮旋痕迹明显。灶面直径17.1、高9.9、壁厚0.6～0.7厘米；火眼直径4.1、4.0、3.7、烟孔直径0.6厘米；灶门长4.1、高3.6厘米（图八八，9；彩版一〇一，4）。

井　1件。标本M31：9，泥质灰陶。圆唇，直口，折肩，折腹，下腹部急收成小平底。素面，内壁轮旋痕迹明显。口径8.6、底径5.9、高15.0、壁厚0.6～0.7厘米（图八八，10；彩版一〇一，5）。

小釜　3件（M31：2－2、2－3、2－4）。形制相似，均为圆唇，敛口，鼓腹，腹部最大径位置居中，圆底；素面。标本M31：2－2，泥质黑褐陶，口径5.4、最大腹径6.0、高2.2、壁厚0.5～0.6厘米（图八八，11；彩版一〇一，4）。标本M31：2－3，泥质灰陶，口径4.8、最大腹径6.0、高3.0、壁厚0.5～0.6厘米（图八八，12；彩版一〇一，4）。标本M31：2－4，泥质灰陶，口径6.0、最大腹径7.0、高3.0、壁厚0.5～0.6厘米（图八八，13；彩版一〇一，4）。

小甑　1件。标本M31：2－5，泥质灰陶。方唇，敞口，微卷沿，弧腹，平底，底部戳有三个甑眼。腹部施有三周凹弦纹。口径10.8、底径4.1、高4.5、壁厚0.4～0.5厘米（图八八，14；彩版一〇一，4）。

铁器　计有削1。

削　1件。标本M31：11，锈蚀较严重。环首削，削背较直，尖部残断。残长28.9、宽2.0厘米（图八八，15；彩版一〇一，6）。

三二　M32

1．墓葬形制

土坑竖穴墓，平面呈圆角梯形，墓圹较规整。方向0°（图八九；彩版一〇二，1）。开口于第②层下，开口距地表0.90米，保存状况较好。

墓圹四壁向内斜收，墓底较平坦。开口处长3.30、宽2.18～2.36米，底长3.10、宽2.00～2.14、深0.70米。

墓内填土呈灰褐色，并夹杂有大量的黄土、小石块等，土质较疏松。

2．葬具和人骨

墓内未发现有任何葬具痕迹。

由于该墓的埋藏条件不利于有机物的保存，墓底未见有人骨痕迹；但从随葬品的组合及摆放位置分析，该墓应为双人合葬墓。

3．随葬品

该墓共出土有31件（套）随葬品（彩版一〇二，2；一〇三，1），陶器均位于墓底北部，质地以陶器为主，另有铜钱2枚。

陶器　计有罐15、樽1、盒2、套盒1、盆3、灶1、井1、小釜4、小瓿2。

罐　15件（M32：8、9、10、11、12、13、15、17、18、19、20、21、23、24、25）。其中，标本M32：8、11、13、17、21、23与24形制相似，均为泥质灰陶或黄褐陶；圆唇，子母口，束颈，溜肩，鼓腹，腹部最大径位置靠近肩部，平底；素面，器表轮旋痕迹明显。标本M32：8，口径10.1、最大腹径14.5、底径9.3、高21.3、壁厚0.6～0.8厘米（图九〇，1）。标本M32：11，口径9.4、最大腹径18.7、底径9.4、高20.5、壁厚0.6～0.8厘米（图九〇，2）。标本M32：13，口径9.0、最大腹径18.1、底径7.8、高20.0、壁厚0.6～0.8厘米（图九〇，3；彩版一〇三，2）。标本M32：17，口径10.2、最大腹径18.2、底径7.5、高19.1、壁厚0.6～0.8厘米（图九〇，4）。标本

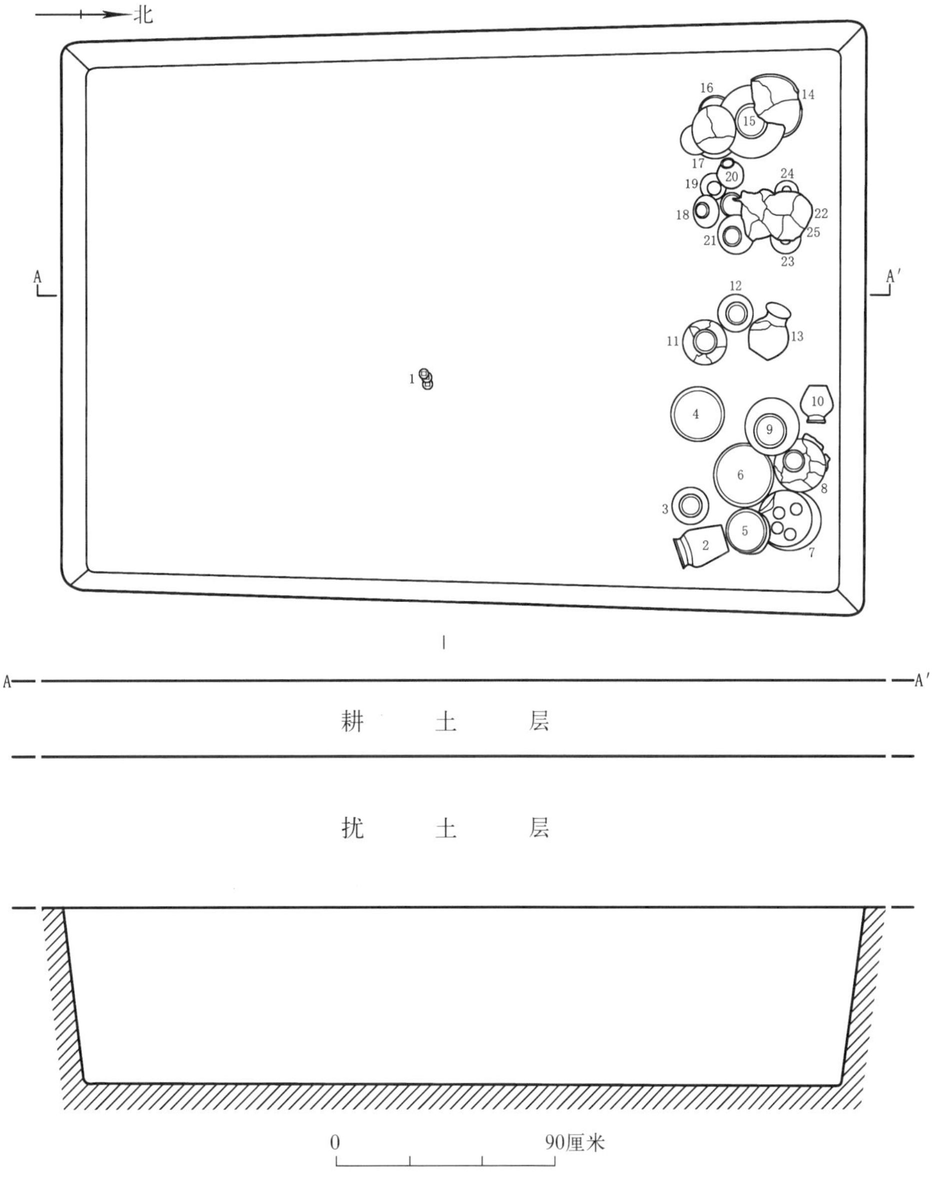

图八九　M32平、剖面图

1. 铜钱　2. 陶井　3. 陶套盒　4. 陶盆　5. 陶盆　6. 陶盆　7. 陶灶组合　8. 陶罐　9. 陶罐　10. 陶罐　11. 陶罐　12. 陶罐　13. 陶罐　14. 陶盒　15. 陶罐　16. 陶盒　17. 陶罐　18. 陶罐　19. 陶罐　20. 陶罐　21. 陶罐　22. 陶樽　23. 陶罐　24. 陶罐　25. 陶罐

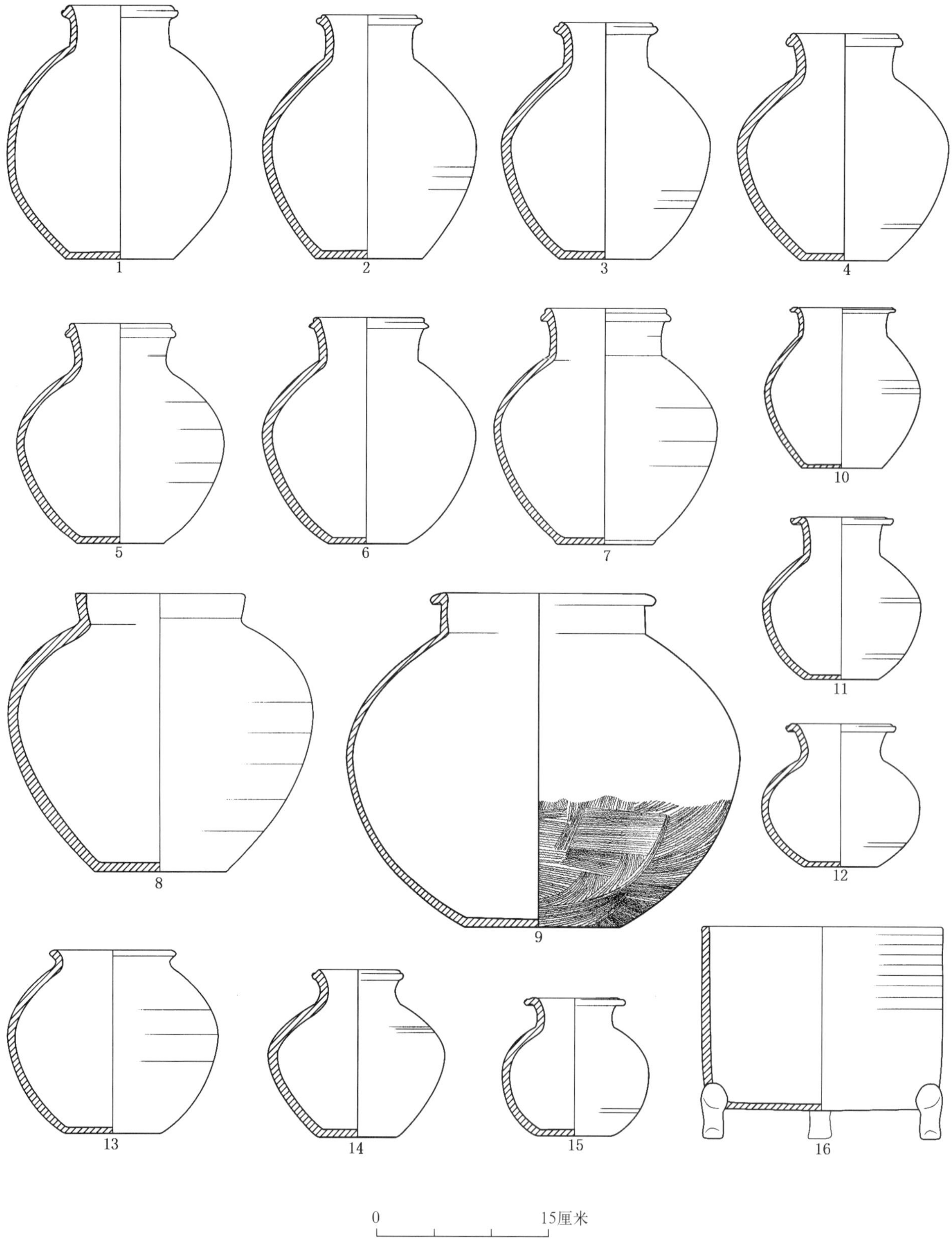

0　　　　　　　　15厘米

图九〇　M32出土器物

1～15. 陶罐M32：8、11、13、17、21、23、24、9、15、10、18、19、12、20、25　16. 陶樽M32：22

M32：21，口径9.7、最大腹径18.0、底径7.6、高18.5、壁厚0.5～0.6厘米（图九〇，5）。标本M32：23，口径10.4、最大腹径18.8、底径7.1、高18.9、壁厚0.6～0.8厘米（图九〇，6）。标本M32：24，口径10.6、最大腹径19.3、底径8.4、高19.8、壁厚0.5～0.6厘米（图九〇，7）。标本M32：9，泥质灰陶。方唇，敛口，斜领，溜肩，鼓腹，腹部最大径位置靠近肩部，平底。素面，器表轮旋痕迹明显。口径14.4、最大腹径26.6、底径11.8、高23.4、壁厚0.7～0.8厘米（图九〇，8；彩版一〇三，3）。其中，标本M32：10、18、19、20与25形制相似，均为泥质灰陶或黄褐陶，体形较小；圆唇，子母口，束颈，溜肩，鼓腹，腹部最大径位置靠近肩部或居中，平底；素面，器表轮旋痕迹明显。标本M32：10，口径9.1、最大腹径13.6、底径6.9、高13.5、壁厚0.6～0.8厘米（图九〇，10；彩版一〇四，1）。标本M32：18，口径8.7、最大腹径13.8、底径6.4、高13.6、壁厚0.6～0.8厘米（图九〇，11）。标本M32：19，口径8.7、最大腹径13.7、底径6.4、高12.0、壁厚0.4～0.8厘米（图九〇，12；彩版一〇四，2）。标本M32：20，口径8.2、最大腹径15.6、底径6.9、高14.0、壁厚0.6～0.8厘米（图九〇，14）。标本M32：25，口径8.7、最大腹径12.8、底径6.4、高12.0、壁厚0.6～0.8厘米（图九〇，15）。标本M32：12，泥质灰陶。圆唇，敞口，束颈，溜肩，鼓腹，腹部最大径位置靠近肩部，平底。素面，器表轮旋痕迹明显。口径10.5、最大腹径18.3、底径8.1、高15.4、壁厚0.5～0.6厘米（图九〇，13；彩版一〇四，3）。标本M32：15，泥质黑褐陶。尖圆唇，直口，直颈，溜肩，鼓腹，腹部最大径位置居中，平底。下腹部及底部满施细绳纹。口径17.3、最大腹径34.1、底径13.8、高28.1、壁厚0.4～0.6厘米（图九〇，9；彩版一〇四，4）。

樽　1件。标本M32：22，泥质黄褐陶。圆唇，直口，直腹，平底，底部附有三个蹄状足。素面，器表轮旋痕迹明显。口径20.8、底径19.4、高17.8、壁厚0.5～0.6厘米（图九〇，16；彩版一〇四，5）。

盒　2件（M32：14、16）。形制相似，均为泥质黄褐陶或灰陶，由盒盖及盒两部分组成。盒盖：圆顶，弧腹，微卷沿，敞口，方唇，素面。盒：方唇，敞口，微卷沿，弧腹，平底，素面，器表轮旋痕迹明显。标本M32：14，通高11.0厘米；盒盖：口径23.7、高6.0、壁厚0.5～0.6厘米；盒：口径24.2、底径11.8、高5.0、壁厚0.5～0.6厘米（图九一，1；彩版一〇五，1）。标本M32：16，通高12.0厘米；盒盖：口径23.8、高6.1、壁厚0.5～0.6厘米；盒：口径23.2、高5.9、壁厚0.5～0.6厘米（图九一，2；彩版一〇五，2）。

套盒　1件。标本M32：3，套盒盖极为残碎，无法修复。套盒：泥质灰陶；圆唇，敛口，折腹，台底；素面。口径13.4、底径8.5、高8.7、壁厚0.5～0.6厘米（图九一，3；彩版一〇四，6）。

盆　3件（M32：4、5、6）。标本M32：4，泥质灰陶。方唇，敞口，微卷沿，弧腹较浅，台底。素面。口径22.7、底径9.8、高5.6、壁厚0.5～0.6厘米（图九一，4）。标本M32：5，泥质黄褐陶。圆唇，敞口，展沿，鼓腹较深，台底。中腹部施有三周凹弦纹。口径21.6、底径10.6、高9.8、壁厚0.5～0.7厘米（图九一，5；彩版一〇五，4）。标本M32：6，泥质黄褐陶。方唇，敞

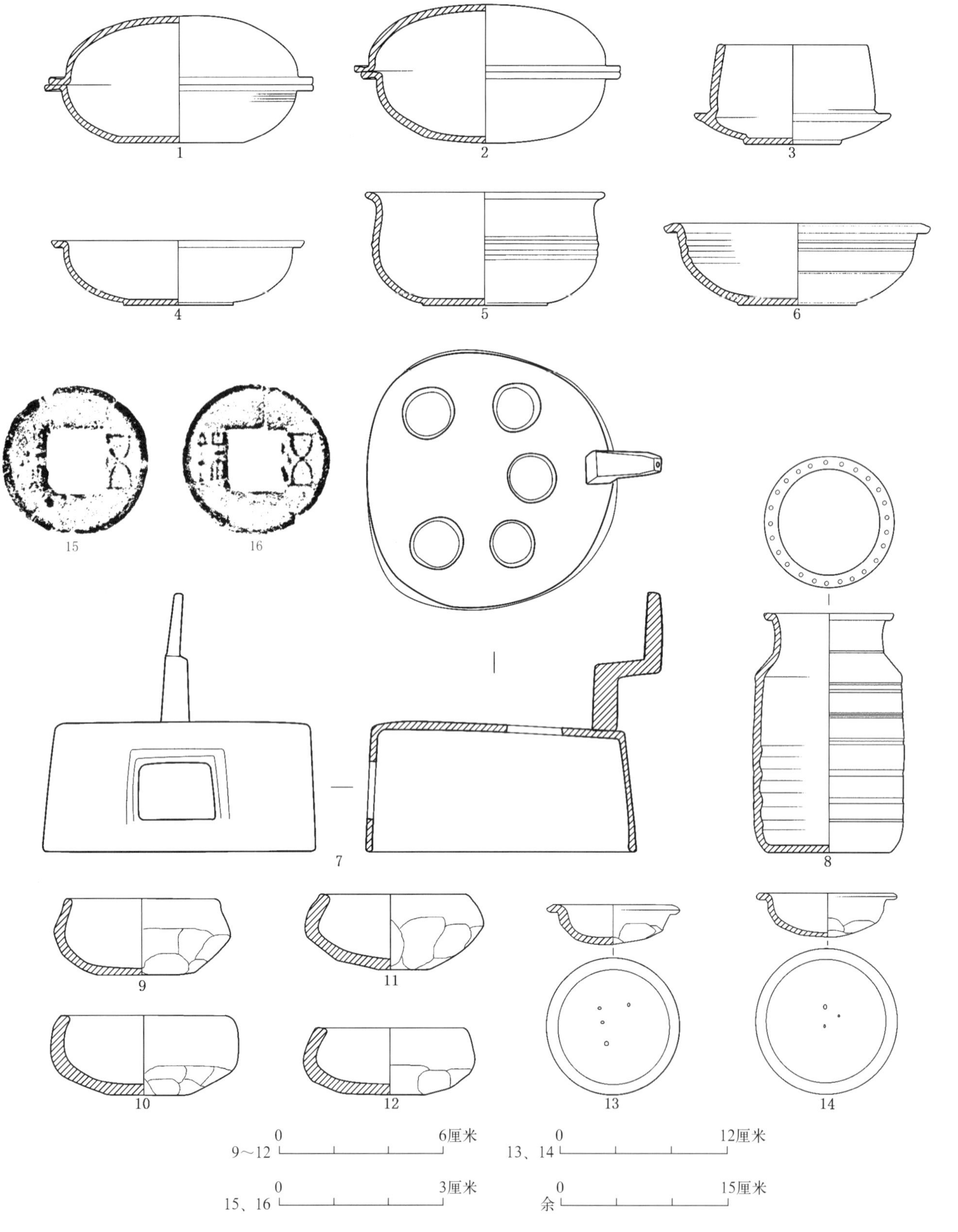

图九一 M32出土器物

1、2．陶盒M32：14、16 3．陶套盒M32：3 4~6．陶盆M32：4、5、6 7．陶灶M32：7-1 8．陶井M32：2 9~12．小陶釜M32：
7-2、7-3、7-4、7-5 13、14．小陶甑M32：7-6、7-7 15、16．铜钱拓片M32：1-1、1-2

口，微卷沿，弧腹，台底。腹部施有三周凹弦纹，内壁轮旋痕迹明显。口径23.9、底径10.8、高7.1、壁厚0.5～0.6厘米（图九一，6；彩版一〇五，3）。

灶 1件。标本M32：7－1，泥质灰陶。灶面呈马蹄形，灶面上置有五个圆形火眼，尾端置有一烟囱，长方形灶门不落地。灶门周围施有两周凹弦纹。通长23.9、通宽22.1、高22.6、壁厚0.4～0.6厘米；火眼直径4.6、4.1、4.3、3.7、4.6厘米；灶门长6.7、宽4.9厘米（图九一，7；彩版一〇五，5）。

井 1件。标本M32：2，泥质灰陶。方唇，敞口，折沿，束颈，折肩，直腹，平底。口沿施有一周圆圈纹，腹部施有多周凹弦纹，内壁轮旋痕迹明显。口径11.7、底径11.3、高20.9、壁厚0.6～0.7厘米（图九一，8；彩版一〇五，6）。

小釜 4件（M32：7－2、7－3、7－4、7－5）。形制相似，均为泥质灰陶；圆唇，敛口，鼓腹，平底；腹部修坯削痕明显。标本M32：7－2，口径5.4、最大腹径6.3、底径2.7、高2.7、壁厚0.2～0.4厘米（图九一，9；彩版一〇五，5）。标本M32：7－3，口径5.9、最大腹径6.7、底径2.8、高2.8、壁厚0.2～0.4厘米（图九一，10；彩版一〇五，5）。标本M32：7－4，口径5.3、最大腹径6.5、底径1.8、高2.6、壁厚0.2～0.4厘米（图九一，11；彩版一〇五，5）。标本M32：7－5，口径5.4、最大腹径6.2、底径2.7、高2.7、壁厚0.2～0.4厘米（图九一，12；彩版一〇五，5）。

小甑 2件（M32：7－6、7－7）。形制相似，均为泥质灰陶；圆唇，敞口，展沿，弧腹，圜底；素面，腹部削坯修痕明显。标本M32：7－6，底部置有四个圆形甑孔。口径8.4、高2.8、壁厚0.2～0.5厘米（图九一，13；彩版一〇五，5）。标本M32：7－7，底部置有三个圆形甑孔。口径9.4、高3.3、壁厚0.2～0.5厘米（图九一，14；彩版一〇五，5）。

铜钱 2枚，均为"五铢"钱（图九一，15、16）。详情见下表。

M32铜钱统计表 （长度：厘米；重量：克）

| 种类 | 编号 | 特征 | | 郭径 | 钱径 | 穿宽 | 郭宽 | 郭厚 | 肉厚 | 重量 |
		文字特征	记号							
五铢	1－1	"五"字瘦长，竖划缓曲；"金"头三角形，四竖点；"朱"头方折，"朱"下较圆	穿下一星点	2.56	2.33	1.12	0.19	0.23	0.10	3.02
	1－2	同上	无	2.65	2.38	0.96	0.20	0.23	0.09	2.62

三三 M33

1. 墓葬形制

土坑竖穴墓，平面呈圆角梯形，墓圹较规整。方向280°（图九二；彩版一〇六、一〇七）。开口于第②层下，开口距地表1.50米，保存状况较好。

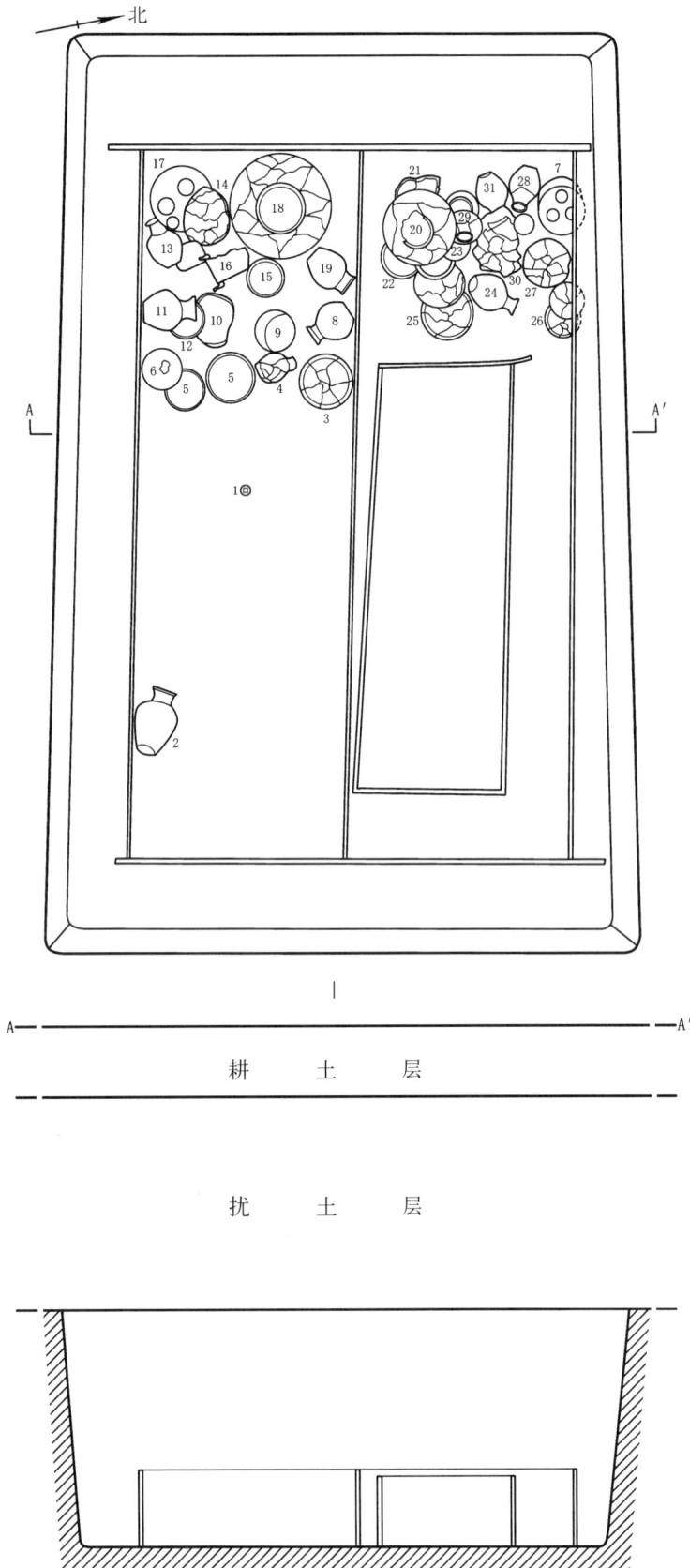

图九二　M33平、剖面图

1. 铜钱　2. 陶壶　3. 陶盒　4. 陶罐　5.
陶盒　6. 陶壶　7. 陶灶　8. 陶罐　9.
陶套盒　10. 陶鼎　11. 陶壶　12. 陶
盒　13. 陶罐　14. 陶罐　15. 陶樽　16.
陶井　17. 陶灶组合　18. 陶罐　19. 陶
罐　20. 陶罐　21. 陶罐　22. 陶盆　23.
陶套盒　24. 陶壶　25. 陶盒　26. 陶
盒　27. 陶套盒　28. 陶井　29. 陶
罐　30. 陶樽　31. 陶罐

墓圹四壁向内斜收，墓底较平坦。开口处长3.88、宽2.40～2.60米，底部长3.68、宽2.20～2.40、深1.00米。

墓内填土呈黄褐色，并夹杂有少量的黑土、小石块等，土质较疏松。

2．葬具和人骨

葬具有椁和棺。该墓的椁板及棺板均已腐朽，仅存灰白色板灰，并且有的出现塌陷和变形，部分改变了原来的位置；但仍可看出椁室和棺室的形状和尺寸，整理中尽可能地作了复原研究。

墓穴内置木椁1具，其平面形状呈"Ⅱ"字形，其盖板及底板现已不存，仅存挡板、壁板及纵隔板（彩版一〇六）。椁室长3.00、宽1.88～1.92、残高0.54米。整个椁室经壁板和挡板套合而成，其中东挡板长2.16、西挡板长2.12、南壁板长3.00、北壁板长3.00米，墙板及挡板板灰痕厚约0.02～0.04米。纵隔板呈东西向侧立于底板之上，其两端分别接于东、西挡板上，从而把整个椁室分为南、北两室。

北椁室置有木棺1具，其平面形状近似长方形，盒状，其盖板及底板现已不存，仅存挡板及壁板。棺室长1.80、宽0.56～0.62、残高0.20米。

由于该墓的埋藏条件不利于有机物的保存，墓底未见有人骨痕迹；但从随葬品的组合及摆放位置分析，该墓应为双人合葬墓。

3．随葬品

该墓共出土有34件（套）随葬品（彩版一〇八，1、2），多数随葬品均位于椁室西部，质地以陶器为主，另有铜钱5枚。

陶器 计有罐10、壶4、鼎1、樽2、盒5、套盒3、盆1、灶2、井2、小釜2、小甑1。

罐 10件（M33：4、8、13、14、18、19、20、21、29、31）。其中，标本M33：4、13、21与29形制相似，体形较小，均为泥质灰陶或黄褐陶；圆唇，子母口，束颈，溜肩，鼓腹，腹部最大径位置靠近肩部，平底或台底。标本M33：4，素面，器表轮旋痕迹明显。口径5.5、最大腹径14.8、底径7.8、高16.3、壁厚0.4～0.6厘米（图九三，1；彩版一〇九，1）。标本M33：13，素面，器表轮旋痕迹明显。口径6.9、最大腹径15.2、底径6.9、高17.5、壁厚0.4～0.6厘米（图九三，2；彩版一〇九，2）。标本M33：21，肩部施有多周凹弦纹。口径9.8、最大腹径16.7、底径9.6、高18.1、壁厚0.4～0.6厘米（图九三，3；彩版一〇九，3）。标本M33：29，素面，器表轮旋痕迹明显。口径10.2、最大腹径16.2、底径8.3、高17.4、壁厚0.4～0.6厘米（图九三，4；彩版一〇九，4）。其中，标本M33：8、14与19形制相似，体形较大，均为泥质灰陶或黄褐陶；圆唇，子母口，束颈，溜肩，鼓腹，腹部最大径位置靠近肩部，平底或台底。标本M33：8，素面，器表轮旋痕迹明显。口径9.2、最大腹径18.7、底径7.8、高20.1、壁厚0.4～0.6厘米（图九三，5；彩版一〇九，5）。标本M33：14，素面，器表轮旋痕迹明显。口径7.5、最大腹径18.3、底径9.6、高20.6、壁厚0.4～0.6厘米（图九三，6）。标本M33：19，素面，器表轮旋痕迹明显。口径8.9、最大腹径18.9、底径9.3、高21.0、壁厚0.4～0.6厘米（图九三，7；彩版一〇九，6）。其中，标本M33：18与20形制相似，均为尖圆唇，微敛口，斜颈，溜肩，鼓腹，腹部最大径位置靠近肩部。标本M33：18，器形不

0 _____ 15厘米

图九三 M33出土器物

1~10. 陶罐M33：4、13、21、29、8、14、19、31、18、20 11~14. 陶壶M33：2、6、11、24

甚规整，泥质黄褐陶，平底内凹，下腹部及底部满施细绳纹。口径14.7、最大腹径31.3、底径9.5、高27.9、壁厚0.4～0.6厘米（图九三，9）。标本M33：20，泥质黑褐陶，圜底，颈部与肩部施有多周凹弦纹，下腹部及底部满施细绳纹。口径13.4、最大腹径30.7、高26.9、壁厚0.4～0.6厘米（图九三，10；彩版一一〇，1）。标本M33：31，泥质灰陶。尖圆唇，敞口，斜颈，溜肩，鼓腹，腹部最大径位置靠近肩部，平底。素面。口径11.5、最大腹径16.0、底径8.4、高17.5、壁厚0.4～0.6厘米（图九三，8；彩版一一〇，2）。

壶　4件（M33：2、6、11、24）。其中，标本M33：2与6形制相似，均为泥质黄褐陶；方唇，盘口，束颈，溜肩，鼓腹，腹部最大径位置靠近肩部，平底；素面，器表轮旋痕迹明显。标本M33：2，口径9.1、最大腹径20.2、底径8.6、高29.4、壁厚0.4～0.6厘米（图九三，11；彩版一一〇，3）。标本M33：6，口径9.1、最大腹径20.2、底径8.6、高29.4、壁厚0.4～0.6厘米（图九三，12；彩版一一〇，4）。其中，标本M33：11与24形制相似，均为泥质灰陶；尖圆唇，敞口，束颈，溜肩，卵形腹，腹部最大径位置靠近肩部，平底；素面，器表轮旋痕迹明显。标本M33：11，口径9.6、最大腹径17.8、底径8.3、高22.7、壁厚0.4～0.6厘米（图九三，13；彩版一一〇，5）。标本M33：24，口径9.5、最大腹径20.3、底径9.2、高27.4、壁厚0.4～0.6厘米（图九三，14；彩版一一〇，6）。

鼎　1件。标本M33：10，由鼎盖及鼎两部分组成。鼎盖：泥质黄褐陶；圜顶，弧腹，敞口，圆唇；素面。鼎：泥质黄褐陶；方唇，敛口，鼓腹，圜底；近口处附有对称的方形耳，底部附有三个蹄状足；素面。通高21.9厘米；鼎盖：口径23.9、高17.9、壁厚0.4～0.5厘米；鼎：口径23.2、高10.4、壁厚0.4～0.5厘米（图九四，1；彩版一一一，1）。

樽　2件（M33：15、30）。标本M33：15，泥质灰陶。圆唇，直口，直腹，平底，底部附有三个蹄形足。素面，器表轮旋痕迹明显。口径18.3、高16.5、底径18.3、壁厚0.4～0.6厘米（图九四，2）。标本M33：30，由樽盖及樽两部分组成。樽盖：泥质黄褐陶；圜顶，弧腹，微卷沿，敞口，方唇；素面。樽：泥质黑褐陶；圆唇，直口，直腹较深，平底，底部附有三个蹄形足；素面。通高22.3厘米；樽盖：口径19.0、高6.2、壁厚0.4～0.6厘米；樽：口径17.7、高16.5、壁厚0.4～0.6厘米（图九四，3；彩版一一一，2）。

盒　5件（M33：3、5、12、25、26）。其中，标本M33：3、5与12形制相似，均为泥质灰陶，由盒盖及盒两部分组成。盒盖：平顶，弧腹，敛口，方唇，素面；盒：方唇，敛口，弧腹，平底，素面。标本M33：3，通高13.5厘米；盒盖：口径21.6、高7.0、壁厚0.5～0.6厘米；盒：口径22.0、底径8.7、高6.5、壁厚0.5～0.6厘米（图九四，4；彩版一一一，3）。标本M33：12，盒盖缺失。口径20.7、高6.4、壁厚0.5～0.6厘米（图九四，6）。其中，标本M33：25与26形制相似，均为泥质灰陶，由盒盖及盒两部分组成。盒盖：圜顶，弧腹，展沿，敞口，方唇，素面；盒：方唇，敞口，展沿，弧腹，平底，素面。标本M33：25，通高11.7厘米；盒盖：口径20.1、高6.0、壁厚0.5～0.6厘米；盒：口径20.8、底径5.6、高5.7、壁厚0.5～0.6厘米（图九四，7）。标本M33：26，通高11.6厘米；盒盖：口径20.9、高6.6、壁厚0.5～0.6厘米；盒：口径21.3、底径11.6、高

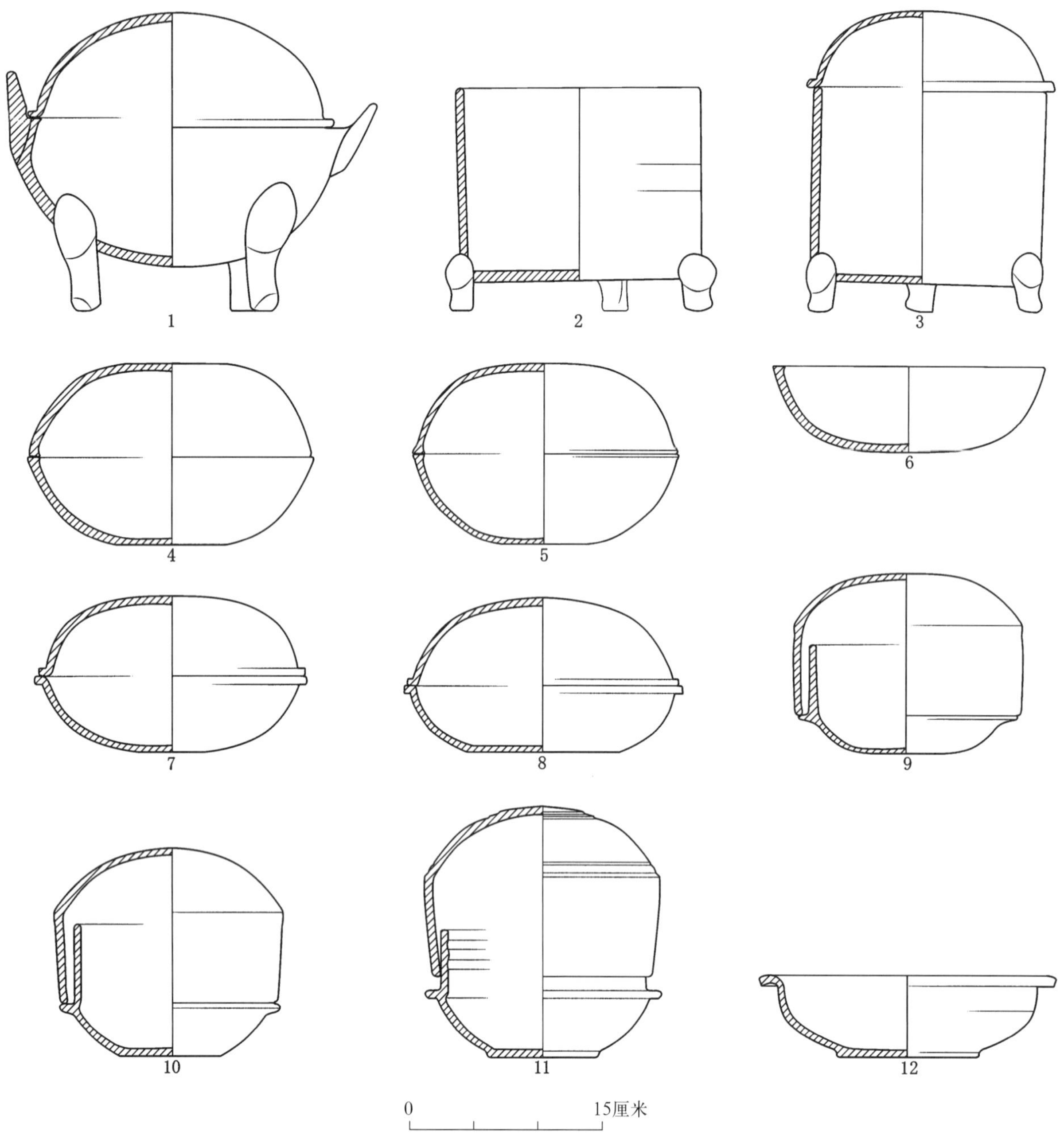

图九四 M33出土器物

1. 陶鼎M33：10 2、3. 陶樽M33：15、30 4～8. 陶盒M33：3、5、12、25、26 9～11. 陶套盒M33：9、27、23 12. 陶盆M33：22

5.0、壁厚0.5～0.6厘米（图九四，8；彩版一一一，5）。

套盒 3件（M33：9、23、27）。其中，标本M33：9与27形制相似，均为泥质黄褐陶，由套盒盖及套盒两部分组成。套盒盖：圆顶，折腹，直口，圆唇，素面；套盒：圆唇，直口，折腹，腹部施有一周扁棱，平底，素面。标本M33：9，通高13.5厘米；套盒盖：口径17.2、高10.6、壁厚0.4～0.5厘米；套盒：口径16.6、底径6.7、高8.2、壁厚0.4～0.5厘米（图九四，9；彩版一一一，6）。标本M33：27，通高15.3厘米；套盒盖：口径16.5、高11.6、壁厚0.4～0.5厘米；套盒：口径15.2、底径8.0、高9.6、壁厚0.4～0.5厘米（图九四，10；彩版一一二，1）。标本M33：23，由套盒盖及套盒两部分组成。套盒盖：泥质灰陶；圆顶，折腹，直口，圆唇；顶部施有四周凹弦纹。套盒：泥质灰陶；方唇，直口，折腹，腹部施有一周扉棱，台底；素面，内壁轮旋痕迹明显。通高18.8厘米；套盒盖：口径17.0、高12.7、壁厚0.5～0.6厘米；套盒：口径15.9、底径8.6、高9.7、壁厚0.5～0.6厘米（图九四，11；彩版一一二，2）。

盆　1件。标本M33：22，泥质灰陶。方唇，敞口，卷沿，弧腹，台底。素面，器表轮旋痕迹明显。口径21.9、底径10.9、高6.1、壁厚0.4～0.6厘米（图九四，12；彩版一一二，3）。

灶　2件（M33：7、17－1）。形制相似，灶面均呈圆形，灶面上呈“品”字形置有三个圆形火眼，长方形灶门不落地。标本M33：7，泥质黑褐陶，后壁置有一圆形烟孔，灶面施有多周凹弦纹。灶面直径19.7、高9.7、壁厚0.4～0.6厘米；火眼直径3.2、2.9、3.5厘米；灶门长4.0、宽2.1厘米（图九五，1；彩版一一二，4）。标本M33：17－1，泥质灰陶，灶面尾端置有椭圆形烟孔，素面。灶面直径21.4、高10.1、壁厚0.4～0.6厘米；火眼直径3.9、4.1、4.2、烟孔直径0.5～0.8厘米；灶门长3.6、宽2.8厘米（图九五，2；彩版一一二，5）。

井　2件（M33：16、28）。标本M33：16，泥质灰陶。方唇，直口，直颈，折肩，斜腹，平底。素面。口径10.9、底径6.7、高11.8、壁厚0.4～0.6厘米（图九五，3）。标本M33：28，泥质灰陶。尖圆唇，敞口，微卷沿，折肩，折腹，平底。素面。口径9.8、底径6.3、高15.5、壁厚0.4～0.6厘米（图九五，4；彩版一一二，6）。

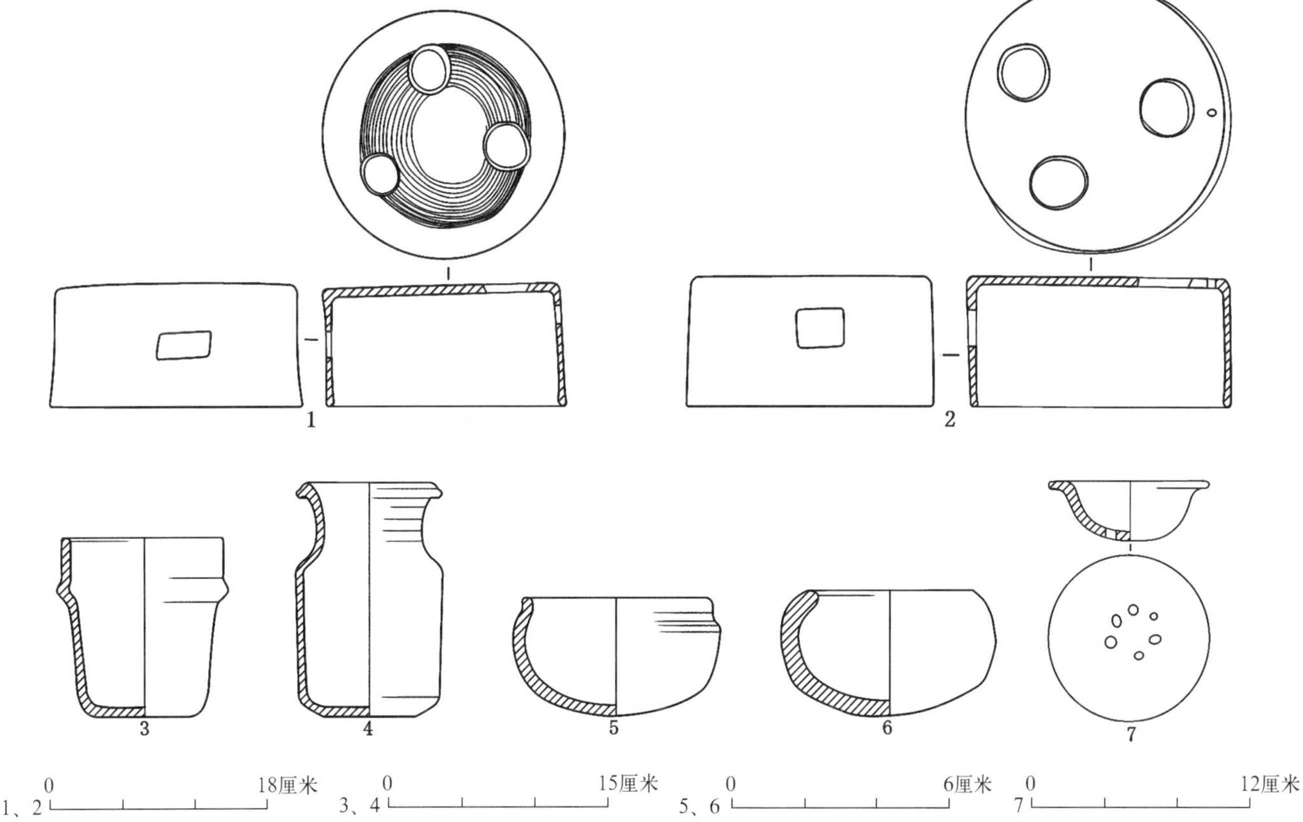

图九五　M33出土器物

1、2. 陶灶M33：7、17－1　3、4. 陶井M33：16、28　5、6. 小陶釜M33：17－2、17－3　7. 小陶甑M33：17－4

小釜 2件（M33：17－2、17－3）。标本M33：17－2，泥质灰陶。圆唇，微敛口，鼓腹，腹部最大径位置靠近肩部，圜底。素面。口径5.0、高3.1、壁厚0.2～0.5厘米（图九五，5；彩版一一二，5）。标本M33：17－3，泥质灰陶。圆唇，敛口，鼓腹，腹部最大径位置居中，圜底。素面。口径4.6、高3.3、壁厚0.2～0.5厘米（图九五，6；彩版一一二，5）。

小甑 1件。标本M33：17－4，泥质灰陶。方唇，敞口，弧腹，圜底，底部置有六个圆形甑眼。素面。口径8.6、高3.2、壁厚0.2～0.5厘米（图九五，7；彩版一一二，5）。

铜钱 5枚，均为"五铢"钱，现已残碎或板结。

三四 M34

1. 墓葬形制

土坑竖穴墓，平面呈圆角梯形，墓圹较规整。方向95°（图九六；彩版一一三）。开口于第②层下，开口距地表1.20米，保存状况较好。

墓圹四壁向内斜收，墓底较平坦。开口处长3.90、宽2.80～2.90米，底部长3.68、宽2.60～2.70、深0.80米。

墓内填土呈黄褐色，并夹杂有少量的黑土、小石块等，土质较疏松。

2. 葬具和人骨

墓内并排置有木棺2具，但由于该墓的埋藏条件不利于有机物的保存，现在仅残存有木棺底板的灰白色朽痕。据此推测，这2具木棺平面形状呈长方形，东部置有头箱用以放置随葬品。

由于该墓的埋藏条件不利于有机物的保存，墓底未见有人骨痕迹；但从随葬品的组合及摆放位置分析，该墓应为双人合葬墓。

3. 随葬品

该墓共出土有49件（套）随葬品（彩版一一四，1、2），均位于东部的头箱内，质地均为陶器，种类计有瓮2、罐3、壶13、鼎2、樽2、盒5、套盒5、炉1、灯1、熏1、耳杯1、灶2、井2、小釜6、小盆1、小甑2。

瓮 2件（M34：16、39）。形制相似，均为圆唇，敞口，斜颈，溜肩，鼓腹，腹部最大径位置靠近肩部；肩部施有多周凹弦纹，下腹部及底部满施绳纹。标本M34：16，泥质黑陶，中腹部施有多周凹弦纹，平底。口径17.6、最大腹径35.2、底径11.0、高29.3、壁厚0.7～1.1厘米（图九七，1；彩版一一五，1）。标本M34：39，泥质灰陶，圜底。口径18.8、最大腹径47.7、高32.1、壁厚0.9～1.1厘米（图九七，2；彩版一一五，2）。

罐 3件（M34：4、5、15）。形制相似，均为泥质灰陶；圆唇，子母口，斜颈，鼓腹，腹部最大径位置靠近肩部；素面，器表轮旋痕迹明显。标本M34：4，平底，口径8.8、最大腹径14.4、底径7.5、高17.1、壁厚0.5～0.6厘米（图九七，3）。标本M34：5，平底，口径9.1、最大腹径15.8、底径7.5、高17.3、壁厚0.5～0.6厘米（图九七，4；彩版一一五，3）。标本M34：15，台

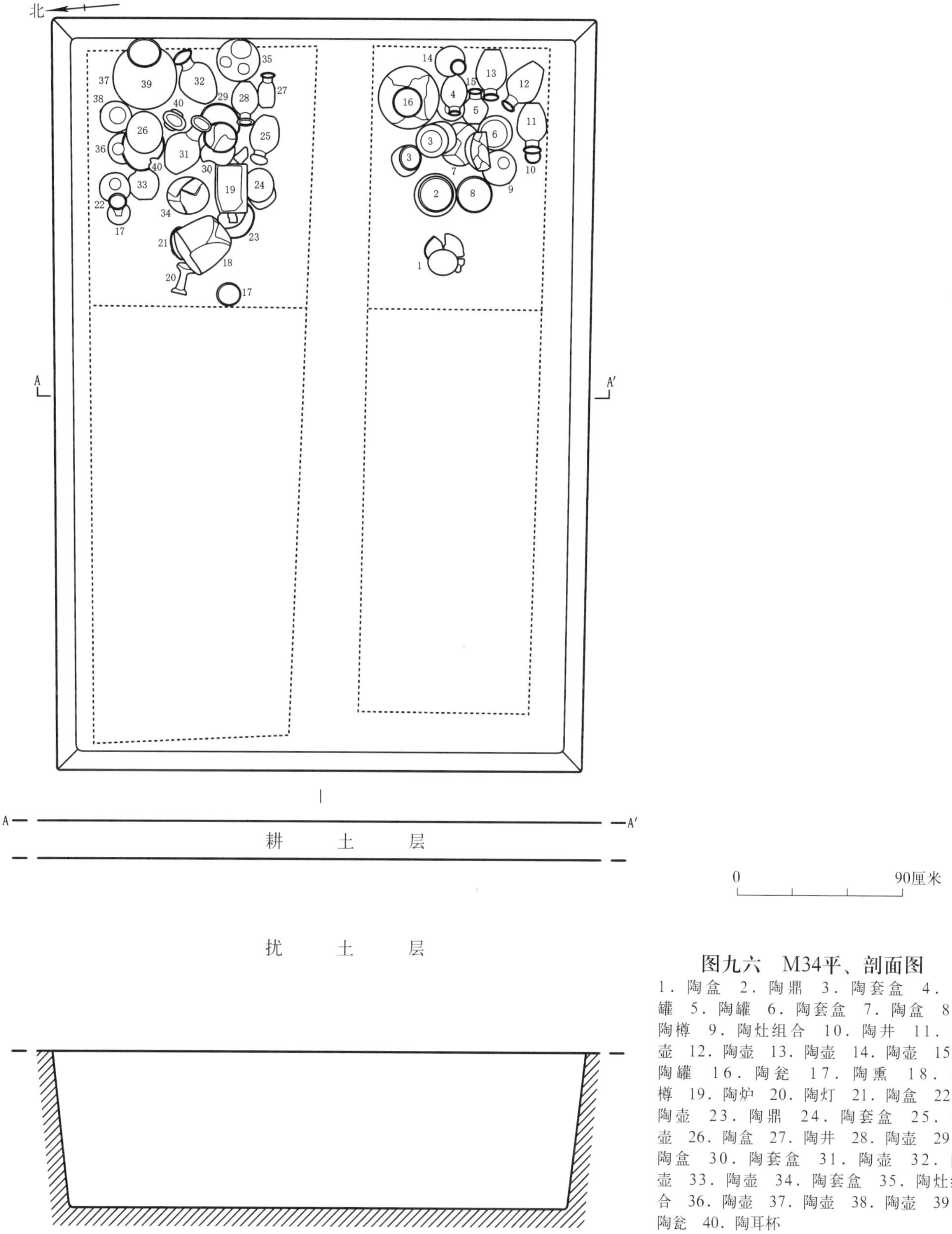

图九六 M34平、剖面图

1. 陶盒 2. 陶鼎 3. 陶套盒 4. 陶罐 5. 陶罐 6. 陶套盒 7. 陶盒 8. 陶樽 9. 陶灶组合 10. 陶井 11. 陶壶 12. 陶壶 13. 陶壶 14. 陶壶 15. 陶罐 16. 陶瓮 17. 陶熏 18. 陶樽 19. 陶炉 20. 陶灯 21. 陶盒 22. 陶壶 23. 陶鼎 24. 陶套盒 25. 陶壶 26. 陶盒 27. 陶井 28. 陶壶 29. 陶盒 30. 陶套盒 31. 陶壶 32. 陶壶 33. 陶壶 34. 陶套盒 35. 陶灶组合 36. 陶壶 37. 陶壶 38. 陶壶 39. 陶瓮 40. 陶耳杯

底，口径9.3、最大腹径15.2、底径8.4、高15.6、壁厚0.5～0.6厘米（图九七，5；彩版一一五，4）。

壶　13件（M34：11、12、13、14、22、25、28、31、32、33、36、37、38）。其中，标本

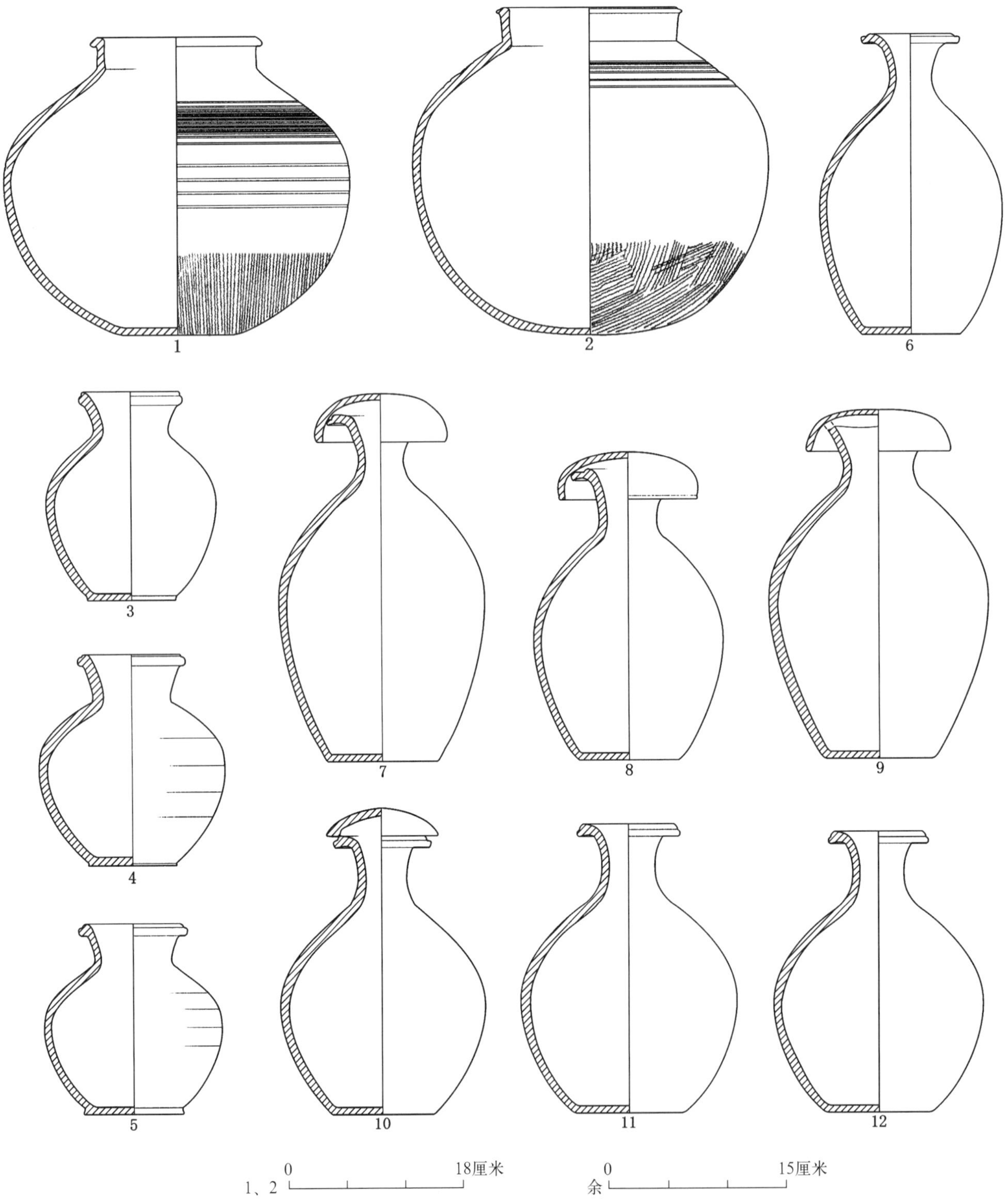

图九七　M34出土器物

1、2. 陶瓿M34：16、39　　3～5. 陶罐M34：4、5、15　　6～12. 陶壶M34：11、12、13、14、22、25、28

M34：11、12、13与14形制相似，均为泥质灰陶，由壶盖及壶两部分组成。壶盖：圆顶，弧腹，敛口，圆唇，整体呈覆钵状；素面。壶：圆唇或方唇，敞口，微卷沿，沿面施有一周凹槽，束颈，溜肩，卵形腹，腹部最大径位置靠近肩部，平底；素面。标本M34：11，壶盖缺失，口径8.3、最大腹径15.6、底径8.3、高24.6、壁厚0.6～0.7厘米（图九七，6）。标本M34：12，通高30.1厘米；壶盖：口径11.0、高4.0、壁厚0.6～0.7厘米；壶：口径9.8、最大腹径17.8、底径9.6、高28.3、壁厚0.6～0.7厘米（图九七，7）。标本M34：13，通高25.2厘米；壶盖：口径11.6、高4.0、壁厚0.6～0.7厘米；壶：口径9.4、最大腹径16.0、底径8.4、高23.9、壁厚0.6～0.7厘米（图九七，8）。标本M34：14，壶口部残缺，壶盖：口径12.1、高3.4、壁厚0.6～0.7厘米；壶：最大腹径18.5、底径9.1、残高27.3、壁厚0.6～0.7厘米（图九七，9）。其中，标本M34：22、25、28、33、36、37与38形制相似，均为泥质灰陶，由壶盖及壶组成。壶盖：圆顶，弧腹，微敛口，方唇，整体呈覆钵状；素面。壶：圆唇，敞口，微卷沿，沿面施有一周凹槽，束颈，溜肩，鼓腹，腹部最大径位置略靠上，平底；素面。标本M34：22，通高25.1厘米；壶盖：口径9.6、高2.3、壁厚0.6～0.7厘米；壶：口径8.3、最大腹径17.6、底径8.8、高22.8、壁厚0.6～0.7厘米（图九七，10）。标本M34：25，壶盖缺失。口径8.7、最大腹径18.3、底径9.0、高23.8、壁厚0.6～0.7厘米（图九七，11）。标本M34：28，壶盖缺失。口径8.5、最大腹径17.8、底径8.8、高23.0、壁厚0.6～0.7厘米（图九七，12；彩版一一五，5）。标本M34：33，壶盖缺失。口径9.4、最大腹径18.4、底径9.5、高24.4、壁厚0.6～0.7厘米（图九八，1）。标本M34：36，壶盖缺失，口部残缺。最大腹径17.9、底径9.1、残高23.1、壁厚0.6～0.7厘米（图九八，2）。标本M34：37，通高24.1厘米；壶盖：口径9.7、高2.1、壁厚0.6～0.7厘米；壶：口径8.2、最大腹径17.7、底径9.8、高22.5、壁厚0.6～0.7厘米（图九八，3）。标本M34：38，通高25.8厘米；壶盖：口径8.9、高2.3、壁厚0.6～0.7厘米；壶：口径8.0、最大腹径18.4、底径9.5、高23.5、壁厚0.6～0.7厘米（图九八，4）。其中，标本M34：31与32形制相似，均为泥质灰陶，由壶盖及壶两部分组成。壶盖：圆顶，弧腹，敛口，方唇，整体呈覆钵状；素面。壶：方唇，盘口，束颈，溜肩，鼓腹，腹部最大径位置靠近肩部，平底；素面。标本M34：31，通高31.4厘米；壶盖：口径9.6、高2.5、壁厚0.6～0.7厘米；壶：口径9.3、最大腹径21.7、底径12.2、高28.9、壁厚0.6～0.7厘米（图九八，5；彩版一一五，6）。标本M34：32，通高32.1厘米；壶盖：口径8.3、高2.5、壁厚0.6～0.7厘米；壶：口径7.7、最大腹径20.4、底径10.6、高29.6、壁厚0.6～0.7厘米（图九八，6）。

鼎　2件（M34：2、23）。形制相似，均为泥质灰陶，由鼎盖及鼎两部分组成。鼎盖：圆顶，弧腹，敞口，方唇，整体呈覆钵状；素面。鼎：尖圆唇，敛口，折腹或鼓腹，中腹部施有一周扉棱，圆底；近口处附有对称的方形耳，底部附有三个蹄状足；素面。标本M34：2，鼎盖缺失。口径17.2、高20.3、壁厚0.5～0.6厘米（图九八，7；彩版一一六，1）。标本M34：23，通高19.8厘米；鼎盖：口径17.7、高4.9、壁厚0.5～0.6厘米；鼎：口径16.9、高19.8、壁厚0.5～0.6厘米（图九八，8；彩版一一六，2）。

樽　2件（M34：8、18）。标本M34：8，泥质灰陶。方唇，直口，斜腹，平底，底部附有三个

0　　　　　　　15厘米

图九八　M34出土器物

1～6. 陶壶M34：33、36、37、38、31、32　7、8. 陶鼎M34：2、23　9、10. 陶樽M34：8、18　11～14. 陶盒M34：1、7、21、26

蹄状足。素面，内壁轮旋痕迹明显。口径18.5、底径17.3、高15.8、壁厚0.6～0.7厘米（图九八，9；彩版一一六，3）。标本M34：18，泥质黑陶。圆唇，直口，直腹，平底，底部附有三个蹄状足。近口处施有卷云纹，中腹部施有两周凹弦纹。口径20.4、底径19.8、高19.6、壁厚0.6～0.7厘米（图九八，10；彩版一一六，4）。

盒　5件（M34：1、7、21、26、29）。其中，标本M34：1与7形制相似，均由盒盖及盒两部分组成。盒盖：台顶，弧腹，折沿，敞口，方唇。盒：方唇，敞口，折沿，弧腹，台底。标本M34：1，盒盖：泥质黄褐陶，素面；盒：泥质黑陶，素面。通高15.5厘米；盒盖：顶径12.5、口径22.9、高7.9、壁厚0.5～0.6厘米；盒：口径23.6、底径11.3、高7.6、壁厚0.5～0.6厘米（图九八，11）。标本M34：7，盒盖：泥质黑陶，腹部施有多周凹弦纹，内壁轮旋痕迹明显；盒：泥质黄褐陶，素面。通高15.2厘米；盒盖：顶径11.4、口径22.3、高7.3、壁厚0.5～0.6厘米；盒：口径22.8、底径9.8、高7.9、壁厚0.5～0.6厘米（图九八，12；彩版一一六，5）。其中，标本M34：21、26与29形制相似，均为泥质灰陶，由盒盖及盒两部分组成。盒盖：圜顶，弧腹，折沿，敞口，方唇。盒：方唇，敞口，折沿，弧腹，圜底。标本M34：21，盒盖及盒均为素面。通高13.2厘米；盒盖：口径19.3、高6.6、壁厚0.5～0.6厘米；盒：口径19.0、高6.6、壁厚0.5～0.6厘米（图九八，13）。标本M34：26，盒盖近顶处施有二周凹弦纹，盒腹部施有一周凹弦纹。通高13.3厘米；盒盖：口径20.9、高7.0、壁厚0.5～0.6厘米；盒：口径19.9、高6.3、壁厚0.5～0.6厘米（图九八，14；彩版一一六，6）。标本M34：29，盒盖及盒均为素面。通高13.5厘米；盒盖：口径19.5、高7.0、壁厚0.5～0.6厘米；盒：口径18.8、高6.5、壁厚0.5～0.6厘米（图九九，1）。

套盒　5件（M34：3、6、24、30、34）。标本M34：3，泥质灰褐陶，由套盒盖及套盒两部分组成。套盒盖：圜顶，折腹，敛口，圆唇；素面。套盒：方唇，直口，折腹，台底；素面。通高14.2厘米；套盒盖：口径17.4、高10.2、壁厚0.5～0.6厘米；套盒：口径15.6、底径8.7、高9.7、壁厚0.5～0.6厘米（图九九，2）。其中，标本M34：6、24、30与34形制相似，均为泥质黄褐陶或灰陶，由套盒盖及套盒两部分组成。套盒盖：圜顶，折腹，敛口，圆唇；素面或腹部施有几周凹弦纹。套盒：方唇，直口，折腹，腹部施有一周扉棱，平底或台底；素面。标本M34：6，通高14.1厘米；套盒盖：口径17.9、高10.6、壁厚0.5～0.6厘米；套盒：口径14.9、底径8.4、高9.2、壁厚0.5～0.6厘米（图九九，3）。标本M34：24，通高16.5厘米；套盒盖：口径16.8、高12.3、壁厚0.5～0.6厘米；套盒：口径14.4、底径8.3、高9.6、壁厚0.5～0.6厘米（图九九，4；彩版一一七，1）。标本M34：30，通高15.8厘米；套盒盖：口径17.4、高11.7、壁厚0.5～0.6厘米；套盒：口径14.5、底径8.2、高9.7、壁厚0.5～0.6厘米（图九九，5）。标本M34：34，通高15.2厘米；套盒盖：口径17.6、高11.8、壁厚0.5～0.6厘米；套盒：口径14.0、底径7.7、高9.1、壁厚0.5～0.6厘米（图九九，6；彩版一一七，2）。

炉　1件。标本M34：19，泥质灰陶。长方形炉，方唇，敞口，折沿，斜腹，平底，底部分布有五个长方形镂孔，腹下部附有四个蹄状足。素面。口长25.1、口宽14.2、底长19.0、底宽10.4、高11.6、壁厚0.6～0.7厘米（图九九，7；彩版一一七，3）。

灯　1件。标本M34：20，泥质灰陶。豆形灯，方唇，敞口，口部施有一周凹槽，浅盘，中空台状灯座。素面，灯座修坯削痕明显。口径12.6、底座径9.6、高14.5、壁厚0.6～0.9厘米（图九九，8；彩版一一八，1）。

熏　1件。标本M34：17，由熏盖及熏两部分组成。熏盖：泥质灰陶；圜顶，弧腹，敛口，方

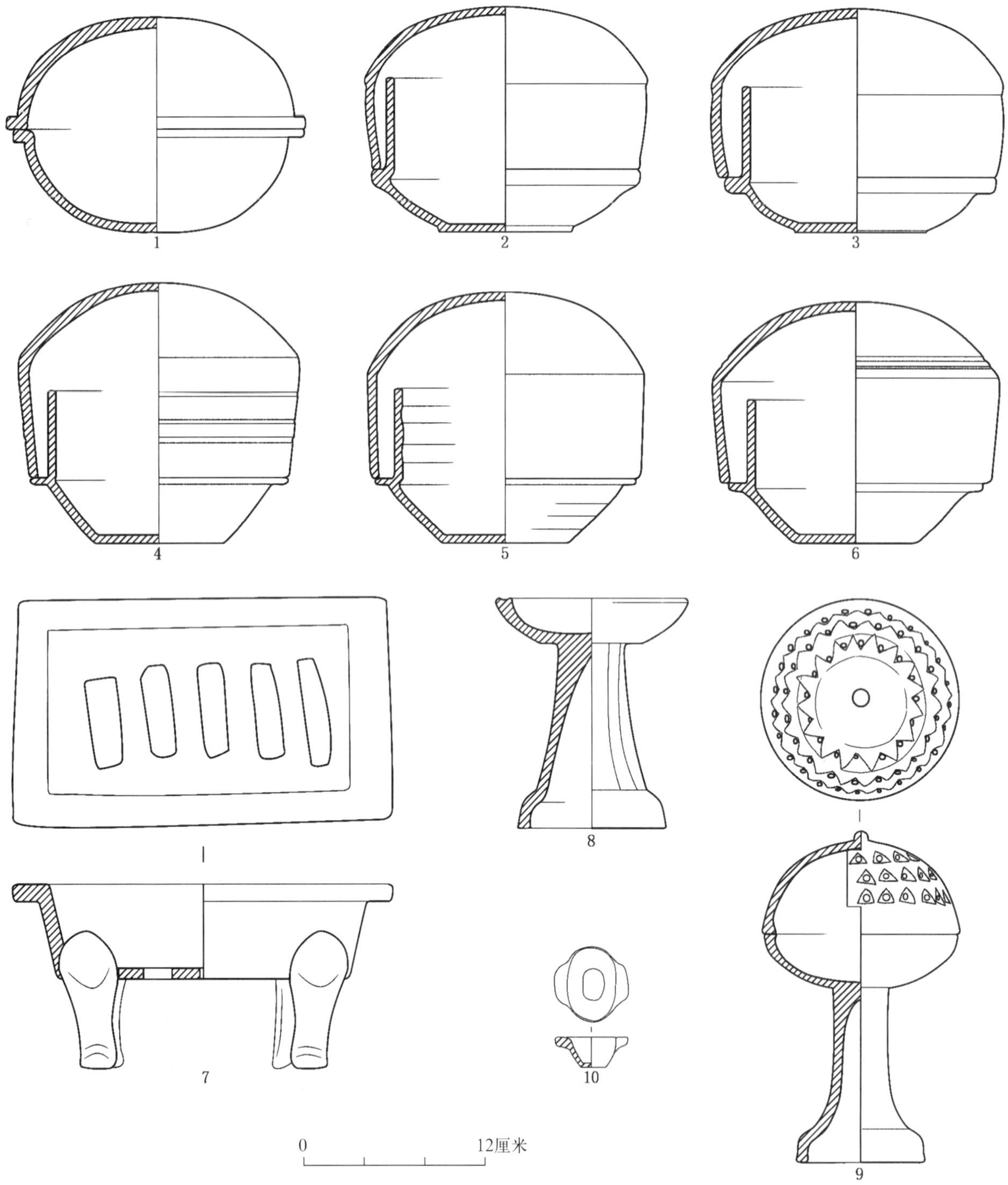

图九九　M34出土器物

1. 陶盒M34：29　2～6. 陶套盒M34：3、6、24、30、34　7. 陶炉M34：19　8. 陶灯M34：20　9. 陶熏M34：17　10. 陶耳杯M34：40

唇；盖顶有一个圆形钮，其四周环绕戳刻有三周三角形熏孔。熏：泥质灰陶；方唇，敛口，浅盘，中空台状熏座；素面。通高20.9厘米；熏盖：口径12.7、高6.5、壁厚0.6~0.9厘米；熏：口径12.5、底径8.4、高14.4、壁厚0.5~0.8厘米（图九九，9；彩版一一七，4）。

耳杯　1件。标本M34：40，泥质灰陶。体形较小，泥质灰陶。椭圆形杯口，双耳略上翘，弧腹，平底。素面。口长径4.8、口短径3.1、底长径2.0、底短径1.5、高1.9、壁厚0.2~0.4厘米（图九九，10；彩版一一八，2）。

灶　2件（M34：9-1、35-1）。形制相似，均为泥质灰陶；灶面呈圆形，中间呈"品"字形置有三个圆形火眼，后壁置有圆形烟孔，长方形灶门不落地；素面。标本M34：9-1，灶面直径15.6、高9.0、壁厚0.7~0.9厘米；火眼直径3.2、3.3、3.5、烟孔直径0.8厘米；灶门长4.6、高2.8厘米（图一〇〇，1；彩版一一八，3）。标本M34：35-1，灶面直径21.3、高9.8、壁厚0.7~0.9厘米；火眼直径3.2、3.6、3.9、烟孔直径1.4厘米；灶门长3.6、高3.4厘米（图一〇〇，2；彩版一一八，4）。

井　2件（M34：10、27）。形制相似，均为泥质灰陶；方唇，敞口，折肩，折腹，下腹部急收成小平底。标本M34：10，腹部施有多周凹弦纹，内壁轮旋痕迹明显。口径9.7、底径6.0、高15.1、壁厚0.6~0.7厘米（图一〇〇，3；彩版一一八，5）。标本M34：27，素面。口径8.5、底径3.8、高17.5、壁厚0.6~0.7厘米（图一〇〇，4；彩版一一八，6）。

小釜　6件（M34：9-2、9-3、9-4、35-2、35-3、35-4）。其中，标本M34：9-2、9-3与9-4形制相似，均为泥质灰陶；圆唇，敛口，鼓腹，平底；素面。标本M34：9-2，口径5.2、最大腹径5.8、底径2.8、高2.7、壁厚0.3~0.5厘米（图一〇〇，5；彩版一一八，3）。标本M34：9-3，口径6.0、最大腹径6.4、底径3.4、高2.7、壁厚0.4~0.5厘米（图一〇〇，6；彩版一一八，3）。标本M34：9-4，口径5.5、最大腹径6.1、底径3.4、高2.7、壁厚0.4~0.5厘米（图一〇〇，7；彩版一一八，3）。其中，标本M34：35-2、35-3、35-4形制相似，均为泥质灰陶；圆唇，敛口，束颈，鼓腹，圜底；素面。标本M34：35-2，口径4.6、最大腹径5.1、高2.5、壁厚0.4~0.5厘米（图一〇〇，8；彩版一一八，4）。标本M34：35-3，口径4.6、最大腹径5.2、高2.1、壁厚0.4~0.5厘米（图一〇〇，9；彩版一一八，4）。标本M34：35-4，口径4.7、最大腹径5.4、高2.7、壁厚0.4~0.5厘米（图一〇〇，10；彩版一一八，4）。

小盆　1件。标本M34：9-5，泥质灰陶。圆唇，敞口，展沿，弧腹，平底。素面。口径8.7、底径2.8、高3.6、壁厚0.4~0.6厘米（彩版一一八，3）。

小甑　2件（M34：9-6、35-5）。标本M34：9-6，泥质灰陶。方唇，敞口，展沿，沿面施有一周凹槽，弧腹，平底，底部穿有3个圆形甑孔。腹部施有两周凹弦纹。口径8.0、底径3.0、高3.3、壁厚0.4~0.5厘米（图一〇〇，11；彩版一一八，3）。标本M34：35-5，泥质灰陶。圆唇，敞口，弧腹，圜底，底部穿有3个圆形甑孔。素面。口径8.2、高3.4、壁厚0.4~0.5厘米（图一〇〇，12；彩版一一八，4）。

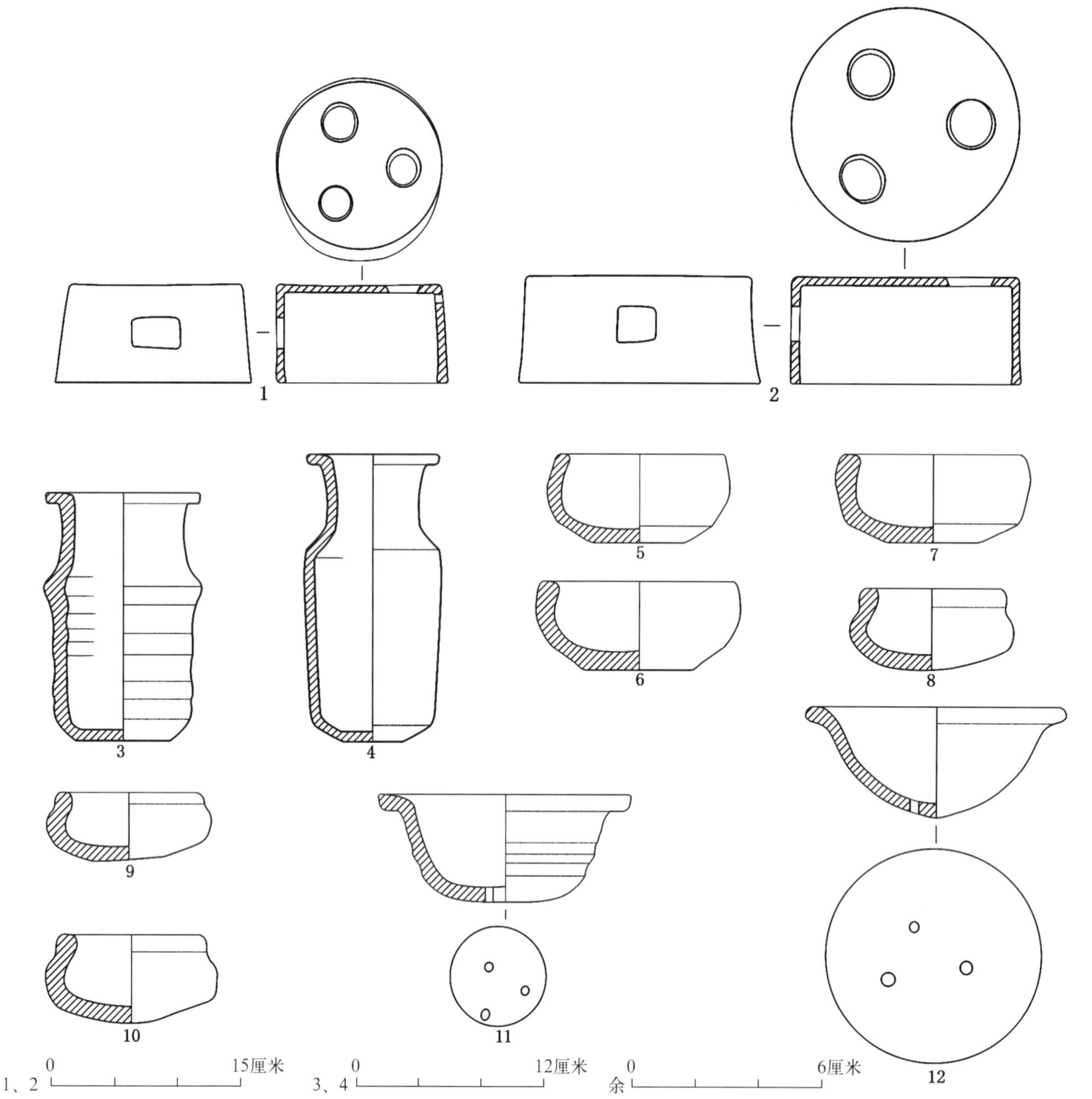

图一〇〇　M34出土器物

1、2. 陶灶M34：9－1、35－1　3、4. 陶井M34：10、27　5～10. 小陶釜M34：9－2、9－3、9－4、35－2、35－3、35－4　11、12. 小陶甑M34：9－6、35－5

三五　M35

1．墓葬形制

土坑竖穴墓，平面呈圆角梯形，墓圹较规整。方向90°（图一〇一；彩版一一九）。开口于第②层下，开口距地表1.00米，保存状况较好。

墓圹四壁较平直，墓底较平坦。长3.20、宽2.40～2.60、深1.04米。

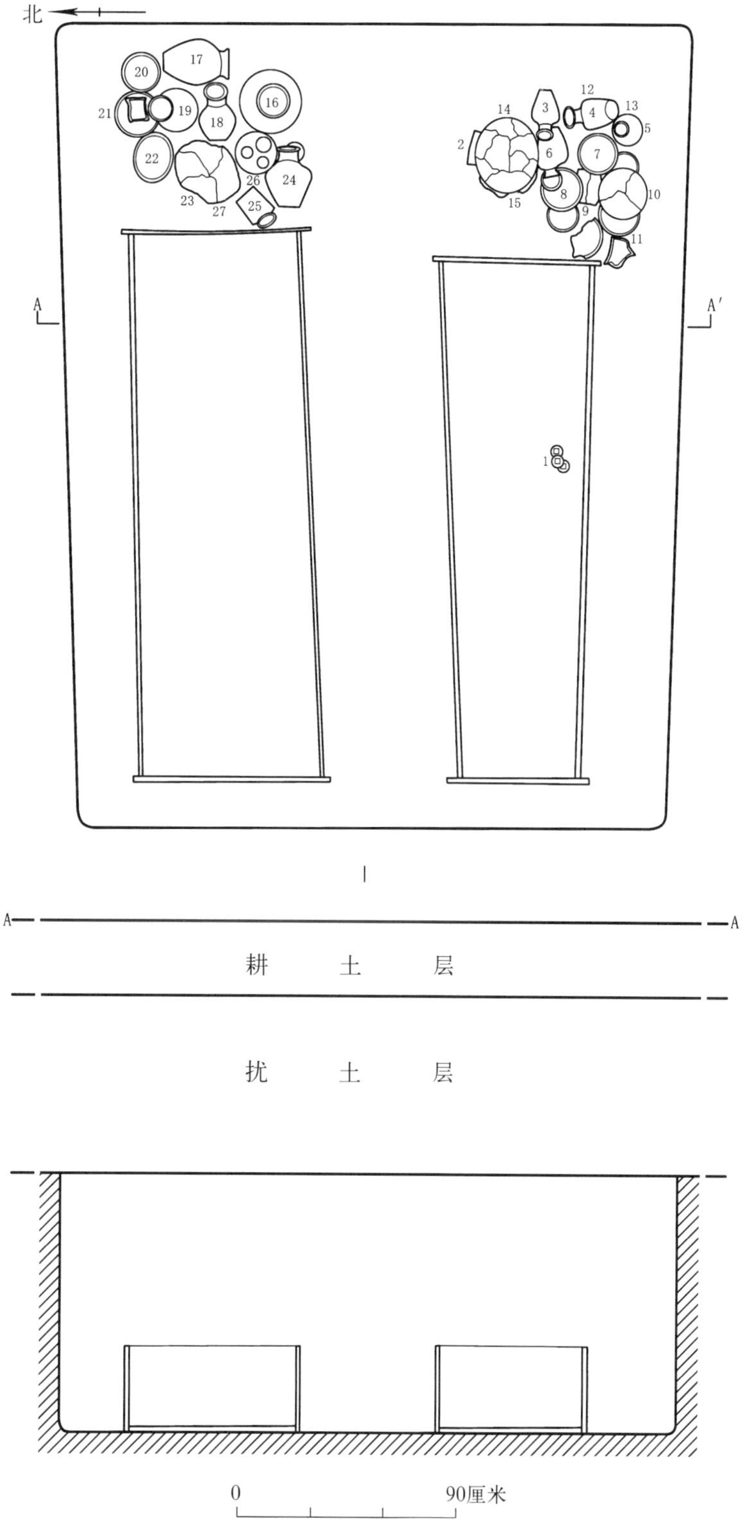

图一〇一 M35平、剖面图

1. 铜钱 2. 陶罐 3. 陶罐 4. 陶壶 5. 陶壶 6. 陶壶 7. 陶樽 8. 陶套盒 9. 陶套盒 10. 陶盒 11. 陶盒 12. 陶罐（压于4下） 13. 陶壶（压于5下） 14. 陶鼎（压于2下） 15. 陶罐（压于2下） 16. 陶罐 17. 陶壶 18. 陶壶 19. 陶壶 20. 陶套盒 21. 陶樽 22. 陶盒 23. 陶盒 24. 陶壶 25. 陶井 26. 陶灶组合 27. 陶鼎

墓内填土呈黄褐色，并夹杂有少量的黑土、小石块等，土质较疏松。

2．葬具和人骨

墓内并排置有木棺2具，但棺板均已腐朽，仅存灰白色板灰，并且有的出现塌陷和变形，部分改变了原来的位置；但仍可看出棺室的形状和尺寸，整理中尽可能地作了复原研究。

西侧木棺平面形状呈"Ⅱ"字形，其盖板现已不存，仅存挡板、壁板及底板。棺室长2.16、宽0.66～0.72、残高0.34米。整个棺室经壁板和挡板套合而成，其中南挡板长0.80、北挡板长0.78、东壁板长2.16、西壁板长2.14米，墙板及挡板板灰痕厚约0.02～0.04米。底板板灰痕厚约0.02米。

东侧木棺平面形状呈"Ⅱ"字形，其盖板现已不存，仅存挡板、壁板及底板。棺室长2.04、宽0.46～0.60、残高0.34米。整个棺室经壁板和挡板套合而成，其中南挡板长0.60、北挡板长0.70、东壁板长2.04、西壁板长2.05米，墙板及挡板板灰痕厚约0.03～0.04米。底板板灰痕厚约0.02米。

由于该墓的埋藏条件不利于有机物的保存，墓底未见有人骨痕迹；但从随葬品的组合及摆放位置分析，该墓应为双人合葬墓。

3．随葬品

该墓共出土有31件（套）随葬品（彩版一二〇，1、2），除铜钱外的其余随葬品均位于棺外的墓穴北部，质地以陶器为主，另有铜钱19枚。

陶器　计有罐5、壶8、鼎2、樽2、盒4、套盒3、灶1、井1、小釜2、小盆1、小甑1。

罐　5件（M35：2、3、12、15、16）。标本M35：2，泥质黑陶。圆唇，子母口，斜颈，溜肩，鼓腹，腹部最大径位置靠近肩部，台底。素面，器表轮旋痕迹明显。口径15.8、最大腹径30.9、底径14.8、高26.2、壁厚0.6～0.7厘米（图一〇二，1；彩版一二一，1）。其中，标本M35：3、12与15形制相似，均为泥质灰陶；圆唇，子母口，束颈，溜肩，鼓腹，腹部最大径位置居中或靠近肩部，平底或台底；素面，器表轮旋痕迹明显。标本M35：3，口径10.8、最大腹径17.7、底径6.2、高19.0、壁厚0.6～0.8厘米（图一〇二，2；彩版一二一，3）。标本M35：12，口径8.5、最大腹径17.7、底径9.2、高20.0、壁厚0.6～0.8厘米（图一〇二，3；彩版一二一，4）。标本M35：15，口径10.2、最大腹径18.4、底径8.5、高19.0、壁厚0.6～0.8厘米（图一〇二，4）。标本M35：16，泥质黄褐陶，方唇，直口，矮领，溜肩，鼓腹，腹部最大径位置居中，台底。素面，器表轮旋痕迹明显。口径14.6、最大腹径27.3、底径12.8、高23.0、壁厚0.7～1.2厘米（图一〇二，5；彩版一二一，2）。

壶　8件（M35：4、5、6、13、17、18、19、24）。其中，标本M35：4、5、6、13、18、19与24形制相似，均为泥质灰陶，由壶盖及壶两部分组成。壶盖：圜顶，弧腹，敞口，圆唇或方唇；素面。壶：圆唇，敞口，展沿或微卷沿，沿面施有一周凹槽，束颈，卵形腹，腹部最大径位置靠近肩部，平底；素面，器表轮旋痕迹明显。标本M35：4，通高24.4厘米；壶盖：口径9.9、高2.6、壁厚0.6～0.8厘米；壶：口径9.4、最大腹径15.5、底径8.7、高21.2、壁厚0.6～0.8厘米（图一〇二，6）。标本M35：5，通高25.9厘米；壶盖：口径10.2、高2.9、壁厚0.6～0.8厘米；壶：口径9.7、最大腹径16.8、底径8.9、高22.9、壁厚0.6～0.8厘米（图一〇二，7；彩版一二一，5）。标

图一○二　M35出土器物

1～5. 陶罐M35：2、3、12、15、16　6～12. 陶壶M35：4、5、6、13、18、19、24

本M35：6，通高27.2厘米；壶盖：口径9.5、高2.9、壁厚0.6～0.8厘米；壶：口径8.6、最大腹径16.8、底径9.7、高24.2、壁厚0.6～0.8厘米（图一○二，8；彩版一二一，6）。标本M35：13，壶盖未见。口径11.1、最大腹径18.9、底径9.6、高23.8、壁厚0.6～0.7厘米（图一○二，9）。标本M35：18，通高25.0厘米；壶盖：口径9.9、高2.7、壁厚0.6～0.8厘米；壶：口径9.9、最大腹径

16.9、底径7.9、高22.3、壁厚0.6～0.8厘米（图一〇二，10）。标本M35：19，壶盖未见。口径10.6、最大腹径17.3、底径9.0、高22.1、壁厚0.6～0.7厘米（图一〇二，11；彩版一二二，1）。标本M35：24，壶盖未见。口径8.6、最大腹径16.9、底径8.6、高23.0、壁厚0.6～0.7厘米（图一〇二，12）。标本M35：17，泥质黄褐陶。方唇，小盘口，束颈，溜肩，卵形腹，腹部最大径位置略靠上，平底。素面，器表轮旋痕迹明显。口径12.9、最大腹径20.9、底径8.8、高25.9、壁厚0.6～1.0厘米（图一〇三，1；彩版一二二，2）。

鼎　2件（M35：14、27）。形制相似，均为泥质黑陶或灰陶，由鼎盖及鼎两部分组成。鼎盖：圜顶，弧腹，方唇，敛口；素面。鼎：方唇，敛口，弧腹，圜底；近口处对称附有两个外撇长方形耳，底部附三个蹄状足；内壁轮旋痕迹明显。标本M35：14，通高20.2厘米；鼎盖：口径21.6、高8.1、壁厚0.4～1.1厘米；鼎：口径21.6、高11.9、壁厚0.4～1.1厘米（图一〇三，2；彩版一二二，3）。标本M35：27，未见鼎盖，腹部施有三周凹弦纹。口径21.6、高13.5、壁厚0.4～1.1厘米（图一〇三，3；彩版一二二，4）。

樽　2件（M35：7、21）。形制相似，均为泥质灰陶，由樽盖和樽两部分组成。樽盖：圜顶，弧腹，折沿，敞口，方唇；素面。樽：圆唇，直口，斜腹，平底，底部附有三个蹄状足；素面，器表轮旋痕迹明显。标本M35：7，未见樽盖。口径19.5、底径18.1、高16.2、壁厚0.4～0.8厘米（图一〇三，4；彩版一二二，5）。标本M35：21，通高20.2厘米；樽盖：口径22.2、高20.2、壁厚0.4～0.6厘米；樽：口径20.3、高15.6、壁厚0.6～0.8厘米（图一〇三，5；彩版一二二，6）。

盒　4件（M35：10、11、22、23）。其中，标本M35：10与11形制相似，均为泥质黄褐陶，由盒盖及盒两部分组成。盒盖：圜顶，弧腹，敛口，方唇；素面，器表轮旋痕迹明显。盒：方唇，敛口，弧腹，圜底；素面，器表轮旋痕迹明显。标本M35：10，通高14.3厘米；盒盖：口径20.7、高7.4、壁厚0.6～0.7厘米；盒：口径21.2、高6.7、壁厚0.6～0.7厘米（图一〇三，6；彩版一二三，1）。标本M35：11，通高13.2厘米；盒盖：口径20.7、高7.0、壁厚0.6～0.7厘米；盒：口径19.2、高6.2、壁厚0.6～0.7厘米（图一〇三，7）。其中，标本M35：22与23形制相似，均为泥质灰褐陶或黑褐陶，由盒盖及盒两部分组成。盒盖：圜顶，弧腹，折沿，敞口，方唇；素面，器表轮旋痕迹明显。盒：方唇，敞口，弧腹，圜底；素面，器表轮旋痕迹明显。标本M35：22，通高13.1厘米；盒盖：口径21.3、高6.7、壁厚0.6～0.7厘米；盒：口径21.2、高6.4、壁厚0.6～0.7厘米（图一〇三，8；彩版一二三，2）。标本M35：23，通高14.9厘米；盒盖：口径21.6、高8.0、壁厚0.6～0.7厘米；盒：口径21.6、高6.9、壁厚0.6～0.7厘米（图一〇三，9）。

套盒　3件（M35：8、9、20）。其中，标本M35：8与9形制相似，均为泥质灰陶或黄褐陶，由套盒盖及套盒两部分组成。套盒盖：圜顶，折腹，直口，圆唇。套盒：圆唇，直口，折腹，腹部施有一周扉棱，平底；素面。标本M35：8，套盒盖近顶部施有一周凹弦纹。通高14.9厘米；套盒盖：口径19.1、高11.7、壁厚0.6～0.7厘米；套盒：口径15.4、底径9.4、高9.4、壁厚0.6～0.7厘米（图一〇三，10；彩版一二三，3）。标本M35：9，套盒盖近口处施有三周凹弦纹。通高14.1厘米；套盒盖：口径17.7、高11.0、壁厚0.6～0.7厘米；套盒：口径14.8、高7.5、壁厚0.6～0.7厘米

（图一〇三，11）。标本M35：20，泥质灰褐陶，由套盒盖及套盒两部分组成。套盒盖：圜顶，弧腹，直口，圆唇；素面，器表轮旋痕迹明显。套盒：圆唇，直口，折腹，平底；素面，器表轮旋痕

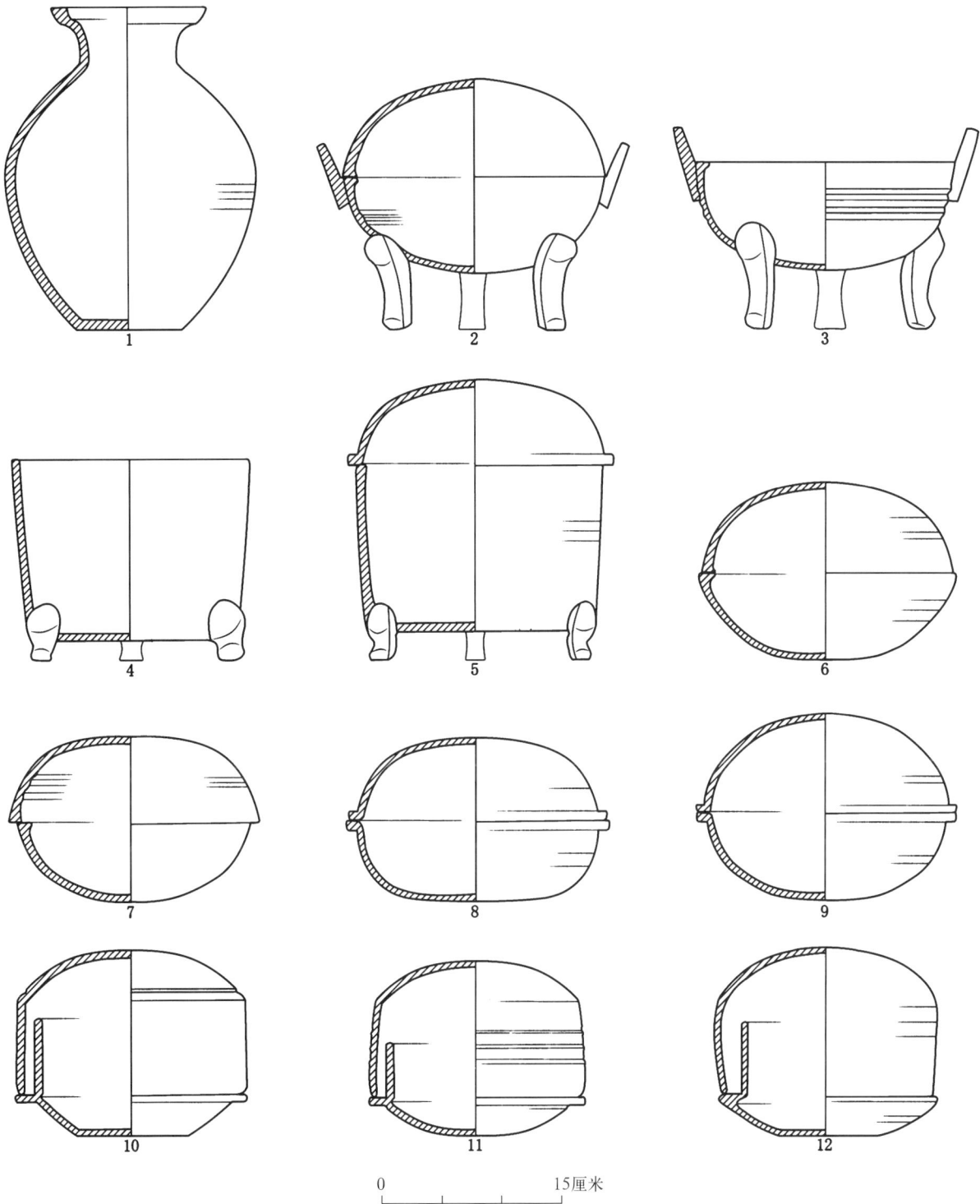

0　　　　　　　　　　　15厘米

图一〇三　　M35出土器物

1. 陶壶M35：17　2、3. 陶鼎M35：14、27　4、5. 陶樽M35：7、21　6～9. 陶盒M35：10、11、22、23　10～12. 陶套盒M35：8、9、20

迹明显。通高14.9厘米；套盒盖：口径17.8、高11.7、壁厚0.6～0.7厘米；套盒：口径14.2、底径8.5、高9.2、壁厚0.6～0.7厘米（图一○三，12；彩版一二三，4）。

灶 1件。标本M35∶26－1，泥质灰陶。灶面呈圆形，灶面上呈"品"字形置有三个圆形火眼，尾端置有圆形烟孔，长方形灶门不落地。素面。灶面直径19.5、高8.7、壁厚0.6～0.7厘米；火眼直径4.1、4.3、4.9、烟孔直径1.0厘米；灶门长5.4、高3.7厘米（图一○四，1；彩版一二三，5）。

井 1件。标本M35∶25，泥质黄褐陶。方唇，直口，束颈，折腹，平底。上腹部施有多周凹弦纹。口径9.5、底径6.6、高16.3、壁厚0.5～0.7厘米（图一○四，2；彩版一二三，6）。

小釜 2件（M35∶26－2、26－3）。形制相似，均为泥质黄褐陶；圆唇，敛口，束颈，鼓腹，平底；素面，器表轮旋痕迹明显。标本M35∶26－2，口径4.6、最大腹径5.1、底径2.0、高2.1、壁厚0.1～0.3厘米（图一○四，3；彩版一二三，5）。标本M35∶26－3，口径4.8、最大腹径5.8、底径3.8、高2.2、壁厚0.1～0.3厘米（图一○四，4；彩版一二三，5）。

小盆 1件。标本M35∶26－4，泥质黄褐陶。圆唇，敞口，展沿，弧腹，平底。素面，器表轮旋痕迹明显。口径7.7、底径3.4、高2.8、壁厚0.1～0.3厘米（图一○四，5；彩版一二三，5）。

小甑 1件。标本M35∶26－5，泥质黄褐陶。圆唇，敞口，卷沿，沿面施有一周凹槽，弧腹，平底，底部戳有6个甑孔。素面。口径8.7、底径4.0、高3.2、壁厚0.1～0.3厘米（图一○四，6；彩版一二三，5）。

铜钱 19枚，均为"五铢"钱，现已板结。

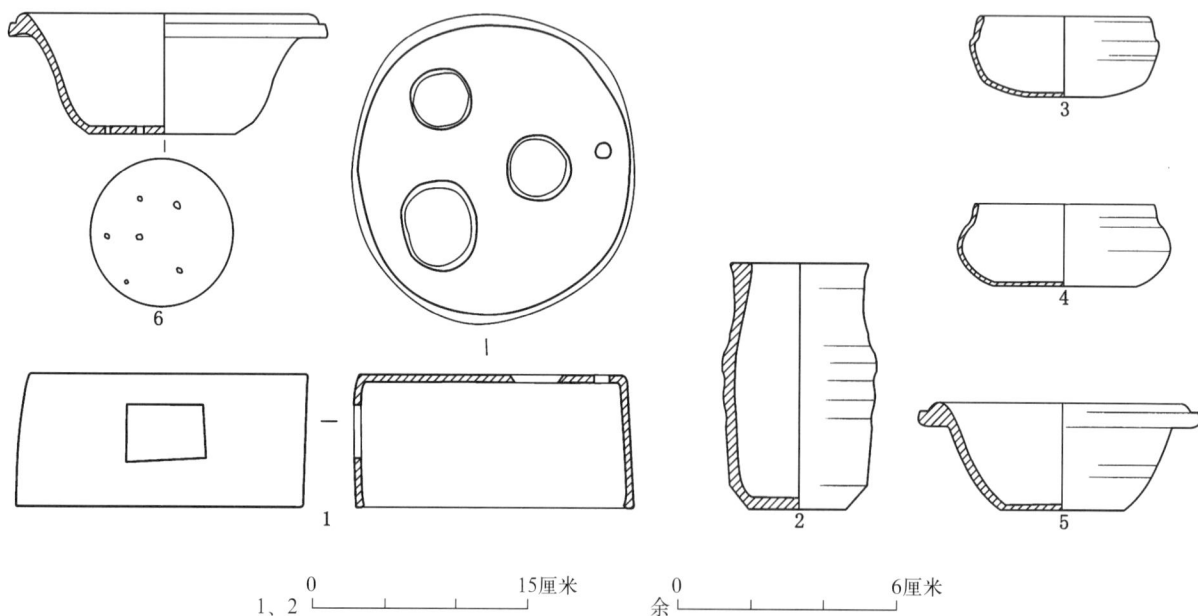

图一○四 M35出土器物

1. 陶灶M35∶26－1 2. 陶井M35∶25 3、4. 小陶釜M35∶26－2、26－3 5. 小陶盆M35∶26－4 6. 小陶甑M35∶26－5

三六　M36

1．墓葬形制

土坑竖穴墓，平面呈圆角梯形，墓圹较规整。方向0°（图一○五；彩版一二四，1）。开口于第②层下，开口距地表1.00米，保存状况较好。

墓圹四壁向内斜收，墓底较平坦。开口处长3.80、宽2.70～2.80米，底部长3.60、宽2.52～2.60、深1.11米。

墓内填土呈黄褐色，并夹杂有少量的黑土、小石块等，土质较疏松。

2．葬具和人骨

墓穴内置木椁1具，椁板均已腐朽，仅存灰白色板灰，并且有的出现塌陷和变形，部分改变了原来的位置；但仍可看出椁室的形状和尺寸，整理中尽可能地作了复原研究。木椁平面形状呈"Ⅱ"字形，其盖板现已不存，仅存挡板、壁板及底板。椁室长3.28、宽1.84～2.07、残高0.40米。整个椁室经壁板和挡板套合而成，其中南挡板长2.05、北挡板长2.24、东壁板长3.27、西壁板长3.30米，壁板及挡板板灰痕厚约0.02～0.04米。由残存的板灰分析，底板应由方木呈东西向平铺于墓底之上，底板板灰痕厚约0.02米。

由于该墓的埋藏条件不利于有机物的保存，墓底未见有人骨痕迹；但从随葬品的组合及摆放位置分析，该墓应为双人合葬墓。

3．随葬品

该墓共出土有49件（套）随葬品（彩版一二四，2），均位于椁室北部，均为陶器，种类计有瓮2、罐2、壶12、鼎2、樽2、盒7、套盒4、灯2、灶2、井2、小釜6、小盆5、小瓿1。

瓮　2件（M36：13、32）。标本M36：13，泥质灰陶。圆唇，子母口，斜颈，溜肩，鼓腹，腹部最大径位置靠上，平底。上腹部施有多周凹弦纹，下腹部及底部满施细绳纹。口径17.0、最大腹径35.7、底径11.2、高28.7、壁厚0.4～0.6厘米（图一○六，1；彩版一二五，1）。标本M36：32，泥质灰陶。圆唇，敛口，斜领，圆肩，球形腹，腹部最大径位置略靠下，圜底。肩部施有多周凹弦纹，下腹部及底部满施细绳纹。口径17.7、最大腹径37.3、高32.4、壁厚0.4～0.6厘米（图一○六，2；彩版一二五，2）。

罐　2件（M36：25、33）。形制相似，均为泥质灰陶；圆唇，子母口，斜颈，溜肩，鼓腹，腹部最大径位置靠近肩部，平底；素面，器表轮旋痕迹明显。标本M36：25，口径10.4、最大腹径19.4、底径10.1、高21.6、壁厚0.5～0.6厘米（图一○六，3；彩版一二五，3）。标本M36：33，口部残缺，最大腹径19.0、底径8.0、残高17.6、壁厚0.4～0.6厘米（图一○六，4）。

壶　12件（M36：1、5、8、11、12、15、17、20、27、28、31、36）。其中，标本M36：1、8、12、15、20、27与28形制相似，均为泥质灰陶；方唇或圆唇，敞口，微卷沿或展沿，沿面施有一周凹槽，束颈，溜肩，卵形腹，腹部最大径位置靠近肩部，平底；素面。标本M36：1，口径9.2、最大腹径16.9、底径9.1、高22.6、壁厚0.6～0.7厘米（图一○六，5；彩版一二五，4）。标

图一〇五　M36平、剖面图

1. 陶壶　2. 陶盒　3. 陶鼎　4. 陶樽　5. 陶壶　6. 陶套盒　7. 陶盒　8. 陶壶　9. 陶盒　10. 陶盒　11. 陶壶　12. 陶壶　13. 陶瓮　14. 陶井　15. 陶壶　16. 陶灶组合（压于13之下）　17. 陶壶（压于13之下）　18. 陶套盒　19. 陶盒　20. 陶壶（压于32之下）　21. 陶盒　22. 陶鼎　23. 陶灶组合（压于32之下）　24. 陶套盒　25. 陶罐　26. 陶套盒　27. 陶壶　28. 陶壶　29. 陶灯　30. 陶樽　31. 陶壶　32. 陶瓮　33. 陶罐　34. 陶盒　35. 陶井　36. 陶壶　37. 陶灯

本M36:8，口径8.9、最大腹径17.2、底径8.7、高22.5、壁厚0.6~0.7厘米（图一〇六，6）。标本M36:12，口径7.7、最大腹径16.5、底径8.9、高21.5、壁厚0.4~0.6厘米（图一〇六，7；彩版一二五，5）。标本M36:15，口径8.9、最大腹径15.6、底径8.6、高21.2、壁厚0.6~0.7厘米（图一〇六，8）。标本M36:20，口径10.5、最大腹径16.5、底径8.9、高22.5、壁厚0.6~0.7厘米（图一〇六，9；彩版一二五，6）。标本M36:27，口径10.6、最大腹径17.2、底径8.9、高23.1、

图一〇六　M36出土器物

1、2. 陶瓮M36:13、32　3、4. 陶罐M36:25、33　5~11. 陶壶M36:1、8、12、15、20、27、28

壁厚0.6～0.7厘米（图一〇六，10；彩版一二六，1）。标本M36：28，口径6.9、最大腹径15.9、底径9.3、高21.7、壁厚0.4～0.6厘米（图一〇六，11；彩版一二六，2）。其中，标本M36：5、11、31与36形制相同，均为泥质灰陶；方唇，盘口，束颈，溜肩，卵形腹，腹部最大径位置靠近肩部，平底；素面，器表轮旋痕迹明显。标本M36：5，口径9.1、最大腹径19.3、底径10.0、高28.5、壁厚0.6～1.0厘米（图一〇七，1；彩版一二六，3）。标本M36：11，口径10.7、最大腹径20.7、底径10.2、高29.3、壁厚0.6～0.8厘米（图一〇七，2）。标本M36：31，口径11.0、最大腹径19.5、底径9.5、高28.9、壁厚0.6～0.9厘米（图一〇七，3；彩版一二六，4）。标本M35：17，泥质灰陶。尖圆唇，敞口，小展沿，束颈，溜肩，卵形腹，腹部最大径位置略靠上，平底。素面。口径7.3、最大腹径15.0、底径7.6、高21.6、壁厚0.4～0.6厘米（图一〇七，4）。

鼎　2件（M36：3、22）。标本M36：3，泥质灰陶。尖圆唇，敛口，弧腹，腹部整体呈钵状，圆底。近口处附有对称的方形耳，底部附有三个蹄状足。素面。口径21.9、高15.1、壁厚0.7～0.9厘米（图一〇七，5；彩版一二六，5）。标本M36：22，泥质灰陶，由鼎盖及鼎两部分组成。鼎盖：台顶，弧腹，敞口，圆唇；素面。鼎：尖圆唇，敛口，折腹，腹部施有一周扉棱，圆底；近口处附有对称的方形耳，底部附有三个蹄状足；素面。通高20.9厘米；鼎盖：口径18.1、顶径10.7、高5.5、壁厚0.4～0.5厘米；鼎：口径17.9、高20.5、壁厚0.4～0.5厘米（图一〇七，6；彩版一二六，6）。

樽　2件（M36：4、30）。形制相似，均为泥质黄褐陶或灰陶；圆唇，直口，直腹，平底，底部附有三个蹄状足；素面。标本M36：4，内壁轮旋痕迹明显，口径18.6、底径16.6、高14.3、壁厚0.4～0.8厘米（图一〇七，7；彩版一二七，1）。标本M36：30，口径19.6、底径18.3、高14.4、壁厚0.4～0.6厘米（图一〇七，8；彩版一二七，2）。

盒　7件（M36：2、7、9、10、19、21、34）。标本M36：2，由盒盖及盒两部分组成。盒盖：泥质灰陶；台顶，弧腹，折沿，敞口，圆唇；腹部施有一周凹弦纹。盒：泥质灰陶；圆唇，敞口，折沿，弧腹，台底；腹部施有一周凹弦纹。通高12.2厘米；盒盖：口径19.3、顶径9.6、高5.9、壁厚0.6～0.8厘米；盒：口径20.8、底径10.2、高6.3、壁厚0.6～0.8厘米（图一〇七，9；彩版一二七，3）。其中，标本M36：7与9形制相似，均由盒盖及盒两部分组成。盒盖：泥质灰陶；平顶，弧腹，折沿，敞口，圆唇；素面。盒：泥质灰陶；圆唇，敞口，折沿，弧腹，平底；素面。标本M36：7，通高13.2厘米；盒盖：口径20.9、顶径9.23、高6.6、壁厚0.6～0.8厘米；盒：口径19.1、底径8.4、高6.6、壁厚0.6～0.8厘米（图一〇七，10）。标本M36：9，通高11.6厘米；盒盖：口径20.1、顶径9.1、高6.3、壁厚0.6～0.8厘米；盒：口径18.7、底径8.8、高5.2、壁厚0.6～0.8厘米（图一〇七，11）。其中，标本M36：10与34形制相似，均由盒盖及盒两部分组成。盒盖：泥质灰陶；圜顶，弧腹，敛口，方唇；素面。盒：泥质灰陶；方唇，敛口，弧腹，平底；素面。标本M36：10，通高15.5厘米；盒盖：口径20.5、高7.6、壁厚0.5～0.6厘米；盒：口径21.4、底径8.7、高7.9、壁厚0.5～0.6厘米（图一〇七，12）。其中，标本M36：19与21形制相似，均由盒盖及盒两部分组成。盒盖：泥质灰陶；圜顶，弧腹，敛口，方唇；素面。盒：泥质灰陶；方唇，

图一〇七　M36出土器物

1～4. 陶壶M36：5、11、31、17　5、6. 陶鼎M36：3、22　7、8. 陶樽M36：4、30　9～14. 陶盒M36：2、7、9、10、19、21

敛口，弧腹，台底；下腹部施有一周凹弦纹。标本M36：19，通高15.6厘米；盒盖：口径21.6、高8.2、壁厚0.8～1.0厘米；盒：口径22.6、底径9.8、高7.4、壁厚0.8～1.0厘米（图一○七，13；彩版一二七，4）。标本M36：21，盒盖缺失，口径23.5、底径11.9、高8.0、壁厚0.8～1.0厘米（图一○七，14）。

套盒　4件（M36：6、18、24、26）。其中，标本M36：6、24与26形制相似，均为泥质灰陶或黄褐陶，由套盒盖及套盒两部分组成。套盒盖：圜顶，折腹，直口，圆唇；素面。套盒：圆唇或方唇，直口，折腹，腹部施有一周扉棱，平底；素面。标本M36：6，通高13.1厘米；套盒盖：口径16.4、高10.5、壁厚0.5～0.6厘米；套盒：口径14.9、底径8.3、高7.8、壁厚0.5～0.6厘米（图一○八，1）。标本M36：24，通高12.4厘米；套盒盖：口径16.1、高9.6、壁厚0.4～0.5厘米；套盒：口径16.1、底径5.3、高7.8、壁厚0.4～0.5厘米（图一○八，2；彩版一二七，5）。标本M36：26，套盒盖内壁轮旋痕迹明显，通高15.2厘米；套盒盖：口径18.2、高11.2、壁厚0.5～0.6厘米；套盒：口径14.9、底径5.3、高9.2、壁厚0.5～0.6厘米（图一○八，3）。标本M36：18，由套盒盖及套盒两部分组成。套盒盖：泥质灰陶；圜顶，折腹，直口，圆唇；素面。套盒：泥质灰陶；圆唇，直口，折腹，腹部施有一周扉棱，圜底；素面。通高14.9厘米；套盒盖：口径16.1、高10.2、壁厚0.6～0.7厘米；套盒：口径15.2、高7.7、壁厚0.6～0.7厘米（图一○八，4；彩版一二七，6）。

灯　2件（M36：29、37）。形制相似，均为泥质灰陶；豆形灯，方唇，敛口，浅盘，中空台状灯座，灯座中部穿有一孔；素面，内壁轮旋痕迹明显。标本M36：29，口径12.6、底座径10.7、高13.6、壁厚0.6～0.9厘米（图一○八，5；彩版一二八，1）。标本M36：37，口径12.4、底座径10.3、高13.7、壁厚0.5～0.9厘米（图一○八，6；彩版一二八，2）。

灶　2件（M36：16－1、23－1）。形制相似，均为泥质灰陶；灶面呈圆形，灶面上呈“品”字形置有三个圆形火眼，尾端置有一圆形烟孔，长方形灶门不落地；素面。标本M36：16－1，灶面直径21.2、高9.1、壁厚0.4～0.6厘米；火眼直径3.5、4.1、4.2厘米；灶门长3.5、宽2.8厘米（图一○八，7；彩版一二八，3）。标本M36：23－1，灶面直径19.3、高10.1、壁厚0.8～1.1厘米；火眼直径4.1、3.8、3.7、烟孔直径0.7厘米；灶门长5.5、高5.2厘米（图一○八，8；彩版一二八，4）。

井　2件（M36：14、35）。标本M36：14，泥质灰陶。方唇，敞口，斜颈，折肩，折腹，下腹部急收成小平底。素面，内壁轮旋痕迹明显。口径10.3、底径5.3、高15.8、壁厚0.7～0.9厘米（图一○八，9；彩版一二八，5）。标本M36：35，泥质灰陶。方唇，敞口，束颈，折肩，弧腹，平底。肩部及腹部施有多周凹弦纹，内壁轮旋痕迹明显。口径10.9、底径5.6、高12.9、壁厚0.5～1.1厘米（图一○八，10；彩版一二八，6）。

小釜　6件（M36：16－2、16－3、16－4、23－2、23－3、23－4）。其中，标本M36：16－2、16－3与16－4形制相似，均为泥质灰陶；圆唇，敛口，鼓腹，平底；素面。标本M36：16－2，口径4.8、底径3.9、高2.6、壁厚0.2～0.5厘米（图一○八，11；彩版一二八，3）。标本M36：

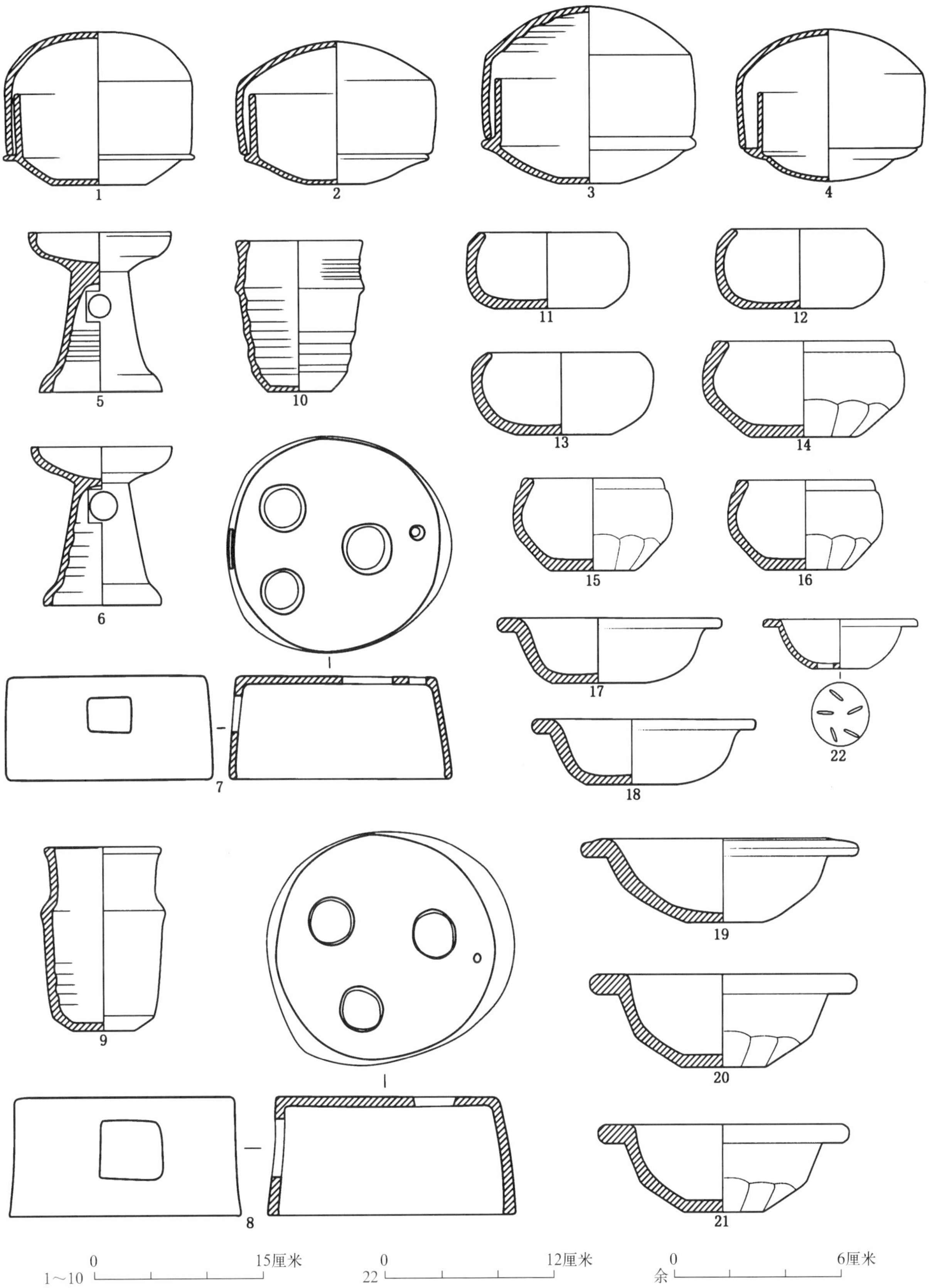

图一〇八　M36出土器物

1~4. 陶套盒M36：6、24、26、18　5、6. 陶灯M36：29、37　7、8. 陶灶M36：16-1、23-1　9、10. 陶井M36：14、35　11~16. 小陶釜M36：16-2、16-3、16-4、23-2、23-3、23-4　17~21. 小陶盆M36：16-5、16-6、16-7、23-5、23-6　22. 小陶甑 M36：23-7

16－3，口径4.8、底径3.8、高2.7、壁厚0.2～0.5厘米（图一〇八，12；彩版一二八，3）。标本M36：16－4，口径5.2、底径3.2、高2.9、壁厚0.2～0.5厘米（图一〇八，13；彩版一二八，3）。其中，标本M36：23－2、23－3与23－4形制相似，均为泥质灰陶；圆唇，敛口，束颈，鼓腹，平底；素面，下腹部修坯削痕明显。标本M36：23－2，口径6.4、底径3.8、高3.3、壁厚0.4～0.5厘米（图一〇八，14；彩版一二八，4）。标本M36：23－3，口径5.0、底径3.0、高3.2、壁厚0.4～0.5厘米（图一〇八，15；彩版一二八，4）。标本M36：23－4，口径4.9、底径3.0、高3.1、壁厚0.4～0.5厘米（图一〇八，16；彩版一二八，4）。

小盆 5件（M36：16－5、16－6、16－7、23－5、23－6）。形制相似，均为泥质灰陶；圆唇，敞口，折沿，弧腹，平底；素面。标本M36：16－5，口径7.6、底径3.4、高2.4、壁厚0.2～0.5厘米（图一〇八，17；彩版一二八，3）。标本M36：16－6，口径7.6、底径3.4、高2.4、壁厚0.2～0.5厘米（图一〇八，18；彩版一二八，3）。标本M36：16－7，口径7.9、底径3.0、高2.9、壁厚0.2～0.5厘米（图一〇八，19；彩版一二八，3）。标本M36：23－5，下腹部修坯削痕明显，口径9.6、底径3.0、高3.2、壁厚0.4～0.6厘米（图一〇八，20；彩版一二八，4）。标本M36：23－6，下腹部修坯削痕明显，口径9.0、底径2.9、高3.0、壁厚0.4～0.6厘米（图一〇八，21；彩版一二八，4）。

小甑 1件。标本M36：23－7，泥质灰陶。方唇，敞口，折沿，弧腹，平底，底部戳有五个长椭圆形甑眼。素面。口径11.0、底径4.2、高3.4、壁厚0.4～0.5厘米（图一〇八，22；彩版一二八，4）。

三七 M37

1．墓葬形制

土坑竖穴墓，平面呈圆角梯形，墓圹较规整。方向15°（图一〇九；彩版一二九）。开口于第②层下，开口距地表1.00米，保存状况较好。

墓圹四壁较平直，墓底较平坦。长3.10、宽1.30～1.38、深0.54米。

墓内填土呈灰褐色，并夹杂有少量的黄土、小石块等，土质较疏松。

2．葬具和人骨

墓穴内置木棺1具，棺板均已腐朽，仅存灰白色板灰，并且有的出现塌陷和变形，部分改变了原来的位置；但仍可看出棺室的形状和尺寸，整理中尽可能地作了复原研究。木棺平面形状呈"Ⅱ"字形，其盖板现已不存，仅存挡板、壁板及底板。棺室长2.66、宽0.90、残高0.28米。整个棺室经壁板和挡板套合而成，其中南挡板长1.02、北挡板长1.06、东壁板长2.68、西壁板长2.62米，壁板及挡板板灰痕厚约0.02～0.03米。底板板灰痕厚约0.02米。

由于该墓的埋藏条件不利于有机物的保存，墓底未见有人骨痕迹；但从随葬品的组合及摆放位置分析，该墓应为单人葬。

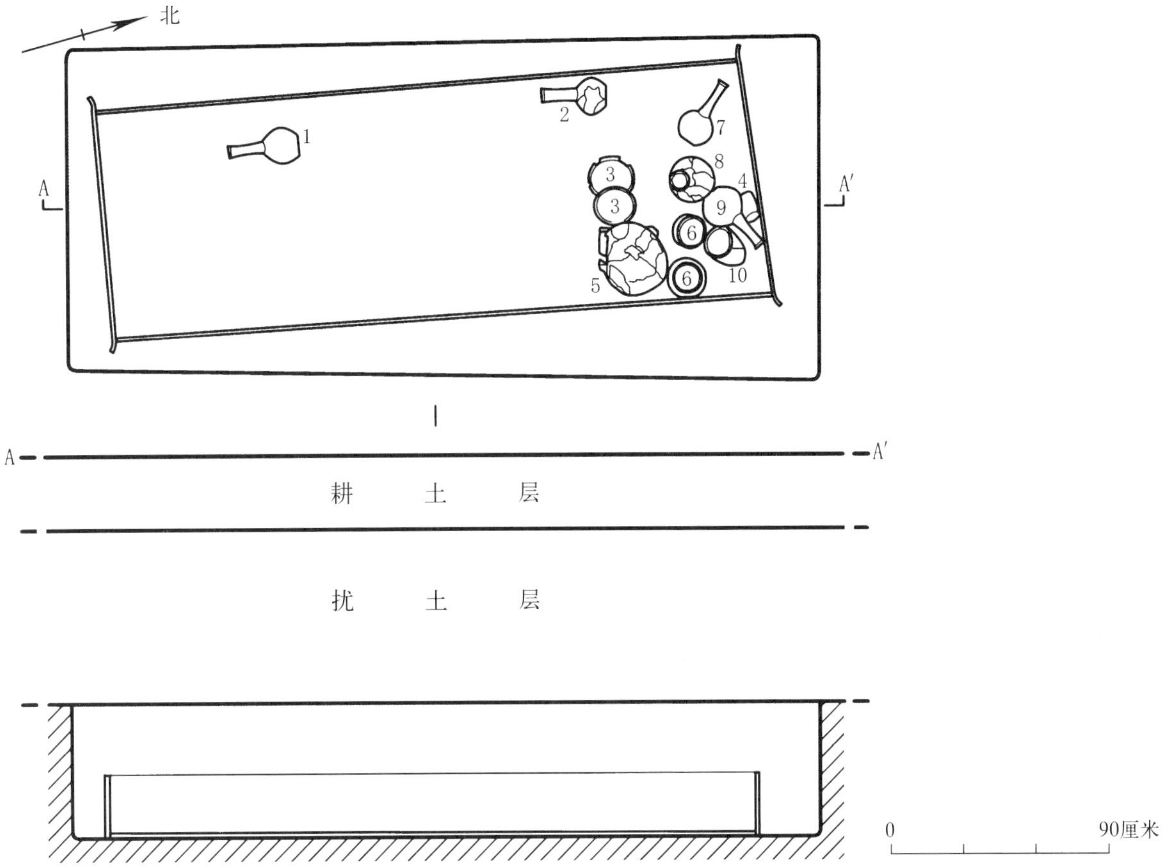

图一〇九　M37平、剖面图

1. 陶长颈瓶　2. 陶长颈瓶　3. 陶盒　4. 陶井　5. 陶罐　6. 陶套盒　7. 陶长颈瓶　8. 陶长颈瓶　9. 陶长颈瓶　10. 陶樽

3. 随葬品

该墓共出土有10件随葬品（彩版一三〇，1），多数位于棺内北部，均为陶器，种类计有罐1、长颈瓶5、樽1、盒1、套盒1、井1。

罐　1件。标本M37：5，泥质灰陶。方唇，敛口，直领，溜肩，鼓腹，腹部最大径位置居中略偏下，台底。肩部及中腹部各施有二周凹弦纹。口径13.6、最大腹径28.5、底径11.6、高26.5、壁厚0.8~0.9厘米（图一一〇，1；彩版一三一，1）。

长颈瓶　5件（M37：1、2、7、8、9）。其中，标本M37：1、2、7与9形制相似，均为泥质灰陶；圆唇，敞口，小展沿，粗长颈，鼓腹较浑圆，腹部最大径位置居中，平底。标本M37：1，颈部及腹部施有多周凹弦纹。口径7.8、最大腹径15.1、底径7.5、高28.5、壁厚0.6~0.8厘米（图一一〇，2；彩版一三一，2）。标本M37：2，素面，器表轮旋痕迹明显。口径7.8、最大腹径16.1、底径7.6、高29.5、壁厚0.6~0.8厘米（图一一〇，3）。标本M37：7，颈部及上腹部施有多周凹弦纹。口径7.6、最大腹径16.7、底径7.9、高28.2、壁厚0.6~0.8厘米（图一一〇，4）。标本M37：9，颈部施有多周凹弦纹。口径7.4、最大腹径15.7、底径8.2、高28.6、壁厚0.6~0.8厘米（图一一〇，5；彩版一三一，3）。标本M37：8，泥质灰陶；圆唇，敞口，粗长颈，鼓腹浑圆，腹部最大径位置居中，矮圈足；素面。口径6.8、最大腹径15.4、底径9.8、高26.4、壁厚0.6~0.8厘米（图

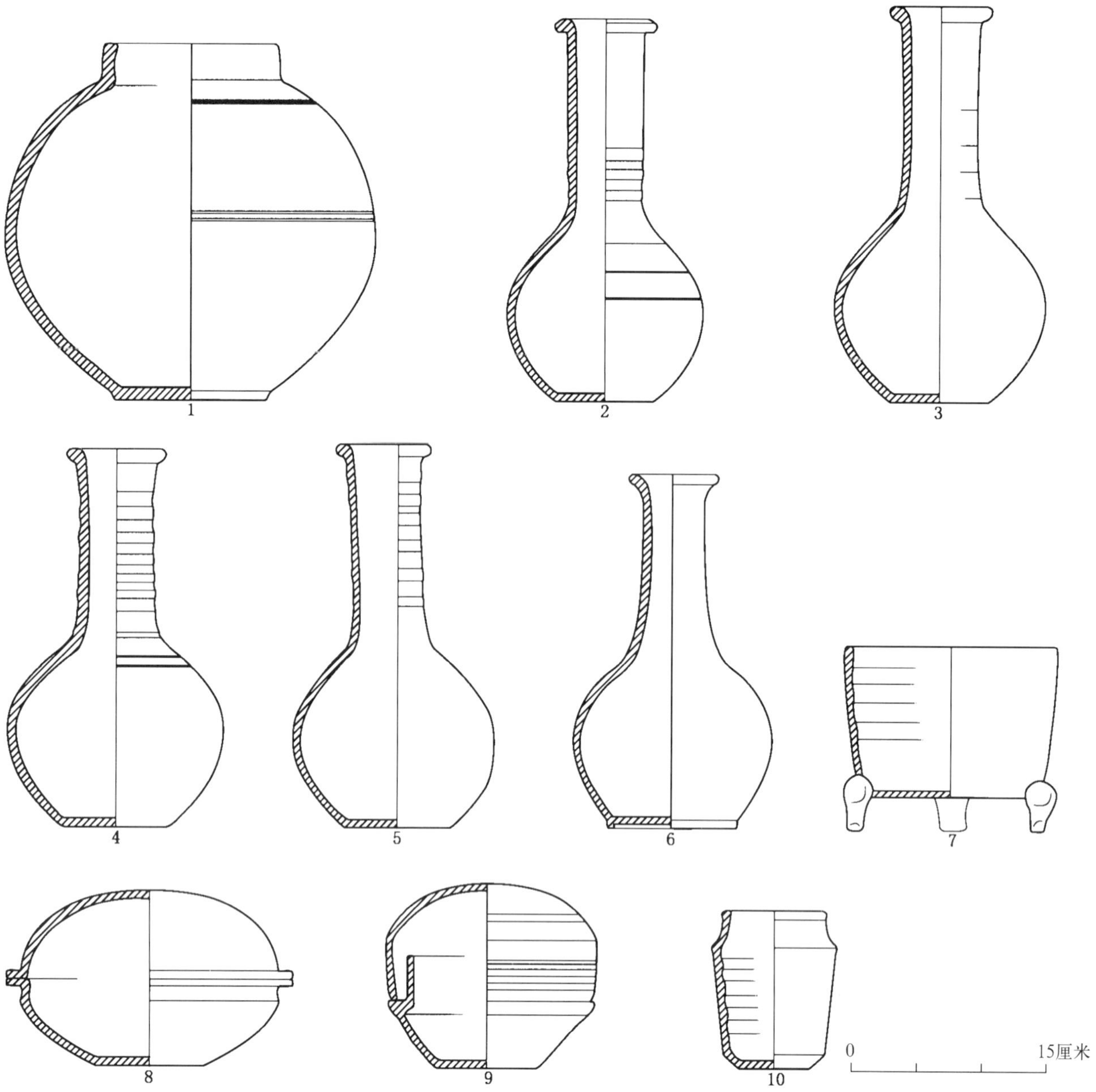

图一一〇　M37出土器物

1. 陶罐M37：5　2~6.陶长颈瓶M37：1、2、7、9、8　7.陶樽M37：10　8.陶盒M37：3　9.陶套盒M37：6　10.陶井M37：4

一一〇，6；彩版一三一，4）。

樽　1件。标本M37：10，泥质黄褐陶。圆唇，直口，斜腹，平底，底部附有三个蹄状足。素面，内壁轮旋痕迹明显。口径16.4、底径13.4、高13.8、壁厚0.5~0.6厘米（图一一〇，7；彩版一三一，5）。

盒　1件。标本M37：3，由盒盖及盒两部分组成。盒盖：泥质灰陶；圆顶，弧腹，折沿，敞口，方唇；素面。盒：泥质灰陶；方唇，微敛口，折沿，弧腹，平底；素面。通高13.1厘米；盒盖：口径22.1、高6.6、壁厚0.5~0.6厘米；盒：口径22.1、底径8.3、高6.5、壁厚0.5~0.6厘米（图一一〇，8；彩版一三一，6）。

套盒　1件。标本M37：6，由套盒盖及套盒两部分组成。套盒盖：泥质灰陶；圜顶，折腹，直口，圆唇；腹部施有多周凹弦纹。套盒：泥质灰陶，陶色不纯，局部呈黄褐色；圆唇，直口，折腹，平底；素面。通高13.8厘米；套盒盖：口径15.7、高8.8、壁厚0.5～0.6厘米；套盒：口径11.9、底径7.7、高8.7、壁厚0.5～0.6厘米（图一一〇，9；彩版一三二，1）。

井　1件。标本M37：4，泥质灰陶。圆唇，敛口，折肩，折腹，下腹部急收成小平底。素面，内壁轮旋痕迹明显。口径8.0、底径5.4、高11.8、壁厚0.6～0.7厘米（图一一〇，10；彩版一三二，2）。

三八　M38

1．墓葬形制

土坑竖穴墓，平面呈圆角长方形，墓圹较规整。方向30°（图一一一；彩版一三三）。开口于第②层下，开口距地表1.00米，保存状况较好。

墓圹四壁较平直，墓底较平坦。长3.40、宽1.90、深0.50米。

墓内填土呈灰褐色，并夹杂有少量的黄土、小石块等，土质较疏松。

2．葬具和人骨

墓穴内置木棺1具，棺板均已腐朽，仅存灰白色板灰，并且有的出现塌陷和变形，部分改变了原来的位置；但仍可看出棺室的形状和尺寸，整理中尽可能地作了复原研究。木棺平面形状呈"Ⅱ"字形，其盖板现已不存，仅存挡板、壁板及底板。棺室长3.16、宽0.80、残高0.50米。整个棺室经壁板和挡板套合而成，其中南挡板长1.06、北挡板长1.11、东壁板长3.06、西壁板长3.16米，壁板及挡板板灰痕厚约0.02～0.03米。底板板灰痕厚约0.02米。

由于该墓的埋藏条件不利于有机物的保存，墓底未见有人骨痕迹；但从随葬品的组合及摆放位置分析，该墓应为单人葬。

3．随葬品

该墓共出土有19件随葬品（彩版一三〇，2），多数位于棺内北部，以陶器为主，另有铜钱3枚。

陶器　计有瓮1、罐2、壶5、樽1、盒1、套盒1、盆1、灶1、井1、小釜4。

瓮　1件。标本M38：12，泥质黄褐陶。尖圆唇，微敛口，小展沿，鼓颈，溜肩，鼓腹，腹部最大径位置居中，圜底。肩部施有数周凹弦纹，下腹部及底部满施细绳纹。口径18.4、最大腹径40.7、高35.9、壁厚0.4～0.6厘米（图一一二，1；彩版一三二，3）。

罐　2件（M38：11、14）。形制相似，均为泥质灰陶；尖圆唇，子母口，敞口，束颈，溜肩，鼓腹，腹部最大径位置靠近肩部，平底；素面，器表轮旋痕迹明显。标本M38：11，口径9.7、最大腹径16.0、底径8.3、高18.9、壁厚0.4～0.6厘米（图一一二，2；彩版一三二，4）。标本M38：14，口径8.0、最大腹径14.7、底径8.8、高18.7、壁厚0.4～0.6厘米（图一一二，3）。

壶　5件（M38：5、8、9、10、13）。形制相似，均为泥质灰陶或黑陶；圆唇，敞口，微卷

图一——　M38平、剖面图

1. 铜钱　2. 陶樽　3. 陶套盒　4. 陶盒　5. 陶壶　6. 陶盆　7. 陶井　8. 陶壶　9. 陶壶　10. 陶壶　11. 陶罐　12. 陶瓮　13. 陶壶　14. 陶罐　15. 陶灶组合

沿，沿面施有一周凹槽，束颈，溜肩，卵形腹，腹部最大径位置略靠上，平底；素面。标本M38：5，口径8.8、最大腹径14.8、底径7.9、高22.3、壁厚0.4～0.6厘米（图一一二，4）。标本M38：8，口径8.3、最大腹径16.4、底径9.2、高22.8、壁厚0.4～0.6厘米（图一一二，5；彩版一三二，5）。标本M38：9，口径8.3、最大腹径16.4、底径9.2、高22.8、壁厚0.4～0.6厘米（图一一二，6；彩版一三二，6）。标本M38：10，口径8.1、最大腹径16.5、底径9.6、高22.0、壁厚0.4～0.6厘米（图一一二，7）。标本M38：13，口径8.3、最大腹径16.4、底径9.2、高22.8、壁厚0.4～0.6厘米（图一一二，8；彩版一三四，1）。

　　樽　1件。标本M38：2，泥质灰陶。圆唇，直口，直腹，平底，底部附有三个蹄状足。腹部施有两周凹弦纹。口径16.9、底径16.3、高15.6、壁厚0.4～0.6厘米（图一一二，9；彩版一三四，2）。

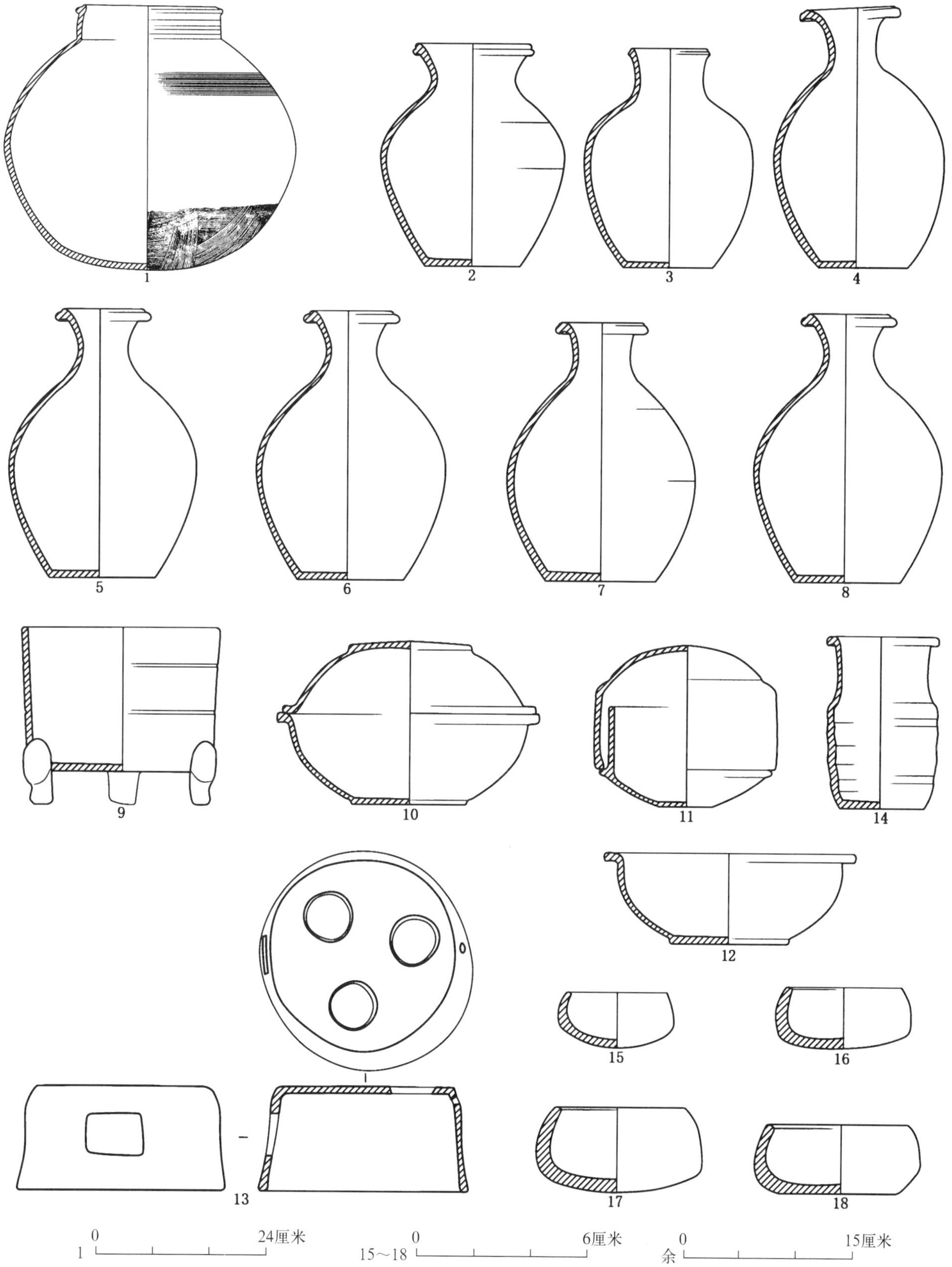

图一一二　M38出土器物

1. 陶瓮M38：12　2、3. 陶罐M38：11、14　4～8. 陶壶M38：5、8、9、10、13　9. 陶樽M38：2　10. 陶盒M38：4　11. 陶套盒M38：3　12. 陶盆M38：6　13. 陶灶M38：15－1　14. 陶井M38：7　15～18. 小陶釜M38：15－2、15－3、15－4、15－5

盒　1件。标本M38：4，由盒盖及盒两部分组成。盒盖：泥质黑陶；台顶，弧腹，展沿，敞口，圆唇；素面。盒：泥质黑陶；圆唇，敞口，展沿，弧腹，台底；素面。通高13.9厘米；盒盖：口径21.9、底径10.4、高6.2、壁厚0.5～0.6厘米；盒：口径22.6、底径9.7、高7.7、壁厚0.5～0.6厘米（图一一二，10）。

套盒　1件。标本M38：3，由套盒盖及套盒两部分组成。套盒盖：泥质黄褐陶，圜顶，折腹，敛口，圆唇；素面。套盒：泥质黄褐陶；圆唇，直口，折腹，平底；素面。通高13.7厘米；套盒盖：口径14.8、高10.6、壁厚0.4～0.5厘米；套盒：口径15.3、底径4.9、高8.5、壁厚0.4～0.5厘米（图一一二，11；彩版一三四，3）。

盆　1件。标本M38：6，泥质黑陶。圆唇，敞口，微卷沿，弧腹，台底。素面。口径21.7、底径10.3、高7.7、壁厚0.4～0.6厘米（图一一二，12；彩版一三四，4）。

灶　1件。标本M38：15－1，泥质灰陶。灶面呈圆形，灶面上呈"品"字形置有三个圆形火眼，后壁置有一圆形火眼，长方形灶门不落地。素面。灶面直径16.0、高8.7、壁厚0.4～0.6厘米；火眼直径4.1、4.1、4.2厘米；灶门长3.6、宽2.8厘米（图一一二，13；彩版一三四，5）。

井　1件。标本M38：7，泥质灰陶。方唇，敞口，折沿，束颈，折肩，弧腹，平底。素面，器表及内壁轮旋痕迹明显。口径9.0、底径7.4、高14.6、壁厚0.4～0.6厘米（图一一二，14；彩版一三四，6）。

小釜　4件（M38：15－2、15－3、15－4、15－5）。其中，标本M38：15－2、15－3与15－4形制相似，均为泥质灰陶；圆唇，敛口，鼓腹，圜底；素面。标本M38：15－2，口径3.5、高1.9、壁厚0.2～0.5厘米（图一一二，15；彩版一三四，5）。标本M38：15－3，口径4.0、高2.0、壁厚0.2～0.5厘米（图一一二，16；彩版一三四，5）。标本M38：15－4，口径4.5、高2.8、壁厚0.2～0.5厘米（图一一二，17；彩版一三四，5）。标本M38：15－5，泥质灰陶。圆唇，敛口，鼓腹，平底。素面。口径4.9、底径4.1、高2.4、壁厚0.2～0.5厘米（图一一二，18；彩版一三四，5）。

铜钱　3枚，均为"五铢"钱。详情见下表。

M38铜钱统计表　　　　　　　（长度：厘米；重量：克）

种类	编号	特征		郭径	钱径	穿宽	郭宽	郭厚	肉厚	重量
		文字特征	记号							
五铢	1－1	"五"字瘦长，竖划缓曲；"金"头三角形，四竖点；"朱"头较圆，"朱"下较圆	无	2.54	2.21	0.86	0.12	0.20	0.10	3.44
	1－2	同上	无	2.55	2.20	0.85	0.15	0.18	0.09	2.94
	1－3	残碎								

三九 M39

1. 墓葬形制

土坑竖穴墓,平面呈圆角长方形,墓圹较规整。方向20°(图一一三;彩版一三五,1)。开口于第②层下,开口距地表0.70米,保存状况较好。

墓圹四壁向内斜收,墓底较平坦。开口处长3.00、宽1.80米,底部长2.80、宽1.60、深0.70米。

墓内填土呈灰褐色,并夹杂有少量的黄土、小石块等,土质较疏松。

2. 葬具和人骨

葬具有椁和棺。该墓的椁板及棺板均已腐朽,仅存灰白色板灰,并且有的出现塌陷和变形,部分改变了原来的位置;但仍可看出椁室和棺室的形状和尺寸,整理中尽可能地作了复原研究。

图一一三 M39平、剖面图

1. 小陶壶 2. 陶罐 3. 陶盒 4. 陶灶组合 5. 陶盒 6. 陶罐 7. 陶井 8. 陶罐

墓穴内置木椁1具，其平面形状呈"Ⅱ"字形，其盖板现已不存，仅存挡板、壁板及底板。椁室长2.60、宽1.26、残高0.14米。整个椁室经壁板和挡板套合而成，其中南挡板长1.40、北挡板长1.46、东壁板长2.60、西壁板长2.60米，壁板及挡板板灰痕厚约0.02～0.04米。由残存的板灰分析，底板应由方木呈东西向平铺于墓底之上，底板板灰痕厚约0.02米。

椁室内东西向并排置有木棺2具，平面形状均呈长方形，盒状，其盖板现已不存，仅存挡板、壁板及底板。东侧棺室长1.80、宽0.34、残高0.08米；西侧棺室长1.74、宽0.54、残高0.08米。

由于该墓的埋藏条件不利于有机物的保存，墓底未见有人骨痕迹；但从随葬品的组合及摆放位置分析，该墓应为双人合葬墓。

3．随葬品

该墓共出土有12件随葬品（彩版一三五，2），多数位于椁内东北部，均为陶器，种类计有罐3、小壶1、盒2、灶1、井1、小釜3、小甑1。

罐 3件（M39：2、6、8）。形制相似，均为泥质灰陶或红褐陶；圆唇，子母口，束颈，溜肩，鼓腹，腹部最大径位置居中，台底；素面。标本M39：2，口径8.5、最大腹径16.5、底径8.4、高17.8、壁厚0.6～0.7厘米（图一一四，1；彩版一三六，1）。标本M39：6，口径10.2、最大腹径16.4、底径7.8、高17.0、壁厚0.6～0.8厘米（图一一四，2；彩版一三六，2）。标本M39：8，口部残缺，最大腹径15.8、底径7.9、残高16.5、壁厚0.6～0.7厘米（图一一四，3）。

小壶 1件。标本M39：1，泥质黄褐陶。圆唇，敞口，展沿，沿面施有一周凹槽，束颈，溜肩，卵形腹，腹部最大径位置靠近肩部，平底。素面。口径4.6、最大腹径7.9、底径3.5、高9.9、壁厚0.2～0.4厘米（图一一四，4；彩版一三六，3）。

盒 2件（M39：3、5）。标本M39：3，由盒盖及盒两部分组成。盒盖：泥质黄褐陶；圆顶，弧腹，折沿，敞口，方唇；素面。盒：泥质黄褐陶；方唇，敞口，折沿，弧腹，圆底；素面。通高12.2厘米；盒盖：口径21.4、高6.0、壁厚0.6～1.1厘米；盒：口径21.4、高6.1、壁厚0.6～1.1厘米（图一一四，5）。标本M39：5，由盒盖及盒两部分组成。盒盖：泥质黄褐陶；圆顶，弧腹，折沿，敞口，方唇；素面。盒：泥质灰陶；方唇，敞口，折沿，弧腹，台底；素面。通高11.6厘米；盒盖：口径21.6、高6.3、壁厚0.6～1.1厘米；盒：口径20.5、底径11.9、高5.4、壁厚0.6～1.1厘米（图一一四，6；彩版一三六，4）。

灶 1件。标本M39：4-1，泥质灰陶。灶面呈圆形，灶面上呈"品"字形置有三个圆形火眼，后壁置有圆形烟孔，长方形灶门不落地。素面。灶面直径20.3、高6.8、壁厚0.6～0.7厘米；火眼直径4.1、4.0、4.0、烟孔直径1.0厘米；灶门长2.2、高2.3厘米（图一一四，7；彩版一三六，5）。

井 1件。标本M39：7，泥质灰陶。方唇，敞口，折沿，束颈，折肩，折腹，平底。腹部施有多周凹弦纹，内壁轮旋痕迹明显。口径8.5、底径6.9、高16.3、壁厚0.5～1.1厘米（图一一四，8；彩版一三六，6）。

小釜 3件（M39：4-2、4-3、4-4）。形制相似，均为泥质黄褐陶；圆唇，敛口，束颈，鼓腹，腹部最大径位置靠近肩部，圆底；素面。标本M39：4-2，口径4.9、高2.6、壁厚0.1～0.3

厘米（图一一四，9；彩版一三六，5）。标本M39：4－3，口径4.5、高2.5、壁厚0.1～0.3厘米（图一一四，10；彩版一三六，5）。标本M39：4－4，口径4.9、高2.3、壁厚0.1～0.3厘米（图一一四，11；彩版一三六，5）。

　　小甂　1件。标本M39：4－5，泥质黄褐陶。圆唇，敞口，展沿，弧腹，平底，底部戳有三个甂孔。素面。口径8.8、底径3.5、高3.8、壁厚0.1～0.3厘米（图一一四，12；彩版一三六，5）。

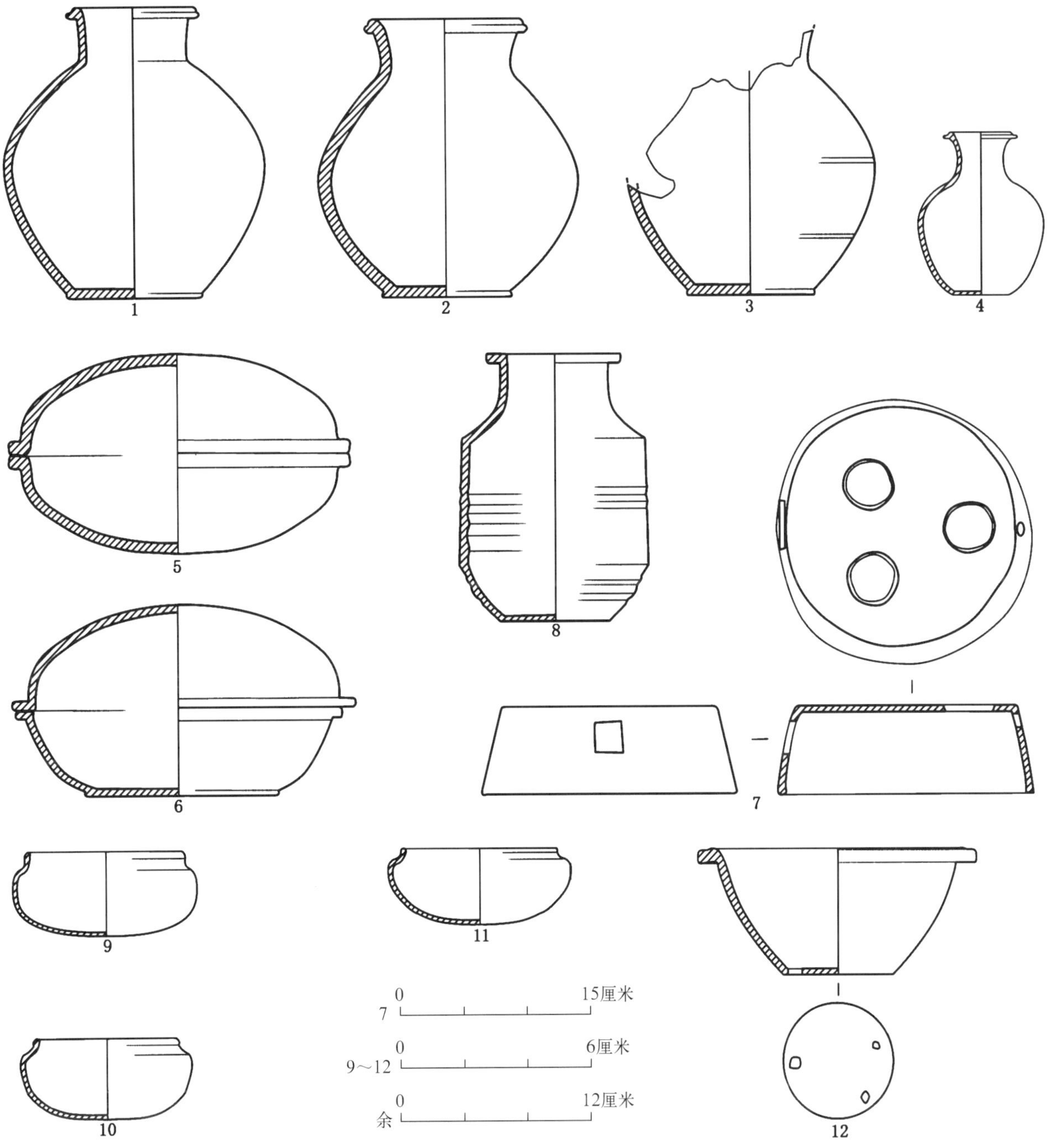

图一一四　M39出土器物

1～3.陶罐M39：2、6、8　4.小陶壶M39：1　5、6.陶盒M39：3、5　7.陶灶M39：4－1　8.陶井M39：7　9～11.小陶釜M39：4－2、4－3、4－4　12.小陶甂M39：4－5

四○　M40

1．墓葬形制

土坑竖穴墓，平面呈圆角长方形，墓圹较规整。方向0°（图一一五；彩版一三七，1）。开口于第②层下，开口距地表1.00米，保存状况较好。

墓圹四壁较平直，墓底较平坦。长3.70、宽2.40、深0.82米。

墓内填土呈黄褐色，并夹杂有少量的黑土、小石块等，土质较疏松。

2．葬具和人骨

墓穴内置木椁1具，椁板均已腐朽，仅存灰白色板灰，并且有的出现塌陷和变形，部分改变了原来的位置；但仍可看出椁室的形状和尺寸，整理中尽可能地作了复原研究。木椁平面形状呈"Ⅱ"字形，其盖板现已不存，仅存挡板、壁板及底板。椁室长3.40、宽1.80、残高0.42米。整个椁室经壁板和挡板套合而成，其中南挡板长2.08、北挡板长2.10、东壁板长3.40、西壁板长3.40米，壁板及挡板板灰痕厚约0.02～0.03米。由残存的板灰分析，底板应由方木呈东西向平铺于墓底之上，底板板灰痕厚约0.02米。

由于该墓的埋藏条件不利于有机物的保存，墓底未见有人骨痕迹；但从随葬品的组合及摆放位置分析，该墓应为双人合葬墓。

3．随葬品

该墓共出土有35件（套）随葬品（彩版一三七，2），多数位于椁室北部，质地以陶器为主，另有铜钱21枚。

陶器　计有瓮1、罐1、壶12、鼎2、樽1、盒1、套盒2、盆2、灯1、熏1、灶1、井1、小釜4、小盆2、小瓿1。

瓮　1件。标本M40：18，泥质黄褐陶。尖圆唇，子母口，鼓颈，溜肩，鼓腹，腹部最大径位置靠近肩部，平底内凹。颈部施有数周凹弦纹，下腹部及底部满施细绳纹。口径18.4、最大腹径40.7、底径10.5、高35.3、壁厚0.4～0.6厘米（图一一六，1；彩版一三八，1）。

罐　1件。标本M40：13，泥质黄褐陶。方唇，直口，直领，溜肩，鼓腹，腹部最大径位置靠近肩部，下腹部向内弧收，台底。素面。口径9.2、最大腹径24.1、底径10.2、高22.9、壁厚0.7～1.1厘米（图一一六，2；彩版一三八，2）。

壶　12件（M40：3、5、14、19、20、21、22、23、25、26、27、28）。其中，标本M40：3、5、19、21、23、26、27与28形制相似，均为泥质灰陶，由壶盖及壶两部分组成。壶盖：圆顶，弧腹，圆唇或方唇，敞口；素面。壶：方唇或圆唇，敞口，微卷沿，沿面施有一周凹槽，束颈，卵形腹，腹部最大径位置靠近肩部，平底；素面，器表轮旋痕迹明显。标本M40：3，壶盖未见，口径7.9、最大腹径17.9、底径8.2、高21.8、壁厚0.6～0.7厘米（图一一六，3）。标本M40：5，壶盖未见，口径9.5、最大腹径18.6、底径8.6、高25.6、壁厚0.4～0.6厘米（图一一六，4）。标本M40：19，壶盖未见，口径8.1、最大腹径17.2、底径8.2、高21.2、壁厚0.4～0.6厘米（图

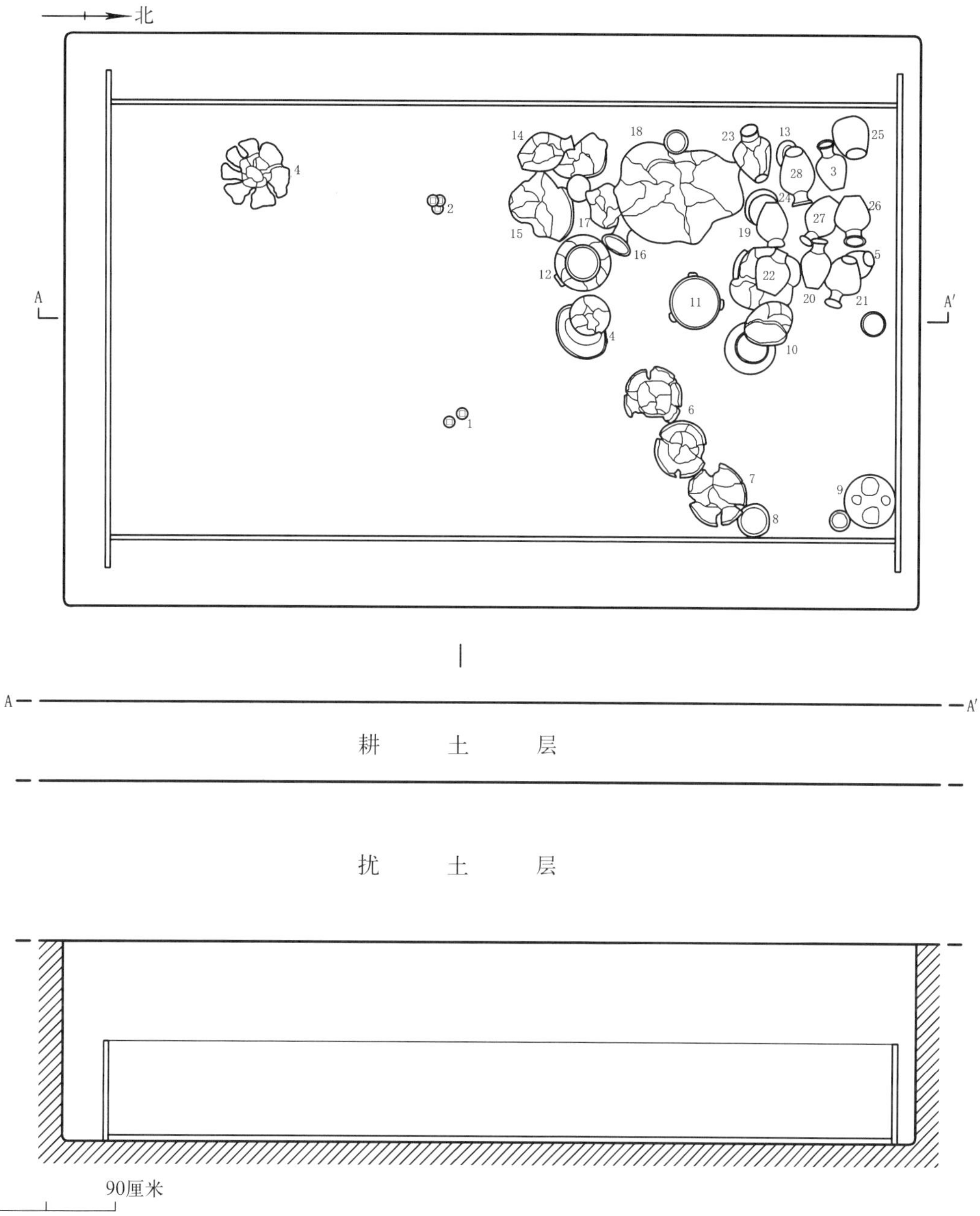

图一一五　M40平、剖面图

1. 铜钱　2. 铜钱　3. 陶壶　4. 陶套盒　5. 陶壶　6. 陶盒　7. 陶盆　8. 陶井　9. 陶灶组合　10. 陶套盒　11. 陶樽　12. 陶鼎　13. 陶罐　14. 陶壶　15. 陶盆　16. 陶熏　17. 陶灯　18. 陶瓮　19. 陶壶　20. 陶壶　21. 陶壶　22. 陶壶　23. 陶壶　24. 陶鼎　25. 陶壶　26. 陶壶　27. 陶壶　28. 陶壶

一一六，5）。标本M40：21，通高25.6厘米；壶盖：口径10.5、高2.3、壁厚0.6～0.8厘米；壶：口径9.7、最大腹径18.1、底径7.8、高23.3、壁厚0.6～0.8厘米（图一一六，6；彩版一三八，3）。标本M40：23，通高26.7厘米；壶盖：口径9.9、高2.6、壁厚0.6～0.8厘米；壶：口径10.2、最大腹径17.6、底径8.6、高24.1、壁厚0.6～0.8厘米（图一一六，7）。标本M40：26，通高25.6厘米；壶盖：口径9.6、高2.5、壁厚0.6～0.8厘米；壶：口径9.8、最大腹径17.2、底径8.7、高25.5、壁厚0.6～0.8厘米（图一一六，8）。标本M40：27，通高25.0厘米；壶盖：口径9.9、高

2.7、壁厚0.3~0.5厘米；壶：口径8.5、最大腹径17.5、底径8.0、高22.4、壁厚0.4~0.6厘米（图一一六，9）。标本M40：28，通高25.5厘米；壶盖：口径9.7、高2.3、壁厚0.6~0.8厘米；壶：口径8.2、最大腹径17.7、底径8.7、高23.2、壁厚0.6~0.8厘米（图一一六，10；彩版一三八，4）。

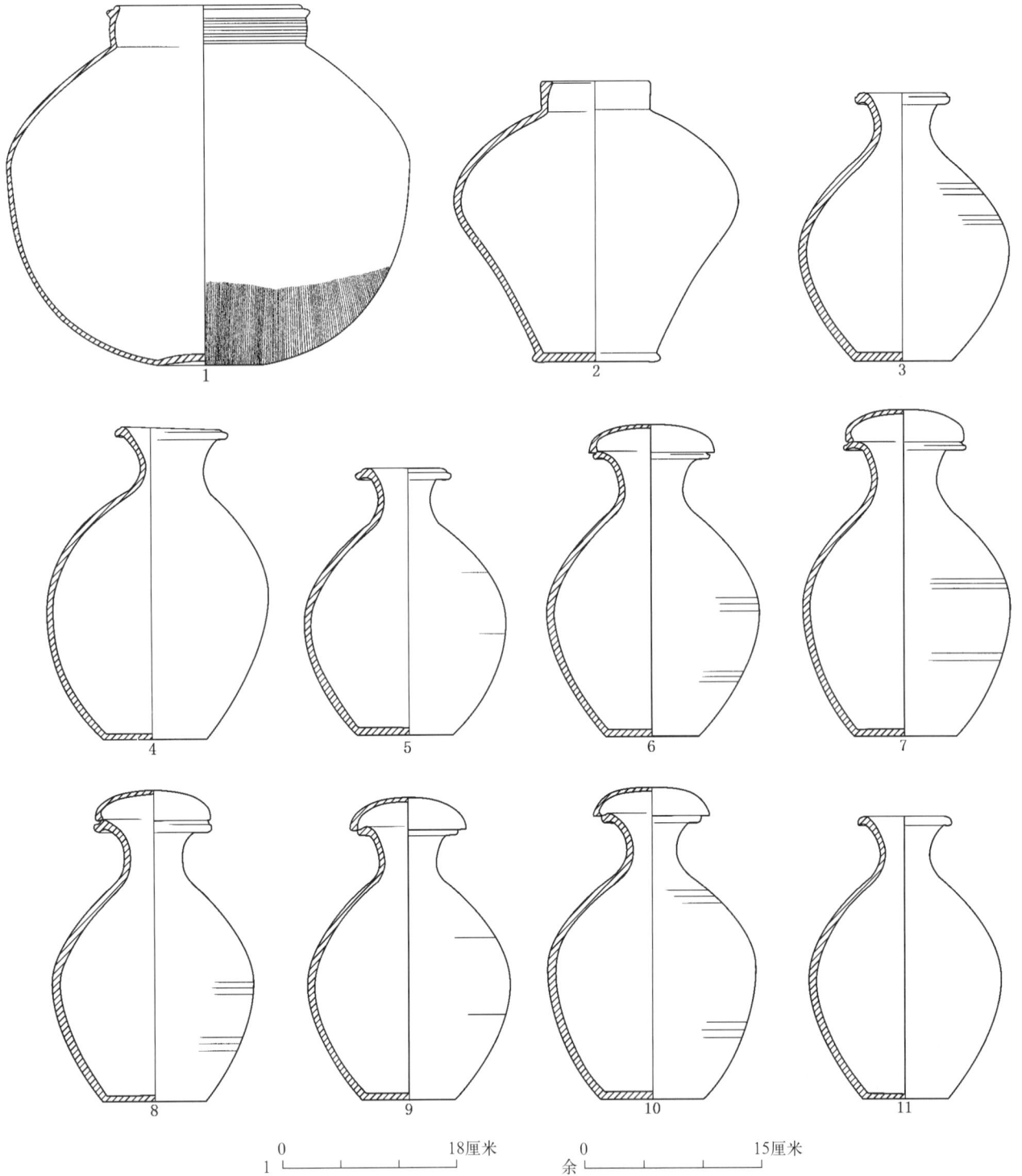

图一一六　M40出土器物

1. 陶瓮M40：18　2. 陶罐M40：13　3~11. 陶壶M40：3、5、19、21、23、26、27、28、14

其中，标本M40：14与22形制相似，均为泥质灰陶；圆唇，敞口，小展沿，束颈，溜肩，卵形腹，腹部最大径位置居中，平底；素面。标本M40：14，口径7.9、最大腹径16.2、底径7.3、高23.2、壁厚0.4~0.6厘米（图一一六，11；彩版一三八，5）。标本M40：22，口径9.4、最大腹径17.8、底径8.5、高23.2、壁厚0.4~0.6厘米（图一一七，1）。其中，标本M40：20与25形制相似，均为泥质灰陶，由壶盖与壶两部分组成。壶盖：圆顶，弧腹，微敛口，方唇；素面。壶：方唇，敞口，

图一一七　M40出土器物

1~3．陶壶M40：22、20、25　4、5．陶鼎M40：12、24　6．陶樽M40：11　7．陶盒M40：6　8、9．陶套盒M40：4、10　10、11．陶盆M40：7、15

束颈，溜肩，卵形腹，腹部最大径位置略靠上，平底；素面，器表轮旋痕迹明显。标本M40：20，通高29.5厘米；壶盖：口径9.7、高2.1、壁厚0.2～0.3厘米；壶：口径10.5、最大腹径19.5、底径8.9、高27.4、壁厚0.4～0.6厘米（图一一七，2；彩版一三八，6）。标本M40：25，通高29.5厘米；壶盖：口径9.7、高2.1、壁厚0.2～0.3厘米；壶：口径10.5、最大腹径19.5、底径8.9、高27.4、壁厚0.4～0.6厘米（图一一七，3；彩版一三九，3）。

鼎　2件（M40：12、24）。形制相似，均为泥质灰陶，由鼎盖及鼎两部分组成。鼎盖：圆顶，弧腹，敞口，圆唇。鼎：尖圆唇，敛口，鼓腹，腹部施有一周扉棱，圆底；近口处附有对称的方形耳，底部附有三个蹄状足；素面。标本M40：12，鼎盖腹部施有多周凹弦纹。通高21.9厘米；鼎盖：口径16.9、高4.3、壁厚0.4～0.5厘米；鼎：口径16.9、高21.9、壁厚0.4～0.5厘米（图一一七，4；彩版一三九，1）。标本M40：24，鼎盖内壁轮旋痕迹明显，鼎耳脱落。通高21.7厘米；鼎盖：口径16.6、高4.6、壁厚0.6～0.8厘米；鼎：口径16.5、高17.1、壁厚0.6～0.8厘米（图一一七，5；彩版一三九，2）。

樽　1件。标本M40：11，泥质灰陶。方唇，直口，直腹，平底，底部附有三个蹄状足。素面，器表轮旋痕迹明显。口径19.8、底径18.4、高19.5、壁厚0.9～1.1厘米（图一一七，6；彩版一三九，4）。

盒　1件。标本M40：6，由盒盖及盒两部分组成。盒盖：泥质灰陶；台顶，弧腹，折沿，敞口，方唇；素面。盒：泥质灰陶；方唇，敞口，折沿，弧腹，台底；素面。通高12.6厘米；盒盖：口径22.2、底径9.5、高6.9、壁厚0.5～0.6厘米；盒：口径23.1、底径11.7、高5.5、壁厚0.5～0.6厘米（图一一七，7；彩版一三九，5）。

套盒　2件（M40：4、10）。形制相似，均为泥质灰陶，由套盒盖及套盒两部分组成。套盒盖：圆顶，折腹，直口，圆唇；素面。套盒：圆唇，直口，折腹，平底；素面。标本M40：4，仅存套盒盖，套盒缺失。口径16.9、高12.9、壁厚0.5～0.6厘米（图一一七，8）。标本M40：10，通高15.4厘米；套盒盖：口径17.7、高12.1、壁厚0.4～0.5厘米；套盒：口径18.4、底径8.6、高9.2、壁厚0.4～0.5厘米（图一一七，9；彩版一三九，6）。

盆　2件（M40：7、15）。形制相似，均为泥质灰陶；方唇，敞口，微卷沿，弧腹，平底；素面，内壁轮旋痕迹明显。标本M40：7，口径23.4、底径11.0、高6.2、壁厚0.4～0.6厘米（图一一七，10；彩版一四〇，1）。标本M40：15，口径19.7、底径9.4、高7.4、壁厚0.4～0.6厘米（图一一七，11；彩版一四〇，2）。

灯　1件。标本M40：17，泥质灰陶。豆形灯，方唇，敞口，浅盘，喇叭形灯座，灯座上部穿有一圆孔。素面。口径10.4、底座径10.9、高12.0、壁厚0.6～0.9厘米（图一一八，1；彩版一四〇，3）。

熏　1件。标本M40：16，由熏盖及熏两部分组成。熏盖：泥质灰陶；台顶，弧腹，敞口，圆唇；盖顶附有一个圆形捉手，其四周戳刻有二周三角形熏孔。熏：泥质灰陶；方唇，敛口，浅盘，喇叭形熏座，熏座上部穿有一圆孔；素面。通高18.9厘米；熏盖：口径12.1、高6.1、壁厚0.6～0.9厘米；熏：口径12.2、底座径9.4、高12.7、壁厚0.5～0.8厘米（图一一八，2；彩版一四〇，4）。

　　灶　1件。标本M40：9-1，泥质灰陶。灶面呈圆形，灶面上呈"品"字形置有三个圆形火眼，后端置有一圆形烟孔，长方形灶门不落地。素面，器表轮旋痕迹明显。灶面直径21.8、高8.9、壁厚0.6~0.7厘米；火眼直径3.2、3.4、3.5、烟孔直径0.5厘米；灶门长5.5、高3.9厘米（图一一八，3；彩版一四〇，5）。

　　井　1件。标本M40：8，泥质灰陶。方唇，敞口，折沿，折肩，折腹，下腹部急收成小平底。素面，内壁轮旋痕迹明显。口径10.1、底径7.2、高15.4、壁厚0.6~0.7厘米（图一一八，4；彩版一四〇，6）。

　　小釜　4件（M40：9-2、9-3、9-4、9-5）。形制相似，均为泥质灰陶；圆唇，敛口，束颈，鼓腹，圜底；素面。标本M40：9-2，口径4.9、最大腹径5.6、高2.2、壁厚0.4~0.5厘米（图一一八，5；彩版一四〇，5）。标本M40：9-3，口径4.6、最大腹径5.4、高2.1、壁厚0.4~0.5厘米（图一一八，6；彩版一四〇，5）。标本M40：9-4，口径4.4、最大腹径5.4、高2.4、壁厚0.4~0.5厘米（图一一八，7；彩版一四〇，5）。标本M40：9-5，口径5.3、最大腹径6.0、高2.5、壁厚0.4~0.5厘米（图一一八，8；彩版一四〇，5）。

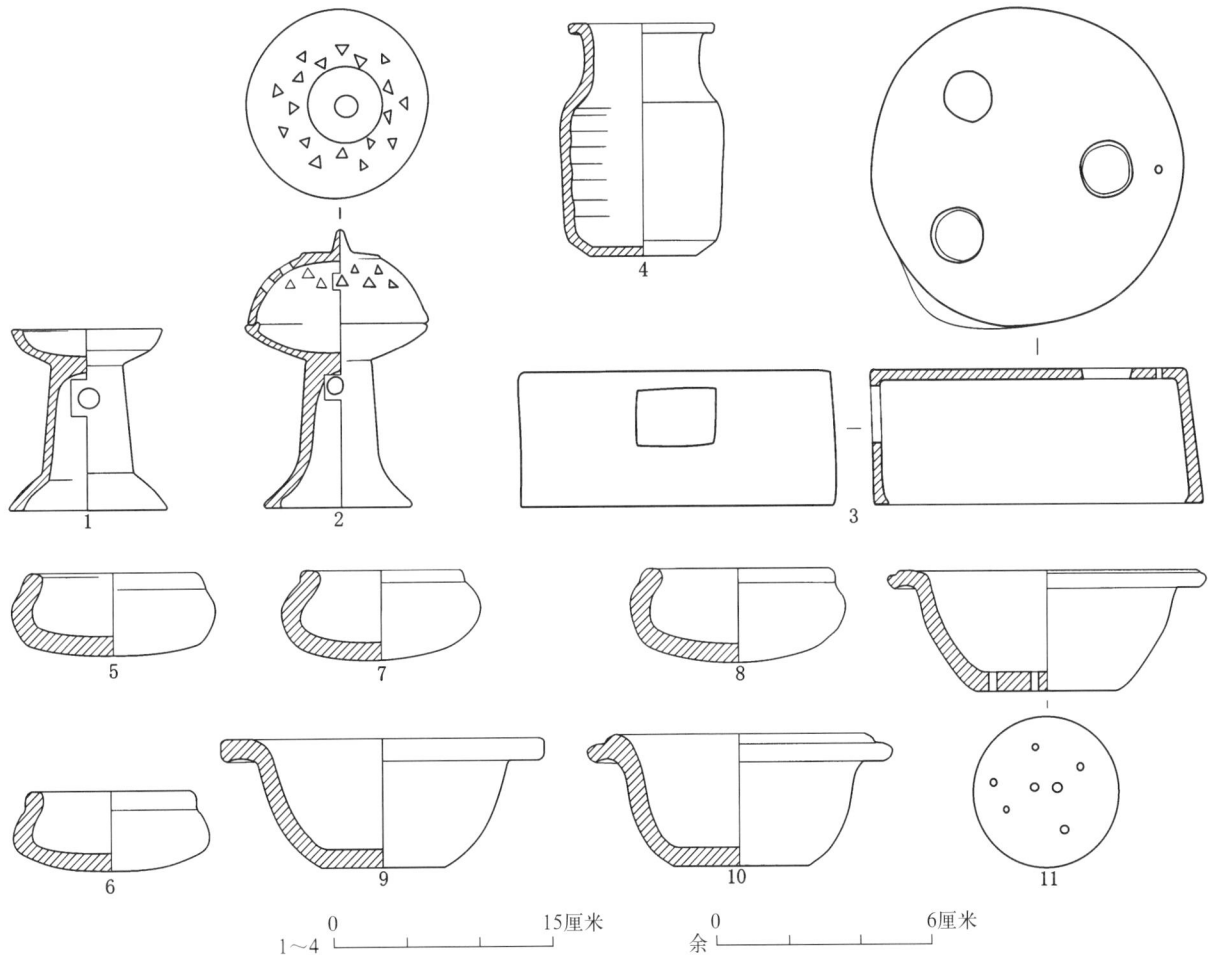

图一一八　M40出土器物

1. 陶灯M40：17　2. 陶熏M40：16　3. 陶灶M40：9-1　4. 陶井M40：8　5~8. 小陶釜M40：9-2、9-3、9-4、9-5　9、10. 小陶盆M40：9-6、9-7　11. 小陶甑M40：9-8

　　小盆　2件（M40：9－6、9－7）。标本M40：9－6，泥质灰陶。方唇，敞口，微卷沿，弧腹，平底。素面。口径8.8、底径3.3、高3.4、壁厚0.4～0.6厘米（图一一八，9；彩版一四〇，5）。
标本M40：9－7，泥质灰陶。圆唇，敞口，微卷沿，沿面施有一周凹槽，弧腹，平底。素面。口径8.4、底径3.7、高3.5、壁厚0.4～0.6厘米（图一一八，10；彩版一四〇，5）。

　　小甑　1件。标本M40：9－8，泥质灰陶。圆唇，敞口，微卷沿，沿面施有一周凹槽，弧腹，平底，底部戳有7个圆形甑孔。素面。口径8.8、底径3.9、高3.2、壁厚0.7～0.8厘米（图一一八，11；彩版一四〇，5）。

　　铜钱　21枚，其中"大泉五十"钱16枚，"货泉"钱5枚（图一一九，1～10）。详情见下表。

M40铜钱统计表　　　　　　　　　　（长度：厘米；重量：克）

种类	编号	特征		郭径	钱径	穿宽	郭宽	郭厚	肉厚	重量
		文字特征	记号							
货泉	1－1	正面穿之左右篆书"货泉"二字	右穿下一决纹	2.23	1.91	0.65	0.12	0.14	0.07	1.54
	1－2	同上	无	2.24	1.83	0.63	0.17	0.22	0.09	2.62
	3枚残碎									
大泉五十	2－1	正面穿之四周篆书"大泉五十"四字	无	2.71	2.28	0.89	0.29	0.30	0.12	5.06
	2－2	同上	无	2.88	2.35	0.92	0.25	0.29	0.10	5.32
	2－3	同上	无	2.75	2.33	0.88	0.24	0.27	0.09	4.48
	2－4	同上	无	2.69	2.19	0.90	0.19	0.21	0.08	4.14
	2－5	同上	四出	2.68	2.24	0.79	0.27	0.30	0.10	5.38
	2－6	同上	无	2.81	2.23	0.87	0.28	0.35	0.16	6.96
	2－7	同上	无	2.67	2.14	0.72	0.24	0.28	0.09	4.16
	2－8	同上	左穿上一决纹	2.74	2.28	0.84	0.23	0.25	0.10	4.58
	2－9	同上	无	2.69	2.21	0.87	0.21	0.23	0.09	3.50
	2－10	同上	无	2.69	2.23	0.86	0.23	0.29	0.11	4.14
	6枚残碎									

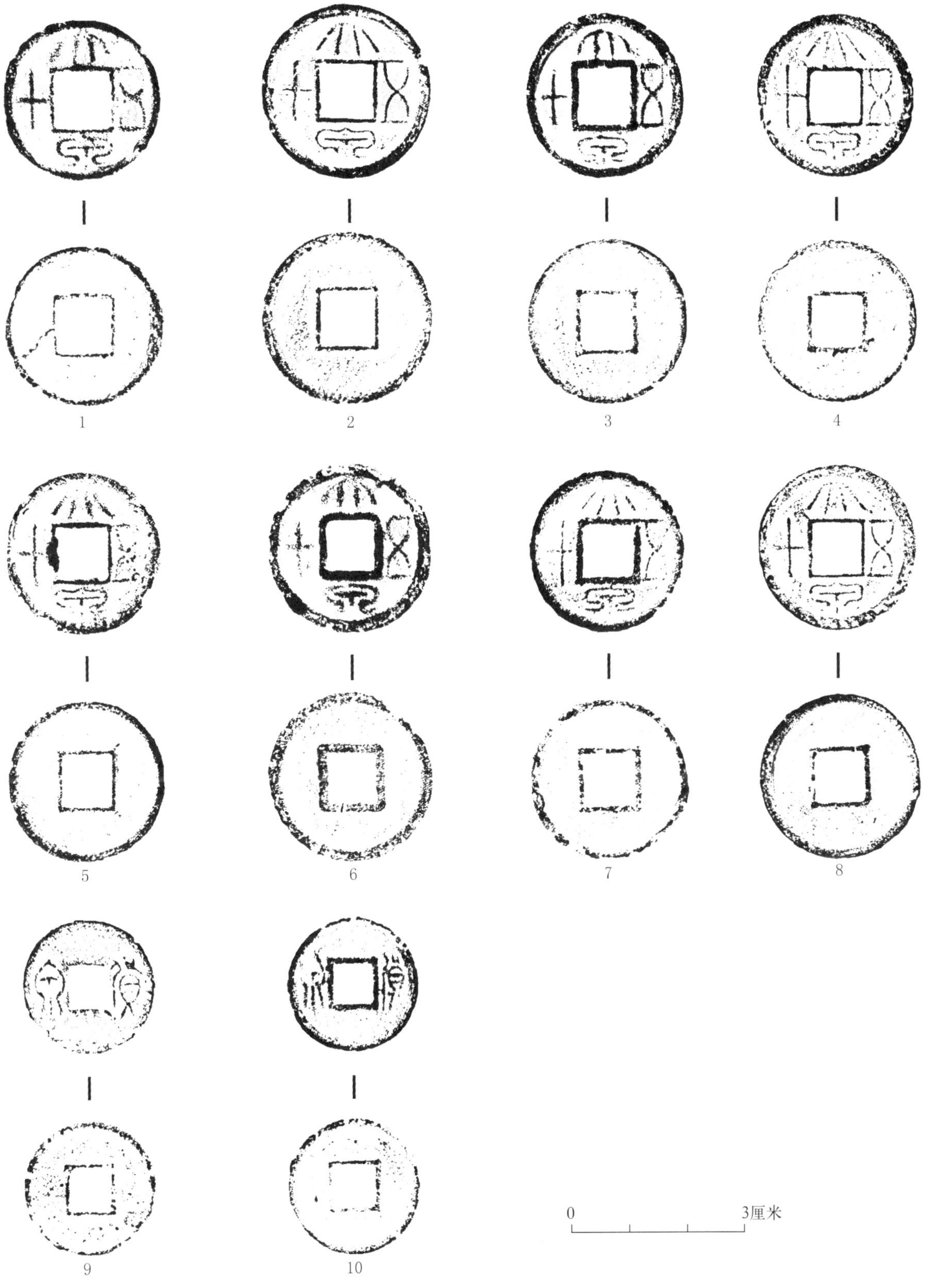

图一一九　M40出土铜钱拓片

1～10. 铜钱拓片M40：2-1、2-2、2-3、2-4、2-5、2-6、2-7、2-8、1-1、1-2

四一　M41

1．墓葬形制

土坑竖穴墓，平面呈圆角梯形，墓圹较规整。方向15°（图一二〇；彩版一四一）。开口于第②层下，开口距地表0.70米，保存状况较好。

墓圹四壁较平直，墓底较平坦。长3.70、宽2.50～2.60、深0.80米。

墓内填土呈灰褐色，并夹杂有少量的黄土、小石块等，土质较疏松。

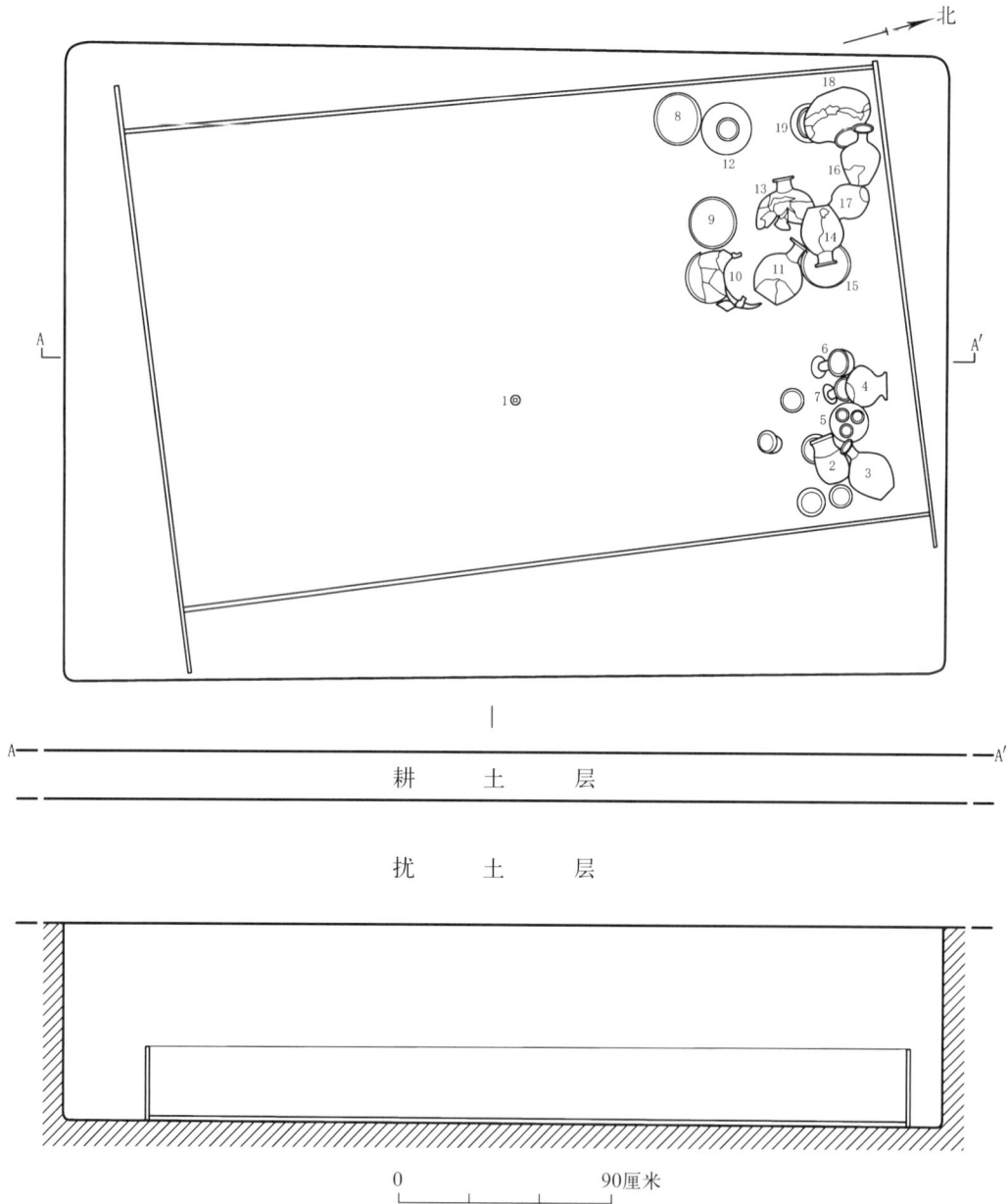

图一二〇　M41平、剖面图

1．铜钱　2．陶井　3．陶壶　4．陶罐　5．陶灶组合　6．陶熏　7．陶灯　8．陶盆　9．陶盆　10．陶樽　11．陶壶　12．陶罐　13．陶罐　14．陶壶　15．陶盆　16．陶壶　17．陶壶　18．陶罐　19．陶套盒

2．葬具和人骨

墓穴内置木椁1具，椁板均已腐朽，仅存灰白色板灰，并且有的出现塌陷和变形，部分改变了原来的位置；但仍可看出椁室的形状和尺寸，整理中尽可能地作了复原研究。木椁平面形状呈"Ⅱ"字形，其盖板现已不存，仅存挡板、壁板及底板。椁室长3.14、宽1.80～1.92、残高0.31米。整个椁室经壁板和挡板套合而成，其中南挡板长2.40、北挡板长1.98、东壁板长3.15、西壁板长3.14米，壁板及挡板板灰痕厚约0.02～0.04米。由残存的板灰分析，底板应由方木呈东西向平铺于墓底之上，底板板灰痕厚约0.02米。

由于该墓的埋藏条件不利于有机物的保存，墓底未见有人骨痕迹；但从随葬品的组合及摆放位置分析，该墓应为双人合葬墓。

3．随葬品

该墓共出土有25件（套）随葬品（彩版一四二，1、2），多数位于椁室北部，质地以陶器为主，另有铜钱1枚。

陶器　计有罐4、壶5、樽1、套盒1、盆3、灯1、熏1、灶1、井1、小釜3、小盆2、小甑1。

罐　4件（M41：4、12、13、18）。其中，标本M41：4、12与13形制相似，均为泥质黑褐陶或灰陶；圆唇，子母口，束颈，溜肩，鼓腹，腹部最大径位置居中；素面。标本M41：4，口径11.1、最大腹径18.2、底径8.6、高20.3、壁厚0.5～0.6厘米（图一二一，1；彩版一四三，1）。标本M41：12，口径11.4、最大腹径19.0、底径9.8、高21.0、壁厚0.5～0.6厘米（图一二一，2）。标本M41：13，口径10.0、最大腹径17.9、底径8.0、高21.4、壁厚0.5～0.6厘米（图一二一，3；彩版一四三，2）。标本M41：18，泥质灰陶。圆唇，子母口，束颈，溜肩，鼓腹，腹部最大径位置靠近肩部，台底。颈部施有多周凹弦纹，腹部轮旋痕迹明显。口径16.5、最大腹径30.6、底径13.4、高25.0、壁厚0.7～0.9厘米（图一二一，4；彩版一四三，3）。

壶　5件（M41：3、11、14、16、17）。标本M41：3，泥质黄褐陶。方唇，敞口，展沿，沿面施有一周凹槽，束颈，溜肩，卵形腹，腹部最大径位置靠近肩部，台底。素面。口径10.3、最大腹径18.8、底径9.9、高24.1、壁厚0.6～0.7厘米（图一二一，5；彩版一四三，4）。其中，标本M41：11、14、16与17形制相似，均为泥质灰陶或黄褐陶，由壶盖及壶两部分组成。壶盖：圆顶，弧腹，敛口，方唇，唇部施有一周凹槽，整体呈覆钵状；素面。壶：方唇，敞口，折沿，沿面施有一周凹槽，束颈，溜肩，卵形腹，腹部最大径位置靠近肩部，台底或平底。素面。标本M41：11，壶盖未见，口径10.6、最大腹径18.6、底径10.3、高26.1、壁厚0.6～0.7厘米（图一二一，6）。标本M41：14，壶盖未见，口径10.3、最大腹径19.1、底径11.1、高25.9、壁厚0.6～0.7厘米（图一二一，7；彩版一四三，5）。标本M41：16，通高28.7厘米；壶盖：口径9.0、高2.2、壁厚0.5～0.6厘米；壶：口径9.3、最大腹径18.4、底径10.3、高26.5、壁厚0.6～0.7厘米（图一二一，8）。标本M41：17，通高26.2厘米；壶盖：口径10.0、高2.3、壁厚0.5～0.6厘米；壶：口径10.4、最大腹径18.3、底径10.0、高23.9、壁厚0.6～0.7厘米（图一二一，9；彩版一四三，6）。

樽　1件。标本M41：10，泥质灰陶。方唇，直口，直腹，平底，底部附有三个蹄状足。素面。

口径19.4、底径19.5、高15.7、壁厚0.5～0.6厘米（图一二一，10）。

　　套盒　1件。标本M41：19，由套盒盖及套盒两部分组成。套盒盖：泥质黄褐陶；圜顶，折腹，直口，圆唇；素面。套盒：泥质黄褐陶；圆唇，直口，折腹，腹部施有一周扁棱，台底；素面。通

图一二一　M41出土器物

1～4. 陶罐M41：4、12、13、18　5～9. 陶壶M41：3、11、14、16、17　10. 陶樽M41：10

高13.0厘米；套盒盖：口径16.8、高9.2、壁厚0.5～0.6厘米；套盒：口径14.9、底径8.9、高7.4、壁厚0.5～0.6厘米（图一二二，1；彩版一四四，1）。

盆　3件（M41：8、9、15）。其中，标本M41：8与9形制相似，均为泥质灰陶；方唇，敞口，折沿，沿面施有一周凹槽，弧腹，圜底；下腹部施有一周凹弦纹，内壁轮旋痕迹明显。标本M41：8，口径21.8、高6.1、壁厚0.4～0.6厘米（图一二二，2；彩版一四四，2）。标本M41：9，口径22.4、高6.6、壁厚0.4～0.6厘米（图一二二，3）。标本M41：15，泥质灰陶。方唇，敞口，展沿，沿部施有一周凹槽，弧腹，台底。素面，内壁轮旋痕迹明显。口径24.5、底径12.6、高6.7、壁厚0.4～0.6厘米（图一二二，4）。

灯　1件。标本M41：7，由灯盖及灯两部分组成。灯盖：泥质灰陶；圜顶，弧腹，敛口，圆唇；腹部施有三周凹弦纹。灯：泥质灰陶；豆形灯，方唇，敛口，浅盘，喇叭形灯座；素面，内壁轮旋痕迹明显。通高16.6厘米；灯盖：口径11.2、高3.8、壁厚0.5～0.6厘米；灯：口径11.7、底座径11.7、高12.8、壁厚0.6～0.9厘米（图一二二，5；彩版一四四，3）。

熏　1件。标本M41：6，由熏盖及熏两部分组成。熏盖：泥质灰陶；圜顶，顶部附有一个圆形捉手，其四周戳有多个三角形熏孔，弧腹，敛口，尖唇。熏：泥质灰陶；方唇，敞口，浅盆，喇叭形熏座；素面，内壁轮旋痕迹明显。通高18.5厘米；熏盖：口径12.5、高5.9、壁厚0.6～0.9厘米；熏：口径10.9、底座径11.4、高12.9、壁厚0.5～0.8厘米（图一二二，6；彩版一四四，4）。

灶　1件。标本M41：5－1，泥质灰陶。灶面呈圆形，灶面上呈"品"字形置有三个圆形火眼，尾端置有圆形烟孔，长方形灶门不落地。素面。灶面直径18.7、高8.2、壁厚0.6～0.7厘米；火眼直径3.9、4.2、4.4、烟孔直径1.0厘米；灶门长4.2、高3.1厘米（图一二二，7；彩版一四四，5）。

井　1件。标本M41：2，泥质灰陶。方唇，敞口，折沿，沿面施有一周凹槽，折肩，折腹，下腹部急收成小平底。素面，内壁轮旋痕迹明显。口径10.0、底径7.2、高16.1、壁厚0.6～0.7厘米（图一二二，8；彩版一四四，6）。

小釜　3件（M41：5－2、5－3、5－4）。形制相似，均为泥质灰陶；圆唇，敛口，束颈，鼓腹，圜底；素面。标本M41：5－2，口径5.6、最大腹径6.1、高2.4、壁厚0.2～0.4厘米（图一二二，9；彩版一四四，5）。标本M41：5－3，口径5.2、最大腹径5.8、高2.5、壁厚0.2～0.4厘米（图一二二，10；彩版一四四，5）。标本M41：5－4，口径5.7、最大腹径6.0、高2.6、壁厚0.2～0.4厘米（图一二二，11；彩版一四四，5）。

小盆　2件（M41：5－5、5－6）。形制相似，均为泥质灰陶；圆唇，敞口，展沿，沿面施有一周凹槽，弧腹，平底；素面。标本M41：5－5，口径9.1、底径3.4、高3.0、壁厚0.4～0.6厘米（图一二二，12；彩版一四四，5）。标本M41：5－6，口径8.8、底径3.5、高3.9、壁厚0.4～0.6厘米（图一二二，13；彩版一四四，5）。

小甑　1件。标本M41：5－7，泥质灰陶。圆唇，敞口，展沿，弧腹，平底，底部戳有4个圆形甑孔。素面。口径8.7、底径2.1、高3.9、壁厚0.4～0.5厘米（图一二二，14；彩版一四四，5）。

铜钱　1枚，为"五铢"钱，现已残碎。

图一二二　M41出土器物

1. 陶套盒M41：19　2～4. 陶盆M41：8、9、15　5. 陶灯M41：7　6. 陶熏M41：6　7. 陶灶M41：5－1　8. 陶井M41：2　9～11. 小陶釜M41：5－2、5－3、5－4　12、13. 小陶盆M41：5－5、5－6　14. 小陶甑M41：5－7

四二　M42

1．墓葬形制

土坑竖穴墓，平面呈圆角长方形，墓圹较规整。方向10°（图一二三；彩版一四五）。开口于

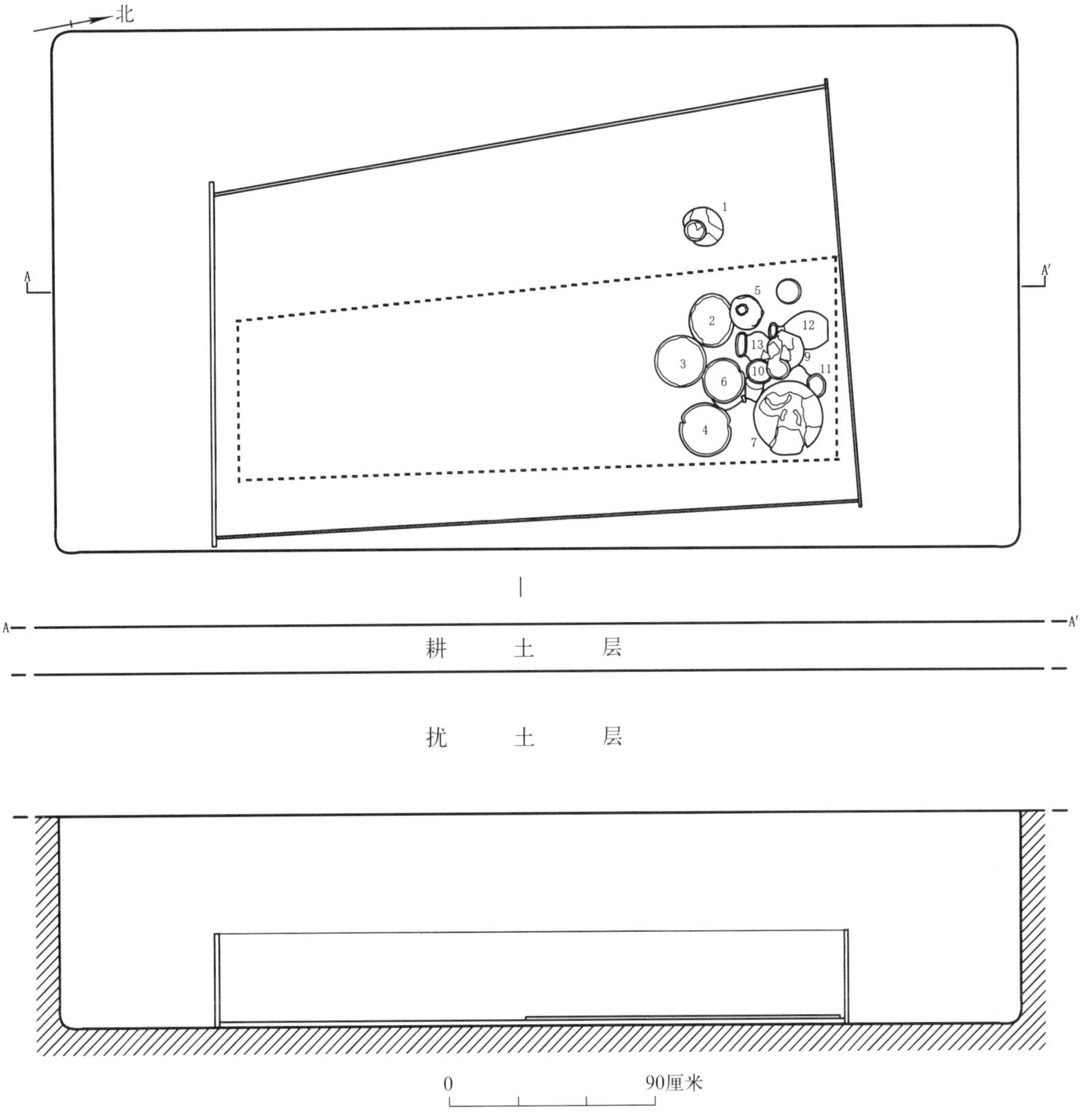

图一二三　M42平、剖面图

1. 陶罐　2. 陶盆　3. 陶盆　4. 陶盆　5. 陶壶　6. 陶樽　7. 陶罐　8. 陶灶组合　9. 陶罐　10. 陶井　11. 陶罐　12. 陶壶　13. 陶罐

第②层下，开口距地表0.80米，保存状况较好。

墓圹四壁较平直，墓底较平坦。长4.20、宽2.20、深1.00米。

墓内填土呈灰褐色，并夹杂有少量的黄土、小石块等，土质较疏松。

2. 葬具和人骨

葬具有椁和棺。该墓的椁板及棺板均已腐朽，仅存灰白色板灰，并且有的出现塌陷和变形，部分改变了原来的位置；但仍可看出椁室和棺室的形状和尺寸，整理中尽可能地作了复原研究。

墓穴内置木椁1具，其平面形状呈"Ⅱ"字形，其盖板现已不存，仅存挡板、壁板及底板。椁室长2.80、宽1.42～1.74、残高0.41米。整个椁室经壁板和挡板套合而成，其中南挡板长1.52、北挡板长1.80、东壁板长2.80、西壁板长2.68米，壁板及挡板板灰痕厚约0.02～0.04米。由残存的板灰分析，底板应由方木呈东西向平铺于墓底之上，底板板灰痕厚约0.02米。

椁内置有木棺1具，但腐朽极其严重，仅存底板板灰痕迹。底板平面形状近似梯形，由方木呈东西向平铺于墓底之上，底板板灰痕厚约0.02米。

由于该墓的埋藏条件不利于有机物的保存，墓底未见有人骨痕迹；但从随葬品的组合及摆放位置分析，该墓应为单人葬。

3．随葬品

该墓共出土有18件随葬品，多数位于棺内东北部，均为陶器，种类计有罐5、壶2、樽1、盆3、灶1、井1、小釜3、小盆1、小甑1。

罐　5件（M42：1、7、9、11、13）。标本M42：1，泥质黄褐陶。圆唇，子母口，束颈，溜肩，鼓腹，腹部最大径位置靠近肩部，平底。素面。口径10.2、最大腹径18.6、底径9.0、高18.9、壁厚0.6～0.7厘米（图一二四，1）。标本M42：7，泥质灰陶。圆唇，子母口，束颈，溜肩，鼓腹，腹部最大径位置略靠上，平底。中腹部施有一周横向粗绳纹，下腹部及底部满施细绳纹。口径14.3、最大腹径31.4、底径7.9、高25.6、壁厚0.4～1.1厘米（图一二四，2）。标本M42：9，泥质黄褐陶。圆唇，子母口，束颈，溜肩，鼓腹较扁，腹部最大径位置靠上，台底。素面。口径15.4、最大腹径21.2、底径8.8、高17.3、壁厚0.6～0.8厘米（图一二四，3）。标本M42：11，泥质黄褐陶。圆唇，子母口，束颈，溜肩，鼓腹，腹部最大径位置靠近肩部，台底。素面。口径9.5、最大腹径17.2、底径9.1、高17.4、壁厚0.6～0.7厘米（图一二四，4；彩版一四六，1）。标本M42：13，由罐盖及罐两部分组成。罐盖：泥质黄褐陶；圆顶，弧腹，敛口，圆唇；素面。罐：泥质黄褐陶；圆唇，子母口，束颈，溜肩，鼓腹，腹部最大径位置靠近肩部，台底；素面。通高21.9厘米；壶盖：口径10.8、高3.5、壁厚0.6～0.8厘米；壶：口径10.8、最大腹径17.0、底径7.7、高18.5、壁厚0.6～0.8厘米（图一二四，5）。

壶　2件（M42：5、12）。形制相似，均为泥质黄褐陶；方唇，敞口，微卷沿，沿面施有一周凹槽，束颈，溜肩，卵形腹，腹部最大径位置靠近肩部，平底；素面，器表轮旋痕迹明显。标本M42：5，口径8.3、最大腹径16.9、底径8.9、高22.2、壁厚0.6～0.7厘米（图一二四，6）。标本M42：12，口径8.4、最大腹径17.5、底径9.5、高22.6、壁厚0.6～0.7厘米（图一二四，7；彩版一四六，2）。

樽　1件。标本M42：6，泥质黄褐陶。方唇，直口，直腹，平底，底部附有三个蹄状足。素面。口径17.1、底径17.0、高14.2、壁厚0.5～0.7厘米（图一二四，8；彩版一四六，3）。

盆　3件（M42：2、3、4）。形制相似，均为泥质灰陶；方唇，敞口，微卷沿，弧腹，台底；素面。标本M42：2，口径21.6、底径10.5、高6.3、壁厚0.6～0.8厘米（图一二四，9）。标本M42：3，口径21.5、底径10.5、高5.7、壁厚0.6～0.8厘米（图一二四，10；彩版一四六，4）。标本M42：4，口径21.3、底径10.0、高6.6、壁厚0.6～0.8厘米（图一二四，11）。

灶　1件。标本M42：8－1，泥质灰陶。灶面呈圆形，灶面上呈"品"字形置有三个圆形火眼，

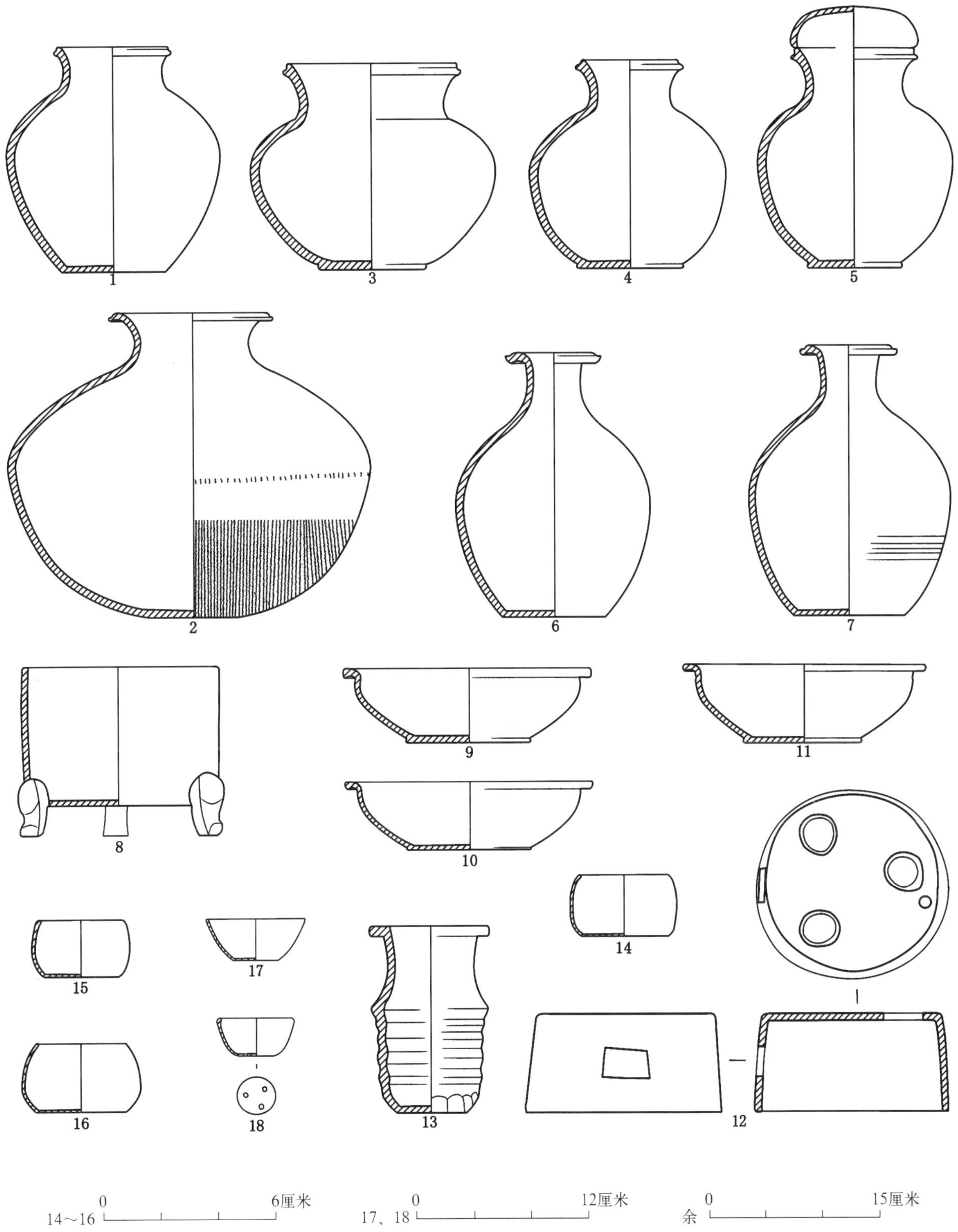

图一二四 M42出土器物

1~5. 陶罐 M42：1、7、9、11、13 6、7. 陶壶 M42：5、12 8. 陶樽 M42：6 9~11. 陶盆 M42：2、3、4 12. 陶灶 M42：8－1 13. 陶井 M42：10 14~16. 小陶釜 M42：8－2、8－3、8－4 17. 小陶盆 M42：8－5 18. 小陶甑 M42：8－6

尾端置有圆形烟孔，长方形灶门不落地。素面。灶面直径16.7、高8.3、壁厚0.6～0.7厘米；火眼直径3.1、3.4、3.3、烟孔直径1.0厘米；灶门长3.9、高2.3厘米（图一二四，12；彩版一四六，5）。

井　1件。标本M42：10，泥质黄褐陶。方唇，敞口，折沿，束颈，折肩，折腹，平底。腹部施有数周凹弦纹，下腹部修坯削痕明显，内壁轮旋痕迹明显。口径10.3、底径5.9、高15.7、壁厚0.4～0.6厘米（图一二四，13；彩版一四六，6）。

小釜　3件（M42：8-2、8-3、8-4）。形制相似，均为泥质黄褐陶；圆唇，敛口，弧腹，平底；素面。标本M42：8-2，口径3.1、底径3.0、高2.1、壁厚0.1～0.3厘米（图一二四，14；彩版一四六，5）。标本M42：8-3，口径2.9、底径2.6、高2.0、壁厚0.1～0.3厘米（图一二四，15；彩版一四六，5）。标本M42：8-4，口径3.1、底径3.1、高3.0、壁厚0.1～0.3厘米（图一二四，16；彩版一四六，5）。

小盆　1件。标本M42：8-5，泥质黄褐陶。圆唇，敞口，弧腹，平底。素面。口径6.8、底径3.1、高2.8、壁厚0.1～0.3厘米（图一二四，17；彩版一四六，5）。

小甑　1件。标本M42：8-6，泥质灰陶。圆唇，敛口，弧腹，平底，底部戳有三个圆形甑孔。素面。口径5.4、底径2.5、高2.5、壁厚0.1～0.3厘米（图一二四，18；彩版一四六，5）。

四三　M43

1. 墓葬形制

土坑石椁墓，平面近似圆角长方形，墓圹较规整。方向340°（图一二五；彩版一四七）。开口于第②层下，开口距地表1.00米，保存状况较好。

墓圹外侧的原地表上有用经过简单加工的石块堆砌而成的石垣。该石垣平面呈长方形，垣墙宽约0.40米，现仅存一层墙体。石垣长约4.80、宽约3.38、残高0.23厘米。

墓圹四壁较平直；墓底系在生土面上经过简单平整而成，较为平坦。长3.34、宽1.30、深1.00米。

墓内填土主要为灰褐土，夹杂有少量的黄土及小石块，土质较疏松。

2. 葬具和人骨

墓内葬具主要有石椁及木棺。

石椁平面呈长方形，顶部现已不存，四壁用经过简单加工的石块逐层拼缝垒砌而成；底部多由形状不规则的小石板拼缝平铺而成，少量由条砖平铺。石椁长2.78、宽0.72、高1.02米。

木棺的保存状况极差，仅在墓底见有零星的黑色板木朽灰，形制及尺寸不辨。

骨骼腐朽极为严重，仅发现有几枚牙齿。

3. 随葬品

该墓共出土有7件（套）随葬品（彩版一四八，1），多数位于石椁北部，质地可分为陶、铜、琉璃、石质四种，其中铜钱16枚。

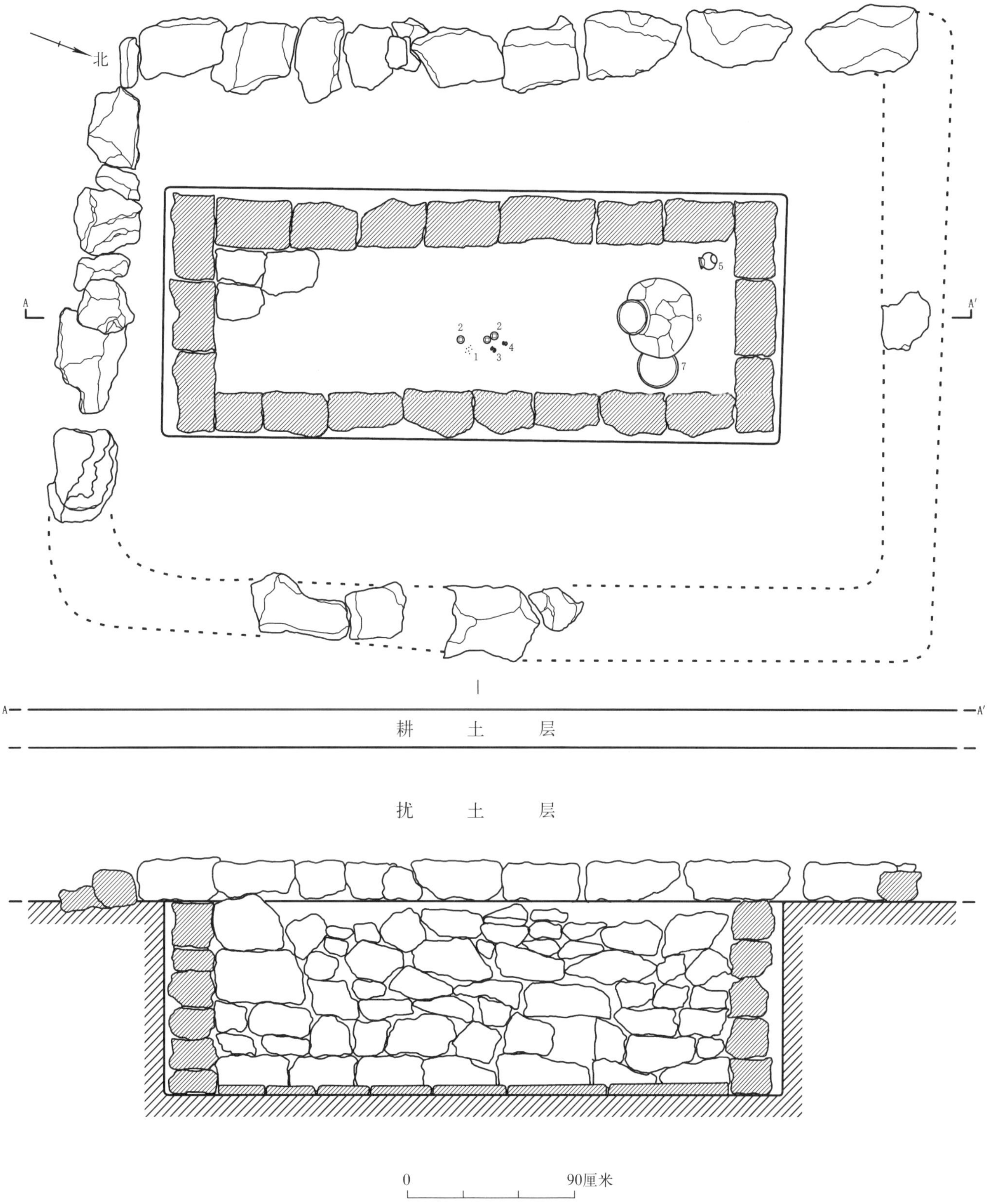

图一二五　M43平、剖面图
1. 项链串饰　2. 铜钱　3. 铜臂钏　4. 铜指环　5. 陶罐　6. 陶罐　7. 陶钵

陶器　计有罐2、钵1。

罐　2件（M43：5、6）。标本M43：5，泥质黄褐陶，陶色不纯，局部呈灰褐色。尖圆唇，子母口，束颈，溜肩，鼓腹，腹部最大径位置居中，台底。肩部施有二周凹弦纹，颈部轮旋痕迹明显。口径8.5、最大腹径12.7、底径6.3、高11.8、壁厚0.4～0.5厘米（图一二六，1；彩版一四九，1）。标本M43：6，泥质灰陶。尖圆唇，子母口，小窄沿，鼓颈，溜肩，鼓腹，腹部最大径位置居中，平底。肩部施有二周凹弦纹，中腹部施有二周断续的横向粗绳纹，下腹部及底部满饰细绳纹。口径16.5、最大腹径31.5、底径9.8、高25.4、壁厚0.7～0.9厘米（图一二六，2；彩版一四九，2）。

钵　1件。标本M43：7，泥质黄褐陶。圆唇，敞口，弧腹，台底。近口处施有一周凹弦纹。口

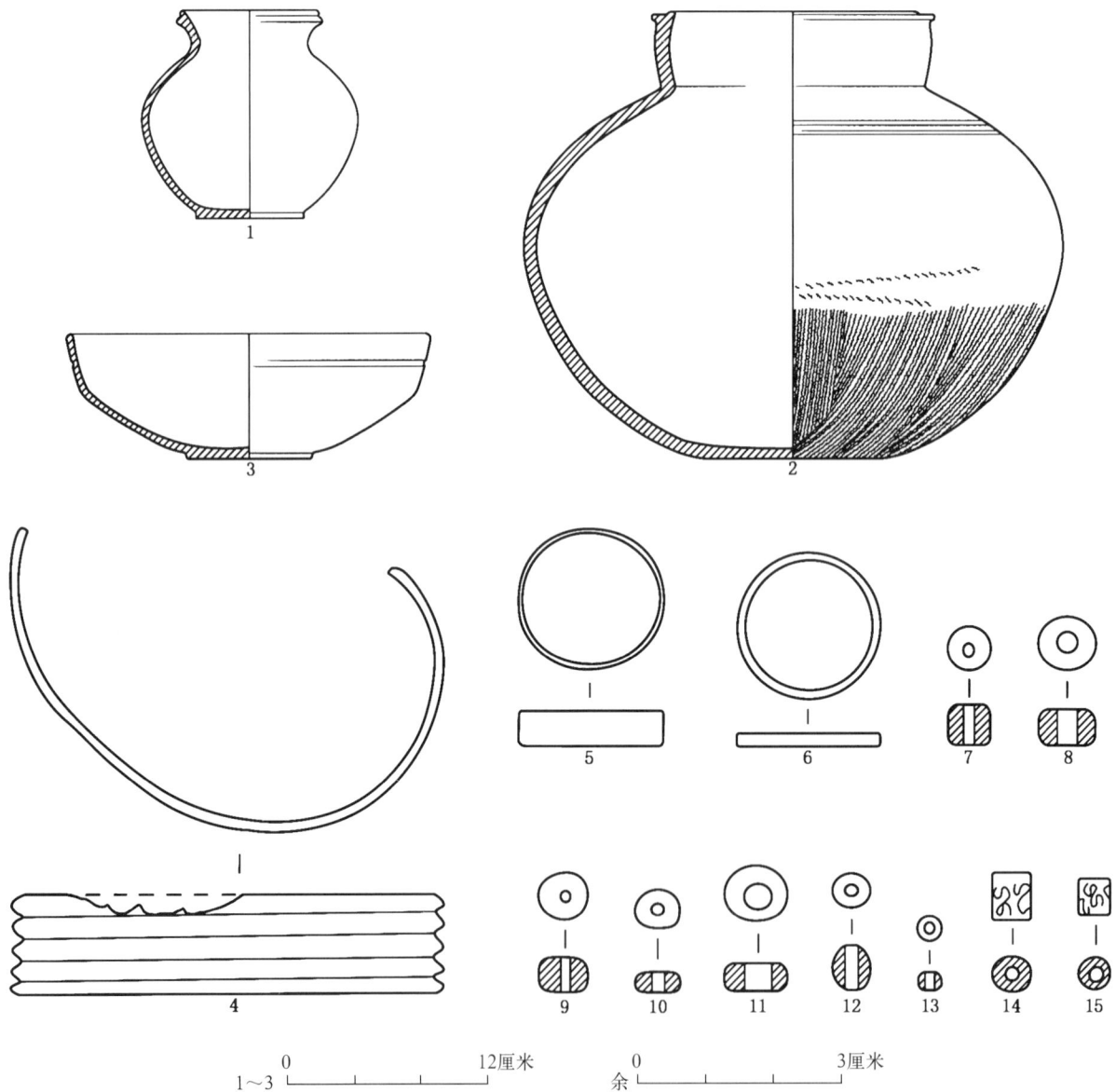

图一二六　M43出土器物

1、2. 陶罐M43：5、6　3. 陶钵M43：7　4. 铜臂钏M43：3　5、6. 铜指环M43：4－1、4－2　7～15. 项链串饰M43：1－1、1－2、1－3、1－4、1－5、1－6、1－7、1－8、1－9

径21.5、底径7.2、高7.2、壁厚0.4～0.5厘米（图一二六，3；彩版一四九，3）。

铜器　计有臂钏1套1枚、指环1套2枚。

臂钏　1套1枚。标本M43：3，残损，平面呈圆形，一端留有豁口；表面施有三周凸弦纹。直径6.4、厚0.14厘米（图一二六，4；彩版一四九，4）。

指环　1套2枚。标本M43：4－1，平面呈圆形，截面呈圆角长方形。直径2.1、厚0.06厘米（图一二六，5）。标本M43：4－2，平面呈圆形，截面呈扁长方形。直径2.1、厚0.12厘米（图一二六，6）。

琉璃及石器　计有项链串饰1套103枚。

项链串饰　1套（M43：1），由57枚琉璃珠、39枚石珠及7枚石管穿成（彩版一四九，5）。琉璃珠形制相似，呈深蓝色或浅蓝色，扁球形或圆柱状，纵向穿有一孔。标本M43：1－1，直径0.6、厚0.6、孔径0.16厘米（图一二六，7）。标本M43：1－2，直径0.8、厚0.5、孔径0.3厘米（图一二六，8）。标本M43：1－3，直径0.7、厚0.5、孔径0.14厘米（图一二六，9）。标本M43：1－4，直径0.7、厚0.3、孔径0.18厘米（图一二六，10）。石珠形制相似，呈深灰色或深绿色，扁球

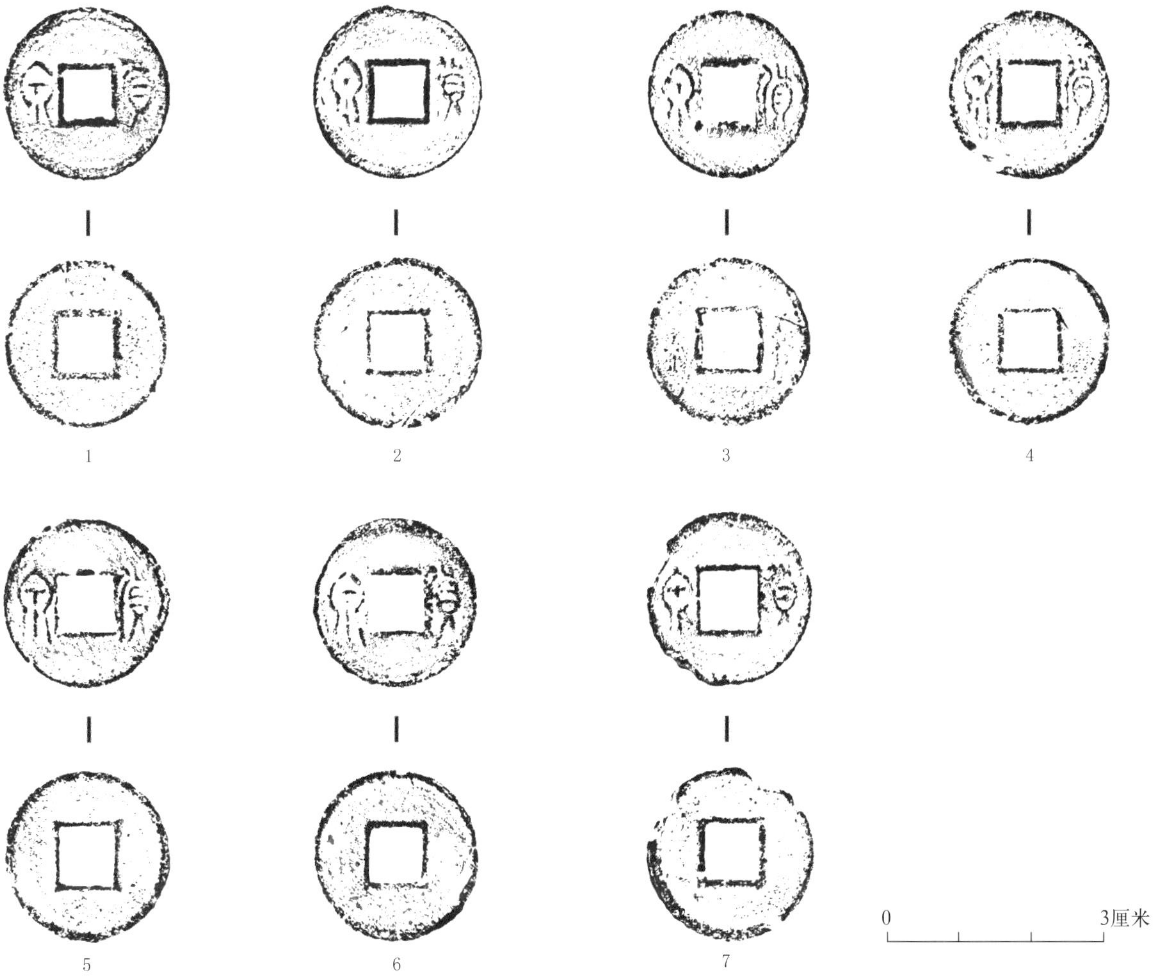

0　　　　　　　　3厘米

图一二七　M43出土铜钱拓片

1～7. 铜钱拓片M43：2－1、2－2、2－3、2－4、2－5、2－6、2－7

形或鼓状，纵向穿有一孔。标本M43：1－5，直径0.9、厚0.4、孔径0.4厘米（图一二六，11）。标本M43：1－6，直径0.6、厚0.6、孔径0.2厘米（图一二六，12）。标本M43：1－7，直径0.3、厚0.3、孔径0.14厘米（图一二六，13）。石管均为白色石质，圆柱形，纵向穿有一孔，表面多刻划有卷曲纹。标本M43：1－8，直径0.6、高0.7、孔径0.2厘米（图一二六，14）。标本M43：1－9，直径0.5、高0.5、孔径0.2厘米（图一二六，15）。

铜钱　16枚，均为"货泉"钱（图一二七，1～7）。详情见下表。

M43铜钱统计表　　　　　　　　（长度：厘米；重量：克）

种类	编号	特征		郭径	钱径	穿宽	郭宽	郭厚	肉厚	重量
		文字特征	记号							
货泉	2－1	正面穿之左右篆书"货泉"二字	无	2.32	1.89	0.71	0.20	0.19	0.08	2.48
	2－2	同上	无	2.24	2.04	0.74	0.22	0.21	0.09	2.74
	2－3	同上	左穿下一决纹	2.24	1.96	0.76	0.15	0.18	0.07	2.12
	2－4	同上	无	2.26	1.89	0.77	0.19	0.19	0.06	2.48
	2－5	同上	穿上一星点，四出	2.28	1.88	0.68	0.18	0.19	0.07	2.12
	2－6	同上	无	2.24	1.98	0.67	0.18	0.18	0.05	1.92
	2－7	同上	无	2.31	1.90	0.77	0.18	0.19	0.09	2.38
	2－8	同上	无	2.22	1.83	0.66	0.16	0.18	0.06	2.62
	2－9	同上	无	2.16	1.86	0.51	0.20	0.19	0.05	1.50
	2－10	同上	无	2.18	1.90	0.71	0.14	0.15	0.07	2.66
	2－11	同上	无	2.17	1.86	0.64	0.17	0.16	0.04	2.16
	2－12	同上	无	2.34	1.98	0.70	0.18	0.19	0.08	2.56
	2－13	同上	无	2.26	1.85	0.80	0.21	0.19	0.05	2.16
		3枚残碎								

四四　M44

1. 墓葬形制

土坑石椁墓，平面近似圆角长方形，墓圹较规整。方向85°（图一二八；彩版一五〇，2）。开口于第②层下，开口距地表1.00米，保存状况较好。

墓圹四壁较平直；墓底系在生土面上经过简单平整而成，较为平坦。长2.90、宽1.22、深0.71米。

墓内填土主要为灰褐土，夹杂有少量的黄土及小石块，土质较疏松。

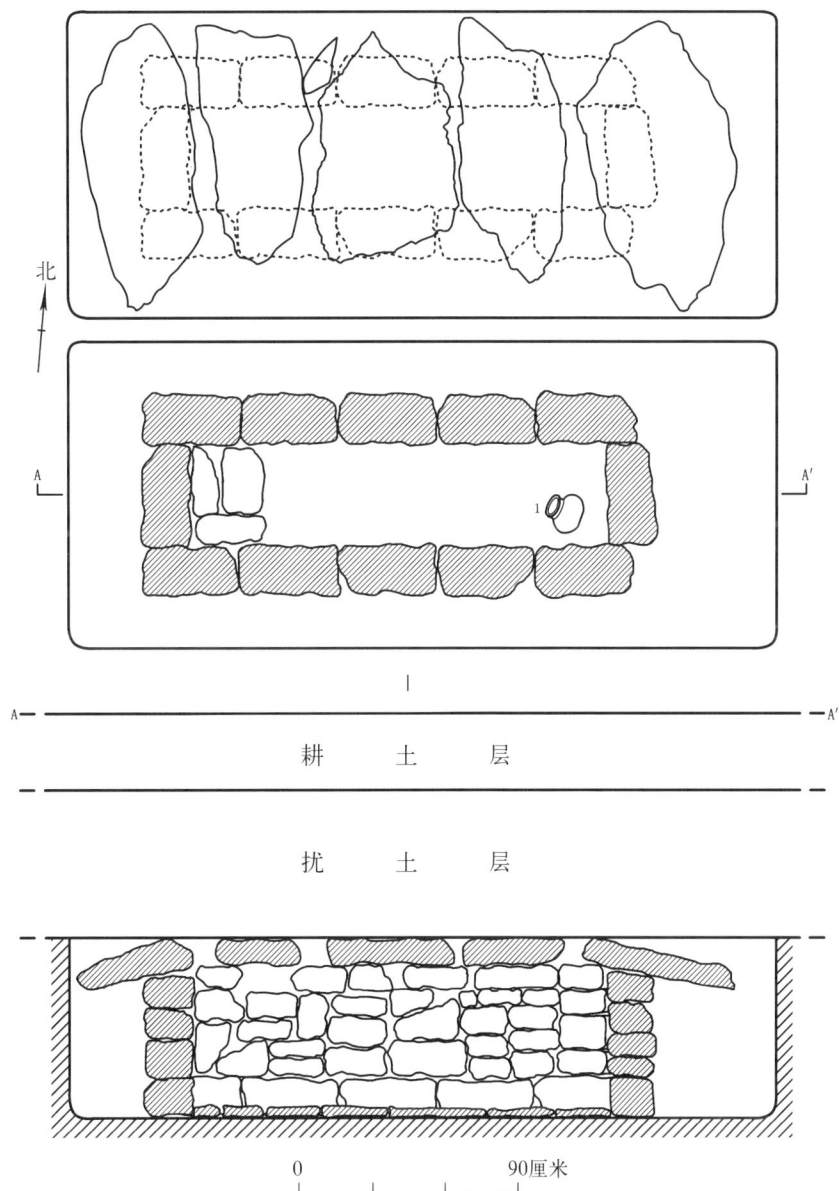

图一二八　M44平、剖面图
1. 陶罐

2．葬具和人骨

墓内葬具主要有石椁。

石椁平面呈长方形。顶部由5块经过简单加工的形状不规则的大石板平搭而成（彩版一五〇，1），四壁用经过简单加工的石块逐层错缝垒砌而成，底部由形状不规则的小石板拼缝平铺而成。石椁长1.70、宽0.40、高0.60米。

骨骼腐朽极为严重，仅发现有几枚牙齿。

3．随葬品

该墓随葬品极少（彩版一四八，2），仅在椁室东部出土有1件陶罐。

罐　1件。标本M44：1，泥质灰褐陶，陶色不纯，局部呈黄褐色。尖圆唇，子母口，束颈，溜肩，鼓腹，腹部最大径位置靠近肩部，平底。素面。口径9.4、最大腹径15.1、底径7.5、高14.0、壁厚0.4～0.5厘米（图一二九；彩版一五〇，3）。

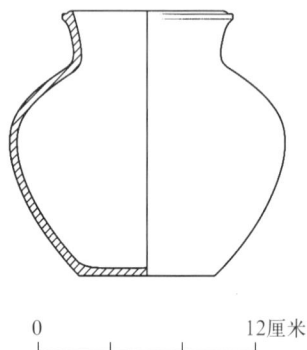

图一二九　M44出土陶罐M44：1

四五　M45

M45与M46为一组并葬墓，其中M45打破M46。

1．墓葬形制

土坑竖穴墓，平面近似圆角长方形，墓圹较规整。方向30°（图一三〇；彩版一五一）。开口于第②层下，开口距地表1.20米，保存状况较好。

墓圹四壁较平直，墓底较平坦。长3.50、宽1.32、深1.10米。

墓内填土呈黄褐色，并夹杂有少量的黑土、小石块等，土质较疏松。

2．葬具和人骨

墓穴内置木棺1具，但棺板均已腐朽，仅存灰白色板灰，并且有的出现塌陷和变形，部分改变了原来的位置；但仍可看出棺室的形状和尺寸，整理中尽可能地作了复原研究。木棺平面形状呈"Ⅱ"字形，其盖板现已不存，仅存挡板、壁板及底板。棺室长3.10、宽0.96～1.74、残高0.26米。整个棺室经壁板和挡板套合而成，其中南挡板长1.10、北挡板长1.16、东壁板长3.08、西壁板长3.10米，壁板及挡板板灰痕厚约0.02～0.04米。由残存的板灰分析，底板应由方木呈东西向平铺

图一三○　M45、M46平、剖面图

M45：1. 铜钱　2. 陶壶　3. 陶套盒　4. 陶井　5. 陶盒　6. 陶樽　7. 陶鼎　8. 陶壶　9. 陶壶　10. 陶盆　11. 陶炉　12. 陶灶组合　13. 陶套盒　14. 陶壶　15. 陶壶　16. 陶壶　17. 陶瓮　18. 陶盆　M46：1. 陶瓮　2. 陶壶　3. 陶盒　4. 陶灶组合　5. 陶壶　6. 陶樽　7. 陶井　8. 陶壶　9. 陶壶　10. 陶壶　11. 陶盆　12. 陶套盒

于墓底之上，底板板灰痕厚约0.02米。

由于该墓的埋藏条件不利于有机物的保存，墓底未见有人骨痕迹；但从随葬品的组合及摆放位置分析，该墓应为单人葬。

3. 随葬品

该墓共出土有20件（套）随葬品（彩版一五二，1），多数位于棺内北部，多为陶器，另有铜钱3枚。

陶器　计有瓮1、壶6、鼎1、樽1、盒1、套盒2、盆2、炉1、灶1、井1、小釜1、小甑1。

瓮　1件。标本M45∶17，泥质黄褐陶。圆唇，敛口，小展沿，斜颈，溜肩，鼓腹，腹部最大径位置靠近肩部，圆底。肩部施有多周凹弦纹，下腹部及底部满施细绳纹。口径16.4、最大腹径39.4、高33.9、壁厚0.4～0.6厘米（图一三一，1；彩版一五三，1）。

壶　6件（M45∶2、8、9、14、15、16）。形制相似，均为泥质灰陶；圆唇，敞口，展沿或微卷沿，沿面施有一周凹槽，束颈，溜肩，卵形腹，腹部最大径位置靠近肩部，平底；素面。标本M45∶2，口部残缺，最大腹径16.4、底径8.9、残高18.9、壁厚0.4～0.6厘米（图一三一，2）。标本M45∶8，器形不甚规整，口径8.7、最大腹径16.7、底径10.0、高23.8、壁厚0.4～0.6厘米（图一三一，3；彩版一五三，2）。标本M45∶9，器形不甚规整，口径9.1、最大腹径16.5、底径9.6、高25.1、壁厚0.4～0.6厘米（图一三一，4）。标本M45∶14，腹部轮旋痕迹明显，口径9.4、最大腹径17.0、底径9.6、高25.4、壁厚0.4～0.6厘米（图一三一，5；彩版一五三，3）。标本M45∶15，腹部轮旋痕迹明显，口径9.3、最大腹径17.0、底径9.6、高25.4、壁厚0.4～0.6厘米（图一三一，6）。标本M45∶16，口径10.3、最大腹径17.4、底径7.6、高25.4、壁厚0.4～0.6厘米（图一三一，7）。

鼎　1件。标本M45∶7，由鼎盖及鼎两部分组成，鼎盖：泥质灰陶；平顶，弧腹，敞口，圆唇；素面。鼎：泥质灰陶；尖圆唇，敛口，折腹，腹部施有一周扁棱，圜底；近口处附有对称的方形耳，底部附有三个蹄状足；素面。通高18.7厘米；鼎盖：口径14.7、高4.1、壁厚0.4～0.5厘米；鼎：口径15.7、高18.7、壁厚0.4～0.5厘米（图一三一，8；彩版一五三，4）。

樽　1件。标本M45∶6，泥质灰陶。圆唇，直口，斜腹，平底，底部附有三个蹄状足。素面。口径18.9、底径18.0、高15.3、壁厚0.4～0.6厘米（图一三一，9；彩版一五三，5）。

盒　1件。标本M45∶5，由盒盖及盒两部分组成。盒盖：泥质灰陶；平顶，弧腹，展沿，敞口，圆唇；素面。盒：泥质灰陶；方唇，敞口，展沿，弧腹，平底；素面。通高12.9厘米；盒盖：口径22.9、顶径9.9、高6.0、壁厚0.5～0.6厘米；盒：口径22.9、底径9.9、高6.9、壁厚0.5～0.6厘米（图一三一，10；彩版一五三，6）。

套盒　2件（M45∶3、13）。形制相似，均为泥质灰陶，由套盒盖及套盒两部分组成。套盒盖：圜顶，折腹，直口，圆唇；素面。套盒：圆唇，直口，折腹，平底；素面。标本M45∶3，通高16.6厘米；套盒盖：口径17.7、高12.6、壁厚0.4～0.5厘米；套盒：口径18.1、底径8.9、高10.5、壁厚0.4～0.6厘米（图一三一，11；彩版一五四，1）。标本M45∶13，通高16.0厘米；套盒盖：口

图一三一　M45出土器物

1. 陶瓮M45：17　2～7. 陶壶M45：2、8、9、14、15、16　8. 陶鼎M45：7　9. 陶樽M45：6　10. 陶盒M45：5　11、12. 陶套盒M45
：3、13　13、14. 陶盆M45：10、18

径18.1、高12.5、壁厚0.4～0.5厘米；套盒：口径18.3、底径8.7、高10.1、壁厚0.4～0.6厘米（图一三一，12；彩版一五四，2）。

盆　2件（M45：10、18）。形制相似，均为泥质灰陶；方唇，敞口，微卷沿，弧腹，台底；素面。标本M45：10，口径21.7、底径10.0、高6.0、壁厚0.4～0.6厘米（图一三一，13；彩版一五四，3）。标本M45：18，口径23.2、底径11.3、高7.8、壁厚0.4～0.6厘米（图一三一，14）。

炉　1件。标本M45：11，泥质灰陶。方唇，敛口，弧腹，圜底，底部有三个蹄状足，底部有由长方形、三角形、圆形组合而成的穿孔，近口处对称穿有4个圆孔。素面。口径22.3、高14.1、壁厚0.5～0.6厘米（图一三二，1；彩版一五四，4）。

灶　1件。标本M45：12－1，泥质灰陶。灶面呈圆形，灶面上呈"品"字形置有三个圆形火眼，尾端置有圆形烟孔，长方形灶门不落地。素面。灶面直径19.1、高9.0、壁厚0.4～0.6厘米；火

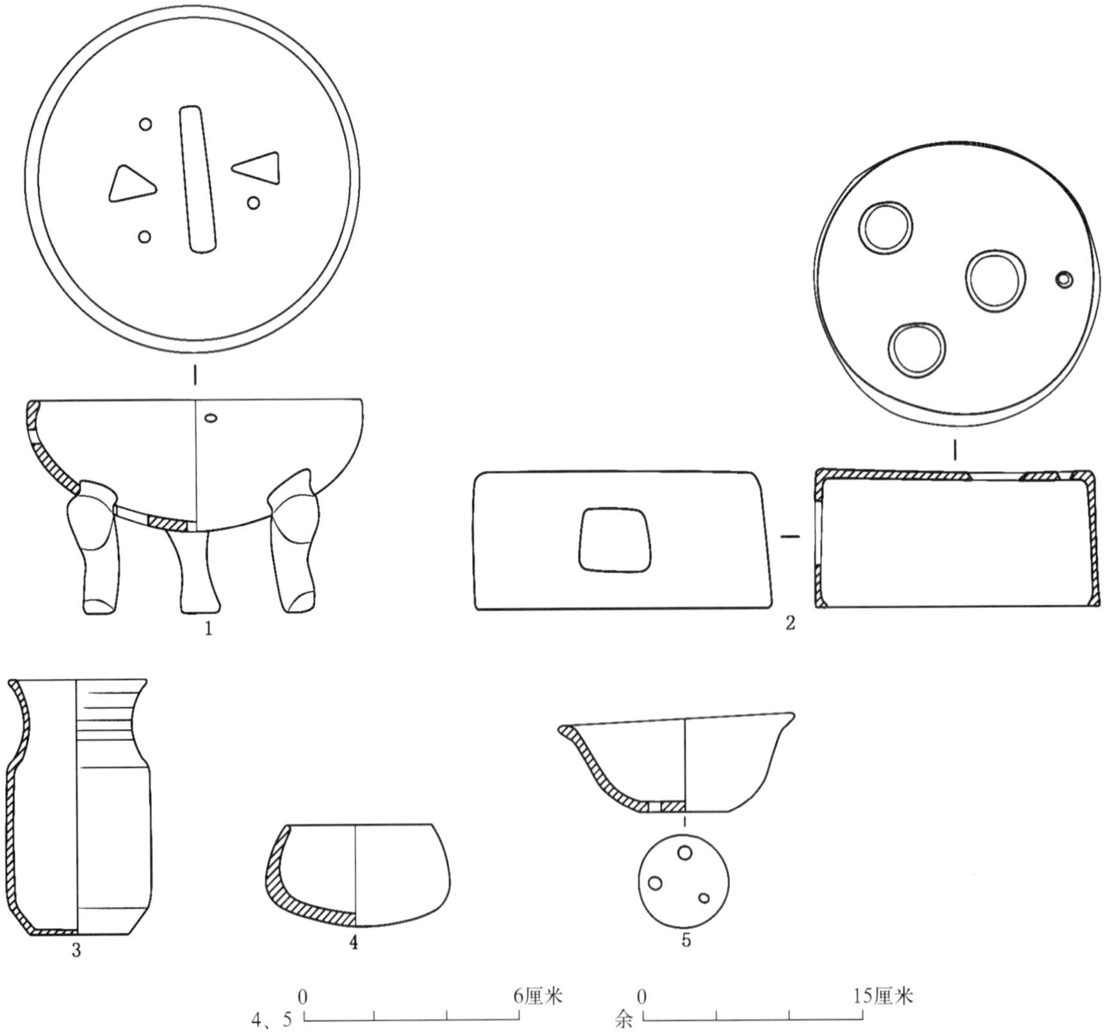

图一三二　M45出土器物
1. 陶炉M45：11　2. 陶灶M45：12－1　3. 陶井M45：4　4. 小陶釜M45：12－2　5. 小陶甑M45：12－3

眼直径3.1、3.6、3.8厘米；灶门长4.9、宽4.0厘米（图一三二，2；彩版一五四，5）。

井　1件。标本M45：4，泥质灰陶。方唇，敞口，束颈，折肩，折腹，平底。素面，颈部轮旋痕迹明显。口径9.4、底径6.7、高16.8、壁厚0.4～0.6厘米（图一三二，3；彩版一五四，6）。

小釜　1件。标本M45：12－2，泥质灰陶。圆唇，敛口，鼓腹，腹部最大径位置靠近底部，圜底。素面。口径4.0、高2.8、壁厚0.2～0.5厘米（图一三二，4；彩版一五四，5）。

小甑　1件。标本M45：12－3，泥质灰陶。圆唇，敞口，小展沿，弧腹，平底，底部穿有三个圆形甑孔。素面。口径6.4、底径2.5、高2.3、壁厚0.2～0.3厘米（图一三二，5；彩版一五四，5）。

铜钱　3枚，均为"五铢"钱（图一三三，1～3）。详情见下表。

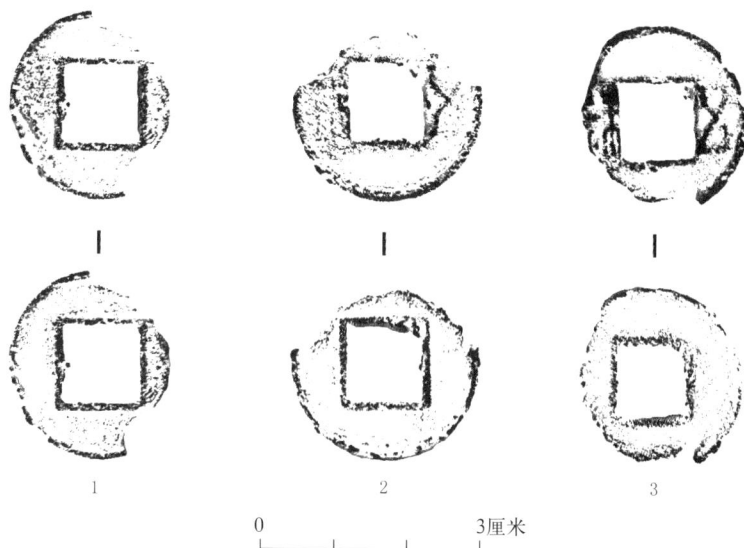

图一三三　M45出土铜钱拓片
1～3. 铜钱拓片M45：1－1、1－2、1－3

M45铜钱统计表　　　　　　　　　　　　（长度：厘米；重量：克）

种类	编号	特征		郭径	钱径	穿宽	郭宽	郭厚	肉厚	重量
		文字特征	记号							
五铢	1－1	"五"字瘦长，竖划缓曲；"金"头三角形，四竖点；"朱"头较圆，"朱"下较圆	无	2.47	2.23	0.95	0.13	0.17	0.08	
	1－2	同上	无	2.60	2.25	0.94	0.13	0.19	0.09	
	1－3	同上	无	2.54	2.19	0.87	0.12	0.18	0.09	

四六　M46

M46与M45为一组并葬墓，其中M46被M45打破。

1．墓葬形制

土坑竖穴砖椁墓，西壁被M45打破，无墓道，方向30°（图一三〇；彩版一五一）。开口于第②层下，开口距地表1.00米，保存较完整。

墓圹平面近似圆角梯形，四壁较平直，墓底较平坦。长3.50、残宽1.12～1.30、深1.10米。

墓内填土主要为灰褐土，夹杂有少量的黄土、小石块，土质较疏松。

2．葬具和人骨

墓内葬具主要有砖椁。

砖椁平面呈长方形，西壁被M45打破，现已不存。砖椁长3.00、残宽0.90、残高0.80米。砖椁先砌四壁，再铺椁底砖。砖椁四壁受外力的挤压作用而向内倾斜，最高处残存13层砖，砌法为单隅顺砌平砖错缝垒砌。椁底铺砖为斜向条砖拼缝平铺而成。用砖规格：（31～34）×（15～17）×6厘米，灰色条砖，素面。

由于该墓的埋藏条件不利于有机物的保存，所以棺内未见有人骨痕迹。

3．随葬品

该墓保存状况较好，共出土有16件（套）随葬品（彩版一五二，2），均位于椁内北部，均为陶器，种类计有瓮1、壶5、樽1、盒1、套盒1、盆1、灶1、井1、小釜3、小甑1。

瓮　1件。标本M46：1，泥质黄褐陶。方唇，微敛口，矮领，圆肩，球形腹，腹部最大径位置略靠下，圜底。中腹部施有三周凹弦纹，下腹部及底部满施细绳纹。口径17.4、最大腹径33.4、高29.5、壁厚0.4～0.6厘米（图一三四，1；彩版一五五，1）。

壶　5件（M46：2、5、8、9、10）。形制相似，均为泥质灰陶或黄褐陶；圆唇，敞口，微卷沿，沿面施有一周凹槽，束颈，溜肩，卵形腹，腹部最大径位置靠近肩部，平底。标本M46：2，素面，器表轮旋痕迹明显。口径10.2、最大腹径15.7、底径7.9、高25.2、壁厚0.6～0.8厘米（图一三四，2；彩版一五五，2）。标本M46：5，素面。口径9.3、最大腹径16.6、底径8.8、高26.1、壁厚0.6～0.8厘米（图一三四，3；彩版一五五，3）。标本M46：8，带壶盖，壶盖为圜顶，弧腹，敞口，圆唇；壶为素面，器表轮旋痕迹明显。通高26.9厘米；壶盖：口径9.2、高2.5、壁厚0.6～0.8厘米；壶：口径9.1、最大腹径15.9、底径8.0、高24.3、壁厚0.6～0.8厘米（图一三四，4；彩版一五五，4）。标本M46：9，肩部及中腹部施有三周凹弦纹。口径9.7、最大腹径15.6、底径8.6、高25.3、壁厚0.6～0.8厘米（图一三四，5；彩版一五五，5）。标本M46：10，素面，器表轮旋痕迹明显。口径10.1、最大腹径16.8、底径7.8、高23.7、壁厚0.6～0.8厘米（图一三四，6；彩版一五五，6）。

樽　1件。标本M46：6，泥质黄褐陶。圆唇，直口，直腹，平底，底部附有三个蹄状足。素面。口径17.2、底径15.1、高13.9、壁厚0.4～0.8厘米（图一三四，7；彩版一五六，1）。

图一三四 M46出土器物

1. 陶瓮M46：1 2～6. 陶壶M46：2、5、8、9、10 7. 陶樽M46：6 8. 陶盒M46：3 9. 陶套盒M46：12 10. 陶盆M46：11 11.
陶灶M46：4—1 12. 陶井M46：7 13～15. 小陶釜M46：4—2、4—3、4—4 16. 小陶甑M46：4—5

盒　1件。标本M46：3，由盒盖及盒两部分组成。盒盖：泥质黄褐陶；圜顶，弧腹，折沿，敞口，方唇；素面。盒：泥质灰陶；方唇，敞口，折沿，弧腹，平底；素面。通高13.6厘米；盒盖：口径30.0、高7.2、壁厚0.6~0.8厘米；盒：口径21.4、底径8.2、高6.5、壁厚0.6~0.8厘米（图一三四，8；彩版一五六，2）。

套盒　1件。标本M46：12，由套盒盖及套盒两部分组成。套盒盖：泥质灰陶；圜顶，折腹，敛口，圆唇；肩部施有一周凹弦纹，器表轮旋痕迹明显。套盒：泥质灰陶；圆唇，直口，折腹，平底；素面。通高13.3厘米；套盒盖：口径15.3、高8.8、壁厚0.6~0.7厘米；套盒：口径12.4、高4.5、底径6.5、壁厚0.6~0.7厘米（图一三四，9；彩版一五六，3）。

盆　1件。标本M46：11，泥质灰陶。方唇，敞口，微卷沿，弧腹，平底。素面。口径21.9、底径7.3、高5.9、壁厚0.6~0.8厘米（图一三四，10；彩版一五六，4）。

灶　1件。标本M46：4-1，泥质黑陶。灶面呈圆形，灶面上呈"品"字形置有三个圆形火眼，后壁上置有圆形烟孔，长方形灶门不落地。素面。灶面直径16.5、高6.8、壁厚0.6~0.7厘米；火眼直径2.2、2.4、2.1、烟孔直径1.0厘米；灶门长3.4、高1.9厘米（图一三四，11；彩版一五六，5）。

井　1件。标本M46：7，泥质灰陶。圆唇，直口，折肩，折腹，平底。素面，下腹部修坯削痕明显，内壁轮旋痕迹明显。口径9.2、底径4.9、高11.2、壁厚0.4~0.6厘米（图一三四，12；彩版一五六，6）。

小釜　3件（M46：4-2、4-3、4-4）。标本M46：4-2，泥质黑陶。圆唇，敛口，鼓腹，腹部最大径位置靠近底部，平底。素面。口径2.2、底径2.3、高1.6、壁厚0.1~0.3厘米（图一三四，13；彩版一五六，5）。其中，标本M46：4-3与4-4形制相似，均为泥质灰陶；圆唇，敞口，弧腹，圜底，整体呈斗笠状；素面。标本M46：4-3，口径4.2、高1.5、壁厚0.1~0.3厘米（图一三四，14；彩版一五六，5）。标本M46：4-4，口径5.0、高1.9、壁厚0.1~0.3厘米（图一三四，15；彩版一五六，5）。

小甑　1件。标本M46：4-5，泥质灰陶。圆唇，敞口，弧腹，圜底，底部穿有三个圆形甑孔，整体呈斗笠状。素面。口径4.5、高1.6、壁厚0.1~0.3厘米（图一三四，16；彩版一五六，5）。

四七　M47

1. 墓葬形制

土坑竖穴墓，平面呈圆角梯形，墓圹较规整。方向135°（图一三五；彩版一五七）。开口于第②层下，开口距地表1.20米，保存状况较好。

墓圹四壁较平直，墓底较平坦。长4.20、宽2.80~2.90、深0.80米。

墓内填土呈灰褐色，并夹杂有少量的黄土、小石块等，土质较疏松。

2. 葬具和人骨

墓内并排置有木棺2具，但棺板均已腐朽，仅存灰白色板灰，并且有的出现塌陷和变形，部分改

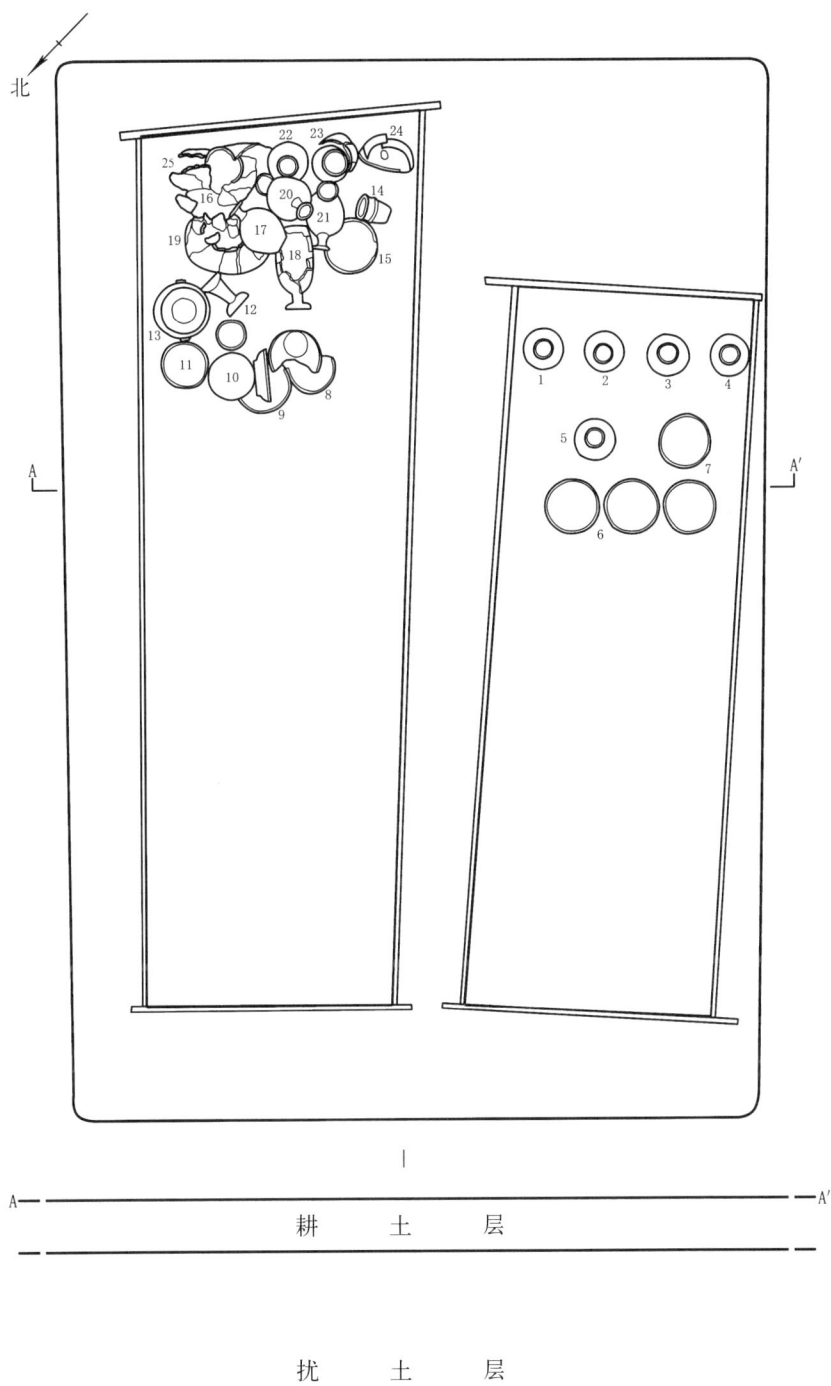

图一三五 M47平、剖面图
1.陶罐 2.陶罐 3.陶罐 4.陶罐 5.陶壶 6.陶盒 7.陶盒 8.陶盒 9.陶盒 10.陶套盒 11.陶樽 12.陶熏 13.陶鼎 14.陶井 15.陶盆 16.陶罐 17.陶壶 18.陶壶 19.陶壶 20.陶壶 21.陶壶 22.陶壶 23.陶壶 24.陶灶组合 25.陶罐

变了原来的位置；但仍可看出棺室的形状和尺寸，整理中尽可能地作了复原研究。

东侧木棺平面形状呈"Ⅱ"字形，其盖板现已不存，仅存挡板、壁板及底板。棺室长3.54、宽1.00～1.14、残高0.28米。整个棺室经壁板和挡板套合而成，其中南挡板长1.30、北挡板长1.14、东壁板长3.44、西壁板长3.54米，墙板及挡板板灰痕厚约0.02～0.04米。底板板灰痕厚约0.02米。

西侧木棺平面形状呈"Ⅱ"字形，其盖板现已不存，仅存挡板、壁板及底板。棺室长2.85、宽0.96～1.00、残高0.28米。整个棺室经壁板和挡板套合而成，其中南挡板长1.12、北挡板长1.20、东壁板长2.85、西壁板长2.85米，墙板及挡板板灰痕厚约0.03～0.04米。底板板灰痕厚约0.02米。

由于该墓的埋藏条件不利于有机物的保存，墓底未见有人骨痕迹；但从随葬品的组合及摆放位置分析，该墓应为双人合葬墓。

3. 随葬品

该墓共出土有30件（套）随葬品（彩版一五八，1、2），均位于棺室南部，均为陶器，种类计有罐6、壶8、鼎1、樽1、盒4、套盒1、盆1、熏1、灶1、井1、小釜3、小盆2。

罐　6件（M47：1、2、3、4、16、25）。其中，标本M47：1、2、3与4形制相似，均为泥质灰陶；圆唇，子母口，束颈，溜肩，鼓腹，腹部最大径位置靠近肩部，平底；素面，器表轮旋痕迹明显。标本M47：1，口径7.5、最大腹径14.9、底径7.3、高15.8、壁厚0.4～0.6厘米（图一三六，1；彩版一五九，1）。标本M47：2，口径7.5、最大腹径14.9、底径7.3、高15.8、壁厚0.4～0.6厘米（图一三六，2；彩版一五九，2）。标本M47：3，口径7.5、最大腹径14.9、底径7.3、高15.8、壁厚0.4～0.6厘米（图一三六，3）。标本M47：4，口径7.5、最大腹径14.9、底径7.3、高15.8、壁厚0.4～0.6厘米（图一三六，4）。标本M47：16，泥质灰陶。圆唇，子母口，束颈，溜肩，卵形腹，腹部最大径位置靠近肩部，平底。素面，器表轮旋痕迹明显。口径7.8、最大腹径15.0、底径7.3、高18.1、壁厚0.4～0.6厘米（图一三六，5）。标本M47：25，泥质黑褐陶。圆唇，子母口，直颈，溜肩，鼓腹，腹部最大径位置靠近肩部，平底。肩部施有多周凹弦纹。口径11.3、最大腹径25.1、底径9.5、高23.6、壁厚0.4～0.6厘米（图一三六，6；彩版一五九，3）。

壶　8件（M47：5、17、18、19、20、21、22、23）。标本M47：5，泥质灰陶。器形不甚规整，圆唇，敞口，微卷沿，沿面施有一周凹槽，束颈，溜肩，鼓腹，腹部最大径位置略靠上，平底。素面，器表轮旋痕迹明显。口径9.3、最大腹径16.3、底径9.4、高21.5、壁厚0.4～0.6厘米（图一三六，7）。其中，标本M47：17与23形制相似，均为泥质灰陶；圆唇，敞口，微卷沿，沿面施有一周凹槽，束颈，溜肩，卵形腹，腹部最大径位置靠近肩部，平底；素面。标本M47：17，口径10.5、最大腹径17.1、底径7.8、高25.4、壁厚0.4～0.6厘米（图一三六，8；彩版一五九，4）。标本M47：23，口径10.0、最大腹径17.1、底径8.4、高23.8、壁厚0.4～0.6厘米（图一三六，9）。其中，标本M47：18与19形制相似，均为泥质黄褐陶；方唇，小盘口，束颈，溜肩，卵形腹，腹部最大径位置靠近肩部，平底；素面。标本M47：18，口径9.6、最大腹径20.0、底径9.6、高32.7、壁厚0.4～0.6厘米（图一三七，1）。标本M47：19，口径9.6、最大腹径20.0、底径9.6、高32.7、壁厚0.4～0.6厘米（图一三七，2；彩版一五九，5）。其中，标本M47：20、21与22形制相

似，均为泥质灰陶，由壶盖及壶两部分组成。壶盖：圆顶，弧腹，敞口，圆唇；素面。壶：圆唇，
敞口，微卷沿，沿面施有一周凹槽，束颈，溜肩，鼓腹，腹部最大径位置靠近肩部，平底；素面。
标本M47：20，通高24.2厘米；壶盖：口径8.4、高2.2、壁厚0.2～0.3厘米；壶：口径9.4、最大
腹径16.5、底径8.2、高22.3、壁厚0.4～0.6厘米（图一三七，3；彩版一五九，6）。标本M47：
21，通高24.2厘米；壶盖：口径8.4、高2.2、壁厚0.2～0.3厘米；壶：口径9.5、最大腹径16.5、底
径8.2、高22.3、壁厚0.4～0.6厘米（图一三七，4）。标本M47：22，通高24.2厘米；壶盖：口径

图一三六　M47出土器物

1～6. 陶罐M47：1、2、3、4、16、25　7～9. 陶壶M47：5、17、23

8.4、高2.2、壁厚0.2～0.3厘米；壶：口径9.5、最大腹径16.5、底径8.2、高22.3、壁厚0.4～0.6
厘米（图一三七，5；彩版一六〇，1）。

鼎　1件。标本M47：13，由鼎盖及鼎两部分组成，鼎盖：泥质灰陶；台顶，弧腹，折沿，敞

图一三七　M47出土器物

1～5. 陶壶M47：18、19、20、21、22　6. 陶鼎M47：13　7. 陶樽M47：11　8、9. 陶盒M47：6、7

口，方唇；腹部施有一周凹弦纹。鼎：方唇，敛口，弧腹，圜底；近口处附有对称的方形耳，底部附有三个蹄状足；素面。通高17.2厘米；鼎盖：口径19.2、顶径9.5、高5.4、壁厚0.4～0.5厘米；鼎：口径19.5、高14.8、壁厚0.4～0.5厘米（图一三七，6；彩版一六〇，2）。

樽　1件。标本M47：11，泥质灰陶。圆唇，直口，斜腹，平底，底部附有三个蹄状足。素面。口径17.6、底径16.3、高15.0、壁厚0.4～0.6厘米（图一三七，7；彩版一六一，1）。

盒　4件（M47：6、7、8、9）。其中，标本M47：6与7形制相似，均为泥质灰陶，由盒盖及盒两部分组成。盒盖：圜顶，弧腹，敛口，方唇；素面。盒：方唇，敛口，弧腹，圜底；素面。标本M47：6，通高13.4厘米；盒盖：口径20.6、高6.4、壁厚0.5～0.6厘米；盒：口径20.7、高7.0、壁厚0.5～0.6厘米（图一三七，8；彩版一六〇，3）。标本M47：7，通高13.4厘米；盒盖：口径20.6、高6.4、壁厚0.5～0.6厘米；盒：口径20.7、高7.0、壁厚0.5～0.6厘米（图一三七，9；彩版一六〇，4）。其中，标本M47：8与9形制相似，均为泥质灰陶，由盒盖及盒两部分组成。盒盖：台顶，弧腹，折沿，敞口，方唇；腹部施有一周凹弦纹。盒：方唇，敞口，折沿，弧腹，台底；腹部施有一周凹弦纹。标本M47：8，通高11.9厘米；盒盖：口径19.6、底径9.5、高6.4、壁厚0.5～0.6厘米；盒：口径19.8、底径10.0、高5.5、壁厚0.5～0.6厘米（图一三八，1；彩版一六〇，5）。标本M47：9，通高11.9厘米；盒盖：口径20.3、底径9.5、高6.4、壁厚0.5～0.6厘米；盒：口径19.8、底径10.0、高5.5、壁厚0.5～0.6厘米（图一三八，2；彩版一六〇，6）。

套盒　1件。标本M47：10，由套盒盖及套盒两部分组成。套盒盖：泥质灰陶；圜顶，折腹，敛口，圆唇；腹部施有多周凹弦纹。套盒：泥质灰陶；圆唇，直口，折腹，腹部施有一周扉棱，平底；素面。通高13.1厘米；套盒盖：口径15.4、高9.9、壁厚0.4～0.5厘米；套盒：口径14.2、底径8.0、高8.7、壁厚0.4～0.5厘米（图一三八，3；彩版一六一，2）。

盆　1件。标本M47：15，泥质灰陶。方唇，敞口，微折沿，弧腹，台底。素面。口径18.7、底径9.3、高5.7、壁厚0.4～0.6厘米（图一三八，4；彩版一六一，3）。

熏　1件。标本M47：12，由熏盖及熏两部分组成。熏盖：泥质灰陶；圜顶，弧腹，敛口，方唇；盖顶中部穿有一个圆形熏孔，其四周刻划有一周四角星纹，外侧戳刻有二周三角形熏孔。熏：泥质灰陶；方唇，敛口，浅盘，喇叭形熏座，熏座上部穿有一个圆形孔；素面。通高19.5厘米；熏盖：口径12.1、高3.8、壁厚0.6～0.9厘米；熏：口径12.0、底座径11.0、高15.7、壁厚0.5～0.8厘米（图一三八，5；彩版一六一，4）。

灶　1件。标本M47：24-1，泥质灰陶。灶面呈圆形，灶面上呈"品"字形置有三个圆形火眼，尾端置一圆形烟孔，长方形灶门不落地。素面。灶面直径20.2、高9.5、壁厚0.4～0.6厘米；火眼直径5.0、4.8、4.9厘米；灶门长4.7、宽3.0厘米（图一三八，6；彩版一六一，5）。

井　1件。标本M47：14，泥质灰陶。方唇，敞口，折肩，折腹，平底。颈部施有多周凹弦纹。口径8.4、底径4.8、高14.0、壁厚0.4～0.6厘米（图一三八，7；彩版一六一，6）。

小釜　3件（M47：24-2、24-3、24-4）。形制相似，均为泥质灰陶；圆唇，敛口，束颈，鼓腹，圜底；素面。标本M47：24-2，口径3.9、高2.1、壁厚0.2～0.5厘米（图一三八，

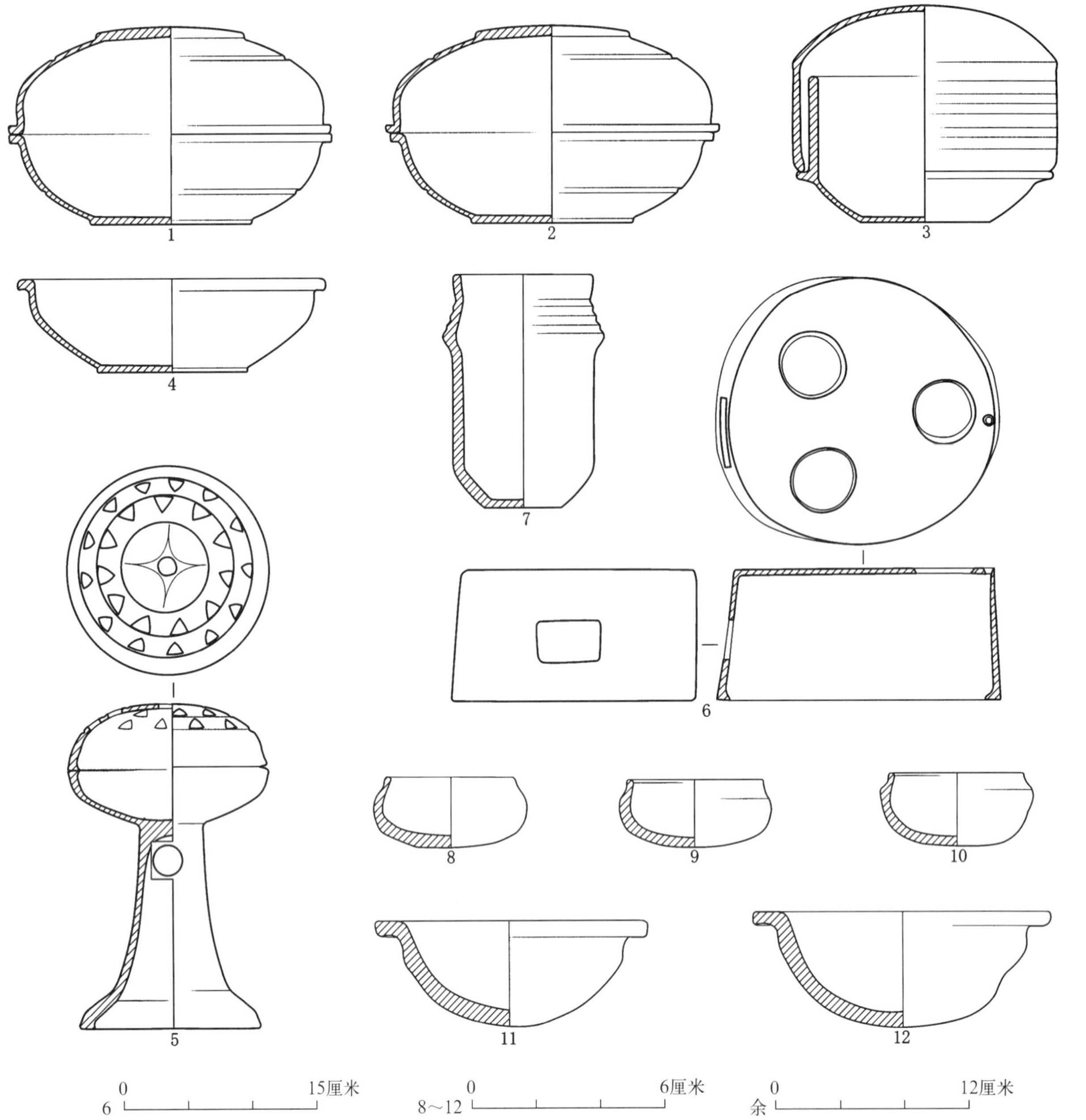

图一三八　M47出土器物

1、2. 陶盒M47：8、9　3. 陶套盒M47：10　4. 陶盆M47：15　5. 陶熏M47：12　6. 陶灶M47：24-1　7. 陶井M47：14　8~10. 小陶釜M47：24-2、24-3、24-4　11、12. 小陶盆M47：24-5、24-6

8；彩版一六一，5）。标本M47：24-3，口径4.1、高2.0、壁厚0.2~0.5厘米（图一三八，9；彩版一六一，5）。标本M47：24-4，口径4.0、高2.2、壁厚0.2~0.5厘米（图一三八，10；彩版一六一，5）。

　　小盆　2件（M47：24-5、24-6）。形制相似，均为泥质灰陶；方唇，敞口，微卷沿，弧腹，圜底；素面。标本M47：24-5，口径8.2、高3.1、壁厚0.2~0.5厘米（图一三八，11；彩版一六一，5）。标本M47：24-6，口径9.0、高3.5、壁厚0.2~0.5厘米（图一三八，12；彩版一六一，5）。

四八　M48

1．墓葬形制

单室砖墓，平面近似刀形，由墓道、墓门及墓室三部分组成，方向140°（图一三九；彩版一六二）。开口于第②层下，开口距地表1.00米，保存状况一般。

墓道　长方形斜坡状，未发掘完，长不详，宽0.90、底部距地表0.94米。

墓门　位于墓室东壁南部，宽0.82米。

封门　条砖封堵，现存11层砖，残高1.00米。砌法由下至上为五层双隅顺砌平砖之后，一层丁立砖、一层双隅顺砌平砖交替向上，至顶立砌楔形砖（彩版一六三，1）。

墓室　平面呈梯形，墓室长3.30、宽1.40～1.50米。墓室四壁较平直，最高处残存16层砖，砌法由下至上为三层双隅顺砌平砖之上一层丁立砖，两者交替向上；从第13层开始为双隅顺砌平砖逐层错缝垒砌。墓底系在生土面上经过简单平整而成。用砖规格：（34～36）×（16～18）×4厘米，灰色条砖，一面为素面，一面施有绳纹。

2．葬具和人骨

在墓底北部发现有一砖质棺床。该棺床纵贯东西，多由碎砖横向拼缝平砌而成（彩版一六三，2）。棺床长3.30、宽0.88、高0.04米。

骨骼保存极差，仅在填土中零星出土有几块肢骨残块。

3．随葬品

该墓共出土有7件（套）随葬品，多为陶器，另有铜钱1枚。

陶器　计有罐1、壶1、套盒1、盆1、钵1、灶1。

罐　1件。标本M48填：4，泥质灰陶。方唇，敛口，直领，溜肩，鼓腹，腹部最大径位置靠近肩部，台底。肩部及腹部施有多周凹弦纹。口径18.4、最大腹径34.2、底径14.5、高25.5、壁厚0.7～1.1厘米（图一四〇，1；彩版一六四，1）。

壶　1件。标本M48：3，泥质灰陶。器形不甚规整，方唇，唇部施有一周凹槽，敞口，微卷沿，束颈，溜肩，卵形腹，腹部最大径位置靠近肩部，平底。素面，器表轮旋痕迹明显。口径9.1、最大腹径14.8、底径9.9、高24.6、壁厚0.4～0.6厘米（图一四〇，2；彩版一六四，2）。

套盒　1件。标本M48填：2，盒盖缺失，泥质灰陶。圆唇，直口，折腹，平底。素面。口径12.4、底径7.9、高6.3、壁厚0.6～0.7厘米（图一四〇，3；彩版一六四，3）。

盆　1件。标本M48填：3，泥质灰陶。方唇，敞口，折沿，弧腹，平底。素面。口径20.6、底径7.6、高5.1、壁厚0.4～0.5厘米（图一四〇，4；彩版一六四，4）。

钵　1件。标本M48：2，泥质黄褐陶。圆唇，敞口，鼓腹，台底。腹部施有二周凸棱，内壁轮旋痕迹明显。口径13.5、底径7.1、高5.5、壁厚0.4～0.6厘米（图一四〇，5；彩版一六四，5）。

灶　1件。标本M48填：1，泥质灰陶。灶面上隆明显，平面呈圆形，灶面上呈"品"字形置有三个圆形火眼，后壁置有圆形烟孔，长方形灶门不落地。素面。灶面直径17.8、高6.7、壁厚

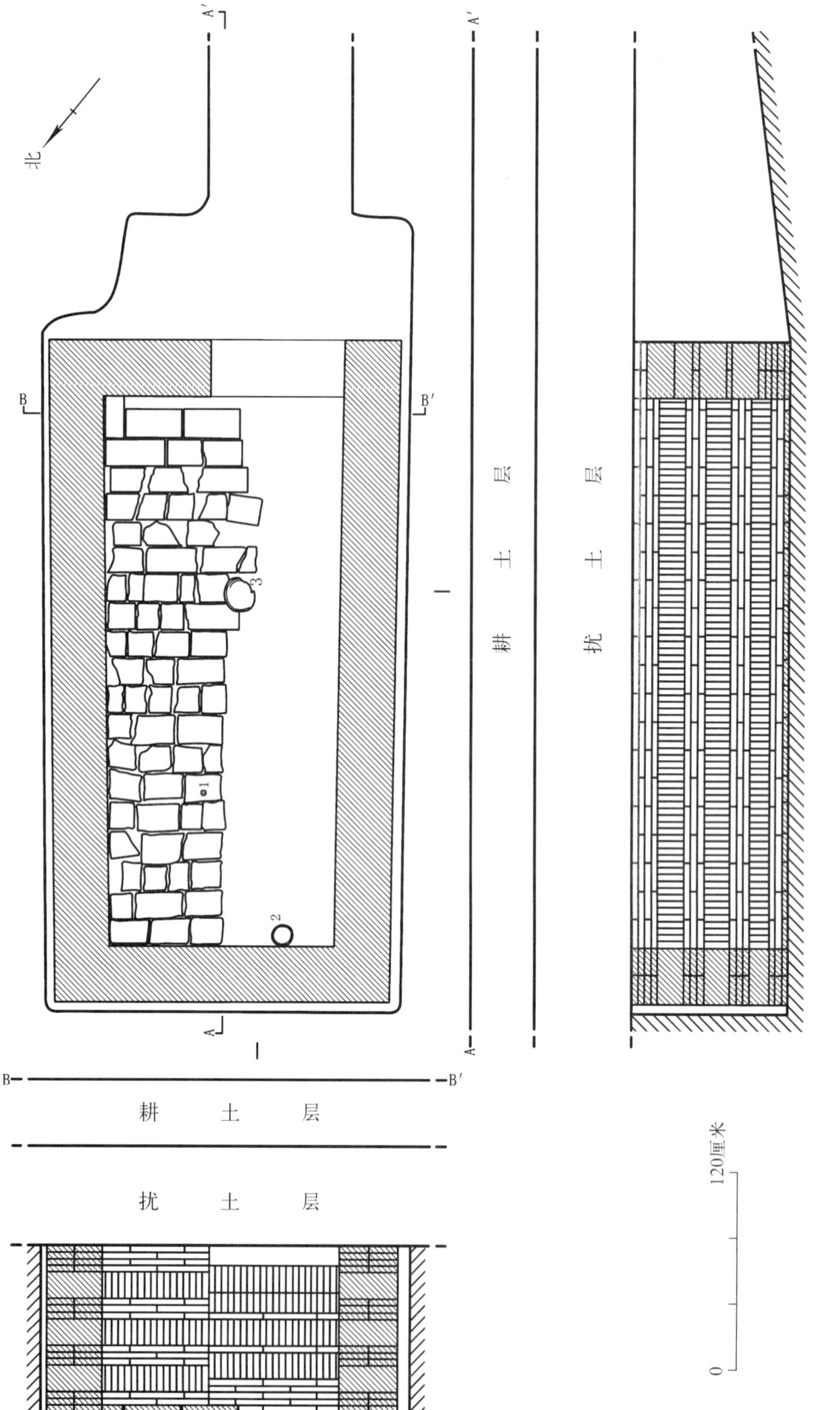

北

耕　土　层

扰　土　层

耕　土　层

扰　土　层

B——————————————B'

耕　土　层

扰　土　层

120厘米

0

图一三九　M48平、剖面图

1. 铜钱　2. 陶钵　3. 陶壶

图一四○ M48出土器物

1. 陶罐M48填：4 2. 陶壶M48：3 3. 陶套盒M48填：2 4. 陶盆M48填：3 5. 陶钵M48：2 6. 陶灶M48填：1 7. 铜钱拓片M48：1

0.6~0.7厘米；火眼直径3.2、3.2、3.1、烟孔直径1.0厘米；灶门长4.0、高1.4厘米（图一四○，6；彩版一六四，6）。

铜钱 1枚，为"五铢"钱（图一四○，7）。详情见下表。

M48铜钱统计表 （长度：厘米；重量：克）

种类	编号	特征		郭径	钱径	穿宽	郭宽	郭厚	肉厚	重量
		文字特征	记号							
五铢	1	"五"字瘦长，竖划缓曲；"金"头三角形，四竖点；"朱"头较圆，"朱"下较圆	无	2.61	2.21	0.87	0.13	0.13	0.06	1.86

四九 M49

M49、M50与M69为一组并葬墓，其中M49打破M50。

1. 墓葬形制

土坑石椁墓，平面近似圆角长方形，墓圹较规整。方向0°（图一四一；彩版一六五）。开口于第②层下，开口距地表0.98米，保存状况较好。M49是在M50的东部贴建而成。

墓圹外侧的原地表上有用经过简单加工的石块堆砌而成的石垣。根据残存部分分析，该石垣平面呈长方形，垣墙宽约0.38米，现仅存一层墙体。石垣残长约3.60、残宽约2.40、残高0.18厘米。

墓圹四壁较平直；墓底系在生土面上经过简单平整而成，较为平坦。长3.26、宽1.20、深0.94米。

墓内填土主要为灰褐土，夹杂有少量的黄土及小石块，土质较疏松。

2. 葬具和人骨

墓内葬具主要有石椁及木棺。

石椁平面呈长方形，保存的较为完整。盖板由7块经过简单加工的大石板平搭而成（图一四二；彩版一六六，1），四壁用经过简单加工的石块逐层拼缝垒砌而成；底部由形状不规则的小石板拼缝平铺而成。石椁长2.60、宽0.60、高0.74米。

木棺的保存状况极差，仅在墓底见有零星的黑色板木朽灰，形制及尺寸不辨。

骨骼腐朽极为严重，仅发现有几枚牙齿。

3. 随葬品

该墓共出土有4件（套）随葬品（彩版一六六，2），多数位于石椁北部，质地可分为陶、铜器两类，其中铜钱1枚。

陶器 计有罐1、钵1。

罐 1件。标本M49:3，夹细砂黄褐陶。尖圆唇，子母口，束颈，溜肩，鼓腹，腹部最大径位置居中，台底。肩部施有二周凹弦纹。口径11.5、最大腹径22.3、底径10.4、高21.4、壁厚0.4～0.6厘米（图一四三，1；彩版一六七，1）。

钵 1件。标本M49:2，泥质黑褐陶，陶色不纯，局部呈黄色。尖圆唇，敞口，弧腹，台底内凹。近口处施有一周凹弦纹。口径19.0、底径8.1、高8.7、壁厚0.3～0.4厘米（图一四三，2；彩版一六七，2）。

铜器 计有臂钏1套3枚。

臂钏 1套3枚。形制相同，均平面呈圆形，一端留有豁口；表面施有三周凸弦纹。标本M49:1-1，直径6.0、厚0.14、豁口宽2.9厘米（图一四三，3；彩版一六七，3）。

铜钱 1枚，为"货泉"钱（图一四三，4）。详情见下表。

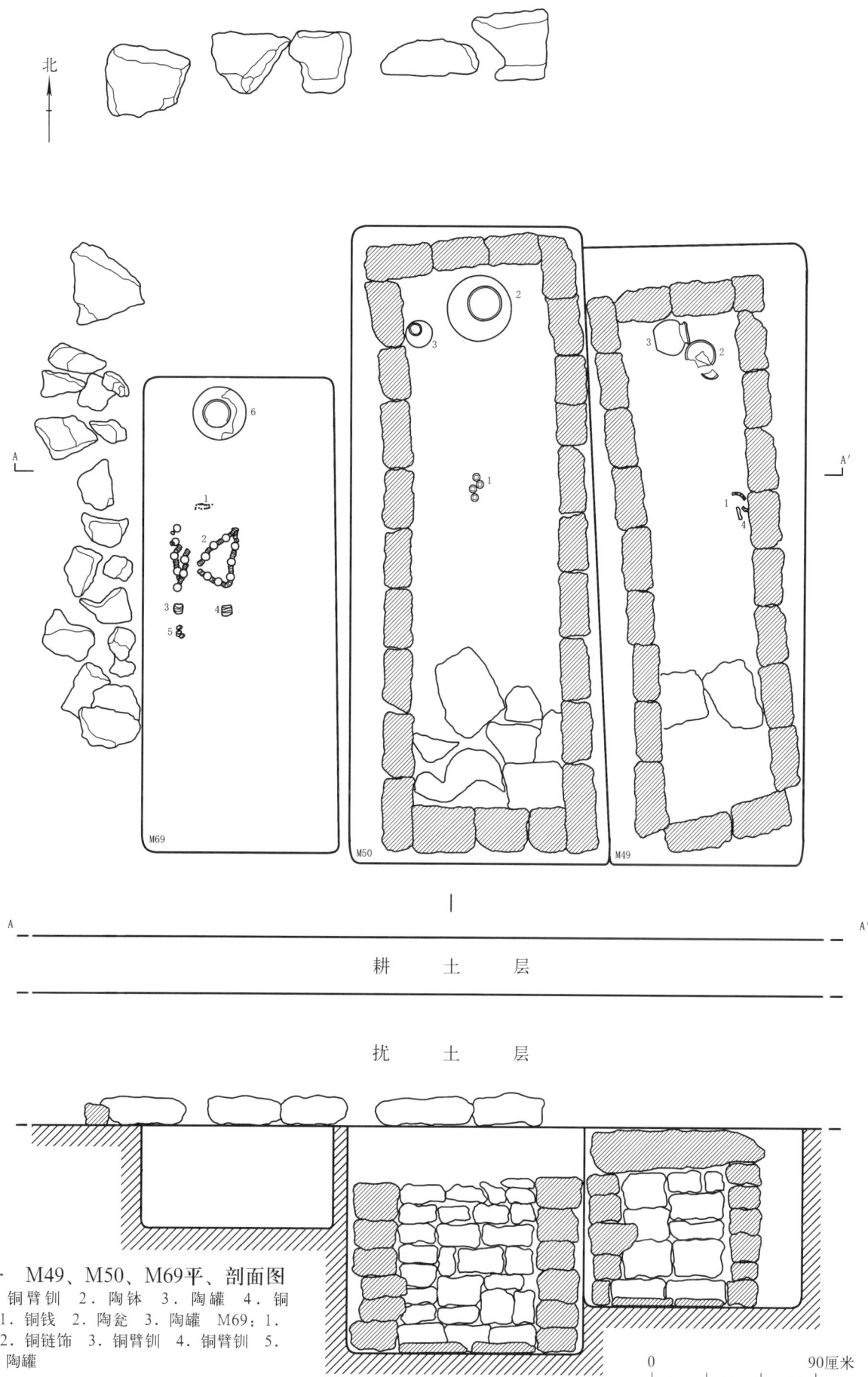

北

M69

M50

M49

A

A'

A —————————————————————— A'

耕 土 层

扰 土 层

图一四一　M49、M50、M69平、剖面图

M49：1. 铜臂钏　2. 陶钵　3. 陶罐　4. 铜
钱　M50：1. 铜钱　2. 陶瓮　3. 陶罐　M69：1.
项链串饰　2. 铜链饰　3. 铜臂钏　4. 铜臂钏　5.
铜指环　6. 陶罐

0 ————————— 90厘米

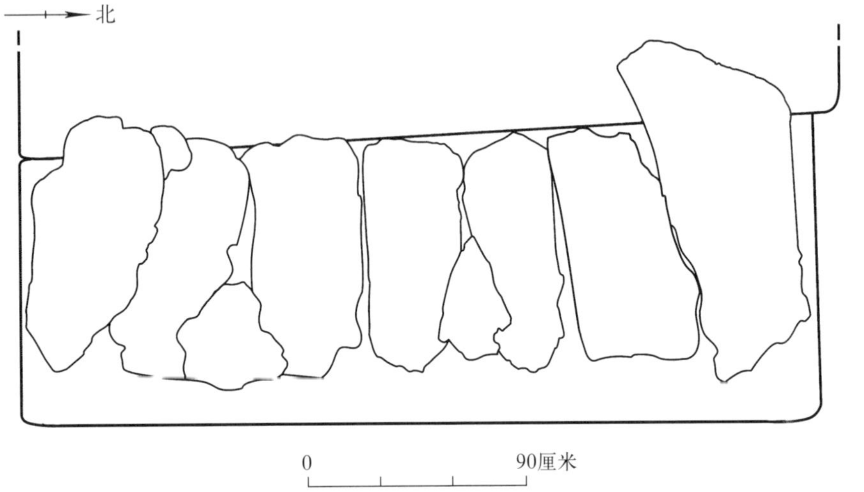

北

0   90厘米

图一四二　　M49墓顶石盖板平面图

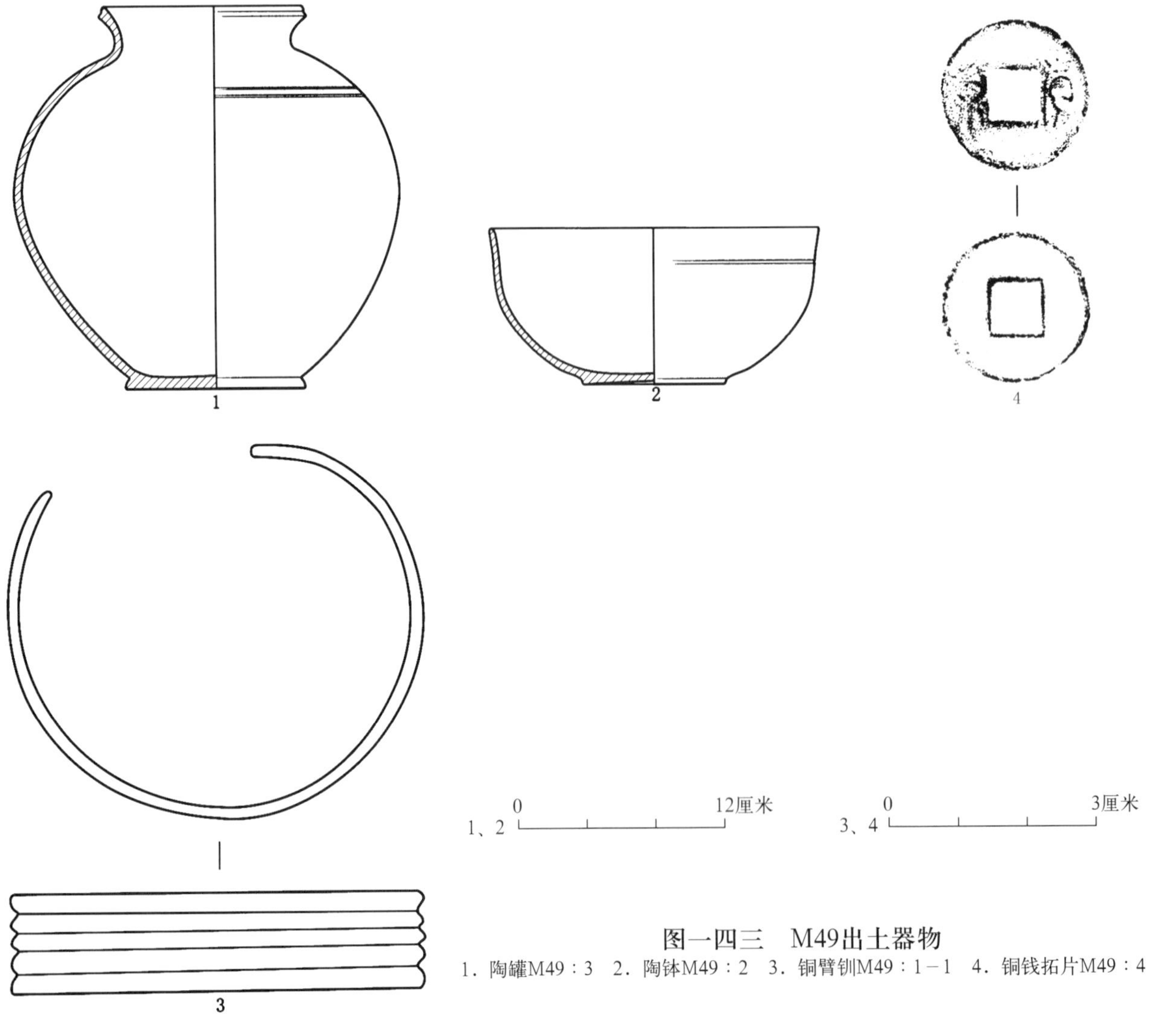

1

2

4

3

0   12厘米
1、2

0   3厘米
3、4

图一四三　　M49出土器物

1. 陶罐M49：3　2. 陶钵M49：2　3. 铜臂钏M49：1-1　4. 铜钱拓片M49：4

M49铜钱统计表 （长度：厘米；重量：克）

种类	编号	特征		郭径	钱径	穿宽	郭宽	郭厚	肉厚	重量
		文字特征	记号							
货泉	4	正面穿之左右篆书"货泉"二字	无	2.16	1.82	0.65	0.12	0.15	0.07	2.06

五〇 M50

M50、M49与M69为一组并葬墓，其中M50被M49打破。

1．墓葬形制

土坑石椁墓，平面近似圆角梯形，墓圹较规整。方向0°（图一四一；彩版一六五）。开口于第②层下，开口距地表0.98米，保存状况较好。

墓圹外侧的原地表上有用经过简单加工的石块堆砌而成的石垣。根据残存部分分析，该石垣平面呈长方形，垣墙宽约0.38米，现仅存一层墙体。石垣残长约3.60、残宽约2.40、残高0.18厘米。

墓圹四壁较平直；墓底系在生土面上经过简单平整而成，较为平坦。长3.36、宽1.24～1.40、深1.20米。

墓内填土主要为灰褐土，夹杂有少量的黄土及小石块，土质较疏松。

2．葬具和人骨

墓内葬具主要有石椁及木棺。

石椁平面呈长方形，保存的较为完整。盖板现已不存，四壁用经过简单加工的石块逐层拼缝垒砌而成；底部多由形状不规则的小石板拼缝平铺而成。石椁长2.84、宽0.80、残高0.92米。

木棺的保存状况极差，仅在墓底见有少量的底板残片（彩版一六八，2），形制及尺寸不辨。

骨骼腐朽极为严重，仅发现有几枚牙齿。

3．随葬品

该墓共出土有3件（套）随葬品（彩版一六八，1），多数位于石椁北部，多为陶器，另有铜钱6枚。

陶器 计有瓮1、罐1。

瓮 1件。标本M50：2，泥质灰陶。尖圆唇，敞口，矮领，溜肩，球形腹，腹部最大径位置居中，圜底。中腹部施有一周断续的横向粗绳纹，下腹部及底部满饰细绳纹。口径19.0、最大腹径34.6、高30.9、壁厚0.9～1.0厘米（图一四四，1；彩版一六七，4）。

罐 1件。标本M50：3，夹细砂黄褐陶。尖圆唇，子母口，束颈，溜肩，鼓腹，腹部最大径位置居中，台底。肩部施有二周凹弦纹。口径7.9、最大腹径13.5、底径6.8、高14.2、壁厚0.4～0.5厘米（图一四四，2；彩版一六七，5）。

铜钱 6枚，均为"货泉"钱（图一四四，3、4）。详情见下表。

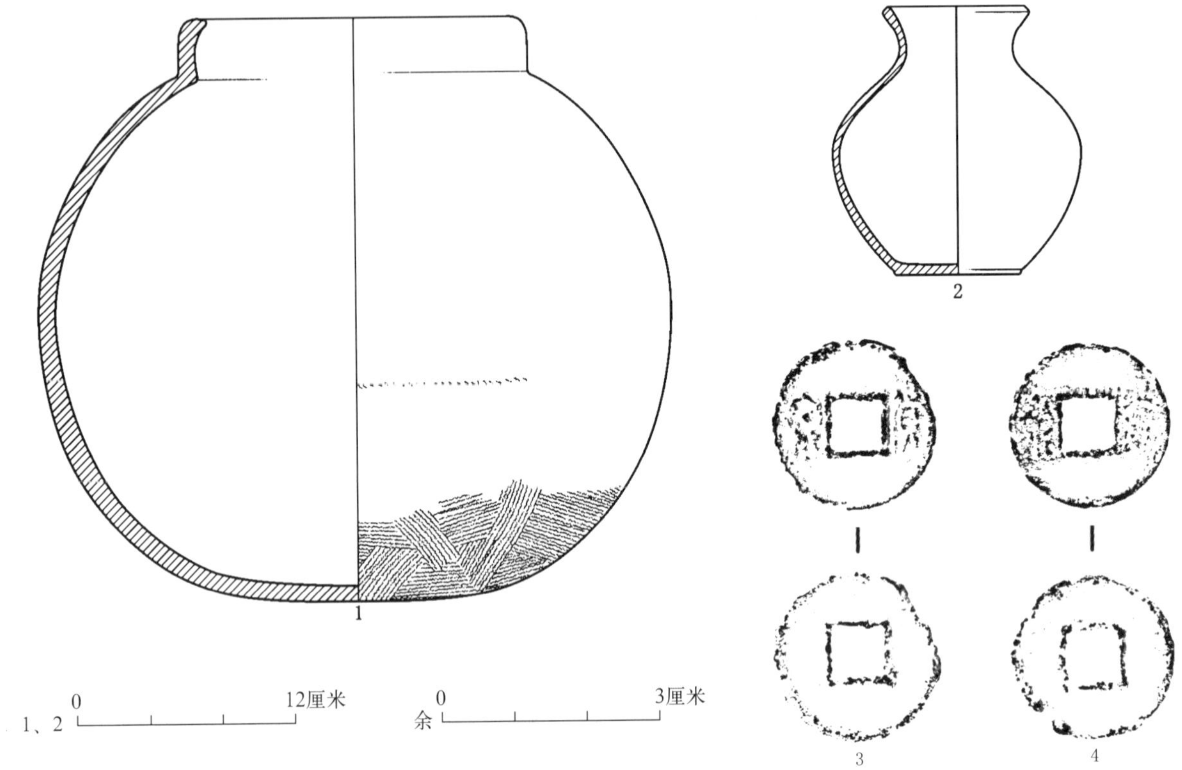

图一四四　M50出土器物

1. 陶瓮M50:2　2. 陶罐M50:3　3、4. 铜钱拓片M50:1-1、1-2

M50铜钱统计表　　　　　　　　　　　　　　（长度：厘米；重量：克）

种类	编号	特征		郭径	钱径	穿宽	郭宽	郭厚	肉厚	重量
		文字特征	记号							
货泉	1-1	正面穿之左右篆书"货泉"二字	无	2.34	1.97	0.62	0.18	0.24	0.10	2.44
	1-2	同上	无	2.17	1.88	0.60	0.14	0.24	0.09	2.02
		4枚残碎								

五一　M51

1. 墓葬形制

单室砖墓，平面近似刀形，由墓道、墓门及墓室三部分组成，方向320°（图一四五；彩版一六九）。开口于第②层下，开口距地表0.77米，保存状况一般。

墓道　长方形斜坡状，未发掘完，长不详，宽0.84、底部距地表1.60米。

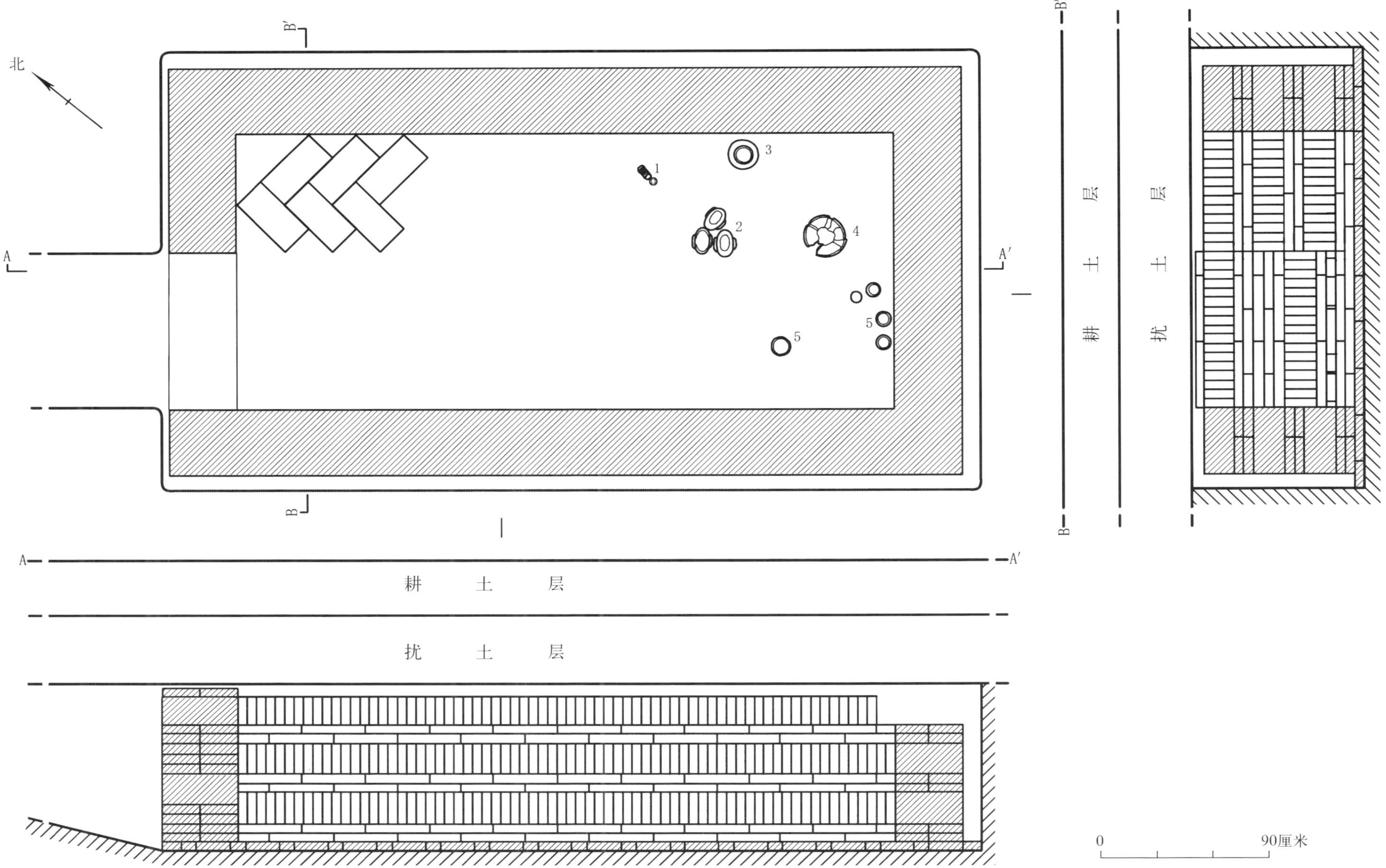

图一四五　M51 平、剖面图

1. 铜钱　2. 陶耳杯　3. 陶套盒　4. 陶盒　5. 陶盆　5. 陶灶组合

墓门　位于墓室西壁南部，宽0.84米。

封门　条砖封堵，现存12层砖，残高0.84米。砌法由下至上为四层双隅顺砌平砖之后一层丁立砖，再五层双隅顺砌平砖之后一层丁立砖，再一层双隅顺砌平砖（彩版一七〇，1）。

墓室　平面呈长方形，墓室长3.50、宽1.50米。墓室先铺墓底砖，再砌筑四壁。墓室四壁较平直，最高处残存9层砖，砌法由下至上为二层双隅顺砌平砖之后一层丁立砖，两者交替向上。墓底铺砖为斜向"人"字形平铺。用砖规格：（36～37）×（17～18）×4厘米，多为灰色条砖，一面为素面，一面施有绳纹。

2．葬具和人骨

墓内未发现有任何葬具痕迹。

骨骼保存极差，仅在填土中零星出土有几块肢骨残块。

3．随葬品

该墓共出土有16件（套）随葬品（彩版一七〇，2），多为陶器，另有铜钱34枚。

陶器　计有罐1、壶1、套盒1、盆3、耳杯3、灶1、小釜3、小盆1、小瓿1。

罐　1件。标本M51填：1，由罐盖及罐两部分组成。罐盖：泥质黑陶；平顶，顶部附有一个圆形捉手，斜腹，展沿，子母口，圆唇；进口处施有三周凹弦纹。罐：泥质灰陶；方唇，敛口，直领，溜肩，鼓腹，腹部最大径位置靠近肩部，台底；肩部及中腹部各施有一周水波纹，器表轮旋痕迹明显。通高30.0厘米；罐盖：口径12.8、顶径6.9、高4.9、壁厚0.5～0.6厘米；罐：口径17.1、最大腹径30.9、底径12.1、高25.6、壁厚0.6～0.9厘米（图一四六，1；彩版一七一，1）。

壶　1件。标本M51填：2，泥质灰陶。方唇，敞口，微卷沿，沿面施有一周凹槽，束颈，溜肩，卵形腹，腹部最大径位置靠近肩部，平底。素面，器表轮旋痕迹明显。口径7.8、最大腹径15.4、底径8.8、高23.8、壁厚0.6～0.7厘米（图一四六，2；彩版一七一，2）。

套盒　1件。标本M51：3，套盒盖缺失，泥质灰陶。圆唇，敛口，折腹，平底。素面。口径11.6、底径7.9、高7.2、壁厚0.5～0.6厘米（图一四六，3；彩版一七一，3）。

盆　3件（M51：4、填：3、填：4）。形制相似，均为泥质灰陶；方唇，敞口，微卷沿，弧腹，平底；素面。标本M51：4，口径20.5、底径7.9、高4.5、壁厚0.4～0.6厘米（图一四六，4；彩版一七一，4）。标本M51填：3，口径19.5、底径8.4、高4.1、壁厚0.5～0.6厘米（图一四六，5）。标本M51填：4，口径20.0、底径7.6、高4.5、壁厚0.5～0.6厘米（图一四六，6）。

耳杯　3件（M51：2－1、2－2、2－3）。形制相似，均为泥质灰陶；椭圆形杯口，双耳上翘明显，弧腹，台底；素面。标本M51：2－1，口长径9.7、口短径5.9、底长径5.8、底短径3.2、高3.0、壁厚0.4～0.5厘米（图一四六，7；彩版一七一，5）。标本M51：2－2，口长径9.8、口短径6.6、底长径5.2、底短径3.4、高3.8、壁厚0.4～0.5厘米（图一四六，8；彩版一七一，5）。标本M51：2－3，口长径10.6、口短径5.9、底长径6.1、底短径3.4、高3.7、壁厚0.4～0.5厘米（图一四六，9）。

灶　1件。标本M51：5－1，泥质黑陶。灶面呈梯形，前端出沿，灶面上呈"品"字形置有三

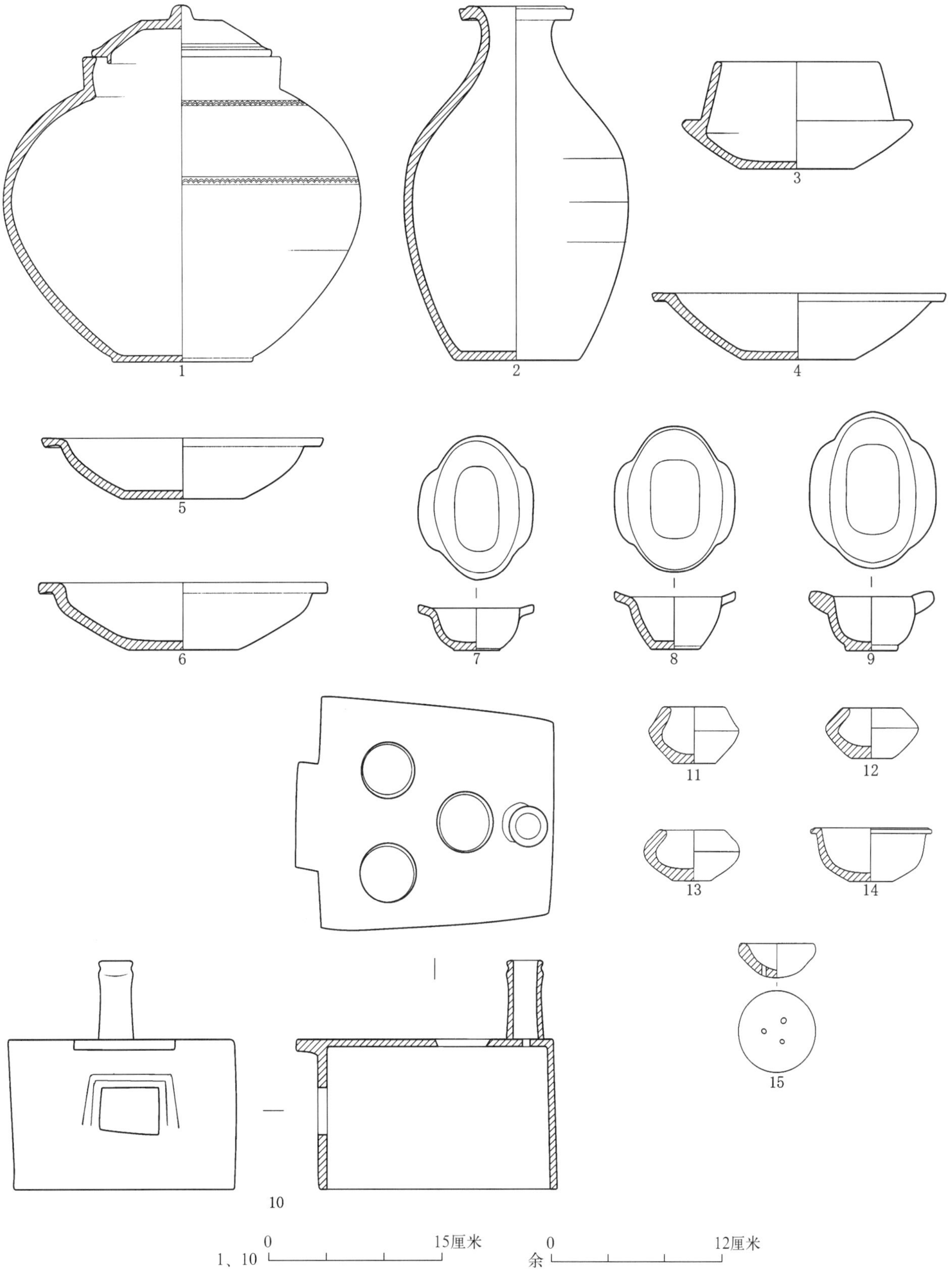

图一四六 M51出土器物

1. 陶罐M51填：1 2. 陶壶M51填：2 3. 陶套盒M51：3 4~6. 陶盆M51：4、填：3、填：4 7~9. 陶耳杯M51：2-1、2-2、2-3 10. 陶灶M51：5-1 11~13. 小陶釜M51：5-2、5-3、5-4 14. 小陶盆M51：5-5 15. 小陶甑M51：5-6

个圆形火眼,后端有一圆柱形烟囱,长方形灶门不落地。灶门外侧刻划有两周凹弦纹。灶面通长22.1、通宽19.5、通高19.2、壁厚0.6~0.7厘米;火眼直径4.9、4.9、4.6、烟囱孔径3.2厘米;灶门长5.2、高4.0 厘米(图一四六,10;彩版一七一,6)。

小釜 3件(M51:5-2、5-3、5-4)。形制相似,均为泥质灰陶;圆唇,敛口,折腹,平底;素面。标本M51:5-2,口径4.1、最大腹径6.4、底径2.9、高3.8、壁厚0.2~0.4厘米(图一四六,11;彩版一七一,6)。标本M51:5-3,口径4.1、最大腹径6.4、底径2.5、高3.4、壁厚0.2~0.4厘米(图一四六,12;彩版一七一,6)。标本M51:5-4,口径4.6、最大腹径6.7、底径2.7、高3.4、壁厚0.2~0.4厘米(图一四六,13;彩版一七一,6)。

小盆 1件。标本M51:5-5,泥质灰陶。方唇,敞口,展沿,沿面施有一周凹槽,弧腹,平底。素面。口径8.4、底径3.0、高3.6、壁厚0.2~0.4厘米(图一四六,14;彩版一七一,6)。

小甑 1件。标本M51:5-6,泥质灰陶,手工捏制而成。圆唇,敞口,弧腹,圜底,整体呈斗笠状,底部戳有3个圆形甑孔。素面。口径5.4、高2.3、壁厚0.2~0.4厘米(图一四六,15;彩版一七一,6)。

铜钱 34枚,均为"五铢"钱(图一四七,1~8)。详情见下表。

M51铜钱统计表 (长度:厘米;重量:克)

| 种类 | 编号 | 特征 | | 郭径 | 钱径 | 穿宽 | 郭宽 | 郭厚 | 肉厚 | 重量 |
		文字特征	记号							
五铢	1-1	"五"字瘦长,竖划缓曲;"金"头三角形,四竖点;"朱"头较圆,"朱"下较圆	穿上一星点	2.62	2.22	0.96	0.16	0.15	0.07	3.54
	1-2	同上	无	2.64	2.13	0.94	0.14	0.15	0.08	3.54
	1-3	同上	无	2.63	2.15	0.91	0.17	0.16	0.07	2.84
	1-4	同上	无	2.55	2.16	0.96	0.14	0.18	0.09	3.46
	1-5	"五"字瘦长,竖划缓曲;"金"头三角形,四竖点;"朱"头方折,"朱"下较圆	无	2.62	2.24	0.96	0.17	0.17	0.08	3.48
	1-6	"五"字瘦长,竖划缓曲;"金"头三角形,四竖点;"朱"头较圆,"朱"下较圆	无	2.67	2.26	0.88	0.15	0.16	0.07	3.18
	1-7	"五"字瘦长,竖划缓曲;"金"头三角形,四竖点;"朱"头方折,"朱"下较圆	无	2.57	2.37	0.97	0.18	0.15	0.06	3.38

五铢	1-8	"五"字瘦长，竖划缓曲；"金"头三角形，四竖点；"朱"头较圆，"朱"下较圆	无	2.49	2.19	0.91	0.18	0.18	0.07	3.16
	1-9	同上	无	2.62	2.20	0.98	0.16	0.17	0.08	3.34
	1-10	同上	无	2.59	2.19	0.89	0.22	0.22	0.10	4.04
	1-11	同上	无	2.60	2.26	0.90	0.14	0.15	0.07	2.72
	1-12	同上	无	2.59	2.22	0.85	0.12	0.15	0.06	3.10
	1-13	同上	无	2.50	2.16	0.88	0.15	0.15	0.05	2.94
	1-14	同上	无	2.64	2.19	1.02	0.16	0.16	0.08	3.34
	1-15	同上	无	2.56	2.20	1.01	0.17	0.19	0.09	3.10
	1-16	同上	无	2.56	2.09	0.79	0.14	0.15	0.07	3.12
	1-17	同上	无	2.60	2.27	1.05	0.19	0.17	0.08	3.32
	1-18	同上	无	2.64	2.27	0.93	0.15	0.15	0.07	2.62
	1-19	同上	无	2.61	2.31	0.93	0.18	0.19	0.08	3.48
	1-20	同上	无	2.63	2.25	0.97	0.17	0.16	0.06	3.38
	1-21	同上	无	2.62	2.22	0.83	0.17	0.18	0.09	3.30
	1-22	同上	无	2.54	2.26	0.93	0.15	0.17	0.06	3.10
	1-23	"五"字瘦长，竖划缓曲；"金"头三角形，四竖点；"朱"头方折，"朱"下较圆	无	2.55	2.14	0.91	0.15	0.14	0.06	2.98
	1-24	"五"字瘦长，竖划缓曲；"金"头三角形，四竖点；"朱"头方折，"朱"下方折	无	2.55	2.22	0.89	0.17	0.17	0.06	3.10
	1-25	同上	无	2.56	2.18	0.95	0.17	0.16	0.08	2.82

五铢	1-26	同上	无	2.64	2.27	0.96	0.15	0.15	0.07	3.14
	1-27	同上	无	2.62	2.29	0.89	0.17	0.19	0.09	3.16
	1-28	"五"字瘦长，竖划缓曲；"金"头三角形，四竖点；"朱"头较圆，"朱"下较圆	无	2.57	2.19	0.97	0.24	0.19	0.06	3.78
	1-29	同上	无	2.53	2.28	0.94	0.16	0.15	0.07	2.78
		5枚残碎								

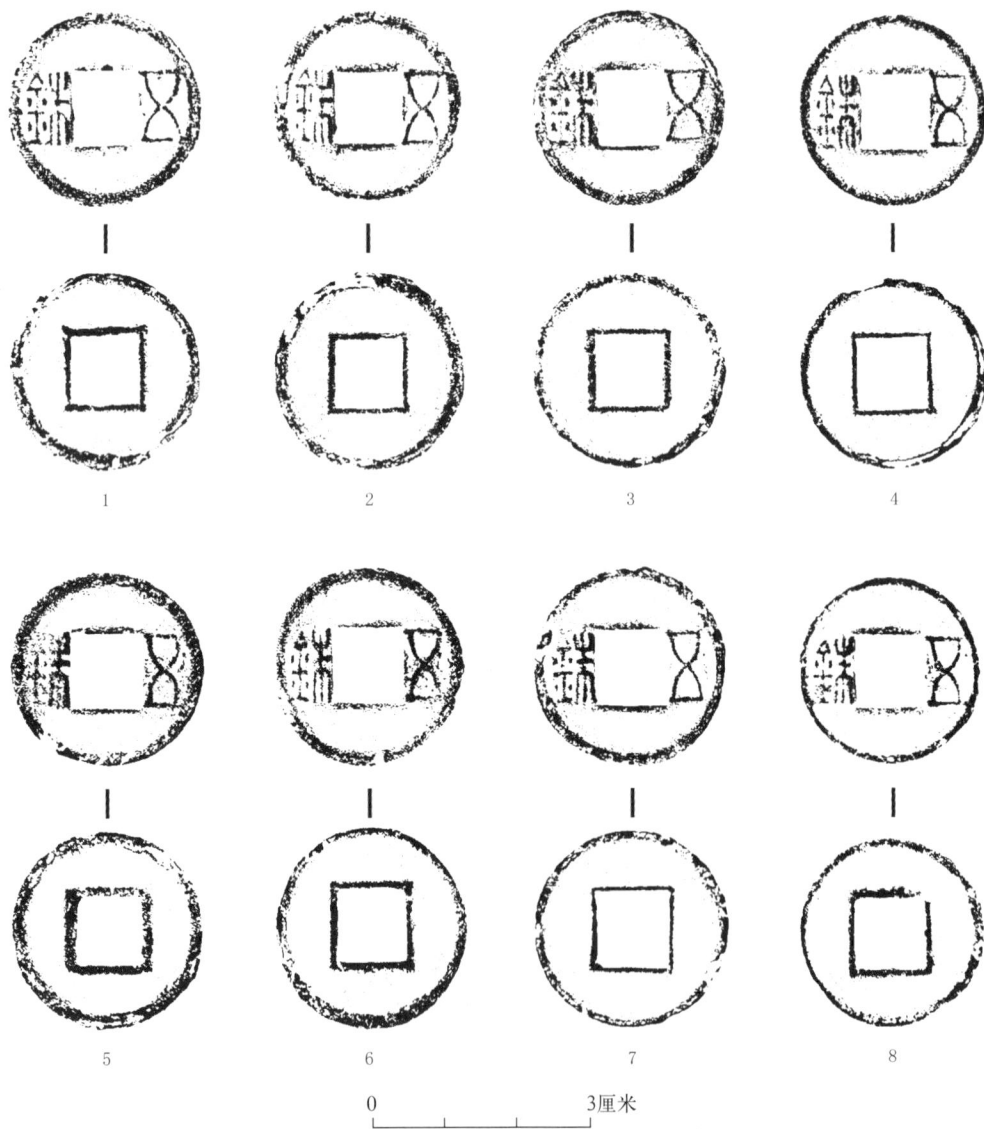

0　　　　　　　　3厘米

图一四七　M51出土铜钱拓片

1～8. 铜钱拓片M51：1-1、1-2、1-3、1-4、1-5、1-6、1-7、1-8

五二 M52

1．墓葬形制

单室砖墓，平面呈"甲"字形，由墓道、墓门及墓室三部分组成，方向310°（图一四八；彩版一七二）。开口于第②层下，开口距地表1.10米，保存状况一般。

墓道 长方形斜坡状，未发掘完，长不详，宽0.85、底部距地表1.50米。

墓门 位于墓室西壁南部，宽0.84米。

封门 条砖封堵，现存11层砖，残高0.84米。砌法由下至上为四层双隅顺砌平砖之后；一层丁立楔形砖再一层双隅顺砌平砖，两者交替向上（彩版一七三，1）。

墓室 平面呈长方形，墓室长3.10、宽1.60米。墓室先铺墓底砖，再砌筑四壁。墓室四壁较平直，最高处残存9层砖，砌法由下至上为二层双隅顺砌平砖之后一层丁立砖，两者交替向上。墓底铺砖为正向大"人"字形平铺。条砖规格：（36～37）×（17～18）×4厘米，多为灰色，少量为红砖，一面为素面，一面施有绳纹；楔形砖规格：（36～37）×（10～13）×4厘米，均为灰色，一面为素面，一面施有绳纹。

2．葬具和人骨

墓内未发现有任何葬具痕迹。

骨骼保存极差，仅在填土中零星出土有几块肢骨残块。

3．随葬品

该墓共出土有13件随葬品（彩版一七三，2），均为陶器，种类计有罐1、壶2、长颈瓶1、樽1、盆1、耳杯2、灶1、小釜3、小甑1。

罐 1件。标本M52：8，泥质灰陶。方唇，敛口，斜领，溜肩，鼓腹，腹部最大径位置靠近肩部，平底。肩部及上腹部施有多周凹弦纹。口径17.9、最大腹径33.8、底径13.5、高28.2、壁厚0.9～1.1厘米（图一四九，1；彩版一七四，1）。

壶 2件（M52：5、7）。形制相似，均为泥质灰陶或黑陶；尖圆唇，敞口，束颈，溜肩，卵形腹，腹部最大径位置靠近肩部，平底；素面，器表轮旋痕迹明显。标本M52：5，口径7.8、最大腹径12.4、底径7.6、高20.1、壁厚0.5～0.6厘米（图一四九，2；彩版一七四，2）。标本M52：7，口径7.5、最大腹径10.7、底径7.1、高21.0、壁厚0.5～0.6厘米（图一四九，3）。

长颈瓶 1件。标本M52：6，泥质黑陶。方唇，直口，细长颈，鼓腹，腹部最大径位置略靠上，平底。下腹部穿有3个圆孔，底部有一个圆形孔。素面，器表轮旋痕迹明显。口径4.1、最大腹径11.8、底径7.6、高22.4、壁厚0.6～0.8厘米（图一四九，4；彩版一七四，3）。

樽 1件。标本M52：1，泥质黑陶。方唇，直口，折腹，圜底，底部附有三个蹄形足。素面。口径19.1、高9.7、壁厚0.5～0.6厘米（图一四九，5；彩版一七四，4）。

盆 1件。标本M52：2，泥质灰陶。方唇，敞口，折沿，弧腹，平底。素面，内壁轮旋痕迹明显。口径19.8、底径7.2、高4.5、壁厚0.4～0.6厘米（图一四九，6）。

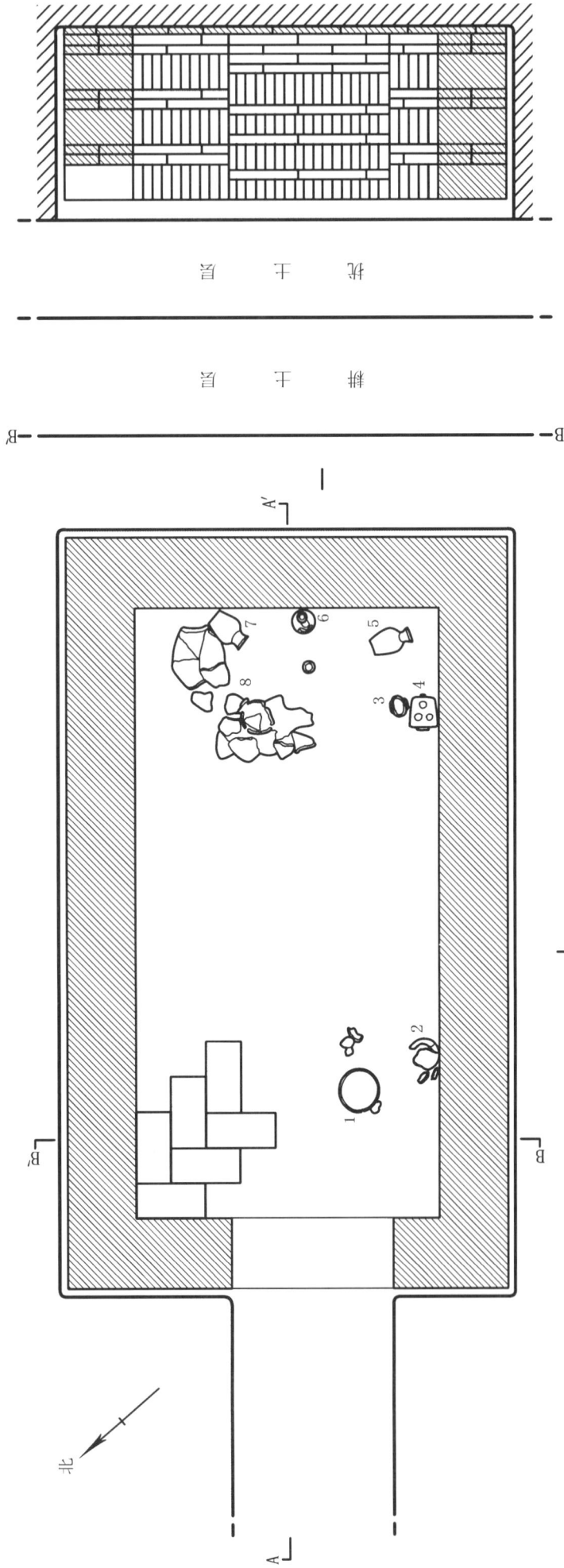

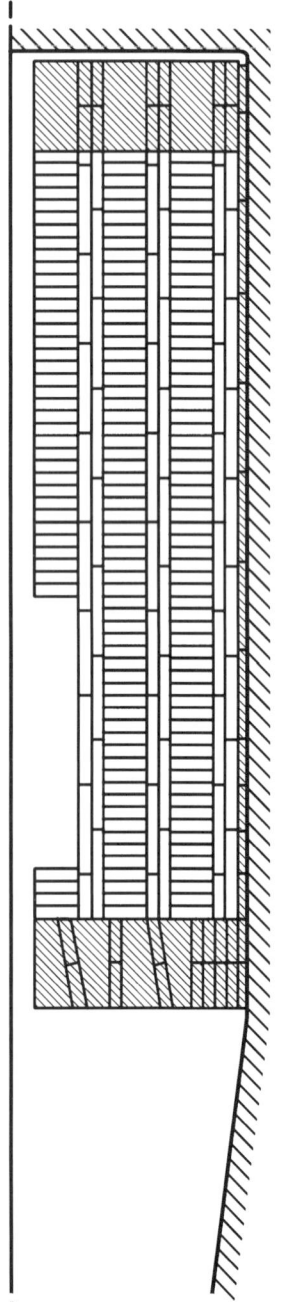

图一四八　M52 平、剖面图

1. 陶樽　2. 陶盆　3. 陶耳杯　4. 陶灶组合　5. 陶壶　6. 陶长颈瓶　7. 陶壶　8. 陶罐

北

耕　土　层

扰　土　层

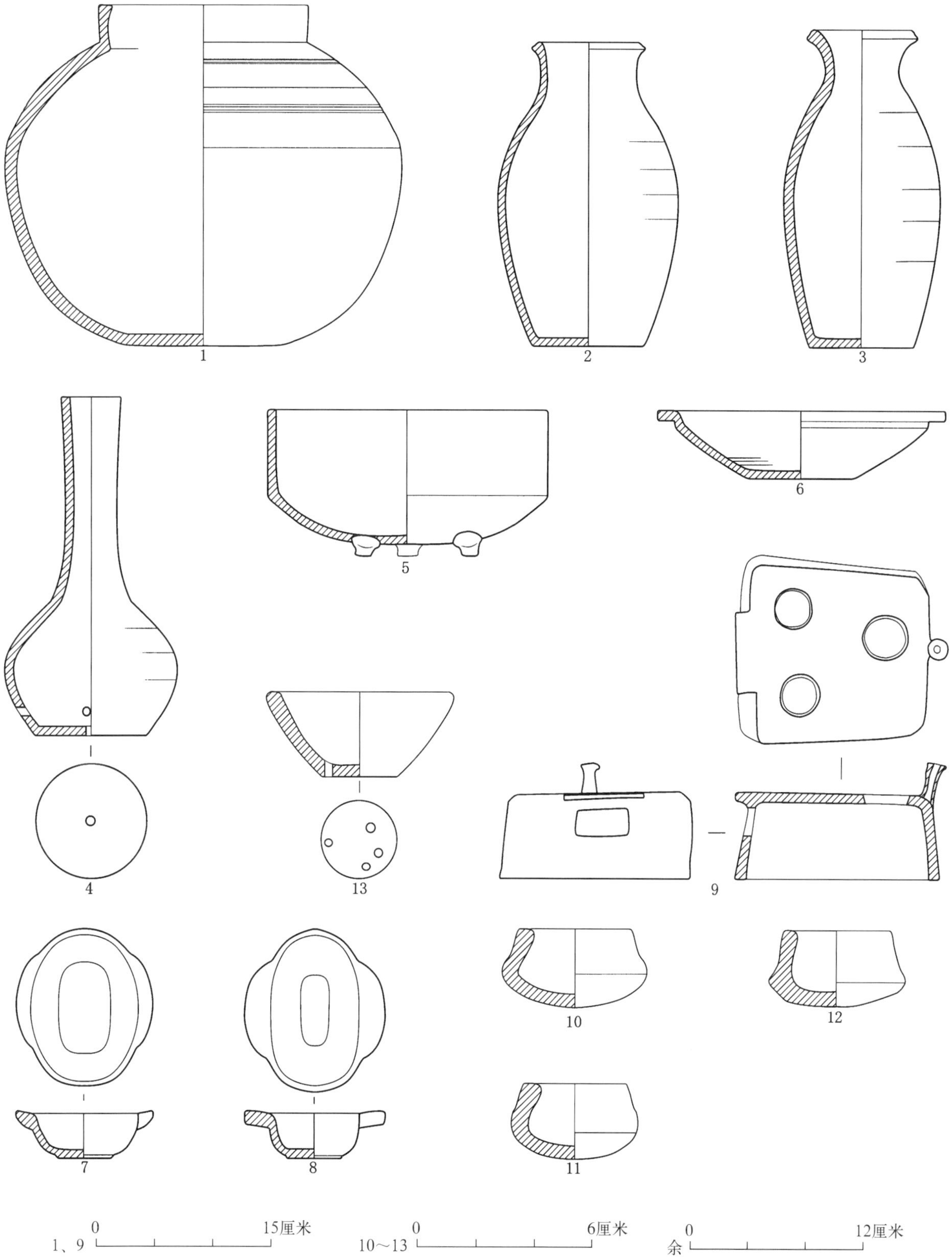

图一四九　M52出土器物

1. 陶罐M52：8　2、3. 陶壶M52：5、7　4. 陶长颈瓶M52：6　5. 陶樽M52：1　6. 陶盆M52：2　7、8. 陶耳杯M52：3－1、3－2　9. 陶灶M52：4－1　10～12. 小陶釜M52：4－2、4－3、4－4　13. 小陶甑M52：4－5

耳杯 2件（M52：3－1、3－2）。形制相似，均为泥质黑陶或灰陶；椭圆形杯口，双耳上翘明显，弧腹，台底；素面。标本M52：3－1，口长径10.4、口短径7.4、底长径6.0、底短径3.6、高3.0、壁厚0.5～0.6厘米（图一四九，7；彩版一七四，5）。标本M52：3－2，口长径10.8、口短径6.0、底长径6.7、底短径3.7、高3.0、壁厚0.4～0.5厘米（图一四九，8；彩版一七四，5）。

灶 1件。标本M52：4－1，泥质灰陶。灶面呈梯形，前端出沿，灶面上呈"品"字形置有三个圆形火眼，尾端置有圆柱状烟囱，长方形灶门不落地。素面。灶面通长16.9、通宽14.7、高9.6、壁厚0.6～0.7厘米；火眼直径3.2、3.5、3.9厘米；灶门长4.6、高2.4厘米（图一四九，9；彩版一七四，6）。

小釜 3件（M52：4－2、4－3、4－4）。形制相似，均为泥质灰陶；圆唇，敛口，鼓腹，圜底；素面。标本M52：4－2，口径4.9、最大腹径5.0、高2.6、壁厚0.2～0.4厘米（图一四九，10；彩版一七四，6）。标本M52：4－3，口径3.5、最大腹径4.4、高2.5、壁厚0.2～0.4厘米（图一四九，11；彩版一七四，6）。标本M52：4－4，口径3.7、最大腹径4.7、高2.5、壁厚0.2～0.4厘米（图一四九，12；彩版一七四，6）。

小甑 1件。标本M52：4－5，泥质灰陶，手工捏制而成。圆唇，敞口，弧腹，平底，底部戳有4个圆形甑孔。素面。口径6.4、底径2.6、高2.8、壁厚0.2～0.4厘米（图一四九，13；彩版一七四，6）。

五三 M53

1．墓葬形制

单室砖墓，平面近似刀形，由墓道、墓门及墓室三部分组成，方向310°（图一五〇；彩版一七五）。开口于第②层下，开口距地表0.80米，保存状况一般。

墓道 长方形斜坡状，未发掘完，长不详，宽0.78、底部距地表1.60米。

墓门 位于墓室西壁南部，宽0.78米。墓门底部为两层横贯北壁的砖质门槛，门槛以上部分用条砖封堵。

封门 条砖封堵，现存5层砖，残高0.60米。砌法由下至上为一层双隅顺砌平砖之后，斜向丁立楔形砖逐层垒砌而成（彩版一七六，1）。

墓室 平面呈长方形，墓室长3.08、宽1.34米。墓室先铺墓底砖，再砌筑四壁。墓室四壁较平直，最高处残存9层砖，砌法由下至上为二层双隅顺砌平砖之后一层丁立砖，两者交替向上。墓底铺砖为正向"人"字形平铺。用砖规格：（36～37）×（17～18）×4厘米，多为红色条砖，少量为灰砖，一面为素面，一面施有绳纹。

2．葬具和人骨

墓内未发现有任何葬具痕迹。

墓内葬有2具人骨，并列置于墓室西部。北侧人骨保存较完整，为一男性个体，仰身直肢葬，头

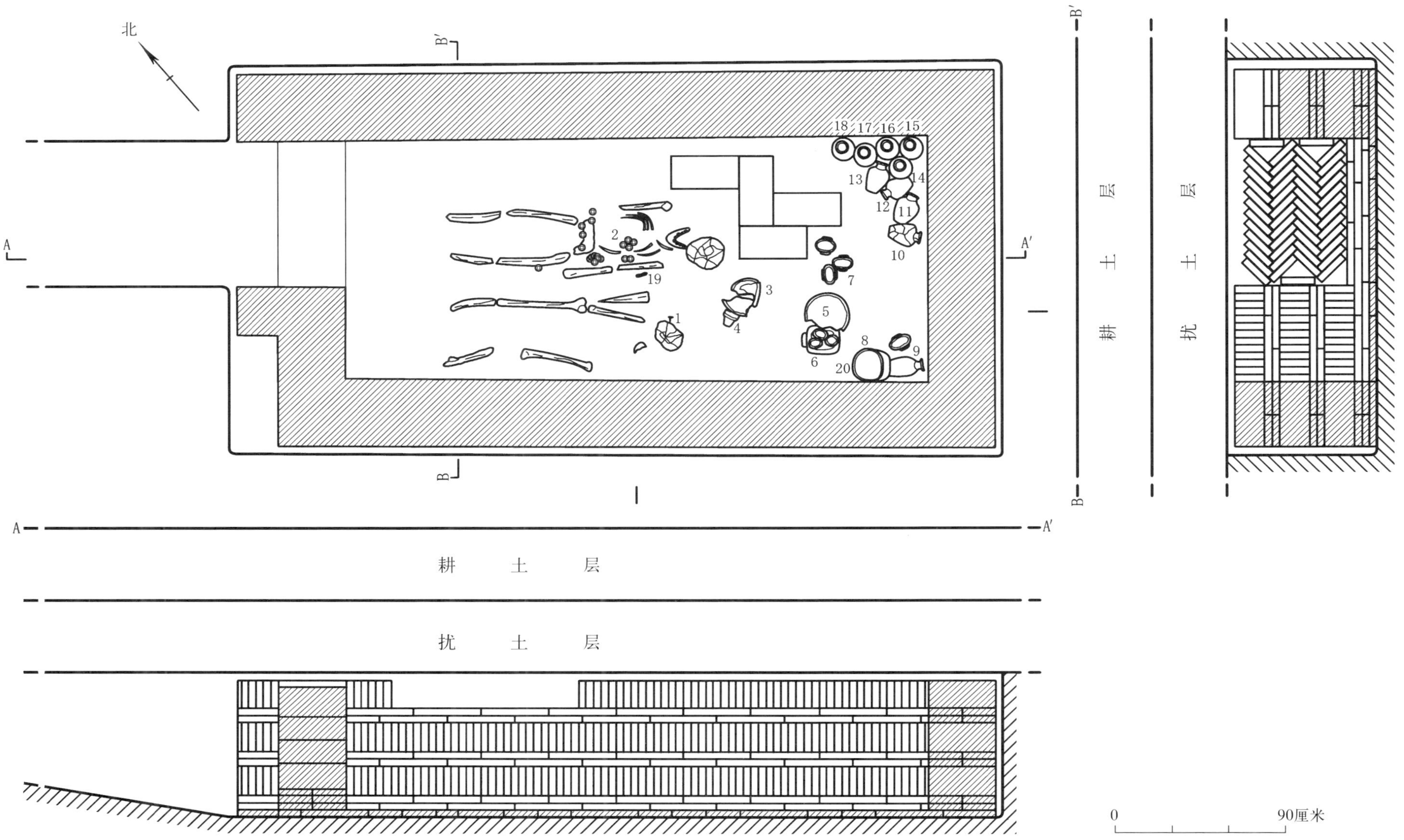

图一五〇 M53 平、剖面图

1. 耳瑱 2. 铜钱 3. 陶盆 4. 陶井 5. 陶盆 6. 陶长颈瓶 7. 陶耳杯 8. 陶长颈瓶 9. 陶樽 10. 陶壶 11. 陶壶 12. 陶壶 13. 陶长颈瓶 14. 陶壶 15. 陶壶 16. 陶长颈瓶 17. 陶长颈瓶 18. 陶长颈瓶 19. 铁棺钉 20. 陶勺

向东，面向上，双臂平伸贴近体侧，双腿自然舒展。南侧人骨保存较差，为一女性个体，仰身直肢葬，头向东，面向北，双臂平伸贴近体侧，双腿自然舒展。

3．随葬品

该墓出土28件随葬品（彩版一七六，2），质地可分为陶、铜、铁、琉璃器四类，其中铜钱64枚。

陶器　计有壶5、长颈瓶5、樽1、盆2、耳杯4、勺1、灶1、井1、小盆1、小瓿3、水斗1。

壶　5件（M53：9、10、11、12、14）。形制相似，均为尖圆唇，敞口，束颈，溜肩，卵形腹，腹部最大径位置靠近肩部，平底；素面，器表轮旋痕迹明显。标本M53：9，泥质黑陶，陶色不纯，局部呈黄褐色，器表磨光。口径8.21、最大腹径12.1、底径7.2、高18.5、壁厚0.6～0.8厘米（图一五一，1；彩版一七七，1）。标本M53：10，器形不甚规整，泥质黑陶，陶色不纯，局部呈黄褐色，器表磨光。口径8.7、最大腹径12.1、底径6.3、高17.9、壁厚0.6～0.8厘米（图一五一，2）。标本M53：11，泥质黑陶，陶色不纯，局部呈黄褐色，器表磨光。口径9.7、最大腹径12.8、底径7.1、高19.0、壁厚0.6～0.7厘米（图一五一，3；彩版一七七，2）。标本M53：12，泥质灰陶。口径8.7、最大腹径12.3、底径7.5、高18.0、壁厚0.6～0.8厘米（图一五一，4）。标本M53：14，器形不甚规整，泥质灰陶。口径8.0、最大腹径12.3、底径7.0、高17.5、壁厚0.4～0.7厘米（图一五一，5；彩版一七七，3）。

长颈瓶　5件（M53：13、15、16、17、18）。形制相似，均为泥质黑褐陶，器表磨光；方唇，敞口，细长颈，鼓腹较扁，腹部最大径位置靠近肩部，平底；上、下腹部各穿有一组3个圆孔，底部穿有1个圆孔；颈部及腹部施有多周凹弦纹，器表轮旋痕迹明显。标本M53：13，口径5.6、最大腹径12.9、底径7.5、高21.2、壁厚0.4～0.7厘米（图一五一，6；彩版一七七，4）。标本M53：15，口径5.7、最大腹径12.3、底径7.6、高21.9、壁厚0.4～0.6厘米（图一五一，7；彩版一七七，5）。标本M53：16，口径5.9、最大腹径12.0、底径7.6、高22.1、壁厚0.4～0.6厘米（图一五一，8）。标本M53：17，口部残缺，最大腹径12.2、底径7.32、残高18.1、壁厚0.4～0.6厘米（图一五一，9）。标本M53：18，口径6.2、最大腹径12.4、底径7.5、高19.9、壁厚0.4～0.6厘米（图一五一，10；彩版一七七，6）。

樽　1件。标本M53：8，泥质黑陶。方唇，直口，折腹，圜底，底部附有三个锥状足。素面，器表及内壁轮旋痕迹明显。口径17.7、高10.5、壁厚0.4～0.6厘米（图一五一，11；彩版一七八，1）。

盆　2件（M53：3、5）。形制相似，均为泥质灰陶；方唇，敞口，微卷沿，弧腹，平底；素面。标本M53：3，口径19.7、底径4.5、高8.3、壁厚0.4～0.6厘米（图一五一，12；彩版一七八，2）。标本M53：5，口径22.3、底径8.8、高5.3、壁厚0.4～0.6厘米（图一五一，13）。

耳杯　4件（M53：7-1、7-2、7-3、7-4）。其中，标本M53：7-1、7-3与7-4形制相似，均为泥质灰陶；椭圆形杯口，双耳上翘，弧腹，平底；杯底模印有椭圆形界格。标本M53：7-1，口长径11.8、口短径6.6、底长径6.9、底短径3.4、高3.4、壁厚0.2～0.4厘米（图一五二，1；彩版一七八，3）。标本M53：7-3，口长径10.3、口短径6.9、底长径7.4、底短径4.5、高3.5、壁厚0.2～0.4厘米（图一五二，3；彩版一七八，3）。标本M53：7-4，口长径10.5、口短径6.5、

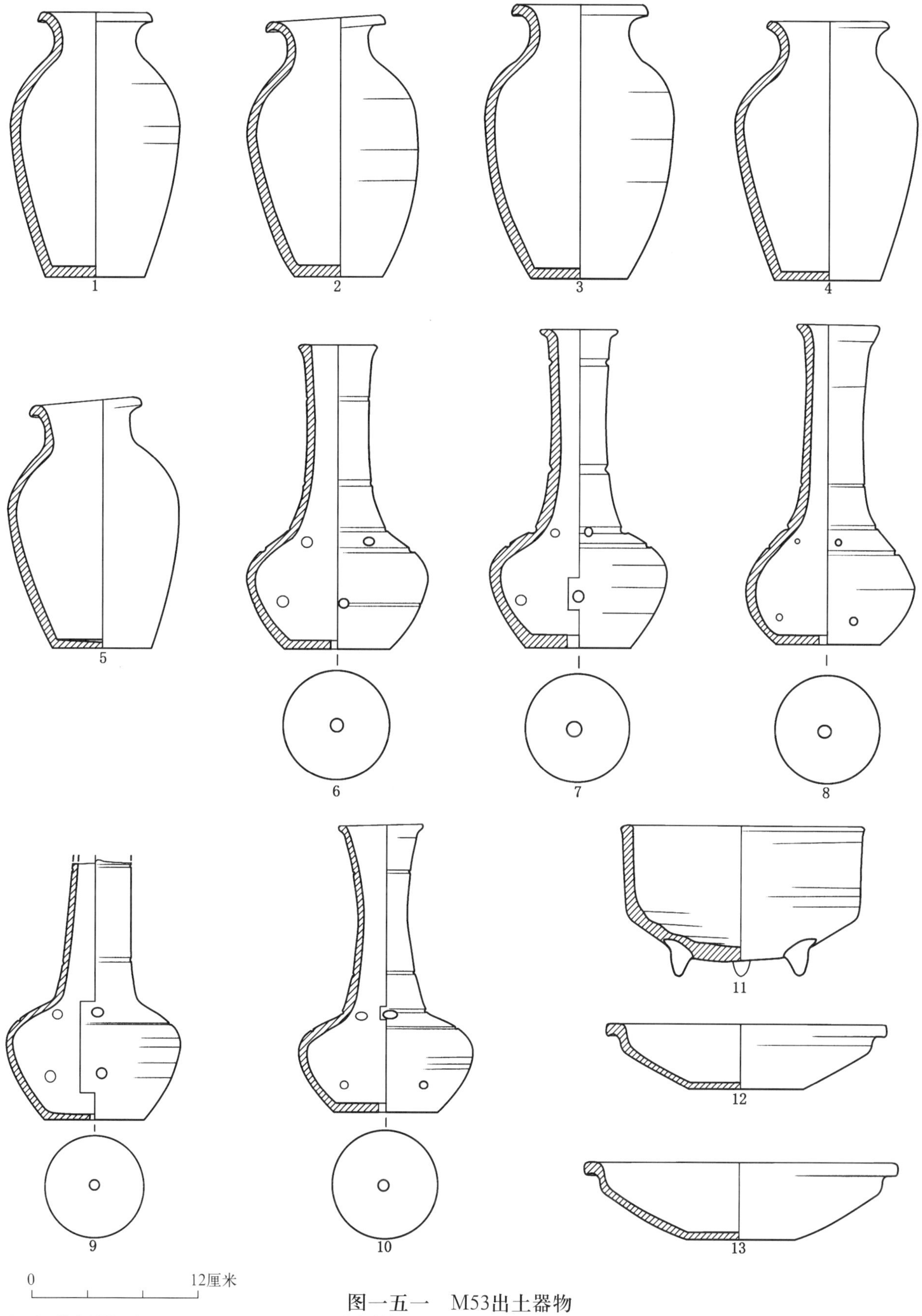

0 _____ 12厘米

图一五一　M53出土器物

1～5. 陶壶M53：9、10、11、12、14　6～10. 陶长颈瓶M53：13、15、16、17、18　11. 陶樽M53：8　12、13. 陶盆M53：3、5

底长径7.1、底短径3.7、高3.2、壁厚0.3～0.6厘米（图一五二，4；彩版一七八，3）。标本M53：7-2，泥质灰陶。椭圆形杯口，双耳齐平，弧腹，平底。杯底模印有椭圆形界格。口长径11.6、口短径6.5、底长径7.1、底短径3.5、高3.1、壁厚0.3～0.5厘米（图一五二，2；彩版一七八，3）。

勺　1件。标本M53：20，泥质黑陶。圆唇，敞口，圜底，尾端勺柄下弯。素面。口径3.7、高4.8、壁厚0.2～0.3厘米（图一五二，5）。

灶　1件。标本M53：6-1，泥质灰陶。灶面呈梯形，灶面上呈"品"字形置有三个圆形火眼，尾端置有一圆形烟孔，长方形灶门不落地，灶门上出檐。素面。灶面通长20.1、宽18.5、高9.5、壁厚0.4～0.6厘米；火眼直径4.3、3.8、3.9厘米；灶门长6.8、宽4.8厘米（图一五二，6；彩版一七八，4）。

井　1件。标本M53：4-1，泥质黄褐陶。方唇，微敛口，折肩，斜腹，平底。素面，下腹部修坯削痕明显，内壁轮旋痕迹明显。口径7.5、底径5.4、高8.3、壁厚0.4～0.6厘米（图一五二，7；彩版一七八，5）。

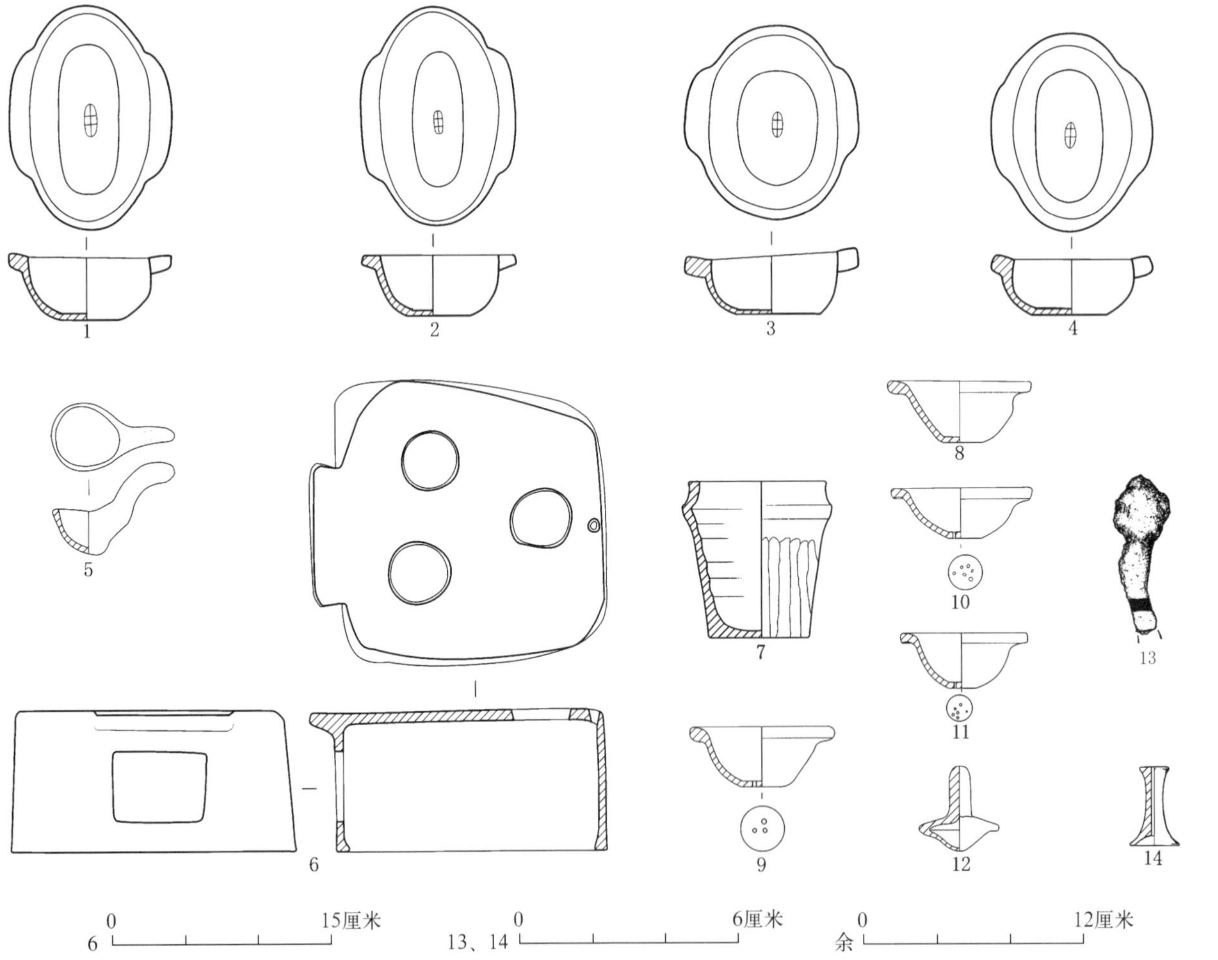

图一五二　M53出土器物

1～4. 陶耳杯M53：7-1、7-2、7-3、7-4　5. 陶勺M53：20　6. 陶灶M53：6-1　7. 陶井M53：4-1　8. 小陶盆M53：6-2　9～11. 小陶甑M53：6-3、6-4、6-5　12. 陶水斗M53：4-2　13. 铁棺钉M53：19　14. 耳瑱M53：1

小盆　1件。标本M53：6－2，泥质灰陶。圆唇，敞口，展沿，弧腹，平底。素面。口径7.5、底径2.1、高3.2、壁厚0.2～0.5厘米（图一五二，8；彩版一七八，4）。

小甑　3件（M53：6－3、6－4、6－5）。形制相似，均为泥质灰陶；圆唇，敞口，展沿或微卷沿，弧腹，平底；素面。标本M53：6－3，底部穿有3个圆形甑孔，口径7.4、底径2.3、高3.2、壁厚0.2～0.5厘米（图一五二，9；彩版一七八，4）。标本M53：6－4，底部穿有6个圆形甑孔，口径7.4、底径1.8、高2.6、壁厚0.2～0.5厘米（图一五二，10；彩版一七八，4）。标本M53：6－5，底部穿有6个圆形甑孔，口径7.4、底径1.8、高2.6、壁厚0.2～0.5厘米（图一五二，11；彩版一七八，4）。

水斗　1件。标本M53：4－2，泥质灰陶。由斗和提梁组成。斗，尖圆唇，敞口，弧腹，圜底。提梁呈"人"字形。口径4.1、高4.5、壁厚0.3～0.6厘米（图一五二，12；彩版一七八，5）。

铁器　计有棺钉1。

棺钉　1件。标本M53：19，锈蚀较严重，钉头残断，钉身横截面呈长方形。残长4.2厘米（图一五二，13）。

琉璃器　计有耳瑱1。

耳瑱　1件。标本M53：1，近似腰鼓形。深蓝色，束腰，细端齐平，粗端内凹，纵向穿有一孔。最大径1.4、长2.1厘米（图一五二，14；彩版一七八，6）。

铜钱　64枚，均为"五铢"钱（图一五三，1～10）。详情见下表。

M53铜钱统计表　　　　　　　　（长度：厘米；重量：克）

种类	编号	特征		郭径	钱径	穿宽	郭宽	郭厚	肉厚	重量
		文字特征	记号							
五铢	2－1	"五"字瘦长，竖划缓曲，"金"头三角形，四竖点；"朱"头方折，"朱"下方折	无	2.47	2.09	0.87	0.21	0.16	0.08	2.72
	2－2	"五"字瘦长，竖划缓曲，"金"头三角形，四竖点；"朱"头较圆，"朱"下较圆	无	2.70	2.21	0.95	0.21	0.18	0.05	4.02
	2－3	"五"字瘦长，竖划缓曲，"金"头三角形，四竖点；"朱"头方折，"朱"下较圆	无	2.57	2.19	0.91	0.15	0.15	0.07	2.84
	2－4	"五"字瘦长，竖划缓曲，"金"头三角形，四竖点；"朱"头较圆，"朱"下较圆	四出	2.65	2.23	0.88	0.14	0.17	0.08	2.94
	2－5	"五"字瘦长，竖划缓曲，"金"头三角形，四竖点；"朱"头较圆，"朱"下方折	无	2.61	2.27	0.88	0.16	0.18	0.09	3.90

五铢	2-6	"五"字瘦长，竖划缓曲；"金"头三角形，四竖点；"朱"头方折，"朱"下较圆	无	2.62	2.22	0.91	0.22	0.14	0.07	2.74
	2-7	"五"字瘦长，竖划缓曲；"金"头三角形，四竖点；"朱"头较圆，"朱"下较圆	无	2.57	2.18	0.90	0.16	0.16	0.08	2.68
	2-8	同上	无	2.60	2.21	0.94	0.17	0.15	0.07	3.04
	2-9	"五"字瘦长，竖划缓曲；"金"头三角形，四竖点；"朱"头方折，"朱"下较圆	无	2.60	2.23	0.94	0.16	0.18	0.09	3.01
	2-10	"五"字瘦长，竖划缓曲；"金"头三角形，四竖点；"朱"头较圆，"朱"下较圆	无	2.58	2.28	0.92	0.11	0.15	0.08	3.28
	2-11	"五"字瘦长，竖划缓曲；"金"头三角形，四竖点；"朱"头较圆，"朱"下较圆	无	2.54	2.20	0.84	0.15	0.17	0.08	4.08
	2-12	同上	无	2.64	2.29	0.86	0.15	0.12	0.06	3.56
	2-13	同上	无	2.66	2.24	0.96	0.20	0.18	0.09	3.26
	2-14	"五"字瘦长，竖划缓曲；"金"头三角形，四竖点；"朱"头方折，"朱"下方折	无	2.59	2.17	0.77	0.15	0.16	0.08	3.01
	2-15	"五"字瘦长，竖划缓曲；"金"头三角形，四竖点；"朱"头较圆，"朱"下较圆	无	2.66	2.22	0.94	0.19	0.17	0.08	3.34
	2-16	"五"字瘦长，竖划缓曲；"金"头三角形，四竖点；"朱"头较圆，"朱"下方折	无	2.56	2.17	0.80	0.15	0.17	0.08	3.56
	2-17	"五"字瘦长，竖划缓曲；"金"头三角形，四竖点；"朱"头较圆，"朱"下较圆	无	2.61	2.20	0.88	0.15	0.16	0.07	3.01
	2-18	同上	无	2.61	2.26	0.91	0.18	0.15	0.07	2.54
	2-19	同上	无	2.62	2.26	0.88	0.18	0.15	0.07	2.48
	2-20	同上	无	2.68	2.21	0.88	0.18	0.15	0.07	3.08
	2-21	"五"字瘦长，竖划缓曲；"金"头三角形，四竖点；"朱"头方折，"朱"下较圆	无	2.53	2.19	0.91	0.13	0.13	0.06	2.26

	2－22	"五"字瘦长，竖划缓曲；"金"头三角形，四竖点；"朱"头方折，"朱"下方折	无	2.58	2.17	0.86	0.14	0.16	0.08	3.06
	2－23	"五"字瘦长，竖划缓曲；"金"头三角形，四竖点；"朱"头较圆，"朱"下方折	无	2.52	2.30	0.94	0.09	0.09	0.04	2.16
	2－24	"五"字瘦长，竖划缓曲；"金"头三角形，四竖点；"朱"头较圆，"朱"下较圆	无	2.62	2.29	0.94	0.16	0.17	0.08	2.72
	2－25	同上	无	2.63	2.27	0.90	0.15	0.17	0.08	3.20
	2－26	"五"字瘦长，竖划缓曲；"金"头三角形，四竖点；"朱"头方折，"朱"下较圆	无	2.53	2.27	0.93	0.12	0.16	0.08	2.74
	2－27	"五"字瘦长，竖划缓曲；"金"头三角形，四竖点；"朱"头较圆，"朱"下较圆	无	2.67	2.32	0.93	0.17	0.16	0.08	2.94
	2－28	同上	无	2.58	2.14	0.83	0.21	0.20	0.10	3.78
五铢	2－29	"五"字瘦长，竖划缓曲；"金"头三角形，四竖点；"朱"头方折，"朱"下方折	无	2.56	2.27	0.99	0.15	0.17	0.08	2.80
	2－30	"五"字瘦长，竖划缓曲；"金"头三角形，四竖点；"朱"头较圆，"朱"下较圆	无	2.56	2.34	0.92	0.11	0.17	0.08	3.06
	2－31	"五"字瘦长，竖划缓曲；"金"头三角形，四竖点；"朱"头较圆，"朱"下方折	无	2.63	2.24	0.92	0.17	0.18	0.09	3.36
	2－32	"五"字瘦长，竖划缓曲；"金"头三角形，四竖点；"朱"头较圆，"朱"下较圆	无	2.55	2.28	0.91	0.12	0.17	0.08	4.06
	2－33	同上	无	2.61	2.31	0.93	0.14	0.17	0.07	2.68
	2－34	同上	无	2.67	2.28	0.88	0.11	0.20	0.10	4.06
	2－35	同上	无	2.54	2.26	0.91	0.13	0.16	0.08	3.32
	2－36	同上	无	2.62	2.30	0.95	0.13	0.19	0.09	3.46
	2－37	同上	无	2.58	2.26	0.94	0.13	0.15	0.07	2.10

	2－38	同上	无	2.61	2.26	0.95	0.14	0.15	0.07	2.96
	2－39	同上	无	2.64	2.29	0.98	0.16	0.15	0.07	2.20
	2－40	"五"字瘦长，竖划缓曲；"金"头三角形，四竖点；"朱"头方折，"朱"下较圆	无	2.62	2.30	0.93	0.13	0.15	0.07	2.40
	2－41	"五"字瘦长，竖划缓曲；"金"头三角形，四竖点；"朱"头较圆，"朱"下较圆	无	2.61	2.29	0.88	0.14	0.18	0.09	3.28
	2－42	同上	无	2.64	2.35	0.90	0.14	0.18	0.09	2.72
	2－43	同上	无	2.56	2.17	0.87	0.13	0.21	0.10	4.36
	2－44	同上	无	2.62	2.27	0.95	0.15	0.18	0.09	2.68
	2－45	同上	无	2.65	2.30	0.94	0.13	0.20	0.10	2.74
五铢	2－46	"五"字瘦长，竖划缓曲；"金"头三角形，四竖点；"朱"头较圆，"朱"下方折	无	2.65	2.23	0.88	0.16	0.22	0.11	3.32
	2－47	"五"字瘦长，竖划缓曲；"金"头三角形，四竖点；"朱"头较圆，"朱"下较圆	无	2.57	2.21	0.85	0.18	0.19	0.09	2.98
	2－48	同上	无	2.60	2.29	0.96	0.14	0.16	0.08	2.96
	2－49	同上	无	2.69	2.36	0.93	0.13	0.15	0.07	2.92
	2－50	同上	无	2.65	2.35	0.88	0.13	0.18	0.09	2.92
	2－51	同上	无	2.46	2.23	0.87	0.14	0.13	0.06	1.70
	2－52	同上	无	2.57	2.23	0.87	0.20	0.17	0.08	2.01
	2－53	同上	无	2.55	2.20	0.87	0.15	0.18	0.09	2.48
	2－54	同上	无	2.43	2.04	0.92	0.11	0.13	0.06	2.02
	2－55	同上	无	2.54	2.25	0.94	0.16	0.15	0.07	2.14

	2－56	同上	无	2.48	2.14	0.88	0.10	0.18	0.09	2.04
	2－57	同上	无	2.67	2.28	0.86	0.19	0.20	0.10	3.22
	2－58	同上	无	2.51	2.21	0.76	0.18	0.18	0.09	2.50
五铢	2－59	同上	无	2.57	2.21	0.98	0.13	0.16	0.08	2.04
		3枚残碎								
		2枚板结								

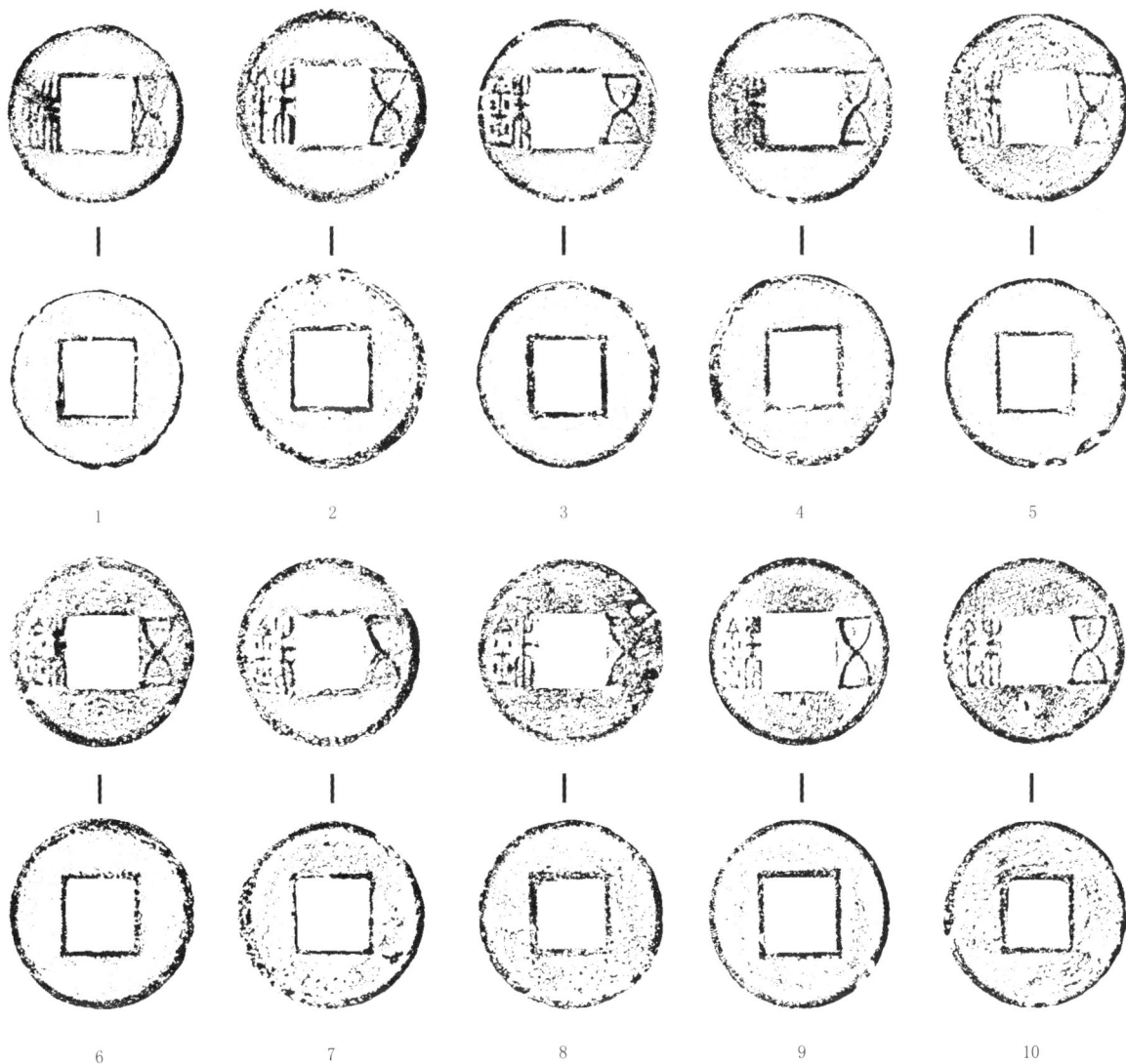

图一五三 M53出土铜钱拓片

1～10. 铜钱拓片M53：2－1、2－2、2－3、2－4、2－5、2－6、2－7、2－8、2－9、2－10

五四　M54

M54与M55为一组并葬墓。

1. 墓葬形制

土坑竖穴砖椁墓，无墓道，方向320°（图一五四；彩版一七九、一八〇）。开口于第②层下，开口距地表0.80米，保存状况较好。

墓圹平面呈圆角长方形，四壁较平直，墓底较平坦。长1.98、宽0.32、深0.24米。

墓内填土主要为灰褐土，夹杂有少量的黄土、小石块，土质较疏松。

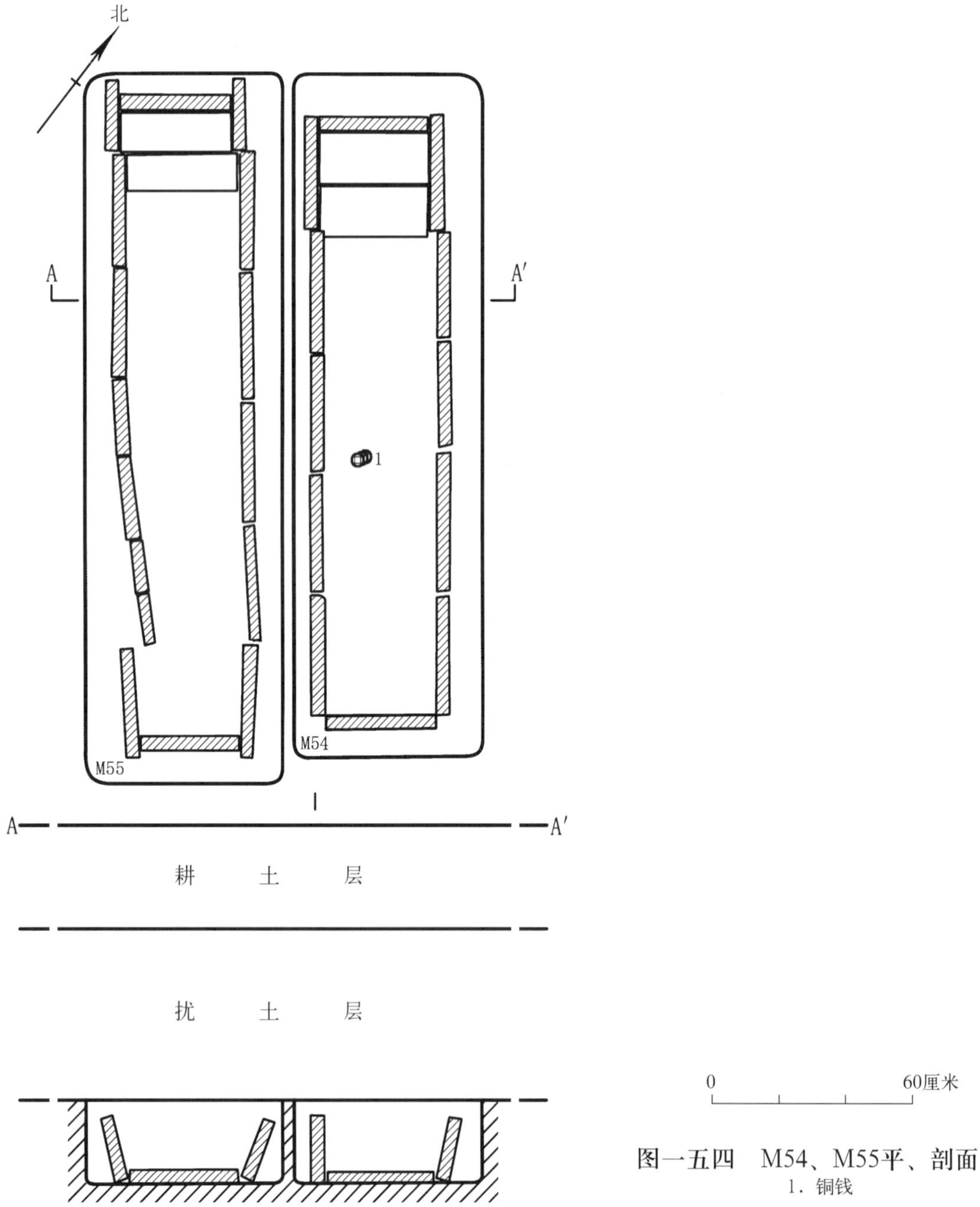

图一五四　M54、M55平、剖面图
1. 铜钱

2．葬具和人骨

墓内葬具主要有砖椁。砖椁平面呈长方形，长1.68、宽0.56、高0.16米。砖椁先砌四壁，再铺墓底砖。椁顶为硬山顶，系用条状两两横向搭建而成（彩版一七九）；砖椁四壁由一层单隅丁立砖拼砌而成；椁底由条砖横向拼缝平铺而成。用砖规格：（31～34）×（14～16）×4厘米，灰色条砖，一面为素面，一面施有绳纹。

由于该墓的埋藏条件不利于有机物的保存，墓底未见有人骨痕迹。

3．随葬品

该墓随葬品较少，仅出土有8枚铜钱。

铜钱　8枚，均为"五铢"钱（图一五五，1～4）。详情见下表。

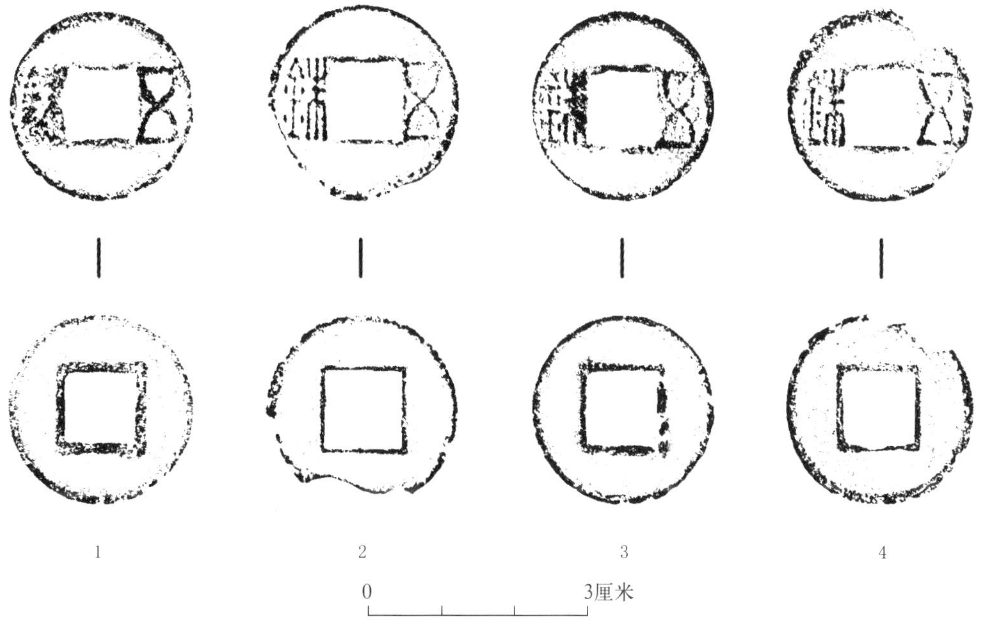

图一五五　M54出土铜钱拓片

1～4．铜钱拓片M54：1－1、1－2、1－3、1－4

M54铜钱统计表　　　　　　　　　　（长度：厘米；重量：克）

种类	编号	特征		郭径	钱径	穿宽	郭宽	郭厚	肉厚	重量
		文字特征	记号							
五铢	1－1	"五"字瘦长，竖划缓曲；"金"头三角形，四竖点；"朱"头较圆，"朱"下较圆，左读	无	2.54	2.26	0.87	0.13	0.12	0.06	2.68
	1－2	"五"字瘦长，竖划缓曲；"金"头三角形，四竖点；"朱"头较圆，"朱"下较圆	无	2.65	2.25	0.90	0.13	0.12	0.06	2.30

五铢	1-3	同上	无	2.52	2.23	0.90	0.16	0.12	0.06	2.56
	1-4	同上	无	2.58	2.19	0.95	0.14	0.14	0.07	1.90
	1-5	同上	无	2.60	2.25	0.98	0.13	0.12	0.06	1.68
	1-6	同上	无	2.51	2.22	0.89	0.15	0.12	0.06	1.92
	1-7	同上	无	2.49	2.23	0.90	0.18	0.15	0.07	1.46
	1-8	同上	无	2.49	2.17	0.81	0.12	0.09	0.04	2.06

五五　M55

M55与M54为一组并葬墓。

1. 墓葬形制

土坑竖穴砖椁墓，无墓道，方向320°（图一五四；彩版一八○）。开口于第②层下，开口距地表0.80米，保存状况较好。

墓圹平面呈圆角长方形，四壁较平直，墓底较平坦。长2.06、宽0.60、深0.24米。

墓内填土主要为灰褐土，夹杂有少量的黄土、小石块，土质较疏松。

2. 葬具和人骨

墓内葬具主要有砖椁。砖椁平面近似长方形，受外力挤压南部现已变形，长1.82、宽0.32、高0.16米。砖椁先砌四壁，再铺墓底砖。椁顶为硬山顶，系用条状两两横向搭建而成（彩版一七九）；砖椁四壁由一层单隔丁立砖拼砌而成；椁底由条砖横向拼缝平铺而成。用砖规格：（31～34）×（14～16）×4厘米，灰色条砖，一面为素面，一面施有绳纹。

由于该墓的埋藏条件不利于有机物的保存，墓底未见有人骨痕迹。

3. 随葬品

该墓未见有任何随葬品。

五六　M56

1. 墓葬形制

单室砖墓，平面近似刀形，由墓道、墓门及墓室三部分组成，方向220°（图一五六；彩版一八一）。开口于第②层下，开口距地表0.80米，保存状况一般。

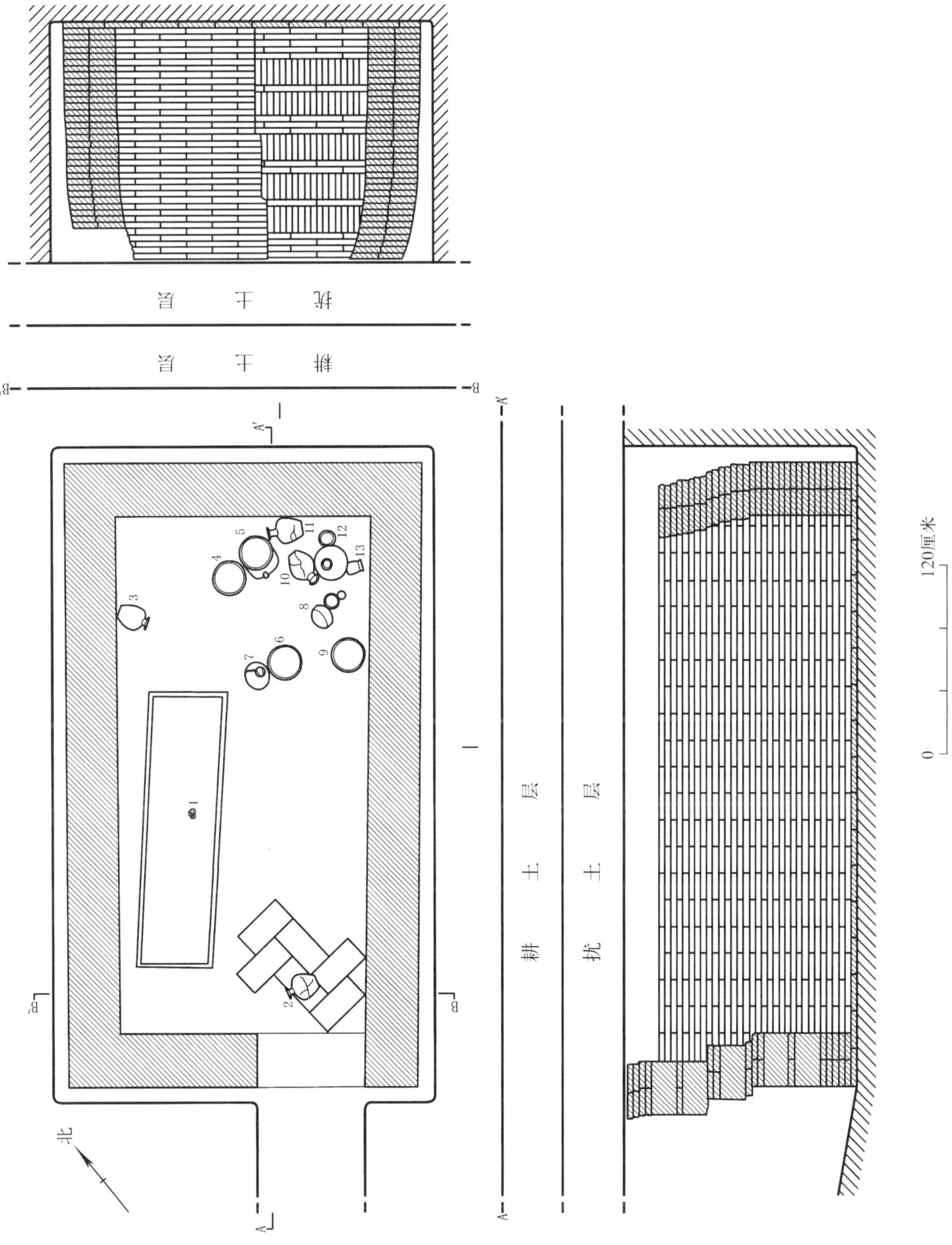

图一五六 M56平、剖面图

1. 铜钱 2. 陶壶 3. 陶壶 4. 陶盆 5. 陶樽 6. 陶盆 7. 陶盆 8. 陶套盒 9. 陶盆 10. 陶壶 11. 陶壶 12. 陶灶组合 13. 陶井

墓道　长方形斜坡状，未发掘完，长不详，宽0.70、底部距地表2.36米。

墓门　位于墓室西壁南部，宽0.70米。

封门　条砖封堵，现存22层砖，残高1.50米。砌法由下至上为四层双隅顺砌平砖之后，一层丁立砖再一（或二、三、四）层双隅顺砌平砖交替至顶（彩版一八二，1）。

墓室　平面近似长方形，墓室长3.30、宽1.68米。墓室先铺墓底砖，再砌筑四壁。墓室四壁较平直，最高处残存32层砖，砌法由下至上为双隅顺砌平砖逐层错缝垒砌而成。墓底铺砖为斜向大"人"字形平铺。用砖规格：（36～37）×（17～18）×4厘米，多为灰色条砖，一面为素面，一面施有绳纹。

2. 葬具和人骨

在墓室西侧发现有木棺1具。棺板均已腐朽，仅存灰白色板灰，并且有的出现塌陷和变形，部分改变了原来的位置；但仍可看出棺室的形状和尺寸，整理中尽可能地作了复原研究。木棺平面形状近似长方形，盒状，其盖板现已不存，仅存挡板、壁板及底板。棺室长1.68、宽0.46、残高0.40米。由残存的板灰分析，底板板灰痕厚约0.02米。

骨骼保存极差，仅在填土中零星出土有几块肢骨残块。

3. 随葬品

该墓共出土有19件（套）随葬品（彩版一八二，2），多数位于墓室北部，主要为陶器，另有铜钱18枚。

陶器　计有壶5、樽1、套盒1、盆3、灶1、井1、小釜4、小盆1、小甑1。

壶　5件（M56：2、3、7、10、11）。形制相似，均为泥质黄褐陶；圆唇，敞口，微卷沿，沿面施有一周凹槽，束颈，溜肩，卵形腹，腹部最大径位置靠近肩部，平底；素面。标本M56：2，口径9.7、最大腹径16.3、底径8.4、高20.6、壁厚0.6～0.7厘米（图一五七，1）。标本M56：3，口径10.4、底径8.3、高21.3、壁厚0.6～0.7厘米（图一五七，2）。标本M56：11，口径11.2、最大腹径17.1、底径8.0、高22.1、壁厚0.6～0.7厘米（图一五七，4；彩版一八三，1）。

樽　1件。标本M56：5，泥质黑陶。方唇，敞口，斜腹，平底，底部附有三个蹄状足。素面，器表轮旋痕迹明显。口径20.7、底径17.1、高15.0、壁厚0.6～0.7厘米（图一五七，5；彩版一八三，2）。

套盒　1件。标本M56：8，由套盒盖及套盒两部分组成。套盒盖：泥质灰陶；圜顶，折腹，直口，圆唇；素面，器表轮旋痕迹明显。套盒：泥质黑陶；方唇，直口，折腹，台底；素面，器表轮旋痕迹明显。通高13.3厘米；套盒盖：口径15.4、高10.2、壁厚0.5～0.6厘米；套盒：口径11.8、底径6.6、高9.3、壁厚0.5～0.6厘米（图一五七，6；彩版一八三，3）。

盆　3件（M56：4、6、9）。形制相似，均为泥质黄褐陶或灰陶；方唇，敞口，微卷沿，弧腹，台底；素面，器表轮旋痕迹明显。标本M56：4，口径22.7、底径8.9、高5.9、壁厚0.5～0.6厘米（图一五七，7）。标本M56：6，口径21.5、底径9.0、高6.6、壁厚0.5～0.6厘米（图一五七，8；彩版一八三，4）。标本M56：9，口径20.2、底径8.2、高5.7、壁厚0.4～0.6厘米（图一五七，9）。

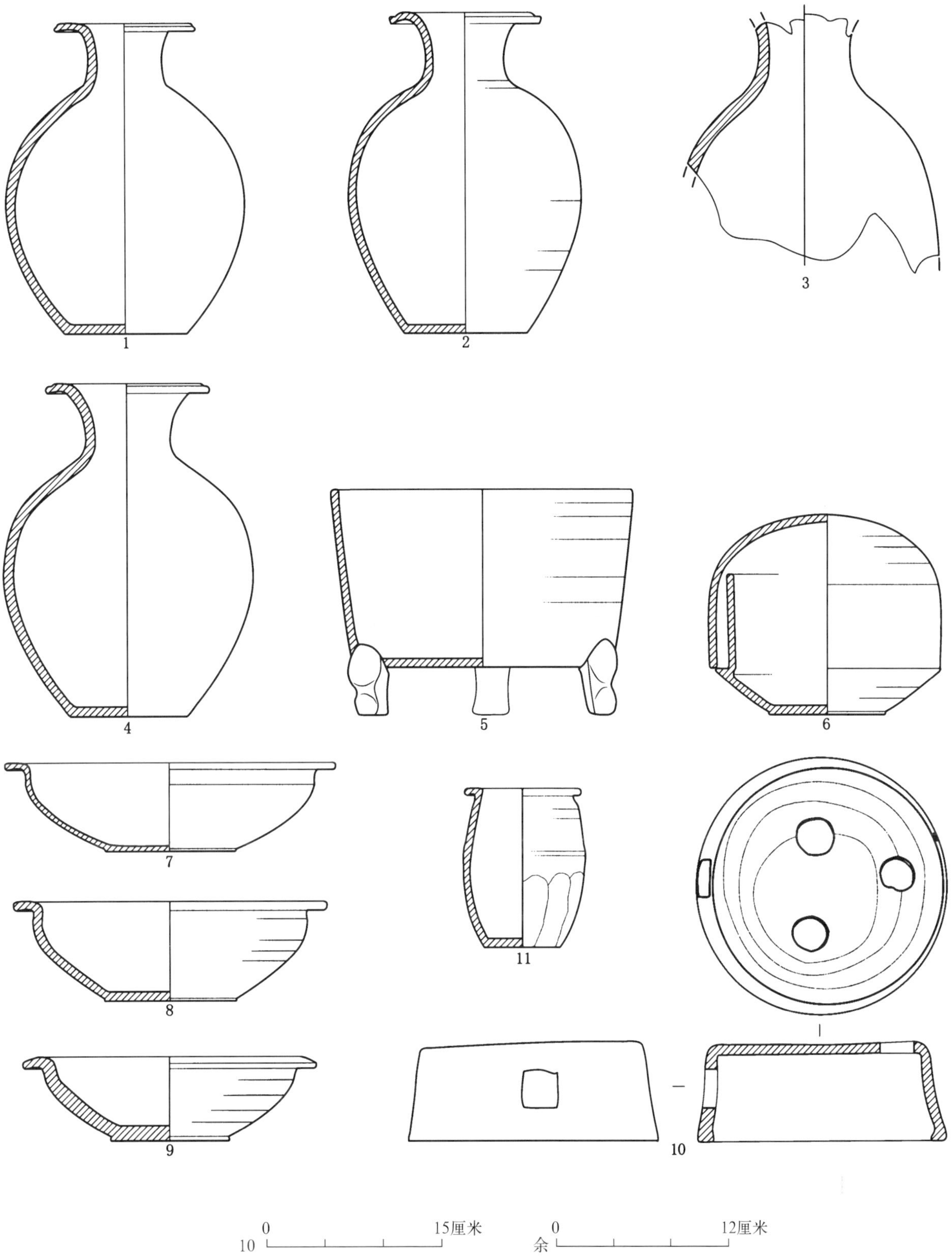

图一五七　M56出土器物

1～4.陶壶M56：2、3、7、11　5.陶樽M56：5　6.陶套盒M56：8　7～9.陶盆M56：4、6、9　10.陶灶M56：12-1　11.陶井M56：13

灶　1件。标本M56：12－1，泥质黑陶。灶面呈圆形，中间呈"品"字形置有三个圆形火眼，后壁置有圆形烟孔，正方形灶门不落地。素面，器表轮旋痕迹明显。灶面直径21.4、高8.4、壁厚0.6～0.7厘米；火眼直径3.2、2.7、3.0、烟孔直径1.0厘米；灶门长2.9、高2.9厘米（图一五七，10；彩版一八三，5）。

井　1件。标本M56：13，泥质黑褐陶。圆唇，敞口，微卷沿，弧腹，平底。中腹部施有一周凸弦纹，下腹部修坯削痕明显。口径7.9、底径5.2、高10.6、壁厚0.4～0.6厘米（图一五七，11；彩版一八三，6）。

小釜　4件（M56：12－2、12－3、12－4、12－5）。形制相似，均为泥质灰陶；圆唇，敛口，束颈，鼓腹，圜底；素面。标本M56：12－2，口径4.7、最大腹径5.7、高2.3、壁厚0.2～0.4厘米（图一五八，1；彩版一八三，5）。标本M56：12－3，口径4.4、最大腹径5.5、高2.3、壁厚0.2～0.4厘米（图一五八，2；彩版一八三，5）。标本M56：12－4，口径4.4、最大腹径5.5、高1.9、壁厚0.2～0.5厘米（图一五八，3；彩版一八三，5）。标本M56：12－5，口径4.3、最大腹径5.2、高2.1、壁厚0.2～0.5厘米（图一五八，4；彩版一八三，5）。

小盆　1件。标本M56：12－6，泥质灰陶。圆唇，敞口，展沿，沿面施有一周凹槽，弧腹，小平底。素面。口径9.9、底径2.4、高3.7、壁厚0.2～0.4厘米（图一五八，5；彩版一八三，5）。

小甑　1件。标本M56：12－7，泥质黄褐陶。圆唇，敞口，展沿，沿面施有一周凹槽，弧腹，平底，底部戳有多个不规则的甑孔。素面。口径8.8、高2.1、壁厚0.2～0.4厘米（图一五八，6；彩版一八三，5）。

铜钱　18枚，均为"五铢"钱，但现已板结。

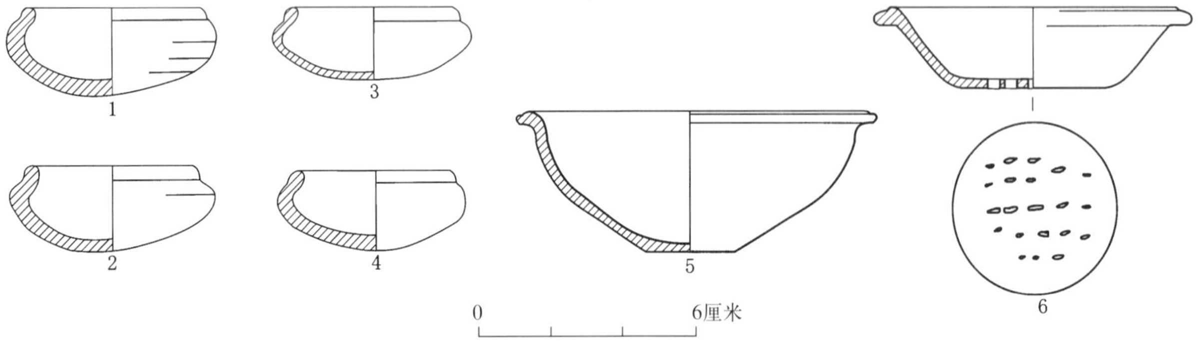

图一五八　M56出土器物

1～4. 小陶釜M56：12－2、12－3、12－4、12－5　5. 小陶盆M56：12－6　6. 小陶甑M56：12－7

五七　M57

1. 墓葬形制

土坑竖穴墓，平面呈圆角梯形，墓圹较规整。方向305°（图一五九；彩版一八四）。开口于第②层下，开口距地表1.40米，保存状况较好。

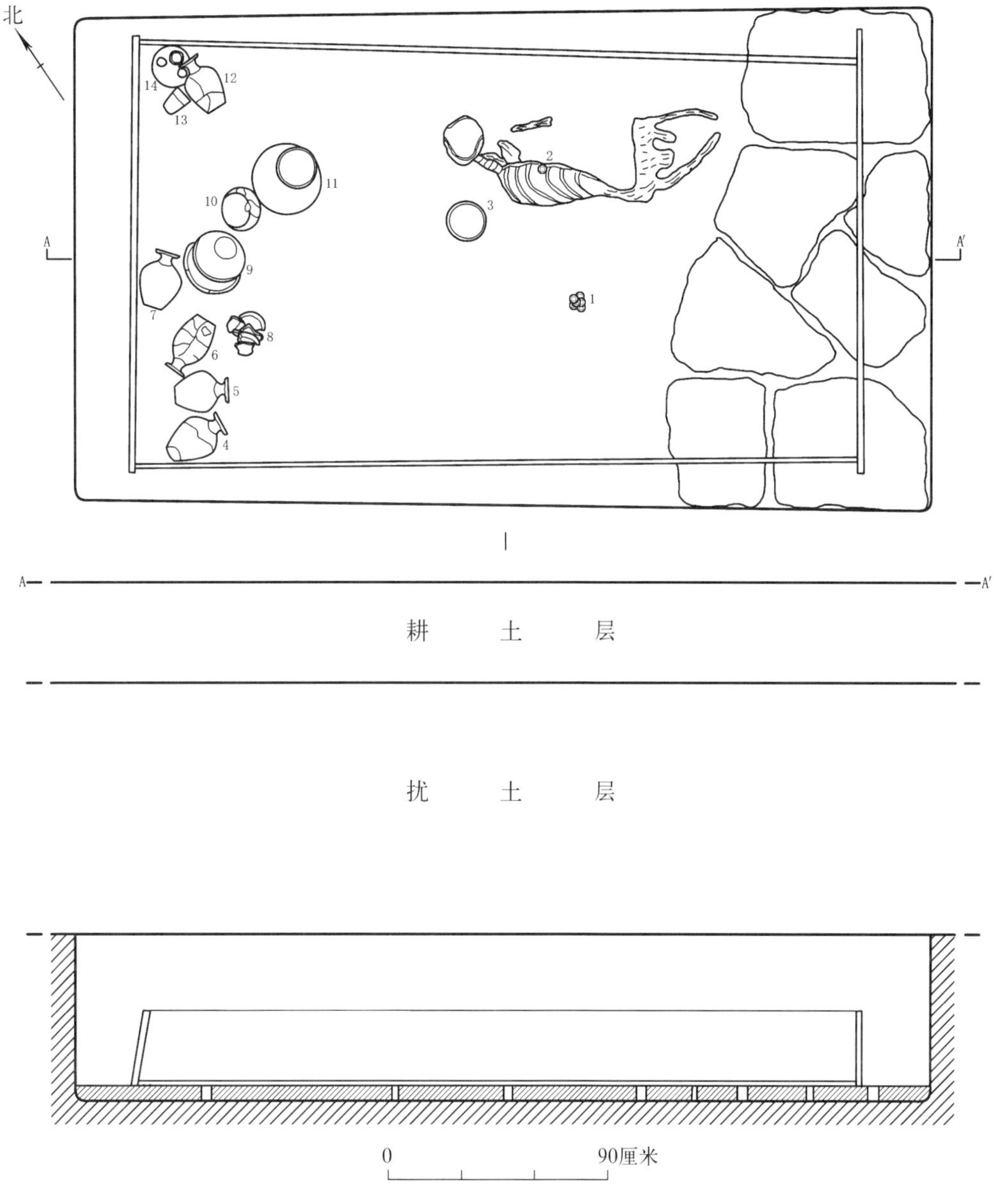

图一五九 M57平、剖面图

1. 铜钱 2. 铜钱 3. 陶樽 4. 陶壶 5. 陶壶 6. 陶壶 7. 陶壶 8. 陶盆 9. 陶盒 10. 陶套盒 11. 陶罐 12. 陶壶 13. 陶井 14. 陶灶组合

墓圹四壁较平直，墓底由不规则形状的小石板拼缝平铺而成。长3.50、宽1.91~2.00、深0.66米。

墓内填土呈黄褐色，并夹杂有少量的黑土、小石块等，土质较疏松。

2．葬具和人骨

墓穴内置木椁1具，椁板均已腐朽，仅存灰白色板灰，并且有的出现塌陷和变形，部分改变了原来的位置，但仍可看出椁室的形状和尺寸，整理中尽可能地作了复原研究。木椁平面形状呈"Ⅱ"字形，其盖板现已不存，仅存挡板、壁板及底板（彩版一八五，1）。椁室长2.96、宽1.56~1.66、残高0.27米。整个椁室经壁板和挡板套合而成，其中东挡板长1.76、西挡板长1.74、南壁板长

2.94、北壁板长2.92米，壁板及挡板板灰痕厚约0.02～0.04米。由残存的板灰分析，底板应由方木呈东北—西南向平铺于墓底之上，底板板灰痕厚约0.02米。

椁内葬有2具人骨，并列置于墓室东部。北侧人骨保存一般，为一男性个体，侧身屈肢葬，头向西，面向北，双腿向北蜷曲。南侧人骨保存较差，仅存有少量的牙齿，性别及葬式不辨。

3. 随葬品

该墓共出土有19件（套）随葬品（彩版一八五，2），多数位于椁内西部，以陶器为主，另有铜钱18枚。

陶器　计有罐1、壶5、樽1、盒1、套盒1、盆1、灶1、井1、小釜4、小甑1。

罐　1件。标本M57：11，泥质灰陶，陶色不纯，局部呈黄褐色。方唇，敛口，斜领，溜肩，球形腹，腹部最大径位置居中，台底。肩部及中腹部各施有两周凹弦纹，器表轮旋痕迹明显。口径16.2、最大腹径29.0、底径11.2、高26.7、壁厚0.8～1.0厘米（图一六〇，1；彩版一八六，1）。

壶　5件（M57：4、5、6、7、12）。形制相似，均为泥质灰陶，陶色不纯，局部呈黄褐色；方唇，敞口，微卷沿，沿面施有一周凹槽，束颈，溜肩，卵形腹，腹部最大径位置居中，平底。标本M57：4，素面，器表轮旋痕迹明显。口径10.6、最大腹径15.5、底径7.8、高22.3、壁厚0.6～0.7厘米（图一六〇，2；彩版一八六，2）。标本M57：5，素面，器表轮旋痕迹明显。口径10.6、最大腹径15.1、底径8.2、高22.1、壁厚0.6～0.7厘米（图一六〇，3；彩版一八六，3）。标本M57：6，素面，器表轮旋痕迹明显。口径11.1、最大腹径16.3、底径8.1、高25.3、壁厚0.6～0.7厘米（图一六〇，4；彩版一八六，4）。标本M57：7，素面，器表轮旋痕迹明显。口径11.6、最大腹径16.6、底径8.4、高24.0、壁厚0.6～0.7厘米（图一六〇，5；彩版一八六，5）。标本M57：12，腹部施有四周凹弦纹。口径10.0、最大腹径14.7、底径7.8、高22.2、壁厚0.6～0.7厘米（图一六〇，6；彩版一八六，6）。

樽　1件。标本M57：3，泥质灰陶。方唇，直口，直腹，平底，底部附有三个蹄状足。素面，器表及内壁轮旋痕迹明显。口径16.1、底径15.4、高13.9、壁厚0.7～0.8厘米（图一六〇，7；彩版一八七，1）。

盒　1件。标本M57：9，由盒盖及盒两部分组成。盒盖：泥质灰陶；平顶，弧腹，微卷沿，敞口，方唇；腹部施有多周凹弦纹，内壁轮旋痕迹明显。盒：泥质黄褐陶；方唇，微敛口，展沿，弧腹，台底；腹部施有一周凹弦纹，内壁轮旋痕迹明显。通高12.8厘米；盒盖：口径22.3、顶径8.4、高6.0、壁厚0.5～0.6厘米；盒：口径23.1、底径11.0、高6.8、壁厚0.5～0.6厘米（图一六〇，8；彩版一八七，2）。

套盒　1件。标本M57：10，由套盒盖及套盒两部分组成。套盒盖：泥质灰陶，陶色不纯，局部呈黄褐色；圜顶，折腹，直口，圆唇；素面，器表轮旋痕迹明显。套盒：泥质灰陶；圆唇，直口，折腹，平底；素面，器表轮旋痕迹明显。通高13.7厘米；套盒盖：口径16.1、高8.9、壁厚0.5～0.6厘米；套盒：口径14.1、底径7.1、高9.4、壁厚0.5～0.6厘米（图一六〇，9；彩版一八七，3）。

盆　1件。标本M57：8，泥质灰陶。方唇，敛口，折沿，弧腹，平底。腹部施有二周凹弦纹。

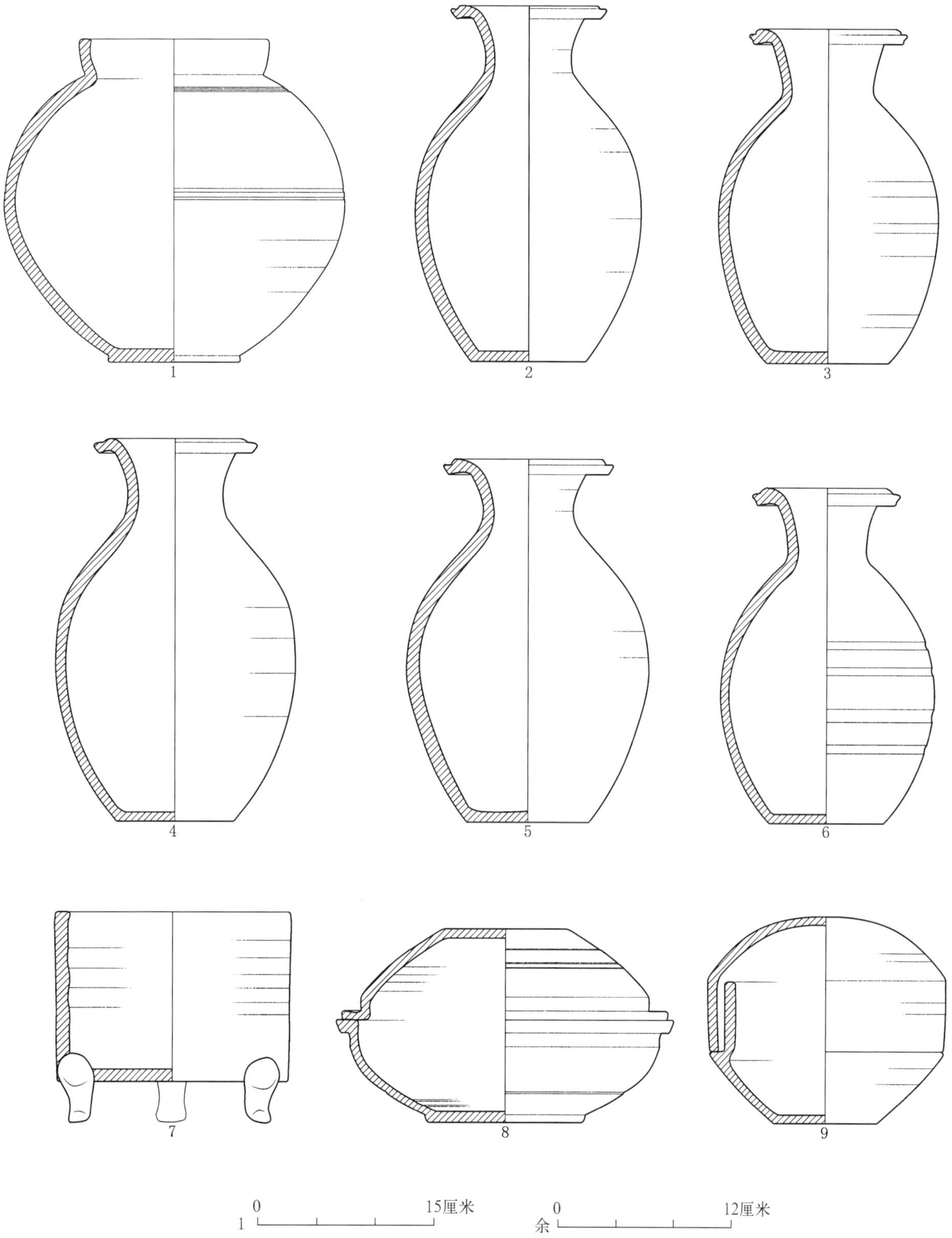

图一六〇　M57出土器物

1. 陶罐M57：11　2～6. 陶壶M57：4、5、6、7、12　7. 陶樽M57：3　8. 陶盒M57：9　9. 陶套盒M57：10

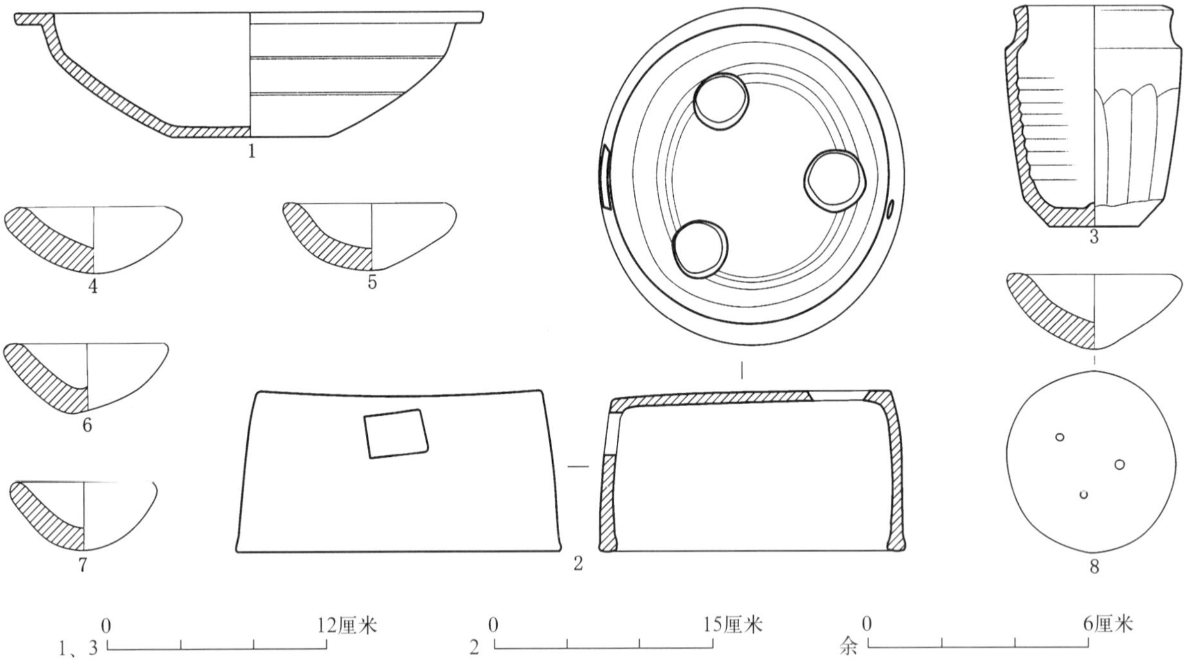

图一六一　M57出土器物

1. 陶盆M57：8　2. 陶灶M57：14－1　3. 陶井M57：13　4～7. 小陶釜M57：14－2、14－3、14－4、14－5　8. 小陶甑M57：14－6

口径25.7、底径8.6、高6.6、壁厚0.4～0.6厘米（图一六一，1；彩版一八七，4）。

灶　1件。标本M57：14－1，泥质黑陶。灶面呈圆形，中间呈"品"字形置有三个圆形火眼，后壁置有圆形烟孔，长方形灶门不落地。素面，灶面轮旋痕迹明显。灶面直径18.0、高8.4、壁厚0.6～0.7厘米；火眼直径3.2、2.8、3.0、烟孔直径1.0厘米；灶门长3.7、高2.6厘米（图一六一，2；彩版一八七，5）。

井　1件。标本M57：13，泥质灰黑陶。尖唇，直口，束颈，折肩，折腹，下腹部急收成小平底。素面，下腹部修坯削痕明显，内壁轮旋痕迹明显。口径8.7、底径4.9、高11.7、壁厚0.6～0.7厘米（图一六一，3；彩版一八七，6）。

小釜　4件（M57：14－2、14－3、14－4、14－5）。形制相似，均为泥质灰陶，手工捏制而成；圆唇，敞口，弧腹，圜底，整体呈斗笠状；素面。标本M57：14－2，口径4.9、高1.8、壁厚0.6～0.8厘米（图一六一，4；彩版一八七，5）。标本M57：14－3，口径4.8、高1.8、壁厚0.6～0.8厘米（图一六一，5；彩版一八七，5）。标本M57：14－4，口径4.6、高1.9、壁厚0.6～0.8厘米（图一六一，6；彩版一八七，5）。标本M57：14－5，口径4.1、高1.8、壁厚0.6～0.8厘米（图一六一，7；彩版一八七，5）。

小甑　1件。标本M57：14－6，泥质灰陶，手工捏制而成。圆唇，敞口，弧腹，圜底，整体呈斗笠状，底部戳有3个圆形甑孔。素面。口径4.8、高2.0、壁厚0.6～0.8厘米（图一六一，8；彩版一八七，5）。

铜钱　18枚，均为"大泉五十"钱（图一六二，1～11）。详情见下表。

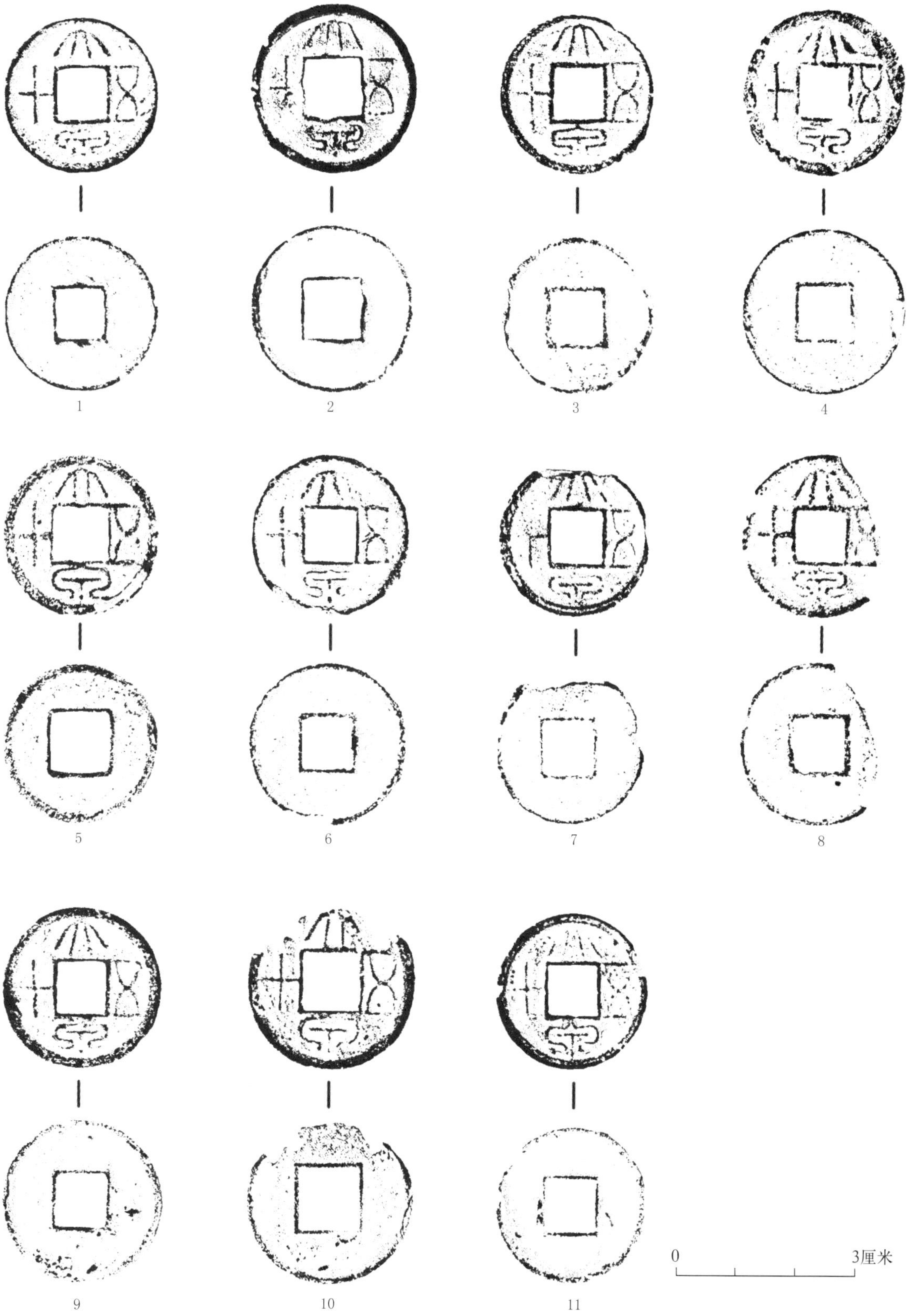

图一六二　M57出土铜钱拓片

1~11. 铜钱拓片M57：1-1、1-2、1-3、1-4、1-5、1-6、1-7、1-8、2-1、2-2、2-3

M57铜钱统计表　　　　　　　　　　　　（长度：厘米；重量：克）

种类	编号	特征		郭径	钱径	穿宽	郭宽	郭厚	肉厚	重量
		文字特征	记号							
大泉五十	1-1	正面穿之四周篆书"大泉五十"四字	四出	2.54	2.12	0.78	0.23	0.22	0.09	4.52
	1-2	同上	无	2.73	2.27	0.88	0.28	0.29	0.10	4.72
	1-3	同上	无	2.57	2.15	0.82	0.19	0.17	0.08	3.42
	1-4	同上	四出	2.71	2.14	0.95	0.29	0.28	0.09	4.04
	1-5	同上	无	2.60	2.19	0.96	0.16	0.17	0.07	3.08
	1-6	同上	无	2.55	2.22	0.74	0.26	0.25	0.11	4.06
	1-7	同上	四出	2.44	2.14	0.82	0.25	0.26	0.09	2.82
	1-8	同上	同上	2.63	2.21	0.81	0.26	0.19	0.08	3.22
	1-9	同上	无	2.71	2.38	0.92	0.22	0.23	0.10	3.36
	1-10	同上	无	2.70	2.32	0.99	0.16	0.16	0.06	2.92
	1-11	同上	无	2.70	2.43	1.05	0.19	0.19	0.07	2.68
	1-12	同上	无	2.49	2.17	0.94	0.26	0.24	0.11	3.56
	1-13	同上	四出	2.65	2.29	0.90	0.24	0.21	0.09	3.76
大泉五十	2-1	正面穿之四周篆书"大泉五十"四字	无	2.62	2.14	0.95	0.22	0.20	0.10	3.75
	2-2	同上	无	2.79	2.31	1.01	0.21	0.18	0.09	2.49
	2-3	同上	无	2.52	2.08	0.94	0.13	0.20	0.10	2.75
	2-4	同上	无	2.54	2.21	0.80	0.13	0.17	0.08	
	2-5	同上	无	2.54	2.19	0.87	0.15	0.19	0.09	

五八　M58

1．墓葬形制

土坑竖穴墓，平面近似圆角长方形，墓圹较规整。方向120°（图一六三；彩版一八八）。开口于第②层下，开口距地表1.20米，保存状况较好。

墓圹四壁较平直，墓底较平坦，长4.07、宽1.76、深0.40～0.70米。在墓底西部发现有一生土二层台，平面近似圆角长方形，长1.76、宽0.58、高0.30米。

墓内填土呈黄褐色，并夹杂有少量的黑土、小石块等，土质较疏松。

2．葬具和人骨

墓穴内置木椁1具，但腐朽极为严重，仅在底部残存有少量的灰白色底板板灰痕迹，其形状及尺寸不辨。

由于该墓的埋藏条件不利于有机物的保存，墓底未见有人骨痕迹；但从随葬品的组合及摆放位置分析，该墓应为单人葬。

3．随葬品

该墓共出土有21件（套）随葬品（彩版一八九，1），多数位于椁内东部，以陶器为主，另有铜钱3枚。

陶器　计有罐2、壶6、樽1、盒2、套盒1、盆1、灶1、井1、小釜3、小盆2。

罐　2件（M58：3、14）。标本M58：3，泥质黄褐陶。尖圆唇，子母口，束颈，溜肩，鼓腹，腹部最大径位置居中，台底。素面。口径8.7、最大腹径14.9、底径7.5、高15.4、壁厚0.6～0.7厘米（图一六四，1；彩版一九〇，1）。标本M58：14，泥质黄褐陶。圆唇，子母口，斜颈，溜肩，球形腹，腹部最大径位置居中，平底内凹。下腹部及底部满施细绳纹。口径17.9、最大腹径34.9、底径9.3、高30.0、壁厚0.4～1.1厘米（图一六四，2；彩版一九〇，2）。

壶　6件（M58：2、4、9、11、12、13）。形制相似，均为泥质灰陶或黄褐陶；方唇，敞口，微卷沿，沿面施有一周凹槽，束颈，溜肩，卵形腹，腹部最大径位置居中或靠近肩部，台底或平底；素面，器表轮旋痕迹明显。标本M58：2，口径9.3、最大腹径14.4、底径8.6、高22.3、壁厚0.6～0.7厘米（图一六四，3）。标本M58：9，口径8.5、最大腹径14.7、底径8.7、高23.5、壁厚0.6～0.7厘米（图一六四，4；彩版一九〇，3）。标本M58：11，口径8.6、最大腹径13.7、底径8.8、高21.7、壁厚0.6～0.7厘米（图一六四，5；彩版一九〇，4）。标本M58：12，口径8.6、最大腹径13.7、底径8.8、高21.7、壁厚0.6～0.7厘米（图一六四，6；彩版一九〇，5）。标本M58：13，口径9.0、最大腹径14.7、底径8.9、高23.5、壁厚0.6～0.7厘米（图一六四，7；彩版一九〇，6）。

樽　1件。标本M58：6，泥质黄褐陶。方唇，直口，直腹，平底，底部附有三个蹄状足。素面。口径18.2、底径17.5、高9.1、壁厚0.4～0.6厘米（图一六四，8；彩版一九一，1）。

盒　2件（M58：5、7）。标本M58：5，由盒盖及盒两部分组成。盒盖：泥质黄褐陶；台顶，弧腹，折沿，敞口，方唇；素面。盒：泥质黄褐陶；圆唇，敞口，折沿，弧腹，平底；素面。通高

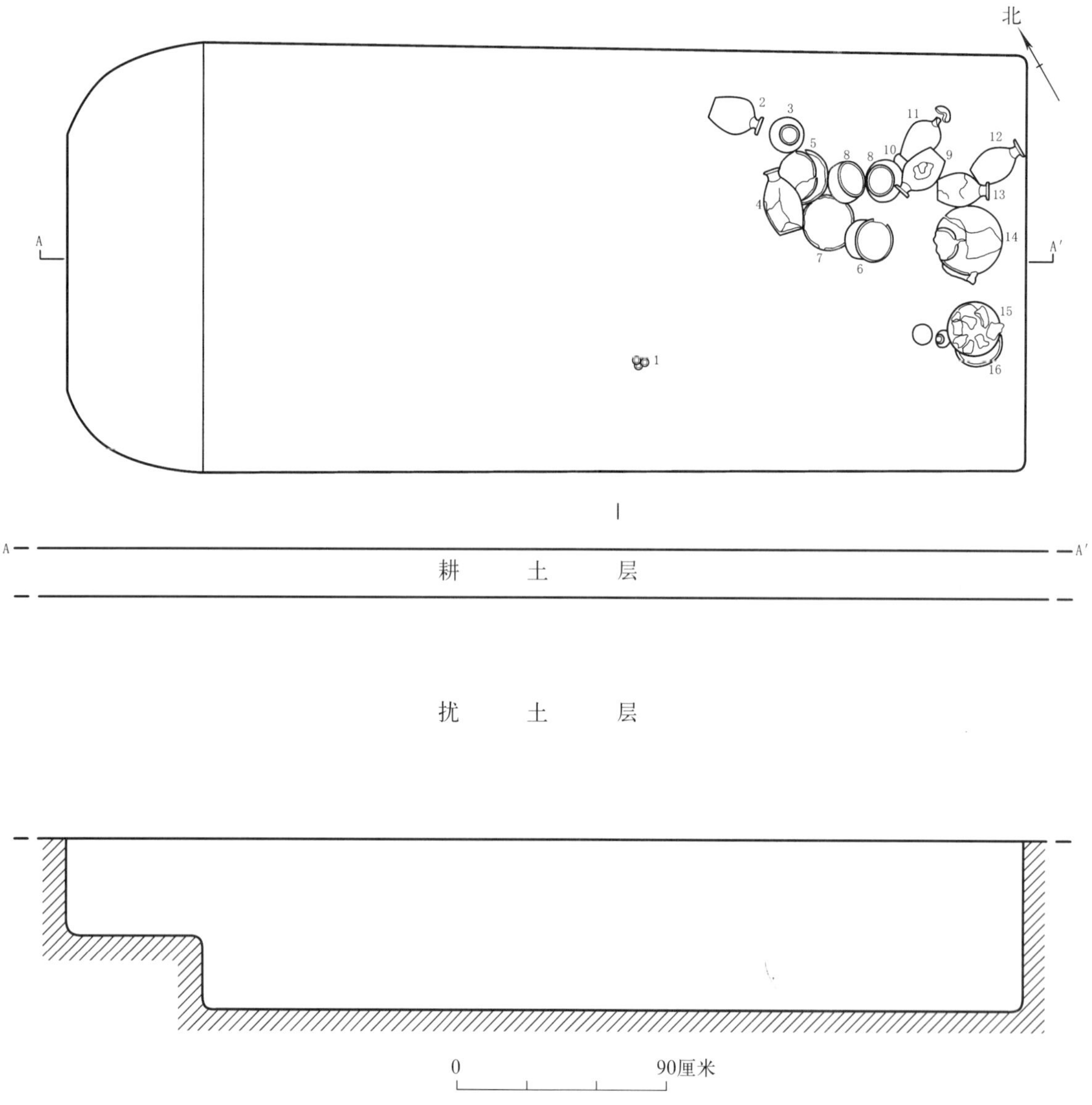

图一六三　M58平、剖面图

1. 铜钱　2. 陶壶　3. 陶罐　4. 陶壶　5. 陶盒　6. 陶樽　7. 陶盒　8. 陶套盒　9. 陶壶　10. 陶井　11. 陶壶　12. 陶壶　13. 陶壶　14. 陶罐　15. 陶灶组合　16. 陶盆

12.1厘米；盒盖：口径22.8、顶径9.6、高6.2、壁厚0.6～0.8厘米；盒：口径22.7、底径9.2、高5.9、壁厚0.6～0.8厘米（图一六四，9）。标本M58：7，由盒盖及盒两部分组成。盒盖：泥质黄褐陶；平顶，近似折腹，折沿，敞口，方唇；素面。盒：泥质黄褐陶；方唇，敞口，折腹，平底；素面。通高12.5厘米；盒盖：口径20.1、顶径6.9、高6.6、壁厚0.6～0.8厘米；盒：口径20.8、底径8.6、高5.9、壁厚0.6～0.8厘米（图一六四，10；彩版一九一，2）。

　　套盒　1件。标本M58：8，由套盒盖及套盒两部分组成。套盒盖：泥质黄褐陶；圜顶，弧腹，直口，圆唇；素面。套盒：泥质黄褐陶；圆唇，直口，折腹，腹部施有一周扉棱，平底；素面。通高11.5厘米；套盒盖：口径14.4、高7.5、壁厚0.6～0.7厘米；套盒：口径11.4、底径6.6、高9.0、

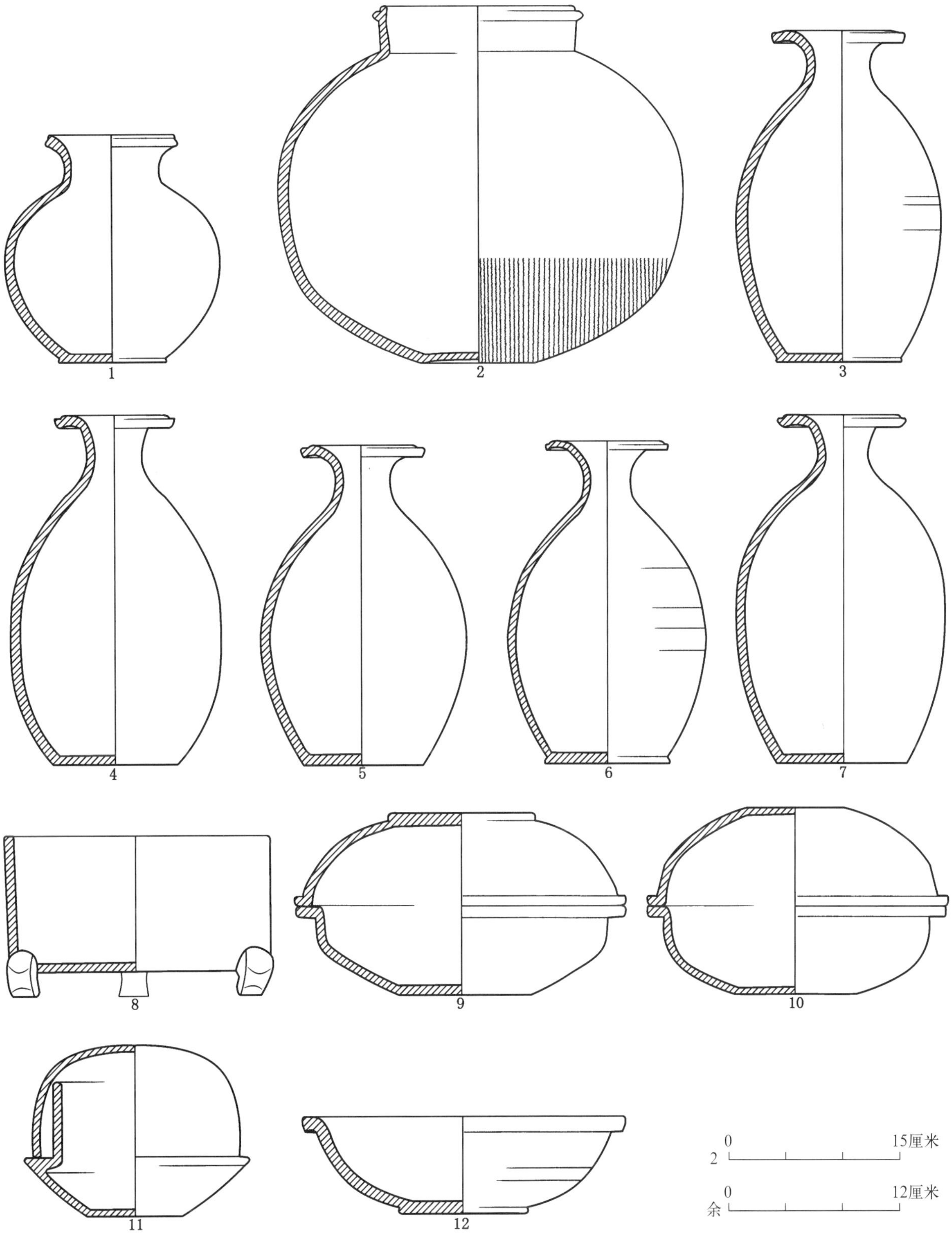

图一六四　M58出土器物

1、2. 陶罐M58：3、14　3～7. 陶壶M58：2、9、11、12、13　8. 陶樽M58：6　9、10. 陶盒M58：5、7　11. 陶套盒M58：8　12. 陶盆M58：16

壁厚0.6~0.7厘米（图一六四，11；彩版一九一，3）。

盆 1件。标本M58：16，泥质黄褐陶。方唇，敞口，微卷沿，弧腹，台底。素面，器表轮旋痕迹明显。口径22.5、底径8.7、高6.5、壁厚0.6~0.8厘米（图一六四，12；彩版一九一，4）。

灶 1件。标本M58：15－1，泥质黄褐陶。灶面呈圆形，灶面上呈"品"字形置有三个圆形火眼，后壁置有圆形烟孔，长方形灶门不落地。素面。灶面直径19.5、高6.1、壁厚0.6~0.7厘米；火眼直径2.6、2.7、2.4、烟孔直径1.0厘米；灶门长3.5、高2.1厘米（图一六五，1；彩版一九一，5）。

井 1件。标本M58：10，泥质黄陶。方唇，直口，折沿，鼓腹，平底。素面。口径8.0、底径5.2、高8.3、壁厚0.5~0.7厘米（图一六五，2；彩版一九一，6）。

小釜 3件（M58：15－2、15－3、15－4）。标本M58：15－2，泥质黄褐陶。圆唇，敛口，折腹，平底。素面。口径4.1、底径3.3、高2.6、壁厚0.1~0.3厘米（图一六五，3；彩版一九一，5）。其中，标本M58：15－3与15－4形制相似，均为泥质黄褐陶；圆唇，敛口，束颈，鼓腹，平底；素面。标本M58：15－3，口径4.2、底径3.1、高2.4、壁厚0.1~0.3厘米（图一六五，4；彩版一九一，5）。标本M58：15－4，口径4.9、高3.0、壁厚0.1~0.3厘米（图一六五，5；彩版一九一，5）。

小盆 2件（M58：15－5、15－6）。标本M58：15－5，泥质黄褐陶。圆唇，敞口，斜腹，平底。素面。口径6.8、底径2.8、高2.0、壁厚0.1~0.3厘米（图一六五，6；彩版一九一，5）。标本M58：15－6，泥质黄褐陶。圆唇，敞口，展沿，弧腹，平底。素面。口径9.3、底径2.3、高2.4、壁厚0.2~0.3厘米（图一六五，7；彩版一九一，5）。

铜钱 3枚，均为"货泉"钱（图一六六，1~3）。详情见下表。

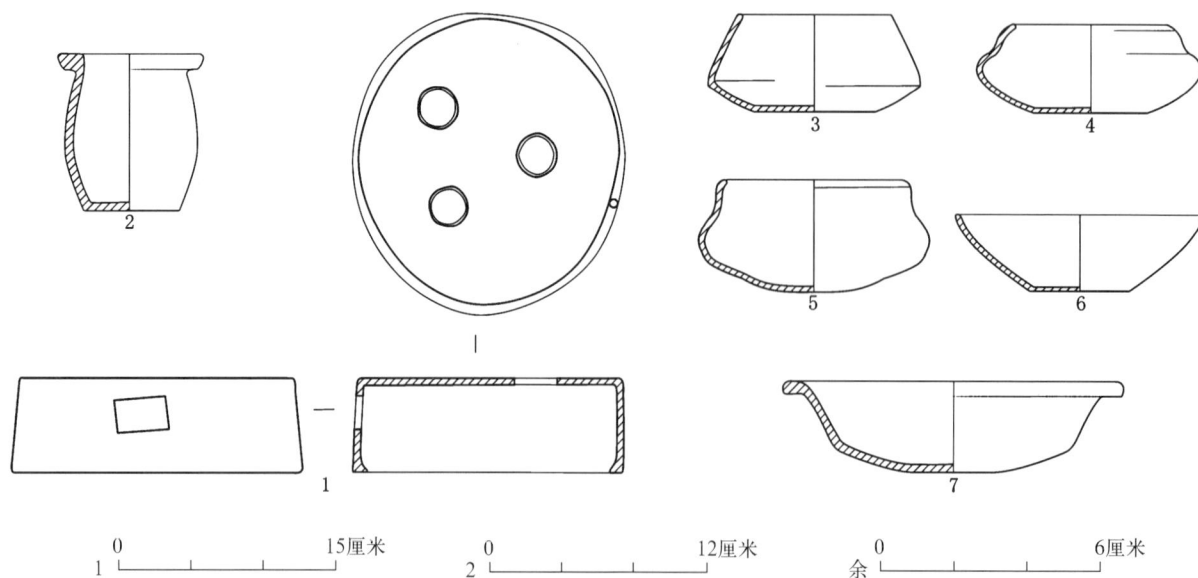

图一六五 M58出土器物
1. 陶灶M58：15－1 2. 陶井M58：10 3~5. 小陶釜M58：15－2、15－3、15－4 6、7. 小陶盆M58：15－5、15－6

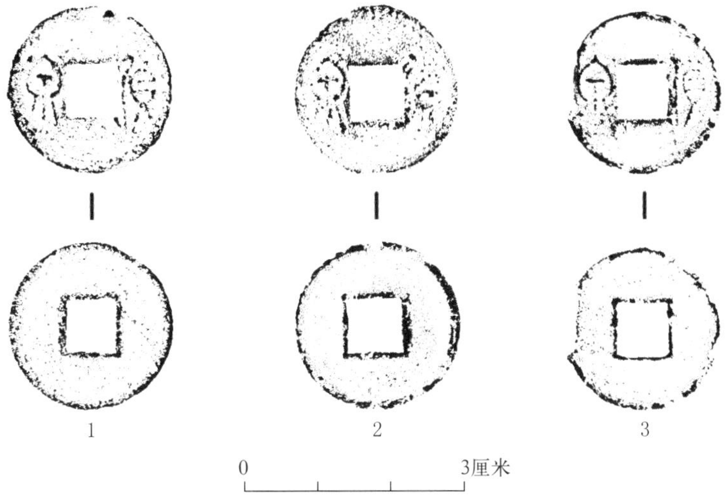

图一六六 M58出土铜钱拓片
1~3. 铜钱拓片M58：1-1、1-2、1-3

M58铜钱统计表

（长度：厘米；重量：克）

种类	编号	特征		郭径	钱径	穿宽	郭宽	郭厚	肉厚	重量
		文字特征	记号							
货泉	1-1	正面穿之左右篆书"货泉"二字	右穿下一决纹	2.24	1.86	0.59	0.16	0.18	0.09	2.71
	1-2	同上	无	2.24	1.88	0.63	0.16	0.16	0.08	2.15
	1-3	同上	穿上一星点，右穿下一决纹	2.17	1.77	0.73	0.16	0.19	0.09	

五九 M59

1. 墓葬形制

单室砖墓，平面近似刀形，由墓道、墓门及墓室三部分组成，方向320°（图一六七；彩版一九二）。开口于第②层下，开口距地表0.70米，保存状况一般。

墓道 长方形斜坡状，未发掘完，长不详，宽1.00、底部距地表1.73米。

墓门 位于墓室西壁南部，宽1.00米。

封门 条砖封堵，现存25层砖，残高1.00米。砌法为双隅顺砌平砖逐层拼缝垒砌而成（彩版一九三，1）。

墓室 平面呈长方形，墓室长3.94、宽2.00米。墓室先铺墓底砖，再砌筑四壁。墓室四壁较平直，最高处残存32层砖，砌法为双隅顺砌平砖逐层错缝垒砌而成。墓底铺砖为斜向大"人"字形平铺。

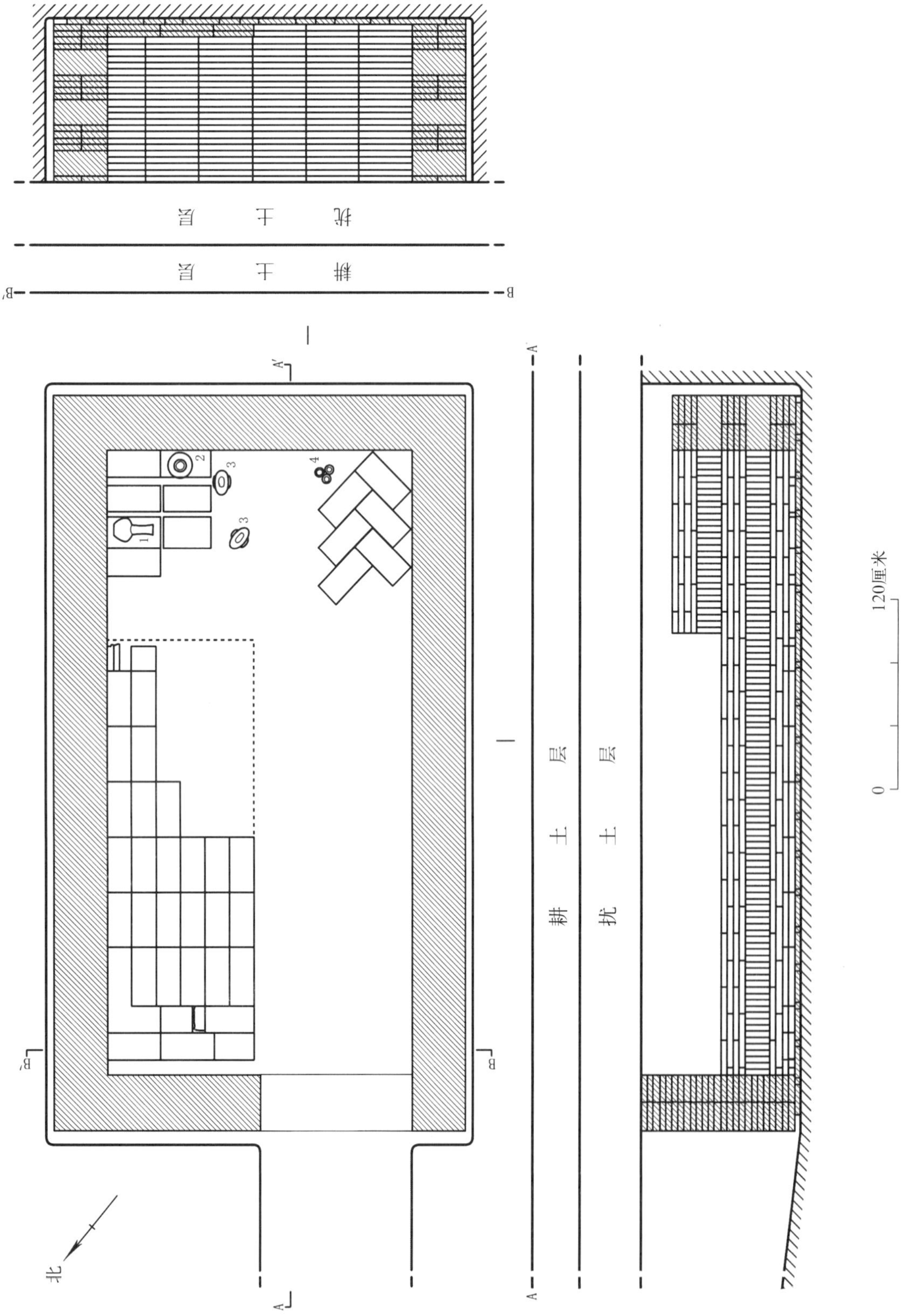

图一六七 M59平、剖面图

1. 陶长颈瓶 2. 陶长颈瓶 3. 陶耳杯 4. 陶灶组件

120厘米

0

此外，在墓室东部还发现有一砖质器物台。器物台已遭到破坏，仅存其东北部，据此推测该器物台平面应呈长方形，由条砖横向拼缝垒砌一层而成。器物台残长0.68、宽0.80、高0.02米。

用砖规格：（36～37）×（17～18）×4厘米，多为灰色条砖，一面为素面，一面施有绳纹。

2．葬具和人骨

在墓室北部发现有一砖质棺床。该棺床东部已遭到破坏，平面呈长方形，由条砖纵向拼缝垒砌二层而成（彩版一九三，2）。棺床长2.60、宽0.96、高0.05米。

骨骼保存极差，仅在填土中零星出土有几块肢骨残块。

3．随葬品

该墓共出土有12件随葬品（彩版一八九，2），多数位于墓室东部，均为陶器，种类计有瓮1、长颈瓶2、盆2、耳杯2、小釜4、小甑1。

瓮　1件。标本M59填：1，泥质黑陶。圆唇，敛口，斜领，溜肩，球形腹，腹部最大径位置居中，圜底。中腹部施有数周凹弦纹，下腹部及底部满施细绳纹。口径15.7、最大腹径36.7、高34.1、壁厚0.4～0.6厘米（图一六八，1；彩版一九四，1）。

长颈瓶　2件（M59：1、2）。形制相似，均为泥质灰陶；方唇，敞口，粗长颈，鼓腹，腹部最大径位置略靠下，平底；下腹部穿有5个圆孔，底部穿有1个圆孔；颈部施有四周凹弦纹，腹部轮旋痕迹明显。标本M59：1，口径8.1、最大腹径14.9、底径9.1、高27.0、壁厚0.6～0.8厘米（图一六八，2；彩版一九四，2）。标本M59：2，口径7.5、最大腹径13.7、底径6.74、高23.5、壁厚0.6～0.8厘米（图一六八，3；彩版一九四，3）。

盆　2件（M59填：2、3）。形制相似，均为泥质灰陶；方唇，敞口，微卷沿，弧腹，平底；素面。标本M59填：2，口径20.7、底径8.2、高5.3、壁厚0.4～0.6厘米（图一六八，4；彩版一九四，4）。标本M59填：3，口径20.1、底径8.2、高5.4、壁厚0.4～0.6厘米（图一六八，5）。

耳杯　2件（M59：3－1、3－2）。形制相似，均为泥质灰陶；椭圆形杯口，双耳上翘，弧腹，台底；杯底模印有对称的锯齿纹，其内部为菱形界格。标本M59：3－1，口长径12.9、口短径7.3、底长径8.4、底短径3.8、高3.9、壁厚0.2～0.3厘米（图一六八，11；彩版一九四，5）。标本M59：3－2，口长径12.4、口短径7.4、底长径8.0、底短径3.7、高3.9、壁厚0.2～0.3厘米（图一六八，12；彩版一九四，5）。

小釜　4件（M59：4－1、4－2、4－3、4－4）。形制相似，均为泥质灰陶；圆唇，敞口，弧腹，圜底，整体呈斗笠状；素面。标本M59：4－1，口径4.7、高2.3、壁厚0.2～0.3厘米（图一六八，6；彩版一九四，6）。标本M59：4－2，口径4.7、高1.5、壁厚0.2～0.3厘米（图一六八，7；彩版一九四，6）。标本M59：4－3，口径4.3、高1.9、壁厚0.2～0.3厘米（图一六八，8；彩版一九四，6）。标本M59：4－4，口径4.3、高2.4、壁厚0.2～0.3厘米（图一六八，9；彩版一九四，6）。

小甑　1件。标本M59：4－5，泥质灰陶。圆唇，敞口，弧腹，圜底，底部穿有三个圆形甑孔，整体呈斗笠状。素面。口径6.3、高2.3、壁厚0.2～0.3厘米（图一六八，10；彩版一九四，6）。

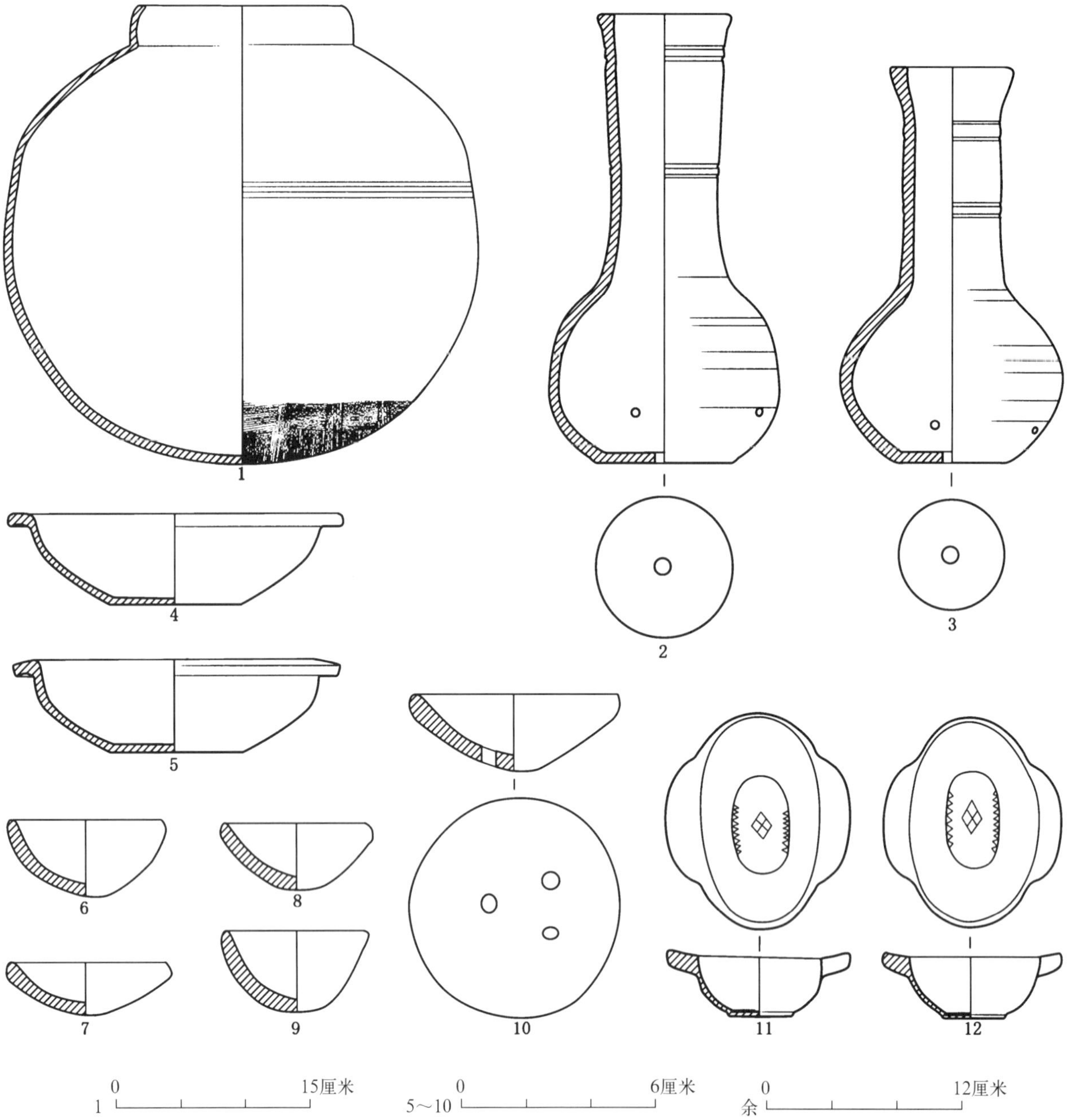

图一六八　M59出土器物

1. 陶瓮M59填：1　2、3. 陶长颈瓶M59：1、2　4、5. 陶盆M59填：2、3　6～9. 小陶釜M59：4-1、4-2、4-3、4-4　10. 小陶甑
M59：4-5　11、12. 陶耳杯M59：3-1、3-2

六〇　M60

1. 墓葬形制

　　单室砖墓，平面呈"甲"字形，由墓道、墓门及墓室三部分组成，方向315°（图一六九；彩版
一九五）。开口于第②层下，开口距地表0.82米，保存状况一般。

　　墓道　长方形斜坡状，未发掘完，长不详，宽1.30、底部距地表2.00米。

　　墓门　位于墓室西壁南部，宽0.96米，底部为石质门槛。门槛横贯墓室西壁，由一块极为规整

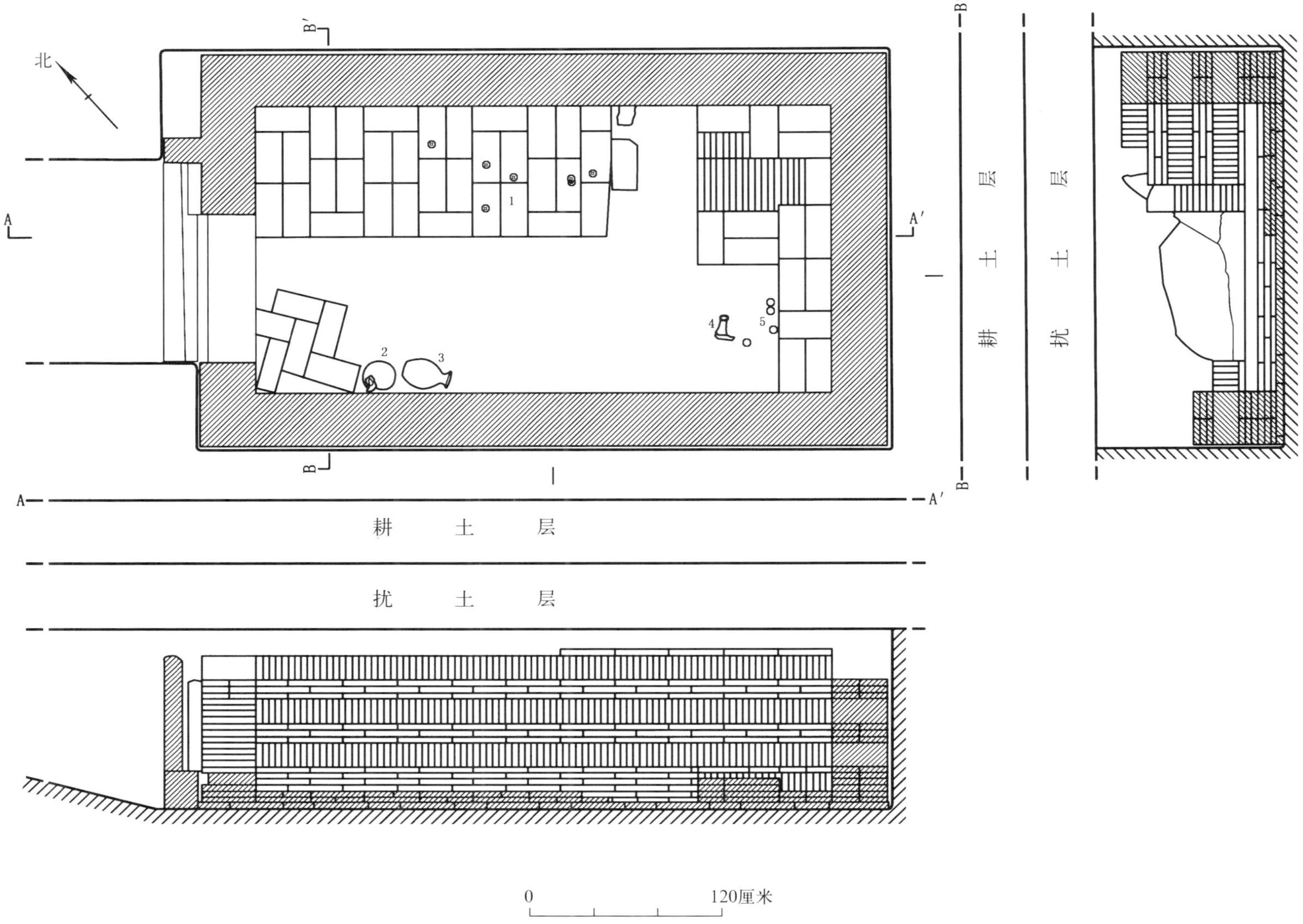

图一六九 M60平、剖面图

1. 铜钱 2. 陶壶 3. 陶壶 4. 陶长颈瓶 5. 陶灶组件

的长方形门槛石构成，该门槛石长1.84、宽0.30、高0.08米。

封门　位于墓门外侧，在石条之上竖立大石板进行封堵。该石板加工的较为光滑规整，现已残断，仅存下部，残高0.76米（彩版一九六，1）。

墓室　平面呈长方形，墓室长3.60、宽1.84米。墓室先铺墓底砖，再砌筑四壁。墓室四壁较平直，最高处残存16层砖，砌法由下至上为六层双隅顺砌平砖逐层错缝垒砌之后；一层丁立砖三层双隅顺砌平砖，两者交替向上。墓底铺砖为斜向大"人"字形平铺。

此外，在墓室东部还发现有一砖质器物台。器物台西南部已遭到破坏，平面应呈长方形，由条砖垒砌而成（彩版一九七，2）。器物台长1.84、宽0.84、高0.20米。

用砖规格：（36～37）×（17～18）×4厘米，多为灰色条砖，一面为素面，一面施有绳纹。

2．葬具和人骨

在墓室北部发现有一砖质棺床。该棺床平面呈长方形，由条砖横纵拼缝垒砌二层而成（彩版一九七，1）。棺床长2.38、宽0.84、高0.05米。

骨骼保存极差，仅在填土中零星出土有几块肢骨残块。

3．随葬品

该墓共出土有9件（套）随葬品（彩版一九六，2），分布较为分散，主要为陶器，另有铜钱39枚。

陶器　计有壶2、长颈瓶1、小釜4、小甑1。

壶　2件（M60：2、3）。形制相似，均为泥质灰陶；方唇，敞口，卷沿，沿面施有一周凹槽，束颈，溜肩，卵形腹，腹部最大径位置略靠上，平底；素面，器表轮旋痕迹明显。标本M60：2，口径8.9、最大腹径15.8、底径9.3、高23.6、壁厚0.6～0.7厘米（图一七〇，1；彩版一九八，1）。标本M60：3，口径9.9、最大腹径15.6、底径8.0、高25.1、壁厚0.6～0.7厘米（图一七〇，2；彩版一九八，2）。

长颈瓶　1件。标本M60：4，泥质灰陶。尖唇，敞口，细长颈，溜肩，鼓腹，平底。下腹部穿有三个圆孔，底部穿有一个圆孔。素面。口径5.2、最大腹径14.2、底径7.7、高23.6、壁厚0.6～0.7厘米（图一七〇，3；彩版一九八，3）。

小釜　4件（M60：5－1、5－2、5－3、5－4）。形制相似，均为泥质灰陶；圆唇，敞口，弧腹，圜底，整体呈斗笠状；素面。标本M60：5－1，口径4.8、高1.9、壁厚0.1～0.3厘米（图一七〇，4；彩版一九八，4）。标本M60：5－2，口径4.2、高1.6、壁厚0.1～0.3厘米（图一七〇，5；彩版一九八，4）。标本M60：5－3，口径4.4、高1.8、壁厚0.1～0.3厘米（图一七〇，6；彩版一九八，4）。标本M60：5－4，口径4.4、高1.8、壁厚0.1～0.3厘米（图一七〇，7；彩版一九八，4）。

小甑　1件。标本M60：5－5，泥质灰陶。圆唇，敞口，弧腹，圜底，底部穿有三个圆形甑孔，整体呈斗笠状。素面。口径5.3、高2.0、壁厚0.1～0.3厘米（图一七〇，8；彩版一九八，4）。

铜钱　39枚，其中，"大泉五十"钱1枚，"货泉"钱38枚（图一七一，1～4）。详情见下表。

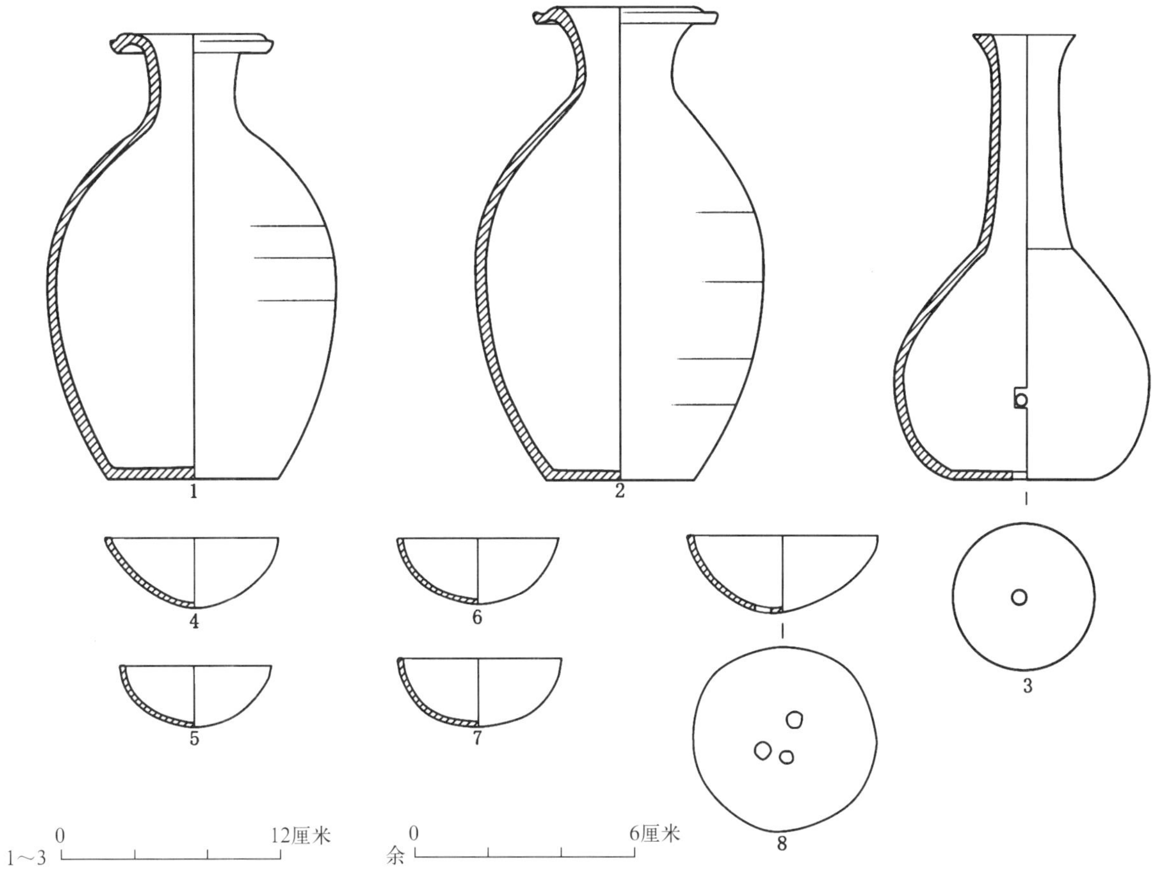

图一七〇 M60出土器物

1、2.陶壶M60：2、3 3.陶长颈瓶M60：4 4~7.小陶釜M60：5－1、5－2、5－3、5－4 8.小陶甑M60：5－5

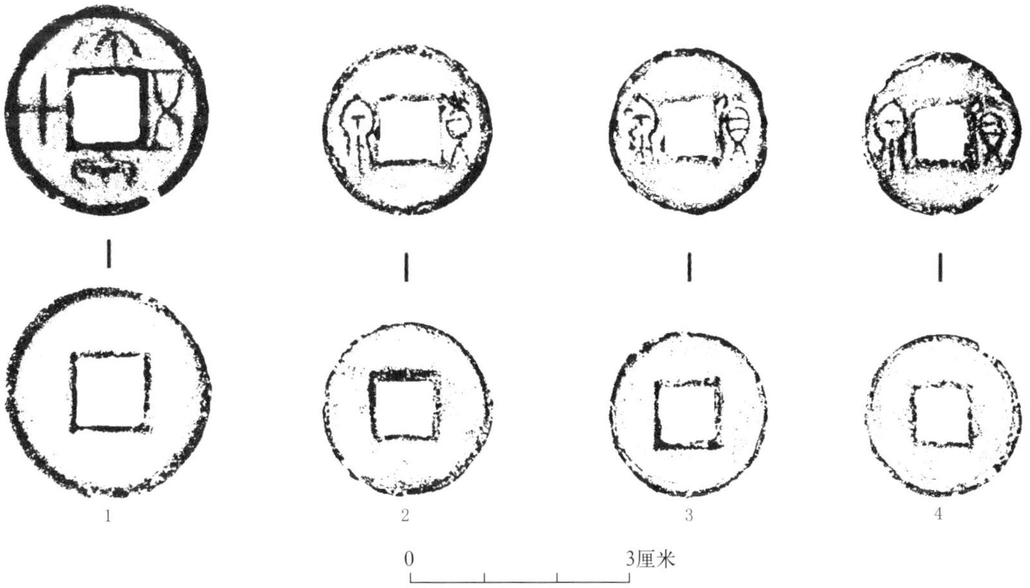

图一七一 M60出土铜钱拓片

1~4.铜钱拓片M60：1－1、1－2、1－3、1－4

M60铜钱统计表　　　　　　　　（长度：厘米；重量：克）

种类	编号	特征		郭径	钱径	穿宽	郭宽	郭厚	肉厚	重量
		文字特征	记号							
大泉五十	1-1	正面穿之四周篆书"大泉五十"四字	无	2.83	2.32	1.13	0.24	0.31	0.15	7.18
货泉	1-2	正面穿之左右篆书"货泉"二字	无	2.34	1.89	0.70	0.19	0.15	0.07	2.88
	1-3	同上	右穿下一决纹	2.25	1.86	0.56	0.17	0.17	0.08	2.70
	1-4	同上	穿上一星点	2.19	1.83	0.60	0.11	0.14	0.07	2.41
	1-5	同上	无	2.22	1.77	0.89	0.15	0.16	0.08	3.05
	1-6	同上	右穿下一决纹	2.18	1.93	0.64	0.14	0.11	0.05	1.94
	1-7	同上	无	2.18	1.88	0.63	0.16	0.16	0.08	2.62
	1-8	同上	无	2.26	1.88	0.60	0.14	0.19	0.09	2.66
	1-9	同上	无	2.16	1.82	0.55	0.12	0.18	0.09	2.36
	1-10	同上	无	2.24	1.83	0.96	0.18	0.14	0.07	2.16
	1-11	同上	无	2.30	1.97	0.61	0.18	0.20	0.10	2.80
	1-12	同上	无	2.25	1.97	0.68	0.15	0.13	0.06	2.38
	1-13	同上	无	2.21	1.75	0.63	0.18	0.21	0.10	3.00
	1-14	同上	无	2.15	1.84	0.67	0.12	0.16	0.08	2.94
	1-15	同上	无	2.20	1.79	0.65	0.15	0.18	0.09	2.01
	1-16	同上	无	2.25	1.86	0.62	0.18	0.20	0.10	2.81
	1-17	同上	无	2.18	1.83	0.65	0.14	0.20	0.10	2.21

	1-18	同上	无	2.27	1.92	0.67	0.15	0.19	0.09	2.92
	1-19	同上	无	2.20	1.88	0.71	0.16	0.18	0.09	1.59
	1-20	同上	无	2.19	1.86	0.64	0.15	0.19	0.09	2.51
	1-21	同上	无	2.22	1.84	0.93	0.14	0.17	0.08	1.94
	1-22	同上	无	2.26	1.84	0.65	0.18	0.23	0.11	3.56
	1-23	同上	无	2.21	1.74	0.67	0.14	0.19	0.09	1.95
	1-24	同上	无	2.24	1.86	0.71	0.14	0.19	0.09	2.34
	1-25	同上	无	2.19	1.94	0.61	0.14	0.17	0.08	2.82
货泉	1-26	同上	无	2.23	1.80	0.63	0.14	0.15	0.07	1.89
	1-27	同上	无	2.16	1.86	0.66	0.13	0.17	0.08	2.02
	1-28	同上	右穿下一决纹	2.25	1.91	0.68	0.16	0.16	0.08	2.13
	1-29	同上	同上	2.23	1.92	0.75	0.15	0.17	0.08	2.29
	1-30	同上	同上	2.22	1.85	0.65	0.18	0.16	0.08	2.32
	1-31	同上	同上	2.22	1.98	0.66	0.16	0.15	0.07	2.55
	1-32	同上	同上	2.26	1.88	0.70	0.18	0.19	0.09	2.43
	1-33	同上	同上	2.26	1.90	0.71	0.14	0.19	0.09	2.44
		6枚残碎								

六一　M61

1. 墓葬形制

单室石室墓，平面呈"甲"字形，由墓道、墓门及墓室三部分组成，方向310°（图一七二；彩

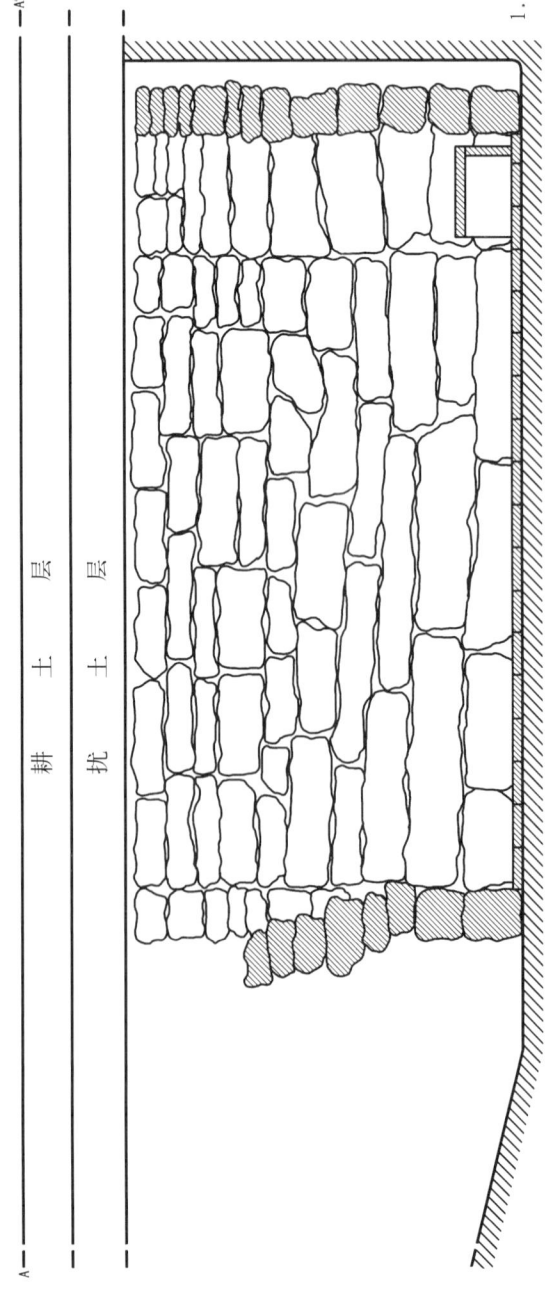

图一七二 M61平、剖面图
1. 铜钱 2. 陶壶 3. 陶套盒 4. 陶盆 5. 陶壮组合 6. 陶壶

北
0 90厘米

耕土层
扰土层

版一九九）。开口于第②层下，开口距地表0.40米，保存状况较好。

墓道　长方形斜坡状，未发掘完，长不详，宽0.92、底部距地表2.03米。

墓门　位于墓室西壁南部，宽1.06米。

封门　石块逐层错缝垒砌封堵，残高1.28米（彩版二〇〇，1）。

墓室　平面近似梯形，墓室长3.00、宽1.14～1.28米。墓室先砌四壁，再铺墓底砖。墓室四壁用经过简单加工的石条及石块错缝垒砌而成。四壁顶端现残存有少量的条砖，据此推测，该墓应用灰砖封顶，但现已坍塌。墓底用条砖横向拼缝平铺而成。

此外，在墓室东南角还发现有一砖质器物台。该器物台平面呈长方形，系在丁立砖上横向平铺条砖搭建而成（彩版二〇〇，2），长0.78、宽0.34、高0.21米。

用砖规格：（33～35）×（15～17）×4厘米，多为灰色条砖，一面为素面，一面施有绳纹。

2. 葬具和人骨

墓内未发现有任何葬具痕迹。

由于该墓的埋藏条件不利于有机物的保存，墓底未见有人骨痕迹。

3. 随葬品

该墓共出土有10件（套）随葬品，均位于墓室东部，质地以陶器为主，另有铜钱1枚。

陶器　计有罐1、壶2、套盒1、盆1、灶1、小釜3。

罐　1件。标本M61填：1，泥质灰陶。方唇，敛口，斜领，溜肩，鼓腹，腹部最大径位置靠近肩部，台底。肩部与中腹部各施有两周凹弦纹。口径11.2、最大腹径23.4、底径10.4、高20.1、壁厚0.6～0.9厘米（图一七三，1；彩版二〇一，1）。

壶　2件（M61：2、6）。形制相似，均为泥质灰陶；方唇，敞口，微卷沿，沿面施有一周凹槽，束颈，溜肩，卵形腹，腹部最大径位置略靠上，平底；素面。标本M61：2，口径7.8、最大腹径16.5、底径9.9、高23.5、壁厚0.4～0.6厘米（图一七三，2；彩版二〇一，2）。标本M61：6，口径8.4、最大腹径15.5、底径9.3、高23.7、壁厚0.4～0.7厘米（图一七三，3；彩版二〇一，3）。

套盒　1件。标本M61：3，套盒盖未见，泥质灰陶。圆唇，直口，折腹，腹部施有一周扉棱，台底。素面。口径14.1、底径9.1、高8.0、壁厚0.6～0.7厘米（图一七三，4；彩版二〇一，4）。

盆　1件。标本M61：4，泥质灰陶。圆唇，敞口，卷沿，弧腹，台底。素面。口径19.5、底径7.6、高5.9、壁厚0.4～0.6厘米（图一七三，5；彩版二〇一，5）。

灶　1件。标本M61：5-1，泥质灰陶。灶面呈圆形，灶面上呈"品"字形置有三个圆形火眼，尾端置有圆形火眼，长方形灶门不落地。灶门四周施有两周凹弦纹。灶面直径17.6、高7.6、壁厚0.4～0.6厘米；火眼直径2.1、2.3、2.2厘米；灶门长3.0、宽2.9厘米（图一七三，6；彩版二〇一，6）。

小釜　3件（M61：5-2、5-3、5-4）。形制相似，均为泥质灰陶；圆唇，直口或敛口，束颈，鼓腹，圆底；素面。标本M61：5-2，口径3.7、高1.8、壁厚0.2～0.3厘米（图一七三，7；

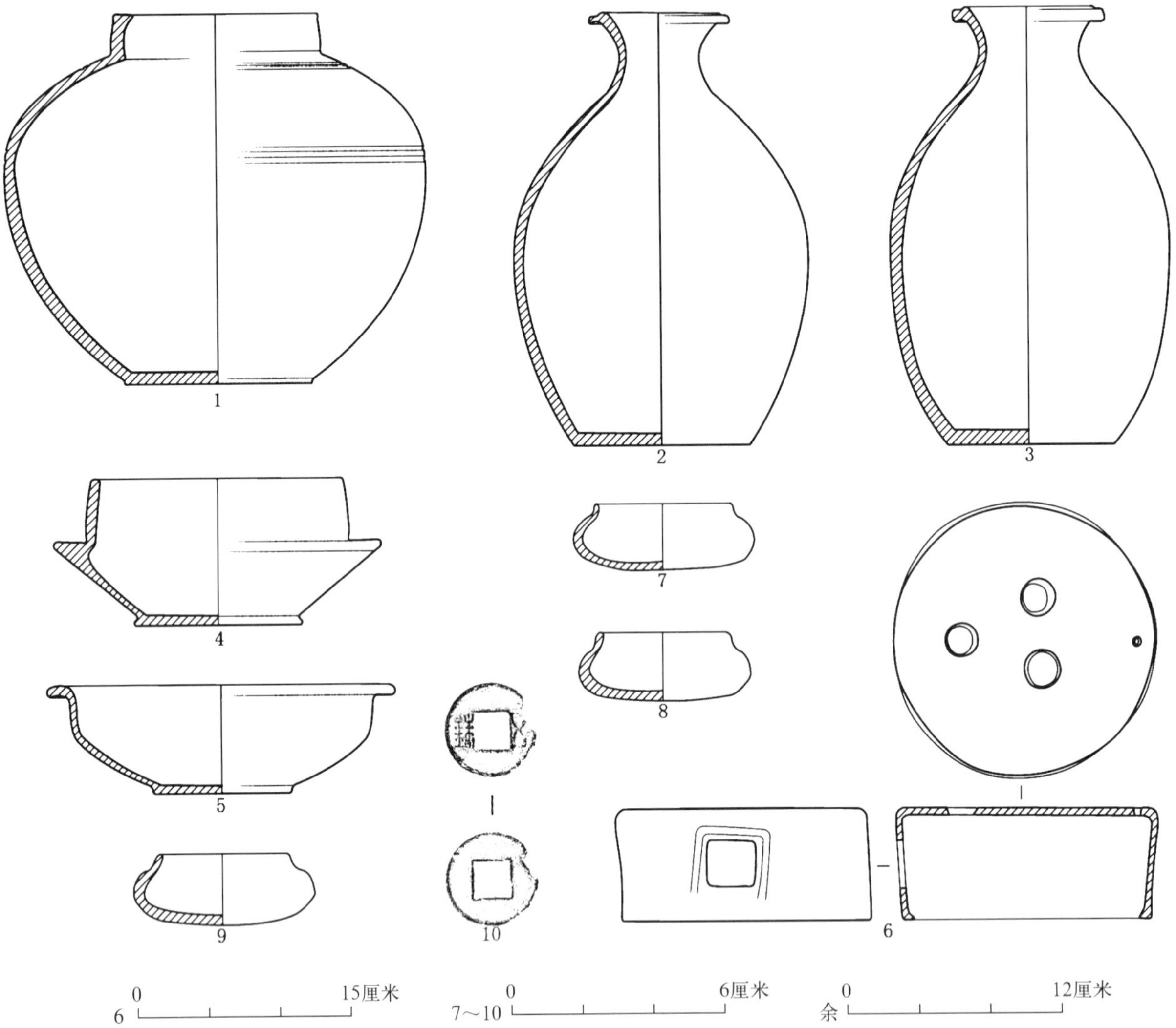

图一七三　M61出土器物

1. 陶罐M61填：1　2、3. 陶壶M61：2、6　4. 陶套盒M61：3　5. 陶盆M61：4　6. 陶灶M61：5-1　7~9. 小陶釜M61：5-2、5-3、5-4　10. 铜钱拓片M61：1

彩版二〇一，6）。标本M61：5-3，口径3.5、高1.8、壁厚0.2~0.3厘米（图一七三，8；彩版二〇一，6）。标本M61：5-4，口径3.5、高1.9、壁厚0.2~0.3厘米（图一七三，9；彩版二〇一，6）。

　　铜钱　1枚，为"五铢"钱（图一七三，10）。详情见下表。

M61铜钱统计表　　　　　　　　　　（单位：厘米；重量：克）

种类	编号	特征		郭径	钱径	穿宽	郭宽	郭厚	肉厚	重量
		文字特征	记号							
五铢	1	"五"字瘦长，竖划缓曲；"金"头三角形，四竖点；"朱"头方折，"朱"下较圆	无	2.54	2.32	0.88	0.14	0.15	0.07	1.57

六二 M62

1. 墓葬形制

单室砖墓，平面近似刀形，由墓道、墓门及墓室三部分组成，方向315°（图一七四；彩版二〇二）。开口于第②层下，开口距地表0.80米，保存状况一般。

墓道 长方形斜坡状，未发掘完，长不详，宽0.84、底部距地表1.56米。

墓门 位于墓室西壁南部，宽0.84米，底部为砖质门槛。门槛由双隅顺砌平砖垒砌3层而成，长0.84、宽0.33、高0.12米。

封门 位于墓门外侧，条砖封堵，现存19层砖，残高0.76米。砌法为单隅顺砌平砖逐层拼缝垒砌而成（彩版二〇三，1）。

墓室 平面呈长方形，墓室长3.07、宽1.64～1.70米。墓室四壁较平直，最高处残存12层砖，砌法由下至上为四层双隅顺砌平砖逐层错缝垒砌之后；一层丁立砖三层双隅顺砌平砖，两者交替向上（彩版二〇三，2）。墓底系在生土面上经过简单平整而成。用砖规格：（32～34）×（16～17）×4厘米，多为灰色条砖，一面为素面，一面施有绳纹。

2. 葬具和人骨

墓内未发现有任何葬具痕迹。

骨骼保存极差，仅在填土中零星出土有几块肢骨残块。

3. 随葬品

该墓共出土有9件随葬品（彩版二〇四，1），多数位于墓室东部，质地有陶、石器两类。

陶器 计有罐1、壶2、盆2、灶1、小釜1、小甑1。

罐 1件。标本M62：7，泥质黄褐陶，仅存下腹部及平底。素面，器表轮旋痕迹明显。底径10.7、残高3.6、壁厚0.5～0.6厘米（图一七五，1）。

壶 2件（M62：5、6）。形制相似，均为泥质灰陶；口部残缺，卵形腹，腹部最大径位置居中，平底。标本M62：5，素面，最大腹径17.5、底径9.7、残高17.5、壁厚0.6～0.7厘米（图一七五，2；彩版二〇五，1）。标本M62：6，下腹部残存三周凹弦纹，底径9.4、残高3.8、壁厚0.4～0.5厘米（图一七五，3）。

盆 2件（M62：3、4）。形制相似，均为泥质灰陶；圆唇，敞口，展沿，弧腹，台底；素面。标本M62：3，口径19.8、底径8.9、高5.2、壁厚0.4～0.6厘米（图一七五，4；彩版二〇五，3）。标本M62：4，口径19.8、底径9.1、高4.5、壁厚0.4～0.6厘米（图一七五，5；彩版二〇五，4）。

灶 1件。标本M62：2－1，泥质灰陶。灶面近似椭圆形，底座近似桃形，灶面前后置有两个圆形火眼，尾端置有圆形烟孔，长方形灶门落地。素面。通长16.9、通宽15.4、壁厚0.6～0.7厘米；火眼直径3.2、3.5、烟孔直径1.4厘米；灶门长3.3、高2.8厘米（图一七五，6；彩版二〇五，2）。

小釜 1件。标本M62：2－2，泥质黄褐陶，手工捏制而成。圆唇，敞口，弧腹，平底。素面。口径5.2、底径1.9、高2.4、壁厚0.3～0.4厘米（图一七五，7；彩版二〇五，2）。

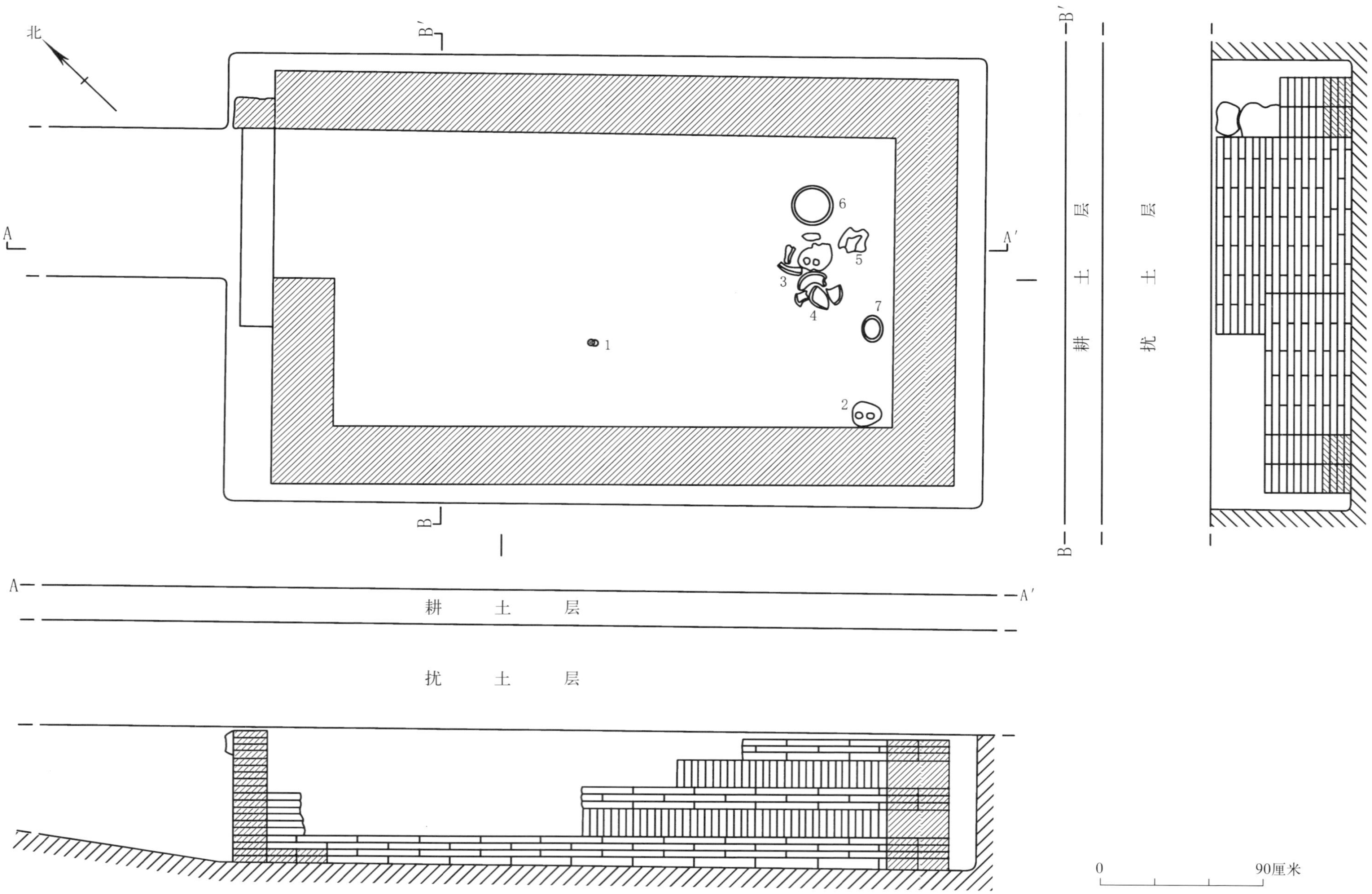

图一七四 M62平、剖面图

1. 石串饰 2. 陶壮组合 3. 陶盆 4. 陶盆 5. 陶壶 6. 陶壶 7. 陶罐

北

耕 土 层

扰 土 层

耕 土 层

0 90厘米

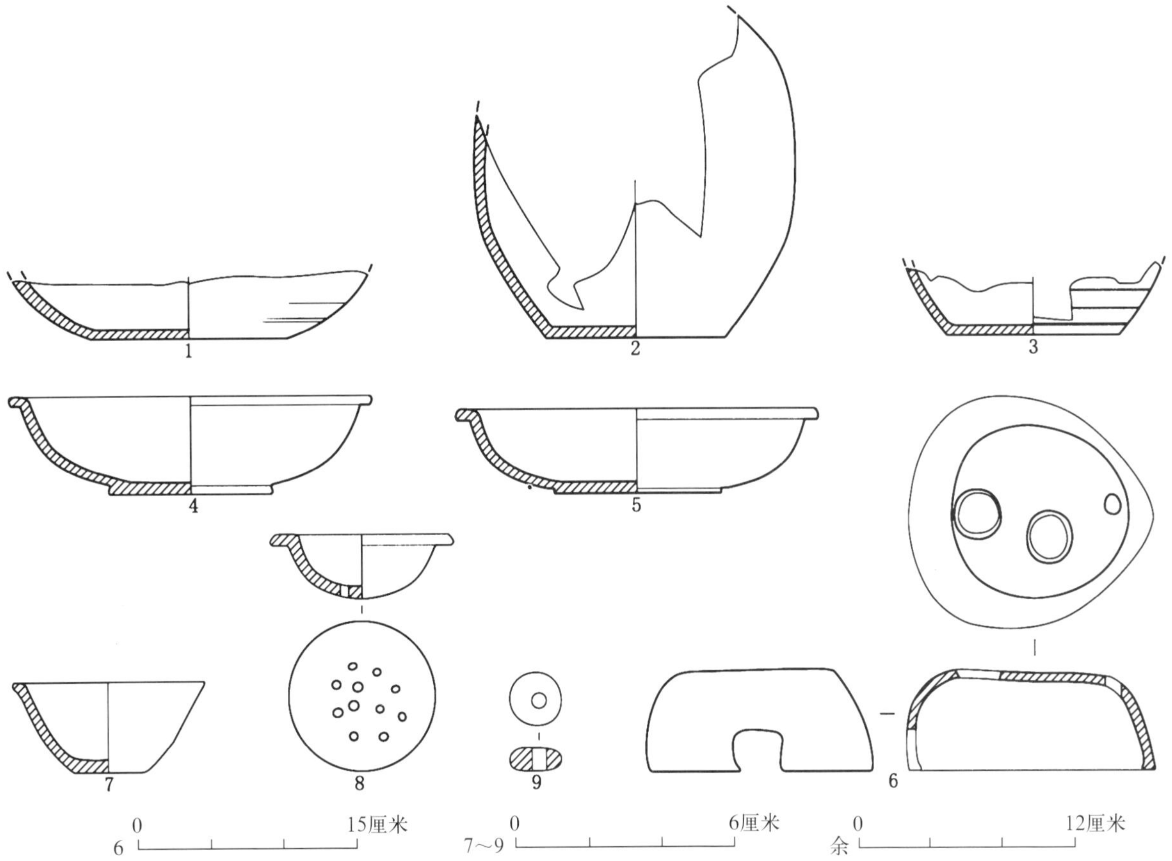

图一七五 M62出土器物

1. 陶罐M62：7 2、3. 陶壶M62：5、6 4、5. 陶盆M62：3、4 6. 陶灶M62：2-1 7. 小陶釜M62：2-2 8. 小陶甑M62：2-3 9. 石串饰M62：1

小甑 1件。标本M62：2-3，泥质黄褐陶。圆唇，敞口，展沿，弧腹，圜底，底部戳有11个圆形甑孔。素面。口径5.0、高1.7、壁厚0.3~0.4厘米（图一七五，8；彩版二〇五，3）。

石器 计有串饰1。

串饰 1件。标本M62：1，整体呈扁圆形，两端齐平，纵向穿有一孔。直径1.4、厚0.6、孔径0.4厘米（图一七五，9）。

六三 M63

1. 墓葬形制

单室砖墓，平面近似刀形，由墓道、墓门及墓室三部分组成，方向310°（图一七六；彩版二〇六）。开口于第②层下，开口距地表0.90米，保存状况一般。

墓道 长方形斜坡状，未发掘完，长不详，宽0.78、底部距地表2.40米。

墓门 位于墓室西壁南部，宽0.78米，顶部横搭一石质门楣。该门楣平面呈长方形，由一整块加工极为规整的大石板横搭而成。门楣长1.36、宽0.50、高0.23米。

封门 条砖封堵，共8层砖，高0.56米。砌法由下至上为二层双隅平砖顺砌之后一层丁立砖，再

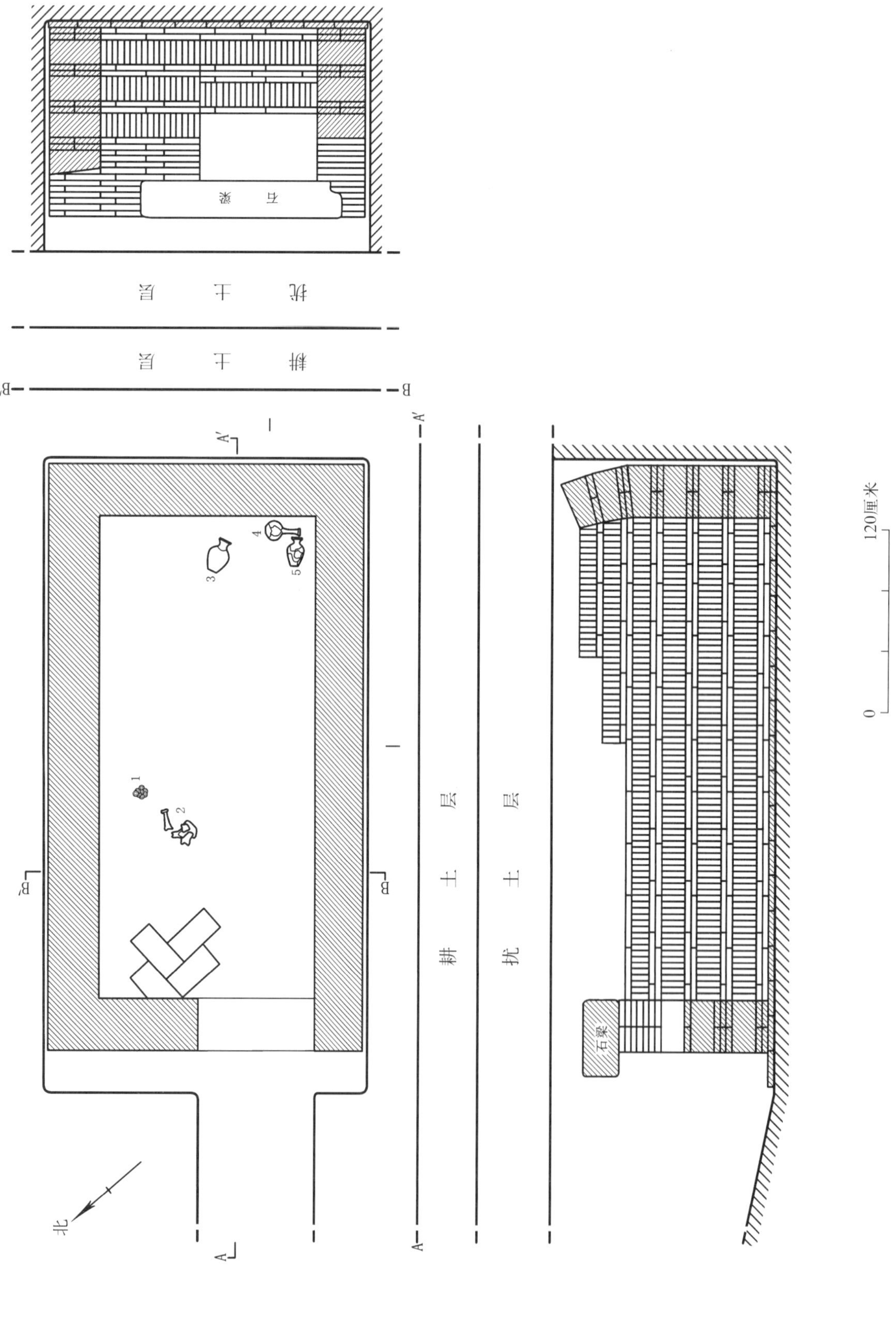

图一七六　M63 平、剖面图

1. 铜钱　2. 陶长颈瓶　3. 陶壶　4. 陶长颈瓶　5. 陶壶

三层双隅平砖顺砌之后一层丁立砖，最后再一层双隅平砖顺砌（彩版二〇七，1）。

墓室 平面呈长方形，墓室长3.16、宽1.46米。墓室先铺墓底砖，再砌筑四壁。墓室四壁较平直，最高处残存17层砖，砌法由下至上为二层双隅顺砌平砖一层丁立砖，两者交替向上（彩版二〇七，2）。券顶结构，南、北两壁从第12层起用楔形砖开始起券。墓底铺砖为斜向"人"字缝平铺。条砖规格：（32～34）×（16～17）×4厘米，灰色条砖，一面为素面，一面施有绳纹；楔形砖规格：（32～34）×（12～16）×4厘米，一面为素面，一面施有绳纹。

2. 葬具和人骨

墓内未发现有任何葬具痕迹。

骨骼保存极差，仅在填土中零星出土有几块肢骨残块。

3. 随葬品

该墓共出土有14件（套）随葬品（彩版二〇四，2、3），均位于墓室中部及东部，主要为陶器，另有铜钱45枚。

陶器 计有瓮1、壶2、长颈瓶4、盆2、耳杯4。

瓮 1件。标本M63填：3，泥质灰陶。方唇，敛口，直领，溜肩，球形腹，腹部最大径位置居中，圆底。肩部及中腹施有五周凹弦纹，下腹部及底部满施绳纹。口径19.2、最大腹径32.2、高28.8、壁厚0.9～1.1厘米（图一七七，1；彩版二〇八，1）。

壶 2件（M63：3、5）。形制相似，均为泥质灰陶；方唇，敞口，微卷沿，沿面施有一周凹槽，束颈，溜肩，卵形腹，腹部最大径位置靠近肩部，平底；素面（彩版二〇五，5、6）。标本M63：5，口径8.3、最大腹径13.3、底径7.5、高20.7、壁厚0.6～0.7厘米（图一七七，2）。

长颈瓶 4件（M63：2、4、填：1、填：2）。形制相似，均为泥质灰陶；方唇，直口，小展沿，细长颈，鼓腹，腹部最大径位置居中，台底；颈部及腹部施有多周凹弦纹。标本M63：2，底部残缺，口径5.4、最大腹径16.0、残高22.9、壁厚0.6～0.8厘米（图一七七，3）。标本M63：4，口径6.9、最大腹径14.3、底径9.1、高27.2、壁厚0.6～0.8厘米（图一七七，4；彩版二〇八，2）。标本M63填：1，底部残缺，口径5.6、残高22.6、壁厚0.6～0.8厘米（图一七七，5）。标本M63填：2，口径5.2、最大腹径14.1、底径9.5、高25.8、壁厚0.6～0.8厘米（图一七七，6；彩版二〇八，3）。

盆 2件（M63填：8、9）。形制相似，均为泥质黄褐陶；方唇，敞口，微卷沿，弧腹，平底；素面。标本M63填：8，口径18.2、底径6.5、高4.4、壁厚0.5～0.6厘米（图一七七，7；彩版二〇八，4）。标本M63填：9，口径19.8、底径6.6、高4.8、壁厚0.5～0.6厘米（图一七七，8；彩版二〇八，5）。

耳杯 4件（M63填：4、5、6、7）。形制相似，均为泥质黄褐陶或灰陶；椭圆形杯口，双耳上翘明显，弧腹，台底；素面。标本M63填：4，口长径13.9、口短径7.6、底长径7.5、底短径5.0、高3.5、壁厚0.4～0.5厘米（图一七七，9；彩版二〇八，6）。标本M63填：5，口长径14.2、口短径9.3、底长径11.3、底短径5.9、高3.6、壁厚0.4～0.5厘米（图一七七，10；彩版二〇八，6）。标本M63填：6，口长径13.9、口短径9.2、底长径8.7、底短径6.0、高3.8、壁厚0.4～0.5厘米（图

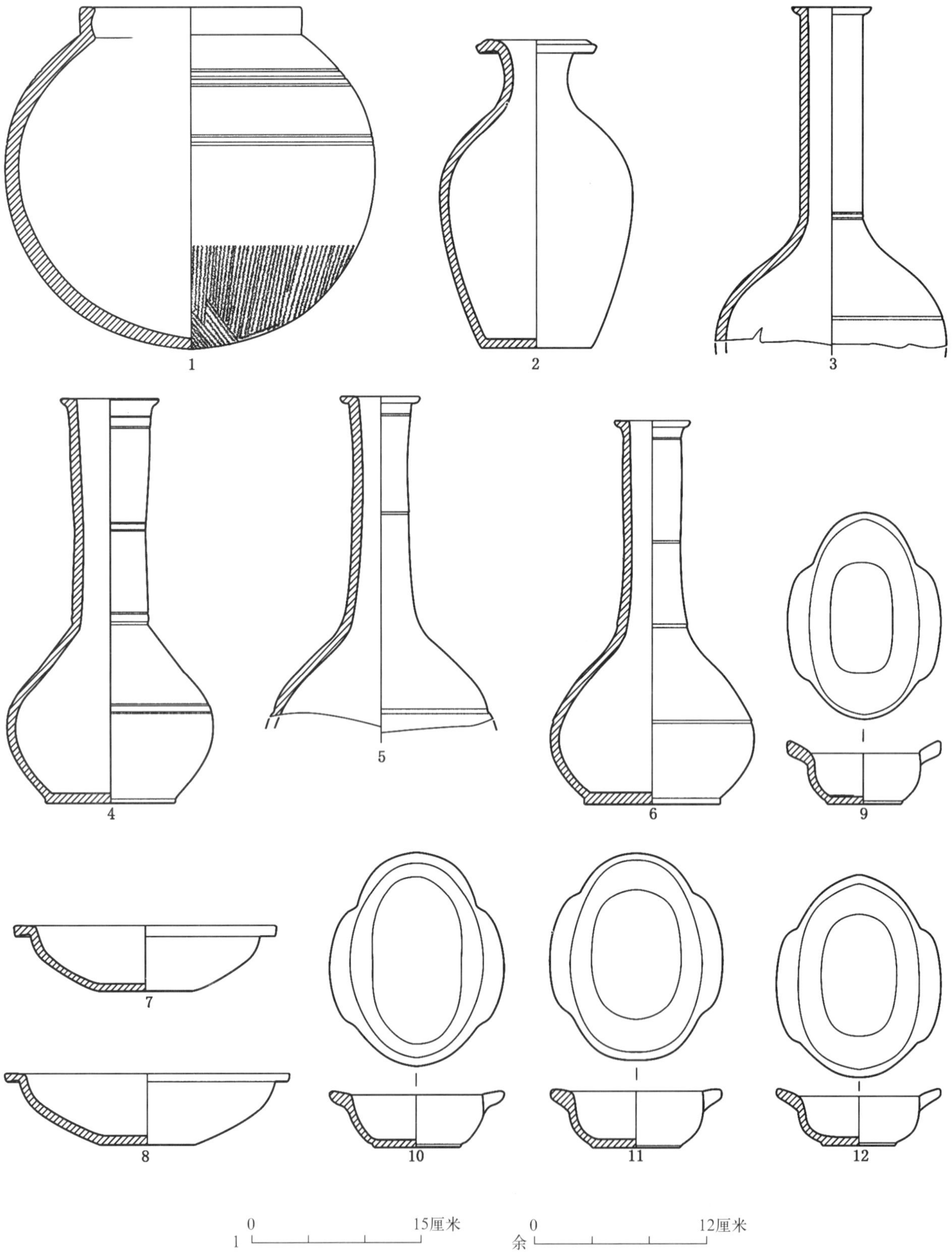

图一七七　M63出土器物

1. 陶瓮M63填：3　2. 陶壶M63：5　3～6. 陶长颈瓶M63：2、4、填：1、填：2　7、8. 陶盆M63填：8、9　9～12. 陶耳杯M63填：
4、5、6、7

一七七，11；彩版二〇八，6）。标本M63填：7，口长径13.8、口短径8.3、底长径8.2、底短径5.0、高3.3、壁厚0.4～0.5厘米（图一七七，12；彩版二〇八，6）。

铜钱　45枚，均为"五铢"钱（图一七八，1～4）。详情见下表。

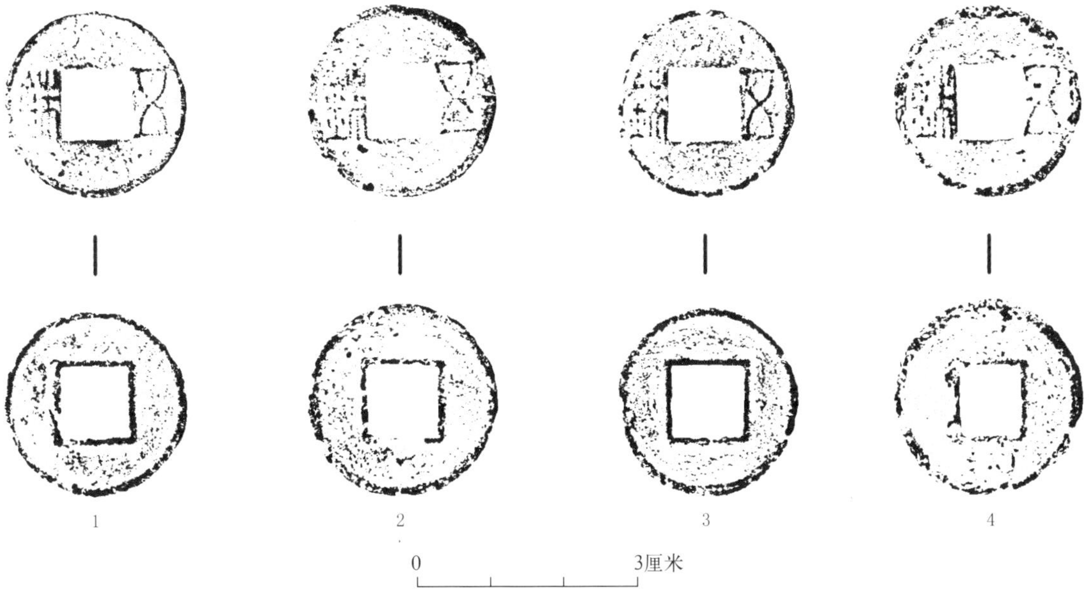

图一七八　M63出土铜钱拓片

1～4. 铜钱拓片M63：1-1、1-2、1-3、1-4

M63铜钱统计表　　　　　　　　　　（长度：厘米；重量：克）

种类	编号	特征		郭径	钱径	穿宽	郭宽	郭厚	肉厚	重量
		文字特征	记号							
五铢	1-1	"五"字瘦长，竖划缓曲；"金"头三角形，四竖点；"朱"头较圆，"朱"下较圆	无	2.48	2.24	0.83	0.14	0.16	0.08	2.54
	1-2	"五"字瘦长，竖划缓曲；"金"头三角形，四竖点；"朱"头方折，"朱"下较圆	无	2.59	2.25	0.85	0.15	0.17	0.08	2.31
	1-3	"五"字瘦长，竖划缓曲；"金"头三角形，四竖点；"朱"头较圆，"朱"下较圆	无	2.51	2.19	0.83	0.13	0.14	0.07	1.86
	1-4	同上	无	2.57	2.18	0.82	0.18	0.19	0.09	2.88
	1-5	同上	无	2.51	2.18	0.86	0.14	0.18	0.09	2.98
	1-6	"五"字瘦长，竖划缓曲；"金"头三角形，四竖点；"朱"头较圆，"朱"下方折	无	2.51	2.18	0.78	0.14	0.18	0.09	2.54

	1－7	"五"字瘦长,竖划缓曲;"金"头三角形,四竖点;"朱"头较圆,"朱"下较圆	无	2.57	2.16	0.85	0.14	0.17	0.08	3.15
	1－8	同上	无	2.57	2.16	0.82	0.17	0.15	0.07	2.53
	1－9	同上	无	2.55	2.18	0.84	0.16	0.19	0.09	3.20
	1－10	同上	无	2.57	2.26	0.87	0.13	0.14	0.07	
	1－11	同上	无	2.61	2.20	0.86	0.17	0.19	0.09	
	1－12	同上	无	2.51	2.17	0.86	0.14	0.15	0.07	
	1－13	同上	无	2.57	2.16	0.79	0.17	0.18	0.09	3.43
	1－14	"五"字瘦长,竖划缓曲;"金"头三角形,四竖点;"朱"头方折,"朱"下较圆	无	2.51	2.14	0.86	0.14	0.16	0.08	2.49
	1－15	"五"字瘦长,竖划缓曲;"金"头三角形,四竖点;"朱"头较圆,"朱"下方折	无	2.47	2.18	0.82	0.15	0.14	0.07	
五铢	1－16	"五"字瘦长,竖划缓曲;"金"头三角形,四竖点;"朱"头方折,"朱"下较圆	无	2.61	2.22	0.85	0.18	0.13	0.06	2.72
	1－17	"五"字瘦长,竖划缓曲;"金"头三角形,四竖点;"朱"头较圆,"朱"下较圆	无	2.60	2.14	0.82	0.18	0.17	0.08	2.98
	1－18	同上	无	2.56	2.15	0.85	0.18	0.15	0.07	2.85
	1－19	同上	无	2.60	2.25	0.78	0.15	0.19	0.09	3.70
	1－20	同上	无	2.62	2.13	0.82	0.19	0.17	0.08	3.29
	1－21	同上	无	2.62	2.22	0.79	0.15	0.14	0.07	3.00
	1－22	"五"字瘦长,竖划缓曲;"金"头三角形,四竖点;"朱"头方折,"朱"下较圆	无	2.49	2.15	0.79	0.12	0.16	0.08	2.31
	1－23	"五"字瘦长,竖划缓曲;"金"头三角形,四竖点;"朱"头较圆,"朱"下较圆	无	2.61	2.25	0.81	0.14	0.17	0.08	4.10

	1-24	同上	无	2.61	22.1	0.86	0.18	0.15	0.07	2.87
	1-25	同上	无	2.63	2.18	0.75	0.19	0.19	0.09	3.35
	1-26	同上	无	2.60	2.14	0.74	0.18	0.16	0.08	3.01
	1-27	同上	无	2.63	2.19	0.86	0.18	0.12	0.06	2.32
	1-28	同上	无	2.53	2.18	0.81	0.14	0.16	0.08	2.59
	1-29	同上	无	2.48	2.09	0.87	0.13	0.15	0.07	2.09
	1-30	同上	无	2.59	2.18	0.89	0.16	0.17	0.08	3.13
	1-31	同上	无	2.52	2.21	0.84	0.13	0.14	0.07	1.74
	1-32	同上	无	2.57	2.22	0.92	0.16	0.17	0.08	2.84
五铢	1-33	同上	无	2.48	2.20	0.85	0.15	0.18	0.09	
	1-34	同上	无	2.57	2.17	0.74	0.18	0.15	0.07	2.90
	1-35	同上	无	2.63	2.21	0.78	0.19	0.16	0.08	
	1-36	同上	无	2.61	2.15	0.84	0.19	0.16	0.08	2.39
	1-37	同上	无	2.62	2.15	0.82	0.18	0.17	0.08	2.61
	1-38	"五"字瘦长，竖划缓曲；"金"头三角形，四竖点；"朱"头方折，"朱"下较圆	无	2.51	2.14	0.81	0.18	0.16	0.08	3.48
	1-39	同上	无	2.55	2.28	0.84	0.16	0.18	0.09	3.20
	1-40	"五"字瘦长，竖划缓曲；"金"头三角形，四竖点；"朱"头较圆，"朱"下方折	无	2.61	2.18	0.87	0.16	0.16	0.08	3.06
		5枚残碎								

六四　M64

1. 墓葬形制

单室砖墓，平面呈"甲"字形，由墓道、墓门及墓室三部分组成，方向45°（图一七九；彩版二○九）。开口于第②层下，开口距地表0.90米，保存状况较差。

墓道　长方形斜坡状，未发掘完，长不详，宽0.96、底部距地表1.50米。

墓门　位于墓室东壁北部，宽0.96米。

封门　条砖封堵，现存1层砖，残高0.04米。砌法为双隅平砖顺砌而成。

墓室　平面呈长方形，墓室长3.86、宽1.50米。墓室先铺墓底砖，在砌筑四壁。墓室四壁较平直，最高处残存2层砖，砌法为双隅平砖错缝顺砌而成。墓底铺砖为正向"人"字缝平铺。用砖规格：（36～38）×（17～19）×4厘米，均为红色条砖，一面为素面，一面施有绳纹。

2. 葬具和人骨

墓内未发现有任何葬具痕迹。

由于该墓的埋藏条件不利于有机物的保存，墓底未见有人骨痕迹。

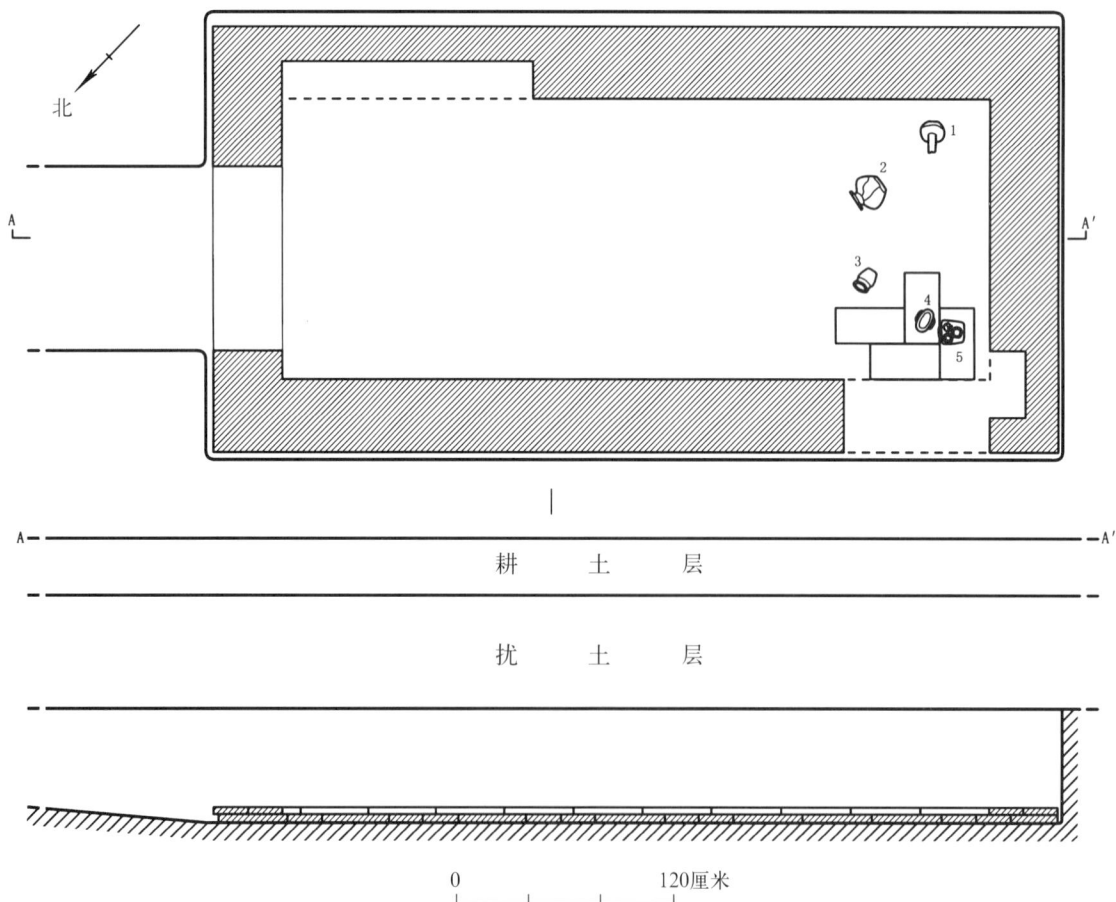

图一七九　M64平、剖面图
1. 陶长颈瓶　2. 陶罐　3. 陶井　4. 陶耳杯　5. 陶灶组合

3．随葬品

该墓共出土有9件随葬品，多数位于墓室东部，均为陶器，种类计有罐1、长颈瓶1、耳杯1、灶1、井1、小釜2、小甑1、水斗1。

罐　1件。标本M64：2，泥质黄褐陶。圆唇，子母口，束颈，溜肩，鼓腹，腹部最大径位置靠近肩部，台底。素面，器表轮旋痕迹明显。口径12.1、最大腹径18.2、底径9.7、高16.4、壁厚0.6～0.7厘米（图一八〇，1；彩版二一〇，1）。

长颈瓶　1件。标本M64：1，泥质黄褐陶。圆唇，敞口，粗长颈，溜肩，鼓腹，腹部最大径位置靠上，平底。下腹部穿有三个圆孔，底部穿有一个圆孔。素面，器表轮旋痕迹明显。口径6.4、最大腹径12.9、底径7.0、高20.8、壁厚0.6～0.7厘米（图一八〇，2；彩版二一〇，2）。

耳杯　1件。标本M64：4，泥质灰陶。方唇，椭圆形杯口，双耳上翘，弧腹，台底。素面。口长径11.0、口短径6.7、底长径5.4、底短径2.9、高2.6、壁厚0.1～0.3厘米（图一八〇，3；彩版二一〇，3）。

灶　1件。标本M64：5－1，泥质黄褐陶。灶面呈梯形，前端出檐，灶面上呈"品"字形置有三个圆形火眼，灶面后端有圆形烟孔，长方形灶门不落地。素面。通长15.6、通宽13.5、高6.9、壁厚0.6～0.7厘米；火眼直径3.3、2.7、3.3、烟孔直径1.0厘米；灶门长3.8、高2.0厘米（图一八〇，

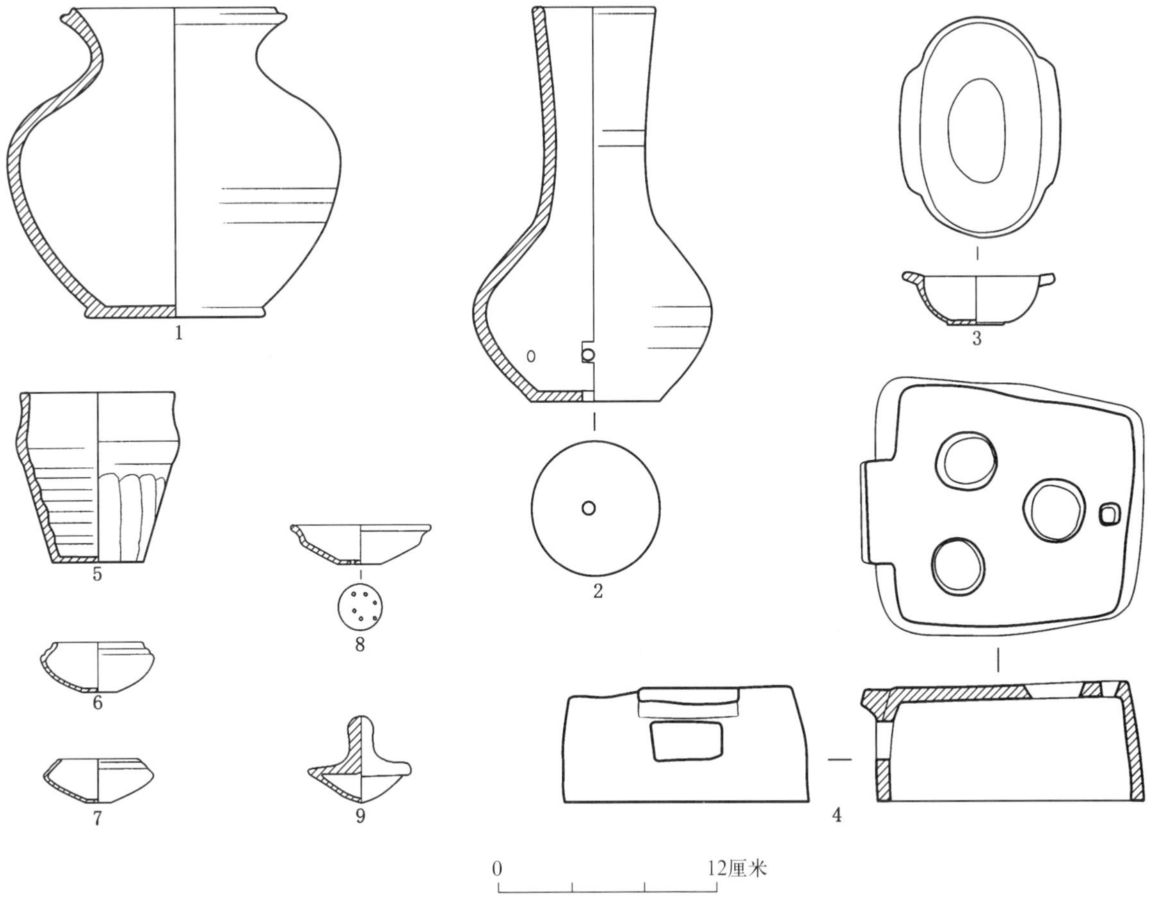

图一八〇　M64出土器物

1. 陶罐M64：2　2. 陶长颈瓶M64：1　3. 陶耳杯M64：4　4. 陶灶M64：5－1　5. 陶井M64：3－1　6、7. 小陶釜M64：5－2、5－3　8. 小陶甑M64：5－4　9. 陶水斗M64：3－2

4；彩版二一〇，4）。

井　1件。标本M64：3-1，泥质灰陶。圆唇，直口，圆肩，斜腹，平底。素面，下腹部修坯削痕明显，内壁轮旋痕迹明显。口径8.2、底径4.9、高9.0、壁厚0.4～0.6厘米（图一八〇，5；彩版二一〇，5）。

小釜　2件（M64：5-2、5-3）。形制相似，均为泥质灰陶；圆唇，敛口，鼓腹，小平底；上腹部施有一周凸弦纹。标本M64：5-2，口径4.8、底径1.9、高2.6、壁厚0.1～0.3厘米（图一八〇，6；彩版二一〇，4）。标本M64：5-3，口径4.2、底径1.4、高2.3、壁厚0.1～0.3厘米（图一八〇，7；彩版二一〇，4）。

小甑　1件。标本M64：5-4，泥质黄褐陶。圆唇，敞口，弧腹，平底，底部穿有六个圆形甑孔。素面。口径7.4、底径2.4、高2.1、壁厚0.1～0.3厘米（图一八〇，8；彩版二一〇，4）。

水斗　1件。标本M64：3-2，泥质灰陶。由斗和提梁组成。斗，尖圆唇，敞口，弧腹，圜底。提梁呈"人"字形。口径5.6、高4.6、壁厚0.1～0.3厘米（图一八〇，9；彩版二一〇，5）。

六五　M65

1．墓葬形制

土坑竖穴墓，平面呈圆角梯形，墓圹较规整。方向295°（图一八一；彩版二一一）。开口于第②层下，开口距地表0.90米，保存状况较好。

墓圹四壁较平直，墓底较平坦。长3.02、宽3.05～3.30、深0.90米。

墓内填土呈灰褐色，并夹杂有少量的黄土、小石块等，土质较疏松。

2．葬具和人骨

墓内并排置有木棺2具，但棺板均已腐朽，仅存灰白色板灰，并且有的出现塌陷和变形，部分改变了原来的位置；但仍可看出棺室的形状和尺寸，整理中尽可能地作了复原研究。

南侧木棺西部挤压变形较为严重，整体平面形状应呈"Ⅱ"字形，其盖板现已不存，仅存挡板、壁板及底板。棺室长1.86、宽0.80、残高0.06米。整个棺室经壁板和挡板套合而成，其中东挡板长0.88、西挡板长0.80、南壁板长1.84、北壁板长1.90米，壁板及挡板板灰痕厚约0.02～0.04米。底板板灰痕厚约0.02米。

北侧木棺平面形状呈"Ⅱ"字形，其盖板现已不存，仅存挡板、壁板及底板。棺室长2.64～2.72、宽0.88～0.96、残高0.28米。整个棺室经壁板和挡板套合而成，其中东挡板长1.10、西挡板长1.10、南壁板长2.66、北壁板长2.74米，壁板及挡板板灰痕厚约0.03～0.04米。底板板灰痕厚约0.02米。

由于该墓的埋藏条件不利于有机物的保存，墓底未见有人骨痕迹；但从随葬品的组合及摆放位置分析，该墓应为双人合葬墓。

3．随葬品

该墓共出土有21件（套）随葬品（彩版二一二，1），多数均位于南侧木棺外侧的西部，质地可

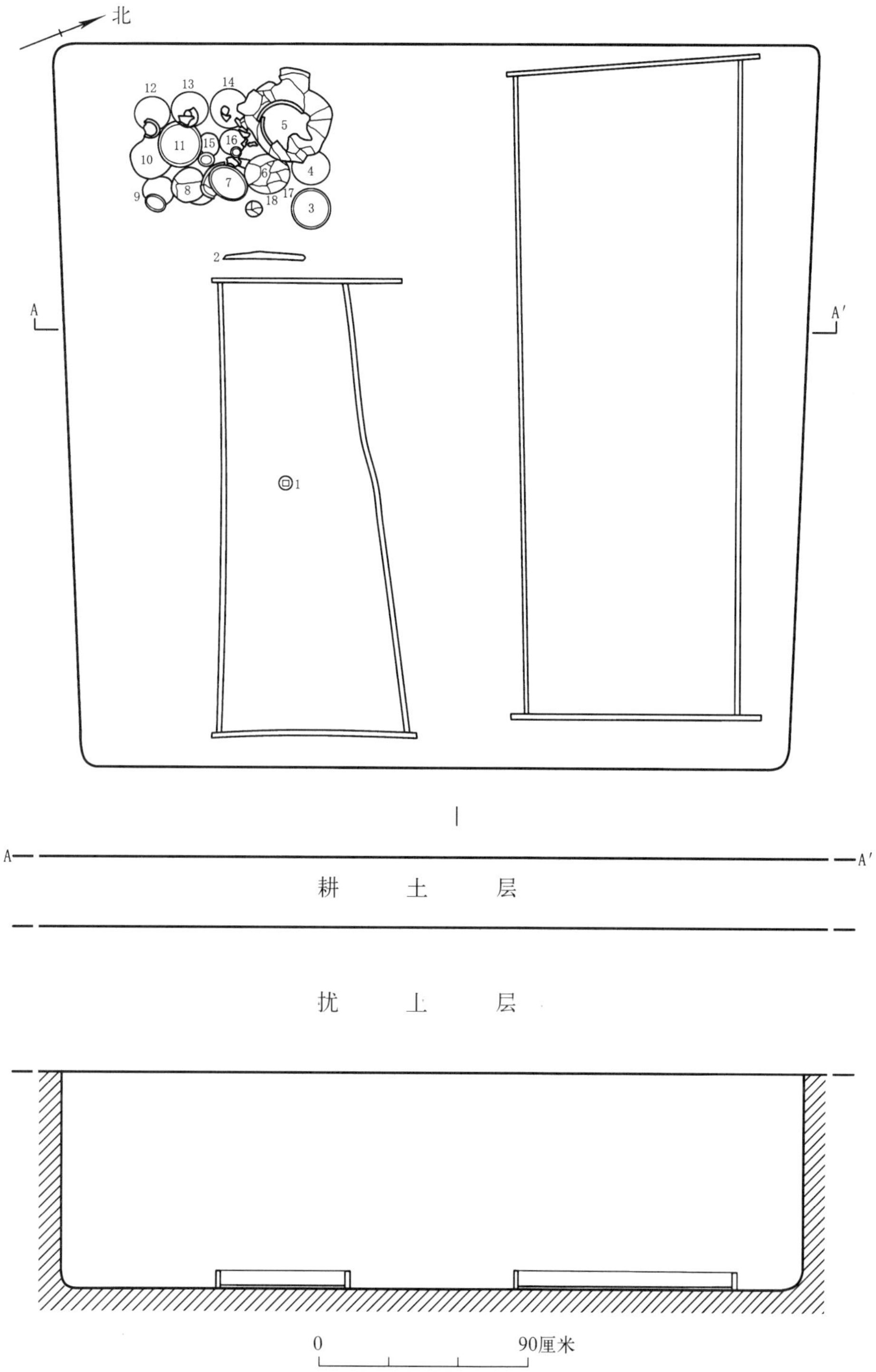

图一八一 M65平、剖面图

1. 铜钱 2. 铁环首刀 3. 陶樽 4. 陶套盒 5. 陶瓮 6. 陶盒 7. 陶盒 8. 陶鼎 9. 陶盆 10. 陶罐 11. 陶盒 12. 陶壶 13. 陶壶 14. 陶壶 15. 陶壶 16. 陶壶 17. 陶灶组合（压于6下） 18. 陶井（压于6下）

分为陶、铜、铁器三类，其中铜钱15枚。

陶器 计有瓮1、罐1、壶5、鼎1、樽1、盒3、套盒1、盆1、灶1、井1、小釜3。

瓮 1件。标本M65∶5，泥质灰陶。底部残缺，方唇，敛口，直领，溜肩，球形腹，腹部最大径居中，底部残缺。素面。口径21.8、最大腹径35.8、残高29.8、壁厚0.6～0.7厘米（图一八二，1）。

罐　1件。标本M65∶10，泥质黄褐陶。圆唇，子母口，束颈，溜肩，鼓腹，腹部最大径位置靠近肩部，平底。素面。口径10.1、最大腹径20.3、底径8.8、高21.3、壁厚0.6～0.7厘米（图一八二，2；彩版二一三，1）。

壶　5件（M65∶12、13、14、15、16）。其中，标本M65∶12与16形制相似，均为泥质灰陶或黄褐陶；方唇，敞口，展沿，沿面施有一周凹槽，束颈，溜肩，鼓腹，腹部最大径位置靠近肩部，平底；素面，器表轮旋痕迹明显。标本M65∶12，口径8.9、最大腹径16.8、底径8.1、高22.1、壁厚0.6～0.8厘米（图一八二，3；彩版二一三，2）。标本M65∶16，口径9.7、最大腹径17.8、底径8.8、高22.6、壁厚0.6～0.7厘米（图一八二，4）。其中，标本M65∶13、14与15形制相似，均为泥质灰陶或黄褐陶；方唇，敞口，微卷沿，沿面施有一周凹槽，束颈，溜肩，鼓腹，腹部最大径位置靠近肩部，平底；素面，器表轮旋痕迹明显。标本M65∶13，口径9.6、最大腹径18.3、底径9.5、高23.8、壁厚0.6～0.7厘米（图一八二，5）。标本M65∶14，口径10.4、最大腹径17.6、底径8.6、高22.5、壁厚0.6～0.7厘米（图一八二，6；彩版二一三，3）。标本M65∶15，口径10.6、最大腹径18.0、底径8.4、高22.9、壁厚0.6～0.7厘米（图一八二，7）。

鼎　1件。标本M65∶8，由鼎盖及鼎两部分组成。鼎盖：泥质灰陶；圆顶，弧腹，折沿，敞口，圆唇；素面。鼎：泥质灰陶；方唇，敛口，弧腹，圜底；近口处附有两个外撇长方形耳，底部附有三个蹄状足；素面。通高32.1厘米；鼎盖：口径31.9、高9.7、壁厚0.4～0.6厘米；鼎：口径34.9、高28.5、壁厚0.4～0.6厘米（图一八二，8；彩版二一三，4）。

樽　1件。标本M65∶3，泥质黄褐陶。方唇，直口，直腹，平底，底部附有三个蹄状足。素面，内壁轮旋痕迹明显。口径21.2、底径20.2、高20.4、壁厚0.4～0.8厘米（图一八二，9；彩版二一三，5）。

盒　3件（M65∶6、7、11）。形制相似，均为泥质黄褐陶或灰陶，由盒盖及盒两部分组成。盒盖：圆顶，弧腹，折沿，敞口，方唇；素面。盒：方唇，敞口，折沿，弧腹，圜底；素面。标本M65∶6，通高14.6厘米；盒盖：口径19.1、高7.1、壁厚0.6～0.7厘米；盒：口径18.9、高7.3、壁厚0.6～0.7厘米（图一八三，1）。标本M65∶7，通高13.9厘米；盒盖：口径19.7、高7.2、壁厚0.6～0.7厘米；盒：口径19.1、高6.7、壁厚0.6～0.7厘米（图一八三，2；彩版二一三，6）。标本M65∶11，通高14.6厘米；盒盖：口径20.8、高7.3、壁厚0.6～0.7厘米；盒：口径19.7、高7.3、壁厚0.6～0.7厘米（图一八三，3）。

套盒　1件。标本M65∶4，由套盒盖及套盒两部分组成。套盒盖：泥质灰陶；圆顶，折腹，敛口，圆唇；素面。套盒：泥质灰陶；圆唇，直口，折腹，腹部施有一周扉棱，平底；素面。通高14.9厘米；套盒盖：口径17.5、高12.6、壁厚0.6～0.7厘米；套盒：口径14.6、底径7.7、高9.3、壁厚0.6～0.7厘米（图一八三，4；彩版二一四，1）。

盆　1件。标本M65∶9，泥质黄褐陶。圆唇，敞口，微卷沿，沿面施有一周凹槽，弧腹较深，

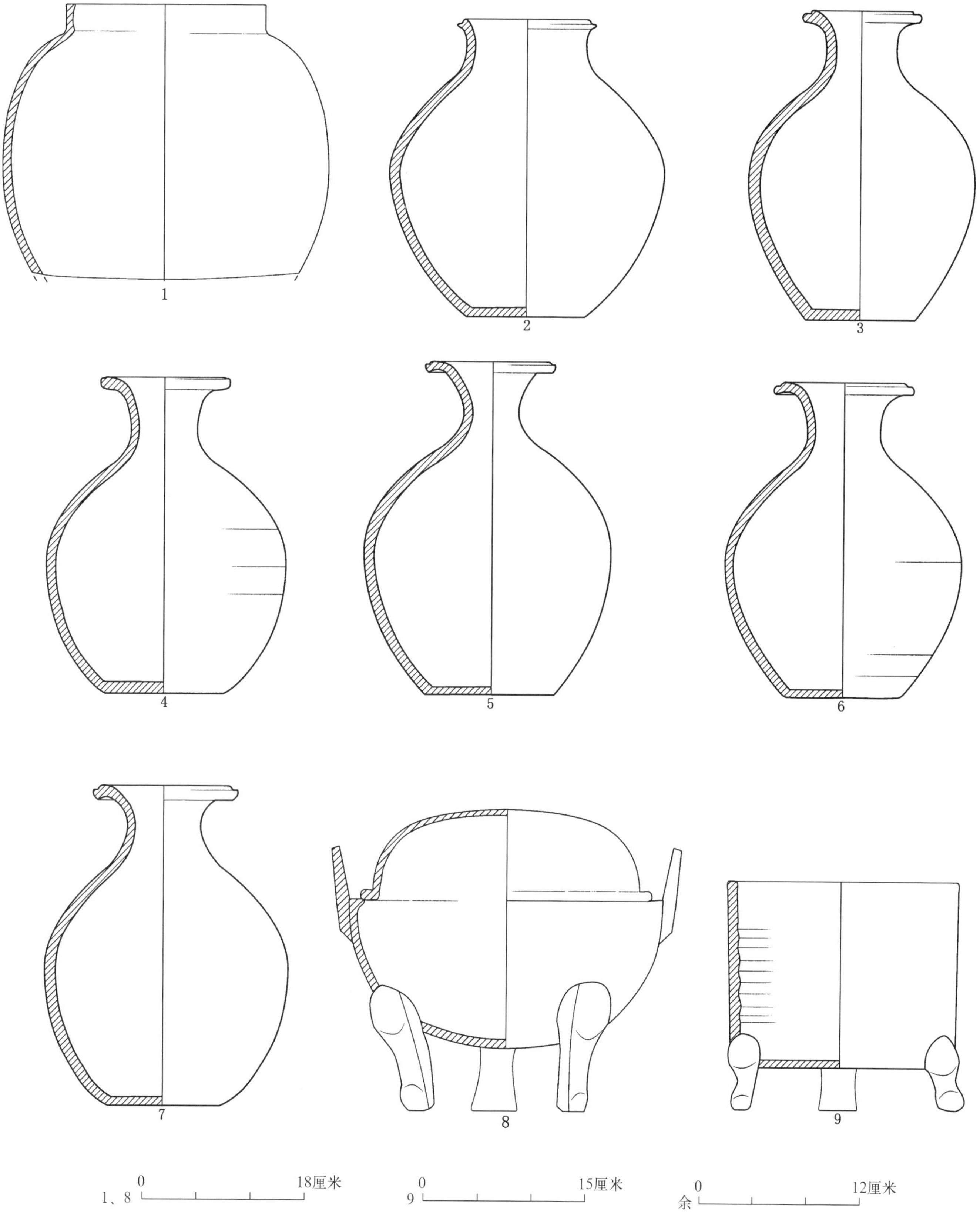

图一八二 M65出土器物

1．陶瓿M65：5 2．陶罐M65：10 3～7．陶壶M65：12、16、13、14、15 8．陶鼎M65：8 9．陶樽M65：3

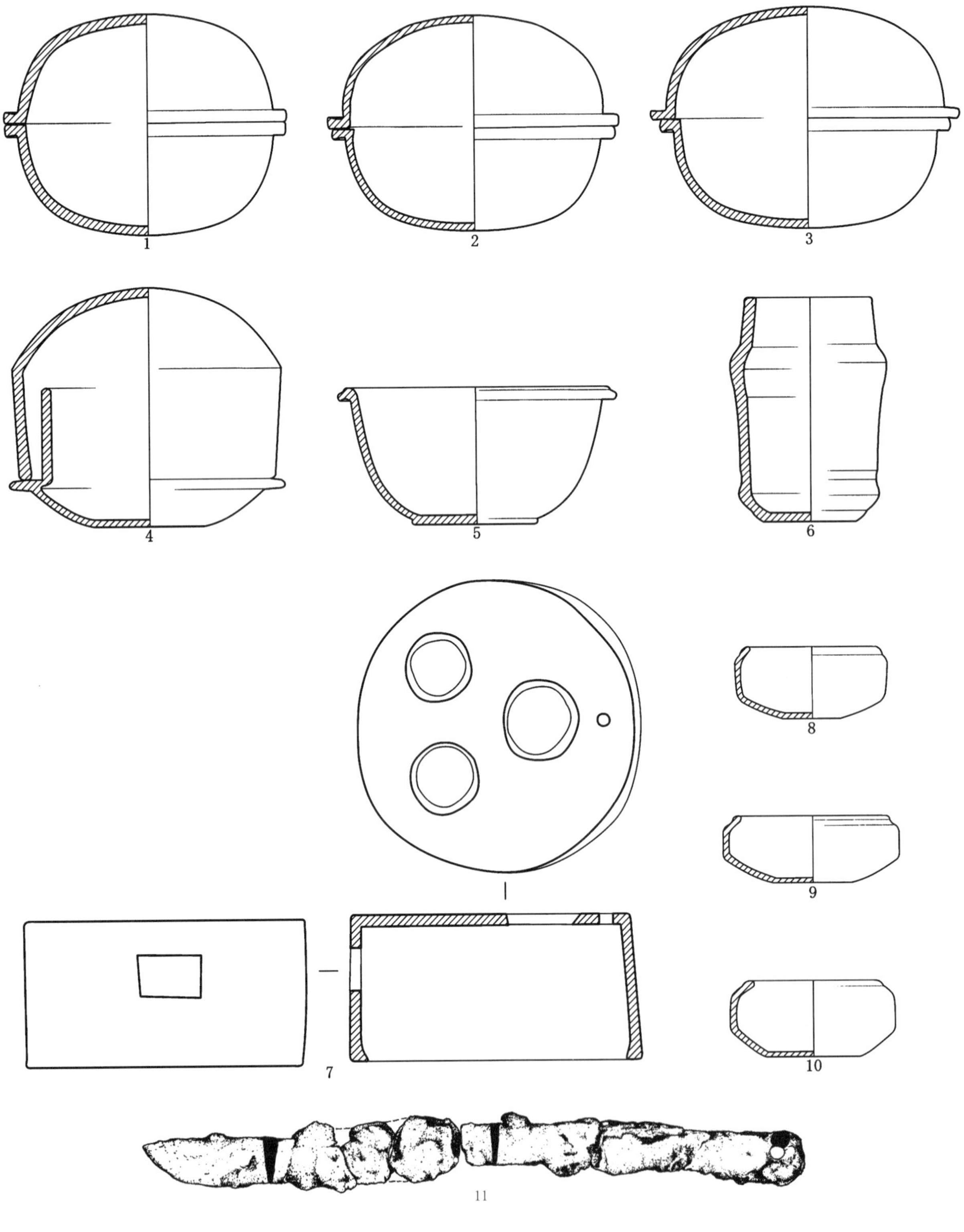

图一八三　M65出土器物

1～3. 陶盒M65：6、7、11　4. 陶套盒M65：4　5. 陶盆M65：9　6. 陶井M65：18　7. 陶灶M65：17－1　8～10. 小陶釜M65：17－2、17－3、17－4　11. 铁环首刀M65：2

台底。素面。口径17.8、底径8.4、高9.0、壁厚0.5～0.6厘米（图一八三，5；彩版二一四，2）。

灶 1件。标本M65：17－1，泥质灰陶。灶面呈圆形，灶面上呈"品"字形置有三个圆形火眼，尾端置有圆形烟孔，正方形灶门不落地。素面。灶面直径20.7、高9.6、壁厚0.6～0.7厘米；火眼直径5.1、4.5、4.3、烟孔直径1.0厘米；灶门长4.2、高2.7厘米（图一八三，7；彩版二一四，3）。

井 1件。标本M65：18，泥质灰陶。圆唇，敞口，斜颈，折腹，平底。素面，器表及内壁轮旋痕迹明显。口径8.5、底径6.3、高14.8、壁厚0.5～0.8厘米（图一八三，6；彩版二一四，4）。

小釜 3件（M65：17－2、17－3、17－4）。形制相似，均为泥质灰陶；圆唇，敛口，鼓腹，平底；素面。标本M65：17－2，口径4.4、底径2.0、高2.4、壁厚0.1～0.3厘米（图一八三，8；彩版二一四，3）。标本M65：17－3，口径5.0、底径2.7、高2.2、壁厚0.1～0.3厘米（图一八三，9；彩版二一四，3）。标本M65：17－4，口径4.3、底径3.2、高2.5、壁厚0.1～0.3厘米（图一八三，10；彩版二一四，3）。

铁器 计有环首刀1。

环首刀 1件。标本M65：2，锈蚀较严重，现已残断成几段。环首，弧背，尖锋。通长45.2、宽2.7～3.2厘米（图一八三，11；彩版二一四，5）。

铜钱 15枚，均为"五铢"钱（图一八四，1～10）。详情见下表。

M65铜钱统计表 （长度：厘米；重量：克）

| 种类 | 编号 | 特征 | | 郭径 | 钱径 | 穿宽 | 郭宽 | 郭厚 | 肉厚 | 重量 |
		文字特征	记号							
五铢	1－1	"五"字瘦长，竖划缓曲；"金"头三角形，四竖点；"朱"头方折，"朱"下方折	穿上一横	2.60	2.28	1.11	0.21	0.20	0.10	3.52
	1－2	同上	穿下一星点	2.61	2.18	1.12	0.20	0.18	0.09	3.18
	1－3	"五"字瘦长，竖划缓曲；"金"头三角形，四竖点；"朱"头方折，"朱"下较圆	无	2.60	2.19	0.95	0.17	0.17	0.07	2.98
	1－4	同上	穿下一星点	2.58	2.22	1.02	0.20	0.20	0.10	4.00
	1－5	同上	同上	2.56	2.19	0.99	0.17	0.18	0.07	3.26
	1－6	同上	同上	2.66	2.33	1.06	0.19	0.20	0.09	2.90
	1－7	同上	无	2.52	2.24	0.99	0.19	0.18	0.08	3.28
	1－8	同上	无	2.63	2.31	1.01	0.18	0.19	0.09	3.06

	1－9	同上	穿下一星点	2.62	2.21	1.09	0.19	0.20	0.08	3.46
五铢	1－10	同上	穿上一横	2.56	2.29	1.11	0.19	0.19	0.07	3.72
	1－11	同上	同上	2.29	2.08	0.88	0.19	0.20	0.09	2.94
	1－12	同上	无	2.59	2.19	0.92	0.20	0.21	0.10	4.12
	1－13	同上	无	2.62	2.25	0.99	0.19	0.20	0.09	3.28
	1－14	同上	无	2.59	2.20	1.07	0.23	0.20	0.08	4.10
	1－15	残碎	残碎							

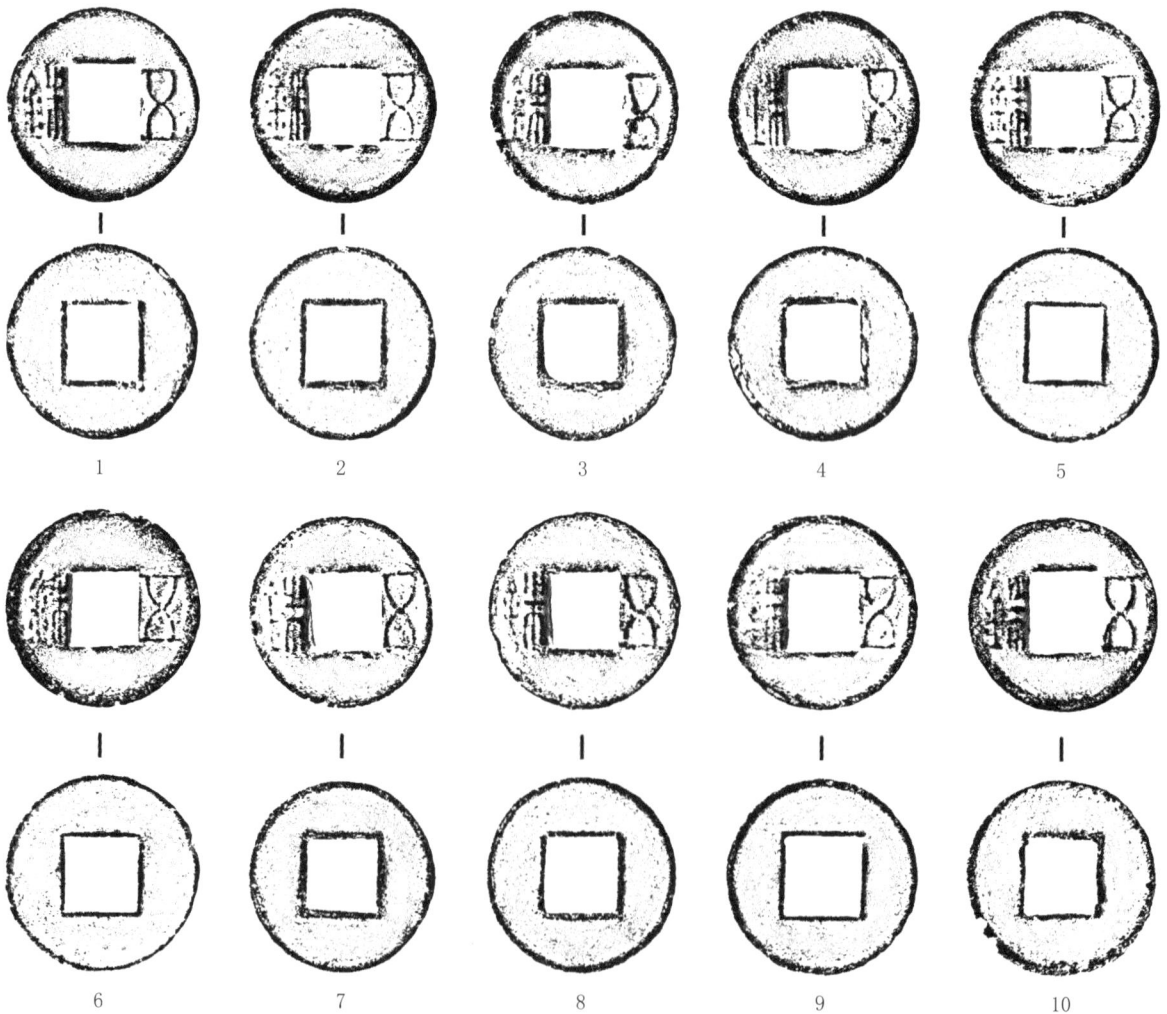

0   3厘米

图一八四 M65出土铜钱拓片

1~10. 铜钱拓片M65：1－1、1－2、1－3、1－4、1－5、1－6、1－7、1－8、1－9、1－10

六六　M66

1．墓葬形制

土坑竖穴墓，平面呈圆角梯形，墓圹较规整。方向0°（图一八五；彩版二一五）。开口于第②层下，开口距地表0.90米，保存状况较好。

墓圹四壁较平直，墓底较平坦。长3.10、宽1.80～1.90、深0.64米。

墓内填土呈灰褐色，并夹杂有少量的黄土、小石块等，土质较疏松。

2．葬具和人骨

墓内未发现有任何葬具痕迹。

由于该墓的埋藏条件不利于有机物的保存，墓底未见有人骨痕迹；但从随葬品的组合及摆放位置分析，该墓应为单人葬。

3．随葬品

该墓仅出土有4件随葬品（彩版二一二，2），均位于墓底北部东西向一字排开，均为陶器，种

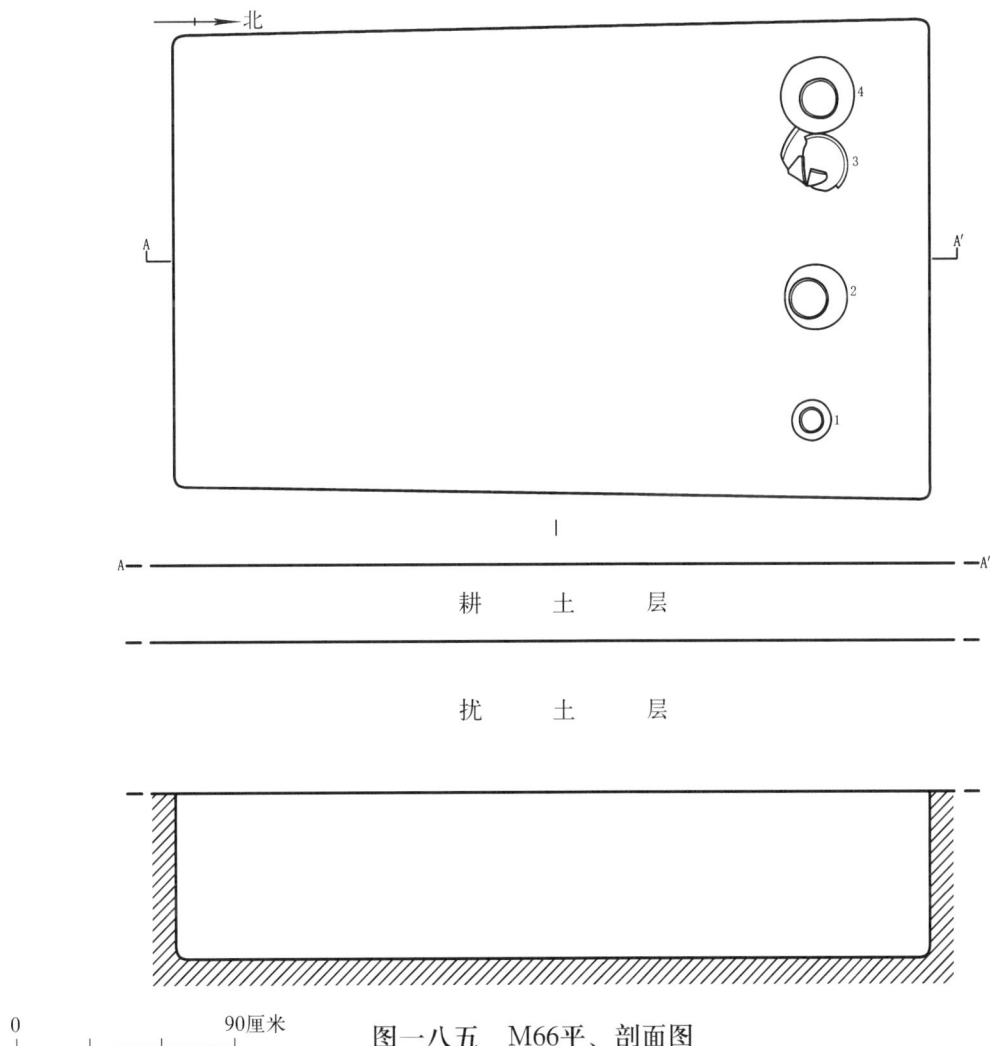

图一八五　M66平、剖面图
1. 陶罐　2. 陶罐　3. 陶盆　4. 陶罐

类计有罐3、盆1。

罐 3件（M66：1、2、4）。标本M66：1，泥质灰陶，陶色不纯，局部呈黄褐色。圆唇，子母口，束颈，溜肩，鼓腹，腹部最大径位置靠近肩部，平底。素面，器表轮旋痕迹明显。口径9.7、最大腹径16.7、底径8.0、高17.1、壁厚0.6～0.7厘米（图一八六，1；彩版二一六，1）。其中，标本M66：2与4形制相似，均为泥质灰陶或黄褐陶；圆唇，子母口，短颈，溜肩，鼓腹，腹部最大径位置靠近肩部，平底。标本M66：2，素面，器表轮旋痕迹明显。口径15.2、最大腹径26.1、底径8.8、高21.5、壁厚0.7～0.8厘米（图一八六，2；彩版二一六，2）。标本M66：4，肩部轮旋痕迹明显，下腹部及底部满施细绳纹。口径13.6、最大腹径29.3、底径12.8、高23.1、壁厚0.6～0.7厘米（图一八六，3；彩版二一六，3）。

盆 1件。标本M66：3，泥质黑陶。方唇，敞口，展沿，鼓腹，平底。素面，器表轮旋痕迹明显。口径22.2、底径9.4、高9.3、壁厚0.5～0.6厘米（图一八六，4；彩版二一六，4）。

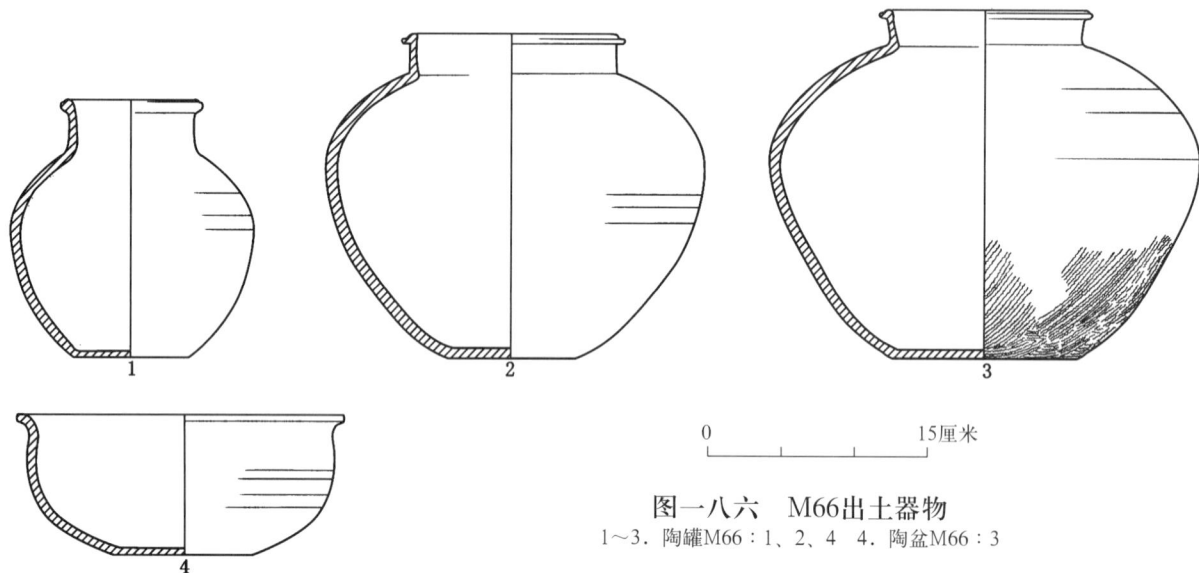

图一八六 M66出土器物
1～3. 陶罐M66：1、2、4 4. 陶盆M66：3

六七 M67

M67打破M68。

1. 墓葬形制

土坑竖穴墓，平面呈圆角长方形，墓圹较规整。方向90°（图一八七；彩版二一七）。开口于第②层下，开口距地表0.90米，保存状况较好。

墓圹四壁较平直，墓底较平坦。长4.04、宽2.83、深0.72米。

墓内填土呈灰褐色，并夹杂有少量的黄土、小石块等，土质较疏松。

2. 葬具和人骨

由于该墓的埋藏条件不利于有机物的保存，所以墓底仅发现有零散的灰色板灰朽痕，但形制及尺寸不辨。

北

M67

A ⌐   ¬ A′

2 ◎

1 ◎

M68

A ———————————————————————————————— A′

耕　土　层

扰　土　层

0 ————————————— 120厘米

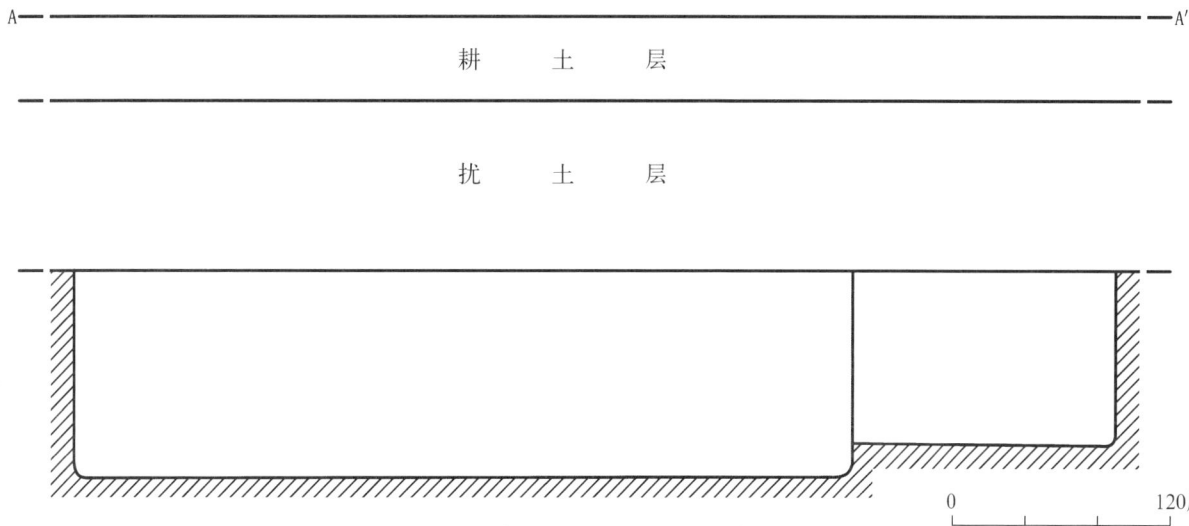

图一八七　M67、M68平、剖面图

M67：1. 铜钱　2. 铜钱　3. 陶罐　4. 陶樽　5. 陶井　6. 陶灶组合　7. 陶罐　8. 陶套盒　9. 陶罐　10. 陶罐　11. 陶壶　12. 陶壶　13. 陶壶　14. 陶盒　15. 陶盆　16. 石研板　17. 陶套盒　18. 陶罐　19. 陶盒　20. 陶罐　21. 陶套盒　22. 陶罐　23. 陶罐　24. 陶罐　25. 陶壶　26. 陶壶　27. 陶井　28. 陶罐　29. 陶灶组合　30. 陶罐　31. 陶鼎　32. 陶樽　33. 陶灯　34. 陶盒　M68：1. 陶罐　2. 陶罐　3. 陶罐　4. 陶罐　5. 陶盆

由于该墓的埋藏条件不利于有机物的保存，墓底未见有人骨痕迹；但从随葬品的组合及摆放位置分析，该墓应为双人合葬墓。

3. 随葬品

该墓共出土有43件（套）随葬品（彩版二一八），多数位于墓底东部，质地可分为陶、铜、石器三类，其中铜钱19枚。

陶器　计有罐11、壶5、鼎1、樽2、盒3、套盒3、盆1、灯1、灶2、井2、小釜6、小盆2、小甑1。

罐　11件（M67：3、7、9、10、18、20、22、23、24、28、30）。标本M67：3，泥质黄褐陶。圆唇，子母口，敛口，斜颈，溜肩，鼓腹，腹部最大径位置靠近肩部，台底。素面。口径16.0、最大腹径31.8、底径12.9、高27.9、壁厚0.4～0.6厘米（图一八八，1；彩版二一九，1）。其中，标本M67：7、10与24形制相似，均为泥质灰陶；器形较小，圆唇，子母口，束颈，溜肩，鼓腹，腹部最大径位置靠近肩部，平底；素面，器表轮旋痕迹明显。标本M67：7，口径7.1、最大腹径12.1、底径6.2、高12.3、壁厚0.4～0.6厘米（图一八八，2；彩版二一九，2）。标本M67：10，口径8.4、最大腹径13.0、底径6.4、高13.5、壁厚0.4～0.6厘米（图一八八，3；彩版二一九，3）。标本M67：24，口径9.1、最大腹径14.3、底径7.1、高14.9、壁厚0.4～0.6厘米（图一八八，4；彩版二一九，4）。其中，标本M67：9、18、20、23、28与30形制相似，均为泥质灰陶；器形较大，圆唇，子母口，束颈，溜肩，近似卵形腹，腹部最大径位置靠近肩部，平底；素面。标本M67：9，口径9.0、最大腹径15.7、底径7.6、高18.3、壁厚0.4～0.6厘米（图一八八，5；彩版二一九，5）。标本M67：18，口径10.1、最大腹径17.4、底径9.1、高19.7、壁厚0.4～0.6厘米（图一八八，6；彩版二一九，6）。标本M67：20，口径11.1、最大腹径20.9、底径9.1、高21.4、壁厚0.4～0.6厘米（图一八八，7）。标本M67：23，口径10.0、最大腹径17.6、底径7.9、高19.5、壁厚0.4～0.6厘米（图一八八，8）。标本M67：28，器形不甚规整，口径9.3、最大腹径18.1、底径6.2、高19.6、壁厚0.4～0.6厘米（图一八八，9）。标本M67：30，口径9.2、最大腹径19.4、底径9.2、高20.9、壁厚0.4～0.6厘米（图一八八，10；彩版二二〇，1）。标本M67：22，泥质灰陶。圆唇，子母口，鼓颈，溜肩，鼓腹，腹部最大径位置靠近肩部，平底。颈部施有多周凹弦纹，下腹部及底部满施细绳纹。口径19.6、最大腹径39.7、底径13.4、高33.6、壁厚0.4～0.6厘米（图一八九，1；彩版二二〇，2）。

壶　5件（M67：11、12、13、25、26）。其中，标本M67：11、12与13形制相似，均为泥质灰陶，陶色不纯，局部呈黄褐色；圆唇，敞口，微卷沿，沿面施有一周凹槽，束颈，溜肩，卵形腹，腹部最大径位置靠近肩部，平底；素面，器表轮旋痕迹明显。标本M67：11，口部残缺，最大腹径13.7、底径7.6、残高17.8、壁厚0.4～0.6厘米（图一八九，2）。标本M67：12，口径9.0、最大腹径13.6、底径7.8、高20.7、壁厚0.4～0.6厘米（图一八九，3；彩版二二〇，3）。标本M67：13，口径8.6、最大腹径13.3、底径7.8、高19.3、壁厚0.4～0.6厘米（图一八九，4；彩版二二〇，4）。其中，标本M67：25与26形制相似，均为泥质灰陶，由壶盖与壶两部分组成。壶盖：圜顶，弧腹，微敛口，方唇；素面。壶：方唇，微敛口，粗长颈，溜肩，鼓腹，腹部最大径位置靠近肩部，平底或

图一八八 M67出土器物

1～10. 陶罐 M67：3、7、10、24、9、18、20、23、28、30

台底。标本M67：25，素面。通高29.2厘米；壶盖：口径9.6、高2.7、壁厚0.3～0.4厘米；壶：口径8.5、最大腹径20.8、底径11.6、高26.5、壁厚0.4～0.6厘米（图一八九，5）。标本M67：26，颈部施有多周凹弦纹。通高33.0厘米；壶盖：口径9.8、高2.5、壁厚0.3～0.4厘米；壶：口径9.7、最大腹径

22.3、底径12.7、高30.5、壁厚0.4～0.6厘米（图一八九，6；彩版二二〇，5）。

鼎 1件。标本M67：31，由鼎盖及鼎两部分组成，鼎盖：泥质灰陶；圜顶，弧腹，敞口，圆唇；素面。鼎：尖圆唇，敛口，鼓腹，腹部施有一周扉棱，圜底；近口处附有对称的方形耳，底部

图一八九 M67出土器物

1. 陶罐M67：22 2～6. 陶壶M67：11、12、13、25、26 7. 陶鼎M67：31 8、9. 陶樽M67：4、32

附有三个蹄状足；素面。通高20.7厘米；鼎盖：口径20.5、高4.5、壁厚0.4～0.5厘米；鼎：口径21.2、高19.4、壁厚0.4～0.5厘米（图一八九，7；彩版二二〇，6）。

樽 2件（M67：4、32）。标本M67：4，泥质黄褐陶。方唇，直口，直腹，平底，底附三个蹄状足，足跟残断。近口处施有一周凹弦纹，器表轮旋痕迹明显。口径15.8、残高10.8、壁厚0.4～0.6厘米（图一八九，8；彩版二二一，1）。标本M67：32，由樽盖及樽两部分组成，樽盖：泥质灰陶；圆顶，弧腹，敞口，圆唇；素面。樽：方唇，直口，直腹，微圆底，底部附有三个蹄状足，素面。通高21.5厘米；樽盖：口径21.5、高4.2、壁厚0.4～0.5厘米；樽：口径20.9、高17.3、壁厚0.4～0.5厘米（图一八九，9；彩版二二一，2）。

盒 3件（M67：14、19、34）。标本M67：14，由盒盖及盒两部分组成。盒盖：泥质灰陶；台顶，弧腹，卷沿，敞口，圆唇；素面。盒：泥质灰陶；圆唇，敞口，卷沿，弧腹，台底；素面。通高11.9厘米；盒盖：口径20.2、顶径9.9、高6.5、壁厚0.5～0.6厘米；盒：口径20.1、底径10.7、高5.4、壁厚0.5～0.6厘米（图一九〇，1；彩版二二一，3）。其中，标本M67：19与34形制相似，均为泥质灰陶，由盒盖及盒两部分组成。盒盖：圆顶，弧腹，卷沿，敞口，方唇；素面。盒：方唇，敞口，卷沿，弧腹，圆底；素面。标本M67：19，通高8.6厘米；盒盖：口径20.1、高4.5、壁厚0.5～0.6厘米；盒：口径21.3、底径10.7、高4.1、壁厚0.5～0.6厘米（图一九〇，2；彩版二二一，4）。标本M67：34，盒盖缺失。口径23.0、高4.6、壁厚0.5～0.6厘米（图一九〇，3）。

套盒 3件（M67：8、17、21）。标本M67：8，由套盒盖及套盒两部分组成。套盒盖：泥质灰陶；圆顶，折腹，微敛口，圆唇；素面。套盒：泥质黄褐陶；圆唇，直口，折腹，腹部施有一周扉棱，平底；素面。通高12.8厘米；套盒盖：口径15.6、高9.6、壁厚0.4～0.5厘米；套盒：口径14.2、底径6.9、高8.1、壁厚0.4～0.5厘米（图一九〇，4；彩版二二一，5）。标本M67：17，由套盒盖及套盒两部分组成。套盒盖：泥质黄褐陶；圆顶，弧腹，微敛口，圆唇；素面。套盒：泥质黄褐陶；圆唇，直口，折腹，台底；素面。通高15.7厘米；套盒盖：口径17.2、高11.4、壁厚0.4～0.5厘米；套盒：口径15.6、底径7.9、高8.0、壁厚0.4～0.5厘米（图一九〇，5；彩版二二一，6）。标本M67：21，由套盒盖及套盒两部分组成。套盒盖：泥质灰陶；圆顶，折腹，微敛口，圆唇；素面。套盒：泥质灰陶；圆唇，直口，折腹，台底；素面。通高16.7厘米；套盒盖：口径17.5、高11.8、壁厚0.4～0.5厘米；套盒：口径18.4、底径7.7、高7.8、壁厚0.4～0.5厘米（图一九〇，6；彩版二二二，1）。

盆 1件。标本M67：15，泥质灰陶。方唇，敞口，展沿，弧腹，平底。素面。口径22.3、底径11.1、高6.5、壁厚0.4～0.6厘米（图一九〇，7）。

灯 1件。标本M67：33，泥质灰陶。豆型灯，方唇，唇面施有一周凹槽，敞口，浅盘，喇叭形灯座。素面。口径14.1、底座径11.2、高15.5、壁厚0.4～0.8厘米（图一九〇，8；彩版二二二，2）。

灶 2件（M67：6-1、29-1）。标本M67：6-1，泥质黄褐陶。灶面呈圆形，灶面上呈"品"字形置有三个圆形火眼，后壁置有圆形烟孔，长方形灶门不落地。素面。灶面直径13.1、高7.5、壁厚

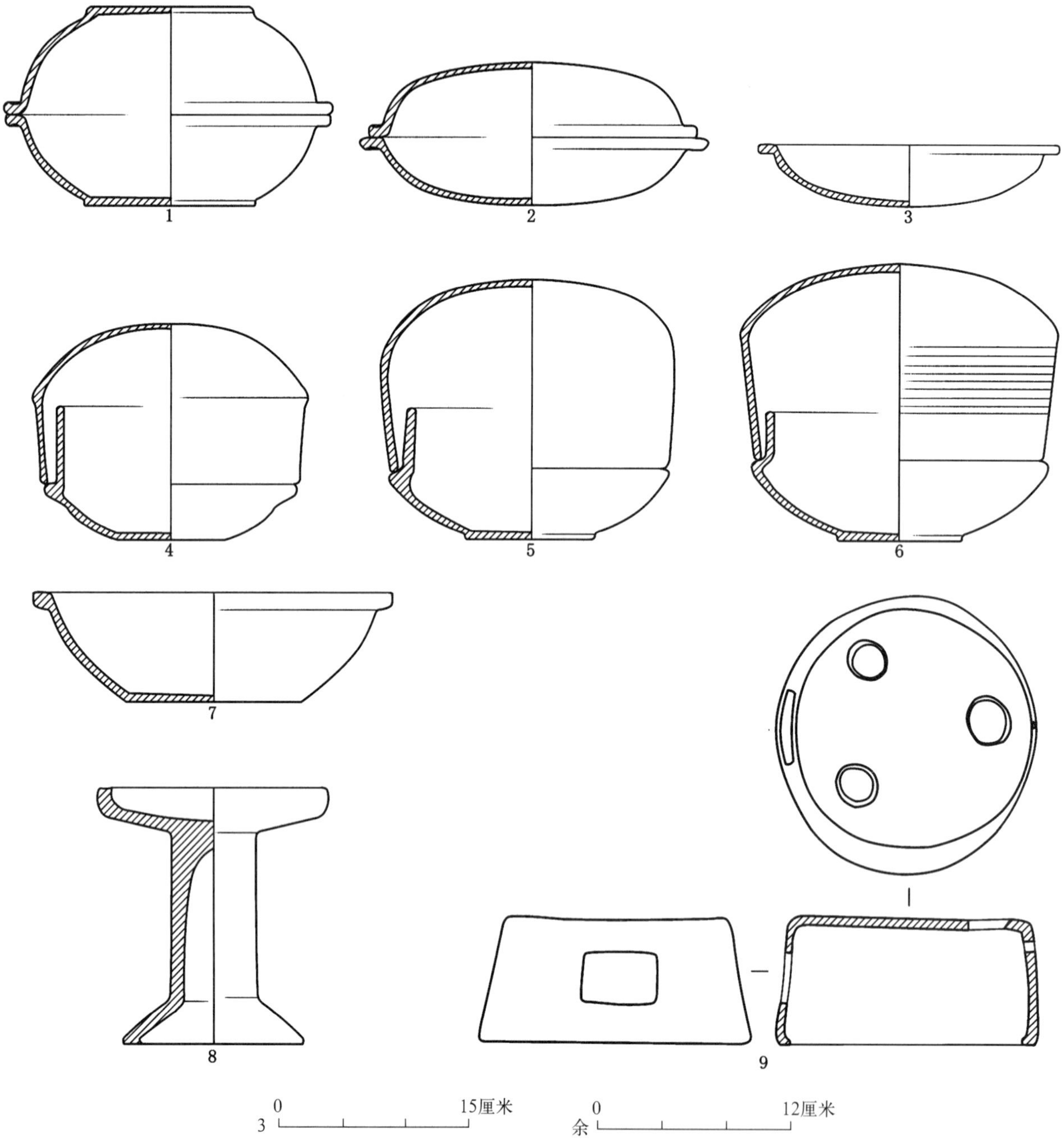

图一九〇　M67出土器物

1~3. 陶盒M67：14、19、34　4~6. 陶套盒M67：8、17、21　7. 陶盆M67：15　8. 陶灯M67：33　9. 陶灶M67：6-1

0.4~0.6厘米；火眼直径2.5、2.6、2.5厘米；灶门长4.6、高3.1厘米（图一九〇，9；彩版二二二，3）。标本M67：29-1，泥质灰陶。灶面近似圆形，灶面上呈"品"字形置有三个圆形火眼，尾端置有圆形烟孔，长方形灶门不落地。素面。灶面直径22.6、高8.8、壁厚0.4~0.6厘米；火眼直径4.5、4.6、4.5、烟孔直径0.6厘米；灶门长5.9、高3.7厘米（图一九一，1；彩版二二二，4）。

井　2件（M67：5、27）。标本M67：5，泥质黑褐陶。方唇，敞口，折沿，束颈，折肩，折腹，平底。素面，腹部施有多周凸弦纹。口径9.2、底径6.1、高13.1、壁厚0.4~0.6厘米（图

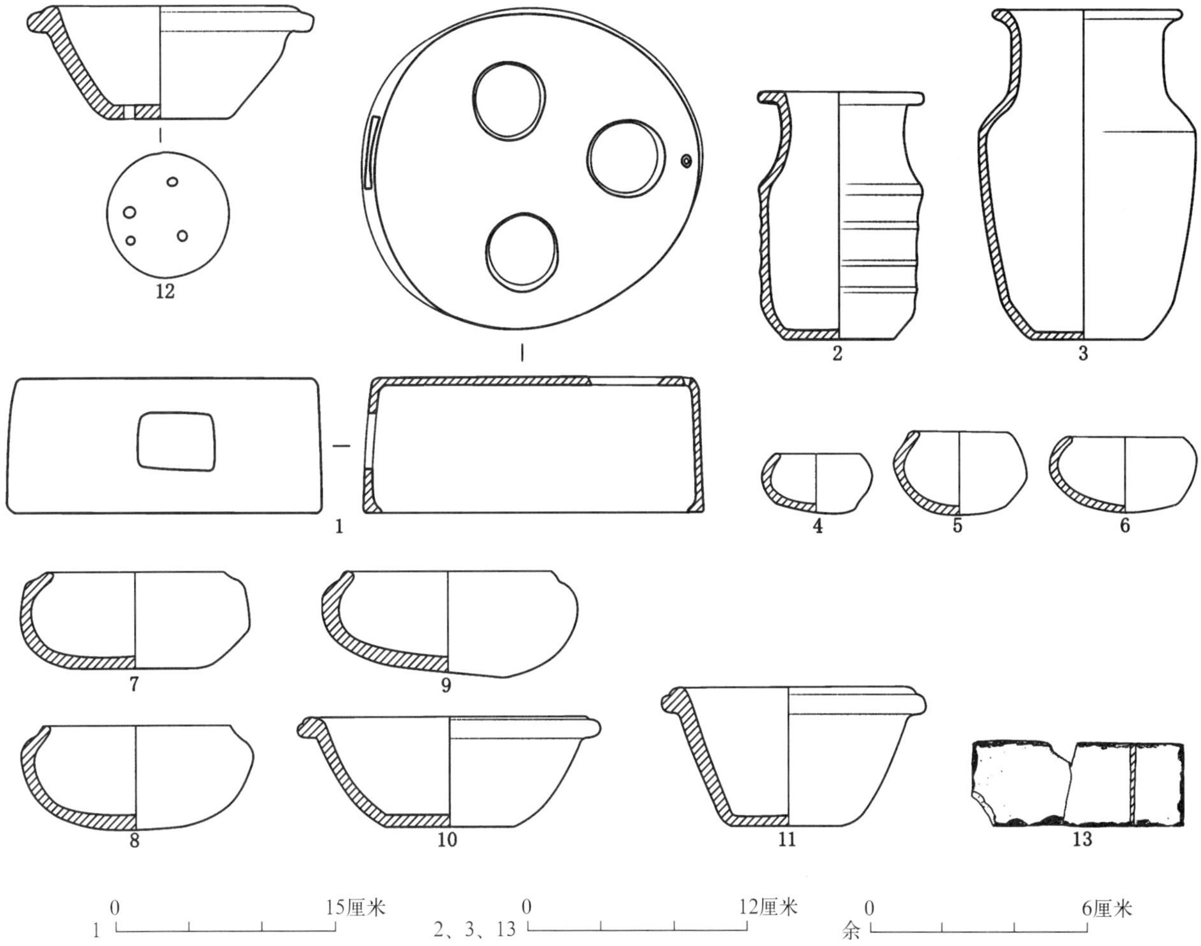

图一九一 M67出土器物

1. 陶灶M67：29-1 2、3. 陶井M67：5、27 4~9. 小陶釜M67：6-2、6-3、6-4、29-2、29-3、29-4 10、11. 小陶盆M67：29-5、29-6 12. 小陶甑M67：29-7 13. 石研板M67：16

一九一，2；彩版二二二，5）。标本M67：27，泥质灰陶。圆唇，敞口，展沿，束颈，折肩，弧腹，平底。素面。口径10.3、底径6.1、高17.4、壁厚0.4~0.6厘米（图一九一，3；彩版二二二，6）。

小釜 6件（M67：6-2、6-3、6-4、29-2、29-3、29-4）。其中，标本M67：6-2、6-3与6-4形制相似，均为泥质灰陶；圆唇，敛口，鼓腹，圜底；素面。标本M67：6-2，口径2.3、高1.7、壁厚0.4~0.6厘米（图一九一，4；彩版二二二，3）。标本M67：6-3，口径2.5、高1.9、壁厚0.4~0.6厘米（图一九一，5；彩版二二二，3）。标本M67：6-4，口径2.7、高1.9、壁厚0.4~0.6厘米（图一九一，6；彩版二二二，3）。其中，标本M67：29-2、29-3与29~4形制相似，均为泥质灰陶；圆唇，敛口，束颈，鼓腹，圜底；素面。标本M67：29-2，口径4.8、高2.4、壁厚0.4~0.6厘米（图一九一，7；彩版二二二，4）。标本M67：29-3，口径4.9、高2.5、壁厚0.4~0.6厘米（图一九一，8；彩版二二二，4）。标本M67：29-4，口径5.5、高2.8、壁厚0.4~0.6厘米（图一九一，9；彩版二二二，4）。

小盆　2件（M67：29－5、29－6）。形制相似，均为泥质灰陶；圆唇，敞口，小展沿，沿面施有一周凹槽，弧腹，平底；素面。标本M67：29－5，口径8.3、底径3.5、高2.9、壁厚0.2～0.5厘米（图一九一，10；彩版二二二，4）。标本M67：29－6，口径7.3、底径3.0、高3.6、壁厚0.2～0.5厘米（图一九一，11；彩版二二二，4）。

小甑　1件。标本M67：29－7，泥质灰陶。圆唇，敞口，小展沿，沿面施有一周凹槽，弧腹，平底，底部穿有六个圆形甑孔。素面。口径7.7、底径3.3、高2.9、壁厚0.2～0.5厘米（图一九一，12；彩版二二二，4）。

石器　计有研板1。

研板　1件。标本M67：16，青灰色岩质。平面呈长方形，磨制地较为光滑。长11.6、宽4.5、厚0.3厘米（图一九一，13）。

铜钱　19枚，均为"五铢"钱（图一九二，1～7）。详情见下表。

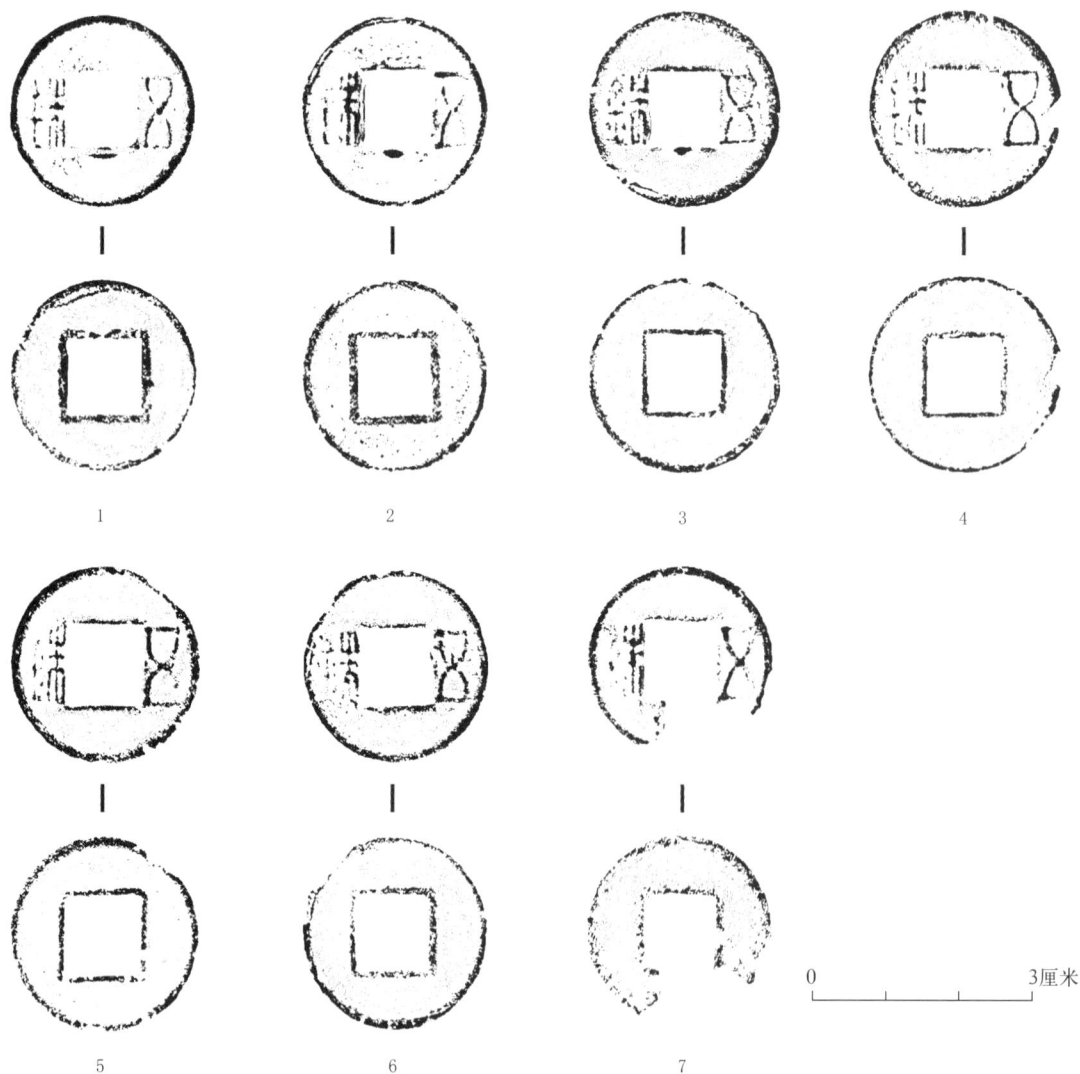

图一九二　M67出土铜钱拓片
1～7. 铜钱拓片M67：1－1、1－2、1－3、1－4、1－5、1－6、1－7

M67铜钱统计表 （长度：厘米；重量：克）

种类	编号	特征		郭径	钱径	穿宽	郭宽	郭厚	肉厚	重量
		文字特征	记号							
五铢	1-1	"五"字瘦长，竖划缓曲；"金"头三角形，四竖点；"朱"头方折，"朱"下较圆	穿上一星点	2.55	2.19	0.98	0.16	0.19	0.07	3.90
	1-2	同上	穿下一星点	2.52	2.26	0.90	0.19	0.20	0.09	4.14
	1-3	同上	同上	2.62	2.29	0.93	0.19	0.21	0.08	3.08
	1-4	同上	无	2.62	2.19	0.87	0.18	0.22	0.07	3.04
	1-5	同上	无	2.63	2.24	0.97	0.17	0.20	0.08	2.42
	1-6	同上	无	2.59	2.26	0.95	0.19	0.20	0.09	3.56
	1-7	同上	穿下一星点	2.59	2.32	0.98	0.18	0.21	0.07	4.20
	1-8	同上	无	2.60	2.27	0.90	0.15	0.17	0.08	2.98
		2枚残碎								
五铢	2-1	"五"字瘦长，竖划缓曲；"金"头三角形，四竖点；"朱"头方折，"朱"下较圆	穿下一星点	2.50	2.30	0.95	0.16	0.18	0.09	2.74
		8枚板结								

六八 M68

M68被M67打破。

1．墓葬形制

土坑竖穴墓，平面呈圆角长方形，墓圹较规整。方向90°（图一八七；彩版二一七）。开口于第②层下，开口距地表0.90米，保存状况较好。

墓圹四壁较平直，南壁被M67打破，墓底较平坦。长3.44、残宽0.96、深0.60米。

墓内填土呈灰褐色，并夹杂有少量的黄土、小石块等，土质较疏松。

2．葬具和人骨

由于该墓的埋藏条件不利于有机物的保存，所以墓底仅发现有零散的灰色板灰朽痕，但形制及尺寸不辨。

由于该墓的埋藏条件不利于有机物的保存，墓底未见有人骨痕迹；但从随葬品的组合及摆放位置分析，该墓应为单人葬。

3．随葬品

该墓仅出土有5件（套）随葬品（彩版二二三），均位于墓底东部，均为陶器，种类计有罐4、盆1。

罐　4件（M68：1、2、3、4）。其中，标本M68：1与4形制相似，均为泥质黄褐陶或灰陶；圆唇，子母口，束颈，溜肩，鼓腹，腹部最大径位置靠近肩部，平底；素面，器表轮旋痕迹明显。标本M68：1，口径10.9、最大腹径19.5、底径8.9、高19.9、壁厚0.6～0.7厘米（图一九三，1；彩版二二四，1）。标本M68：4，口径11.9、最大腹径21.6、底径9.8、高19.8、壁厚0.6～0.7厘米（图一九三，2；彩版二二四，2）。标本M68：2，由罐盖及罐两部分组成。罐盖：泥质黄褐陶；圆顶，顶部附有一圆形捉手，弧腹，子母口，圆唇；素面，器表轮旋痕迹明显。罐：泥质黄褐陶；圆唇，子母口，束颈，溜肩，鼓腹，腹部最大径位置靠近肩部，台底；素面。通高28.6厘米；罐盖：口径11.9、高6.5、壁厚0.6～0.7厘米；罐：口径13.6、底径9.2、最大腹径25.2、高23.9、壁厚0.6～0.7厘米（图一九三，3；彩版二二四，3）。标本M68：3，泥质黄褐陶。圆唇，子母口，束颈，溜肩，卵形腹，腹部最大径位置靠近肩部，平底。素面，器表轮旋痕迹明显。口径8.1、最大腹径16.3、底径6.6、高18.9、壁厚0.6～0.7厘米（图一九三，4；彩版二二四，4）。

盆　1件。标本M68：5，过于残碎，无法修复。

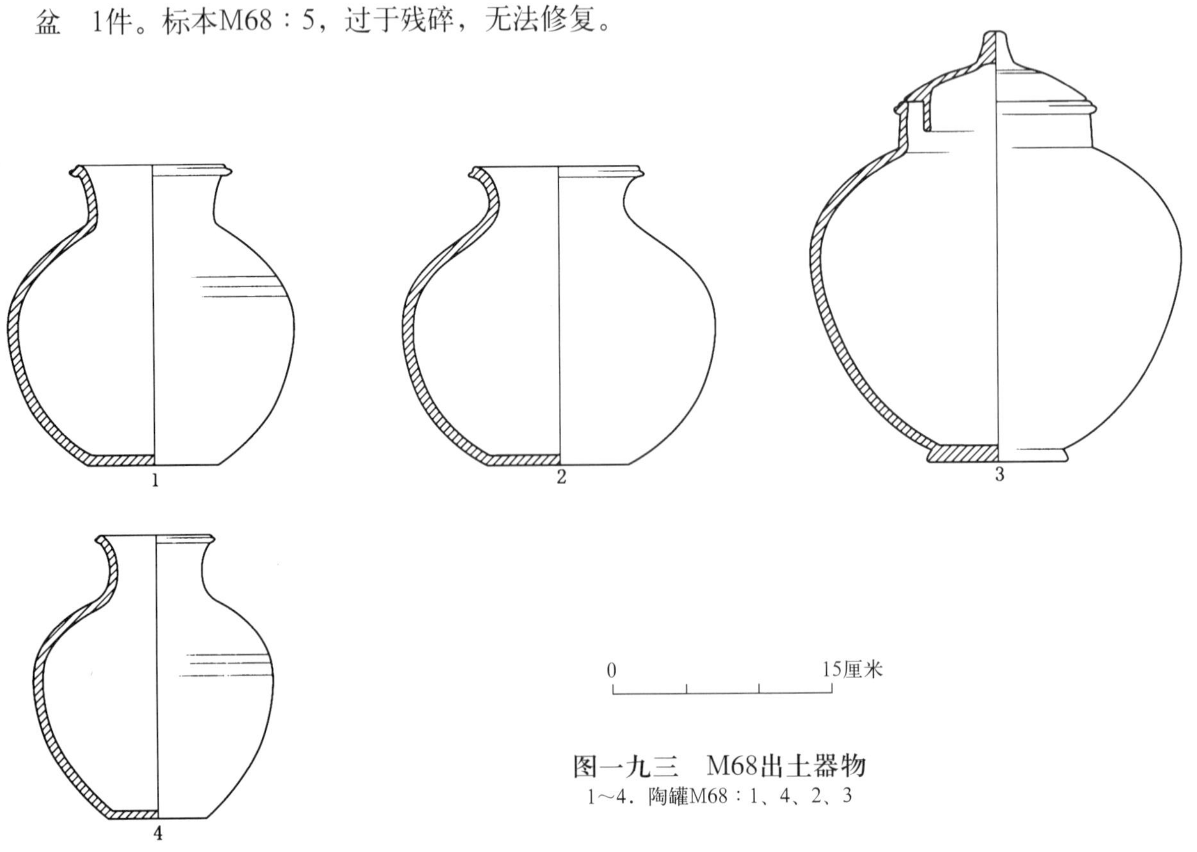

0　　　　　　　　　　　　15厘米

图一九三　M68出土器物
1～4．陶罐M68：1、4、2、3

六九　M69

M69与M49与M50为一组并葬墓，其中M50被M49打破。

1. 墓葬形制

土坑石椁墓，平面呈圆角长方形，墓圹较规整。方向0°（图一四一；彩版一六五）。开口于第②层下，开口距地表0.98米，保存状况较好。

墓圹外侧的原地表上有用经过简单加工的石块堆砌而成的石垣。根据残存部分分析，该石垣平面呈长方形，垣墙宽约0.38米，现仅存一层墙体。石垣残长约3.60、残宽约2.40、残高0.18厘米。

墓圹四壁较平直；墓底系在生土面上经过简单平整而成，较为平坦。长2.50、宽1.03、深0.54米。

墓内填土主要为灰褐土，夹杂有少量的黄土及小石块，土质较疏松。

2. 葬具和人骨

墓内葬具主要为石椁。石椁现已全部塌落，形状及尺寸不辨。

由于该墓的埋藏条件不利于有机物的保存，仅在墓底发现有几枚牙齿。

3. 随葬品

该墓共出土有6件（套）随葬品（彩版二二五、二二六），陶器位于墓室北侧，质地可分为陶、铜、琉璃及石器四类。

陶器　计有罐1。

罐　1件。标本M69：6，泥质黄褐陶，陶色不纯，局部呈灰褐色。尖圆唇，敞口，鼓颈，溜肩，鼓腹，腹部最大径位置居中，平底。肩部及上腹部施有六周凹弦纹，下腹部及底部满饰细绳纹。口径14.0、最大腹径25.8、底径8.8、高23.2、壁厚0.6～0.8厘米（图一九四，1；彩版二二七，1）。

铜器　计有链饰1套、臂钏2套6枚、指环1套19枚。

链饰　1套。标本M69：2，由每6个或5个指环为一组与1个大圆环交替连接而成，整体呈"∞"形。通长156厘米（图一九四，2；彩版二二六）。

臂钏　2套6枚（M69：3、4）。形制相同，均平面呈圆形，一端留有豁口；表面施有三周凸弦纹。标本M69：3-1，直径5.0、厚0.15、豁口宽1.74厘米（图一九四，3；彩版二二七，2）。标本M69：4-1，直径5.4、厚0.14、豁口宽2.07厘米（图一九四，4；彩版二二七，3）。

指环　1套19枚。标本M69：5-1，平面呈圆形，截面呈圆角长方形。直径1.9、厚0.06厘米（图一九四，5；彩版二二七，4）。标本M69：5-2，平面呈圆形，截面呈扁长方形。直径2.2、厚0.15厘米（图一九四，6；彩版二二七，4）。标本M69：5-3，平面呈圆形，环表满饰连珠纹，截面呈圆形。直径2.2、厚0.21厘米（图一九四，7；彩版二二七，4）。

琉璃及石器　项链串饰1套50枚。

项链串饰　1套（M69：1），由22枚琉璃珠、14枚石珠及14枚石管穿成（彩版二二七，5）。琉

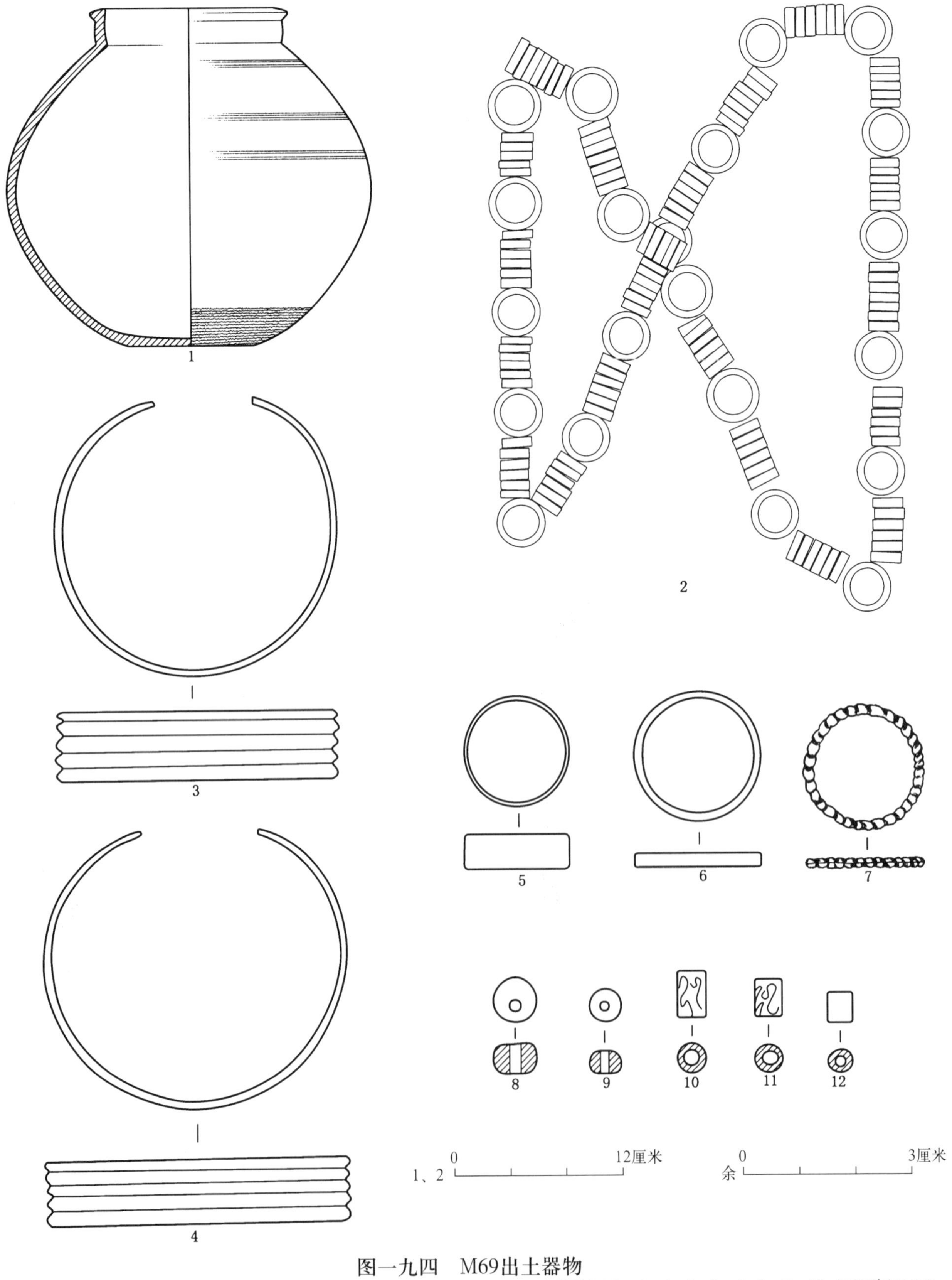

图一九四　M69出土器物

1. 陶罐M69：6　2. 铜链饰M69：2　3、4. 铜臂钏M69：3−1、4−1　5～7. 铜指环M69：5−1、5−2、5−3　8～12. 项链串饰M69：1−1、1−2、1−3、1−4、1−5

璃珠形制相似，呈深蓝色或深紫色，扁球形，纵向穿有一孔。标本M69：1-1，直径0.8、孔径0.2厘米（图一九四，8）。石珠形制相似，呈深灰色，扁球形，纵向穿有一孔。标本M69：1-2，直径0.6、孔径0.15厘米（图一九四，9）。石管均为白色石质，圆柱形，纵向穿有一孔，表面多刻划有卷曲纹。标本M69：1-3，直径0.5、高0.8、孔径0.27厘米（图一九四，10）。标本M69：1-4，直径0.5、高0.6、孔径0.28厘米（图一九四，11）。标本M69：1-5，直径0.4、高0.5、孔径0.20厘米（图一九四，12）。

七〇 M70

1．墓葬形制

土坑竖穴墓，平面呈圆角长方形，墓圹较规整。方向0°（图一九五；彩版二二八）。开口于第②层下，开口距地表1.10米，保存状况较好。

墓圹四壁较平直，墓底较平坦。长3.40、宽1.10、深0.60米。

墓内填土呈灰褐色，并夹杂有少量的黄土、小石块等，土质较疏松。

2．葬具和人骨

墓内未发现有任何葬具痕迹。

由于该墓的埋藏条件不利于有机物的保存，墓底未见有人骨痕迹；但从随葬品的组合及摆放位置分析，该墓应为单人葬。

3．随葬品

该墓共出土有20件（套）随葬品（彩版二二九，1），多数位于墓底北部，以陶器为主，另有铜钱10枚。

陶器 计有罐6、壶1、鼎1、樽1、盒1、套盒2、盆2、灶1、井1、小釜2、小甑1。

罐 6件（M70：5、6、9、10、12、13）。其中，标本M70：5、6、9、10与13形制相似，均为泥质灰陶或黑褐陶；圆唇，子母口，束颈，溜肩，鼓腹，腹部最大径位置靠近肩部，平底；素面，器表轮旋痕迹明显。标本M70：5，口径9.3、最大腹径17.5、底径7.7、高15.7、壁厚0.6～0.7厘米（图一九六，1；彩版二二九，2）。标本M70：6，口径8.8、最大腹径15.7、底径7.6、高15.6、壁厚0.5～0.6厘米（图一九六，2；彩版二三〇，1）。标本M70：9，口径9.7、最大腹径17.7、底径8.3、高17.2、壁厚0.6～0.7厘米（图一九六，3；彩版二三〇，2）。标本M70：10，口径10.3、最大腹径17.3、底径7.8、高16.2、壁厚0.6～0.7厘米（图一九六，4；彩版二二九，3）。标本M70：13，口径7.5、最大腹径15.2、底径7.4、高15.6、壁厚0.4～0.5厘米（图一九六，5）。标本M70：12，泥质灰陶。圆唇，子母口，直颈，溜肩，鼓腹，腹部最大径位置靠近肩部，平底。颈部及上腹部施有多周凹弦纹，下腹部及底部满施细绳纹。口径19.4、最大腹径33.7、底径11.0、高26.8、壁厚0.6～0.8厘米（图一九六，6；彩版二三〇，3）。

壶 1件。标本M70：8，泥质灰陶，方唇，盘口，束颈，溜肩，鼓腹，腹部最大径位置靠近肩

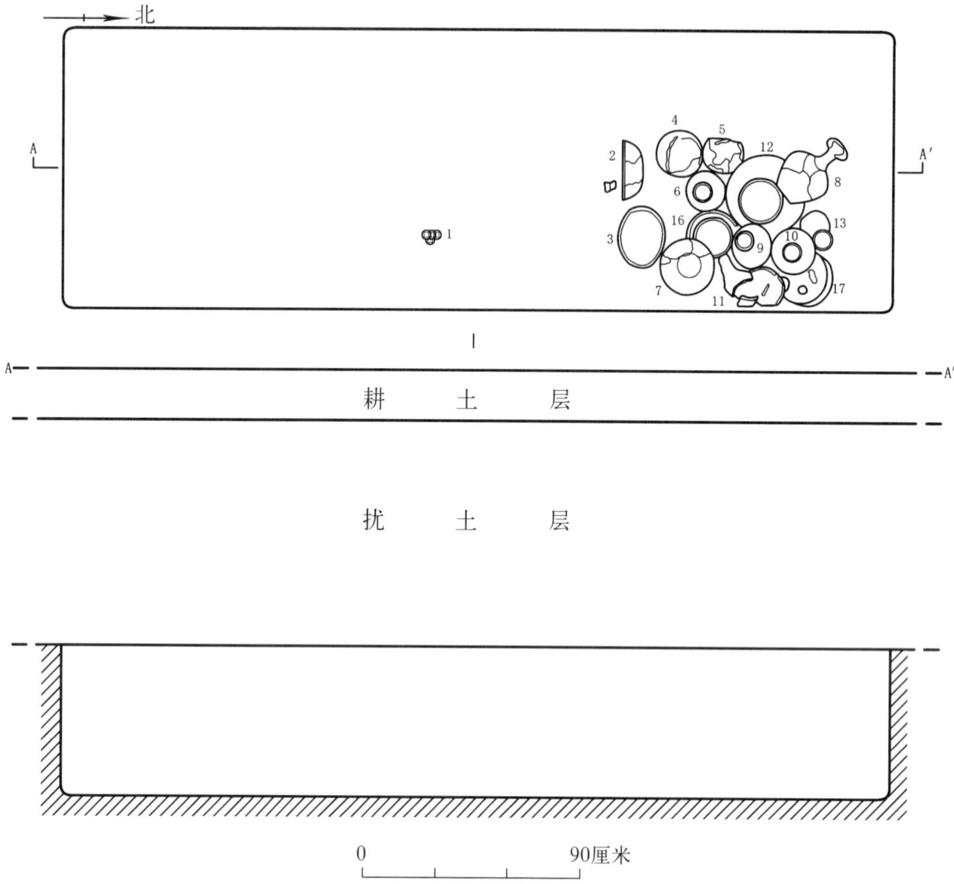

图一九五　M70平、剖面图

1. 铜钱　2. 陶盆　3. 陶盆　4. 陶套盒　5. 陶罐　6. 陶罐　7. 陶套盒　8. 陶壶　9. 陶罐　10. 陶罐　11. 陶樽　12. 陶罐　13. 陶罐　14. 陶井　15. 陶鼎　16. 陶盒　17. 陶灶组合

部，平底。素面。口径10.3、最大腹径19.7、底径8.7、高28.3、壁厚0.6~0.8厘米（图一九六，7；彩版二三〇，4）。

鼎　1件。标本M70：15，泥质灰陶。器形不甚规整，尖圆唇，敛口，鼓腹，中腹部施有一周扁棱，圜底。近口处附有对称的方形耳，底部附有三个蹄状足。素面，器表轮旋痕迹明显。口径17.8、高17.5、壁厚0.4~0.5厘米（图一九六，8；彩版二三〇，5）。

樽　1件。标本M70：11，泥质灰陶。方唇，直口，直腹，平底，底部附有三个蹄状足。素面。口径20.5、底径20.9、高16.5、壁厚0.4~0.5厘米（图一九六，9；彩版二三〇，6）。

盒　1件。标本M70：16，盒盖未见，泥质灰陶。方唇，唇面施有一周凹槽，敛口，弧腹，圜底。腹部施有两周凹旋纹，器表轮旋痕迹明显。口径21.6、高5.9、壁厚0.5~0.6厘米（图一九六，10）。

套盒　2件（M70：4、7）。形制相似，均为泥质黄褐陶，由套盒盖及套盒两部分组成。套盒盖：圜顶，折腹，直口，圆唇；素面。套盒：圆唇，直口，折腹，台底或平底；素面。标本M70：4，通高14.3厘米；套盒盖：口径16.9、高11.2、壁厚0.5~0.6厘米；套盒：口径15.3、底径9.0、高9.3、壁厚0.5~0.6厘米（图一九六，11；彩版二三一，1）。标本M70：7，通高17.0厘米；套盒

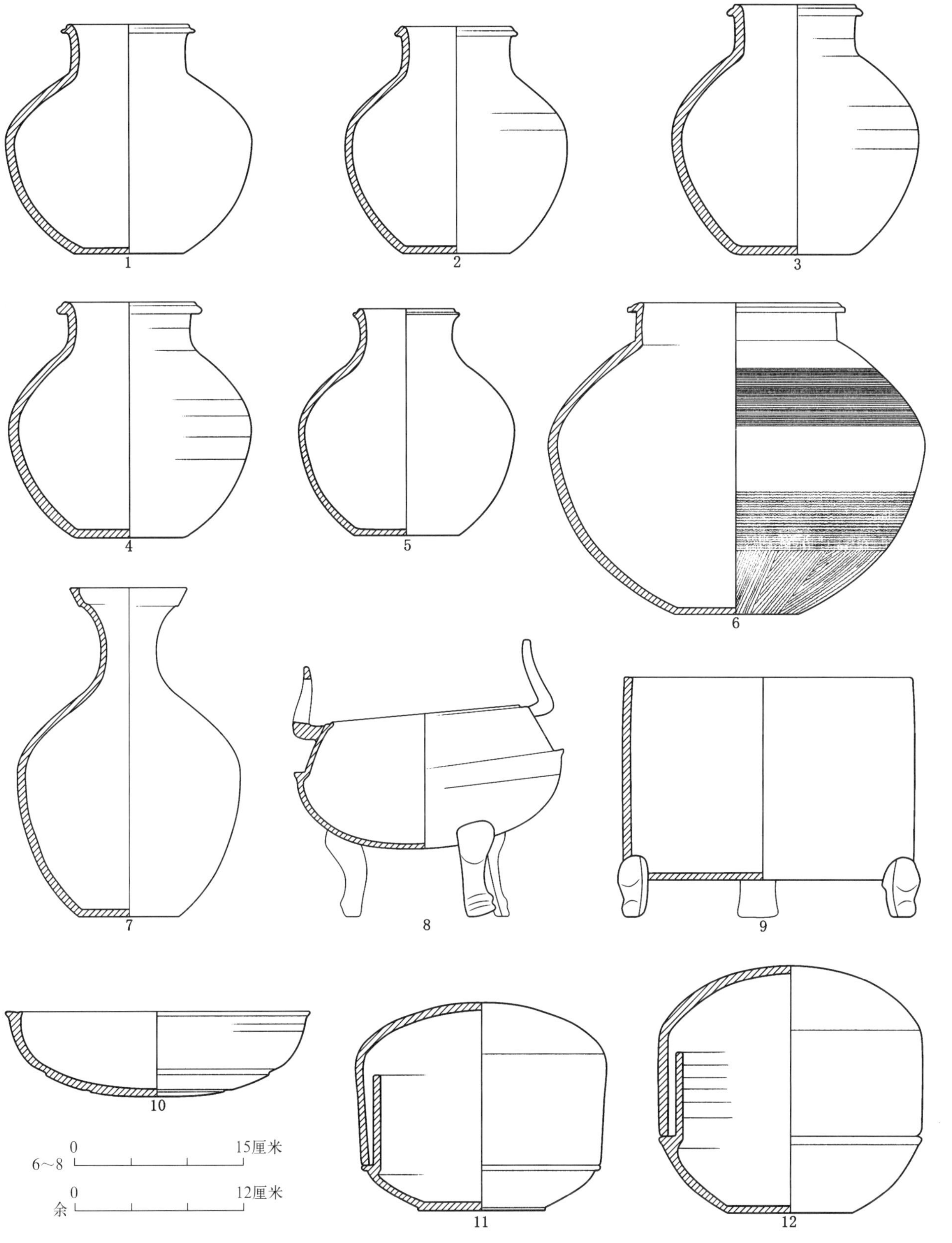

图一九六　M70出土器物

1～6. 陶罐M70：5、6、9、10、13、12　7. 陶壶M70：8　8. 陶鼎M70：15　9. 陶樽M70：11　10. 陶盒M70：16　11、12. 陶套盒M70：4、7

盖：口径18.8、高11.7、壁厚0.5～0.6厘米；套盒：口径16.5、底径8.9、高11.1、壁厚0.5～0.6厘米（图一九六，12；彩版二三一，2）。

盆　2件（M70：2、3）。标本M70：2，泥质灰陶。方唇，敞口，微卷沿，弧腹，台底。素面，器表轮旋痕迹明显。口径23.8、底径9.6、高7.2、壁厚0.5～0.6厘米（图一九七，1；彩版二三一，3）。标本M70：3，泥质灰陶，陶色不纯，局部呈黄褐色。方唇，敞口，微卷沿，弧腹，台底。素面，内壁轮旋痕迹明显。口径23.0、底径9.8、高6.1、壁厚0.5～0.6厘米（图一九七，2；彩版二三一，4）。

灶　1件。标本M70：17－1，泥质灰陶。灶面呈圆形，灶面上置有五个圆形火眼，尾端附有烟囱，长方形灶门不落地。素面。灶面直径21.9、通高20.9、壁厚0.6～0.7厘米；火眼直径4.2、4.0、4.0、3.9、3.7厘米；灶门长5.7、高4.1厘米（图一九七，3；彩版二三一，5）。

井　1件。标本M70：14，泥质灰陶。方唇，直口，卷沿，折肩，折腹，平底。素面，内壁轮旋

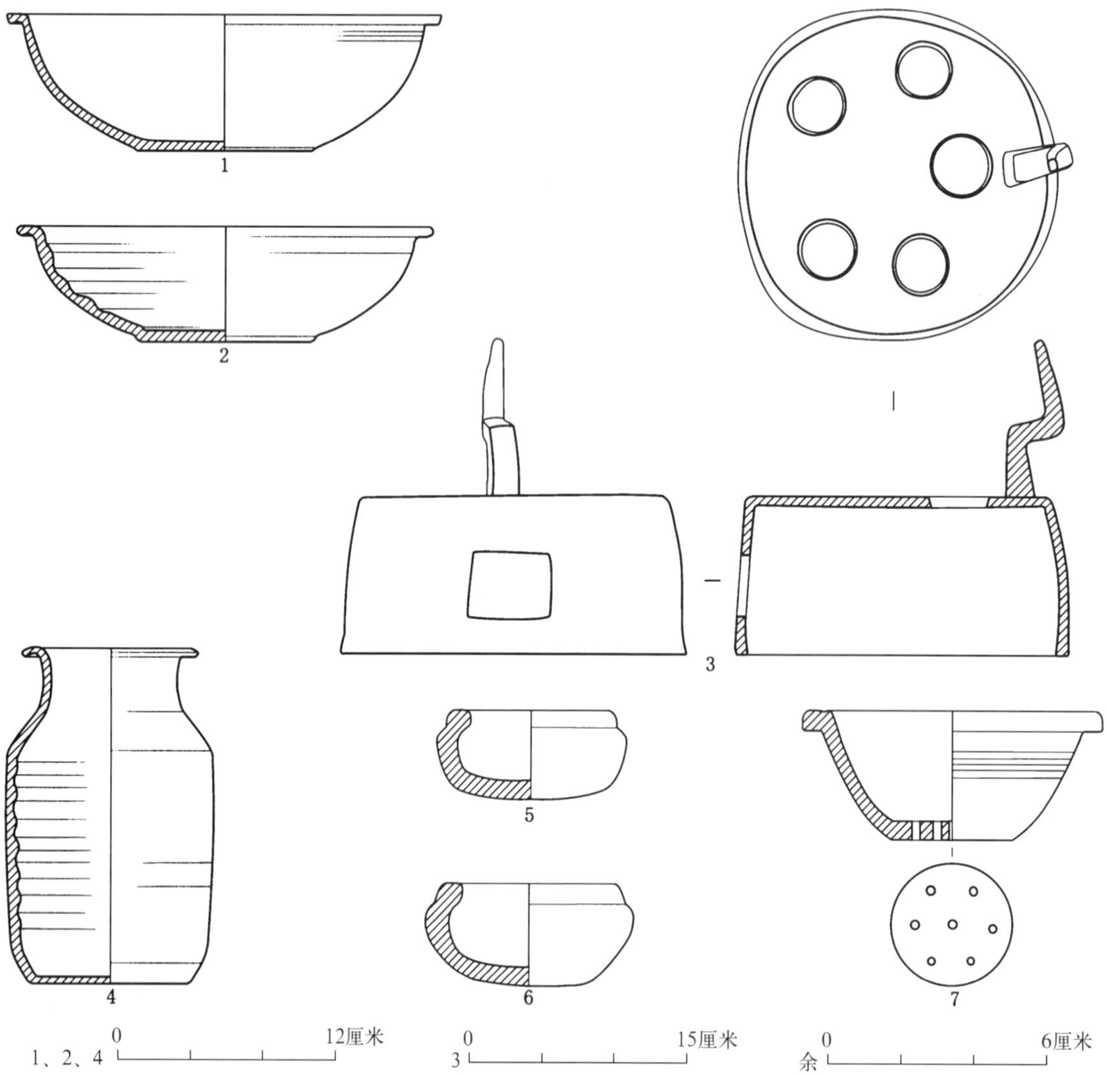

图一九七　M70出土器物

1、2. 陶盆M70：2、3　3. 陶灶M70：17－1　4. 陶井M70：14　5、6. 小陶釜M70：17－2、17－3　7. 小陶甑M70：17－4

痕迹明显。口径9.5、底径8.6、高17.8、壁厚0.6～0.7厘米（图一九七，4；彩版二三一，6）。

小釜　2件（M70：17－2、17－3）。形制相似，均为泥质灰陶；圆唇，敛口，束颈，鼓腹，圆底；素面。标本M70：17－2，口径4.7、最大腹径5.2、高2.5、壁厚0.5～0.6厘米（图一九七，5；彩版二三一，5）。标本M70：17－3，口径4.8、最大腹径5.7、高2.7、壁厚0.5～0.6厘米（图一九七，6；彩版二三一，5）。

小甑　1件。标本M70：17－4，泥质灰陶。方唇，敞口，折沿，沿面施有一周凹槽，弧腹，平底，底部戳有七个圆形甑孔。上腹部施有多周凹弦纹。口径8.2、底径3.3、高3.4、壁厚0.5～0.6厘米（图一九七，7；彩版二三一，5）。

铜钱　10枚，均为"五铢"钱，但现已板结。

七一　M71

1. 墓葬形制

单室砖墓，平面近似刀形，由墓道、墓门及墓室三部分组成，方向180°（图一九八）。开口于第②层下，开口距地表0.60米，保存状况较差。

墓道　长方形斜坡状，未发掘完，长不详，宽0.88、底部距地表1.40米。

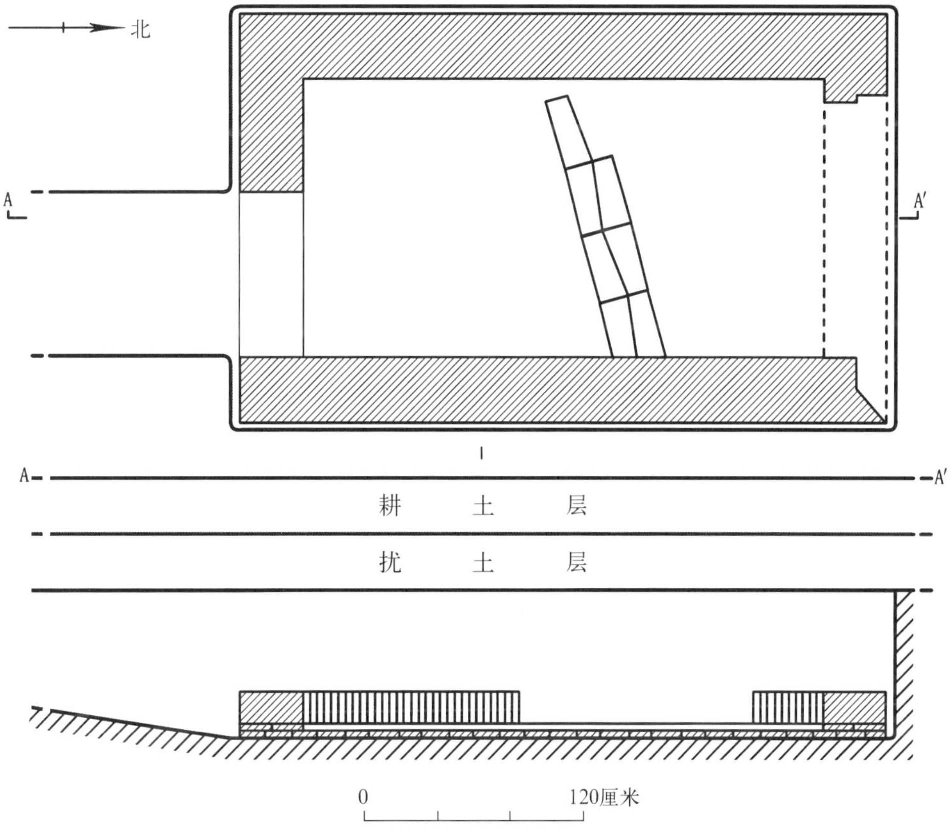

图一九八　M71平、剖面图

墓门　位于墓室南壁东部，宽0.88米。

封门　条砖封堵，残存2层砖，残高0.20米。砌法由下至上为一层双隅顺砌平砖之上一层丁立砖。

墓室　平面呈长方形，墓室长2.90、宽1.50米。墓室先铺墓底砖，再砌筑四壁。墓室四壁较平直，最高处仅残存2层砖，砌法由下至上为一层双隅顺砌平砖之上一层丁立砖。墓底铺砖为楔形砖斜向拼缝平铺。条砖规格：（33～35）×（16～17）×4厘米，灰色条砖，一面为素面，一面施有绳纹；楔形砖规格：（32～35）×（12～16）×4厘米，一面为素面，一面施有绳纹。

2．葬具和人骨

墓内未发现有任何葬具痕迹。

骨骼保存极差，仅在填土中零星出土有几块肢骨残块。

3．随葬品

该墓未出土有任何随葬品。

七二　M72

1．墓葬形制

土坑竖穴砖椁墓，无墓道，方向110°（图一九九；彩版二三二）。开口于第②层下，开口距地

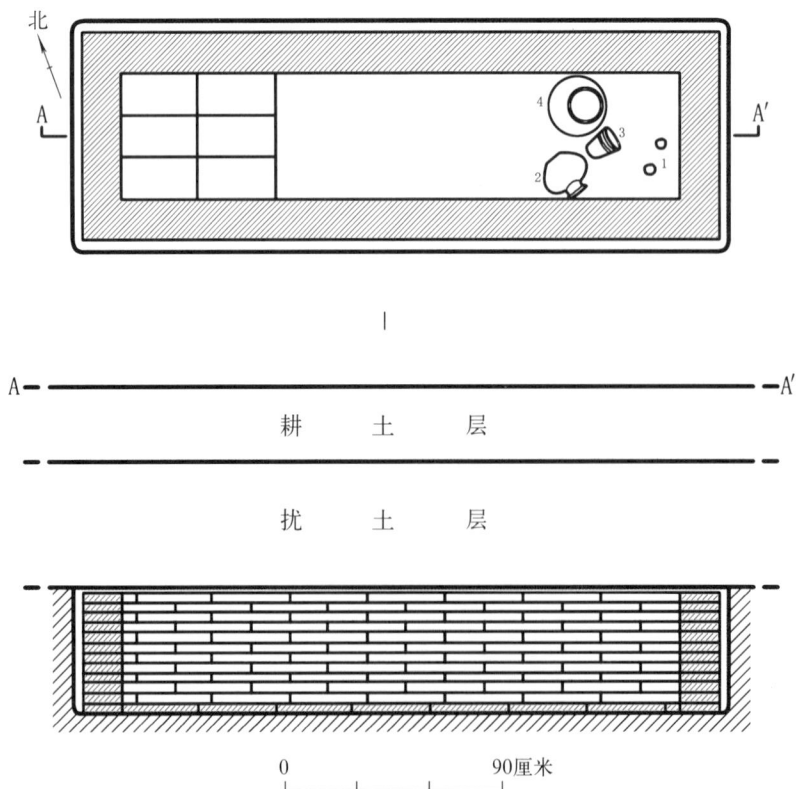

图一九九　M72平、剖面图
1．陶灶组件　2．陶罐　3．陶井　4．陶罐

表0.80米，保存状况较好。

墓圹平面呈圆角长方形，四壁较平直，墓底较平坦。长2.70、宽0.92、深0.50米。

墓内填土主要为灰褐土，夹杂有少量的黄土、小石块、碎砖块等，土质较疏松。

2．葬具和人骨

墓内葬具主要有砖椁。

砖椁平面呈长方形，长2.28、宽0.50、残高0.48米。砖椁先砌四壁，再铺椁底砖。砖椁四壁较平直，最高处残存12层砖，砌法为单隅顺砌平砖错缝垒砌。椁底铺砖为纵向拼缝平铺。用砖规格：（31～34）×（14～16）×4厘米，灰色条砖，一面为素面，一面施有绳纹。

由于该墓的埋藏条件不利于有机物的保存，所以棺内未见有人骨痕迹。

3．随葬品

该墓共出土有8件随葬品（彩版二三三，1），均位于砖椁内西部，均为陶器，种类计有罐2、井1、小釜4、小甑1。

罐　2件（M72：2、4）。标本M72：2，泥质黄褐陶。圆唇，子母口，束颈，溜肩，鼓腹，腹部最大径位置靠近肩部，平底。素面，器表轮旋痕迹明显。口径7.9、最大腹径14.6、底径7.5、高13.8、壁厚0.6～0.7厘米（图二〇〇，1；彩版二三三，2）。标本M72：4，泥质黄褐陶。方唇，敛口，直领，溜肩，鼓腹，腹部最大径位置靠近肩部，台底。素面，器表轮旋痕迹明显。口径13.7、最大腹径25.6、底径11.3、高21.7、壁厚0.7～1.1厘米（图二〇〇，2；彩版二三三，3）。

井　1件。标本M72：3，泥质黄褐陶。圆唇，敞口，斜颈，折肩，斜腹，平底。素面，腹部修坯削痕明显，内壁轮旋痕迹明显。口径8.8、底径5.5、高10.2、壁厚0.5～0.8厘米（图二〇〇，3；彩版二三三，4）。

小釜　4件（M72：1-1、1-2、1-3、1-4）。形制相似，均为泥质灰陶；圆唇，敞口，弧

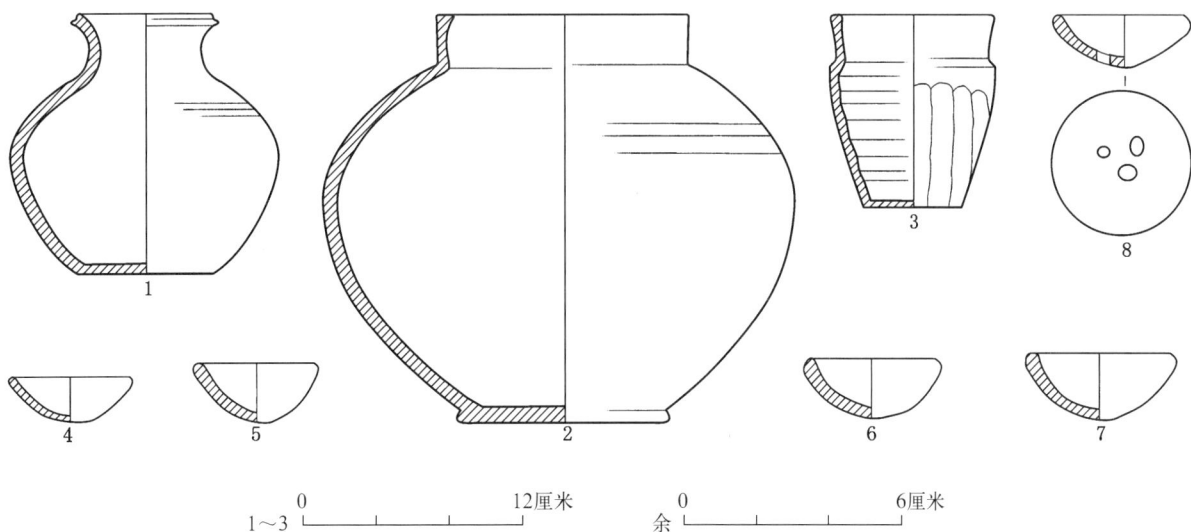

图二〇〇　M72出土器物

1、2．陶罐M72：2、4　3．陶井M72：3　4～7．小陶釜M72：1-1、1-2、1-3、1-4　8．小陶甑M72：1-5

腹，圜底，整体呈斗笠状；素面。标本M72：1－1，口径3.2、高1.2、壁厚0.1～0.3厘米（图二〇〇，4；彩版二三三，5）。标本M72：1－2，口径3.2、高1.5、壁厚0.1～0.3厘米（图二〇〇，5；彩版二三三，5）。标本M72：1－3，口径3.5、高1.5、壁厚0.1～0.3厘米（图二〇〇，6；彩版二三三，5）。标本M72：1－4，口径3.7、高1.7、壁厚0.1～0.3厘米（图二〇〇，7；彩版二三三，5）。

小甑　1件。标本M72：1－5，泥质灰陶。圆唇，敞口，弧腹，圜底，整体呈斗笠状，底部戳有三个圆形甑孔。素面。口径3.6、高1.4、壁厚0.1～0.3厘米（图二〇〇，8；彩版二三三，5）。

七三　M73

1. 墓葬形制

土坑竖穴墓，平面呈圆角长方形，墓圹较规整。方向0°（图二〇一；彩版二三四）。开口于第

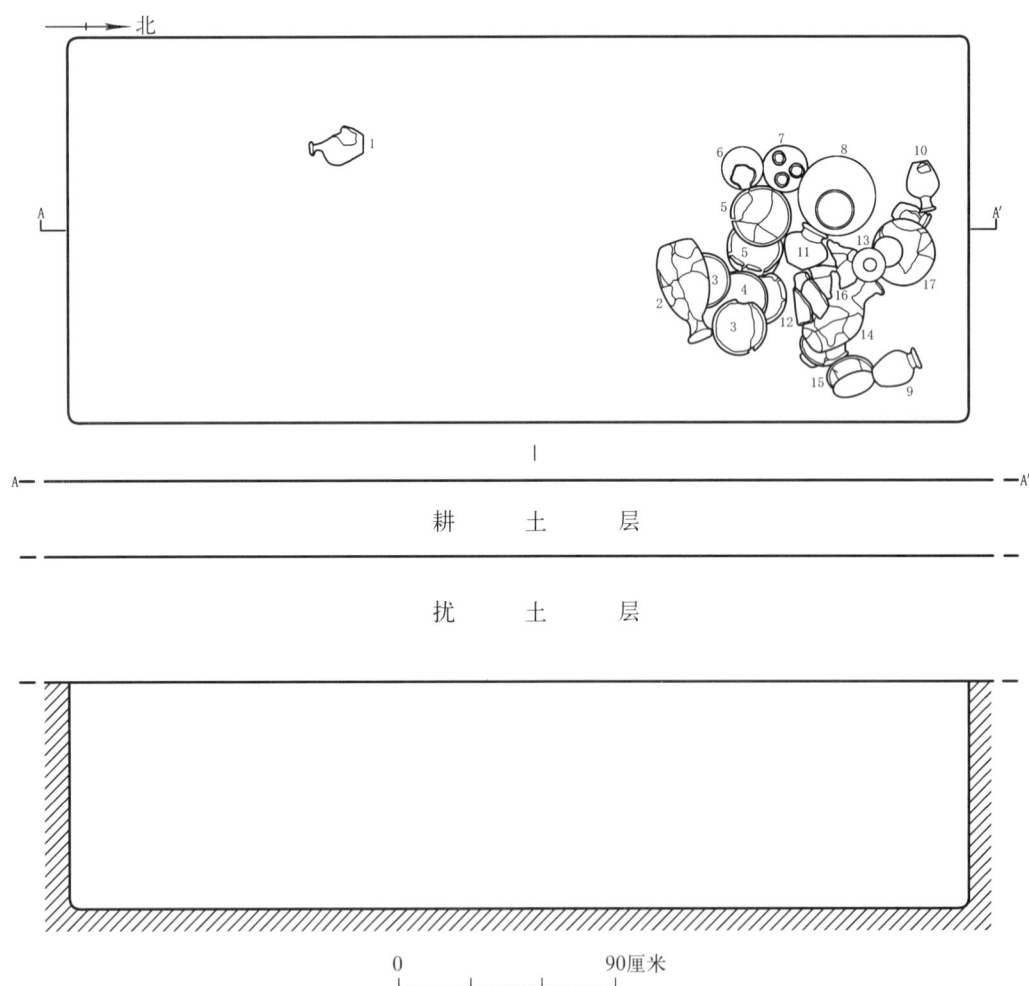

图二〇一　M73平、剖面图
1. 陶壶　2. 陶壶　3. 陶盒　4. 陶鼎　5. 陶盒　6. 陶罐　7. 陶灶组合　8. 陶罐　9. 陶壶　10. 陶壶　11. 陶罐　12. 陶樽　13. 陶壶　14. 陶壶　15. 陶套盒　16. 陶盒　17. 陶罐　18. 陶井

②层下，开口距地表0.80米，保存状况较好。

墓圹四壁较平直，墓底较平坦。长3.70、宽1.52、深0.90米。

墓内填土呈灰褐色，并夹杂有少量的黄土、小石块等，土质较疏松。

2．葬具和人骨

墓内未发现有任何葬具痕迹。

由于该墓的埋藏条件不利于有机物的保存，墓底未见有人骨痕迹；但从随葬品的组合及摆放位置分析，该墓应为单人葬。

3．随葬品

该墓共出土有23件（套）随葬品（彩版二三五，1），多数位于墓底北部，均为陶器，种类计有罐4、壶6、鼎1、樽1、盒3、套盒1、灶1、井1、小釜3、小盆2。

罐　4件（M73：6、8、11、17）。其中，标本M73：6与11形制相似，均为泥质黄褐陶；圆唇，子母口，束颈，溜肩，鼓腹，腹部最大径位置靠近肩部，平底；素面，器表轮旋痕迹明显。标本M73：6，口径7.9、最大腹径13.5、底径6.6、高14.3、壁厚0.5～0.6厘米（图二〇二，1；彩版二三五，2）。标本M73：11，口径10.4、最大腹径18.0、底径7.5、高17.6、壁厚0.5～0.6厘米（图二〇二，2；彩版二三五，3）。标本M73：8，泥质灰陶。圆唇，子母口，斜颈，溜肩，鼓腹，腹部最大径位置靠近肩部，台底。中腹部施有三周凹弦纹，下腹部及底部满施细绳纹。口径18.3、最大腹径31.3、底径10.3、高27.0、壁厚0.5～0.8厘米（图二〇二，3）。标本M73：17，泥质黄褐陶。方唇，微敛口，斜领，圆肩，球形腹，腹部最大径位置居中，台底。素面。口径14.3、最大腹径25.1、底径12.1、高23.1、壁厚0.5～0.6厘米（图二〇二，4；彩版二三六，4）。

壶　6件（M73：1、2、9、10、13、14）。其中，标本M73：1、9、10与13形制相似，均为泥质灰陶；方唇，敞口，微卷沿，沿面施有一周凹槽，束颈，溜肩，卵形腹，腹部最大径位置略靠上，平底；素面。标本M73：9，口径8.6、最大腹径15.0、底径6.9、高20.9、壁厚0.6～0.7厘米（图二〇二，5；彩版二三六，1）。标本M73：10，口径9.1、最大腹径15.7、底径8.4、高21.1、壁厚0.5～0.6厘米（图二〇二，6）。标本M73：13，口径8.5、最大腹径14.3、底径6.0、高20.2、壁厚0.6～0.7厘米（图二〇二，7；彩版二三六，2）。其中，标本M73：2与14形制相似，均为泥质灰陶，由壶盖及壶两部分组成。壶盖：圆顶，弧腹，微敛口，方唇，整体呈覆钵状；素面。壶：方唇，盘口，束颈，溜肩，卵形腹，腹部最大径位置居中，平底。素面。标本M73：2，通高34.6厘米；壶盖：口径10.2、高2.9、壁厚0.6～0.8厘米；壶：口径10.4、最大腹径20.7、底径10.3、高31.7、壁厚0.5～0.7厘米（图二〇二，8；彩版二三六，3）。标本M73：14，壶盖未见，口径9.8、最大腹径17.6、底径10.4、高29.9、壁厚0.5～0.6厘米（图二〇二，9）。

鼎　1件。标本M73：4，泥质灰陶。方唇，敛口，弧腹，圆底。近口处附有对称的方形耳，底部附有三个蹄状足。素面。口径20.3、高16.5、壁厚0.8～1.0厘米（图二〇三，1；彩版二三六，5）。

樽　1件。标本M73：12，泥质灰陶。方唇，直口，斜腹，平底，底部附有三个蹄状足。素面。

口径18.5、底径18.3、高16.5、壁厚0.5～0.6厘米（图二〇三，2；彩版二三六，6）。

　　盒　3件（M73：3、5、16）。形制相似，均为泥质黄褐陶，由盒盖及盒两部分组成。盒盖：

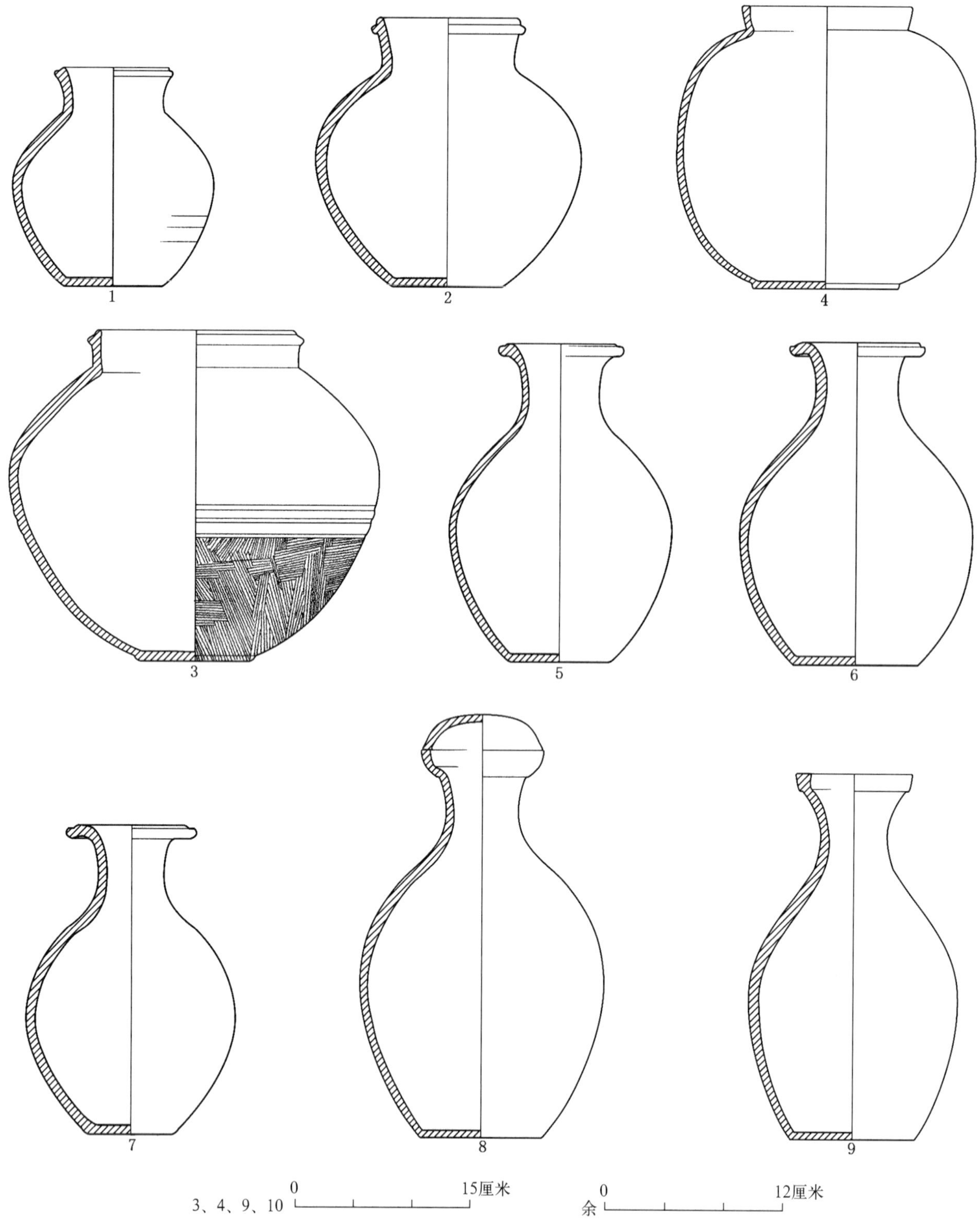

0　　　　　　　15厘米
3、4、9、10 ┗━━━━━━━┛

0　　　　12厘米
余 ┗━━━━━┛

图二〇二　M73出土器物
1～4.陶罐M73：6、11、8、17　5～9.陶壶M73：9、10、13、2、14

圜顶，弧腹，微卷沿，敞口，方唇；素面。盒：方唇，敞口，微卷沿，弧腹，圜底；素面。标本
M73：3，通高12.9厘米；盒盖：口径20.7、高6.8、壁厚0.5～0.6厘米；盒：口径21.0、高6.1、
壁厚0.5～0.6厘米（图二○三，3；彩版二三七，1）。标本M73：5，通高12.6厘米；盒盖：口径
20.5、高6.4、壁厚0.5～0.6厘米；盒：口径21.2、高6.2、壁厚0.5～0.6厘米（图二○三，4；彩版
二三七，2）。标本M73：16，通高13.9厘米；盒盖：口径21.8、高6.8、壁厚0.5～0.6厘米；盒：
口径22.9、高7.1、壁厚0.5～0.6厘米（图二○三，5；彩版二三七，3）。

　　套盒　1件。标本M73：15，由套盒盖及套盒两部分组成。套盒盖：泥质灰陶；圜顶，折腹，
直口，圆唇；素面。套盒：泥质灰陶；圆唇，直口，折腹，腹部施有一周扉棱，圜底；素面。通

图二○三　M73出土器物

1. 陶鼎M73：4　2. 陶樽M73：12　3～5. 陶盒M73：3、5、16　6. 陶套盒M73：15　7. 陶灶M73：7-1　8. 陶井M73：18　9～11.
小陶釜M73：7-2、7-3、7-4　12、13. 小陶盆M73：7-5、7-6

高14.4厘米；套盒盖：口径16.9、高11.2、壁厚0.5~0.6厘米；套盒：口径14.2、高9.1、壁厚0.5~0.6厘米（图二〇三，6；彩版二三七，4）。

灶　1件。标本M73：7-1，泥质灰陶。灶面呈圆形，灶面上呈"品"字形置有三个圆形火眼，尾端置有圆形烟孔，长方形灶门不落地。素面。灶面直径18.2、高9.1、壁厚0.5~0.6厘米；火眼直径4.3、4.2、4.1、烟孔直径0.8厘米；灶门长4.4、高3.8厘米（图二〇三，7；彩版二三七，5）。

井　1件。标本M73：18，泥质黄褐陶。方唇，敞口，束颈，折肩，折腹，下腹部急收成小平底。素面。口径9.7、底径6.6、高13.3、壁厚0.6~0.7厘米（图二〇三，8；彩版二三七，6）。

小釜　3件（M73：7-2、7-3、7-4）。形制相似，均为泥质灰陶；圆唇，敛口，束颈，鼓腹，圆底；素面。标本M73：7-2，口径4.6、最大腹径5.4、高2.8、壁厚0.3~0.4厘米（图二〇三，9；彩版二三七，5）。标本M73：7-3，口径5.0、最大腹径5.9、高3.0、壁厚0.3~0.4厘米（图二〇三，10；彩版二三七，5）。标本M73：7-4，口径4.4、最大腹径5.5、高2.7、壁厚0.3~0.4厘米（图二〇三，11；彩版二三七，5）。

小盆　2件（M73：7-5、7-6）。形制相似，均为泥质灰陶或黄褐陶；圆唇，敞口，展沿，弧腹，圆底；素面。标本M73：7-5，口径7.3、高2.4、壁厚0.4~0.5厘米（图二〇三，12；彩版二三七，5）。标本M73：7-6，口径6.4、高2.0、壁厚0.4~0.5厘米（图二〇三，13；彩版二三七，5）。

七四　M74

1. 墓葬形制

土坑竖穴砖椁墓，无墓道，方向315°（图二〇四；彩版二三八，1）。开口于第②层下，开口距地表0.74米，保存状况较好。

墓圹平面呈圆角长方形，四壁较平直，墓底较平坦。长3.10、宽1.38、深0.46米。

墓内填土主要为灰褐土，夹杂有少量的黄土、小石块、碎砖块等，土质较疏松。

2. 葬具和人骨

墓内葬具主要有砖椁。

砖椁平面近似"Ⅱ"字形，长2.68、宽0.75、残高0.40米。砖椁先砌四壁，再铺椁底砖。砖椁四壁较平直，最高处残存13层砖，砌法为单隔顺砌平砖错缝垒砌。椁底铺砖为正向"人"字缝平铺。用砖规格：（30~34）×（14~16）×4厘米，灰色条砖，一面为素面，一面施有绳纹。

在椁内西南角发现有一砖质器物台。该器物台平面呈长方形，由条砖横向平铺二层而成，长0.44、宽0.30、高0.08米。

由于该墓的埋藏条件不利于有机物的保存，所以棺内未见有人骨痕迹。

3. 随葬品

该墓随葬品较少（彩版二三八，2），仅在椁内西部出土有1件陶壶。

壶 1件。标本M74∶1，泥质黄褐陶，陶色不纯，局部呈黑褐色。圆唇，敞口，卷沿，沿面施有一周凹槽，束颈，溜肩，卵形腹，腹部最大径位置居中，平底。素面。口径8.6、最大腹径15.3、底径9.0、高22.8、壁厚0.6～0.7厘米（图二○五；彩版二三八，3）。

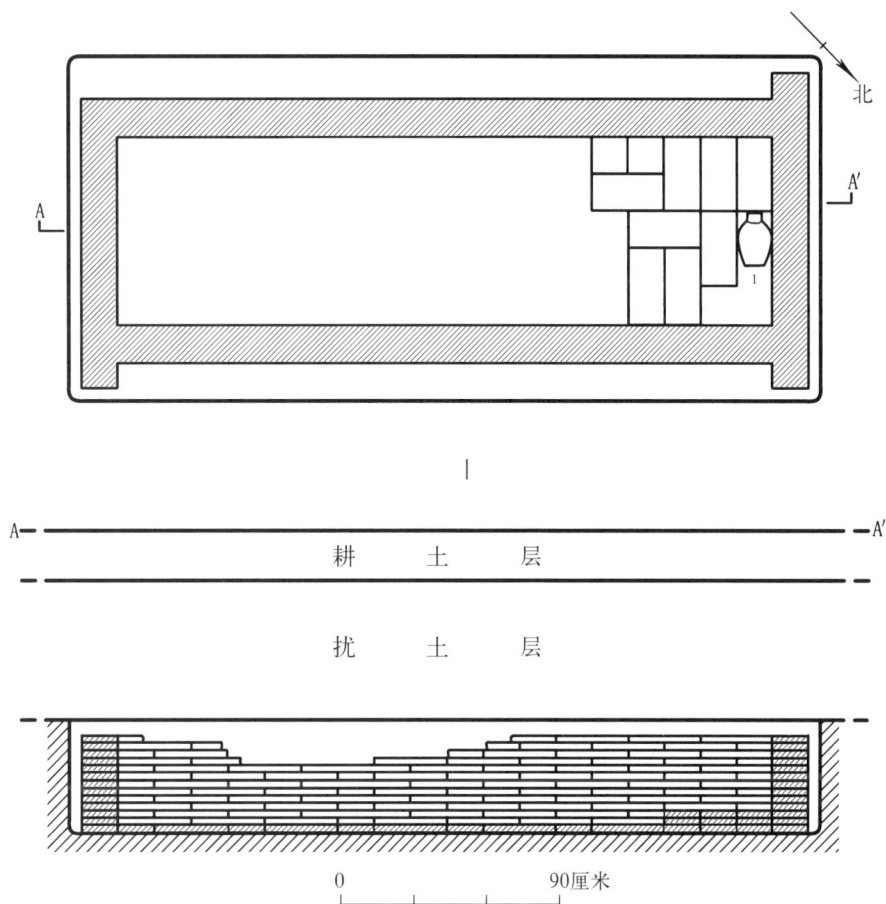

图二○四 M74平、剖面图
1. 陶壶

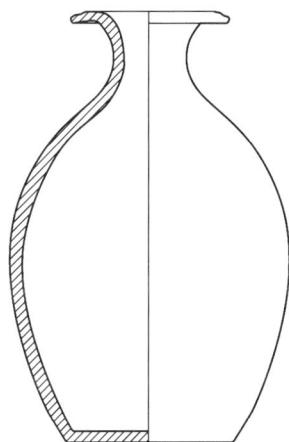

图二○五 M74出土陶壶M74∶1

七五　M75

1．墓葬形制

土坑竖穴墓，平面呈圆角梯形，墓圹较规整。方向0°（图二○六；彩版二三九）。开口于第②层下，开口距地表1.00米，保存状况较好。

墓圹四壁较平直，墓底较平坦长3.80、宽2.64～2.90、深0.80米。

墓内填土呈黄褐色，并夹杂有少量的黑土、小石块等，土质较疏松。

2．葬具和人骨

墓内并排置有木棺2具，但由于该墓的埋藏条件不利于有机物的保存，现在仅残存有木棺底板的灰白色朽痕。据此推测，这2具木棺平面形状呈长方形，东部置有头箱用以放置随葬品。

由于该墓的埋藏条件不利于有机物的保存，墓底未见有人骨痕迹；但从随葬品的组合及摆放位置分析，该墓应为双人合葬墓。

3．随葬品

该墓共出土有30件（套）随葬品（彩版二四○，1、2），均位于北部的头箱内，多为陶器，另有铜钱1枚。

陶器　计有罐14、壶4、盒6、套盒1、盆2、灶1、井1。

罐　14件（M75：5、7、8、9、11、12、13、14、15、17、22、23、24、29）。标本M75：5，泥质黄褐陶。圆唇，子母口，束颈，溜肩，鼓腹，腹部最大径位置靠近肩部，台底。素面。口径10.4、最大腹径18.9、底径8.7、高18.0、壁厚0.4～0.6厘米（图二○七，1）。其中，标本M75：7、8、9、11、12、14、15、17、22、23与24形制相似，均为泥质黄褐陶或灰陶；圆唇，子母口，束颈，溜肩，鼓腹，腹部最大径位置靠近肩部或居中，平底；素面，器表轮旋痕迹明显。标本M75：7，口径9.3、最大腹径17.0、底径8.7、高18.2、壁厚0.5～0.6厘米（图二○七，2；彩版二四一，1）。标本M75：8，口径10.4、最大腹径16.8、底径6.6、高17.7、壁厚0.6～0.7厘米（图二○七，3；彩版二四一，2）。标本M75：9，口径9.9、最大腹径18.7、底径7.3、高21.6、壁厚0.6～0.7厘米（图二○七，4）。标本M75：11，口径8.5、最大腹径16.3、底径7.9、高18.1、壁厚0.4～0.6厘米（图二○七，5；彩版二四一，3）。标本M75：12，口径12.3、最大腹径17.5、底径7.7、高18.9、壁厚0.4～0.6厘米（图二○七，6）。标本M75：14，口径11.0、最大腹径16.9、底径6.2、高17.8、壁厚0.4～0.6厘米（图二○七，7）。标本M75：15，口径14.9、最大腹径24.1、底径8.9、高19.7、壁厚0.6～0.7厘米（图二○七，8）。标本M75：17，口径10.2、最大腹径17.4、底径8.3、高18.2、壁厚0.6～0.7厘米（图二○七，9）。标本M75：22，口径6.2、最大腹径12.6、底径6.5、高12.6、壁厚0.5～0.6厘米（图二○七，11；彩版二四一，4）。标本M75：23，口径9.6、最大腹径16.2、底径7.2、高18.1、壁厚0.5～0.6厘米（图二○七，10）。标本M75：24，口径8.0、最大腹径13.9、底径7.1、高14.0、壁厚0.5～0.6厘米（图二○七，12）。其中，标本M75：13与29形制相似，均为泥质黄褐陶；圆唇，子母口，直颈，溜肩，鼓腹，腹部最大径略靠上，平

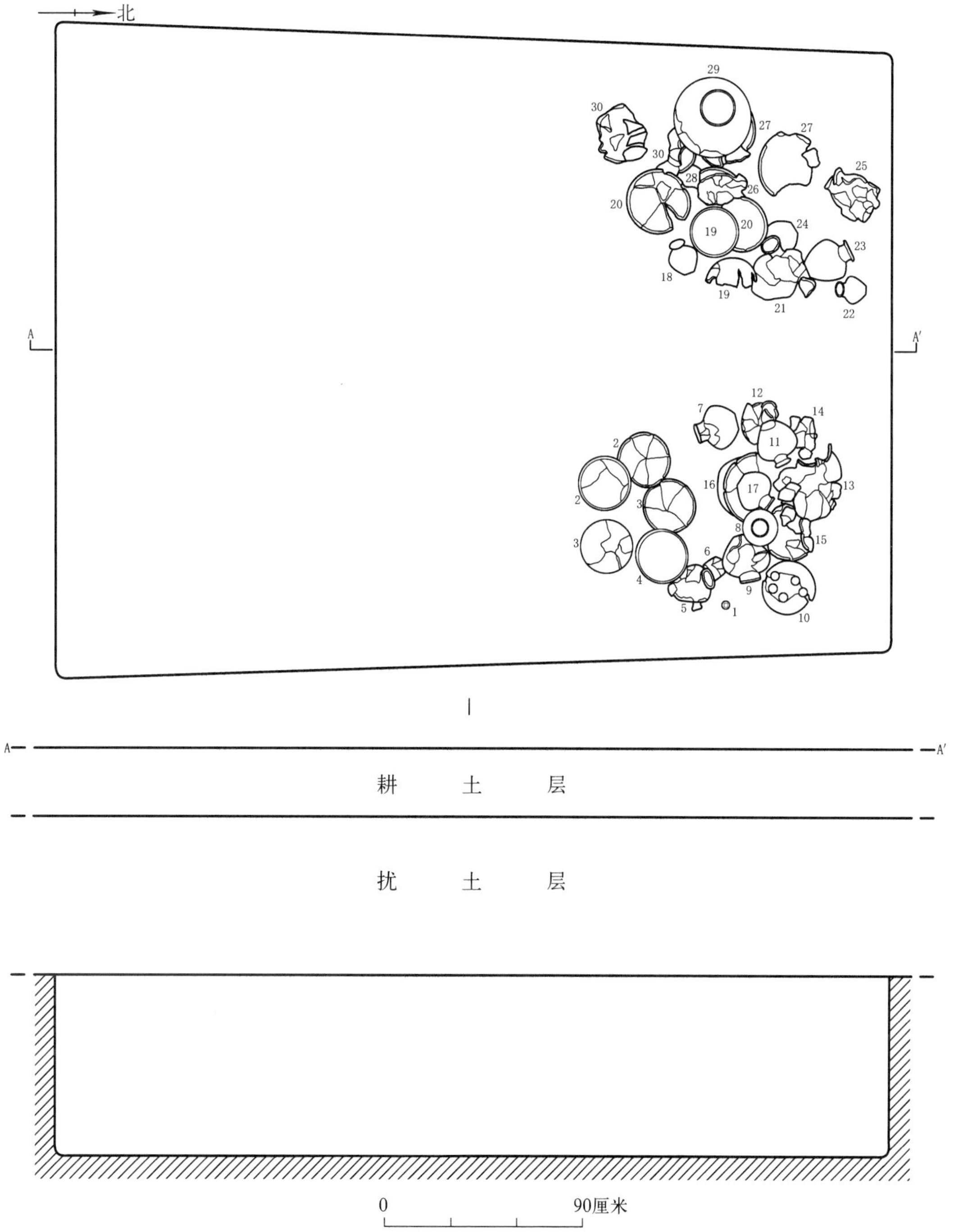

图二〇六 M75平、剖面图

1.铜钱 2.陶盒 3.陶盒 4.陶盒 5.陶罐 6.陶井 7.陶罐 8.陶罐 9.陶罐 10.陶灶 11.陶罐 12.陶罐 13.陶罐 14.陶罐 15.陶罐 16.陶盆 17.陶罐 18.陶壶 19.陶盒 20.陶盒 21.陶壶 22.陶罐 23.陶罐 24.陶罐 25.陶壶 26.陶壶 27.陶盆 28.陶盒 29.陶罐 30.陶套盒

底；下腹部及底部满施细绳纹。标本M75：13，口径15.2、最大腹径27.8、底径7.6、高24.1、壁厚0.6～0.7厘米（图二〇八，1；彩版二四一，5）。标本M75：29，口径16.4、最大腹径32.5、底径12.2、高27.3、壁厚0.6～0.7厘米（图二〇八，2；彩版二四一，6）。

壶 4件（M75：18、21、25、26）。形制相似，均为泥质黄褐陶或灰陶；方唇，敞口，微卷

图二〇七　M75出土器物

1～12. 陶罐M75：5、7、8、9、11、12、14、15、17、23、22、24

图二〇八 M75出土器物

1、2. 陶罐M75：13、29 3～6. 陶壶M75：18、21、25、26 7、8. 陶盒M75：2、3

沿或展沿，沿面施有一周凹槽，束颈，溜肩，卵形腹，腹部最大径位置靠近肩部，平底；素面。标本M75：18，口径9.4、最大腹径16.5、底径8.6、高20.9、壁厚0.6～0.7厘米（图二〇八，3；彩版二四三，1）。标本M75：21，口径9.5、最大腹径16.6、底径8.9、高22.5、壁厚0.5～0.6厘米（图二〇八，4；彩版二四三，2）。标本M75：25，口径6.3、最大腹径15.9、底径8.6、高25.4、壁厚0.6～0.7厘米（图二〇八，5）。标本M75：26，口径6.6、最大腹径15.0、底径8.4、高22.9、壁厚0.6～0.7厘米（图二〇八，6）。

　　盒　6件（M75：2、3、4、19、20、28）。标本M75：2，由盒盖及盒两部分组成。盒盖：泥质黄褐陶；圜顶，弧腹，折沿，敞口，方唇；素面。盒：泥质黄褐陶；方唇，敞口，折沿，弧腹，圜底；素面。通高14.0厘米；盒盖：口径22.1、高7.0、壁厚0.5～0.6厘米；盒：口径22.7、高7.0、壁厚0.5～0.6厘米（图二〇八，7；彩版二四二，1）。其中，标本M75：3、4与20形制相似，均为由泥质黄褐陶或黑陶，盒盖及盒两部分组成。盒盖：圜顶，弧腹，敛口，方唇；素面。盒：方唇，敛口，弧腹，圜底；素面。标本M75：3，通高14.4厘米；盒盖：口径23.5、高7.1、壁厚0.6～0.7厘米；盒：口径24.9、高7.3、壁厚0.6～0.7厘米（图二〇八，8；彩版二四二，2）。标本M75：4，通高15.6厘米；盒盖：口径23.5、高7.5、壁厚0.6～0.7厘米；盒：口径24.4、高8.0、壁厚0.6～0.7厘米（图二〇九，1；彩版二四二，3）。标本M75：20，通高15.1厘米；盒盖：口径21.7、高7.3、壁厚0.7～0.8厘米；盒：口径22.9、高7.8、壁厚0.7～0.8厘米（图二〇九，2；彩版二四二，4）。其中，标本M75：19与28形制相似，均为泥质黄褐陶，由盒盖及盒两部分组成。盒盖：圜顶，弧腹，敛口，方唇；素面。盒：方唇，敞口，折沿，弧腹，圜底；素面，内壁轮旋痕迹明显。标本M75：19，通高15.5厘米；盒盖：口径23.1、高8.4、壁厚0.7～0.8厘米；盒：口径22.9、高7.1、壁厚0.7～0.8厘米（图二〇九，3；彩版二四二，5）。标本M75：28，通高15.0厘米；盒盖：口径22.2、高6.5、壁厚0.6～0.7厘米；盒：口径22.4、高8.5、壁厚0.6～0.7厘米（图二〇九，4；彩版二四二，6）。

　　套盒　1件。标本M75：30，由套盒盖及套盒两部分组成。套盒盖：泥质灰陶；圜顶，折腹，敛口，圆唇；素面。套盒：泥质灰陶；圆唇，直口，折腹，腹部施有一周扁棱，圜底；素面。通高12.9厘米；套盒盖：口径16.1、高10.2、壁厚0.6～0.7厘米；套盒：口径17.1、高7.2、壁厚0.6～0.7厘米（图二〇九，5；彩版二四三，3）。

　　盆　2件（M75：16、27）。标本M75：16，泥质黑陶。方唇，敞口，微卷沿，沿面施有一周凹槽，弧腹，平底。腹部施有多周凹旋纹，内壁轮旋痕迹明显。口径30.3、底径9.9、高14.1、壁厚0.5～0.8厘米（图二〇九，6；彩版二四三，4）。标本M75：27，泥质黄褐陶。方唇，敞口，展沿，鼓腹，平底。素面。口径20.5、底径10.9、高9.8、壁厚0.5～0.6厘米（图二〇九，7）。

　　灶　1件。标本M75：10，泥质黄褐陶。灶面呈圆形，灶面上置有五个圆形火眼，尾端置有圆形烟孔，长方形灶门不落地。素面。灶面直径21.9、高11.0、壁厚0.6～0.7厘米；火眼直径4.5、4.5、4.5、4.5、5.0、烟孔直径0.6厘米；灶门长6.4、高4.4厘米（图二〇九，8；彩版二四三，5）。

　　井　1件。标本M75：6，泥质灰陶。方唇，直口，折肩，折腹，平底。素面，内壁轮旋痕迹明

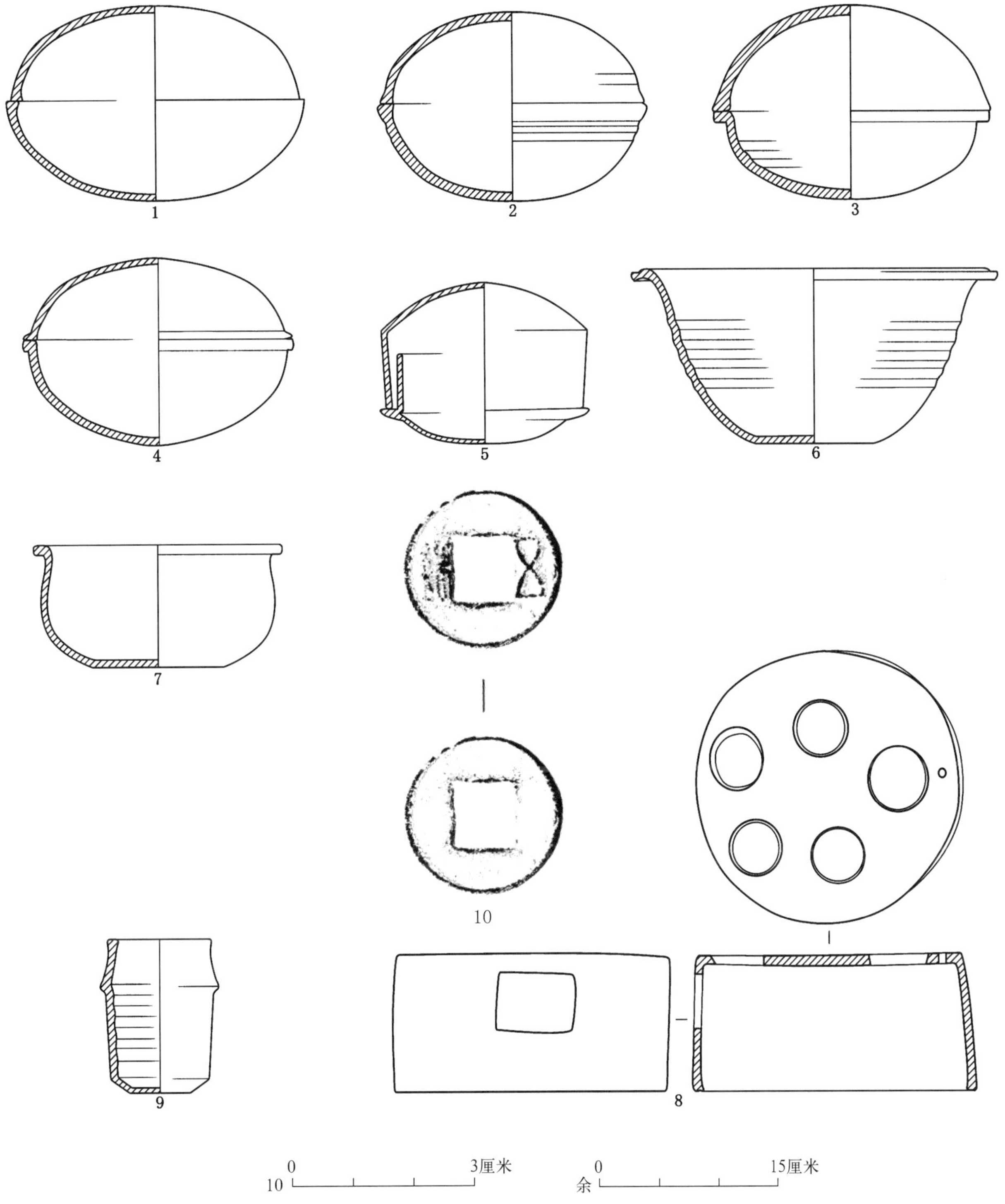

图二〇九　M75出土器物

1～4. 陶盒M75：4、20、19、28　5. 陶套盒M75：30　6、7. 陶盆M75：16、27　8. 陶灶M75：10　9. 陶井M75：6　10. 铜钱拓片 M75：1

显。口径8.4、底径5.0、高12.3、壁厚0.5～1.1厘米（图二〇九，9；彩版二四三，6）。

铜钱　1枚，为"五铢"钱（图二〇九，10）。详情见下表。

种类	编号	特征		郭径	钱径	穿宽	郭宽	郭厚	肉厚	重量
		文字特征	记号							
五铢	1	"五"字瘦长，竖划缓曲；"金"头三角形，四竖点；"朱"头较圆，"朱"下较圆	无	2.56	2.25	0.93	0.13	0.17	0.08	2.93

七六　M76

1．墓葬形制

土坑竖穴墓，平面呈圆角梯形，墓圹较规整。方向20°（图二一〇；彩版二四四）。开口于第②层下，开口距地表1.20米，保存状况较好。

墓圹四壁较平直，墓底较平坦。长3.50、宽1.20～1.32、深0.66米。

墓内填土呈灰褐色，并夹杂有少量的黑土、小石块等，土质较疏松。

2．葬具和人骨

墓内未发现有任何葬具痕迹。

由于该墓的埋藏条件不利于有机物的保存，墓底未见有人骨痕迹；但从随葬品的组合及摆放位置分析，该墓应为单人葬。

3．随葬品

该墓共出土有20件（套）随葬品（彩版二四五），均位于墓底北部，均为陶器，种类计有瓮1、壶6、鼎1、樽1、盒2、套盒1、钵1、灯1、灶1、井1、小釜3、小瓿1。

瓮　1件。标本M76：14，泥质黄褐陶。圆唇，子母口，斜颈，溜肩，鼓腹，腹部最大径位置靠近肩部，圜底。肩部施有多周凹弦纹，下腹部及底部满施细绳纹。口径19.3、最大腹径39.7、高34.3、壁厚0.4～0.6厘米（图二一一，1；彩版二四六，1）。

壶　6件（M76：6、7、8、10、12、16）。其中，标本M76：6与8形制相似，均为泥质灰陶；圆唇，敞口，小展沿，束颈，溜肩，卵形腹，腹部最大径位置靠近肩部，平底；素面。标本M76：6，器形不甚规整，口径10.1、最大腹径18.2、底径8.8、高24.1、壁厚0.4～0.6厘米（图二一一，2；彩版二四六，2）。标本M76：8，口径10.8、最大腹径19.0、底径10.1、高25.5、壁厚0.4～0.6厘米（图二一一，3；彩版二四六，3）。其中，标本M76：7、10、12与16形制相似，均为泥质灰陶；圆唇，敞口，微卷沿或展沿，沿面施有一周凹槽，束颈，溜肩，卵形腹，腹部最大径位置靠近肩部，平底；素面。标本M76：7，口部残缺，最大腹径18.0、底径8.6、残高26.5、壁厚0.6～0.7厘米（图二一一，4）。标本M76：10，口径10.3、最大腹径18.5、底径10.3、高25.3、壁厚0.4～0.6厘米（图二一一，5）。标本M76：12，器形不甚规整，口径9.6、最大腹径18.2、底径8.8、高27.3、壁厚0.4～0.6厘米（图二一一，6）。标本M76：16，器形不甚规整，口径9.9、最大

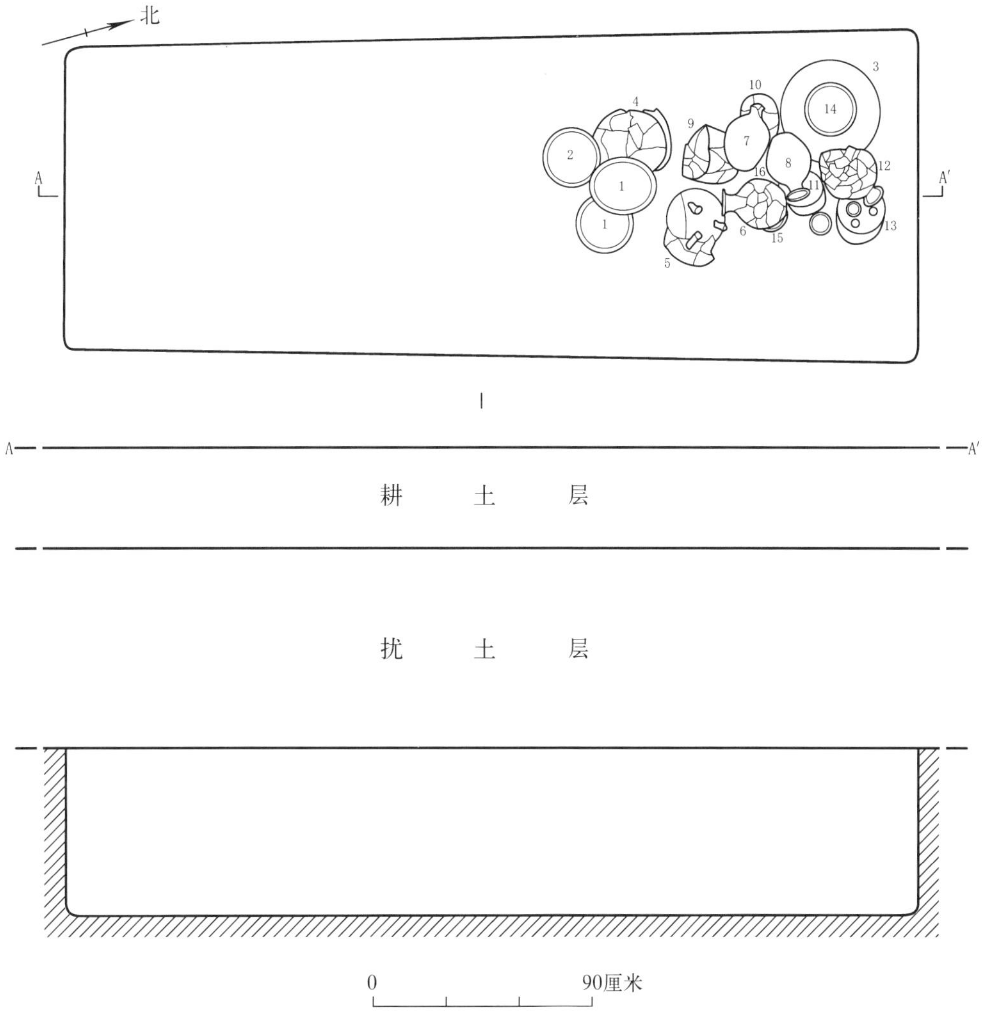

图二一〇 M76平、剖面图

1. 陶盒 2. 陶盒 3. 陶井（压于14下） 4. 陶钵 5. 陶鼎 6. 陶壶 7. 陶壶 8. 陶壶 9. 陶樽 10. 陶壶 11. 陶套盒 12. 陶壶 13. 陶灶组合 14. 陶瓮 15. 陶灯 16. 陶壶（压于8下）

腹径18.2、底径9.4、高24.8、壁厚0.4～0.6厘米（图二一一，7）。

鼎 1件。标本M76：5，由鼎盖及鼎两部分组成，鼎盖：泥质灰陶；台顶，弧腹，敛口，圆唇；腹部施有一周凹弦纹。鼎：尖圆唇，敛口，鼓腹，腹部施有一周扉棱，圆底；近口处附有对称的方形耳，底部附有三个蹄状足；素面。通高20.9厘米；鼎盖：口径16.8、高4.8、壁厚0.4～0.5厘米；鼎：口径18.2、高20.5、壁厚0.4～0.5厘米（图二一一，8；彩版二四六，4）。

樽 1件。标本M76：9，泥质灰陶。圆唇，直口，斜腹，平底，底部附有三个蹄状足。素面。口径19.3、底径16.3、高17.1、壁厚0.4～0.6厘米（图二一二，1；彩版二四七，1）。

盒 2件（M76：1、2）。标本M76：1，由盒盖及盒两部分组成。盒盖：泥质灰陶；圆顶，弧腹，折沿，敞口，方唇；素面。盒：泥质灰陶；方唇，敞口，折沿，弧腹，台底；素面。通高14.9厘米；盒盖：口径21.4、高7.6、壁厚0.5～0.6厘米；盒：口径21.7、底径10.0、高7.3、壁厚0.5～0.6厘米（图二一二，2；彩版二四六，5）。标本M76：2，由盒盖及盒两部分组成。盒盖：泥

图二一一　M76出土器物

1. 陶瓮M76：14　2～7. 陶壶M76：6、8、7、10、12、16　8. 陶鼎M76：5

图二一二　M76出土器物

1. 陶樽M76：9　2、3. 陶盒M76：1、2　4. 陶套盒M76：11　5. 陶钵M76：4　6. 陶灯M76：15　7. 陶灶M76：13－1　8. 陶井 M76：3　9～11. 小陶釜M76：13－2、13－3、13－5　12. 小陶甑M76：13－4

质灰陶；台顶，弧腹，展沿，敞口，方唇；近口处施有一周凹槽。盒：泥质灰陶；方唇，敞口，折沿，弧腹，台底；素面。通高14.5厘米；盒盖：口径22.2、顶径11.0、高7.4、壁厚0.5～0.6厘米；盒：口径22.6、底径10.7、高7.1、壁厚0.5～0.6厘米（图二一二，3；彩版二四六，6）。

　　套盒　1件。标本M76：11，由套盒盖及套盒两部分组成。套盒盖：泥质黄褐陶，圆顶，折腹，微敛口，圆唇；素面，腹部轮旋痕迹明显。套盒：泥质黄褐陶；圆唇，直口，折腹，平底；素面。通高15.9厘米；套盒盖：口径17.8、高12.7、壁厚0.4～0.5厘米；套盒：口径15.4、底径7.7、高10.1、壁厚0.4～0.5厘米（图二一二，4；彩版二四七，2）。

钵　1件。标本M76：4，泥质灰陶。圆唇，敛口，弧腹，台底。素面。口径21.5、底径9.1、高7.0、壁厚0.4～0.6厘米（图二一二，5；彩版二四七，3）。

灯　1件。标本M76：15，泥质灰陶。豆型灯，方唇，唇面施有一周凹槽，敞口，浅盘，喇叭形灯座。素面。口径14.7、底座径12.4、高13.8、壁厚0.4～0.8厘米（图二一二，6；彩版二四七，4）。

灶　1件。标本M76：13－1，泥质灰陶。灶面呈圆形，灶面上呈"品"字形置有三个圆形火眼，尾端有长方形烟孔，长正方形灶门不落地。素面。灶面直径17.6、高8.7、壁厚0.6～0.7厘米；火眼直径3.6、3.2、3.3、烟孔长1.0厘米；灶门长3.7、高2.6厘米（图二一二，7；彩版二四七，5）。

井　1件。标本M76：3，泥质灰陶。方唇，敞口，束颈，折肩，折腹，平底。素面。口径8.9、底径6.0、高16.4、壁厚0.4～0.6厘米（图二一二，8；彩版二四七，6）。

小釜　3件（M76：13－2、13－3、13－5）。形制相似，均为泥质灰陶或黄褐陶；圆唇，敛口，束颈，鼓腹，圜底；素面。标本M76：13－2，口径3.7、最大腹径4.6、高1.7、壁厚0.1～0.2厘米（图二一二，9；彩版二四七，5）。标本M76：13－3，口径3.4、最大腹径4.4、高1.9、壁厚0.1～0.2厘米（图二一二，10；彩版二四七，5）。标本M76：13－5，口径5.2、最大腹径6.4、高2.1、壁厚0.2～0.4厘米（图二一二，11；彩版二四七，5）。

小甑　1件。标本M76：13－4，泥质灰陶。圆唇，敞口，展沿，弧腹，平底，底部穿有六个圆形甑孔。素面。口径8.4、底径3.7、高2.9、壁厚0.5～0.7厘米（图二一二，12；彩版二四七，5）。

七七　W1

1. 墓葬形制

瓮棺葬，平面近似椭圆形，墓圹较规整。方向55°（图二一三；彩版二四八，1）。开口于第②层下，开口距地表1.20米，保存状况较好。

墓圹四壁向内斜收，圜底，整体呈锅底状。长径1.62、短径1.00、深0.50米。

墓内填土呈灰褐色，并夹杂有少量的黑土等，土质较疏松。

2. 葬具和人骨

葬具由3件陶釜及1件陶盆套接而成。

釜　3件（W1：2、3、4）。形制相似，均为尖唇，敛口，溜肩，鼓腹，腹部最大径位置靠近肩部，圜底；素面。标本W1：2，夹滑石红褐陶，底部残缺。口径18.0、最大腹径24.0、残高22.4、

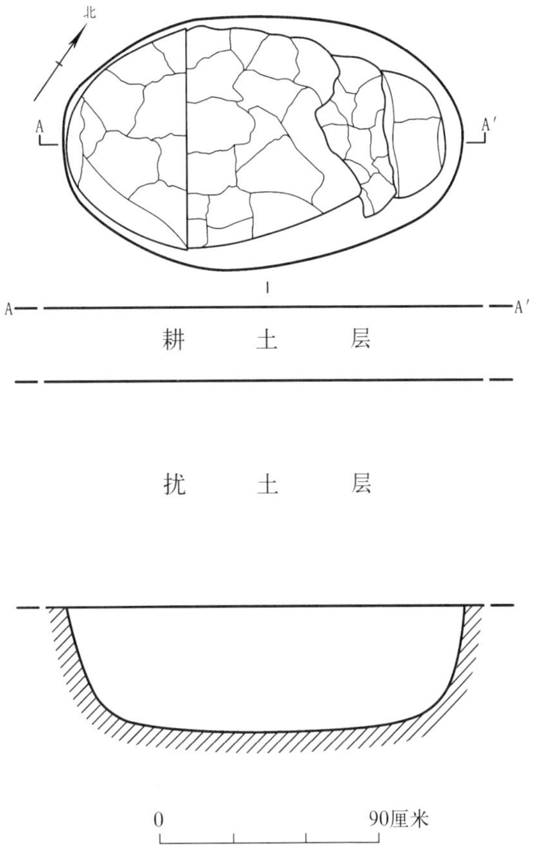

图二一三　W1平、剖面图

壁厚0.9~1.2厘米（图二一四，1；彩版二四八，2）。标本W1：3，器形较大，夹滑石红褐陶，底部残缺。口径22.5、最大腹径31.8、残高24.4、壁厚0.8~1.2厘米（图二一四，2；彩版二四八，4）。标本W1：4，夹滑石黑褐陶，陶色不纯，局部呈红褐色。口径18.2、最大腹径24.7、高25.5、壁厚0.9~1.2厘米（图二一四，3；彩版二四八，3）。

盆　1件。标本W1：1，夹细砂灰陶。口部残缺，弧腹，平底。素面，内壁施有多周凹弦纹。底径11.9、残高11.0、壁厚0.3~0.5厘米（图二一四，4；彩版二四八，5）。

由于该墓的埋藏条件不利于有机物的保存，墓底未见有人骨痕迹。

3．随葬品
瓮棺内未见有任何随葬品出土。

七八　W2

1．墓葬形制
瓮棺葬，平面近似椭圆形，墓圹较规整。方向50°（图二一五；彩版二四九，1）。开口于第②层下，开口距地表1.20米，保存状况较好。

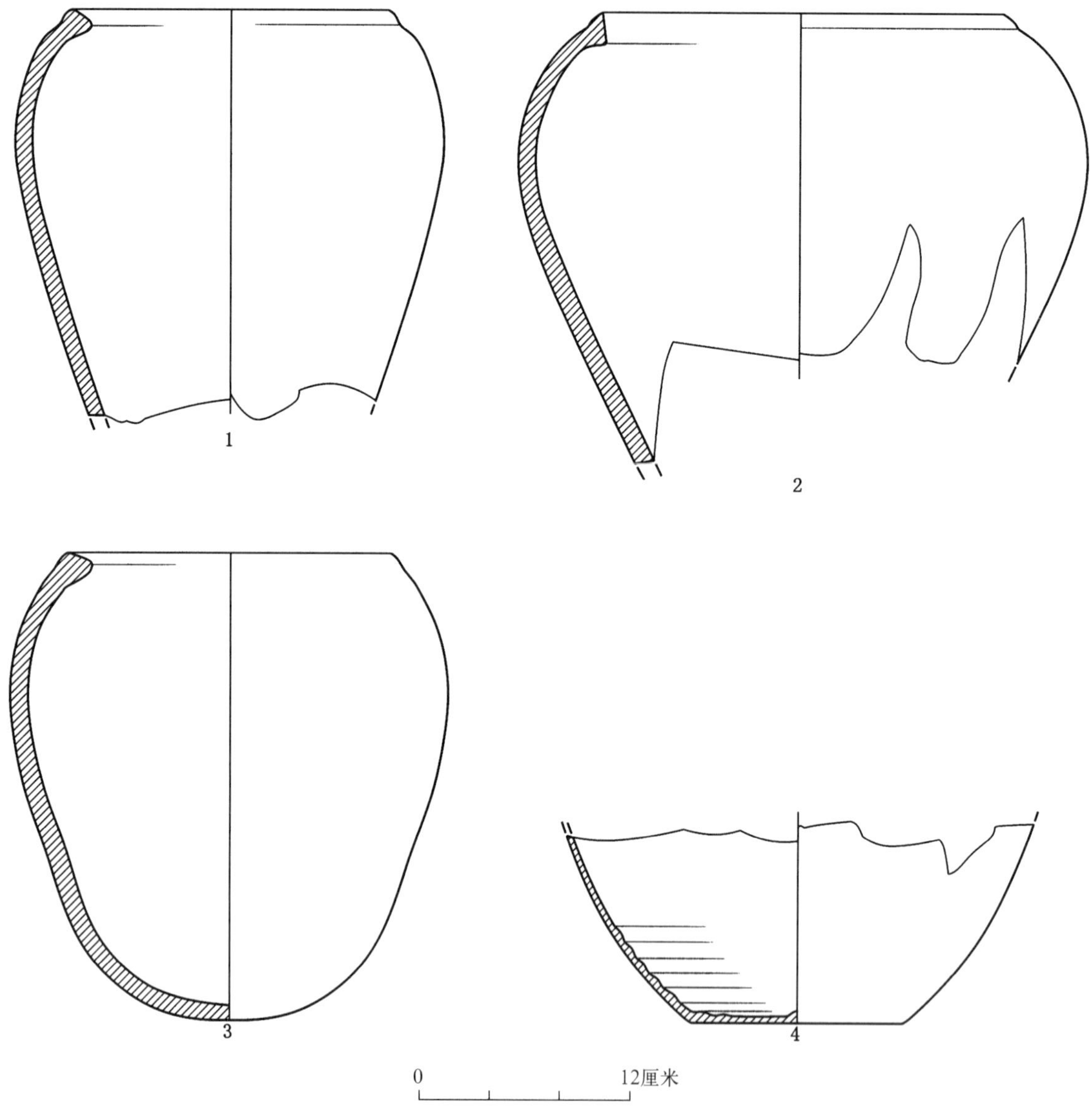

图二一四　W1出土葬具
1~3. 陶釜W1：2、3、4　4. 陶盆W1：1

墓圹四壁向内斜收，圜底，整体呈锅底状。长径2.20、短径1.20、深0.56米。

墓内填土呈灰褐色，并夹杂有少量的黑土等，土质较疏松。

2. 葬具和人骨

葬具由3件陶釜及1件陶盆套接而成。

釜　3件（W2：1、2、3）。形制相似，均器形较大，尖唇，敛口，溜肩，鼓腹或折腹，腹部最大径位置靠近肩部，圜底；素面。标本W2：1，夹滑石黑褐陶。口径24.6、最大腹径37.6、高30.6、壁厚1.0~1.4厘米（图二一六，1；彩版二四九，2）。标本W2：2，夹滑石黑褐陶，陶色

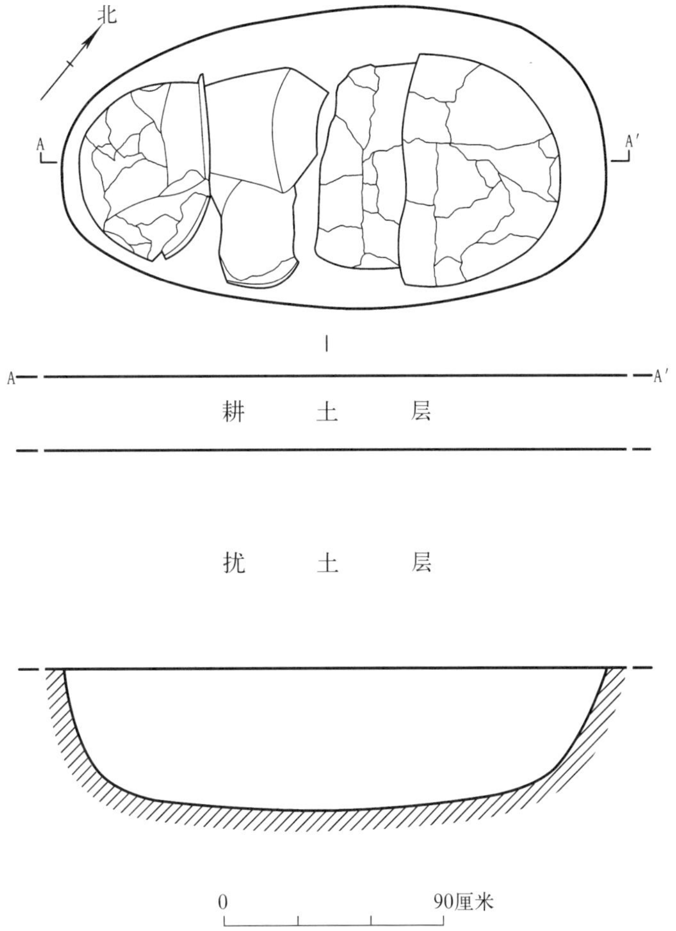

图二一五　W2平、剖面图

不纯，局部呈红褐色，底部残缺。口径26.8、最大腹径36.4、残高29.8、壁厚0.8～1.2厘米（图二一六，2；彩版二四九，3）。标本W2∶3，夹滑石红褐陶，底部残缺。口径23.0、最大腹径33.1、残高19.1、壁厚0.7～1.0厘米（图二一六，3）。

盆　1件。标本W2∶4，夹细砂灰陶。方唇，敞口，卷沿，唇面及沿面均施有一周凹槽，弧腹，平底。中腹部施有多周凹弦纹。口径29.4、底径10.6、高16.4、壁厚0.4～0.6厘米（图二一六，4；彩版二四九，4）。

由于该墓的埋藏条件不利于有机物的保存，墓底未见有人骨痕迹。

3．随葬品

瓮棺内未见有任何随葬品出土。

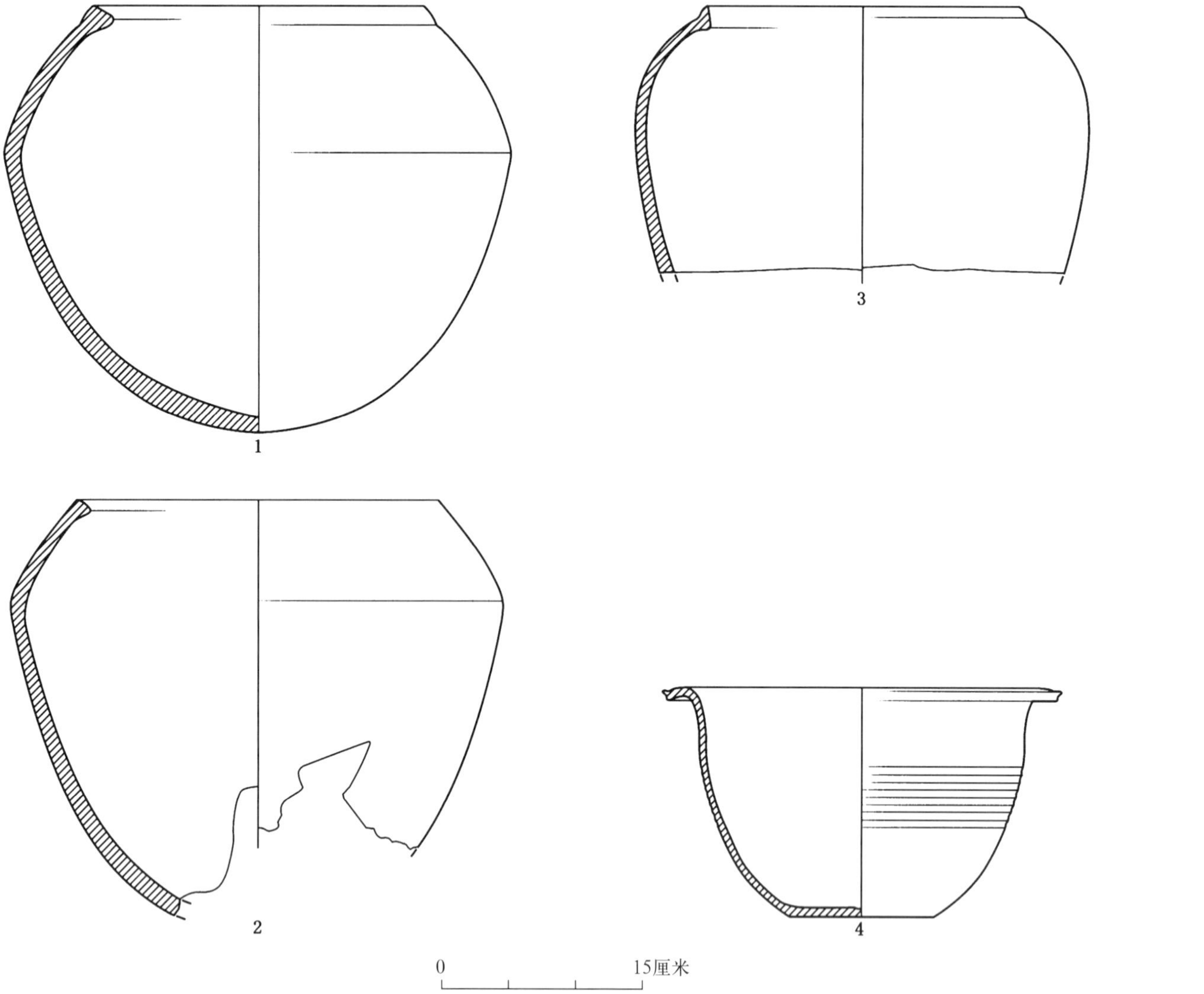

0　　　　　　　　　　15厘米

图二一六　W2出土葬具

1~3. 陶釜W2：1、2、3　4. 陶盆W2：4

第三章　初步研究

第一节　墓葬形制

一　墓葬形制

羊草庄墓地发掘的78座墓葬，根据形制的不同可分为土坑竖穴墓、砖椁墓、石椁墓、砖室墓、石室墓及瓮棺葬六类。

第一类　土坑竖穴墓

共30座。墓葬平面形状多为圆角梯形，少量为圆角长方形。墓圹较规整，四壁较平直或内斜，墓底较平坦。除一座墓葬在墓底平铺有一层石板外，墓底均由生土经过简单平整而成。多数墓穴内置有木质葬具，盖板现已不存，壁板、挡板及底板仅存板灰痕迹。根据木质葬具的不同，土坑竖穴墓又可细分为一椁墓、一椁并棺墓、一椁单棺墓、带纵隔板的一椁单棺墓、并棺墓、单棺墓及无葬具七种类型。

A型　一椁墓，8座。多为双人合葬墓，少量为单人葬。随葬陶器均位于椁内头端。如M29、M30、M36、M40、M41、M57、M58、M67。

B型　一椁并棺墓，1座。双人合葬墓，2具木棺并排置于椁内，其中，西侧个体的随葬品置于棺内，东侧个体的随葬品置于椁内棺外的头端。如M39。

C型　一椁单棺墓，3座。均为单人葬，单棺靠近椁室一侧放置，随葬陶器位于椁内棺外的头端。如M9、M21、M42。

D型　带纵隔板的一椁单棺墓，1座。双人合葬墓，其北侧椁室内置有木棺，随葬陶器置于头端。如M33。

E型　并棺墓，5座。双人合葬墓，木棺并置，随葬陶器置于棺内或棺外。如M34、M35、M47、M65、M75。

F型　单棺墓，5座。均为单人葬，墓穴较为狭小。随葬品集中置于头端。如M24、M37、M38、M45、M68。

G型　无葬具，7座。多为单人葬，少量为双人合葬，随葬陶器均集中于头端。如M28、M31、M32、M66、M70、M73、M76。

　　此次发掘，发现了大量的土坑竖穴墓，这一类型的墓葬以前也多有发现，辽宁境内主要分布在朝阳、锦州、营口、旅大地区，而鞍辽地区则较为少见。从目前发现的材料来看，旅大地区发现的最多，早在1955年的营城子地区就发掘过多座土坑墓[1]，此外，在旅顺的大潘家[2]、三涧区[3]、李家沟[4]等地也多有发现。普兰店地区主要是在花儿山[5]、姜屯[6]等地发现有土坑墓。营口市盖州光荣村[7]和农民村[8]、锦州市的女儿街[9]和国和街[10]也有所发现。上述地点均位于环渤海地区，土坑墓中多填充有贝壳等，具有浓郁的地方特色。朝阳地区汉代时期的土坑墓主要发现于袁台子[11]等地，带有明显的燕式陶器特点。鞍辽地区的土坑墓发现数量较少，见于辽阳的苗圃墓地[12]、鞍山的沙河东地墓地[13]等处，但数量较少，见诸报道的仅为几座。

　　第二类　砖椁墓

　　共7座。砖椁墓均无墓道，单人葬，砖椁的平面形状均呈长方形，砖椁内多置有木棺，但多已腐朽殆尽。根据砖椁砌筑方式的不同，可分为三型：A型，单隅顺砖逐层错缝垒砌；B型，双隅顺砖、平砖逐层错缝垒砌；C型，单隅丁砖拼砌。

　　A型　单隅顺砖逐层错缝垒砌，4座。椁室四壁多较平直，其中在1座砖椁的四壁上设有壁龛。如M22、M46、M72、M74。

　　B型　双隅顺砖、平砖逐层错缝垒砌，1座。如M27。

　　C型　单隅丁砖拼砌，2座。椁顶为硬山顶结构。如M54、M55。

　　砖椁墓作为由土坑墓向砖室墓转变的过渡形制，由于其流行时间较短，所以其在辽宁地区发现的数量也就较少，仅在沈阳伯官屯墓地[14]、抚顺刘尔屯[15]等少量墓地偶有发现。

　　第三类　石椁墓

　　共14座。石椁平面形状多呈长方形，由经过简单加工的石块逐层错缝垒砌而成，少量椁底铺有小石板和青砖；小型石椁墓顶部由大石板封盖而成。石椁墓的随葬品均较少，陶器多为瓮、罐、盆、钵等；铜、琉璃及石质装饰品最具特色。根据葬俗的不同，可分为两型：A型，单人葬；B型，并葬墓。

　　A型　单人葬，7座。少量石椁外侧砌有平面呈长方形的石垣墙。如M2、M15、M16、M17、

[1]　于临祥：《大连市郊营城子发现贝壳墓》，《文物参考资料》1955年第2期。
[2]　刘俊勇：《辽宁大连大潘家村西汉墓》，《考古》1995年第7期。
[3]　许明纲、于临祥：《旅顺三涧区发现古墓》，《文物参考资料》1956年第2期。
[4]　于临祥：《旅顺李家沟西汉贝墓》，《考古》1965年第3期。
[5]　刘俊勇：《辽宁新金县花儿山汉代贝墓第一次发掘》，《文物资料丛刊》（4），1981年。
[6]　辽宁省文物考古研究所：《姜屯汉墓》，文物出版社，2013年。
[7]　万欣：《辽宁盖州发现大型汉代砖墓和贝壳墓》，《中国文物报》2006年7月7日第2版。
[8]　崔艳茹、魏耕耘：《盖州农民村汉墓群发掘简报》，《辽宁考古文集》（2），科学出版社，2010年。
[9]　刘谦：《辽宁锦州汉代贝壳墓》，《考古》1990年第8期。
[10]　吴鹏等：《锦州国和街汉代贝壳墓发掘简报》，《辽海文物学刊》1992年第2期。
[11]　辽宁省文物考古研究所、朝阳博物馆：《朝阳袁台子——战国西汉遗址和西周至十六国时期墓葬》，文物出版社，2010年。
[12]　辽宁省文物考古研究所：《辽宁辽阳市苗圃墓地汉代土坑墓》，《考古》2015年第4期。
[13]　东北文物工作队：《东北文物工作队一九五四年工作简报》，《文物参考资料》1955年第3期。
[14]　沈阳市文物工作组：《沈阳伯官屯汉魏墓群》，《考古》1964年第11期。
[15]　辽宁省文物考古研究所、抚顺博物馆：《辽宁抚顺市刘尔屯汉魏墓群的发掘》，《考古》2014年第4期。

M20、M43、M44。

B型 并葬墓，7座。砌筑方式均为晚期墓葬利用早期墓葬石椁的一壁贴砌而成；少量石椁外侧砌有平面呈长方形的石垣墙。如M13、M14、M25、M26、M49、M50、M69。

石椁墓在辽宁地区发现的极少，且较为零散，同一墓地中发现有多座石椁墓仅见于鞍山调军台墓地[1]、辽阳唐户屯墓地[2]等处。且这两处墓地的石椁是由加工的较为平整的页岩垒砌而成，随葬品也与同时期其他类型墓葬所出陶器差别不大。

第四类 砖室墓

共20座。均为单室墓，形制较为简单，少量砖室墓发现有砖质棺床及器物台，随葬陶器多位于墓室后部。根据墓葬形状的不同，可分为两型：A型，墓葬平面呈"甲"字形；B型，墓葬平面呈刀形。

A型 墓葬平面呈"甲"字形，7座。墓葬均由墓道、墓门及墓室三部分组成。墓道位于墓室前壁中部，均为长方形斜坡状，大多数由于未完全挖掘，因而其长度不详。墓门位置均位于墓室前壁中部。墓室平面形状均呈长方形，四壁较平直，墓底均铺有墓底砖，可辨墓顶结构有券顶及拱顶之分。根据墓室四壁砌法的不同又可分为两亚型。

Aa型 墓室四壁由单隅顺砖逐层错缝垒砌而成，3座。如M7、M8、M23。

Ab型 墓室四壁由双隅顺砖与丁砖逐层垒砌而成，4座。如M1、M52、M60、M64。

B型 墓葬平面呈刀形，13座。墓葬均由墓道、墓门及墓室三部分组成。墓道均为长方形斜坡状，大多数由于未完全挖掘，因而其长度不详。墓门位置均偏离墓室前壁中部，而紧邻侧壁。墓室平面形状均呈长方形，四壁较平直，多数墓底铺有墓底砖。如M3、M5、M6、M11、M12、M48、M51、M53、M56、M59、M62、M63、M71。

墓地内发现的砖室墓虽然墓葬形制略有不同，但其主体文化内涵较为一致。砖室墓在沈阳、辽阳、营口及旅大地区也多有发现，但沈阳地区的汉代墓地土坑墓发现较少，多为砖室墓，如上伯官墓地[3]；辽阳地区的汉代墓地土坑墓也发现的不多，多为砖室墓及石室墓，如苗圃墓地[4]；营口及旅大地区的汉代墓地多为土坑墓与砖室墓共存，如普兰店姜屯墓地[5]等，此外，这一区域还发现有大量的积贝墓和花纹砖墓。

第五类 石室墓

共5座。均为单室墓，形制较为简单，墓底多由生土面经过简单平整而成，少量墓底见有铺砖或铺石。早期石室墓的墓壁用石仅经过简单修整，墓室砌筑的也较不规整，墓门用石块封堵，墓顶多由楔形砖起券而成；晚期石室墓的墓壁用石多为页岩，磨制的极为规整，墓室砌筑的也较为规整，墓门用大石板封堵，墓顶也由大石板封盖。如M4、M10、M18、M19、M61。

石室墓在辽宁地区发现的数量较多，主要见于鞍辽地区，如鞍山的调军台墓地[6]、辽阳的苗圃墓

[1] 司伟伟：《鞍山市高新区调军台汉墓》，《中国考古学年鉴·2013》，文物出版社，2014年。
[2] 沈欣：《辽阳唐户一带的汉墓》，《考古通讯》1955年第4期。
[3] 佴俊岩：《沈阳上伯官汉墓清理简报》，《辽海文物学刊》1991年第2期。
[4] 辽宁省文物考古研究所：《辽宁辽阳苗圃墓地西汉砖室墓发掘简报》，《文物》，2014年第11期。
[5] 辽宁省文物考古研究所：《姜屯汉墓》，文物出版社，2013年。
[6] 司伟伟：《鞍山市高新区调军台汉墓》，《中国考古学年鉴·2013》，文物出版社，2014年。

地[1]、迎水寺壁画墓[2]、棒台子墓群[3]、肖夹河墓地[4]等；此外，在锦州的昌盛村[5]、沈阳陈相屯[6]等处也发现有零星的石室墓。石室墓从东汉早期开始出现，流行于东汉晚期及魏晋时期，且是鞍辽地区魏晋时期的主要墓葬形制。

第六类　瓮棺葬

共2座。结构相同，葬具均由3件陶釜及1件陶盆套接而成。陶釜均为夹滑石质，陶盆为典型的汉式灰陶盆。如W1、W2。

瓮棺葬在辽宁地区虽然发现的数量较多，但出土地点却较少。大连的姜屯墓地[7]、沈阳的上伯官墓地[8]等处都出土有零星的瓮棺葬；迄今为止，辽宁地区发现的数量最多的瓮棺葬墓地为1954年冬和1955年5月发掘的辽阳三道壕儿童瓮棺墓地，仅这二次发掘就清理出348座瓮棺葬[9]。

二　葬具葬式与葬俗

（一）木质葬具

土坑墓的葬具主要有木椁及木棺。该墓地的椁板及棺板均已腐朽，仅存灰白色板灰，并且有的出现塌陷和变形，部分改变了原来的位置；但仍可看出椁室和棺室的形状和尺寸，整理中尽可能地作了复原研究。土坑墓的葬具组合方式以一椁墓为主，其次为单棺墓及并棺墓，一椁单棺墓仅见于3例，一椁并棺墓及带纵隔板的一椁单棺墓最少，仅见于1例。木椁面形状均呈"Ⅱ"字形，仅存挡板、壁板及底板，整个椁室经壁板和挡板套合而成，底板由木方横向铺垫而成。木棺平面形状近似长方形，盒状或"Ⅱ"字形，仅存挡板、壁板及底板。

砖构墓及石构墓中的木质葬具多已腐朽殆尽，仅残存有少量的木棺朽灰痕迹。此外，个别墓葬中还置有砖质棺床、棺底垫砖或棺底垫石，这就为分析木棺下葬时的位置提供了直接的证据。

（二）葬式

该墓地的埋葬条件极不利于有机物的保存，所以绝大多数的墓葬内人骨均已不存，整个墓地可辨葬式的人骨个体仅有5例，除1例为侧身屈肢葬，其余4例均为仰身直肢葬。此外，砖室墓中人骨的头向均与墓门方向相反。

（三）葬俗

由于墓葬形制的不同，葬俗也略有差异。土坑竖穴墓多为双人合葬墓和单人葬；砖椁墓均为单

[1] 李海波：《辽阳市太子河区苗圃西汉至魏晋时期墓地》，《中国考古学年鉴·2013》，文物出版社，2014年。

[2] 滨田耕作：《辽阳附近的壁画古坟》，《东亚考古学研究》，获原星文馆，1943年。

[3] a.李文信：《辽阳发现的三座壁画古墓》，《文物参考资料》1955年第5期。b.王增新：《辽阳市棒台子二号壁画墓》，《考古》1960年第1期。

[4] 白宝玉、徐政：《辽宁省辽阳市肖夹河墓地发掘简报》，《北方文物》2010年第1期。

[5] 傅俊山：《辽宁锦县右卫乡昌盛汉墓清理简报》，《北方文物》1987年第4期。

[6] 周阳生：《沈阳陈相屯魏晋石椁墓清理》，《辽海文物学刊》1993年第1期。

[7] 白宝玉、徐政：《辽宁省辽阳市肖夹河墓地发掘简报》，《北方文物》2010年第1期。

[8] 沈阳市文物考古研究所：《沈阳考古文集·第2集》，科学出版社，2009年。

[9] 陈大为：《辽阳三道壕儿童瓮棺墓群发掘简报》，《考古通讯》1956年第2期。

人葬；石椁墓多为并葬墓和单人葬；砖室墓及石室墓应均为合葬墓。

三 土坑墓的陶器组合分析

与其他遗迹相比，墓葬中出土的陶器种类最多，数量也最多，其组合差异也较明显，所以在对随葬品研究的过程中，陶器组合也是不可或缺的一部分。由于砖室墓及石室墓多经盗扰，陶器种类及数量已经不齐全，所以，这里仅对土坑墓的陶器组合进行分析。

首先，依据单人葬及双人葬的区别对各墓葬的随葬陶器进行分别列举。

（一）单人葬

M9：瓮、罐、壶、鼎、鐎斗、斗、樽、盒、套盒、炉、灯、熏、器盖、灶组合。

M21：瓮、罐、壶、鼎、樽、盒、套盒、盆、炉、灯、灶组合、井。

M28：罐、盆。

M31：瓮、壶、鼎、钩镂、樽、盒、套盒、灯、灶组合、井。

M37：罐、长颈瓶、樽、盒、套盒、井。

M38：瓮、罐、壶、樽、盒、套盒、盆、灶组合、井。

M42：罐、壶、樽、盆、灶组合、井。

M58：罐、壶、樽、盒、套盒、盆、灶组合、井。

M66：罐、盆。

M68：罐、盆。

M70：罐、壶、鼎、樽、盒、套盒、盆、灶组合、井。

M73：罐、壶、鼎、樽、盒、套盒、灶组合、井。

M76：瓮、壶、鼎、樽、盒、套盒、钵、灯、灶组合、井。

（二）双人葬

为了行文叙述方便，统一把墓葬平面图调整到随葬品居上的状态进行研究，且把调整后的合葬墓中的个体分为左、右两个个体。

M29左：瓮、罐、壶、樽、盒、套盒、盆、灶组合、井。

M29右：瓮、壶、鼎、樽、盒、套盒、盆、灯、灶组合、井。

M30左：瓮、壶、鼎、樽、盒、套盒、炉、灶组合、井。

M30右：瓮、壶、鼎、盒、套盒、灯、熏、灶组合、井。

M32左：罐、樽、盒。

M32右：罐、套盒、盆、灶组合、井。

M33左：罐、壶、鼎、樽、盒、套盒、灶组合、井。

M34左：壶、鼎、樽、盒、套盒、炉、灯、熏、灶组合、井。

M34右：瓮、罐、壶、鼎、樽、盒、套盒、灶组合、井。

M35左：罐、壶、鼎、樽、盒、套盒、灶组合、井。

M35右：罐、壶、鼎、樽、盒、套盒。

M36左：瓮、罐、壶、鼎、樽、盒、套盒、灯、灶组合、井。

M36右：瓮、壶、盒、灶组合、井。

M39左：壶。

M39右：罐、盒、灶组合、井。

M40左：瓮、罐、壶、鼎、樽、套盒、盆、灯、熏。

M40右：盒、盆、灶组合、井。

M41左：罐、壶、樽、套盒、盆。

M41右：罐、壶、灯、熏、灶组合、井。

M45左：瓮、壶、鼎、樽、盒、套盒、盆、炉、灶组合、井。

M46右：瓮、壶、樽、盒、套盒、盆、灶组合、井。

M47左：罐、壶、鼎、樽、盒、套盒、盆、熏、灶组合、井。

M47右：罐、壶、盒。

M65左：瓮、罐、壶、鼎、樽、盒、套盒、盆、灶组合、井。

M65右：无。

M67左：罐、壶、樽、盒、套盒、盆、灶组合、井。

M67右：罐、壶、鼎、樽、套盒、盆、灯、灶组合、井。

M75左：罐、壶、盒、套盒、盆。

M75右：罐、盒、盆、灶组合、井。

通过对以上墓葬随葬陶器种类进行梳理，可以得出以下结论：

第一，该墓地的陶器组合种类较为复杂，但以瓮、罐、壶、鼎、樽、盒、套盒、灶组合、井的组合为基本组合，只是在这个基础上对个别陶器种类的增减。

第二，在合葬墓中，鼎、灯、熏多数情况下仅为其中一人所独享。由于缺少人骨材料的佐证，推测大致是和性别差异有着直接关系。

第二节　陶器

陶器在随葬品中出土数量最多，共计一千余件，种类计有瓮、罐、壶、长颈瓶、鼎、鉤镂、鐎斗、斗、樽、盒、套盒、釜、盆、钵、缸、炉、灯、熏、耳杯、小勺、灶、井、小釜、小盆、小甑、水斗等26类，不见该地区同时期较为常见的奁、案、器座、仓、楼等陶器。本节仅对这些陶器的制法、纹饰以及其中的主要器物的演变规律进行初步分析。

陶质以泥质灰（褐）陶为主，泥质黄褐陶也较为大宗，另有少量的泥质黑（褐）陶、红褐陶及夹砂灰陶；夹滑石陶器仅见于瓮棺葬中，陶色有红褐陶及黑褐陶之分。灰陶的火候较高，一般较为坚硬；红陶火候较低，质地较疏松。出土的大多数陶器陶质较细腻，陶土在烧制前多经过简单的淘洗。

陶器制法可分为轮制、模制和手工捏制三种。绝大多数的器物为轮制；耳杯及器物附件如蹄形足等多为模制；少量的水斗、小釜、小盆及小甑等则为手工捏制而成。

陶器纹饰主要有刻划纹、模印纹、绳纹、凹弦纹等四种。刻划纹数量较少，主要是在罐上刻划的水波纹、鱼纹等纹饰。模印纹均施在耳杯杯底，主要是椭圆形界格、鸟纹及几何纹。绳纹为主要纹饰，多施在瓮、罐的下腹部及底部。凹弦纹也较为大宗，主要施在壶、罐类的肩部及上腹部，此外，樽、盒、套盒、盆心也多施有此纹饰。

1．瓮

23件。器形均较大，多为泥质灰陶或灰褐陶，火候较高，多数下腹部及底部施有细绳纹。依据口部的不同分为两型（图二一七）。

A型　14件，数量较多。矮领。依据肩部特征可分为三亚型。

Aa型　1件。折肩。圜底。标本M9：28。

Ab型　10件。溜肩。圜底。依据腹部变化分为四式。

Ab型Ⅰ式　5件。腹部最大径位置居中。标本M31：1。

Ab型Ⅱ式　2件。腹部最大径位置略靠下。标本M22：8。

Ab型Ⅲ式　1件。较Ⅱ式更显垂腹，圜底更明显。标本M23：7。

Ab型Ⅳ式　2件。腹部浑圆，器形较大。标本M59填：1。

Ac型　3件。圆肩。依据腹部及底部变化分为三式。

Ac型Ⅰ式　1件。腹部最大径位置居中略靠下，圜底。标本M36：32。

Ac型Ⅱ式　1件。腹部最大径位置靠近底部，圜底近平。标本M46：1。

Ac型Ⅲ式　1件。腹部最大径位置靠近底部，腹部整体较Ⅱ式浑圆。标本M7填：5。

B型　9件。子母口，短颈。依据腹部特征可分为两亚型。

Ba型　7件。鼓腹。腹部最大径位置均靠近肩部。依据腹部及底部变化可分为两式。

Ba型Ⅰ式　3件。腹部较扁圆，平底或平底微内凹。标本M36：13。

Ba型Ⅱ式　4件。腹部较Ⅰ式浑圆，平底内凹明显或圜底。标本M45：17。

Bb型　2件。球形腹。依据腹部及底部变化可分为两式。

Bb型Ⅰ式　1件。腹部最大径位置居中，平底内凹。标本M29：2。

Bb型Ⅱ式　1件。腹部最大径位置略靠下，圜底。标本M10：4。

2．罐

157件。数量较多，是汉代墓葬中最为常见的随葬品之一。泥质灰（褐）陶为主，多为素面，少量在肩部施有凹弦纹，下腹部及底部施有绳纹，此外，还在M8：2肩部发现有刻划的鱼纹。依据器形大小分为两类（图二一八、二一九）。

甲类　83件。

大型罐，最大腹径或罐高大于20厘米。依据口部及腹部特征分为五型。

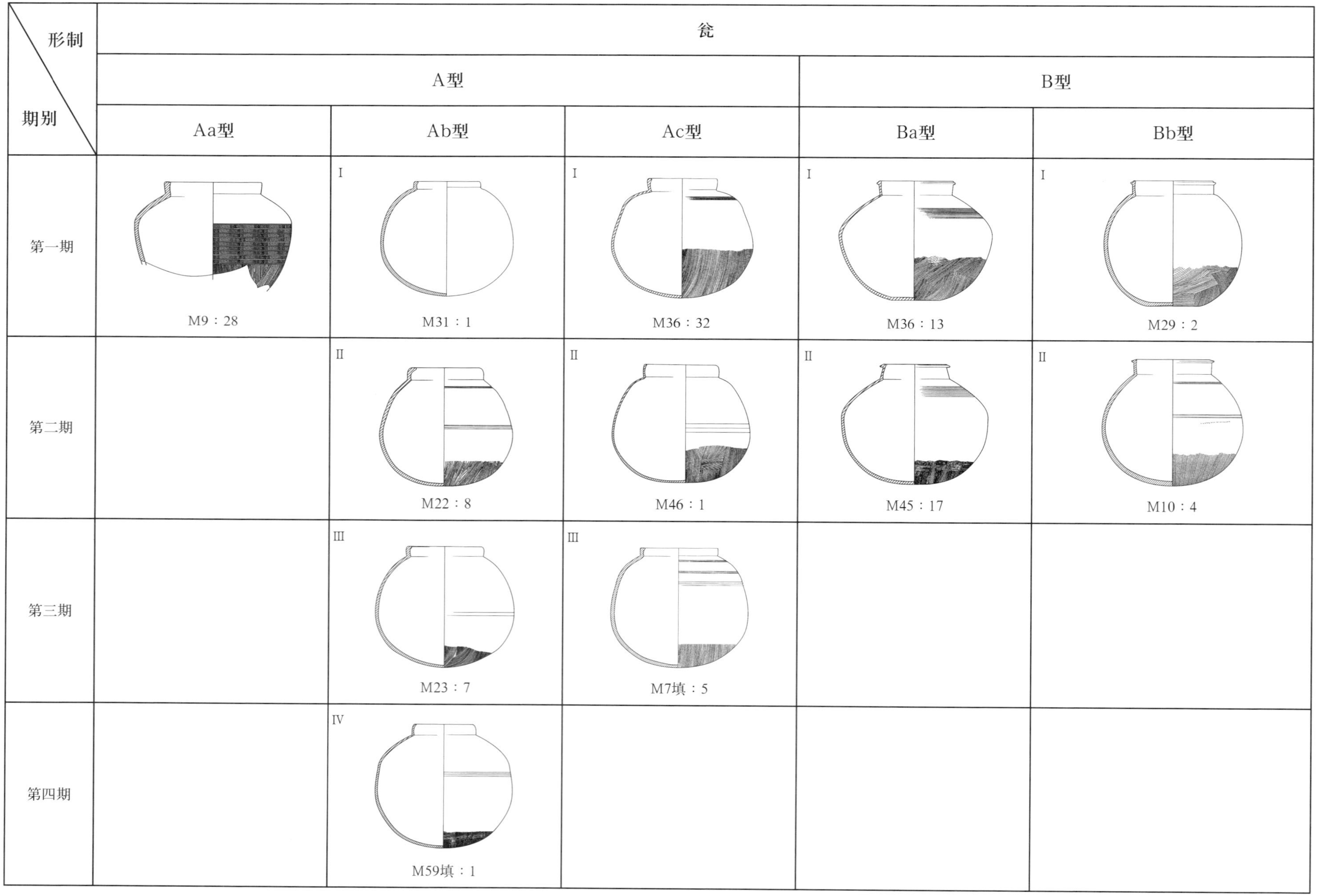

形制			Aa型	A型			B型		
期别				Ab型	Ac型		Ba型	Bb型	
第一期			M9:28	I M31:1	I M36:32		I M36:13	I M29:2	
第二期				II M22:8	II M46:1		II M45:17	II M10:4	
第三期				III M23:7	III M7填:5				
第四期				IV M59填:1					

图二一七　羊草庄汉墓陶器型式图

A型　26件。小窄沿，沿面施有一周凹槽，鼓腹，腹部最大径位置靠近肩部。均为平底或台底；部分下腹部及底部施有绳纹。依据口部特征分为两亚型。

Aa型　16件。敞口。依据口部及腹部变化分为三式。

Aa型Ⅰ式　11件。腹部较深。标本M67：22。

Aa型Ⅱ式　4件。腹部较Ⅰ式宽肥。标本M66：4。

Aa型Ⅲ式　1件。敞口不甚明显，腹部最大径位置较Ⅱ式下移。标本M6：9。

Ab型　10件。敛口。依据腹部变化分为两式。

Ab型Ⅰ式　7件。腹部较深。标本M33：20。

Ab型Ⅱ式　3件。腹部较Ⅰ式宽肥。标本M43：6。

B型　5件。小窄沿，斜直颈或外鼓颈，鼓腹。依据整体变化分为两式。

B型Ⅰ式　1件。口沿较明显，微敞口，腹部最大径位置略靠上。标本M32：15。

B型Ⅱ式　4件。口沿不甚明显，腹部更显浑圆。标本M15：3。

C型　28件。敞口，展沿，沿面施有一周凹槽，腹部最大径位置靠近肩部。依据整体特征分两亚型。

Ca型　27件。颈部较长，鼓腹。依据腹部变化分为两式。

Ca型Ⅰ式　24件。腹部较深。标本M75：9。

Ca型Ⅱ式　3件。腹部较Ⅰ式浅。标本M41：4。

Cb型　1件。颈部较短，腹部较浑圆。标本M49：3。

D型　23件。矮领。依据肩部及腹部特征分为五亚型。

Da型　16件。溜肩，鼓腹，下腹部弧收。依据整体变化分为四式。

Da型Ⅰ式　2件。敞口较明显，鼓腹。标本M9：23。

Da型Ⅱ式　7件。颈部较Ⅰ式高，腹部较Ⅰ式深。标本M57：11。

Da型Ⅲ式　2件。肩部上移，腹部变浅。标本M3：6。

Da型Ⅳ式　5件。肩部靠近口部，腹部更显宽肥。个别肩部施有水波纹。标本M48填：1。

Db型　4件。圆肩，鼓腹，下腹部弧收。依据整体变化分为三式。

Db型Ⅰ式　2件。圆肩较明显，深腹，腹部最大径位置居中，台底。标本M35：3。

Db型Ⅱ式　1件。圆肩不甚明显，腹部最大径位置上移，台底。标本M16：8。

Db型Ⅲ式　1件。略圆肩，腹部最大径位置居中，矮圈足。带有罐盖。标本M4：4。

Dc型　1件。溜肩，折腹，下腹部弧收。标本M17：2。

Dd型　1件。溜肩，鼓腹，下腹部向内弧收。标本M40：13。

De型　1件。子母口，溜肩，鼓腹，下腹部弧收成台底。标本M8：2。

E型　1件。小口罐。圆唇，子母口，束颈，溜肩，鼓腹，腹部最大径位置略靠上，平底。中腹部施有一周横向粗绳纹，下腹部及底部满施细绳纹。标本M42：7。

乙类　74件。

小型罐，最大腹径和罐高均小于20厘米。乙类罐均为敞口，溜肩，鼓腹，腹部最大径位置靠近肩部，平底或台底；多为素面，少量器表施有凹弦纹。依据口部特征分为四型。

A型　67件。展沿，沿面施有一周凹槽，颈部较高。依据整体变化分为四式。

A型Ⅰ式　42件。颈部较高，深腹。标本M47：2。

A型Ⅱ式　23件。颈部低矮，腹部较Ⅰ式浅。标本M58：3。

A型Ⅲ式　1件。颈部较Ⅱ式低矮，腹部较Ⅱ式瘦长。标本M11：19。

A型Ⅳ式　1件。束颈较甚，极显鼓腹。标本M64：2。

B型　1件。展沿，颈部较高。标本M15：6。

C型　2件。展沿，颈部较低矮。依据腹部变化分为两式。

C型Ⅰ式　1件。鼓腹，腹部最大径位置居中或略靠上。标本M32：12。

C型Ⅱ式　1件。腹部最大径位置靠近肩部，下腹部急收成平底。标本M23：9。

D型　4件。微卷沿，敞口，束颈。依据整体变化分为两式。

D型Ⅰ式　3件。颈部较高，腹部较瘦长。标本M32：18。

D型Ⅱ式　1件。颈部极短，腹部较宽肥。标本M23：3。

3．壶

233件。出土数量较多，主要出土于土坑墓中。陶壶质地以泥质灰陶或黄褐陶为主，均为轮制。壶身多为素面，少量在肩部施有凹弦纹。部分陶壶有盖。依据口部特征分为五型（图二二〇）。

A型　9件。展沿或微卷沿，敞口。依据腹部变化分为两式。

A型Ⅰ式　5件。鼓腹，腹部最大径位置靠近肩部。标本M33：11。

A型Ⅱ式　4件。近似卵形腹，腹部最大径位置居中或略靠上。标本M40：14。

B型　176件。展沿或微卷沿，沿面施有一周凹槽，敞口。依据腹部特征分为两亚型。

Ba型　104件。沿面施有一周凹槽，鼓腹。均为束颈，腹部最大径位置靠近肩部，平底或台底；素面为主，少量施有凹弦纹。依据肩部及腹部变化分为两式。

Ba型Ⅰ式　95件。溜肩较明显，鼓腹。标本M29：21。

Ba型Ⅱ式　9件。溜肩不甚明显，腹部较Ⅰ式深。标本M56：3。

Bb型　63件。沿面施有一周凹槽，卵形腹，多数腹部最大径位置靠近肩部。依据整体变化分为四式。

Bb型Ⅰ式　4件。沿面外翻较甚，卵形腹较深。标本M34：12。

Bb型Ⅱ式　27件。沿面外翻，卵形腹下部较Ⅰ式宽肥。标本M57：4。

Bb型Ⅲ式　24件。卵形腹较Ⅱ式显瘦长。标本M23：11。

Bb型Ⅳ式　8件。腹部比Ⅲ式宽肥。标本M60：3。

Bc型　9件。展沿，沿面内侧施有一周凹槽。依据腹部变化分为两式。

Bc型Ⅰ式　4件。鼓腹。标本M41：14。

Bc型Ⅱ式　5件。卵形腹。标本M6：1。

C型　34件。盘口。依据腹部特征分为两亚型。

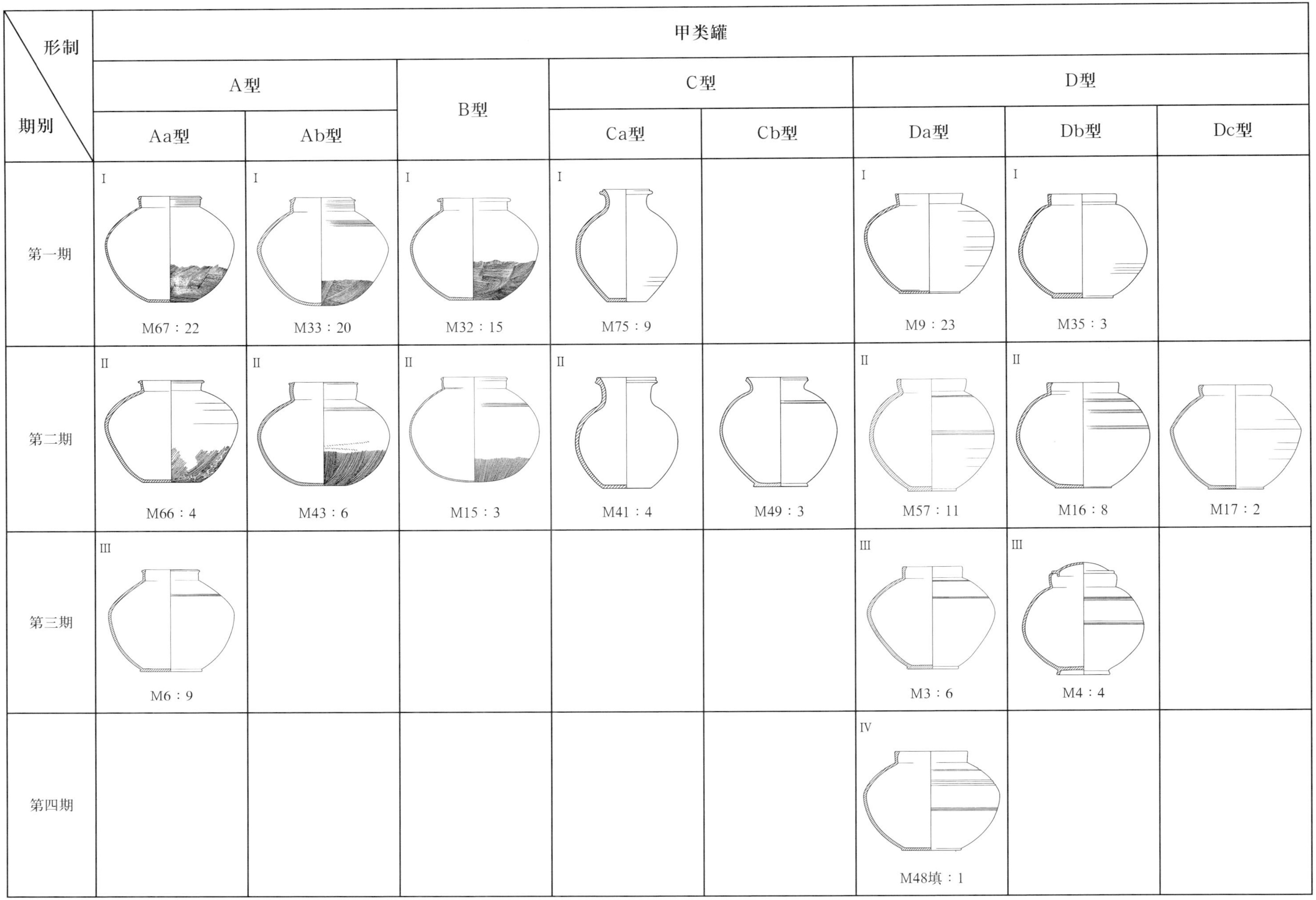

图二一八　羊草庄汉墓陶器型式图

形制 期别		甲类罐										
		A型		B型	C型		D型				
		Aa型	Ab型		Ca型	Cb型	Da型		Db型			Dc型
第一期		I M67：22	I M33：20	I M32：15	I M75：9		I M9：23		I M35：3			
第二期		II M66：4	II M43：6	II M15：3	II M41：4	M49：3	II M57：11		II M16：8			M17：2
第三期		III M6：9					III M3：6		III M4：4			
第四期							IV M48填：1					

| 期别＼形制 | 乙类罐 | | | | 甲类罐 | | |
	D型	C型	B型	A型	E型	D型 De型	D型 Dd型
第一期	Ⅰ M32：18	Ⅰ M32：12		Ⅰ M47：2	M42：7		M40：13
第二期			M15：6	Ⅱ M58：3			
第三期	Ⅱ M23：3	Ⅱ M23：9		Ⅲ M11：19		M8：2	
第四期				Ⅳ M64：2			

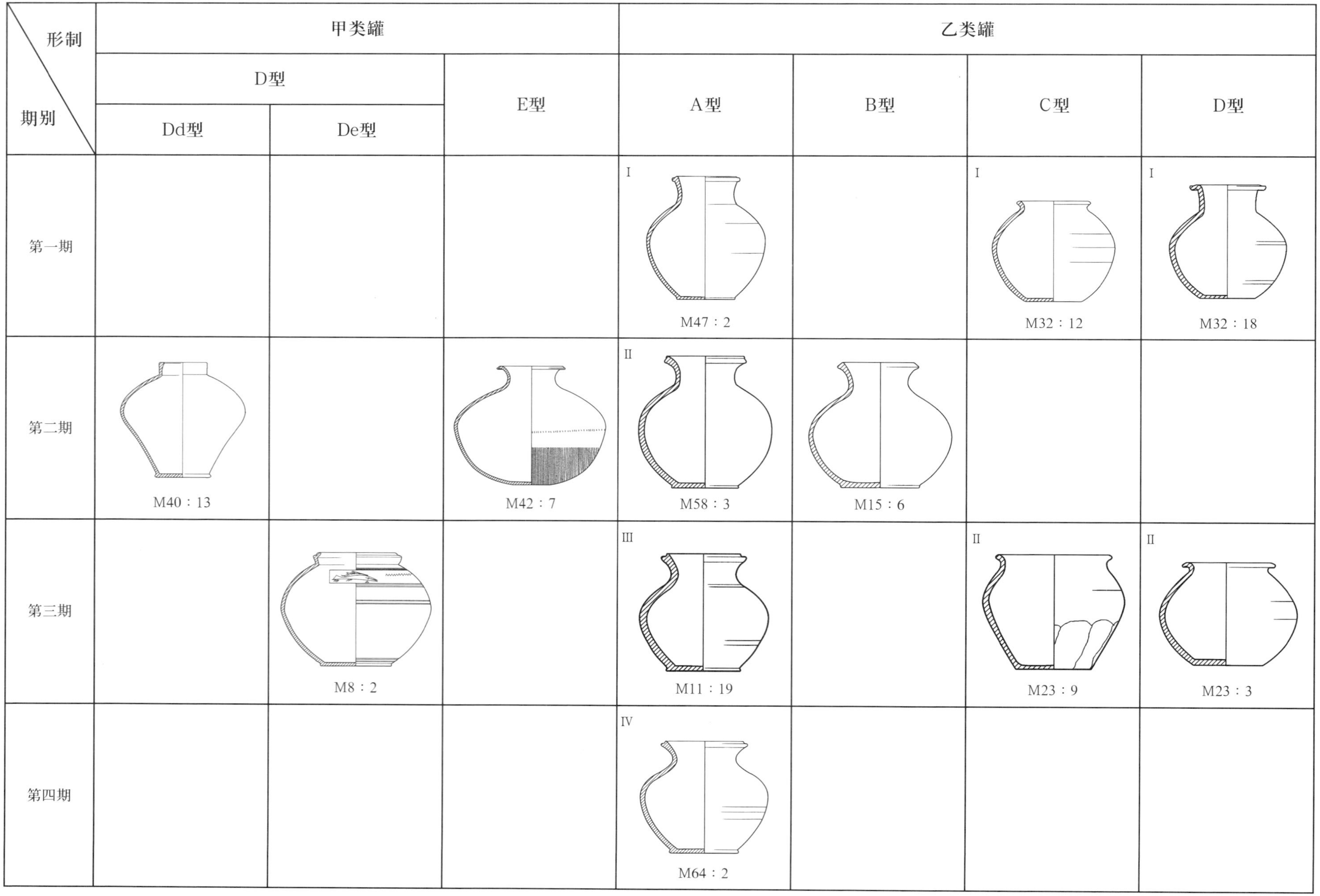

图二一九 羊草庄汉墓陶器型式图

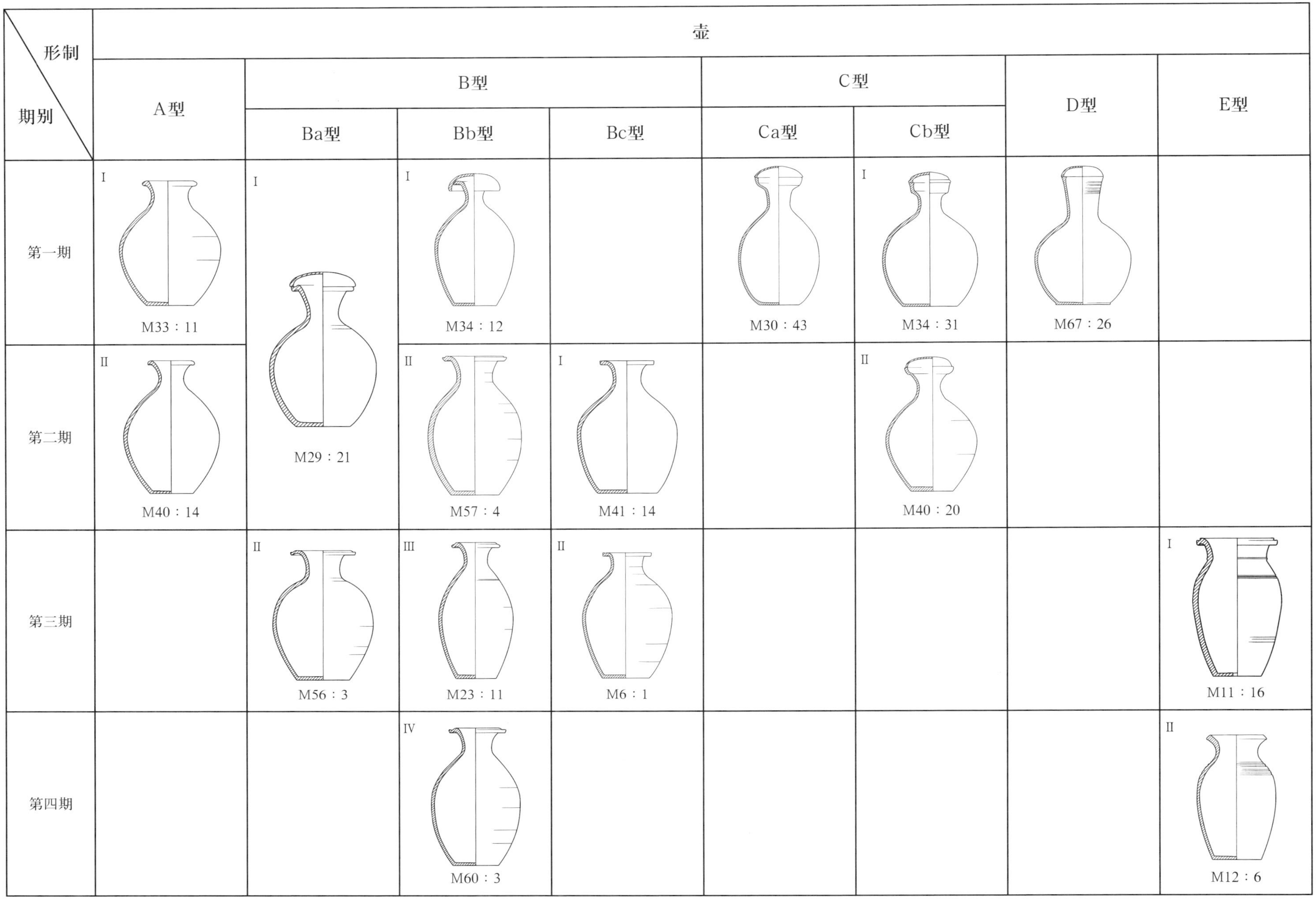

图二二〇 羊草庄汉墓陶器型式图

Ca型　24件。卵形腹。标本M30：43。

Cb型　10件。鼓腹。依据腹部变化分为两式。

Cb型Ⅰ式　8件。腹部最大径位置位于肩部，腹部较圆鼓。标本M34：31。

Cb型Ⅱ式　2件。腹部最大径位置下移，下腹部较Ⅰ式显瘦。标本M40：20。

D型　2件。敞口，斜直颈，鼓腹，腹部最大径位置略靠上，平底或台底。带盖。标本M67：26。

E型　12件。大口壶，多数唇面施有一周凹槽。敞口，束颈，溜肩，卵形腹，平底或台底。依据整体变化分为两式。

E型Ⅰ式　3件。大敞口，唇面施有一周凹槽，微卷沿，卵形腹。标本M11：16。

E型Ⅱ式　9件。口部较Ⅰ式小，展沿，腹部最大径位置上移。标本M12：6。

4．长颈瓶

29件。多为泥质灰陶或灰褐陶，少量为泥质黄褐陶、黑陶，部分器表磨光。多数的长颈瓶中腹部穿有一组三个或四个圆形镂孔，但也有少量的长颈瓶在腹部穿有上、下两排镂孔；底部多穿有一个圆形镂孔。依据底部的不同分为三型（图二二一）。

A型　17件。平底。依据口部特征分为三亚型。

Aa型　7件。小窄沿。依据整体变化可分为两式。

Aa型Ⅰ式　4件。颈部较粗，腹部较浑圆，器身未见镂孔。标本M37：7。

Aa型Ⅱ式　3件。颈部细长，腹部较扁，中腹部穿有多个圆形镂孔。标本M12：7。

Ab型　7件。喇叭口。腹部均穿有多个圆形镂孔，底部穿有一个圆形镂孔。标本M53：18。

Ac型　3件。敞口。中腹部穿有三个圆形镂孔，底部穿有一个圆形镂孔。标本M64：1。

B型　11件。台底。中腹部多穿有多个圆形镂孔，底部穿有一个圆形镂孔。依据整体变化分为两式。

B型Ⅰ式　7件。颈部较粗，鼓腹；中腹部穿有三个圆形镂孔，底部穿有一个圆形镂孔。标本M7填：3。

B型Ⅱ式　4件。颈部细长，腹部略扁；腹部及底部未见有镂孔。标本M63填：2。

C型　1件。矮圈足。腹部及底部均未见有镂孔。标本M37：8。

5．鼎

23件。泥质灰陶居多，多有鼎盖。鼎盖及器身均为轮制，双耳及三足多为模制，后贴附于器身之上。鼎耳均为长方形竖耳，有实心及中空之分；鼎足多为高蹄形足。器身多为素面，多数施有一周扉棱，个别器表施有弦纹。依据腹部特征分为三型（图二二二）。

A型　9件。弧腹，腹部呈钵状。依据腹部特征分为两亚型。

Aa型　6件。深腹。标本M65：8。

Ab型　3件。浅腹。标本M36：3。

B型　9件。鼓腹，腹部施有一周扉棱。依据耳部特征分为两亚型。

Ba型　7件。实心长方形耳。依据整体变化分为三式。

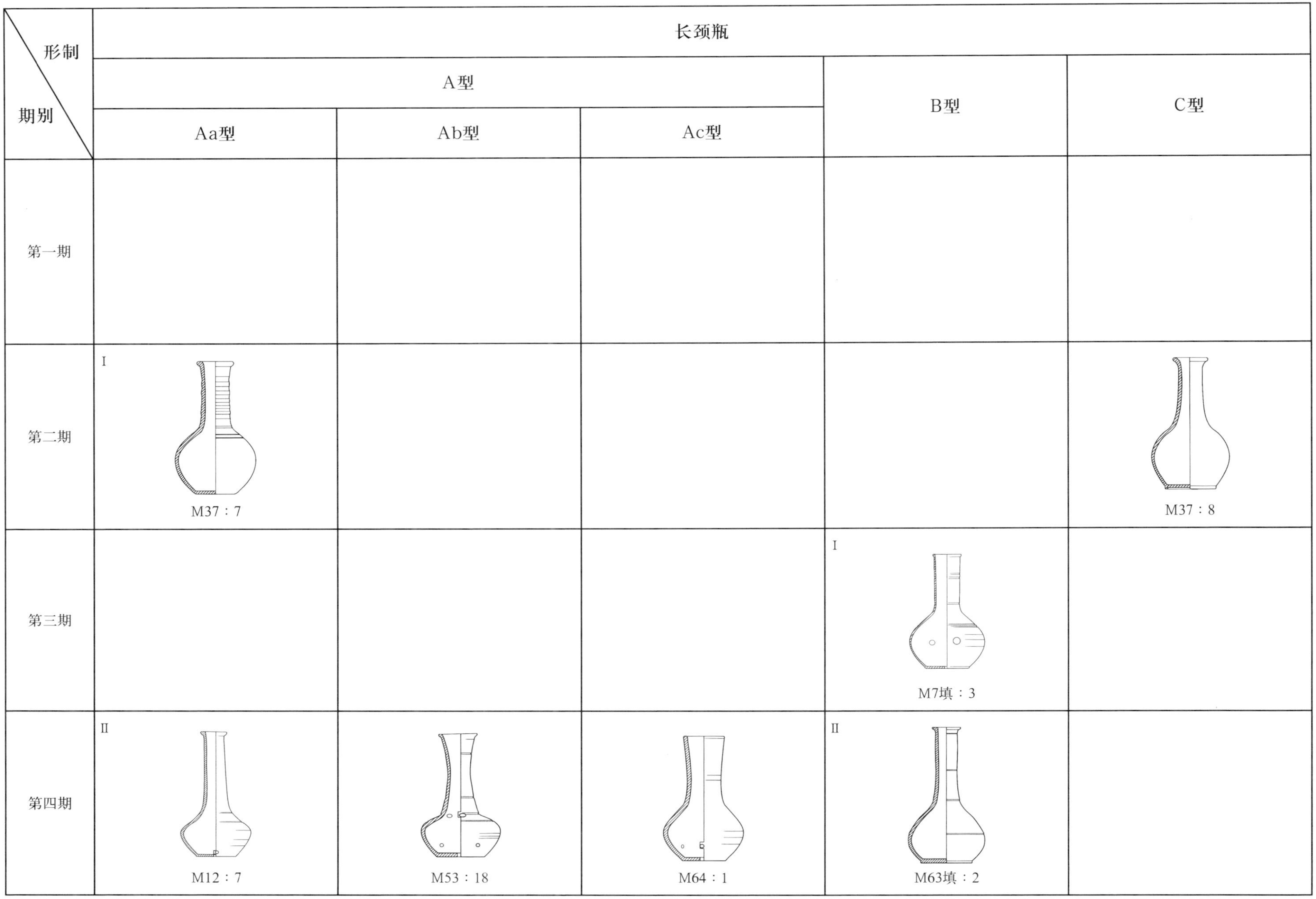

形制 / 期别	长颈瓶 A型			B型	C型
	Aa型	Ab型	Ac型		
第一期					
第二期	I M37:7				M37:8
第三期				I M7填:3	
第四期	II M12:7	M53:18	M64:1	II M63填:2	

图二二一　羊草庄汉墓陶器型式图

图二二二 羊草庄汉墓陶器型式图

形制	鼎							
	A 型		B 型			C 型		
期别	Aa型	Ab型	Ba型	Bb型	Ca型	Cb型		
第一期	M65：8	M36：3	I M34：23 II M67：31 III M40：12	M31：8	M34：2	M29：17		
第二期								
第三期								
第四期								

Ba型Ⅰ式　3件。深腹，中腹部施有一周扁棱，蹄足内聚。标本M34：23。

Ba型Ⅱ式　1件。深腹，近口处施有一周扁棱，蹄足较直。标本M67：31。

Ba型Ⅲ式　3件。腹部较Ⅱ式浅，近口处施有一周扁棱，蹄足外撇明显。标本M40：12。

Bb型　2件。方耳中空。标本M31：8。

C型　5件。折腹，腹部施有一周扁棱。依据耳部及足部特征分为两亚型。

Ca型　4件。实心长方形耳，高蹄形足。标本M34：2。

Cb型　1件。方耳中空，矮足。标本M29：17。

6．鉤鎒

1件。泥质灰褐陶。方唇，敛口，鼓腹，上腹部附有对称的舌状穿，圜底，底部附有三个蹄状足。标本M31：18。

7．鐎斗

1件。泥质灰陶。圆唇，敛口，鼓腹，中腹部附有一个四棱柱状柄和兽头状流，圜底，底部附有三个蹄状足。标本M9：16。

8．斗

1件。泥质灰陶。圆唇，敞口呈圆角方形，弧腹，上腹部一端附有一个蹄形柄，台底。标本M9：12。

9．樽

42件。多为泥质灰陶。少量附有樽盖。多为素面，少量器表施有凹弦纹或卷云纹。依据整体特征分为两型（图二二三）。

A型　38件，数量较多。筒状，平底，底部附有三个蹄形足。依据腹部特征分为两亚型。

Aa型　7件。深腹。标本M30：29。

Ab型　31件。浅腹。标本M29：7。

B型　4件。钵状，圜底。依据底部及足部变化分为两式。

B型Ⅰ式　1件。圜底，底部附有三个蹄形足。标本M23：4。

B型Ⅱ式　3件。圜底极明显，腹部附有三个锥状足。标本M53：8。

10．盒

75件。泥质灰陶为主，多为素面，个别器表施有凹弦纹。依据整体特征分为三类（图二二三、二二四）。

甲类　22件。

盒盖及盒体均呈钵状。依据整体特征分为四型。

A型　11件。圜顶，圜底。标本M31：3。

B型　3件。圜顶，平底。标本M9：26。

C型　3件。圜顶，台底。标本M36：19。

D型　5件。平顶，平底。标本M33：3。

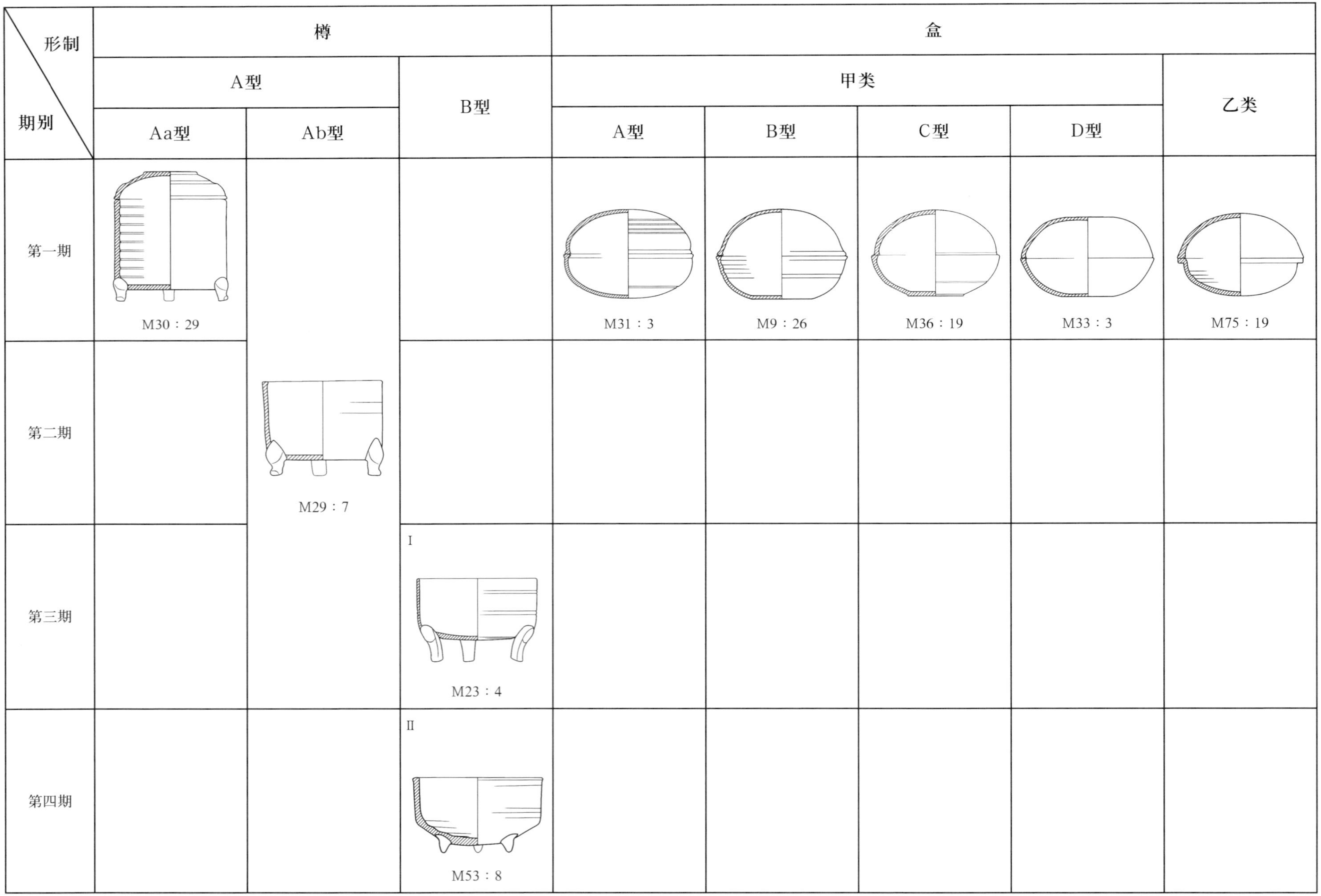

形制			樽			盒					
			A型		B型	甲类				乙类	
期别			Aa型	Ab型		A型	B型	C型	D型		
第一期			M30：29			M31：3	M9：26	M36：19	M33：3	M75：19	
第二期				M29：7							
第三期					I M23：4						
第四期					II M53：8						

图二三三　羊草庄汉墓陶器型式图

乙类　2件。

盒盖呈钵状，盒体呈盆状。标本M75：19。

丙类　51件。

数量较多。盒盖及盒体呈盆状。依据整体特征分为六型。

A型　18件。圜顶，圜底。依据口部及腹部特征分为两亚型。

Aa型　16件。口沿较厚，深腹。依据腹部变化分为两式。

Aa型Ⅰ式　15件。弧腹。标本M65：7。

Aa型Ⅱ式　1件。近似折腹，腹部较Ⅰ式浅。标本M39：3。

Ab型　2件。口沿较薄，浅腹。标本M67：19。

B型　6件。圜顶，平底。依据腹部变化分为两式。

B型Ⅰ式　4件。弧腹较浅。标本M32：14。

B型Ⅱ式　2件。近似折腹，腹部较深。标本M37：3。

C型　5件。平顶，平底。依据口部及腹部变化分为两式。

C型Ⅰ式　4件。弧腹。标本M30：3。

C型Ⅱ式　1件。沿部较Ⅰ式厚，上腹部较直。标本M58：7。

D型　4件。圜顶，台底。依据整体变化分为两式。

D型Ⅰ式　2件。口沿较窄，圜顶近平。标本M30：9。

D型Ⅱ式　2件。口沿较厚，腹部较Ⅰ式浅，圜顶较明显。标本M39：5。

E型　17件。台顶，台底。依据腹部变化分为三式。

E型Ⅰ式　11件。深腹。标本M21：5。

E型Ⅱ式　4件。腹部较Ⅰ式浅，整体较扁平。标本M58：5。

E型Ⅲ式　2件。腹部较斜直，整体扁平。标本M23：8。

F型　1件。平顶，台底。标本M57：9。

11．套盒

54件。泥质灰陶为主，多数素面，个别器表施有凹弦纹。西汉晚期套盒均带有套盒盖，而东汉中晚期套盒则以无盖为主。依据腹部特征分为两型（图二二五）。

A型　23件。折腹，腹部施有一周扉棱。依据顶部及底部特征分为四亚型。

Aa型　16件。圜顶，平底。依据口部及腹部变化分为两式。

Aa型Ⅰ式　15件。直口或微敛口，腹部扉棱较明显。标本M34：30。

Aa型Ⅱ式　1件。敛口较甚，腹部扉棱不甚明显。标本M6：10。

Ab型　4件。平顶，平底。依据套盒盖顶部及口部变化分为两式。

Ab型Ⅰ式　1件。套盒盖微敛口，平顶。标本M9：18。

Ab型Ⅱ式　3件。套盒盖敛口较甚，上腹部急收成平顶。标本M4：12。

Ac型　3件。圜顶，台底。依据腹部扉棱变化分为两式。

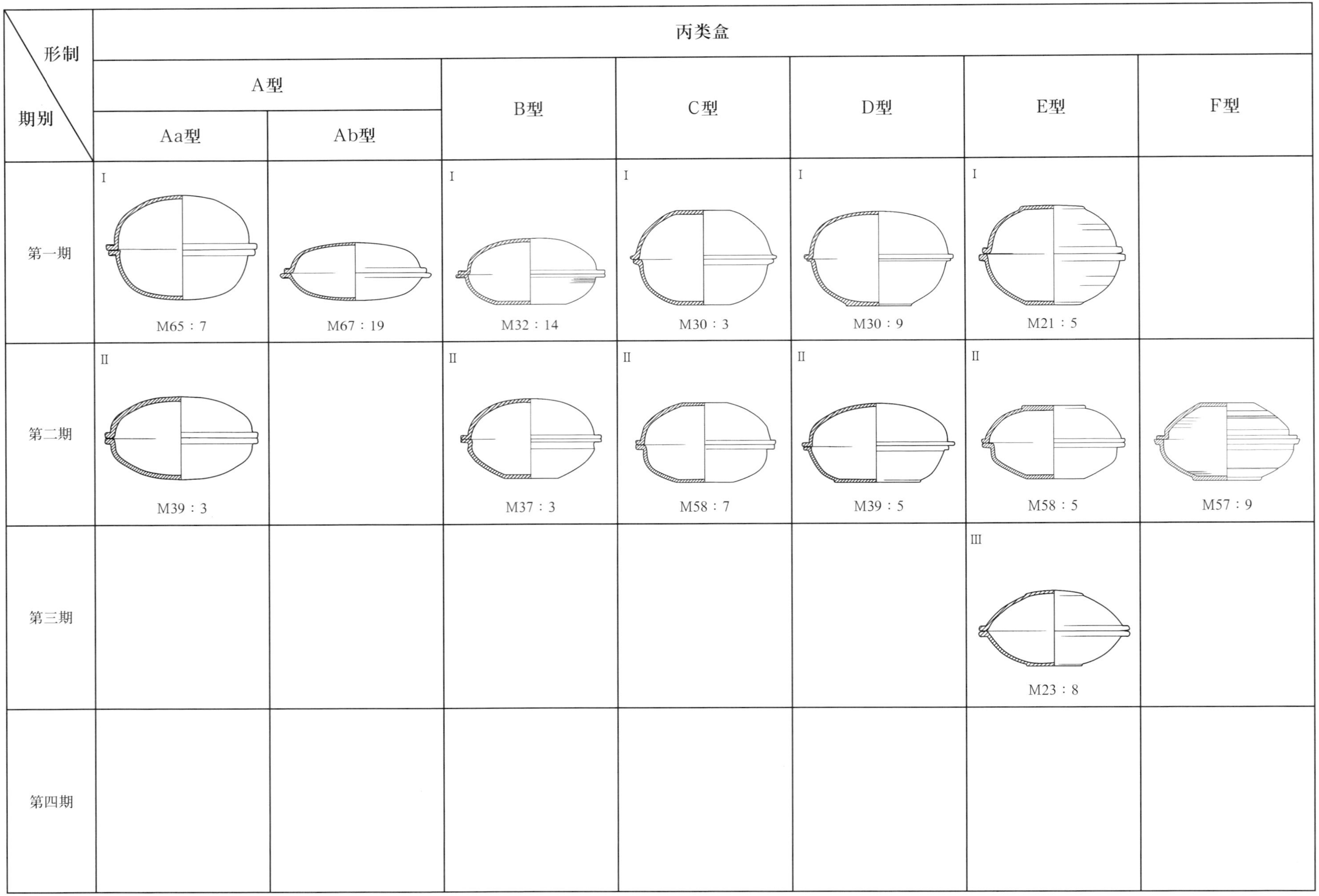

丙类盒

形制 期别	A型		B型	C型	D型	E型	F型
	Aa型	Ab型					
第一期	Ⅰ M65：7	M67：19	Ⅰ M32：14	Ⅰ M30：3	Ⅰ M30：9	Ⅰ M21：5	
第二期	Ⅱ M39：3		Ⅱ M37：3	Ⅱ M58：7	Ⅱ M39：5	Ⅱ M58：5	M57：9
第三期						Ⅲ M23：8	
第四期							

图二二四　羊草庄汉墓陶器型式图

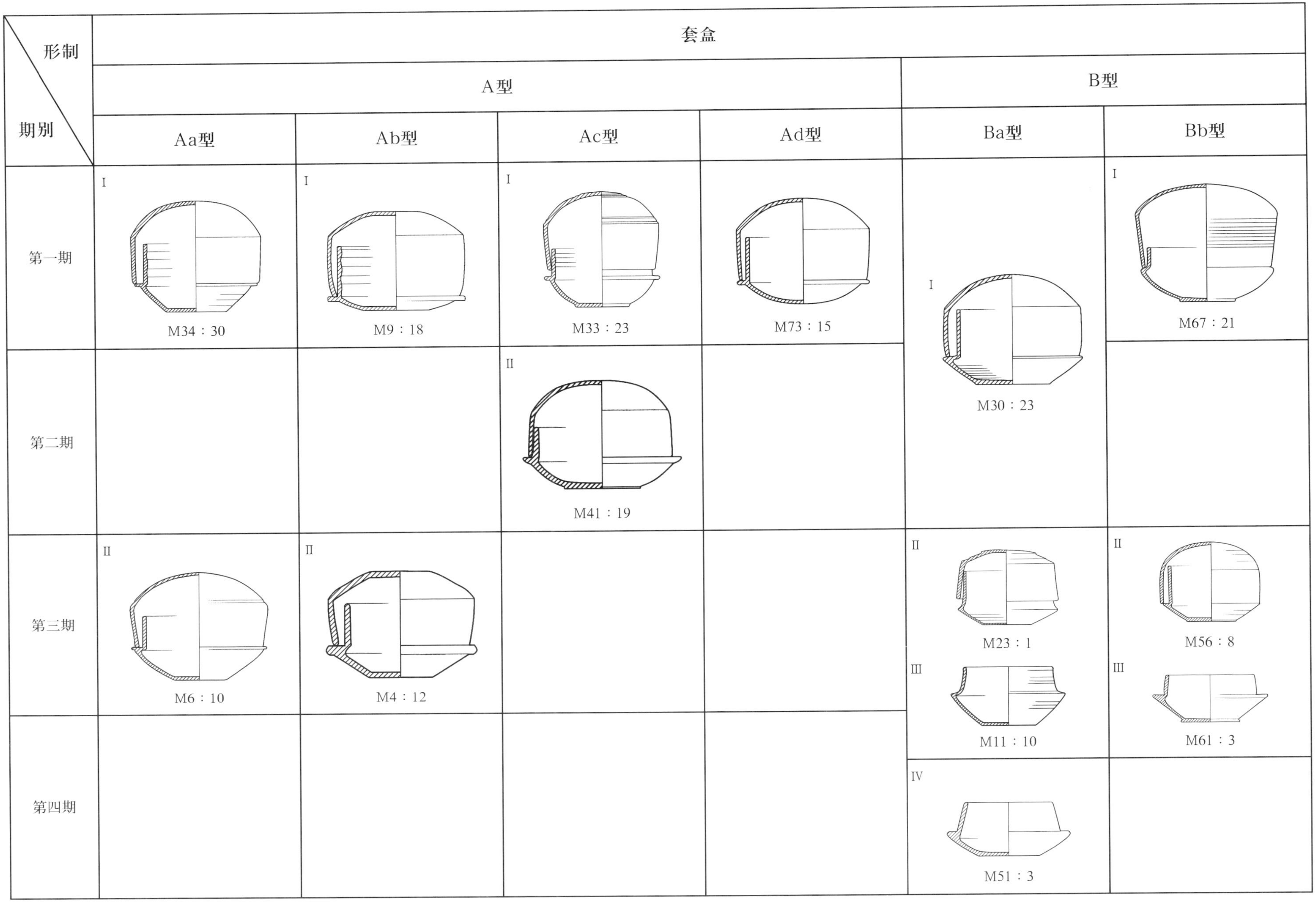

图二二五　羊草庄汉墓陶器型式图

形制 期别	套盒								
	A型						B型		
	Aa型		Ab型		Ac型		Ad型	Ba型	Bb型
第一期	M34：30 (I)		M9：18 (I)		M33：23 (I)		M73：15	M30：23 (I)	M67：21 (I)
第二期					M41：19 (II)				
第三期	M6：10 (II)		M4：12 (II)					M23：1 (II)　M11：10 (III)	M56：8 (II)　M61：3 (III)
第四期								M51：3 (IV)	

Ac型Ⅰ式　2件。腹部扉棱较明显。标本M33：23。

Ac型Ⅱ式　1件。腹部扉棱不明显。标本M41：19。

Ad型　4件。圜顶，圜底。标本M73：15。

B型　31件。折腹，腹部未见有扉棱。依据底部特征分为两亚型。

Ba型　23件。平底。依据套盒盖顶部及套盒腹部变化分为四式。

Ba型Ⅰ式　19件。圜顶。标本M30：23。

Ba型Ⅱ式　1件。台顶。标本M23：1。

Ba型Ⅲ式　1件。无盖，腹部较深。标本M11：10。

Ba型Ⅳ式　2件。无盖，腹部较浅。标本M51：3。

Bb型　8件。台底。依据套盒盖变化分为三式。

Bb型Ⅰ式　6件。套盒盖折腹。标本M67：21。

Bb型Ⅱ式　1件。套盒盖弧腹。标本M56：8。

Bb型Ⅲ式　1件。无盖。标本M61：3。

12．盆

73件。数量较多，多为泥质灰陶，多为素面，少量施有瓦棱纹或凹弦纹。其中，2件陶盆由于过于残碎，无法修复，而无法分型式。依据整体特征分为二类（图二二六、二二七）。

甲类　11件。

深腹盆。依据口部特征分为三型。

A型　6件。卷沿，沿面施有一周凹槽。依据器形大小分为两亚型。

Aa型　4件。器形较大。依据整体变化分为两式。

Aa型Ⅰ式　3件。沿面宽大，弧腹较深，平底。标本M75：16。

Aa型Ⅱ式　1件。沿面较Ⅰ式窄，弧腹外鼓明显，台底。标本M22：3。

Ab型　2件。器形较小。台底。依据整体变化分为两式。

Ab型Ⅰ式　1件。沿面窄厚，弧腹较深。标本M65：9。

Ab型Ⅱ式　1件。沿面宽薄，弧腹外鼓明显。标本M28：1。

B型　5件。展沿。依据底部特征分为两亚型。

Ba型　3件。平底。依据整体变化分为两式。

Ba型Ⅰ式　1件。展沿不甚明显，下腹部外鼓。标本M75：27。

Ba型Ⅱ式　2件。展沿较明显，上腹部外鼓。标本M16：11。

Bb型　2件。台底。依据腹部变化分为两式。

Bb型Ⅰ式　1件。下腹部外鼓。标本M32：5。

Bb型Ⅱ式　1件。上腹部外鼓。标本M25：9。

C型　1件。折沿。标本M14：4。

乙类　59件。

浅腹盆。依据腹部特征分为三型。

A型 26件。弧腹。依据底部特征分为三亚型。

Aa型 11件。台底。依据腹部变化分为三式。

Aa型Ⅰ式 7件。腹部较深。标本M21：7。

Aa型Ⅱ式 3件。腹部较Ⅰ式浅。标本M58：10。

Aa型Ⅲ式 1件。下腹部急收成台底。标本M56：9。

Ab型 13件。平底。依据口部及腹部变化分为四式。

Ab型Ⅰ式 2件。折沿，弧腹较斜直。标本M67：15。

Ab型Ⅱ式 4件。折沿或微卷沿外展，弧腹较外鼓。标本M40：15。

Ab型Ⅲ式 5件。微卷沿或展沿，腹部较Ⅱ式浅。标本M11：8。

Ab型Ⅳ式 2件。折沿，浅腹较斜。标本M51：4。

Ac型 2件。圜底。标本M41：9。

B型 22件。弧腹外鼓。依据底部特征分为两亚型。

Ba型 14件。台底。依据口部及腹部变化分为四式。

Ba型Ⅰ式 2件。平沿或微卷沿。标本M47：15。

Ba型Ⅱ式 5件。卷沿外展或展沿。标本M38：6。

Ba型Ⅲ式 5件。微卷沿，腹部近口处外鼓。标本M56：6。

Ba型Ⅳ式 2件。腹部较Ⅲ式浅。标本M62：4。

Bb型 8件。平底。依据口部及腹部变化分为两式。

Bb型Ⅰ式 4件。卷沿，腹部较深。标本M4：11。

Bb型Ⅱ式 4件。微卷沿，腹部较Ⅰ式浅。标本M63填：8。

C型 11件。折腹。依据底部特征分为两亚型。

Ca型 2件。台底。依据口部及腹部变化分为两式。

Ca型Ⅰ式 1件。卷沿，折腹位置居中。标本M25：7。

Ca型Ⅱ式 1件。微卷沿，折腹位置靠上，腹部较Ⅰ式浅。标本M61：4。

Cb型 9件。平底。依据口部及腹部变化分为三式。

Cb型Ⅰ式 1件。折沿，腹部较深。标本M57：8。

Cb型Ⅱ式 3件。展沿，腹部较Ⅰ式浅。标本M3：7。

Cb型Ⅲ式 5件。折沿或微卷沿，浅腹。标本M51填：4。

13．钵

7件。轮制，平底或台底，近口处多施有凹弦纹。依据口部特征分为三型。

A型 1件。敛口，弧腹，平底。标本M76：5。

B型 1件。直口，弧腹，台底。标本M16：4。

C型 5件。敞口。依据有无展沿分为两亚型。

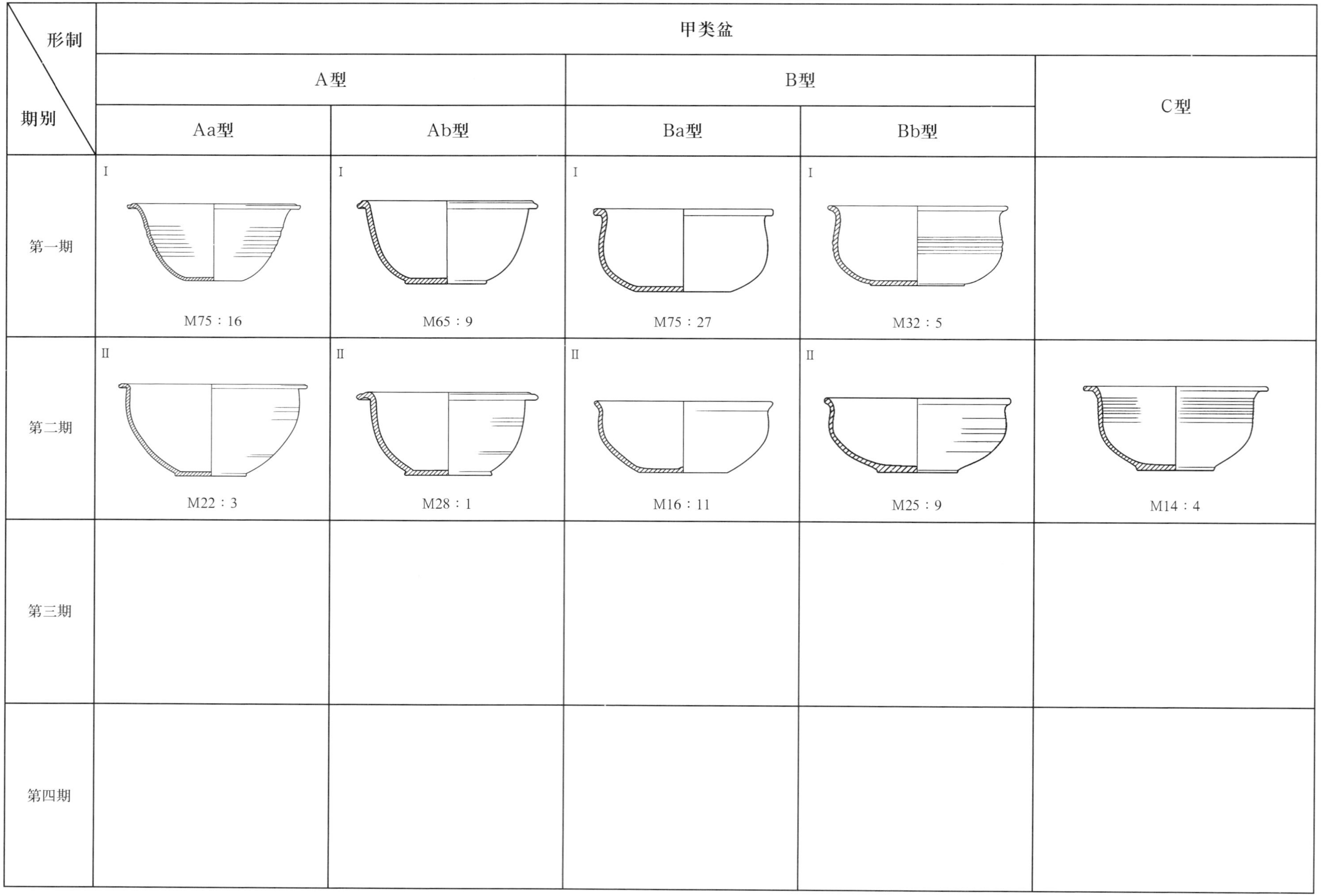

甲类盆

形制　期别	A型		B型		C型
	Aa型	Ab型	Ba型	Bb型	C型
第一期	I M75：16	I M65：9	I M75：27	I M32：5	
第二期	II M22：3	II M28：1	II M16：11	II M25：9	M14：4
第三期					
第四期					

图二三六　羊草庄汉墓陶器型式图

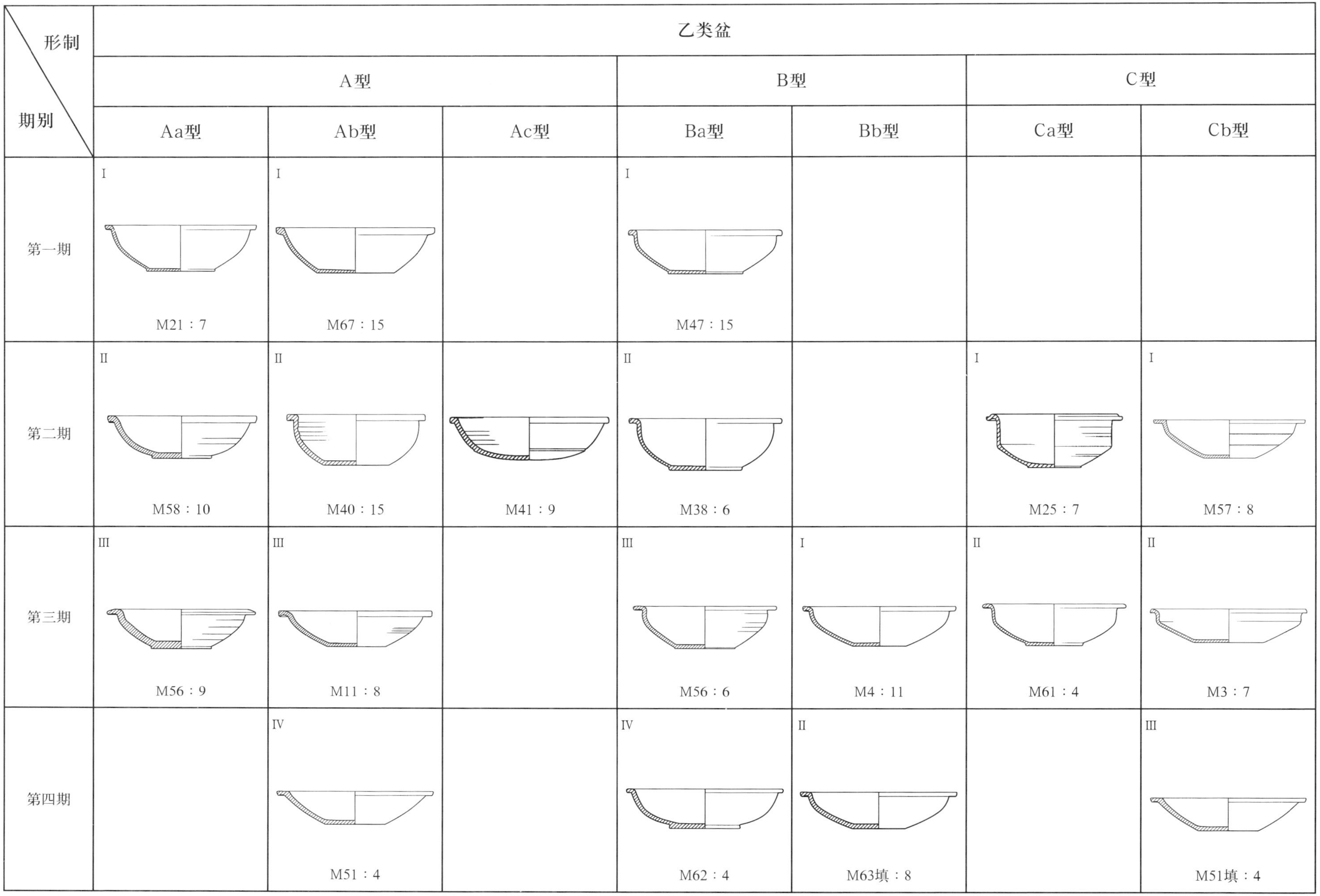

形制 期别	甲型			乙类 盆					
	Aa型	Ab型	Ac型	B型				C型	
				Ba型	Bb型		Ca型	Cb型	
第一期	I	I		I					
第二期	II	II		II			I	I	
第三期	III	III		III	I		II	II	
第四期		IV		IV	II			III	

图二二七 羊草庄汉墓陶器型式图

Ca型　2件。展沿。依据整体变化分为两式。

Ca型Ⅰ式　1件。小展沿，弧腹，台底。标本M15：4。

Ca型Ⅱ式　1件。展沿极为明显，鼓腹，台底。标本M48：2。

Cb型　3件。无展沿，台底。依据腹部变化分为两式。

Cb型Ⅰ式　2件。弧腹。标本M49：2。

Cb型Ⅱ式　1件。折腹。标本M7：8。

14．缸

1件。泥质黑陶。圆唇，敛口，鼓腹较深，平底。标本M4：8。

15．炉

5件。器身有圆形或长方形之分，多为三足，仅1件为四足，底部均有圆形、长方形、三角形或"十"字形镂孔。依据器身形状的不同分为两型。

A型　4件。器身为圆形。尖圆唇，敛口，弧腹，圜底，底部置有圆形、三角形或"十"字形镂孔，底部附有三个蹄状足。标本M30：33。

B型　1件。器身为长方形。方唇，敞口，折沿，斜腹，平底，底部置有五个长方形镂孔，腹下部附有四个蹄状足。标本M34：19。

16．灯

13件。豆式灯，多数灯柄上穿有一圆形镂孔。依据灯座特征分为三型。

A型　2件。斜筒状灯座。依据灯柄特征分为两亚型。

Aa型　1件。灯柄上无圆形镂孔。标本M31：6。

Ab型　1件。灯柄上穿有一圆形镂孔。标本M9：6。

B型　8件。中空台状灯座。依据灯柄特征分为两亚型。

Ba型　4件。粗短灯柄上无圆形镂孔。依据整体变化分为两式。

Ba型Ⅰ式　3件。灯柄较斜，灯座直立。标本M34：20。

Ba型Ⅱ式　1件。灯柄较直，灯座外撇明显。标本M41：7。

Bb型　3件。粗短灯柄上穿有一圆形镂孔。依据镂孔位置变化分为两式。

Bb型Ⅰ式　2件。圆形镂孔靠近灯盘。标本M36：37。

Bb型Ⅱ式　1件。圆形镂孔靠近灯座。标本M11：7。

Bc型　1件。细长灯柄上穿有一圆形镂孔。标本M29：25。

C型　3件。喇叭状灯座。依据灯柄特征分为两亚型。

Ca型　2件。灯柄上无圆形镂孔。依据整体变化分为两式。

Ca型Ⅰ式　1件。灯盘较浅，灯柄较直。标本M67：33。

Ca型Ⅱ式　1件。灯盘较深，灯柄较斜。标本M76：15。

Cb型　1件。灯柄上穿有一圆形镂孔。标本M40：17。

17．熏

6件。数量较少，均为盖豆式熏。依据熏座特征分为三型。

A型 1件。斜筒状熏座。标本M9：7。

B型 2件。中空台状熏座。依据熏盖顶部特征分为两亚型。

Ba型 1件。熏盖顶部穿有一圆形镂孔。标本M30：8。

Bb型 1件。熏盖顶部置有一圆形捉手。标本M34：17。

C型 3件。喇叭状熏座。依据熏柄特征分为两亚型。

Ca型 2件。熏柄上穿有一圆形镂孔。依据熏盖顶部变化分为两式。

Ca型Ⅰ式 1件。熏盖顶部穿有一圆形镂孔。标本M47：12。

Ca型Ⅱ式 1件。熏盖顶部置有一圆形捉手。标本M40：16。

Cb型 1件。熏柄上无圆形镂孔。标本M41：6。

18．耳杯

36件。均为模制；多为泥质灰陶，椭圆形杯口，杯口两侧贴有新月形耳，弧腹，平底或台底；少数杯底模印有椭圆形界格，界格内模印有鸟纹、锯齿纹或几何纹。依据耳杯特征分为两型。

A型 5件。双耳与杯口齐平。依据底部特征分为两亚型。

Aa型 4件。平底。标本M34：40。

Ab型 1件。台底。标本M12：4－4。

B型 31件。双耳高于杯口，上翘明显。依据底部特征分为两亚型。

Ba型 3件。平底。标本M3：4－2。

Bb型 28件。台底。标本M59：3－1。

19．灶

50件。泥质灰陶为主，汉代最为重要的模型明器之一。灶体前端置有灶门，尾端置有烟孔或烟囱，灶面上置有圆形火眼，多数火眼上放置有小釜、小盆或小甑。依据灶面形状的不同分为四型（图二二八）。

A型 39件。灶面呈圆形。灶面上呈"品"字形置有三个圆形火眼。依据灶面情况及烟孔位置分为三亚型。

Aa型 20件。灶面较平，烟孔位于灶面尾端。依据灶体变化分为三式。

Aa型Ⅰ式 13件。灶体较高。标本M65：17－1。

Aa型Ⅱ式 4件。灶体较Ⅰ式低矮。标本M40：9－1。

Aa型Ⅲ式 3件。灶体极低矮。标本M3：9－1。

Ab型 17件。灶面较平，烟孔位于灶体后壁上。依据灶体变化分为三式。

Ab型Ⅰ式 5件。灶体较高。标本M34：9－1。

Ab型Ⅱ式 8件。灶体低矮。标本M58：15－1。

Ab型Ⅲ式 4件。灶体较Ⅱ式高。标本M6：5－1。

Ac型 2件。灶面上隆，烟孔位于灶体后壁上。依据灶面变化分为两式。

Ac型I式　1件。灶面微上隆。标本M23：10－1。

Ac型II式　1件。灶面上隆明显。标本M48填：1。

B型　2件。灶面呈圆角三角形。依据整体变化分为两式。

B型I式　1件。灶面较平，灶面上呈"品"字形置有三个圆形火眼，后壁上置有一圆形烟孔，长方形灶门不落地。标本M29：16－1。

B型II式　1件。灶面上隆较明显，灶面上置有两个圆形火眼，灶面尾端置有一圆形烟孔；长方形灶门落地。标本M62：2－1。

C型　3件。灶面近似圆形，灶面上置有五个圆形火眼。依据烟囱的有无分为两亚型。

Ca型　1件。灶面尾端置有一圆形烟孔。标本M75：10。

Cb型　2件。灶面尾端置有一转角烟囱。标本M32：7－1。

D型　6件。灶面呈圆角梯形，灶面上呈"品"字形置有三个圆形火眼。依据烟囱的有无分为两亚型。

Da型　3件。灶体上置有一圆形烟孔。依据烟孔的位置变化分为两式。

Da型I式　1件。灶体较高，烟孔位于灶面与后壁的连接处。标本M1：4－1。

Da型II式　2件。灶体较I式矮，烟孔位于灶面尾端。标本M64：5－1。

Db型　3件。灶面尾端置有一圆柱状烟囱。标本M52：41。

20．井

43件，其中1件由于过于残碎无法修复，从而无法划分型式。泥质灰陶为主，均为平底，多数下腹部削坯修痕明显，内壁轮旋痕迹明显。依据口部特征分为三型（图二二九）。

A型　17件。直领或内斜领，多数器形较小。依据整体特征分为三亚型。

Aa型　10件。折肩，斜腹，整体显得较低矮。依据口部及腹部变化分为四式。

Aa型I式　3件。敛口或微敞口，腹部斜度较大。标本M30：31。

Aa型II式　4件。肩部上移，腹部斜度减小。标本M37：4。

Aa型III式　1件。直口微敛，斜腹较明显。标本M3：10。

Aa型IV式　2件。直口微敛，较III式更显斜腹，整体更显低矮。标本M64：3－1。

Ab型　2件。直领，溜肩，上腹部较直。依据整体变化分为两式。

Ab型I式　1件。领部较长。标本M35：25。

Ab型II式　1件。领部不显。标本M11：4。

Ac型　5件。直领或斜领，折肩，上腹部较直。依据整体变化分为两式。

Ac型I式　4件。领部较长，整体较为瘦长。标本M31：9。

Ac型II式　1件。领部较短，整体较为低矮。标本M6：3。

B型　9件。展沿，敞口。依据整体特征分为两亚型。

Ba型　3件。整体较为肥矮。依据口部及腹部变化分为两式。

Ba型I式　1件。折肩较明显，下腹部折收成平底。标本M73：18。

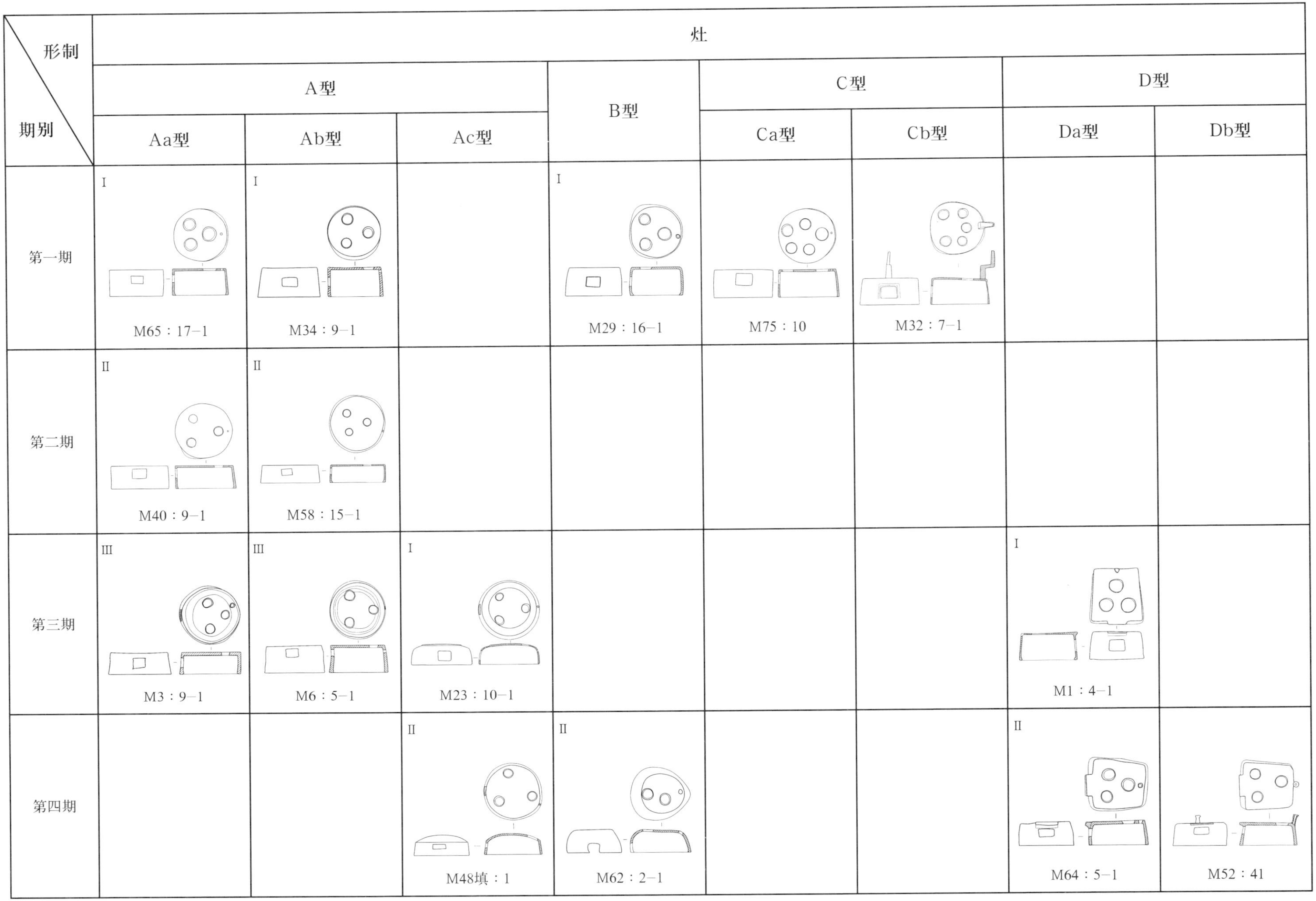

形制 \ 期别	A型		Ac型	B型	C型		D型	
	Aa型	Ab型			Ca型	Cb型	Da型	Db型
第一期	I M65：17-1	I M34：9-1		I M29：16-1	M75：10	M32：7-1		
第二期	II M40：9-1	II M58：15-1						
第三期	III M3：9-1	III M6：5-1	I M23：10-1				I M1：4-1	
第四期			II M48填：1	II M62：2-1			II M64：5-1	M52：41

图二二八　羊草庄汉墓陶器型式图

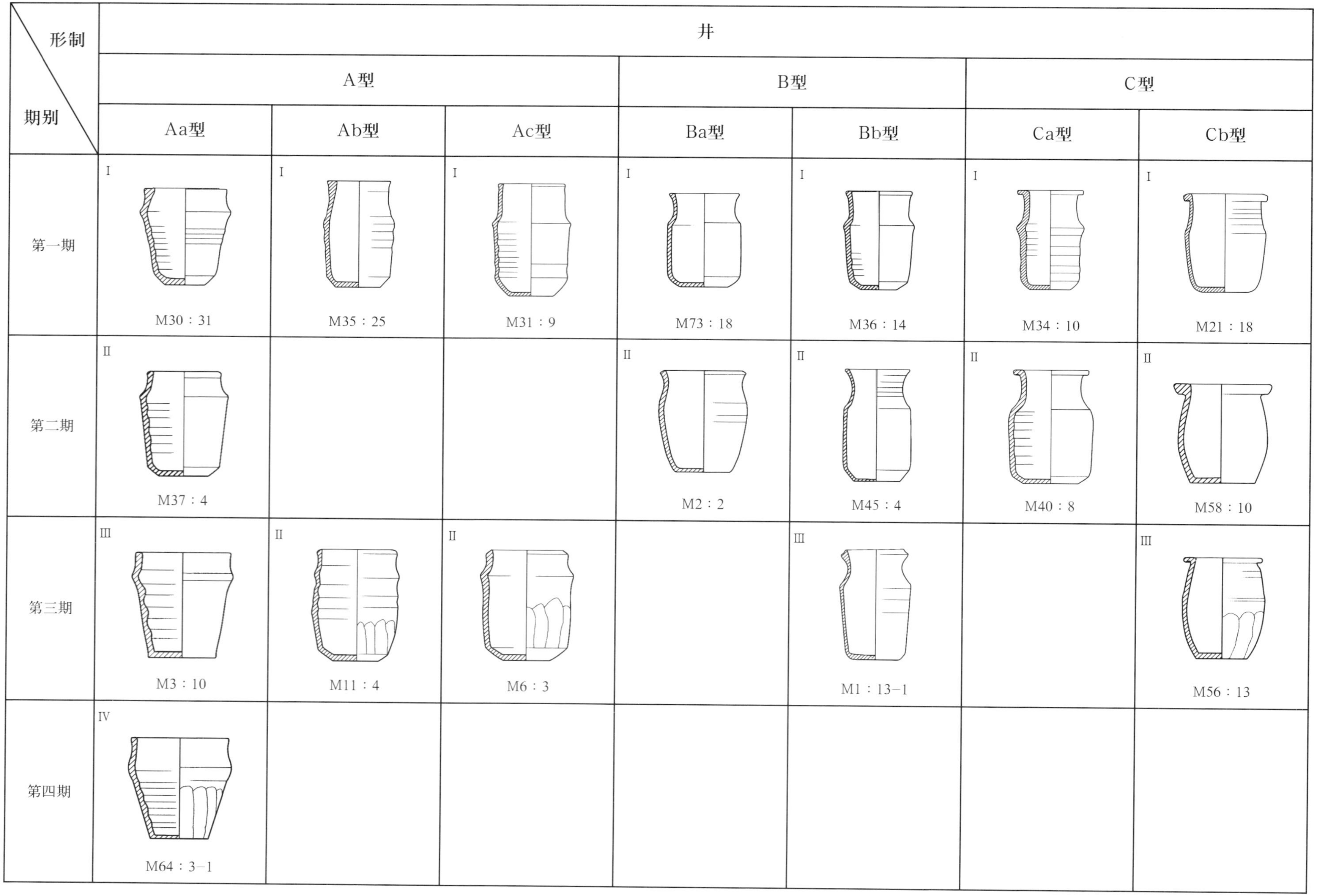

图二二九 羊草庄汉墓陶器型式图

形制		井									
		A型			B型		C型	
期别		Aa型	Ab型	Ac型	Ba型	Bb型	Ca型	Cb型
第一期		I M30：31	I M35：25	I M31：9	I M73：18	I M36：14	I M34：10	I M21：18
第二期		II M37：4	II M11：4	II M6：3	II M2：2	II M45：4	II M40：8	II M58：10
第三期		III M3：10				III M1：13-1		III M56：13
第四期		IV M64：3-1						

Ba型Ⅱ式　2件。颈部较Ⅰ式短，溜肩，弧腹。标本M2：2。

Bb型　6件。整体较为瘦长。依据口部及腹部变化分为三式。

Bb型Ⅰ式　3件。敞口，束颈较宽，下腹部微折收成平底。标本M36：14。

Bb型Ⅱ式　2件。敞口较明显，折腹明显，整体较Ⅰ式更显瘦长。标本M45：4。

Bb型Ⅲ式　1件。颈部较短，斜腹。标本M1：13－1。

C型　16件。折沿或微卷沿。依据整体特征分为两亚型。

Ca型　13件。整体较为瘦长。依据整体变化分为两式。

Ca型Ⅰ式　8件。束颈较长，腹部较深。标本M34：10。

Ca型Ⅱ式　5件。束颈较Ⅰ式短，整体较Ⅰ式低矮。标本M40：8。

Cb型　3件。整体较为低矮、宽肥。依据整体变化分为三式。

Cb型Ⅰ式　1件。折肩，斜腹。标本M21：18。

Cb型Ⅱ式　1件。溜肩，鼓腹。标本M58：10。

Cb型Ⅲ式　1件。口沿较薄，溜肩，鼓腹较深。标本M56：13。

第三节　金属器

一　铜器

（一）铜钱

1. 五铢

353枚。五铢钱于汉武帝元狩五年开始铸造，至东汉结束的三百年间，一直是主要的流通货币，钱面多有记号，如星点纹、月牙纹、四角决纹、四出、穿上或穿下有一横郭等。依据钱文形体特征分为三型。

A型　47枚。"五"字中间两笔斜交，笔画较直或稍曲，上下两部分似两个三角形相对。"金"头三角形，四长竖点或圆点；"朱"头和下部分方折或圆曲。标本M27：27－3。

B型　218枚。"五"字中间两笔弯曲相交，上下两部分似两个炮弹相对。"金"头三角形，四点较短；"朱"头和下部分方折或圆曲。标本M51：1－1。

C型　98枚。"五"字变得矮宽，中间两笔与上下两横相交处形成直角，中间两笔除相交处弯曲外，其他部分接近平行。"朱"字较"金"字高。标本M65：1－2。

2. 货泉

565枚。圆形，方穿，有边郭，部分穿之两面有郭，部分仅正面有郭，穿之左右为篆文"货泉"二字。标本M2：3－5。

3. 大泉五十

37枚。圆形，方穿，有边郭，穿之两面均有郭，穿之上下有篆文"大泉"二字，左右有

"五十"二字。标本M40：2－2。

据《汉书·王莽传》记载"（居摄二年）五月，更造币：错刀，一直五千；契刀，一直五百；大钱，一直五十，与五铢钱并行"，所以大泉五十始铸于居摄二年，即公元7年；另据《食货志》记载，天凤元年由于"而罢大小钱，改作货布……又以大钱行久，罢之，恐民挟不止，乃令民且独行大钱，与新货泉俱枚直一，并行尽六年，毋得复挟大钱矣"，所以大泉五十的终止年代应在地皇元年，即公元20年，流通了14年。

（二）铜饰件

1. 铜链饰

4套。形制相似，由每6个或5个指环为一组与1个大圆环交替连接而成，整体呈"∞"形。标本M69：2。

2. 铜臂钏

13套67件，以1套3件最为常见，少者1套仅1件，多者1套28件。形制相似，平面均呈圆形，一端留有豁口；表面施有三周凸弦纹。标本M26：3－1。

3. 铜指环

11套105件。平面均呈圆形，依据截面的不同可分为三型。

A型　90件。截面呈圆角长方形。标本M26：5－1。

B型　13件。截面呈扁长方形。标本M69：5－2。

C型　2件。平面呈圆形，素面或环表满饰连珠纹，截面呈圆形。标本M69：5－3。

（三）其他

1. 铜刷柄

1件。整体呈烟斗状，圆形銎中空，细长实心炳近尾处有一圆形穿孔；舌形柄尾。标本M21：3。

2. 铜泡饰

2套22件。依据整体形状的不同可分为三型。

A型　20件。半球形扣帽，下附单桥梁。标本M25：11－2。

B型　1件。椭圆形扣帽，下附双桥梁。标本M16：4－1。

C型　2件。圆帽形，周边有折沿，下附双桥梁。标本M25：11－1。

二　铁器

1. 环首铁刀

1件。锻制，锈蚀较严重，现已残断成几段。环首，弧背，尖锋。标本M65：2。

2. 铁削

3件。形制相似，锻制，锈蚀较严重。环首削，削背较直，尖锋。标本M31：11。

3. 铁棺钉

1件。锈蚀较严重，钉头残断，钉身横截面呈长方形。标本M53：19。

第四节 石器及琉璃器

石器及琉璃器的出土种类及数量均较少，仅见有项链串饰、琉璃耳瑱、石砚板三种，其他种类未见。

1．项链串饰

10套。依据串饰的材质不同可分为两型。

A型 8套。由琉璃珠、石珠及石管串成。标本M25：1。

B型 2套。仅见有石串珠。标本M4：1。

2．琉璃耳瑱

3套4件。均呈深蓝色，束腰，细端齐平，粗端内凹，纵向穿有一孔。依据整体形状的不同可分为两型。

A型 3件。近似腰鼓形。标本M1：3。

B型 1件。近似喇叭形。标本M11：1－2。

3．石研板

1件。青灰色岩质。平面呈长方形，磨制的较为光滑。标本M67：16。

第五节 分期与年代

一 墓葬分期

78座墓葬主要依据墓葬形制、随葬品组合以及随葬品形制特征的变化来进行分期。其中，土坑墓、瓮棺葬、石椁墓及砖椁墓保存较好，随葬品也多位于下葬时的位置，且随葬品组合关系清晰；砖室墓及石室墓部分被盗扰，其随葬品也破坏的较为严重，因此只能依据残存的随葬品来对其进行分析。羊草庄墓地此次发掘的78座墓葬共分为四期。

第一期，共有墓葬20座，这期墓葬有M9、M21、M24、M29、M30、M31、M32、M33、M34、M35、M36、M47、M65、M67、M68、M70、M73、M75、W1、W2。墓葬形制有土坑竖穴墓及瓮棺葬两类，其中，土坑竖穴墓包括A型、C型、D型、E型、F型、G型。多数墓葬都有木质葬具，葬具主要为椁和棺。葬俗为双人合葬和单人葬。随葬品基本组合主要为瓮、罐、壶、鼎、樽、盒、套盒、灶、井的组合，个别墓葬还出土有鉤镂、鐎斗、斗、盆、炉、灯、熏、耳杯等。瓮，矮领或子母口，溜肩为主，圆肩和折肩数量较少，球形腹或鼓腹，圜底居多，平底则多内凹，下腹部及底部多施有绳纹；器形有Aa型、Ab型Ⅰ式、Ac型Ⅰ式、Ba型Ⅰ式和Bb型Ⅰ式，其中以Ab型Ⅰ式数量最多。罐，数量较多，多为溜肩，鼓腹居多，腹部最大径位置多靠近肩部，平底为主，多为素面，少量在下腹部施有绳纹；器形有甲类Aa型Ⅰ式、甲类Ab型Ⅰ式、甲类B型Ⅰ式、甲类Ca型Ⅰ式、甲类Da型Ⅰ式、甲类Db型Ⅰ式、乙类A型Ⅰ式、乙类C型Ⅰ式及乙类D型Ⅰ式，其中乙类A型Ⅰ式数量最多，甲类Ca型Ⅰ式、甲类Aa型Ⅰ式次之，其他器形数量较少。壶，多数带盖，敞口或盘口，束颈，溜肩，卵形腹或鼓腹，腹部最大径位置多靠近肩部，平底或台底，素面为主；器形有A型Ⅰ式、Ba型Ⅰ式、Bb型Ⅰ式、Ca型、Cb型Ⅰ式及D型，其中Ba型Ⅰ式数量最多，其他器形数量较少。鼎，数量不多，多数带盖，方唇或尖圆唇，敛口，腹部呈钵形或鼓腹，近口处施有对称的方形耳，底部附有三个蹄形足；器形有Aa型、Ab型、Ba型Ⅰ式、Ba型Ⅱ式、Bb型、Ca型及Cb型。樽，方唇或圆唇，直口居多，直筒状腹，底部附有三个矮蹄形足，素面为主，内壁多见有轮旋痕迹；器形有Aa型及Ab型。盒，数量较多，盒盖和盒体有钵状及盆状之分，圆顶居多，圆底或平底，多数腹部较深，素面为主，少量器表施有凹弦纹；器形有甲类A型、甲类B型、甲类C型、甲类D型、乙类、丙类Aa型Ⅰ式、丙类Ab型、丙类B型Ⅰ式、丙类C型Ⅰ式、丙类D型Ⅰ式及丙类E型Ⅰ式。套盒，均有套盒盖，圆顶为主，仅见有1件平顶套盒，方唇或圆唇，直口居多，折腹，平底或台底为主，多为素面，少量在器表施有凹弦纹；器形有Aa型Ⅰ式、Ab型Ⅰ式、Ac型Ⅰ式、Ad型、Ba型Ⅰ式及Bb型Ⅰ式，其中以Aa型Ⅰ式及Ba型Ⅰ式为主，其他器形数量较少。灶，灶体较高，灶面多呈圆形，仅见有1件灶面呈圆角三角形，长方形灶门不落地，火眼以3孔为主，5孔数量较少，圆形烟孔位于灶面尾端或灶体后壁上；器形有Aa型Ⅰ式、Ab型Ⅰ式、B型Ⅰ式、Ca型及Cb型，其中以Aa型Ⅰ式为主，Ab型Ⅰ式次之，其他器形数量较少。井，有敛口井、敞口展沿井及折沿井之分，多数整体较为瘦长，下腹部多有削坏修痕，平底；器形有Aa型Ⅰ式、Ab型Ⅰ式、Ac型Ⅰ式、Ba型Ⅰ式、Bb型Ⅰ式、Ca型Ⅰ式、Cb型Ⅰ式。钩镂，仅一件，方唇，敛口，鼓腹，上腹部附有对称的舌状穿，圆底，底部附有三个蹄状足。镰斗，仅1件，圆唇，敛口，鼓腹，中腹部附有一个四棱柱状柄和兽头状流，圆底，底部附有三个蹄状足。斗，仅1件，圆唇，敞口呈圆角方形，弧腹，上腹部一端附有一个蹄形柄，台底。盆，数量较少，有深腹盆及浅腹盆之分，弧腹或鼓腹，平底或台底；器形有甲类Aa型Ⅰ式、甲类Ab型Ⅰ式、甲类Ba型Ⅰ式、甲类Bb型Ⅰ式、乙类Aa型Ⅰ式、乙类Ab型Ⅰ式及乙类Ba型Ⅰ式。炉，数量较少，器身有圆形或长方形之分，多为三足，仅1件为四足，底部均有圆形、长方形、三角形或"十"字形镂孔。灯，数量较少，豆式灯，多数灯柄上穿有一圆形镂孔。熏，数量较少，均与灯共出，盖豆式熏。耳杯，仅1件，器形较小，椭圆形杯口，双耳齐平，弧腹，平底。铜钱均为五铢。

第二期，共有墓葬32座，这期墓葬有M2、M10、M13、M14、M15、M16、M17、M20、M22、M25、M26、M27、M28、M37、M38、M39、M40、M41、M42、M43、M44、M45、M46、M49、M50、M57、M58、M66、M69、M72、M74、M76。除土坑竖穴墓外，该期新出现了砖椁墓、石椁墓及石室墓，其中，土坑竖穴墓包括A型、B型及C型，砖椁墓包括A型及B型，石椁墓包括A型及B型。葬俗为单人葬、双人合葬及并葬墓。随葬品基本组合主要为瓮、罐、壶、樽、盒、套盒、盆、灶、井，个别墓葬还出土有鼎、钵、熏、灯等，但数量较少，长颈瓶在该期开始出现。瓮，多为圆底，腹部最大径位置较之上期多下移明显，显垂腹；器形有Ab型Ⅱ式、Ab型Ⅱ式、Ba型Ⅱ式及Bb

型Ⅱ式。罐，多数罐的腹部较之上期要显扁圆，这一期新出现了矮领折腹罐及小口罐；器形有甲类Aa型Ⅱ式、甲类Ab型Ⅱ式、甲类B型Ⅱ式、甲类Ca型Ⅱ式、甲类Cb型、甲类Da型Ⅱ式、甲类Db型Ⅱ式、甲类Dc型、甲类Dd型、甲类E型、乙类A型Ⅱ式及乙类B型，其中以乙类A型Ⅱ式数量最多。壶，仅少量带盖，腹部较之上期要显瘦长；器形有A型Ⅱ式、Ba型Ⅰ式、Bb型Ⅱ式、Bc型Ⅰ式及Cb型Ⅱ式，其中以Ba型Ⅰ式最为大宗。樽，均为浅腹平底筒形樽，器形与上期相比没有明显变化。盒，甲类盒及乙类盒消失，丙类盒多为平底或台底，整体较扁平；器形有丙类Aa型Ⅱ式、丙类B型Ⅱ式、丙类C型Ⅱ式、丙类D型Ⅱ式、丙类E型Ⅱ式及丙类F型。套盒，腹部带扉棱套盒仅存台底一亚型，整体较之上期显得扁平，折腹套盒与上期相比差别不大；器形有Ac型Ⅱ式及Ba型Ⅰ式。盆，数量较多，除弧腹盆及鼓腹盆外，该期还出现了折腹盆，大型深腹盆均腹部外鼓，小型深腹盆展沿明显，腹部变浅，浅腹盆腹部多较之上期显的扁平；器形有甲类Aa型Ⅱ式、甲类Ab型Ⅱ式、甲类Ba型Ⅱ式、甲类Bb型Ⅱ式、甲类C型、乙类Aa型Ⅱ式、乙类Ab型Ⅱ式、乙类Ac型、乙类Ba型Ⅱ式、乙类Ca型Ⅰ式及乙类Cb型Ⅰ式。灶，灶体较上期低矮，灶面均呈圆形，长方形灶门不落地，灶面上呈"品"字形置有三个圆形火眼，圆形烟孔位于灶面尾端或灶体后壁上；器形有Aa型Ⅱ式及Ab型Ⅱ式。井，多数井的腹部较之上期显得肥矮；器形有Aa型Ⅱ式、Ba型Ⅱ式、Bb型Ⅱ式、Ca型Ⅱ式及Cb型Ⅱ式。长颈瓶，数量较少，颈部较粗，腹部较浑圆，腹部及底部未见穿孔；器形有Aa型Ⅰ式及C型。铜器多为装饰品，主要为链饰、臂钏、指环、泡饰等。铜钱，数量较多，以货泉及大泉五十为主，五铢也较常见。

第三期，共有墓葬15座，这期墓葬有M1、M3、M4、M5、M6、M7、M8、M11、M18、M23、M54、M55、M56、M61、M71。该期主要为砖室墓，砖椁墓及石室墓数量较少，土坑竖穴墓不见。葬俗为单人葬、双人合葬及并葬墓。随葬品基本组合主要为罐、壶、长颈瓶、樽、套盒、盆、耳杯、灶、井，个别墓葬还出土有瓮、盒、灯、缸等，该期未见鼎。罐，器形类别减少，大型罐腹部较为宽肥，多为台底，小型罐器形更为低矮；器形有甲类Aa型Ⅲ式、甲类Ba型Ⅲ式、甲类Bb型Ⅲ式、甲类De型、乙类A型Ⅲ式、乙类C型Ⅱ式及乙类D型Ⅱ式。壶，主要为敞口束颈壶，其卵形腹较为明显，大敞口卵形腹壶开始出现，盘口壶未见；器形有Ba型Ⅱ式、Bb型Ⅲ式、Bc型Ⅱ式及E型Ⅰ式。长颈瓶，数量激增，颈部向细长发展，略显扁腹，腹部及底部穿有圆形孔；器形有B型Ⅰ式。樽，数量较多，除浅腹平底樽依旧流行外，开始出现折腹圜底樽；器形有Ab型及B型Ⅰ式。套盒，数量较多，整体多较为低矮，无盖套盒开始出现；器形有Aa型Ⅱ式、Ab型Ⅱ式、Ba型Ⅱ式、Ba型Ⅲ式、Bb型Ⅱ式及Bb型Ⅲ式。盆，均为浅腹盆，腹部更显低矮；器形有Aa型Ⅲ式、Ab型Ⅲ式、Ba型Ⅲ式、Bb型Ⅰ式、Ca型Ⅱ式及Cb型Ⅱ式。耳杯，数量激增，器形变大，均为椭圆形杯口，双耳齐平或上翘，平底或台底。灶，除圆形灶外，开始出现梯形灶；器形有Aa型Ⅲ式、Ab型Ⅲ式、Ac型Ⅰ式及Ca型Ⅰ式。井，整体更显肥矮；器形有Aa型Ⅲ式、Ab型Ⅱ式、Ac型Ⅱ式、Bb型Ⅲ式及Cb型Ⅲ式。铜钱数量较多，为五铢钱及货泉钱。

第四期，共有墓葬11座，这期墓葬有M12、M19、M48、M51、M52、M53、M59、M60、M62、M63、M64。该期主要为砖室墓，仅有一座石室墓。葬俗推测为合葬墓。随葬品基本组合主要为罐、壶、长颈瓶、樽、套盒、盆、耳杯、灶、井，个别墓葬出土有钵、小勺等。罐，数量及类型减少，多数墓葬仅随葬一件；器形有甲类Ｄa型Ⅳ式及乙类Ａ型Ⅳ式。壶，数量及类型减少，均为卵形腹，腹部较深，平底；器形有Ｂb型Ⅳ式及Ｅ型Ⅱ式。长径瓶，数量较多，颈部多较细长，腹部较扁，腹部及底部多穿有圆孔，多者腹部穿有上、下两排圆孔；器形有Ａa型Ⅱ式、Ａb型、Ａc型及Ｂa型Ⅱ式。樽，直腹平底樽消失，均为折腹圆底樽，底部附有三个短锥状足；器形有Ｂ型Ⅱ式。套盒，均无盖，敛口，上腹部较矮，折腹，整体较为扁平；器形有Ｂa型Ⅳ式。盆，数量较多，腹部极显扁平；器形有乙类Ａb型Ⅳ式、乙类Ｂa型Ⅳ式、乙类Ｂb型Ⅱ式及乙类Ｃb型Ⅲ式。耳杯，数量较多，器形与上一期相比变化不明显，但该期耳杯底部多施有椭圆形界格，界格内模印有文字或图案。灶，梯形灶为主，也偶见有圆形灶和圆角三角形灶；器形有Ａc型Ⅱ式、Ｂ型Ⅱ式、Ｄa型Ⅱ式及Ｄb型。井，数量较少，整体较为低矮；器形有Ａa型Ⅳ式。铜钱，数量较多，种类也较杂，主要为五铢、货泉及大泉五十，其中，五铢出现了剪轮钱。

二　墓葬年代

由于这批墓葬没有出土具有明确纪年的遗物，因此墓葬年代只能通过与其他地区出土的陶器、铜钱等进行对比，依据已有的研究成果，对该墓地的墓葬年代进行大致判断。

第一期，该期墓葬均为土坑竖穴墓及瓮棺葬，多数有木椁或木棺。在随葬陶器中，乙类Ｃ型Ⅰ式罐与西安方新村开放公司汉墓群（1997年）M11：12[1]形制相似，Ａa型樽与内蒙古磴口沙金套海M2：10[2]形制相似，Ａa型鼎与辽宁姜屯墓地M110：1[3]形制形似，Ｂa型Ⅰ式鼎与西安西北医疗设备厂汉墓群M117：8[4]形制相似，甲类Ｂ型盒与辽宁姜屯墓地M96：6[5]形制相似，甲类Ａa型Ⅰ式盆与辽宁姜屯墓地M201：7[6]形制相似，Ｃb型灶与辽宁姜屯墓地M61：1[7]形制类似，但更具原始性。以上进行对比的其他地区各墓葬年代多为西汉晚期。该期墓葬出土的铜钱均为五铢，"五"字竖划缓曲为主，少量竖划较直或甚曲，"朱"头圆折或方折，记号有穿上一横、穿下一星等，这与洛阳烧沟汉墓中第Ⅲ型五铢钱相当[8]。综合以上的分析，第一期墓葬的年代应为西汉晚期。

第二期，该期墓葬中开始出现砖椁墓及石椁墓，这是由土坑竖穴墓向砖室墓及石室墓转变的过渡阶段；这种转变体现在葬俗上就是并葬墓较为流行。在随葬陶器中，甲类Ｃb型罐与辽宁姜屯墓地M178：15[9]形制相似，甲类Ｄd型罐与辽宁姜屯墓地M41中：22[10]形制相似，甲类Ｂb型Ⅱ式盆与辽宁

[1] 西安市文物保护考古所、郑州大学考古专业：《长安汉墓》，陕西人民出版社，2004年。
[2] 魏坚：《内蒙古中南部汉代墓葬》，大百科全书出版社，1998年。
[3] 辽宁省文物考古研究所：《姜屯汉墓》，文物出版社，2013年。
[4] 西安市文物保护考古所、郑州大学考古专业：《长安汉墓》，陕西人民出版社，2004年。
[5] 辽宁省文物考古研究所：《姜屯汉墓》，文物出版社，2013年。
[6] 辽宁省文物考古研究所：《姜屯汉墓》，文物出版社，2013年。
[7] 辽宁省文物考古研究所：《姜屯汉墓》，文物出版社，2013年。
[8] 中国社会科学院考古研究所洛阳区考古发掘队：《洛阳烧沟汉墓》，科学出版社，1959年。
[9] 辽宁省文物考古研究所：《姜屯汉墓》，文物出版社，2013年。
[10] 辽宁省文物考古研究所：《姜屯汉墓》，文物出版社，2013年。

姜屯墓地M45：32[11]形制相似，Cb型Ⅱ式井与山东微山岛M7出土陶井[2]形制相似。以上进行对比的其他地区各墓葬年代均为两汉之际。该期墓葬出土的铜钱主要为货泉和大泉五十，另有少量五铢。货泉均有边郭，部分穿之两面有郭，部分仅正面有郭，穿之左右为篆文"货泉"二字。大泉五十均有边郭，穿之两面均有郭，穿之上下有篆文"大泉"二字，左右有"五十"二字。因此，笔者认为该期墓葬的年代相当于铸造新莽钱的居摄二年至东汉铸造五铢钱的建武十七年前后，即新莽至东汉初年。

第三期，该期墓葬形制和葬俗均发生了较大变化。砖室墓开始出现，并较为流行。合葬墓最终取代了并葬墓，并且成为了丧葬制度中的主流。在随葬陶器中，Ab型Ⅲ式瓮与辽宁姜屯墓地M56：10[3]形制相似，丙类Ab型Ⅲ式盆与M140：23[4]形制相似，乙类A型Ⅲ式罐与西安邮电M1：13[5]形制形似。以上进行对比的其他地区各墓葬年代均为东汉早期。铜钱多为五铢，"五"字竖划弯曲，与横划相交处近似平行，"金"头较大，"朱"头圆折或方折，记号有穿下一星、穿上一横等这种五铢钱，铸造规矩，钱文清晰，与洛阳烧沟的第Ⅲ型五铢钱相当[6]。根据出土的陶器特点及铜钱判断，这期墓葬的年代应为东汉早期。

第四期，该期墓葬多为砖室墓，仅见有一座石室墓。少量砖室墓在墓门处装饰有石质门槛、门楣或用大石板立砌封堵墓门，推测这与石室墓的兴起及流行密不可分，这种现象在辽阳地区的东汉中晚期砖室墓中较为常见，如肖夹河墓地M3就为石质门楣[7]。在随葬陶器中，乙类A型Ⅳ式罐与辽宁沈阳上伯官墓地M1：3[8]形制相似，Bb型Ⅳ式壶与辽宁辽阳青年大街M8：1[9]形制相似，B型Ⅱ式长颈瓶与辽宁肖夹河M2：12[10]形制相似，Ba型Ⅳ式套盒与辽宁辽阳青年大街M8：3[11]形制相似，Db型灶与辽宁肖夹河M2：16[12]形制相似。以上进行对比的其他地区各墓葬年代均为东汉中晚期。该期墓葬出土的铜钱多为五铢钱，"五"字多矮宽，两竖划甚曲，末端基本平行，"金"头略矮于"朱"头，"朱"头大多圆折；此外，部分五铢钱重量轻薄，钱面有大量沙眼，出现磨郭或剪轮现象，背部少量四出，这些特点与洛阳烧沟墓地出土铜钱的第Ⅳ型类似[13]。此外，该期还大量流通货泉及大泉五十，这都说明了这一时期钱币铸造粗劣，币制较为混乱的特点。通过对随葬品组合、器形的变化，以及随葬铜钱的分析，该期墓葬年代应为东汉中晚期。

[1] 辽宁省文物考古研究所：《姜屯汉墓》，文物出版社，2013年。

[2] 微山县文物管理所：《山东微山县微山岛汉代墓葬》，《考古》2009年第10期。

[3] 辽宁省文物考古研究所：《姜屯汉墓》，文物出版社，2013年。

[4] 辽宁省文物考古研究所：《姜屯汉墓》，文物出版社，2013年。

[5] 西安市文物保护考古所：《西安东汉墓》，文物出版社，2009年。

[6] 中国社会科学院考古研究所洛阳区考古发掘队：《洛阳烧沟汉墓》，科学出版社，1959年。

[7] 白宝玉、徐政：《辽宁省辽阳市肖夹河墓地发掘简报》，《北方文物》2010年第1期。

[8] 沈阳市文物考古研究所：《沈阳考古文集·第2集》，科学出版社，2009年。

[9] 辽宁省文物考古研究所：《辽宁考古文集》，辽宁民族出版社，2003年。

[10] 白宝玉、徐政：《辽宁省辽阳市肖夹河墓地发掘简报》，《北方文物》2010年第1期。

[11] 辽宁省文物考古研究所：《辽宁考古文集》，辽宁民族出版社，2003年。

[12] 白宝玉、徐政：《辽宁省辽阳市肖夹河墓地发掘简报》，《北方文物》2010年第1期。

[13] 中国社会科学院考古研究所洛阳区考古发掘队：《洛阳烧沟汉墓》，科学出版社，1959年。

第六节　结语

鞍山地区早在20世纪50年代就发掘有400多座墓葬[1]。但由于发掘年代较早，这批墓葬材料现在多数已经不全，因此鞍山地区的汉墓面貌之前并不清晰。此次羊草庄墓地的发掘是新世纪以来发掘规模最大的一次，墓地的墓葬年代由西汉晚期一直延续到东汉晚期，时代跨越两汉，墓葬形制包括土坑墓、砖椁墓、石椁墓、砖室墓、石室墓及瓮棺葬。

从传统意义上来讲，鞍山地区汉墓与辽阳地区汉墓由于地缘性的关系，历来认为二者具有极高的相似性，而辽阳又是汉时辽东郡郡治所在地，所以辽阳地区的汉墓历来更受关注。通过这次发掘我们认识到，羊草庄墓地与辽阳地区的汉墓相比还是具有较多的自身特点的，这主要表现在如下几点：第一，墓葬形制较为多样，墓地延续时间较长。相对于辽阳地区，早期的土坑墓规整一般较大，而到了晚期的砖室墓规整则相对较小。第二，随葬品方面，辽阳地区汉代墓葬较为常见的奁、案、俎、器座、仓等随葬品并不见于本墓地，长颈瓶及耳杯的数量也较少。

随着中原王朝统治的加强并对东北的持续开发，西汉中期以后大量移民涌入辽东地区，使得这一地区与中原地区经济、文化交流更加紧密、广泛，促使丧葬习俗也发生了重大改变，西汉早期的单人葬逐渐被双人合葬所取代，再到家族合葬；墓葬形制也由土坑墓向砖室墓、石室墓转变，并最终成为主流丧葬形制。

羊草庄墓地墓葬分布较为密集，反映了这一地区在汉时人口数量就较大。虽然羊草庄墓地出土的随葬品数量较多，种类也较丰富，但规格相对较低，从墓地的整体情况来看，墓主人应是当时社会的中下层民众。

羊草庄墓地出土的陶器均为汉式陶器，并未发现有土著陶器，所以该墓地的主体人群应为汉人。同时，我们也注意到了该墓地也存在着北方少数民族因素，这些因素集中体现在墓地中的石椁墓上。第一，石椁墓的墓葬形制与其他石室墓存在着较大的差异，除一座较小的墓葬外，均为石椁木棺，且建造墓室的石料仅经过简单加工。第二，随葬品中陶器数量较少，均有铜饰、琉璃饰品随葬，且饰品随葬数量较大。第三，随葬陶器虽均为汉式，但种类较为单一，均为瓮、罐、盆、钵，不见同时期常见的壶、樽、灶、井等。第四，随葬的铜饰和琉璃饰品中主要为铜链饰、臂钏、指环和琉璃项链等，这些饰品组合和形制明显区别于以往所发现的汉代墓葬，而是带有一些少数民族的味道。

此次发掘的墓葬形制较全，所得材料丰富，对于研究鞍辽地区的汉代历史以及汉代墓葬的分期、断代都提供了新材料，尤其对于探讨两汉时期长城以内地区的少数民族墓葬提供了难得的新线索。

---

[1]　东北文物工作队：《东北文物工作队一九五四年工作简报》，《文物参考资料》1955年第3期。

附表　羊草庄汉墓墓葬登记表

（单位：米）

墓号	方向	墓型	平面图	尺寸 长×宽—深	封门	葬具	葬式	陶葬品	分期	年代	保存状况
M1	210°	单室砖墓		墓道：0.51×0.76—1.50 墓室：2.80×0.76—1.50	条砖			陶罐1、陶长颈瓶5、陶樽1、陶盆3、陶井1、陶耳杯4、陶灶1、陶小瓿1、陶水斗1；琉璃耳珰1；铜钱4枚	第三期	东汉早期	破坏较为严重
M2	30°	土坑石椁墓		扩口：3.52×1.54—1.46		石椁1、木棺1、木棺垫石2		陶灶1、陶井1、陶小盆5、陶小瓿1；铜钱185枚	第二期	新莽至东汉初	破坏较为严重
M3	225°	单室砖墓		墓道：?×0.90—1.30 墓室：2.88×1.60—1.30	条砖			陶罐1、陶樽1、陶壶7、陶套盒1、陶盆3、陶灶1、陶耳杯3、陶井1、陶小釜1；铜钱139枚	第三期	东汉早期	破坏较为严重
M4	200°	单室石墓		墓道：?×0.96—0.98 墓室：2.64×1.48—0.98	石块	棺底垫砖1组		陶罐1、陶壶5、陶樽1、陶套盒2、陶盆2、陶缸1、陶灶1、陶小釜1、陶小盆1；石料珠1套3枚；铜钱47枚	第三期	东汉早期	保存状况一般
M5	310°	单室砖墓		墓道：?×0.78—1.20 墓室：3.60×1.65—1.20	条砖			陶套盒1、陶耳杯1；铜钱1枚	第三期	东汉早期	破坏较为严重
M6	310°	单室砖墓		墓道：?×0.90—1.10 墓室：3.00×1.60—1.10	条砖、石块			陶罐1、陶壶5、陶樽1、陶套盒1、陶盆3、陶灶1、陶井1、陶小釜3、陶小瓿1	第三期	东汉早期	破坏较为严重

墓号	方向	形制	平面图	尺寸（米）	建材	葬具	葬式	随葬品	分期	年代	保存状况
M7	300°	单室砖墓		墓道：? ×1.70－0.30　墓室：3.36×1.40－0.30	条砖			陶盆1、陶壶2、陶盆1、陶钵1、陶长颈瓶2、陶罐1、陶灶1、陶耳杯4、陶井1、陶小甑1、铜钱56枚	第三期	东汉早期	保存较完整
M8	300°	单室砖墓		墓道：? ×0.70－0.30　墓室：2.54×0.70－0.30	条砖			陶罐1；铜钱8枚	第三期	东汉早期	保存较完整
M9	135°	土坑竖穴墓		圹口：4.08×(2.08~2.20)－1.21		木椁1、木棺1		陶盆1、陶罐8、陶壶2、陶鼎2、陶锥斗1、陶罐3、陶盒1、陶炉1、陶灯1、陶熏1、陶器盖7、陶小釜1；铜钱11枚	第一期	西汉晚期	保存状况较好
M10	265°	单室石室墓		墓道：? ×0.80－0.94　墓室：2.70×(1.40~1.60)－0.94	石块			陶罐1、陶盆1；铜臂钏1套3枚、铜指环1套13枚	第二期	新莽至东汉初	保存较完整
M11	160°	单室砖墓		墓道：? ×0.76－0.76　墓室：2.34×1.48－0.76	条砖		仰身直肢葬、不辨1	陶罐1、陶套盒1、陶樽1、陶壶7、陶盆1、陶盆3、陶灯1、陶灶1、陶耳杯2、陶小釜2、陶小瓿1、琉璃耳瑱1；铜钱5枚	第三期	东汉早期	保存状况较好
M12	80°	单室砖墓		墓道：? ×1.00－0.30　墓室：3.30×1.72－0.30	条砖			陶壶2、陶长颈瓶3、陶樽1、陶耳杯5、陶小勺1、陶灶1、陶井1、陶小瓿1、陶小釜1；铜钱8枚	第四期	东汉中晚期	保存状况较好
M13	260°	土坑石椁墓		圹口：2.76×(1.20~1.26)－0.64		石椁1、木棺1		铜臂钏2套9枚、铁削1；铜指环1套10枚；项链串饰1套；铜钱7枚	第二期	新莽至东汉初	保存状况较好
M14	260°	土坑石椁墓		圹口：2.82×1.25－0.64		石椁1、木棺1		陶罐2、陶盆1；铜钱3枚	第二期	新莽至东汉初	保存状况较好
M15	240°	土坑石椁墓		圹口：3.30×2.06－0.80		石椁1、木棺1		陶罐4、陶钵1、陶盆1；铜指环1套3枚；项链串饰1套	第二期	新莽至东汉初	保存状况较好
M16	350°	土坑石椁墓		圹口：3.76×2.20－0.85		石椁1、木棺1		陶罐4、陶钵1、陶盆1；铜链饰1套、铜臂钏2套9枚、铜指环2套5枚、铜泡饰1套8枚、项链串饰1套；铜钱4件	第二期	新莽至东汉初	保存状况较好

墓号	方向	形制	尺寸	砌筑材料	葬具	葬式	随葬品	分期	年代	保存状况
M17	340°	土坑石椁墓	圹口：2.70×1.00－1.00		石椁1、木棺垫石3		陶罐2	第二期	新莽至东汉初	保存状况一般
M18	135°	单室石室墓	墓道：?×0.84－0.88　墓室：3.16×1.68－0.88	石块			陶壶1、陶耳杯1、陶小盆1、陶水斗1	第二期	东汉早期	保存状况较差
M19	230°	单室石室墓	墓道：?×1.00－0.96　墓室：3.50×1.70－0.96	大石板				第四期	东汉中晚期	盗扰严重
M20	340°	土坑石椁墓	圹口：3.30×（2.00～2.20）－0.80		石椁1		陶盆1、陶罐1	第一期	新莽至东汉初	保存状况一般
M21	115°	土坑竖穴椁墓	圹口：4.20×2.48－0.60		木椁1、木棺1	仰身直肢葬	陶瓮1、陶罐3、陶壶6、陶鼎1、陶樽1、陶盆2、陶套盒2、陶盆2、陶炉1、陶井1、陶灯1、陶小盆2、陶小盆2、铁削1、铜制柄1；铜钱22枚	第一期	西汉晚期	保存状况较好
M22	300°	土坑竖穴砖椁墓	圹口：3.50×1.53－1.00	条砖	砖椁1、木棺1		陶瓮1、陶罐2、陶套盒1、陶壶5、陶樽2、陶鼎1、陶灶1、陶井1、陶小盆1、陶钱1；铜钱1枚	第二期	新莽至东汉初	保存较完整
M23	300°	单室砖墓	墓道：?×1.48－0.56　墓室：3.50×1.50－0.56				陶瓮1、陶罐2、陶套盒2、陶壶5、陶樽2、陶鼎1、陶灶1、陶井1、陶小盆3、陶小瓶1	第三期	东汉早期	保存状况一般
M24	15°	土坑竖穴墓	圹口：3.78×（1.93～2.10）－1.20		木棺1		无	第一期	西汉晚期	保存状况较好
M25	285°	土坑石椁墓	圹口：3.34×（1.84～1.98）－0.64		石椁1、木棺1		陶罐2、陶盆2、铜链饰1套、铜臂钏2套9枚、铜指环2套22枚、铜泡饰1套14枚；项链串饰1套	第二期	新莽至东汉初	保存状况较好
M26	285°	土坑石椁墓	圹口：3.34×（1.20～1.30）－0.64		石椁1、木棺1		铜链饰1套、铜臂钏2套31枚、铜指环1套20枚；项链串饰1套；铜钱59枚	第二期	新莽至东汉初	保存状况较好

墓号	方向	形制	平面形状	墓口尺寸（米）	葬具	随葬品	分期	年代	保存状况
M27	0°	土坑竖穴砖椁墓		圹口：3.02×1.30—0.90	砖椁1	陶罐2、陶盆1；铜指环1套7枚；项链串饰1套；铜钱4枚	第二期	新莽至东汉初	保存状况一般
M28	290°	土坑竖穴墓		圹口：2.40×（1.20~1.30）— 0.80		陶罐1、陶盆1	第二期	新莽至东汉初	保存状况一般
M29	90°	土坑竖穴墓		圹口：3.60×（2.10~2.28）— 1.60		陶盆2、陶罐1、陶壶12、陶瓿1、陶鼎1、陶盒2、陶盒4	第一期	西汉晚期	保存状况较好
M30	0°	土坑竖穴墓		圹口：4.70×（3.20~2.90）— 0.80	木椁1	陶套盒2、陶釜4、陶小盆2、陶井2、陶小瓶1、陶小盆2、铜钱21枚	第一期	西汉晚期	保存状况较好
M31	20°	土坑竖穴墓		圹口：3.80×（2.60~2.80）— 1.20		陶瓿2、陶壶21、陶鼎2、陶樽7、陶套盒4、陶炉1、陶灯1、陶小壶1、陶井1、陶小瓶2、陶小盆2、铜钱18枚	第一期	西汉晚期	保存状况较好
M32	0°	土坑竖穴墓		圹口：3.30×（2.18~2.36）— 0.90		陶瓮1、陶壶11、陶樽2、陶钫镂1、陶套盒3、陶灯1、陶灶1、陶小盒2、陶井1、陶小瓶1、铁削1	第一期	西汉晚期	保存状况较好
M33	280°	土坑竖穴墓		圹口：3.88×（2.40~2.60）— 1.50	木椁1、木棺1	陶罐10、陶樽2、陶盒3、陶壶4、陶盒、陶壶2、陶井2、陶小盒2、铜钱2枚	第一期	西汉晚期	保存状况较好
M34	95°	土坑竖穴墓		圹口：3.90×（2.80~2.90）— 1.20	木棺2	陶盆2、陶罐3、陶壶13、陶鼎2、陶樽2、陶壶5、陶套盒2、陶灯1、陶炉1、陶耳杯1、陶小盆6、陶灶1、陶井2、陶小瓶1、陶小盒1、陶小瓿2	第一期	西汉晚期	保存状况较好

墓号	方向	墓形	图	尺寸	葬具	随葬品	分期	年代	保存状况
M35	90°	土坑竖穴墓		圹口：3.20×（2.40~2.60）—1.00	木棺2	陶罐5、陶壶8、陶鼎2、陶盒2、陶甑2、陶灶4、陶井1、陶小瓶3、陶小盆2，釜2，铜钱9枚	第一期	西汉晚期	保存状况较好
M36	0°	土坑竖穴墓		圹口：3.80×（2.70~2.80）—1.00	木椁1	陶瓮2、陶罐2、陶盒2、陶壶12、陶鼎2、陶樽2、陶套盒4、陶灯2、陶井2、陶小盆6、陶小瓶1	第一期	西汉晚期	保存状况较好
M37	15°	土坑竖穴墓		圹口：3.10×（1.30~1.38）—1.00	木棺1	陶罐1、陶长颈瓶5、陶樽1、陶盒1、陶套盒1、陶井1	第一期	新莽至东汉初	保存状况较好
M38	30°	土坑竖穴墓		圹口：3.40×1.90—1.00	木椁1	陶瓮1、陶罐2、陶盒5、陶樽1、陶盒1、陶套盒1、陶灶1、陶小盆4；铜钱3枚	第一期	新莽至东汉初	保存状况较好
M39	20°	土坑竖穴墓		圹口：3.00×1.80—0.70	木椁1、木棺2	陶罐3、陶盒1、陶小壶1、陶盒1、陶小瓶1、陶灶1、釜3、陶小瓶2	第一期	新莽至东汉初	保存状况较好
M40	0°	土坑竖穴墓		圹口：3.70×2.40—1.00	木椁1	陶瓮1、陶罐1、陶盒2、陶壶12、陶鼎2、陶灯1、陶套盒2、陶井1、陶熏1、陶小盆2、陶小瓶1；铜钱21枚	第一期	新莽至东汉初	保存状况较好
M41	15°	土坑竖穴墓		圹口：3.70×（2.50~2.60）—0.70	木椁1	陶罐4、陶壶5、陶盒3、陶套盒1、陶熏1、陶灶1、陶灯1、陶井1、陶小盆2、陶小瓶1；铜钱1枚	第一期	新莽至东汉初	保存状况较好
M42	10°	土坑竖穴墓		圹口：4.20×2.20—0.80	木椁1、木棺1	陶樽1、陶罐1、陶壶2、陶盒3、陶灶1、陶井1、陶小盆3、陶小瓶1	第一期	新莽至东汉初	保存状况较好
M43	340°	土坑石椁墓		圹口：3.34×1.30—1.00	石椁1、木棺1	陶罐2、陶钵1；铜臂钏1套、铜指环1套2枚、项链串饰1套；铜钱16枚	第一期	新莽至东汉初	保存状况较好
M44	85°	土坑石椁墓		圹口：2.90×1.22—1.00	石椁1	陶罐1	第一期	新莽至东汉初	保存状况较好

墓号	方向	形制	平面图	尺寸	葬具材料	葬具	葬式	随葬品	分期	年代	保存状况
M45	30°	土坑竖穴墓		圹口：3.50×1.32－1.20		木棺1		陶瓿1、陶壶6、陶鼎1、陶盒1、陶樽1、陶盆2、陶炉1、陶套盒1、陶井1、陶小盒1、陶小瓿1；铜钱3枚	第一期	新莽至东汉初	保存状况较好
M46	30°	土坑竖穴砖椁墓		圹口：3.50×残宽(1.12～1.30)－1.00		砖椁1		陶盒1、陶壶5、陶樽1、陶套盒1、陶盆1、陶壶1、陶井1、陶小瓮1	第二期	新莽至东汉初	保存较完整
M47	135°	土坑竖穴墓		圹口：4.20×(2.80～2.90)－1.20				陶罐6、陶壶8、陶鼎1、陶套盒2、陶盒1、陶盆1、陶壶1、陶熏1、陶套盒3、陶小盒1	第一期	西汉晚期	保存状况较好
M48	140°	单室砖墓		墓道：？×0.90－1.00 墓室：3.30×(1.40～1.50)－1.00	条砖	砖质棺床1		陶罐1、陶壶1、陶盒1、陶套盒1、陶盆1、陶钵1；铜钱1枚	第四期	东汉中晚期	保存状况一般
M49	0°	土坑石椁墓		圹口：3.26×1.20－0.98		石椁1、木棺1		陶罐1、陶钵1；铜弩机1套3枚；铜钱1枚	第一期	新莽至东汉初	保存状况一般
M50	0°	土坑石椁墓		圹口：3.36×(1.24～1.40)－0.98		石椁1、木棺1		陶瓿1、陶罐1；铜钱6枚	第二期	新莽至东汉初	保存状况较好
M51	320°	单室砖墓		墓道：？×0.84－0.77 墓室：3.50×1.50－0.77	条砖			陶罐1、陶壶1、陶套盒1、陶盆1、陶耳杯3、陶小盒1、陶小盆3、陶小瓮1；铜钱34枚	第四期	东汉中晚期	保存状况一般
M52	310°	单室砖墓		墓道：？×0.85－1.10 墓室：3.10×1.60－1.10	条砖			陶罐1、陶樽1、陶盆1、陶小罐2、陶杜1、陶小盒3、陶长颈瓶1、陶耳杯1、陶小瓿1	第四期	东汉中晚期	保存状况一般
M53	310°	单室砖墓		墓道：？×0.78－0.80 墓室：3.08×1.34－0.80	条砖		仰身直肢葬2	陶壶5、陶长颈瓶5、陶樽1、陶盆2、陶耳杯4、陶杜1、陶小盒3、陶水斗1、陶小瓿3、陶匜1；铁棺钉11；琉璃耳珰1；铜钱64枚	第四期	东汉中晚期	保存状况一般
M54	320°	土坑竖穴砖椁墓		圹口：1.98×0.32－0.80		砖椁1		铜钱8枚	第三期	东汉早期	保存状况较好
M55	320°	土坑竖穴砖椁墓		圹口：2.06×0.60－0.80		砖椁1		无	第三期	东汉早期	保存状况较好

墓号	方向	形制	平面图	规模	砌壁	葬具	葬式	随葬器物	分期	年代	保存状况
M56	220°	单室砖墓		墓室：? ×0.70-0.80 墓室：3.30×1.68-0.80	条砖	木棺1		陶壶5、陶盆3、陶樽1、陶套盒1、陶井1、陶小釜4、陶小瓶1。铜钱18枚	第三期	东汉早期	保存状况一般
M57	305°	土坑竖穴墓		圹口：3.50×(1.91～2.00)-1.40		木椁1	侧身屈肢葬1、不详1	陶罐1、陶樽5、陶盒1、陶套盒1、陶灶1、陶小瓶1、陶小釜4、陶小瓶1、铜钱18枚	第二期	新莽至东汉初	保存状况较好
M58	120°	土坑竖穴墓		圹口：4.07×1.76-1.20		木椁1		陶樽2、陶罐2、陶盒1、陶套盒1、陶井1、陶小釜3、陶小盆2、铜钱3枚	第二期	新莽至东汉初	保存状况较好
M59	320°	单室砖墓		墓道：? ×1.00-0.70 墓室：3.94×2.00-0.70	条砖	砖质棺床1		陶瓮1、陶长颈瓶2、陶套盒2、陶小釜4、陶小瓶1	第四期	东汉中晚期	保存状况一般
M60	315°	单室砖墓		墓道：? ×1.30-0.82 墓室：3.60×1.84-0.82	大石板	砖质棺床1		陶壶2、陶长颈瓶1、陶小瓶1、陶小釜4、陶小瓶1、铜钱39枚	第四期	东汉中晚期	保存状况较差
M61	310°	单室石室墓		墓道：? ×0.92-0.40 墓室：3.00×(1.14～1.28)-0.40	石块			陶罐1、陶盆1、陶灶1、陶套盒1、陶小瓶1；铜钱1枚	第三期	东汉早期	保存状况较好
M62	315°	单室砖墓		墓道：? ×0.84-0.80 墓室：3.07×(1.64～1.70)-0.80	条砖			陶罐1、陶灶1、陶盆2、陶壶2、陶小釜1、陶长颈瓶1、陶小瓶1；石串饰1	第四期	东汉中晚期	保存状况一般
M63	310°	单室砖墓		墓道：? ×0.78-0.90 墓室：3.16×1.46-0.90	条砖			陶瓮2、陶壶2、陶套盒2、陶盆2、陶耳杯2、陶长颈瓶4、铜钱45枚	第四期	东汉中晚期	保存状况一般
M64	310°	单室砖墓		墓道：? ×0.96-0.90 墓室：3.86×1.50-0.90	条砖	木棺2		陶罐1、陶长颈瓶1、陶耳杯1、陶小瓶1、陶灶1、陶井1、陶小瓶1、陶水斗1	第四期	东汉中晚期	保存状况较差
M65	295°	土坑竖穴墓		圹口：3.02×(3.05～3.30)-0.90				陶罐1、陶樽1、陶盒2、陶鼎1、陶套盒2、陶井1、陶小瓶1、陶壶5、陶盆3、陶灶1、陶小釜3、铁环首刀1；铜钱15枚	第一期	西汉晚期	保存状况较好
M66	0°	土坑竖穴墓		圹口：3.10×(1.80～1.90)-0.90				陶罐3、陶盆1	第二期	新莽至东汉初	保存状况较好

墓号	方向	形制	规模	质料	葬具	随葬器物	分期	年代	保存状况
M67	90°	土坑竖穴墓	扩口：4.04×2.83-0.90			陶罐11、陶壶5、陶鼎1、陶樽2、陶盒3、陶灶1、陶盆1、陶灯1、陶井2、陶小釜6、陶小盆2、陶小甑1；石研板1；铜钱19枚	第一期	西汉晚期	保存状况较好
M68	90°	土坑竖穴墓	扩口：3.44×残0.96-0.90			陶罐4、陶盆1	第一期	西汉晚期	保存状况较好
M69	0°	土坑石椁墓	扩口：3.60×残2.40-0.98		石椁1	陶罐1；铜链饰1套、铜臂钏2套6枚、铜指环1套19枚；项链串饰1套	第二期	新莽至东汉初	保存状况较好
M70	0°	土坑竖穴墓	扩口：3.40×1.10-1.10			陶罐6、陶壶1、陶盒1、陶樽1、陶盆2、陶盒3、陶灶1、陶井1、陶小釜2、陶小瓶1；铜钱10枚	第一期	西汉晚期	保存状况较好
M71	180°	单室砖墓	墓道：?×0.88-0.60 墓室：2.90×1.50-0.60	条砖		无	第三期	东汉早期	保存状况较差
M72	110°	土坑竖穴砖椁墓	扩口：2.70×0.92-0.80		砖椁1	陶罐2、陶壶1、陶小釜4、陶小瓶1	第二期	新莽至东汉初	保存状况较好
M73	0°	土坑竖穴墓	扩口：3.70×1.52-0.80			陶罐4、陶壶6、陶鼎1、陶盒3、陶套盒1、陶灶1、陶井1、陶小釜3、陶小盆2	第一期	西汉晚期	保存状况较好
M74	315°	土坑竖穴砖椁墓	扩口：3.10×1.38-0.74		砖椁1	陶壶1	第二期	新莽至东汉初	保存状况较好
M75	0°	土坑竖穴墓	扩口：3.80×(2.64~2.90)-1.00		木棺2	陶罐14、陶壶1、陶盒2、陶灶4、陶壶6、陶灯1、陶井1；铜钱1枚	第一期	西汉晚期	保存状况较好
M76	20°	土坑竖穴墓	扩口：3.50×(1.20~1.32)-1.20			陶瓮1、陶樽6、陶壶1、陶钵1、陶盒2、陶套盒1、陶灶1、陶灯1、陶井1、陶小釜3、陶小瓶1	第二期	新莽至东汉初	保存状况较好
W1	55°	瓮棺葬	扩口：1.62×1.00-1.20	陶釜3、陶盆1		无	第一期	西汉晚期	保存状况较好
W2	50°	瓮棺葬	扩口：2.20×1.20-1.20	陶釜3、陶盆1		无	第一期	西汉晚期	保存状况较好

附录一　鞍山羊草庄墓地乙类墓葬属性再探讨

（徐政　白宝玉）

羊草庄墓地位于鞍山市立山区沙河镇羊草庄村西北约500米处的洁宇环保有限公司的厂区院内，辽宁省文物考古研究所于2013年6～10月对其进行了考古发掘工作。此次发掘的78座墓葬，墓葬形制较为复杂，土坑墓、瓮棺葬、砖椁墓、石椁墓、砖室墓及石室墓均有所发现，随葬品种类主要有陶器、铜器、铁器、石器及琉璃器等，时间跨度较长，从西汉晚期一直延续到东汉中晚期。该墓地的12座石椁墓的资料已于2015年以简报的形式正式发表[1]。

根据这78座墓葬的形制及随葬品组合所体现的民族属性分析，该墓地的墓葬主要分为甲、乙两类墓葬。其中，甲类墓葬63座，时代从西汉晚期至东汉中晚期，基本体现的是汉文化因素；乙类墓葬仅有15座，时代为两汉之际，表现出较强烈的少数民族特色。笔者拟以乙类墓葬的形制及随葬品特征为主要依据，并结合相关文献记载，对这15座乙类墓葬的属性作进一步的探讨。

一　墓葬结构

（一）分布特征

通过对各墓葬的年代分析可知，羊草庄墓地的形成是按照较为严格的序列来逐渐排列利用的。该墓地的东南部多为西汉晚期墓葬，西南部多为两汉之际墓葬，而北部则基本为东汉时期墓葬。乙类墓葬除M27外，多集中在该墓地的西南部，且各墓葬之间极少夹杂有甲类墓葬（图1）。可见，乙类墓葬在当时有集中埋葬的特点。但与甲类墓葬相比，乙类墓葬在墓向排列上则较为随意，成排分布并不明显。

（二）墓葬形制

乙类墓葬根据墓葬形制可分为石椁墓、砖椁墓及石室墓三大类。其中，石椁墓13座，占绝对优势，砖椁墓及石室墓则只各有1座。

石椁墓　均为土圹竖穴，无墓道，墓圹平面以圆角长方形为主，圆角梯形次之。按照葬俗的不同，石椁墓可分为两型。

A型　6座。单人葬。依据有无石垣墙，可细分为两亚型。

Aa型　5座。无石垣墙。如M15、M16（图2，1）、M17、M20与M44。

---

[1]　辽宁省文物考古研究所：《辽宁鞍山市羊草庄墓地石椁墓发掘简报》，《边疆考古研究·第17辑》，科学出版社，2015年。

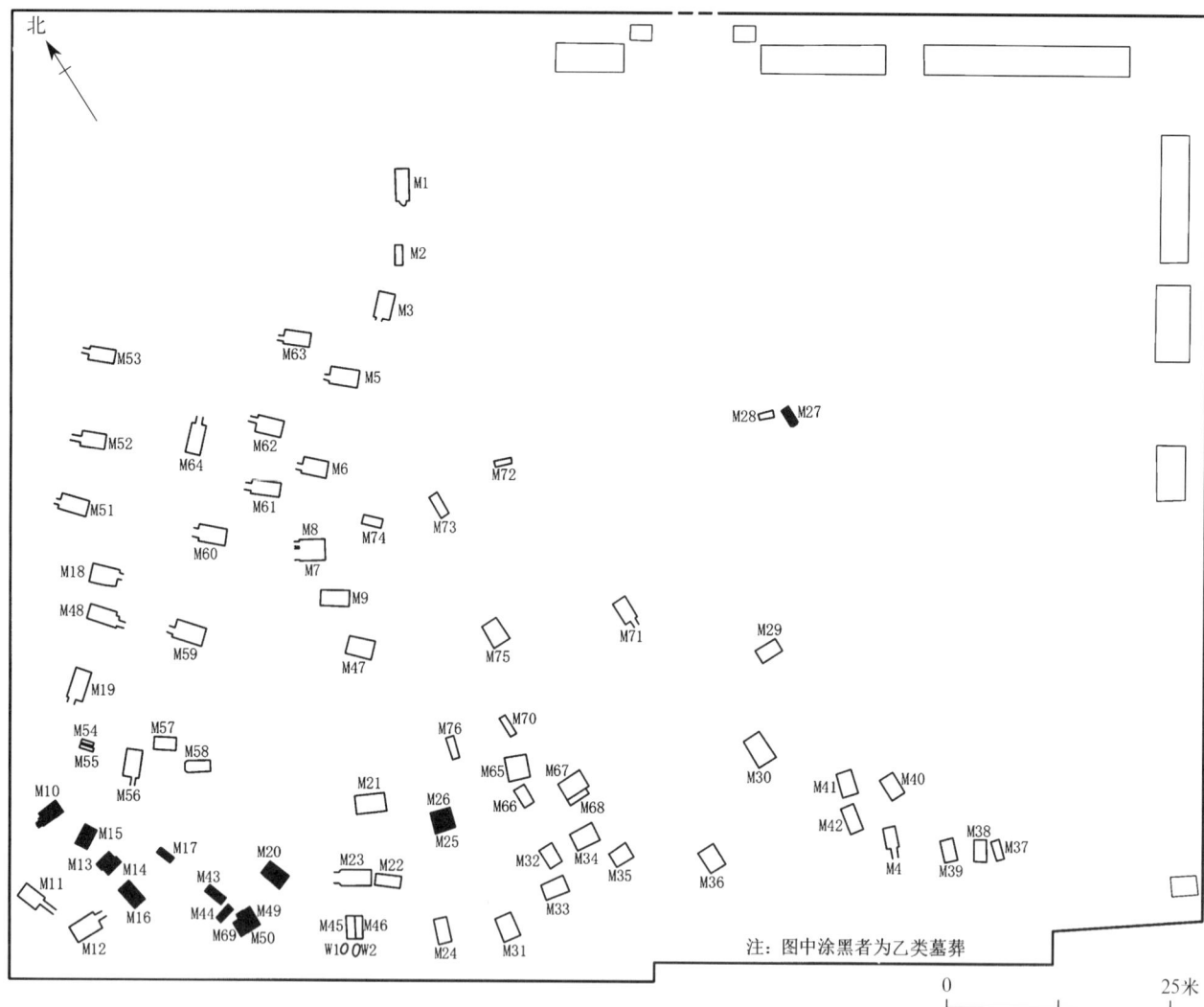

图1 羊草庄墓地乙类墓葬平面分布图

Ab型　1座。有石垣墙。如M43（图2，2）。

B型　7座。并葬墓。依据有无石垣墙，可细分为两亚型。

Ba型　2组4座。无石垣墙。如M13与M14、M25与M26（图2，3）。

Bb型　1组3座。有石垣墙。如M49、M50与M69（图2，4）。

砖椁墓　仅1座（M27），土圹竖穴，无墓道，墓圹平面近似"凸"字形。砖椁平面呈长方形，先砌四壁，再铺椁底砖。砖椁四壁砌法为单隔顺砌平砖错缝垒砌；椁底铺砖为条砖横、纵拼缝平铺（图2，5）。

石室墓　仅1座（M10），单室，平面呈刀形，由墓道、甬道、墓门及墓室四部分组成。墓道呈长方形斜坡状。甬道平面呈横长方形，底部纵向拼缝平铺4块青砖。墓门位于甬道前端，由经过简单加工的石块错缝封堵而成。墓室平面呈梯形，四壁由经过简单加工的石块逐层错缝垒砌而成，黄土勾缝；墓底系由生土经过简单平整而成（图2，6）。

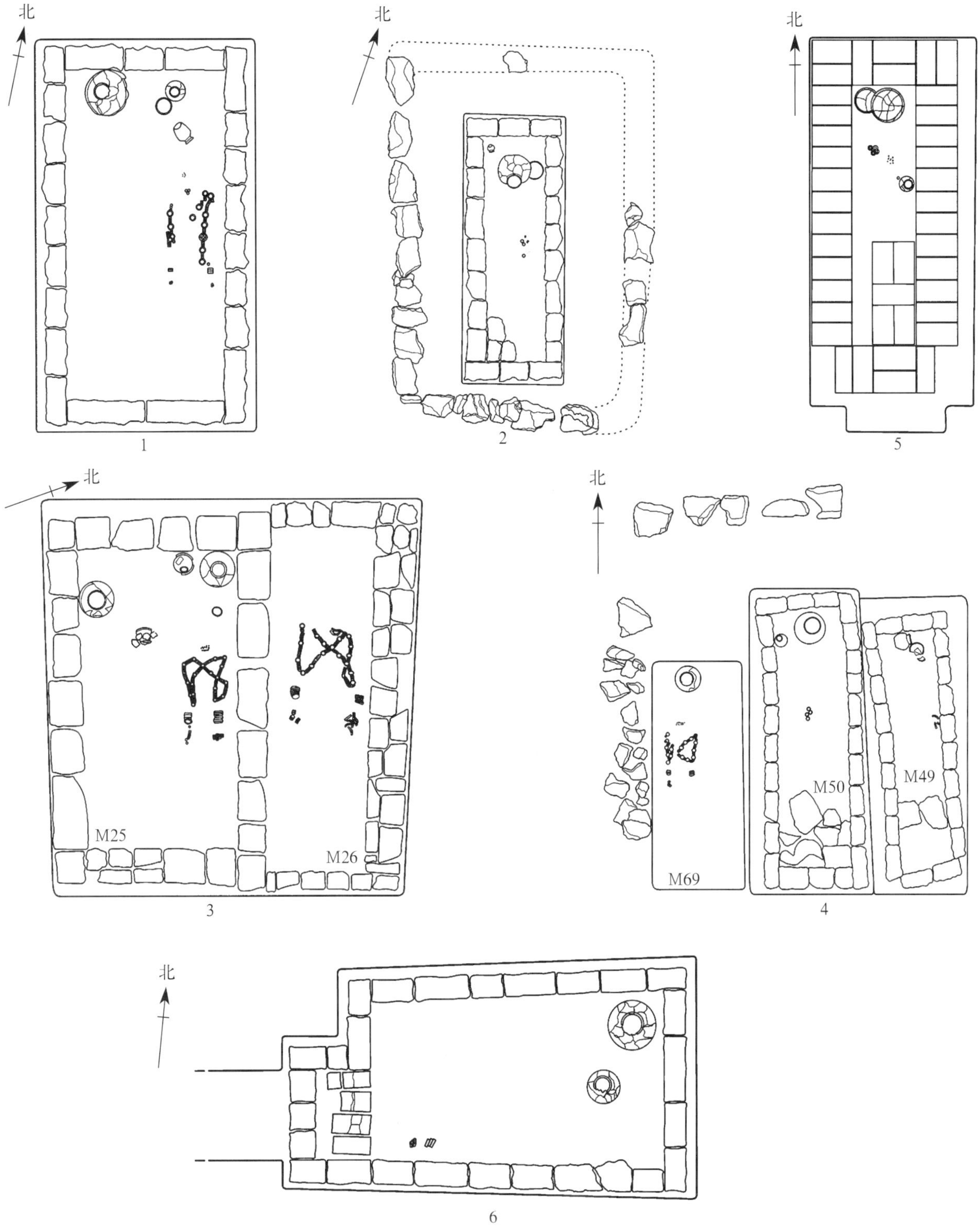

图2　羊草庄墓地乙类墓葬形制举例

1. M16　2. M43　3. M25与M26　4. M49、M50与M69　5. M27　6. M10

（三）葬具类型

乙类墓葬由于墓葬形制的不同，葬具也略有差异。

石椁墓的葬具主要为石椁及木棺，个别墓葬在木棺下还发现有垫石。石椁平面多呈长方形，少量呈梯形，多由石块垒砌而成。石块仅经过简单修整，多数仍保留着劈裂面及棱角。石椁由石板封盖，但这些石板形状均不规整，较为粗糙。除几座石椁底部由小石板或青砖拼铺而成外，多数石椁底部未见铺石。木棺的保存状况极差，多已不辨，仅见有零星的黑色板木朽灰。

砖椁墓的葬具主要为砖椁，而其内部有无木棺，则已不辨。砖椁平面呈长方形，先砌四壁，再铺椁底砖。砖椁四壁较平直，砌法为单隅顺砌平砖错缝垒砌；椁底则用条砖横、纵拼缝平铺而成。

石室墓由于保存状况较差，未发现有木质葬具痕迹。

（四）葬法与葬俗

15座乙类墓葬由于土质的原因，人骨腐朽较为严重，只零星出土有少量的牙齿或肢骨碎块，因此很难确定其准确的葬式。

乙类墓葬中所确定的葬法主要为单人葬、双人并葬及三人并葬三类。其中，单人葬数量最多，总计8座，约占乙类墓葬总数的53.3%；双人并葬墓4座，约占26.7%；三人并葬墓仅3座，约占20.0%。

头向是葬俗中体现埋葬集团向心力的重要指标，同一族群或家庭的墓葬，头向也大体一致。在乙类墓葬中，南北向墓葬（8座）略多于东西向墓葬（7座）。头向北的墓葬共8座，头向西的墓葬5座，头向东的墓葬最少，仅发现有2座（表一）。

表一　羊草庄墓地乙类墓葬头向统计表

	数量（座）	墓　葬　举　例	百分比（%）
头向北	8	M16、M17、M20、M27、M43、M49、M50、M69	53.3
头向西	5	M13、M14、M15、M25、M26	33.3
头向东	2	M10、M44	13.4

二　随葬品

（一）随葬品位置

石椁墓的随葬品摆放位置具有较为明显的规律性。头部上端的棺外椁内摆放有瓮、罐、钵、盆等陶器；铜钱及装饰品则位于棺内。其中，项链串饰出于颈部；铜链饰出于胸部，由麻绳穿编而成，链饰多残留有织物痕迹，应原缀于上半身；臂钏、指环各出于手腕、手指部分，且多数仍保存着下葬时的佩戴方式。

（二）随葬品组合

通过对乙类墓葬进行初步研究，可以了解随葬品组合的基本情况。

首先分析随葬陶器的组合方式。在这15座墓葬中，除2座墓葬未见有陶器外，其他墓葬均出土有少量的陶器。由于陶器的器类单一，所以其组合也较为简单。通过表二可知，乙类墓葬的五组陶器组合方式仅是在罐的基础上，对盆、钵、瓮类的简单增减，未见明显占优势者。

表二　羊草庄墓地乙类墓葬随葬陶器组合统计表

	数　量	墓葬举例
无	2	M13、M26
罐+盆+钵	1	M16
罐+盆	3	M14、M15、M27
罐+钵	3	M15、M43、M49
罐+瓮	3	M10、M20、M50
罐	3	M17、M44、M69

在乙类墓葬中，装饰品的完整组合为项链串饰+链饰+臂钏+指环+泡饰，这种完整组合出现的次数较少，仅见于M16与M25中，其他墓葬则在种类上略有增减（表三）。在各类装饰品中，链饰的等级要明显高于项链串饰、臂钏与指环，也是这批墓葬区别于其他各族墓葬的重要指标。在这15座乙类墓葬中，未见装饰品的墓葬有5座（33.3%），随葬项链串饰的墓葬有8座（53.3%）、随葬链饰的墓葬有4座（26.7%）、随葬臂钏的墓葬有8座（53.3%）、随葬指环的墓葬有9座（60.0%）、随葬泡饰的墓葬有2座（13.3%）。

表三　羊草庄墓地乙类墓葬随葬装饰品统计表

	项链串饰	链饰	臂钏	指环	泡饰
M10			△	△	
M13	△		○	△	
M14					
M15	△			△	

M16	△	△	○	○	△
M17					
M20					
M25	△	△	○	○	△
M26	△	△	○	○	
M27	△			△	
M43	△		△	△	
M44					
M49			△		
M50					
M69	△	△	○	△	

注：无标记代表该墓葬中未出土有此类装饰品，"△"代表该墓葬中此类装饰品仅出土有一套，"○"代表该墓葬中此类装饰品出土有二套。

（三）随葬品种类

羊草庄墓地乙类墓葬出土的随葬品按照功能的不同，可分为生活用品、装饰品及武器工具三类。

1. 生活用品

主要为陶器，另有少量的铜钱。陶器数量不多，种类也较为简单，仅见有瓮、罐、盆、钵四类。

瓮　3件，数量较少。均为泥质灰陶，器壁较厚，球形腹，圜底或圜底近平；下腹部及底部满饰绳纹，个别在肩部及中腹部还施有弦纹。依据口部特征，可分为两型。

A型　2件。尖圆唇，敛口。标本M50：2（图3，1）。

B型　1件。小窄沿，敞口。标本M10：4（图3，2）。

罐　数量较多，除1件为夹砂陶之外，其余均为泥质陶。依据整体特征，可分为三型。

A型　5件。器形较大，尖圆唇或方唇，短颈，溜肩，鼓腹，腹部最大径位置居中，平底或圜底近平；下腹部及底部满饰绳纹，肩部或中腹部施有多周凹弦纹。依据口部特征，可细分为两亚型。

Aa型　4件。敞口，鼓颈或斜颈。标本M15：3（图3，3）、M69：6（图3，4）。

Ab型　1件。敛口，斜颈。标本M20：1（图3，5）。

B型　2件。器形较大，尖圆唇，唇面施有一周凹槽，短颈，溜肩，鼓腹，腹部最大径位置略靠上，平底或圜底近平；下腹部及底部满饰绳纹，肩部或中腹部施有多周凹弦纹。依据口部及腹部特

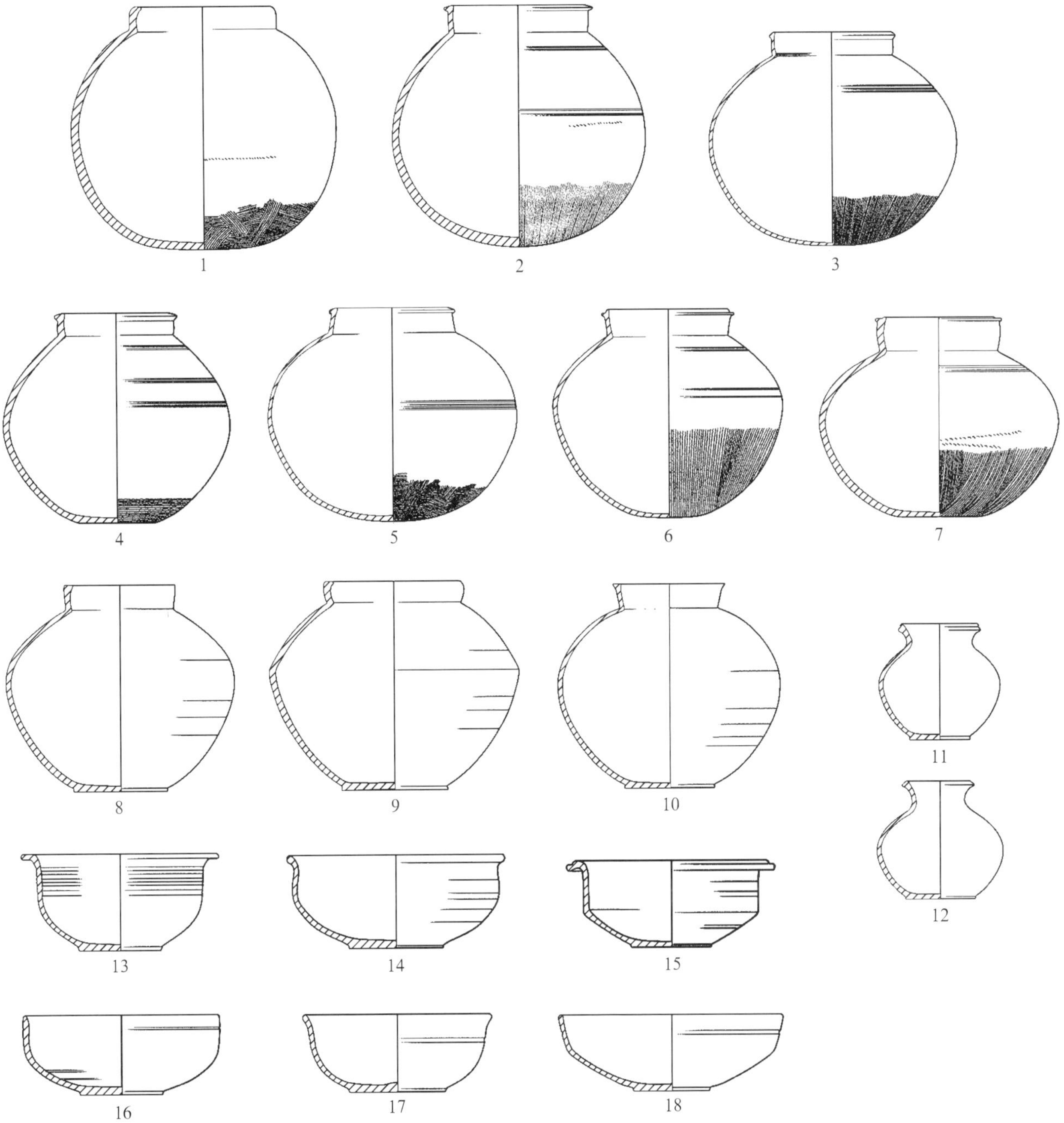

图3　羊草庄墓地乙类墓葬出土陶器

1. A型陶瓮M50：2　2. B型陶瓮M10：4　3、4. Aa型陶罐M15：3、M69：6　5. Ab型陶罐M20：1　6. Ba型陶罐M25：8　7. Bb型陶罐M43：6　8. Ca型陶罐M10：3　9. Cb型陶罐M17：2　10. Cc型陶罐M25：10　11. Da型陶罐M43：5　12. Db型陶罐M15：6　13. Aa型陶盆M14：4　14. Ab型陶盆M25：9　15. B型陶盆M25：7　16. A型陶钵M16：7　17. B型陶钵M15：4　18. C型陶钵M43：7

征，可细分为两亚型。

Ba型　1件。敞口，斜颈。标本M25：8（图3，6）。

Bb型　1件。敛口，鼓颈，腹部较扁。标本M43：6（图3，7）。

C型　6件。器形较大，矮领，溜肩，鼓腹或折腹，腹部最大径位置靠近肩部，平底或台底；素面或肩部施有多周凹弦纹。依据口部特征，可细分为三亚型。

Ca型　4件。直口或微敛口。标本M10：3（图3，8）。

Cb型　1件。敛口较明显。标本M17：2（图3，9）。

Cc型　1件。敞口。标本M25：10（图3，10）。

D型　11件。器形不大，圆唇，敞口，束颈，溜肩，鼓腹，平底或台底；素面，腹部多有轮旋痕迹。依据口部特征，可细分为两亚型。

Da型　9件。子母口，唇面施有一周凹槽。标本M43：5（图3，11）。

Db型　2件。唇面无凹槽。标本M15：6（图3，12）。

盆　数量不多，仅出土有5件，均为泥质陶。依据腹部特征分两型。

A型　4件。鼓腹。泥质灰陶或黑陶，平底或台底。依据口沿特征，可细分为两亚型。

Aa型　1件。折沿。标本M14：4（图3，13）。

Ab型　3件。小展沿。标本M25：9（图3，14）。

B型　1件。折腹。小卷沿，沿部施有一周凹槽，台底。标本M25：7（图3，15）。

钵　数量不多，仅出土有4件。均为泥质陶，弧腹或折腹，下腹部急收成台底；近口处多施有凹弦纹。依据口部特征可分为三型。

A型　1件。尖圆唇，直口。标本M16：7（图3，16）。

B型　2件。尖圆唇或圆唇，侈口。标本M15：4（图3，17）。

C型　1件。圆唇，大敞口。标本M43：7（图3，18）。

铜钱　多数墓葬均有出土，种类主要为五铢、货泉及大泉五十。

2．装饰品

装饰品种类主要有项链串饰、链饰、臂钏、指环及泡饰等，其中以链饰及臂钏最具特色。装饰品质地有铜质、琉璃质及石质之分，但以铜质为主。

项链串饰　8套，由琉璃珠、石珠及石管串成。琉璃珠多呈深蓝色，少量呈天蓝色，多由长琉璃管切割成珠状再经过简单打磨而成。石管多呈白色，表面刻划有卷曲纹。标本M43：1（图4，1）。

链饰　4套，由每6个或5个指环为一组与1个大圆环交替连接而成，整体呈"∞"形。标本M69：2（图4，2）

臂钏　13套，均为铜质，每套数量不等，但多为奇数，如1枚、3枚等，数量最多者1套达29枚。臂钏平面呈圆形，一端留有豁口；表面施有三周凸弦纹。标本M26：3-1（图4，3）。

指环　数量较多，共出土15套，均为铜质，是最为常见的装饰品。依据制作工艺及形制，可分为三型。

A型　数量较多，由整段长铜管切割成小段铜环而成，素面，环面多较宽。标本M26：5-1（图4，4）。

B型　数量较少，铸造，一次成形，截面呈圆形。标本M16：14-3（图4，5）。

C型　数量较少，铸造，环表满饰连珠纹，截面呈圆形。标本M69：5-3（图4，6）。

泡饰　数量不多，仅出土有2套，均为铜质。依据造型的不同，可分为三型。

A型　数量较少，仅1枚。圆帽形，周边有折沿，下附双桥梁。标本M25：11－1（图4，7）。

B型　数量较多。圆形帽面，单桥梁。标本M16：12－3（图4，8）。

C型　数量较少，仅1枚。椭圆形帽面，双桥梁。标本M16：12－1（图4，9）。

3. 武器工具

乙类墓葬随葬品中武器工具类发现较少，仅见有一件铁削。该铁削削首残缺，直背、弧刃，尖锋。标本M13：5（图4，10）。

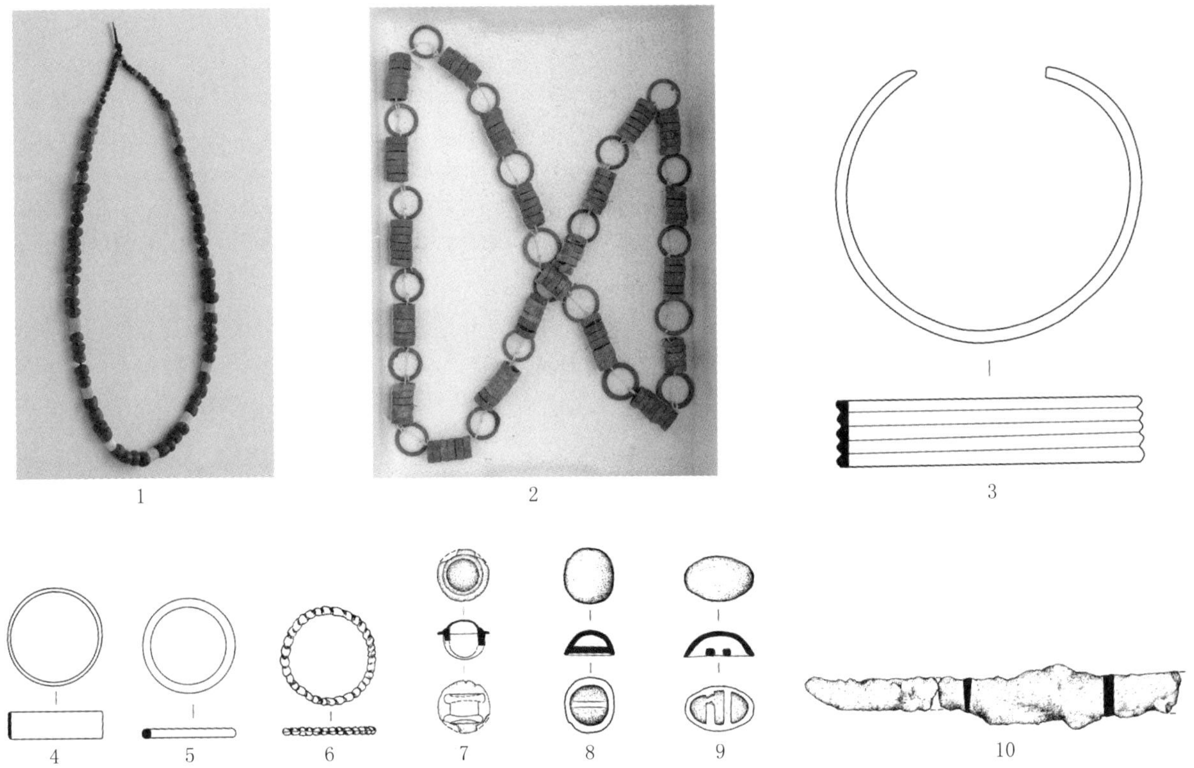

图4　羊草庄墓地乙类墓葬出土装饰品及武器工具
1. 项链串饰M43：1　2. 铜链饰M69：2　3. 铜臂钏M26：3－1　4. A型铜指环M26：5－1　5. B型铜指环M16：14－3　6. C型铜指环M69：5－3　7. A型铜泡饰M25：11－1　8. B型铜泡饰M16：12－3　9. C型铜泡饰M16：12－1　10. 铁削M13：5

三　文化因素分析

（一）汉文化因素

汉文化因素对乙类墓葬的影响集中体现在陶器及铜钱上，此外，部分墓葬形制也受到了汉式文化的影响。

1. 陶器

乙类墓葬中出土的陶器种类较为单一，仅见有瓮、罐、盆、钵四类，这些器物在辽宁地区的汉族墓葬中均多有出土，并也多见于河南、山东、陕西等地区的汉墓中。究其原因，这与乙类墓葬临近辽东郡腹地——郡治昌平，受政府直接管控有很大关系。

在具体的陶器类型上，A型瓮与辽宁普兰店姜屯墓地M41中：11[1]接近，Aa型罐与辽宁抚顺刘尔屯墓地M16：1[2]较为接近，Da型罐与辽宁抚顺刘尔屯墓地M21：1[3]、山东滕州东郑庄墓地M57：2[4]十分接近，Ab型盆则与山东嘉祥长直集墓地M33：1[5]较为相似，A型钵与辽宁普兰店姜屯墓地M114：2[6]形制相近（图5）。

通过以上的对比分析可知，乙类墓葬中的陶器均为汉式陶器，这与同时期辽东地区的汉人墓葬中所出器形相一致，应为同一产地的随葬品。

2. 铜钱

五铢　数量不多，钱文清晰。多数铜钱有剪郭现象。"五"字既有竖划较直的，也有缓曲的。"铢"字的"金"字头较小；"朱"头多为方折，"朱"下缓曲。总体来说，在总体特征上与洛阳烧沟汉墓的第二型铜钱更为接近，年代当在西汉晚期[7]。

货泉　多数乙类墓葬中出土有"货泉"钱，且形制较为一致，边缘均有外郭，正方形穿，部分仅穿之正面有郭，有的在穿的一角有决纹，穿之左右篆书"货泉"二字。

大泉五十　仅在M16中出土有一枚"大泉五十"钱，边缘均有外郭，穿之两面均有郭，穿之上下篆书"大泉"二字，左右篆书"五十"二字。

3. 砖椁墓

砖椁墓是鞍辽地区两汉之际短暂出现的一种墓葬形制。乙类墓葬中的这一座砖椁墓，不管是在青砖的选择上，还是在砖椁的砌筑方式方面，均与汉式墓葬相同，不见有少数民族特点。

（二）土著文化因素

1. 石椁墓

石椁墓是辽宁地区两汉之际新出现的一种墓葬形制。山东地区的石椁墓较有代表性，石椁均为箱式椁，四壁除由石板立砌外，也见有石块垒砌，部分石椁外有器物箱或壁龛[8]。辽宁鞍辽地区的汉人石椁墓此前发现不多，并且材料大多未经发表。从零散的材料中可知，辽东地区汉墓中的石椁四壁多由石条垒砌而成，少量石椁的头尾两端则为石板立砌；石材多为南芬页岩，其他岩质较为少见，由于南芬页岩较为细腻，片状节理发达，因此石椁的石材均修整的极为平整。而羊草庄墓地乙类墓葬中的石椁墓石材多为泥岩或花岗岩，未见有南芬页岩，且均由石块垒砌而成，石块仅经过粗略加工，棱角分明，凹凸不平，从而显的石椁修建的较为随意。

2. 石室墓

[1]　辽宁省文物考古研究所：《姜屯汉墓》，文物出版社，2013年。

[2]　辽宁省文物考古研究所、抚顺市博物馆：《辽宁抚顺市刘尔屯汉魏墓群的发掘》，《考古》2014年第4期。

[3]　辽宁省文物考古研究所、抚顺市博物馆：《辽宁抚顺市刘尔屯汉魏墓群的发掘》，《考古》2014年第4期。

[4]　山东省文物考古研究所：《鲁中南汉墓》，文物出版社，2009年。

[5]　山东省文物考古研究所：《鲁中南汉墓》，文物出版社，2009年。

[6]　辽宁省文物考古研究所：《姜屯汉墓》，文物出版社，2013年。

[7]　洛阳区考古发掘队：《洛阳烧沟汉墓》，科学出版社，1959年。

[8]　刘剑：《山东地区汉代墓葬的考古学研究》，山东大学博士学位论文，2012年。

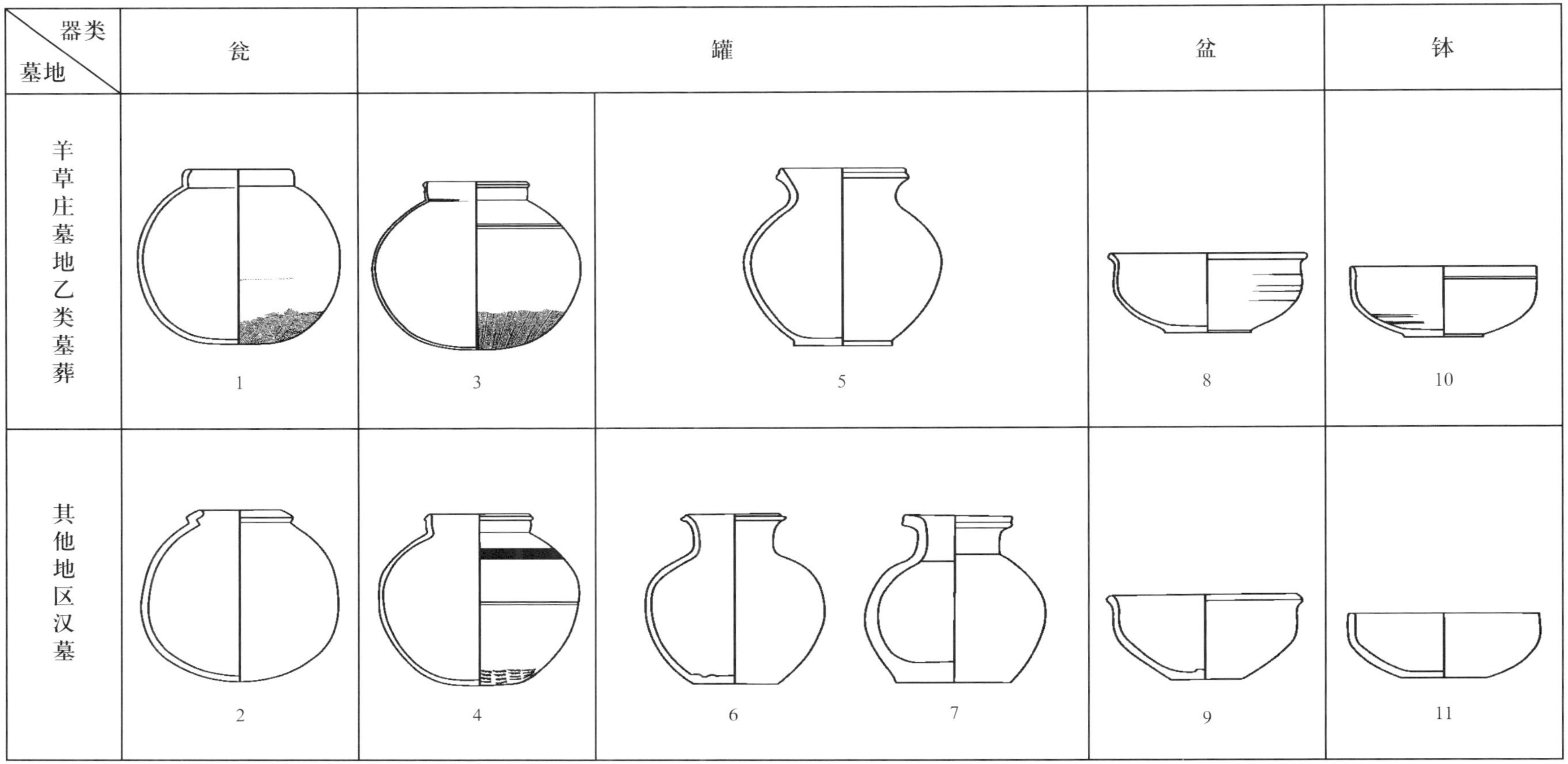

图5　羊草庄墓地乙类墓葬与其他地区汉墓出土陶器对比图

1. 羊草庄M50：2　2. 姜屯M41中：11　3. 羊草庄M15：3　4. 刘尔屯M16：1　5. 羊草庄M43：5　6. 刘尔屯M21：1　7. 东郑庄M57：2　8. 羊草庄M25：9　9. 长直集M33：1　10. 羊草庄M16：7　11. 姜屯M114：2

鞍辽地区的汉式单室石室墓形制较为简单，石室均呈长方形，未见甬道，早期石室四壁多由石条垒砌而成，中晚期则石板立砌较为常见，墓门多由大石板封堵，墓底多由石板拼铺而成。羊草庄墓地乙类墓葬中的这一座石室墓，前端置有一短小甬道，石室（不含甬道部分）平面呈梯形。石室由石块垒砌而成，但石块仅经过简单的粗略加工，棱角分明，较为粗糙。以上这些特点都与两汉之际鞍辽地区的汉式石室墓有着明显区别的，而与辽西地区的慕容鲜卑石室墓相近。

3．装饰品

羊草庄墓地乙类墓葬最具特色的随葬品为装饰品。装饰品的全套组合为项链串饰+链饰+臂钏+指环+泡饰，这与以往所发现的匈奴、扶余、鲜卑等民族墓葬中出土的装饰品相比，明显缺少耳饰及以各类牌饰为代表的腰带，这也从一个侧面说明了这批墓葬的性质不同于之前所了解的其他北方少数民族。

由麻绳穿编而成的铜链饰，是这批装饰品中最具特色的一种。链饰缀于胸前，整体近似"∞"形，这不见于其他墓地中。链饰整体重量较重，日常生活中不便佩戴，笔者推测应为墓主人死亡后佩戴的象征着身份的随葬品。

带豁口的臂钏在北方少数民族墓葬中也时有发现，但大多数量不多。乙类墓葬中的臂钏形制及大小均较一致，钏面施有三周凸粗弦纹，多者一条手臂上甚至佩戴有29枚，这在其他墓地中也是较为少见的。

铜指环中最有特色的是由整段长铜管切割成小段的指环，这种指环不见接口，环面较宽，通常所有手指均佩戴。

铜泡饰在以往发现的汉墓中也多有发现，但其作用在不同民族中也不尽相同。在汉族的墓葬中，泡饰多见于车、马具中，而直接作为服饰配件的则相对较少；在少数民族墓葬中，泡饰除用于车、马具中之外，也大量地作为靴类、服饰类的装饰品出现。羊草庄墓地乙类墓葬中出土的这两套泡饰均出土于手部，且每套数量不多，个体也较小，应是缀在手套类上的装饰品。

四　族属推定

关于羊草庄墓地乙类墓葬的族属问题，笔者认为其为两汉之际内迁的一支乌桓。这主要是基于以往发掘的同类遗存及文献记载两方面来考虑的。

（一）同类遗存的对比分析

目前，在学术界被推定为两汉时期内迁乌桓的遗存数量不多，且多数仍存在着争议，内迁乌桓的文化面貌仍较模糊，这多与内迁乌桓汉化程度较高、内迁时间较早有关。这里笔者也认同辽宁朝阳袁台子79M23、徐台子85M1[1]属于两汉之际内迁的乌桓墓葬，而辽宁沈阳八家子墓地的M6、M8[2]等墓葬则代表了年代稍晚阶段的内迁乌桓墓葬。

[1] 辽宁省文物考古研究所、朝阳市博物馆：《朝阳袁台子——战国西汉遗址和西周至十六国时期墓葬》，文物出版社，2010年。
[2] 沈阳市文物考古研究所：《沈阳八家子汉魏墓葬群发掘简报》，《北方文物》2004年第3期。

　　袁台子79M23与徐台子85M1被归入早期内迁乌桓墓葬的证据之一就是其墓葬形制也为石椁墓。与羊草庄墓地乙类墓葬中的石椁墓相比，上述两座墓葬的石椁也由较为粗糙的不规整石块或石板砌成，这都与同时期的汉式石椁墓的石材经过精细加工有较大差异的，显示出较为明显的随意性。同时也应注意到，这两座石椁墓均为同椁合葬墓，这与羊草庄墓地乙类墓葬中的异椁并葬墓略有差别。

　　在随葬陶器方面，袁台子79M23与徐台子85M1与鞍山羊草庄墓地乙类墓葬相似，不见同时期较为常见的鼎、盒、套盒、灶组合、井等器类，而仅仅随葬瓮、罐、盆、樽、钵等简单几类器物，并且这些器物多与羊草庄墓地乙类墓葬中出土的陶器相类似（图6）。随葬陶器组合的差异往往是世俗观念的体现，瓮、罐、盆、樽、钵等均为两汉之际最为常见的实用器，而灶、井类模型明器多与汉人灵魂不灭，"以生者饰死者也，大象其生以送死也"[1]有关，象征着死者在阴间继续享受阳间的生活。早期内迁乌桓墓葬中不见灶、井等模型陶器，可见其丧葬习俗明显有别于汉族，其随葬的陶器均为日常生活中常见的器类，并不单独购买模型明器用于随葬。

　　沈阳市八家子墓地M6、M8在时代上要明显晚于羊草庄墓地乙类墓葬，当在东汉晚期至魏晋之间。这两座墓葬均为砖室墓，在墓室的东北角都出土有犬骨，这与乌桓人旧俗"肥养一犬"相对照。这两座墓葬与羊草庄墓地乙类墓葬的共性主要体现在随葬品的种类上，这两座墓葬均无陶器，只随葬有铜环、指环、双梁泡、镞及由玛瑙珠、琉璃珠、骨珠、煤精坠等串成的链饰等。

　　（二）文献资料分析

　　乌桓是汉魏时期北方地区比较活跃的一支少数民族，据《后汉书·卷九十乌桓鲜卑列传》记载"乌桓者，本东胡也。汉初，匈奴冒顿灭其国，余类保乌桓山，因以为号焉"，可见其与鲜卑同属东胡。

　　乌桓脱胎于东胡，而东胡在西汉初年就经历了直接的汉化过程。据史料记载，在"汉十一年（公元前195年）……燕王绾悉将其宫人家属骑数千居长城下……四月，高祖崩，卢绾遂将其骑亡入匈奴，匈奴以为东胡卢王……居岁余，死胡中……孝景中六年，卢绾孙他之，以东胡王降，封为亚谷侯"[2]，其中"以东胡王降"集解如淳曰"为东胡王来降也。汉纪东胡，乌丸也"，可见卢绾家族对东胡的汉化是有一个长时间的持续过程的。

　　西汉中晚期至东汉初年，汉与乌桓的接触就更为频繁。武帝时期，为了防御日渐强盛的匈奴，"骠骑将军霍去病击破匈奴左地，因徙乌桓于上谷、渔阳、右北平、辽西、辽东五郡塞外，为汉侦察匈奴动静。其大人岁一朝见，于是始置护乌桓校尉，秩二千石，拥节监领之"[3]，可见，从武帝时期开始，乌桓就迫于形势大批南迁了，并且其中的一支开始居于辽东郡塞外，使其能迅速地融合、吸收汉族文化。昭帝时，"度辽将军范明友将二万骑出辽东邀匈奴……乘乌桓新败，遂进击之，斩首六千余级，获其三王首而还。由是乌桓复寇幽州，明友辄破之……宣帝时，乃稍保塞降附"[4]。

[1]　（战国）荀况：《荀子·礼论》，上海古籍出版社，2014年。

[2]　（西汉）司马迁：《史记·卷九十三韩信卢绾列传》，中华书局，1982年。

[3]　（南朝）范晔：《后汉书·卷九十乌桓鲜卑列传》，中华书局，1982年。

[4]　（南朝）范晔：《后汉书·卷九十乌桓鲜卑列传》，中华书局，1982年。

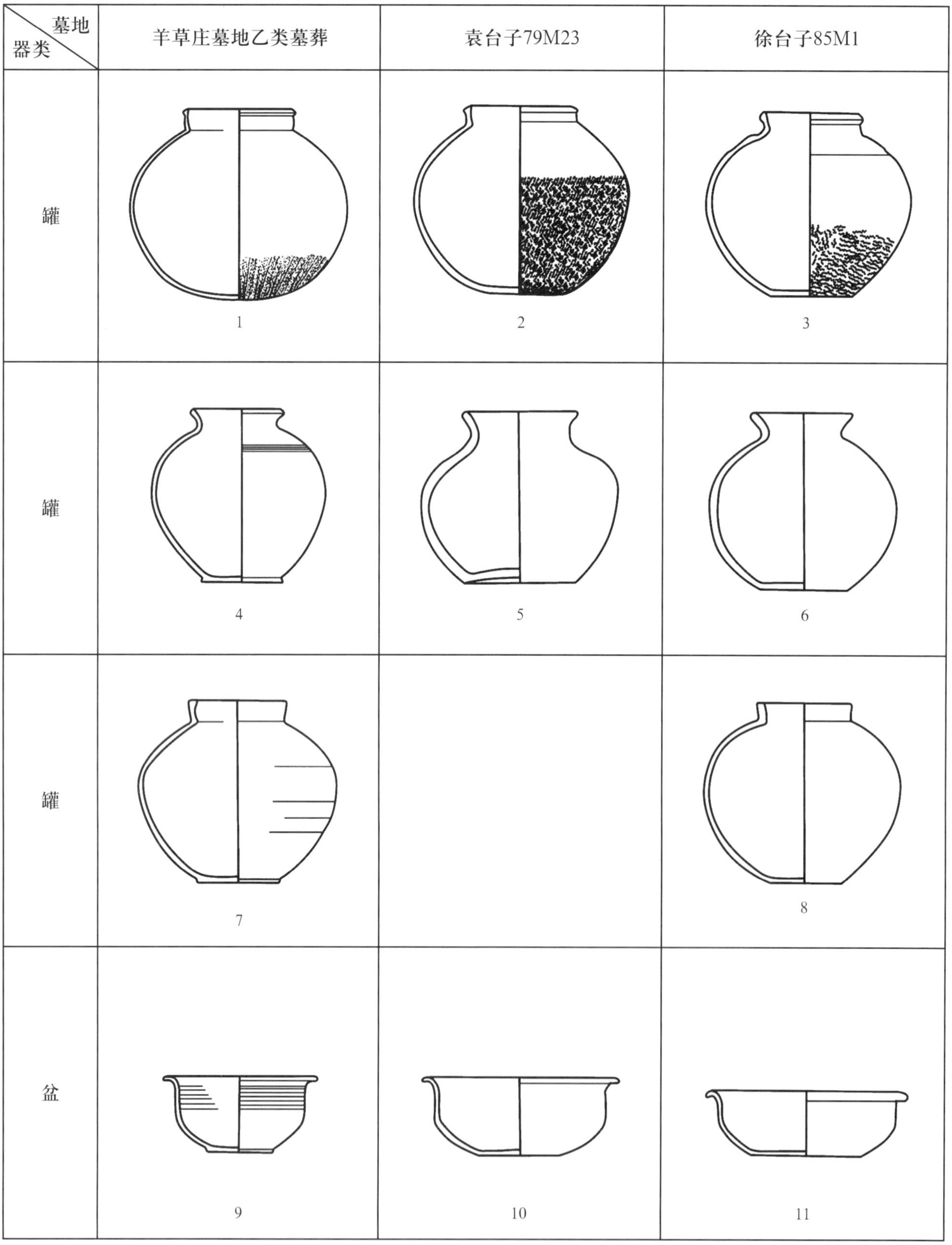

墓地 器类	羊草庄墓地乙类墓葬	袁台子79M23	徐台子85M1
罐	1	2	3
罐	4	5	6
罐	7		8
盆	9	10	11

图6　辽宁地区早期内迁乌桓遗存陶器比较图

1. 羊草庄M15：3　2. 袁台子79M23：6　3. 徐台子85M1：8　4. 羊草庄M49：3　5. 袁台子79M23：5　6. 徐台子85M1：2　7. 羊草庄M10：3　8. 徐台子85M1：1　9. 羊草庄M14：4　10. 袁台子79M23：11　11. 徐台子85M1：9

至王莽时期，"东域将严尤领乌桓、丁令兵屯代郡，皆质其妻子于郡县。乌桓不便水土，惧久屯不休，数求谒去。莽不肯遣，遂自亡畔，还为抄盗，而诸郡尽杀其质，由是结怨于莽"[1]，可见，最晚至王莽时期，北方诸郡中就已经开始出现内迁的乌桓人。

东汉初年，由于"乌桓与匈奴连兵为寇，代郡以东尤被其害"[2]，所以，光武帝于"建武二十一年，遣伏波将军马援将三千骑出五阮关掩击之。乌桓逆知，悉相率逃走，追斩百级而还。乌桓复尾击援后，援遂晨夜奔归，比入塞，马死者千余匹。二十二年，……帝乃以币帛赂乌桓。二十五年，辽西乌桓大人郝旦等九百二十二人率觿向化，诣阙朝贡，献奴婢牛马及弓虎豹貂皮。……乌桓或愿留宿卫，于是封其渠帅为侯王君长者八十一人，皆居塞内，布于缘边诸郡，令招来种人，给其衣食，遂为汉侦候，助击匈奴、鲜卑……于是始复置校尉于上谷□城，开营府，并领鲜卑，赏赐质子，岁时互市焉"[3]。可见，在建武二十五年以后，多支乌桓部落归顺汉庭，并内迁诸郡，生活方式逐渐被汉族同化，这也为乙类墓葬中出土的陶器均为汉式陶器做出了较为合理的解释。

乌桓人死亡后，"肥养一犬，以彩绳缨牵，并取死者所乘马衣物，皆烧而送之，言以属累犬，使护死者神灵归赤山。赤山在辽东西北数千里，如中国人死者魂神归岱山也"[4]。乙类墓葬中除2座墓葬外，其余头向均向北或向西，这可能就是向往魂归赤山的一种精神寄托。此外，羊草庄墓地乙类墓葬中出土有大量的铜质及琉璃质装饰品，如项链串饰、链饰、臂钏、指环等，这可能是乌桓"妇人至嫁时乃养发，分为髻，着句决，饰以金碧，犹中国有簂步摇"[5]的真实写照。

综上，笔者认为羊草庄墓地乙类墓葬的族属为内迁乌桓的一支。但由于目前考古材料的缺乏，具有相似文化特征的遗存较少，所以笔者对内迁乌桓文化面貌的解读，也仅仅是基于羊草庄墓地乙类墓葬材料的分析，而两汉之际内迁乌桓文化面貌的完整剥离，还有赖于将来更多考古材料的发现。

五　结语

综上所述，羊草庄墓地乙类墓葬在墓葬形制上，以土圹石椁墓为主，另有少量砖椁墓及石室墓；在随葬品方面，铜质、琉璃质及石质的装饰品最具特色，陶器均为汉式的瓮、罐、盆、钵等简单器类。因此，乙类墓葬表现出强烈的文化因素多样性，但其总体特征应属于两汉之际内迁一支乌桓的遗存。

目前，学术界对鲜卑的研究较多，但对乌桓的文化面貌仍较模糊。羊草庄乙类墓葬作为内迁的乌桓遗存，对于进一步丰富乌桓文化内涵，了解两汉之际北方少数民族的内迁都提供了新的资料。

[1]　（南朝）范晔：《后汉书·卷九十乌桓鲜卑列传》，中华书局，1982年。
[2]　（南朝）范晔：《后汉书·卷九十乌桓鲜卑列传》，中华书局，1982年。
[3]　（南朝）范晔：《后汉书·卷九十乌桓鲜卑列传》，中华书局，1982年。
[4]　（南朝）范晔：《后汉书·卷九十乌桓鲜卑列传》，中华书局，1982年。
[5]　（南朝）范晔：《后汉书·卷九十乌桓鲜卑列传》，中华书局，1982年。

附录二　鞍山羊草庄汉墓出土铜饰件的科学分析

（柏艺萌　王贺）

　　鞍山市羊草庄墓地出土的铜器以铜饰件及铜钱为主，铜饰件包括臂钏、指环、泡饰及由指环、环饰串成的链饰，此种链饰形制较为特殊。为了考察此批铜饰的合金成分、材质与制作工艺，分别对6座墓葬中出土的16件残损铜饰件进行了初步地科学分析研究。这16件样品编号为AYT1～AYT16，分别出自M10、M13、M16、M25、M26、M69六座墓葬中，这16件铜饰件主要包括4类，分别为臂钏（6件）、指环（6件）、链组件（3件）及泡饰（1件）；其中臂钏、指环样品各6件，分别取自6座墓葬；链组件样品共3件，分别取自3座墓葬；仅有的1件泡饰样品采自M16。

　　研究方法主要包括金相组织显微观察与鉴定、扫描电子显微镜能谱分析。通过这批分析检测数据，将有助于更好地揭示和认识东北地区汉代的金属技术特征，同时也为东北地区冶金技术地深入研究及文化交流提供基础资料。

一　金相组织观察与鉴定

　　使用冷镶树脂对16件铜饰样品的截面进行镶样，而后进行磨光、抛光，然后使用金相显微镜对样品进行初步地观察，以获取初步信息，再使用三氯化铁盐酸酒精溶液浸蚀样品，随后进行金相组织观察。使用仪器为Olympus　Vanox、Leica　DMLM金相显微镜和Leica　4000光学显微组织分析系统。金相组织鉴定结果详见表1和彩版二五〇～二五二。

　　由表1可知，本次分析的16件铜器样品均为铸造成形，金相组织呈现铸造和铸后受热两种组织形态；其中铜指环（M69：5-4）样品AYT8已完全锈蚀，金相组织已不可见，但其锈蚀处依然可见铸造枝晶组织残留（彩版二五〇），故可知其应为铸造成形。

表1　羊草庄汉墓出土部分铜饰金相显微组织分析结果

序号	实验编号	考古编号	器物名称	金相显微组织鉴定结果	图示
1	AYT1	M25：4-2	铜臂钏	铅锡青铜铸造组织，铜锡α固溶体树枝晶偏析明显，枝晶间存在较多硫化物，较多铅呈颗粒状，少量铅呈球状。	彩版二五〇，1

2	AYT2	M25：5-2	铜指环	铅锡青铜铸造组织，铜锡α固溶体树枝晶偏析明显，枝晶间分布较多形态较小、多角形α+δ共析组织，并存在较多颗粒状硫化物和小铅颗粒。	彩版二五〇，2
3	AYT3	M26：4-3	铜臂钏	铅锡青铜铸后受热组织，原树枝晶偏析消失，显示α固溶体颗粒；晶界锈蚀严重，颗粒状硫化物存在于晶间及锈蚀的晶界中，铅多呈细小颗粒状存在，部分硫化物与铅颗粒伴生存在，样品边界存在富集高铅相。	彩版二五〇，3
4	AYT4	M26：5-2	铜指环	铅锡青铜铸造组织，铜锡α固溶体树枝晶偏析明显，晶界间有少量锈蚀，硫化物多呈颗粒状或短小树枝状存在于晶间或晶界，铅多呈颗粒状或条状，部分硫化物与铅颗粒伴生存在，样品边界存在富集高铅相。	彩版二五〇，4
5	AYT5	M26：2-1	铜链组件	铅锡青铜铸造组织，铜锡α固溶体树枝晶偏析明显，晶界间有轻微锈蚀，少量硫化物夹杂存在于晶界，铅多为颗粒状，部分硫化物与铅颗粒伴生存在。	彩版二五〇，5
6	AYT6	M69：4-2	铜臂钏	铅锡青铜铸造组织，铜锡α固溶体树枝晶偏析明显，晶界锈蚀严重，铅较多并呈颗粒状、条状存在，较多硫化物存在锈蚀的晶界中。	彩版二五〇，6
7	AYT7	M69：2-1	铜链组件	铅锡青铜铸造组织，铜锡α固溶体树枝晶偏析明显，晶界锈蚀严重，少量颗粒状硫化物夹杂存在于晶界，铅的形态不一，呈颗粒状、条状或大铅球状存在。	彩版二五一，1、2
8	AYT8	M69：5-4	铜指环	铅锡青铜铸造组织，样品严重锈蚀，但未浸蚀组织可见铸造树枝晶残留，样品边界有球状铅聚集。	彩版二五一，3
9	AYT9	M10：1-1	铜臂钏	铅锡青铜铸造组织，铜锡α固溶体树枝晶偏析明显，晶间有少量锈蚀，较多颗粒状硫化物存在锈蚀的晶界中，并有较多细小的铅颗粒。	彩版二五一，4
10	AYT10	M10：2-2	铜指环	铅锡青铜铸造组织，铜锡α固溶体树枝晶偏析明显，较多细小硫化物夹杂呈颗粒状或短小树枝状，并存在较多细小铅颗粒。	彩版二五一，5
11	AYT11	M13：3-2	铜臂钏	铅锡青铜铸后受热组织，原树枝晶偏析消失，显示α固溶体颗粒；晶界间有少量锈蚀，较多细小硫化物夹杂存在锈蚀的晶界中，铅多呈颗粒状、条状或丝条状存在，部分硫化物与铅颗粒伴生存在。	彩版二五一，6
12	AYT12	M13：6-2	铜指环	铅锡青铜铸造组织，铜锡α固溶体树枝晶偏析明显，较多细小硫化物夹杂呈颗粒状或短小树枝状，并存在较多细小铅颗粒。	彩版二五二，1
13	AYT13	M16：5-2	铜臂钏	铅锡青铜铸造组织，铜锡α固溶体树枝晶偏析明显，晶界锈蚀严重，较多细小硫化物夹杂存在锈蚀的晶界中，铅多呈颗粒状、条状或丝条状富集在锈蚀处，样品边界存在少量条状高铅相，部分硫化物与铅颗粒伴生存在。	彩版二五二，2

14	AYT14	M16：13-2	铜指环	铅锡青铜铸造组织，存在铜锡α固溶体树枝晶偏析，部分区域偏析现象基本消失，应为局部受热所致；有较多颗粒状、条状硫化物夹杂和铅。	彩版二五二，3
15	AYT15	M16：3-12	铜链组件	铅锡青铜铸造组织，存在铜锡α固溶体树枝晶偏析，有少量颗粒状、条状硫化物夹杂，并多与铅伴生存在；组织中可见大量铅，形态呈颗粒状、条状及大铅球状，样品边界存在富集高铅相。	彩版二五二，4
16	AYT16	M16：4-2	铜泡饰	铅锡青铜铸造组织，铜锡α固溶体树枝晶偏析明显，枝晶间夹杂较多细小颗粒状、条状硫化物夹杂和铅，二者多伴生存在；样品边界锈蚀并有少量铅富集。	彩版二五二，5

二 扫描电镜观察与成分分析

采用蔡司（ZEISS）EV018高分辨扫描电镜，BRUKER XFlash Detector 5010型能谱仪，对16件铜饰件样品进行形貌观察和微区成分分析。能谱分析采用无标样定量成分测定的方法，对同一样品选择不同区域进行多次测量，取其平均值作为其合金成分数据；而对于样品中所含的微小夹杂物及铅颗粒等，关注重心是对其成分进行定性分析，故仅对其成分做一次测定。本次检测的技术条件为：加速电压为20keV，测量时间大于60s。夹杂物及成分分析结果详见表2。

表2 羊草庄汉墓出土部分铜饰件SEM-EDS成分分析结果

序号	实验编号	考古编号	器物名称	检测部位	扫描方式	主要成分 [wt %]						合金类型	图示
						Cu	Sn	Pb	S	O	其他		
1	AYT1	M25：4-2	铜臂钏	基体	面扫	81.66	3.81	10.63	—	3.89	—	Cu-Sn-Pb	图1
				夹杂物	微区面扫	91.55	4.55	—	3.90	—	—		
				铅颗粒		39.30	—	60.70	—	—	—		
2	AYT2	M25：5-2	铜指环	基体	面扫	85.48	10.37	4.15	—	—	—	Cu-Sn-Pb	图2 图3
				夹杂物	微区面扫	62.37	—	—	24.63	—	Fe13.01		
				铅颗粒		27.49	—	72.51	—	—	—		

3	AYT3	M26：4—3	铜臂钏	基体	面扫	91.23	6.79	1.98	—	—	—	Cu—Sn—Pb	
				夹杂物	微区面扫	70.92	—	—	21.92	—	Fe 7.17		
				铅颗粒		18.42	—	81.58	—	—	—		
4	AYT4	M26：5—2	铜指环	基体	面扫	91.60	4.54	3.86	—	—	—	Cu—Sn—Pb	
				夹杂物	微区面扫	80.67	—	—	19.33	—	—		
				铅颗粒		10.36	—	89.64	—	—	—		
5	AYT5	M26：2—1	铜链组件	基体	面扫	90.54	4.80	4.66	—	—	—	Cu—Sn—Pb	
				夹杂物1	微区面扫	80.70	1.70	—	17.61	—	—		图4
				夹杂物2		75.13	—	—	22.77	—	Fe 2.09		
				铅颗粒		8.40	—	91.60	—	—	—		
6	AYT6	M69：4—2	铜臂钏	基体	面扫	87.31	6.74	5.95	—	—	—	Cu—Sn—Pb	
				夹杂物	微区面扫	86.05	—	—	13.95	—	—		
				铅颗粒		42.88	—	57.12	—	—	—		
7	AYT7	M69：2—1	铜链组件	基体	面扫	86.94	3.60	9.45	—	—	—	Cu—Sn—Pb	
				夹杂物	微区面扫	79.02	—	—	20.98	—	—		图5
				铅颗粒		11.08	7.79	81.12	—	—	—		
8	AYT8	M69：5—4	铜指环	基体	面扫	83.52	8.20	8.28	—	—	—	Cu—Sn—Pb	
				夹杂物	微区面扫	79.84	—	—	20.16	—	—		图8
				铅颗粒		9.96	—	90.04	—	—	—		
9	AYT9	M10：1—1	铜臂钏	基体	面扫	90.02	4.78	5.20	—	—	—	Cu—Sn—Pb	
				夹杂物1	微区面扫	81.46	—	—	18.54	—	—		
				夹杂物2		79.46	—	—	20.54	—	—		
				铅颗粒		10.15	—	89.85	—	—	—		

序号	编号	出土单位	器物名称	分析部位	分析方法							合金类型	备注
10	AYT10	M10：2—2	铜指环	基体	面扫	89.99	4.54	5.47	—	—	—	Cu—Sn—Pb	
				夹杂物	微区面扫	80.11	—	—	19.89	—	—		
				铅颗粒		12.77	—	85.13	—	2.09	—		
11	AYT11	M13：3—2	铜臂钏	基体	面扫	84.91	6.06	7.17	—	1.86	—	Cu—Sn—Pb	
				夹杂物	微区面扫	80.14	—	—	19.86	—	—		
				铅颗粒		9.52	—	90.48	—	—	—		
12	AYT12	M13：6—2	铜指环	基体	面扫	85.33	5.28	6.56	—	2.83	—	Cu—Sn—Pb	
				夹杂物	微区面扫	81.03	—	—	18.97	—	—		
				铅颗粒		10.66	—	89.34	—	—	—		
13	AYT13	M16：5—2	铜臂钏	基体	面扫	89.75	4.89	5.36	—	—	—	Cu—Sn—Pb	图9
				夹杂物	微区面扫	78.57	—	—	21.43	—	—		
				铅颗粒		14.95	—	85.05	—	—	—		
14	AYT14	M16：13—2	铜指环	基体	面扫	91.34	4.30	4.36	—	—	—	Cu—Sn—Pb	
				夹杂物	微区面扫	79.53	—	—	20.47	—	—		
				铅颗粒		13.78	—	86.22	—	—	—		
15	AYT15	M16：3—12	铜链组件	基体	面扫	79.38	4.92	15.71	—	—	—	Cu—Sn—Pb	
				夹杂物	微区面扫	68.50	—	—	24.35	—	Fe 7.15		
				铅颗粒		7.01	—	92.99	—	—	—		
16	AYT16	M16：4—2	铜泡饰	基体	面扫	91.53	3.77	4.70	—	—	—	Cu—Sn—Pb	
				夹杂物	微区面扫	80.43	—	—	19.57	—	—		
				铅颗粒		14.58	—	85.42	—	—	—		

注：1. 给出含氧量是为了显示样品腐蚀程度；2. "—"表示元素含量低于检测量下限。

　　由表2可知，16件铜饰样品均为铅锡青铜，目前成分分析结果显示，锡含量约在4%～10%之间，铅含量约在2%～16%之间。全部样品均含有较多铜的硫化物（图1、2），其中部分硫化物中还含有一定量的铁（图2、3），铜的硫化物多呈颗粒状、条状或短小树枝状存在（图4、5）。所有样品均含有较多含量的铅，绝大多数铅的形态呈细小颗粒状、条状，仅个别样品中的铅呈大铅球或丝条状（图6、7）。所有样品中均可见铜的硫化物与铅伴生存在的现象（图1、2、4、5、8、9）。在4件样品边缘的锈层中，发现较多沉积的铅化合物（图10～13），铅沉积较厚处约200μm。

　　除此之外，样品中还多见铜的氧化物锈蚀，锈蚀物形态各异，对4件样品的铜的氧化锈蚀物成分进行了定性分析，检测分析结果见表3及图14～17。

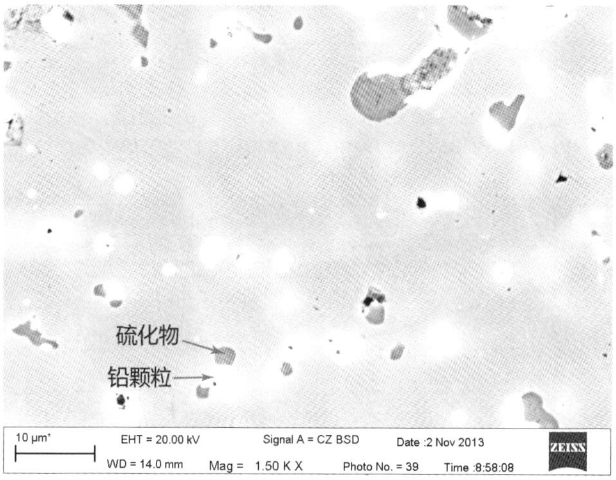

图1　铜臂钏AYT1 BSE图像

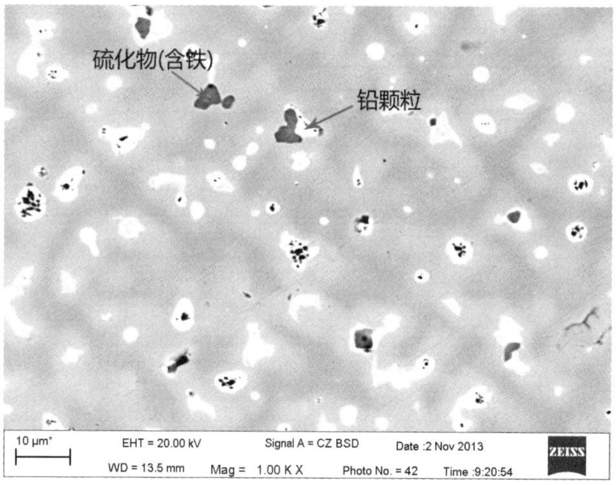

图2　铜指环AYT2 BSE图像

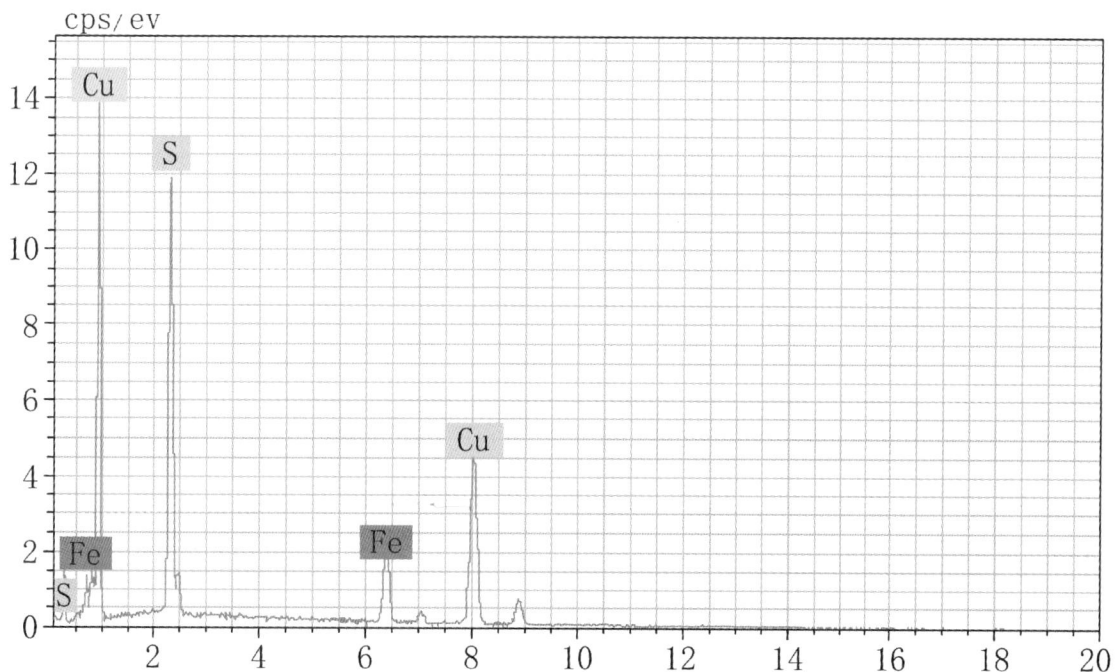

图3　铜指环AYT2 含铁硫化物夹杂的能谱分析图谱

图4　铜链组件AYT5 BSE图像

图5　铜链组件AYT7 BSE图像

图6　铜链组件AYT7 BSE图像-球状铅

图7　铜臂钏 AYT11 BSE图像-丝条状铅

图8　铜指环AYT8 BSE图像

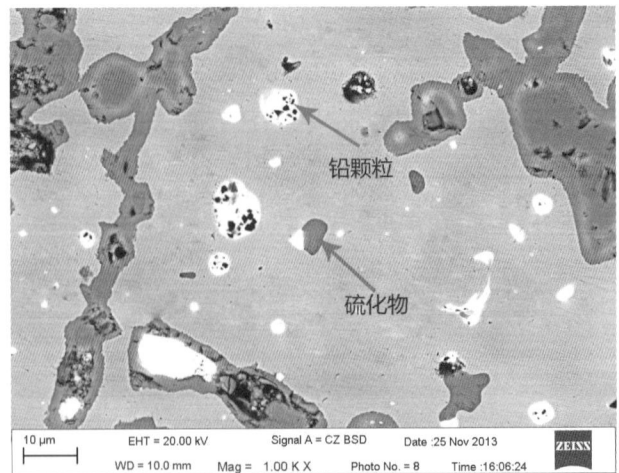

图9　铜臂钏AYT13 BSE图像

图10 铜臂钏AYT3样品表面的高铅相

图11 铜指环AYT4样品表面的高铅相

图12 铜臂钏AYT13样品表面的高铅相

图13 铜链组件AYT15样品表面的高铅相

图14 铜臂钏AYT3 BSE图像

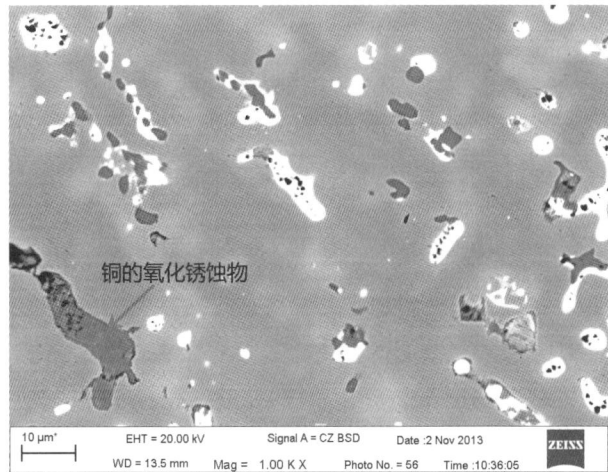

图15 铜指环AYT4 BSE图像

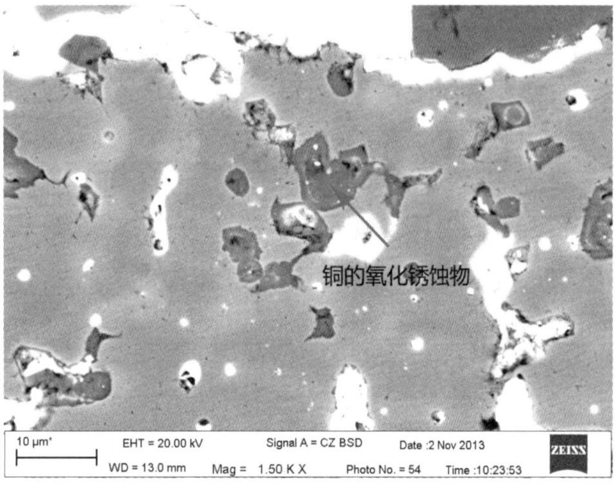

图16　铜链组件AYT7 BSE图像

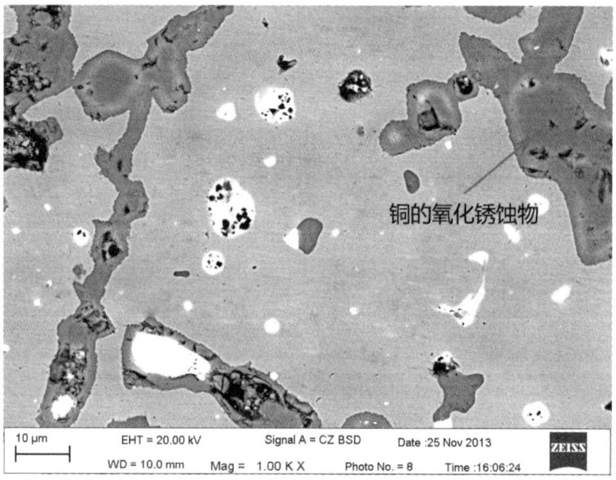

图17　铜臂钏AYT13 BSE图像

表3　羊草庄汉墓部分铜饰件样品中铜的氧化锈蚀物成分分析结果

序号	实验编号	考古编号	器物名称	扫描方式	主要成分 [wt %]			图示
					Cu	O	其他	
1	AYT3	M26：4–3	铜臂钏	微区面扫	92.91	7.09	–	图14
2	AYT4	M26：5–2	铜指环	微区面扫	91.25	7.60	Ag 1.15	图15
3	AYT7	M69：2–1	铜链组件	微区面扫	92.59	7.41	–	图16
4	AYT13	M16：5–2	铜臂钏	微区面扫	94.50	5.50	–	图17

三　讨论

（一）材质与合金成分

本次检测的16件铜饰样品合金成分均为铜锡铅（Cu–Sn–Pb）三元合金，合金成分与器物种类、墓葬来源无明显的对应关系，锡含量约在4%～10%之间，铅含量多低于10%，个别样品含铅量较高，含铅量近16%（AYT15）。《中国古代金属材料显微组织图谱》[1]中将含铅量小于10%，含锡量小于17%的铅锡青铜归类为低铅锡青铜，从目前的检测结果来看，本次分析样品有15件应归为此类低铅锡青铜。

但是需要指出的是，本次检测的4件铜饰样品（AYT3、AYT4、AYT13、AYT15）边缘锈蚀处均发现了较多沉积的铅化合物。古代青铜器样品表面发现富集高铅相较为常见[2]~[5]，其中部分沉积的铅化合物成分经测试为碳酸铅[4]、[5]。笔者对鞍山羊草庄汉墓出土铜饰进行表面清理的过程中，也发现部分铜饰表面有白色粉状物富集，对其中2件铜饰表面富集的白色物质取样并进行X射线衍射分析，结果表明白色粉状物为较为纯净的碳酸铅，分析结果与前人研究较为相符。有研究指出，由于铅的化学性质较铜、锡活泼，在腐蚀发展的早期阶段，以独立相存在的铅优先腐蚀流失[3]。还有学者认为碳酸铅作为一种腐蚀产物的终态，其形成经历了由铅→氧化铅→碳酸铅一系列复杂的转换过程[6]。本文4件铜饰样品边缘锈蚀处发现的高铅相，也应为基体中的铅腐蚀流失，最终迁移、富集在锈蚀的样品边界，故而这4件样品基体中的实际含铅量应高于目前的分析结果。

（二）显微组织与工艺特点

本次检测的16件铜饰样品均为铸造成形，金相组织主要呈现铸造和铸后受热两种形态，组织中未见其他加工痕迹。所有样品均含有较多铜的硫化物夹杂，夹杂的硫化物形态各异，多呈颗粒状、条状或短小树枝状存在；其中部分硫化物中还含有一定含量的铁，但铁并非铜的合金元素。有学者对古代铜器中铁含量进行过研究，认为铁含量的变化可反映冶铜技术的某种改变[7]。此外，在样品组织中发现较多铜的氧化物锈蚀，氧化物锈蚀形态各异，有些氧化物锈蚀填充在腐蚀铅流失后形成的孔洞中。David Scott研究认为，在铅以球状存在的铅锡青铜中，铅锈蚀后留下的空穴可能会被赤铜矿充填。随着埋藏环境的缓慢变化，赤铜矿会转化为自由铜[8]。

本次分析的鞍山羊草庄汉墓出土的铜饰件共计16件，来自6座不同的墓葬共4类铜饰件，出土器物及样品的选择具有一定代表性，对于揭示羊草庄汉墓出土铜饰的制作技术及特点具有非常重要的意义。但本次分析的样品无法全面反映东北地区汉代铜饰的制作技术，全面揭示东北地区汉代铜饰的制作技术仍需更为丰富的材料，本文的研究提供了良好的开端。受资料等诸多条件的限制，目前亦无法对此时期各地区出土铜器的技术特征进行较为系统的比较，但本文的研究工作至少可以揭示出该墓葬铜器的技术特点。

就分析的16件铜饰件的制作技术而言，均使用铜锡铅合金铸造而成，铜饰表面无纹饰，为素面，未见其他加工痕迹，均可说明此批铜饰件的制作工艺较为简单；但此墓地出土铜饰的器形、组合均较为罕见，种类单一，较为特殊，不能仅以本次分析结果作为判断东北地区汉代铜饰制作工艺水平的依据。

四　结论

通过对鞍山羊草庄汉墓出土的16件铜饰件的分析检测，我们揭示出该墓地出土铜饰的技术特征。值得注意的是所有铜饰均为铜锡铅合金，并使用了铸造工艺，铜饰合金成分与器物类型、墓葬来源无明显的对应关系。此时期该墓地出土铜饰所反映的技术特征是否为一个特殊现象，值得日后深入地探索。

参考文献

[1] 孙淑云、韩汝玢、李秀辉编著：《中国古代金属材料显微组织图谱》，科学出版社，2011年，78～90页。

[2] 王贺：《北周武帝孝陵出土金属器的科学分析与制作技术研究》，北京科技大学硕士论文，2012年，45～46页。

[3] 陈坤龙：《陕西汉中出土商代铜器的科学分析与制作技术研究》，北京科技大学博士论文，2009年，36页。

[4] 杨秋颖、齐扬、赵林娟等：《宝鸡眉县出土27件窖藏青铜器锈蚀特征及成分的分析研究》，《文物保护与考古科学》，2007，19（4）：23～27页。

[5] 陈坤龙：《古代材料的X射线衍射分析及其应用》，《中原文物》2003年第2期，82～84页。

[6] 王煊：《三星堆青铜器——酥粉锈腐蚀机理的研究与探讨》，《四川文物》2003年第3期，83～89页。

[7] Craddock P T, Meeks N D. Iron in ancient copper. Archaeometry，1987，29（2）：187-204.

[8] 田兴玲、马清林译：《古代和历史时期金属制品金相学与显微结构》，科学出版社，2012年。

后 记

近两年时间的整理、编写，《羊草庄汉墓》即将要付梓出版了。滴滴汗水终于要化为个个铅字了，大家的心情非常期待与激动。

本报告是集体劳动成果的结晶。羊草庄墓地发掘结束后，2013年10月，在辽宁省文物考古研究所领导的大力支持下，迅速成立了报告编写组，领队白宝玉对报告体例、编写工作进行了统筹安排，徐政负责具体实施，2014年5月初步定稿。报告编写的具体分工如下：

报告第一章第一节、第二节由白宝玉执笔。第二章第一节、第二节1～50小节由徐政执笔，第二节51～65小节由李刚、顾玉顺执笔，第二节66～78小节由贾杰、张壮执笔。第三章第一节、第二节由徐政执笔，第三节、第四节由白宝玉执笔，第五节由徐政、白宝玉执笔，第六节由白宝玉执笔。附录一由徐政、白宝玉执笔，附录二由柏艺萌、王贺执笔，附表由徐政完成。遗迹图由雷东科、张壮、徐政绘制；陶器线图由徐政、张壮、孙娟娟、李则宇、马敏（以上三位为东北师范大学硕士研究生）绘制；金属器、石器及杂器线图由杨霞绘制；墓地总平面图由柏艺萌绘制；墓葬照片由徐政、图旭刚拍摄；器物照片由穆启文拍摄；铜钱拓片由孙刚拓制；英文提要由中央民族大学黄义军教授翻译。最后，全书由白宝玉进行了统稿工作。

羊草庄墓地发掘是在辽宁省文物局的关心、鞍山市文广局及立山区文体局和鞍山市立山区政府的支持与帮助下顺利完成的，鞍山市博物馆的多位同志直接参与了墓地发掘，给予了很大帮助。

本报告的整理和出版得到了辽宁省文物考古研究所领导大力支持与鼓励，多位同事在资料整理过程中付出了辛勤劳动。

感谢文物出版社责编秦或为本报告出版付出了许多努力。

最后，向为本报告的出版给予关心和帮助的所有人表示诚挚感谢！

由于编者学识浅薄，对材料的理解和驾驭能力有限，难免出错，请各位专家、学者多多批评指正。

编 者

2015年9月

Abstract

Yangcaozhuang cemetery is located in Shahe Town, Lishan District, Anshan City, about five hundred meters to the northwest of Yangcaozhuang. In 2013, Liaoning Provincial Institute of Cultural Relics and Archaeology excavated seventy-eight Han tombs from this cemetery, dated from late Western Han to the middle and late Eastern Han. This book has reported the archaeological findings of the cemetery, providing a chronicle and periodization to these tombs. There are three chapters in the report.

This first chapter gives a brief introduction on the physical environment, evolution of the administrative division, archaeological field work and the data arrangement.

The second chapter gives a detailed description of all seventy-eight tombs according to the tomb number, including the architecture, tomb furniture, bones and burial objects.

The third chapter classifies the categories of the tomb architecture, burial objects and then focuses on the research of the periodization and attribute of the cemetery.

The tombs have a dense spatial distribution at the cemetery, which implies that there could be a large population in this area. There are a great number of burial goods with many types but comparatively lower qualities. Based upon the overall condition, the cemetery is deemed to have been used by middle and lower class people.

All potteries from Yangcaozhuang cemetery are of Han Style and no local style pottery has been detected. Thus, the occupants of this cemetery are thought to be of Han origin. However, there are still several artifacts of non-Han ethnic groups among the tomb structure notably concerning the stone coffins. First, the stone tombs at this cemetery have a significant difference from those found elsewhere. Apart from one small tomb, all of them have a wood inner coffin and a stone outer coffin. The rocks used to make the coffins were processed roughly. Second, in these non-Han style stone tombs, fewer potteries were uncovered. Rather, each stone tomb was buried with a large quantity of bronze or colorful glass ornaments. Third, although all of the burial potteries are of Han style, they are less diverse. There are only urns, jars, basins and bowls. None of the universally seen vessels such as pots, urns (wine vessel), ovens, wells, etc. were found in these tombs. Fourth, among the found bronze and colorful glass ornaments are mainly bronze chains, armlets, rings, glass necklaces and so on. The features bear non-Han ethnic groups, and either the assembly or the style of the ornaments is obviously different from those found in Han tombs.

Tombs unearthed in this excavation bear a diversity of architecture and a great number of burial goods. This has provided new data for the studies of local history of Anshan, Liaoning as well as dating and periodization of the Han tombs in this area, especially giving a clue for exploration of tombs of non-Han ethnic groups distributed to the south of the Great Wall during the Han Dynasty.

羊草庄汉墓

（下）

辽宁省文物考古研究所　编著

文物出版社

Yangcaozhuang Han Tombs

(Ⅱ)

by

Liaoning Provincical Institute of Cultural Relics and Archaeology

Cultural Relics Press

彩版目录

1. 羊草庄墓地鸟瞰

2. 羊草庄墓地局部鸟瞰

彩版一　羊草庄墓地鸟瞰

1. 羊草庄墓地发掘场景之一

2. 羊草庄墓地发掘场景之二

彩版二　羊草庄墓地发掘场景

彩版三　M1全景（由南向北）

1. M1局部

2. M1局部

彩版四　M1局部

1. 陶罐M1∶1

2. 陶长颈瓶M1∶5

3. 陶樽M1∶15

4. 陶盆M1∶9

5. 陶盆M1∶10

6. 陶盆M1∶12

彩版五　M1出土器物

1. 陶耳杯 M1：11

2. 陶灶组合 M1：4

3. 陶井及水斗 M1：13

4. 耳瑱 M1：3

5. 陶灶组合 M2：1

6. 陶井 M2：2

彩版六　M1、M2出土器物

1. M2全景（由南向北）

2. M2局部

彩版七　M2全景及局部

彩版八　M3全景（由北向南）

1．M3墓门封堵情况

2．M3局部

彩版九　M3墓门封堵情况及局部

1. 陶罐M3：6

2. 陶壶M3：13

3. 陶壶M3：14

4. 陶壶M3：15

5. 陶壶M3：16

6. 陶壶M3：17

彩版一〇　M3出土器物

1. 陶套盒M3：2

2. 陶盆M3：8

3. 陶盆M3：11

4. 陶耳杯M3：4

5. 陶灶组合M3：9

6. 陶井M3：10

彩版一一　M3出土器物

彩版一二　M4全景（由南向北）

1. M4墓门封堵情况

2. M4局部

彩版一三　M4墓门封堵情况及局部

1. 陶罐M4:4

2. 陶壶M4:5

3. 陶壶M4:6

4. 陶壶M4:9

5. 陶壶M4:14

6. 陶樽M4:10

彩版一四　M4出土器物

1. 陶套盒 M4：12

2. 陶盆 M4：11

3. 陶盆 M4：13

4. 陶缸 M4：8

5. 陶灶组合 M4：7

6. 料珠 M4：1

彩版一五　M4出土器物

1. M5全景（由东向西）

2. 陶套盒M5填：1

3. 陶耳杯M5填：2

彩版一六　M5全景及出土器物

1．M6全景（由东向西）

2．M6局部

彩版一七　M6全景及局部

1. 陶罐M6：9

2. 陶壶M6：1

3. 陶壶M6：2

4. 陶壶M6：6

5. 陶壶M6：12

6. 陶壶M6：13

彩版一八　M6出土器物

1. 陶樽M6:11

2. 陶套盒M6:10

3. 陶盆M6:4

4. 陶盆M6:8

5. 陶灶组合M6:5

6. 陶井M6:3

彩版一九　M6出土器物

彩版二〇　M7、M8全景（由东向西）

1. M7墓门封堵情况

2. M7局部

彩版二一　M7墓门封堵情况及局部

1. 陶瓮M7填：5

2. 陶壶M7：6

3. 陶壶M7填：2

4. 陶长颈瓶M7填：3

5. 陶长颈瓶M7填：4

6. 陶盆M7填：6

彩版二二　M7出土器物

1．陶钵M7：8

2．陶耳杯M7：7-1

3．陶灶组合M7：5

4．陶井M7：3

5．陶罐M8：2

6．陶罐M8：2纹饰

彩版二三　M7、M8出土器物

1．M8墓顶结构

2．M8墓门封堵情况

彩版二四　　M8墓顶结构及墓门封堵情况

彩版二五　M9全景（由西向东）

1. M9木棺底板板灰痕迹

2. M9局部

彩版二六　M9局部

1. 陶瓮M9：28

2. 陶罐M9：9

3. 陶罐M9：11

4. 陶罐M9：23

5. 陶壶M9：10

6. 陶壶M9：25

1. 陶鼎M9：4

2. 陶鼎M9：21

3. 陶鐎斗M9：12

4. 陶樽M9：14

5. 陶盒M9：2

6. 陶盒M9：3

彩版二八　M9出土器物

1. 陶套盒M9：18

2. 陶炉M9：15

3. 陶灯M9：6

4. 陶熏M9：7

5. 陶器盖M9：24

6. 陶灶组合M9：19

彩版二九　M9出土器物

彩版三〇　M10全景（由东向西）

1. M10墓门封堵情况

2. M10局部

彩版三一　M10墓门封堵情况及局部

1. 陶罐 M10：3

2. 陶瓮 M10：4

3. 铜臂钏 M10：1

4. 铜指环 M10：2

彩版三二　M10出土器物

彩版三三　M11全景（由南向北）

1. M11墓门封堵情况

2. M11局部

彩版三四　M11墓门封堵情况及局部

1. 陶罐 M11：19　　　　　　　　2. 陶壶 M11：17

3. 陶壶 M11：14　　　　　　　　4. 陶壶 M11：16

5. 陶樽 M11：6　　　　　　　　6. 陶套盒 M11：10

彩版三五　M11出土器物

1. 陶盆 M11：9

2. 陶灯 M11：7

3. 陶耳杯 M11：12

4. 陶灶组合 M11：3

5. 陶井 M11：4

6. 耳瑱 M11：1

彩版三六　M11出土器物

彩版三七　M12全景（由东向西）

1. M12墓门封堵情况

2. M12局部

彩版三八　M12墓门封堵情况及局部

1. M12后壁

2. M12墓底结构

彩版三九　M12局部

1. 陶壶 M12：5

2. 陶壶 M12：6

3. 陶长颈瓶 M12：7

4. 陶长颈瓶 M12：8

5. 陶樽 M12：10

6. 陶耳杯 M12：4

彩版四〇　M12出土器物

彩版四一　M13、M14全景（由北向南）

1. M13、M14局部

2. M14局部

1．铜臂钏M13：3

2．铜臂钏M13：4

3．铜指环M13：6

4．铁削M13：5

5．项链串饰M13：2

彩版四三　M13出土器物

1. 陶罐M14：2

2. 陶罐M14：3

3. 陶盆M14：4

4. 陶罐M15：3

5. 陶罐M15：5

6. 陶罐M15：7

彩版四四　M14、M15出土器物

1. M15全景（由东向西）

2. M15局部

彩版四五　M15全景及局部

1. 陶罐M15：6

2. 陶钵M15：4

3. 项链串饰M15：1

4. 铜指环M15：2

彩版四六　M15出土器物

彩版四七　M16全景（由南向北）

1. M16局部

2. M16局部

彩版四八　M16局部

1. 陶罐M16：6

2. 陶罐M16：8

3. 陶罐M16：9

4. 陶罐M16：10

5. 陶盆M16：11

6. 陶钵M16：7

彩版四九　M16出土器物

1. 铜臂钏M16：5

2. 铜臂钏M16：12

3. 铜指环M16：13

4. 铜指环M16：14

5. 铜泡饰M16：4

6. 项链串饰M16：1

彩版五〇　M16出土器物

彩版五一　M17全景（由南向北）

1. 陶罐M17：1

2. 陶罐M17：2

3. 陶壶M18填：4

4. 陶耳杯M18填：3

5. 小陶釜M18填：2

6. 陶水斗M18填：1

彩版五二　M17、M18出土器物

1. M18全景（由西向东）

2. M18墓门封堵情况

彩版五三　M18全景及墓门封堵情况

彩版五四　M19全景（由北向南）

1. M19墓门封堵情况

2. M19局部

彩版五五　M19墓门封堵情况及局部

彩版五六　M20全景（由南向北）

1．M20局部

2．陶瓮M20：2

3．陶罐M20：1

彩版五七　M20局部及出土器物

彩版五八　M21全景（由西向东）

1. M21椁室暴露时特写

2. M21局部

彩版五九 M21椁室暴露时特写及局部

1．陶瓮M21：13

2．陶罐M21：14

3．陶壶M21：15

4．陶壶M21：16

5．陶鼎M21：17

6．陶樽M21：12

彩版六〇　M21出土器物

1. 陶盒M21：2

2. 陶盒M21：5

3. 陶套盒M21：10

4. 陶套盒M21：20

5. 陶盆M21：6

6. 陶盆M21：7

彩版六一　M21出土器物

1. 陶炉M21∶19

2. 陶灯M21∶9

3. 陶灶组合M21∶11

4. 陶井M21∶18

5. 铜刷柄M21∶3

彩版六二　M21出土器物

彩版六三　M22全景（由东向西）

1．M22南壁壁龛

2．M22局部

彩版六四　M22局部

1. 陶瓮 M22：8

2. 陶罐 M22：2

3. 陶罐 M22：5

4. 陶壶 M22：4

5. 陶壶 M22：13

6. 陶壶 M22：14

彩版六五　M22出土器物

1. 陶樽M22：11

2. 陶套盒M22：7

3. 陶盆M22：3

4. 陶盆M22：10

5. 陶灶组合M22：15

6. 陶井M22：12

彩版六六　M22出土器物

彩版六七　M23全景（由西向东）

1. M23墓门封堵情况

2. M23局部

彩版六八　M23墓门封堵情况及局部

1. 陶瓮M23：7

2. 陶罐M23：3

3. 陶罐M23：9

4. 陶壶M23：11

5. 陶壶M23：12

6. 陶壶M23：13

彩版六九　M23出土器物

1. 陶壶M23:5

2. 陶樽M23:4

3. 陶盒M23:6

4. 陶盒M23:8

5. 陶套盒M23:1

6. 陶灶组合M23:10

彩版七〇　M23出土器物

彩版七一　M24木棺暴露时特写（由南向北）

彩版七二　M24全景（由南向北）

彩版七三　M25、M26全景（由东向西）

彩版七四　M25局部

1．M25局部

2．陶罐M25：8

3．陶罐M25：10

4．陶盆M25：7

5．陶盆M25：9

彩版七五　M25局部及出土器物

彩版七六　M25出土铜链饰M25：2

1. 铜臂钏M25：3

2. 铜臂钏M25：4

3. 铜指环M25：5

4. 铜指环M25：6

5. 铜泡饰M25：11

6. 铜泡饰M25：11—1

彩版七七　M25出土器物

彩版七八　M25出土项链串饰M25：1

彩版七九　M26局部

彩版八〇　M26出土铜链饰M26：2

1. 铜臂钏M26：3

2. 铜指环M26：5

3. 项链串饰M26：1

4. 铜臂钏M26：4

彩版八一　M26出土器物

1. M27全景（由东向西）

2. M27局部

彩版八二 M27全景及局部

1．陶罐M27：4

2．陶罐M27：5

3．铜指环M27：3

4．项链串饰M27：1

5．陶盆M28：1

彩版八三　M27、M28出土器物

彩版八四　M28全景（由西向东）

彩版八五　M29全景（由东向西）

1. M29局部

2. M29局部

彩版八六　M29局部

1. 陶瓮 M29：2

2. 陶瓮 M29：14

3. 陶罐 M29：10

4. 陶壶 M29：1

5. 陶壶 M29：6

6. 陶壶 M29：19

彩版八七　M29出土器物

1. 陶壶M29：20

2. 陶壶M29：21

3. 陶壶M29：22

4. 陶壶M29：15

5. 陶鼎M29：17

6. 陶灯M29：25

彩版八八　M29出土器物

1．陶樽M29∶7

2．陶樽M29∶23

3．陶盒M29∶5

4．陶盒M29∶30

5．陶套盒M29∶9

6．陶套盒M29∶31

彩版八九　M29出土器物

1. 陶盆M29：8　　　　　　　　　　2. 陶盆M29：32

3. 陶灶组合M29：13　　　　　　　4. 陶灶组合M29：16

5. 陶井M29：4　　　　　　　　　　6. 陶井M29：18

彩版九○　M29出土器物

彩版九一　M30全景（由南向北）

1. M30 椁室暴露时特写（由南向北）

2. M30 局部

彩版九二 M30椁室暴露时特写及局部

1. 陶瓮M30：22

2. 陶瓮M30：39

3. 陶壶M30：37

4. 陶壶M30：40

5. 陶壶M30：38

6. 陶壶M30：43

彩版九三　M30出土器物

1. 陶壶M30：47

2. 陶壶M30：25

3. 陶鼎M30：13

4. 陶鼎M30：45

5. 陶樽M30：26

6. 陶樽M30：29

彩版九四　M30出土器物

1. 陶盒M30：4

2. 陶盒M30：27

3. 陶套盒M30：6

4. 陶套盒M30：23

5. 陶炉M30：33

彩版九五　M30出土器物

1．陶灯M30：7

2．陶熏M30：8

3．陶灶组合M30：17

4．陶灶组合M30：35

5．陶井M30：15

6．陶井M30：31

彩版九六　M30出土器物

彩版九七　M31全景（由南向北）

1. M31局部

2. M31局部

彩版九八　M31局部

1. 陶瓮M31：12

2. 陶壶M31：4

3. 陶壶M31：14

4. 陶壶M31：13

5. 陶壶M31：19

6. 陶壶M31：23

彩版九九　M31出土器物

1. 陶壶 M31：24

2. 陶鼎 M31：8

3. 陶鍪镂 M31：18

4. 陶樽 M31：10

5. 陶盒 M31：1

6. 陶盒 M31：3

彩版一〇〇　M31出土器物

1. 陶套盒M31：15

2. 陶套盒M31：17

3. 陶灯M31：6

4. 陶灶组合M31：2

5. 陶井M31：9

6. 铁削M31：11

彩版一○一　M31出土器物

1. M32全景（由西向东）

2. M32局部

彩版一〇二　M32全景及局部

1. M32局部

2. 陶罐M32∶13

3. 陶罐M32∶9

1. 陶罐M32：10

2. 陶罐M32：19

3. 陶罐M32：12

4. 陶罐M32：15

5. 陶樽M32：22

6. 陶套盒M32：3

彩版一〇四　M32出土器物

1. 陶盒M32：14

2. 陶盒M32：16

3. 陶盆M32：6

4. 陶盆M32：5

5. 陶灶组合M32：7

6. 陶井M32：2

彩版一〇五　M32出土器物

彩版一〇六　M33椁室暴露时特写（由西向东）

彩版一○七　M33全景（由西向东）

1. M33局部

2. M33局部

彩版一〇八　M33局部

1. 陶罐M33：4

2. 陶罐M33：13

3. 陶罐M33：21

4. 陶罐M33：29

5. 陶罐M33：8

6. 陶罐M33：19

彩版一〇九　M33出土器物

1. 陶罐M33：20

2. 陶罐M33：31

3. 陶壶M33：2

4. 陶壶M33：6

5. 陶壶M33：11

6. 陶壶M33：24

1. 陶鼎M33：10

2. 陶樽M33：30

3. 陶盒M33：3

4. 陶盒M33：5

5. 陶盒M33：26

6. 陶套盒M33：9

彩版一一一　M33出土器物

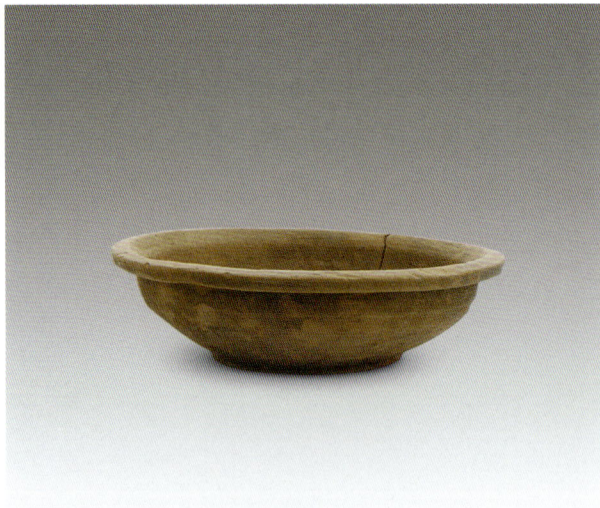

1. 陶套盒M33：27

2. 陶套盒M33：23

3. 陶盆M33：22

4. 陶灶M33：7

5. 陶灶组合M33：17

6. 陶井M33：28

彩版一一二　M33出土器物

彩版一一三　M34全景（由西向东）

1. M34局部

2. M34局部

彩版一一四　M34局部

1. 陶瓮M34：16　　　　　　　　　2. 陶瓮M34：39

3. 陶罐M34：5　　　　　　　　　4. 陶罐M34：15

5. 陶壶M34：28　　　　　　　　　6. 陶壶M34：31

彩版一一五　M34出土器物

1. 陶鼎M34：2　　　　　　　　2. 陶鼎M34：23

3. 陶樽M34：8　　　　　　　　4. 陶樽M34：18

5. 陶盒M34：7　　　　　　　　6. 陶盒M34：26

彩版一一六　M34出土器物

1. 陶套盒M34：24

2. 陶套盒M34：34

3. 陶炉M34：19

4. 陶熏M34：17

彩版一一七　M34出土器物

1. 陶灯M34：20

2. 陶耳杯M34：40

3. 陶灶组合M34：9

4. 陶灶组合M34：35

5. 陶井M34：10

6. 陶井M34：27

彩版一一八　M34出土器物

彩版一一九　M35全景（由西向东）

1. M35局部

2. M35局部

彩版一二〇　M35局部

1．陶罐M35：2

2．陶罐M35：16

3．陶罐M35：3

4．陶罐M35：12

5．陶壶M35：5

6．陶壶M35：6

彩版一二一　M35出土器物

1. 陶壶M35：19

2. 陶壶M35：17

3. 陶鼎M35：14

4. 陶鼎M35：27

5. 陶樽M35：7

6. 陶樽M35：21

彩版一二二　M35出土器物

1. 陶盒M35：10

2. 陶盒M35：22

3. 陶套盒M35：8

4. 陶套盒M35：20

5. 陶灶组合M35：26

6. 陶井M35：25

彩版一二三　M35出土器物

1. M36全景（由东向西）

2. M36局部

1. 陶瓿M36：13

2. 陶瓿M36：32

3. 陶罐M36：25

4. 陶壶M36：1

5. 陶壶M36：12

6. 陶壶M36：20

彩版一二五　　M36出土器物

1. 陶壶M36：27

2. 陶壶M36：28

3. 陶壶M36：5

4. 陶壶M36：31

5. 陶鼎M36：3

6. 陶鼎M36：22

彩版一二六　M36出土器物

1. 陶樽M36：4

2. 陶樽M36：30

3. 陶盒M36：2

4. 陶盒M36：19

5. 陶套盒M36：24

6. 陶套盒M36：18

彩版一二七　M36出土器物

1. 陶灯M36：29

2. 陶灯M36：37

3. 陶灶组合M36：16

4. 陶灶组合M36：23

5. 陶井M36：14

6. 陶井M36：35

彩版一二八　M36出土器物

彩版一二九　M37全景（由南向北）

1．M37局部

2．M38局部

彩版一三〇　M37、M38局部

1. 陶罐M37：5

2. 陶长颈瓶M37：1

3. 陶长颈瓶M37：9

4. 陶长颈瓶M37：8

5. 陶樽M37：10

6. 陶盒M37：3

彩版一三一　M37出土器物

1. 陶套盒 M37：6

2. 陶井 M37：4

3. 陶瓮 M38：12

4. 陶罐 M38：11

5. 陶壶 M38：8

6. 陶壶 M38：9

彩版一三二　M37、M38出土器物

彩版一三三　M38全景（由南向北）

1. 陶壶M38：13

2. 陶樽M38：2

3. 陶套盒M38：3

4. 陶盆M38：6

5. 陶灶组合M38：15

6. 陶井M38：7

彩版一三四　M38出土器物

1．M39全景（由南向北）

2．M39局部

彩版一三五　M39全景及局部

1. 陶罐M39：2

2. 陶罐M39：6

3. 小陶壶M39：1

4. 陶盒M39：5

5. 陶灶组合M39：4

6. 陶井M39：7

彩版一三六　M39出土器物

1．M40全景（由南向北）

2．M40局部

彩版一三七　M40全景及局部

1. 陶瓮M40：18

2. 陶罐M40：13

3. 陶壶M40：21

4. 陶壶M40：28

5. 陶壶M40：14

6. 陶壶M40：20

彩版一三八　M40出土器物

1. 陶鼎M40：12

2. 陶鼎M40：24

3. 陶壶M40：25

4. 陶樽M40：11

5. 陶盒M40：6

6. 陶套盒M40：10

彩版一三九　M40出土器物

1. 陶盆M40：7

2. 陶盆M40：15

3. 陶灯M40：17

4. 陶熏M40：16

5. 陶灶组合M40：9

6. 陶井M40：8

彩版一四〇　M40出土器物

彩版一四一　M41全景（由南向北）

1. M41局部

2. M41局部

彩版一四二　　M41局部

1. 陶罐M41：4

2. 陶罐M41：13

3. 陶罐M41：18

4. 陶壶M41：3

5. 陶壶M41：14

6. 陶壶M41：17

彩版一四三　M41出土器物

1. 陶套盒M41∶19

2. 陶盆M41∶8

3. 陶灯M41∶7

4. 陶熏M41∶6

5. 陶灶M41∶5-1

6. 陶井M41∶2

彩版一四四　M41出土器物

彩版一四五　M42全景（由南向北）

1. 陶罐M42：11

2. 陶壶M42：12

3. 陶樽M42：6

4. 陶盆M42：3

5. 陶灶组合M42：8

6. 陶井M42：10

彩版一四六　M42出土器物

彩版一四七　M43全景（由北向南）

1. M43局部

2. M44局部

彩版一四八　M43、M44局部

1. 陶罐M43：5

2. 陶罐M43：6

3. 陶钵M43：7

4. 铜臂钏M43：3

5. 项链串饰M43：1

彩版一四九　M43出土器物

1．M44墓顶盖板结构（由西向东）

3．陶罐M44：1

2．M44全景（由西向东）

彩版一五一　M45、M46全景（由南向北）

1．M45局部

2．M46局部

彩版一五二　M45、M46局部

1. 陶瓮M45：17

2. 陶壶M45：8

3. 陶壶M45：14

4. 陶鼎M45：7

5. 陶樽M45：6

6. 陶盒M45：5

彩版一五三　M45出土器物

1. 陶套盒M45：3　　　　　　　2. 陶套盒M45：13

3. 陶盆M45：10　　　　　　　4. 陶炉M45：11

5. 陶灶组合M45：12　　　　　　6. 陶井M45：4

彩版一五四　M45出土器物

1. 陶瓮M46：1

2. 陶壶M46：2

3. 陶壶M46：5

4. 陶壶M46：8

5. 陶壶M46：9

6. 陶壶M46：10

彩版一五五　M46出土器物

1. 陶樽M46:6

2. 陶盒M46:3

3. 陶套盒M46:12

4. 陶盆M46:11

5. 陶灶组合M46:4

6. 陶井M46:7

彩版一五六　M46出土器物

彩版一五七　M47全景（由西向东）

1. M47局部

2. M47局部

彩版一五八　M47局部

1. 陶罐M47：1

2. 陶罐M47：2

3. 陶罐M47：25

4. 陶壶M47：17

5. 陶壶M47：19

6. 陶壶M47：20

彩版一五九　M47出土器物

1. 陶壶M47：22

2. 陶鼎M47：13

3. 陶盒M47：6

4. 陶盒M47：7

5. 陶盒M47：8

6. 陶盒M47：9

彩版一六〇　M47出土器物

1. 陶樽M47：11

2. 陶套盒M47：10

3. 陶盆M47：15

4. 陶熏M47：12

5. 陶灶组合M47：24

6. 陶井M47：14

彩版一六一　M47出土器物

彩版一六二　M48全景（由西向东）

1. M48墓门封堵情况

2. M48棺床

彩版一六三　M48局部

1．陶罐M48填：4

2．陶壶M48：3

3．陶套盒M48填：2

4．陶盆M48填：3

5．陶钵M48：2

6．陶灶M48填：1

彩版一六四　M48出土器物

彩版一六五　M49、M50及M69全景（由南向北）

1．M49墓顶结构

2．M49局部

彩版一六六　M49墓顶结构及局部

1. 陶罐M49：3

2. 陶钵M49：2

3. 铜臂钏M49：1

4. 陶瓮M50：2

5. 陶罐M50：3

彩版一六七　M49、M50出土器物

1．M50局部

2．M50木棺痕迹

彩版一六八　M50局部

彩版一六九　M51全景（由东向西）

1. M51墓门封堵情况

2. M51局部

彩版一七〇　M51墓门封堵情况及局部

1. 陶罐M51填：1

2. 陶壶M51填：2

3. 陶套盒M51：3

4. 陶盆M51：4

5. 陶耳杯M51：2

6. 陶灶组合M51：5

彩版一七一　M51出土器物

彩版一七二　M52全景（由东向西）

1．M52墓门封堵情况

2．M52局部

彩版一七三　M52墓门封堵情况及局部

1．陶罐M52：8

2．陶壶M52：5

3．陶长颈瓶M52：6

4．陶樽M52：1

5．陶耳杯M52：3

6．陶灶组合M52：4

彩版一七四　　M52出土器物

彩版一七五　M53全景（由东向西）

1. M53墓门封堵情况

2. M53局部

彩版一七六　M53墓门封堵情况及局部

1．陶壶M53：9

2．陶壶M53：11

3．陶壶M53：14

4．陶长颈瓶M53：13

5．陶长颈瓶M53：15

6．陶长颈瓶M53：18

彩版一七七　M53出土器物

1. 陶樽M53：8

2. 陶盆M53：3

3. 陶耳杯M53：7

4. 陶灶组合M53：6

5. 陶井及水斗M53：4

6. 耳瑱M53：1

彩版一七八　M53出土器物

彩版一七九　M54、M55墓顶结构（由西向东）

彩版一八〇　M54、M55全景（由东向西）

彩版一八一　M56全景（由北向南）

1. M56墓门封堵情况

2. M56局部

彩版一八二　M56墓门封堵情况及局部

1. 陶壶M56：11

2. 陶樽M56：5

3. 陶套盒M56：8

4. 陶盆M56：6

5. 陶灶组合M56：12

6. 陶井M56：13

彩版一八三　M56出土器物

彩版一八四　M57全景（由东向西）

1．M57椁室暴露时特写（由北向南）

2．M57局部

彩版一八五　M57椁室暴露时特写及局部

1. 陶罐M57：11

2. 陶壶M57：4

3. 陶壶M57：5

4. 陶壶M57：6

5. 陶壶M57：7

6. 陶壶M57：12

彩版一八六　M57出土器物

1. 陶樽M57：3

2. 陶盒M57：9

3. 陶套盒M57：10

4. 陶盆M57：8

5. 陶灶组合M57：14

6. 陶井M57：13

彩版一八七　M57出土器物

彩版一八八　M58全景（由东向西）

1. M58局部

2. M59局部

彩版一八九　　M58、M59局部

1. 陶罐M58：3

2. 陶罐M58：14

3. 陶壶M58：9

4. 陶壶M58：11

5. 陶壶M58：12

6. 陶壶M58：13

彩版一九〇　M58出土器物

1. 陶樽M58：6

2. 陶盒M58：7

3. 陶套盒M58：8

4. 陶盆M58：16

5. 陶灶组合M58：15

6. 陶井M58：10

彩版一九一　M58出土器物

彩版一九二　M59全景（由东向西）

1. M59墓门封堵情况

2. M59棺床

彩版一九三　　M59墓门封堵情况及棺床

1. 陶瓮M59填：1

2. 陶长颈瓶M59：1

3. 陶长颈瓶M59：2

4. 陶盆M59填：2

5. 陶耳杯M59：3

6. 陶灶组件M59：4

彩版一九四　M59出土器物

彩版一九五　M60全景（由西向东）

1. M60墓门封堵情况

2. M60局部

彩版一九六　M60墓门封堵情况及局部

1. M60棺床

2. M60器物台

1. 陶壶 M60：2

2. 陶壶 M60：3

3. 陶长颈瓶 M60：4

4. 陶灶组件 M60：5

彩版一九九　M61全景（由东向西）

1. M61墓门封堵情况

2. M61局部

彩版二〇〇　M61墓门封堵情况及局部

1. 陶罐M61填：1

2. 陶壶M61：2

3. 陶壶M61：6

4. 陶套盒M61：3

5. 陶盆M61：4

6. 陶灶组合M61：5

彩版二○一　M61出土器物

彩版二〇二　M62全景（由东向西）

1．M62墓门封堵情况

2．M62后壁

彩版二〇三　M62墓门封堵情况及后壁

1. M62局部

2. M63局部

3. M63局部

1. 陶壶M62：5

2. 陶灶组合M62：2

3. 陶盆M62：3

4. 陶盆M62：4

5. 陶壶M63：3

6. 陶壶M63：5

彩版二○五　M62、M63出土器物

彩版二〇六　M63全景（由西向东）

1．M63墓门封堵情况

2．M63后壁

彩版二〇七　M63墓门封堵情况及后壁

1. 陶瓮M63填：3

2. 陶长颈瓶M63：4

3. 陶长颈瓶M63填：2

4. 陶盆M63填：8

5. 陶盆M63填：9

6. 陶耳杯M63填：4、5、6、7

彩版二〇八　M63出土器物

彩版二〇九　M64全景（由南向北）

1. 陶罐M64:2

2. 陶长颈瓶M64:1

3. 陶耳杯M64:4

4. 陶灶组合M64:5

5. 陶井及水斗M64:3

彩版二一一　M65全景（由东向西）

1. M65局部

2. M66局部

彩版二一二　　M65、M66局部

1．陶罐M65：10

2．陶壶M65：12

3．陶壶M65：14

4．陶鼎M65：8

5．陶樽M65：3

6．陶盒M65：7

彩版二一三　　M65出土器物

1．陶套盒 M65：4

2．陶盆 M65：9

3．陶灶组合 M65：17

4．陶井 M65：18

5．铁环首刀 M65：2

彩版二一四　M65出土器物

彩版二一五　M66全景（由南向北）

1．陶罐M66：1

2．陶罐M66：2

3．陶罐M66：4

4．陶盆M66：3

彩版二一六　M66出土器物

彩版二一七　M67、M68全景（由西向东）

1．M67局部

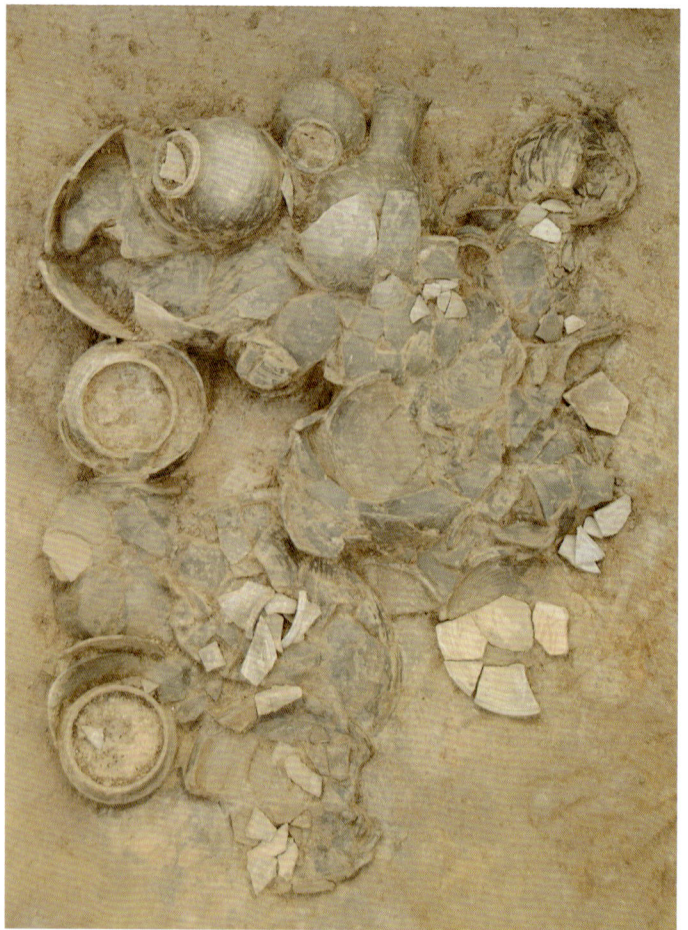

2．M67局部

彩版二一八　M67局部

1. 陶罐M67：3

2. 陶罐M67：7

3. 陶罐M67：10

4. 陶罐M67：24

5. 陶罐M67：9

6. 陶罐M67：18

彩版二一九　　M67出土器物

1. 陶罐M67：30

2. 陶罐M67：22

3. 陶壶M67：12

4. 陶壶M67：13

5. 陶壶M67：26

6. 陶鼎M67：31

彩版二二〇　M67出土器物

1. 陶樽M67：4

2. 陶樽M67：32

3. 陶盒M67：14

4. 陶盒M67：19

5. 陶套盒M67：8

6. 陶套盒M67：17

彩版二二一　M67出土器物

1. 陶套盒M67：21

2. 陶灯M67：33

3. 陶灶组合M67：6

4. 陶灶组合M67：29

5. 陶井M67：5

6. 陶井M67：27

彩版二二二　　M67出土器物

彩版二二三　M68局部

1. 陶罐 M68：1

2. 陶罐 M68：4

3. 陶罐 M68：2

4. 陶罐 M68：3

彩版二二四　M68出土器物

1．M69局部

2．M69局部

彩版二二六　M69出土铜链饰M69：2

1. 陶罐M69：6

2. 铜臂钏M69：3

3. 铜臂钏M69：4

4. 铜指环M69：5

5. 项链串饰M69：1

彩版二二七　M69出土器物

彩版二二八　M70全景（由南向北）

1. M70局部

2. 陶罐M70：5

3. 陶罐M70：10

彩版二二九　M70局部及出土器物

1. 陶罐M70：6

2. 陶罐M70：9

3. 陶罐M70：12

4. 陶壶M70：8

5. 陶鼎M70：15

6. 陶樽M70：11

彩版二三〇　M70出土器物

1. 陶套盒M70：4

2. 陶套盒M70：7

3. 陶盆M70：2

4. 陶盆M70：3

5. 陶灶组合M70：17

6. 陶井M70：14

彩版二三一　M70出土器物

彩版二三二　M72全景（由西向东）

1. M72局部

2. 陶罐M72：2

3. 陶罐M72：4

4. 陶井M72：3

5. 陶灶组件M72：1

彩版二三三　M72局部及出土器物

彩版二三四　M73全景（由南向北）

1. M73局部

2. 陶罐M73：6

3. 陶罐M73：11

彩版二三五　M73局部及出土器物

1. 陶壺M73：9

2. 陶壺M73：13

3. 陶壺M73：2

4. 陶罐M73：17

5. 陶鼎M73：4

6. 陶樽M73：12

彩版二三六　M73出土器物

1. 陶盒 M73：3

2. 陶盒 M73：5

3. 陶盒 M73：16

4. 陶套盒 M73：15

5. 陶灶组合 M73：7

6. 陶井 M73：18

彩版二三七　M73出土器物

1. M74全景（由东向西）

2. M74局部

3. 陶壶M74：1

彩版二三八　M74全景及出土器物

彩版二三九　M75全景（由南向北）

1. M75局部

2. M75局部

1. 陶罐M75：7

2. 陶罐M75：8

3. 陶罐M75：11

4. 陶罐M75：22

5. 陶罐M75：13

6. 陶罐M75：29

彩版二四一　M75出土器物

1. 陶盒M75：2

2. 陶盒M75：3

3. 陶盒M75：4

4. 陶盒M75：20

5. 陶盒M75：19

6. 陶盒M75：28

彩版二四二　M75出土器物

1. 陶壶M75：18

2. 陶壶M75：21

3. 陶套盒M75：30

4. 陶盆M75：16

5. 陶灶M75：10

6. 陶井M75：6

彩版二四三　M75出土器物

彩版二四四　M76全景（由南向北）

彩版二四五　M76局部

1. 陶瓮M76：14

2. 陶壶M76：6

3. 陶壶M76：8

4. 陶鼎M76：5

5. 陶盒M76：1

6. 陶盒M76：2

彩版二四六　M76出土器物

1. 陶樽M76：9

2. 陶套盒M76：11

3. 陶钵M76：4

4. 陶灯M76：15

5. 陶灶组合M76：13

6. 陶井M76：3

彩版二四七　M76出土器物

1. W1全景（由西向东）

2. 陶釜W1：2

3. 陶釜W1：4

4. 陶釜W1：3

5. 陶盆W1：1

彩版二四八　W1全景及葬具

1．W2全景（由西向东）

2．陶釜W2：1

3．陶釜W2：2

4．陶盆W2：4

彩版二四九　W2全景及葬具

1. 铜臂钏AYT1金相照片

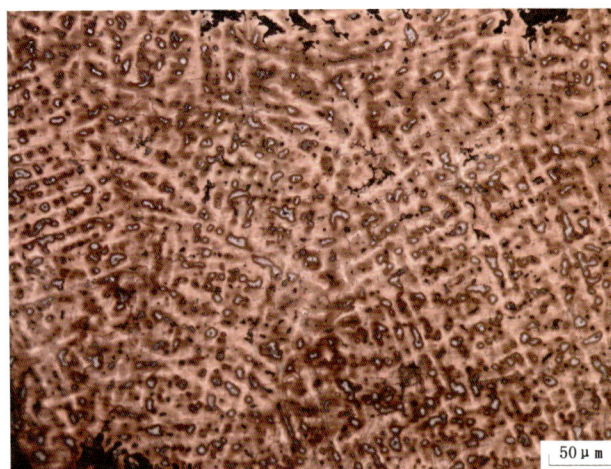

2. 铜指环AYT2金相照片

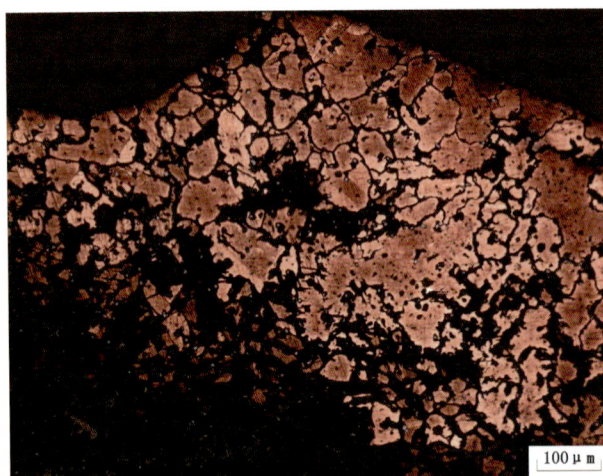

3. 铜臂钏AYT3金相照片

4. 铜指环AYT4金相照片

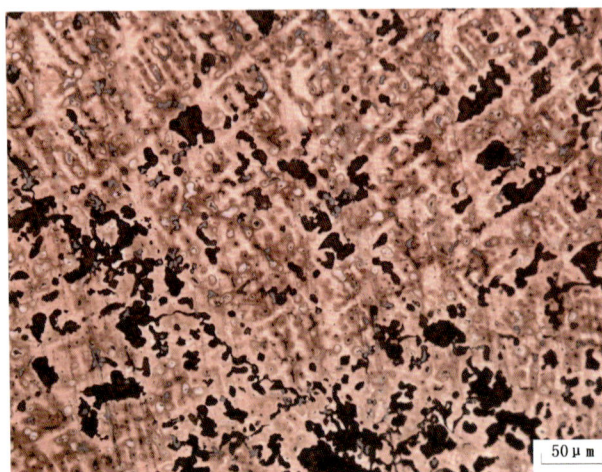

5. 铜链组件AYT5金相照片

6. 铜臂钏AYT6金相照片

彩版二五〇　铜饰件金相照片

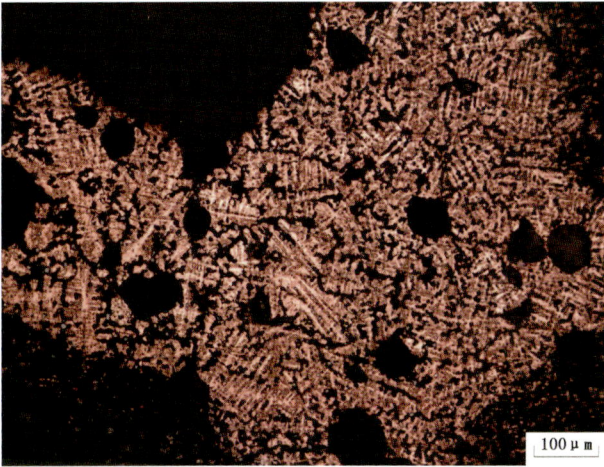

1. 铜链组件AYT7金相照片a

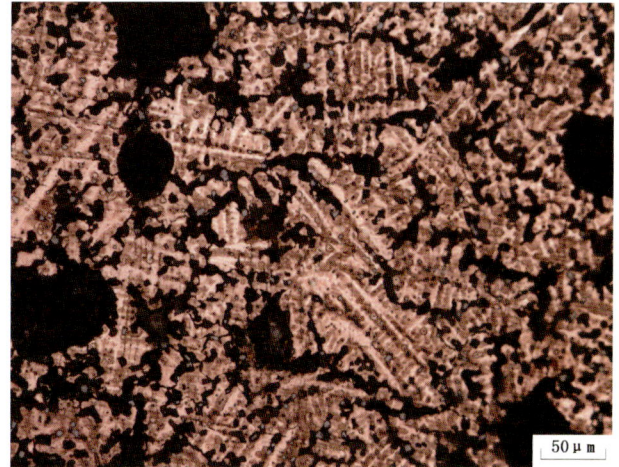

2. 铜链组件AYT7金相照片b

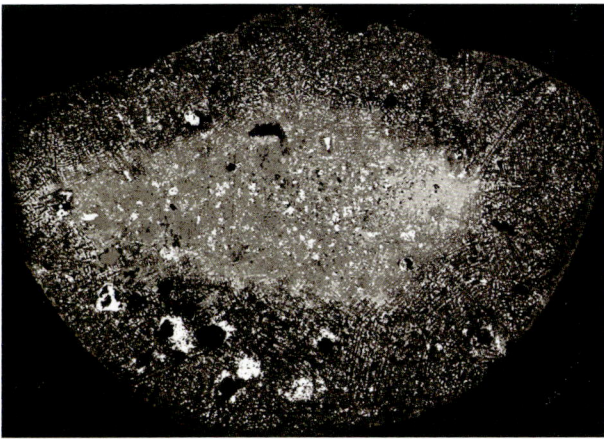

3. 铜指环AYT8 BSE图像（40倍）

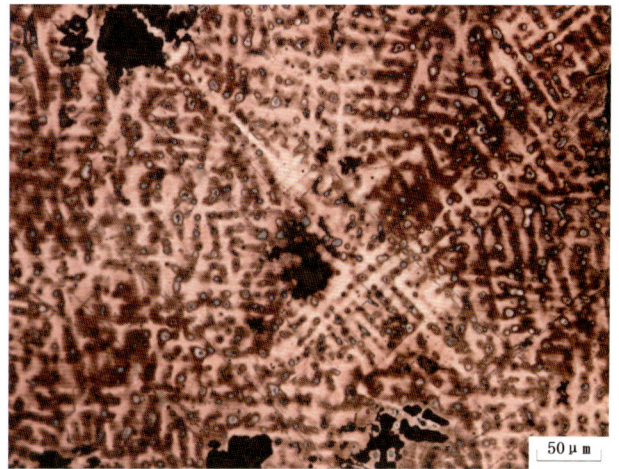

4. 铜臂钏AYT9金相照片

5. 铜指环AYT10金相照片

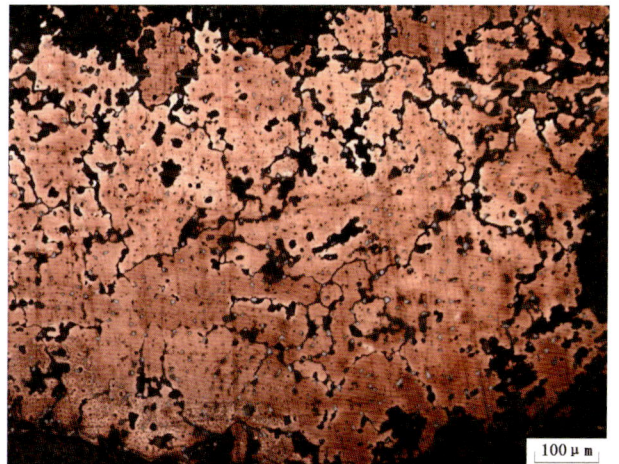

6. 铜臂钏AYT11金相照片

彩版二五一　铜饰件BSE图像及金相照片

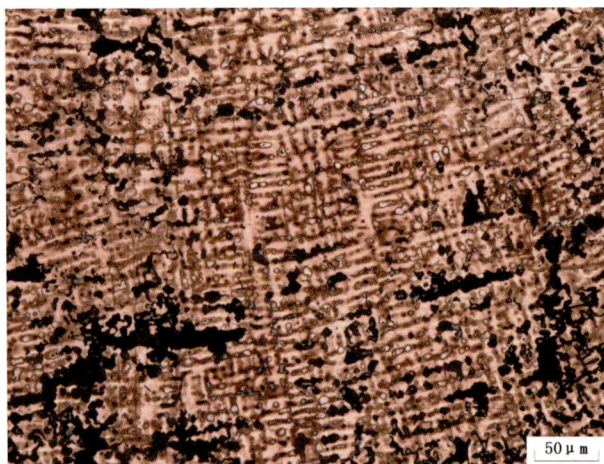
1. 铜指环AYT12金相照片

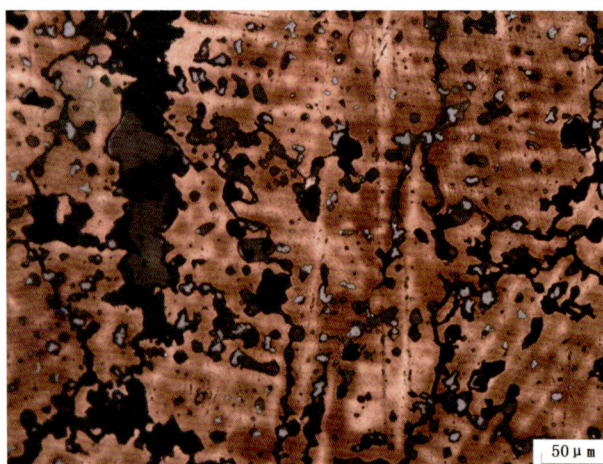
2. 铜臂钏AYT13金相照片

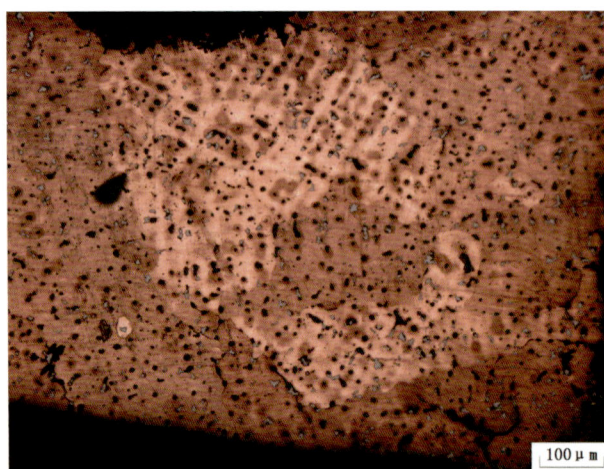
3. 铜指环AYT14金相照片

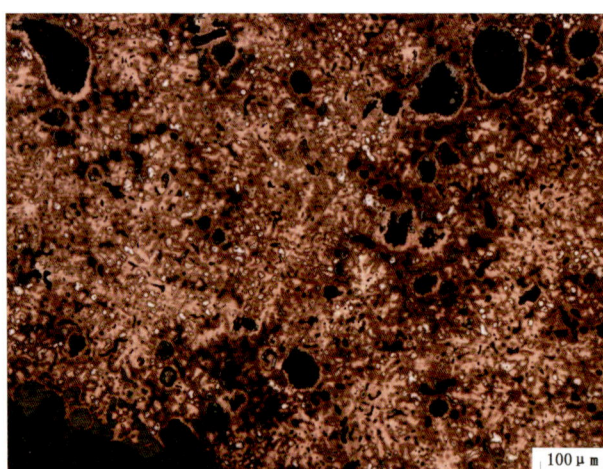
4. 铜链组件AYT15金相照片

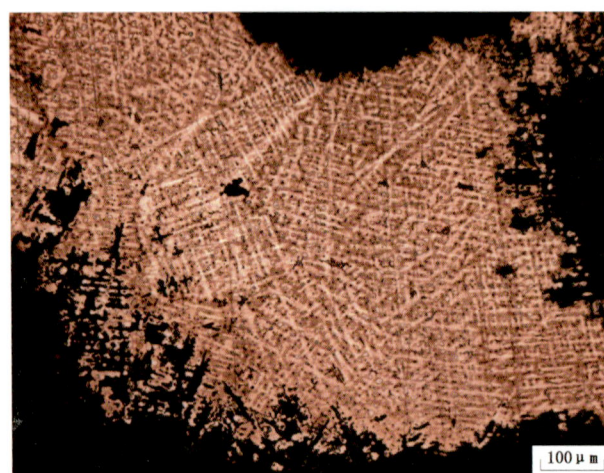
5. 铜泡饰AYT16金相照片